21世纪经济管理精品教材·工商管理系列

大学生创业导论

姚 凯 编著

清华大学出版社
北京

内 容 简 介

本书从大学生创业的全过程出发，系统地涵盖了大学生创业的主要原理与理论模型、创新思维训练、创业机会与创业团队、创业商业模式的选择，以及创业计划书、创业融资、创业营销、创业风险规避、新企业开办、上市之路、创业政策、典型行业创业成功代表性案例等丰富的内容，便于读者全面了解和充分把握大学生创业的全貌。本书汇集学科领域最新研究成果，专业理论与案例分析结合，具备实用性、高起点、易读懂等特点。本书不仅适合于大学生读者，而且也可以作为研究生、MBA、EMBA 的教学参考书，各类组织领导者、管理者和对创业感兴趣的研修用书。

本书封面贴有清华大学出版社防伪标签，无标签者不得销售。
版权所有，侵权必究。举报：010-62782989，beiqinquan@tup.tsinghua.edu.cn。

图书在版编目 CIP 数据

大学生创业导论/姚凯编著．--北京：清华大学出版社，2015（2023.8重印）
（21世纪经济管理精品教材·工商管理系列）
ISBN 978-7-302-39645-1

Ⅰ．①大… Ⅱ．①姚… Ⅲ．①大学生－职业选择－高等学校－教材 Ⅳ．①G647.38

中国版本图书馆 CIP 数据核字（2015）第 055434 号

责任编辑：杜　星
封面设计：汉风唐韵
责任校对：宋玉莲
责任印制：沈　露

出版发行：清华大学出版社
网　　址：http://www.tup.com.cn，http://www.wqbook.com
地　　址：北京清华大学学研大厦 A 座　　　邮　编：100084
社 总 机：010-83470000　　　邮　购：010-62786544
投稿与读者服务：010-62776969，c-service@tup.tsinghua.edu.cn
质量反馈：010-62772015，zhiliang@tup.tsinghua.edu.cn
课件下载：http://www.tup.com.cn，010-62770175-4506

印 装 者：三河市铭诚印务有限公司
经　　销：全国新华书店
开　　本：185mm×260mm　　印　张：25.25　　字　数：579 千字
版　　次：2015 年 3 月第 1 版　　印　次：2023 年 8 月第 4 次印刷
定　　价：49.00 元

产品编号：058955-02

序言

近年来,随着我国加快转变经济发展方式、大力推进创新型国家和人力资源强国建设;深化高等教育教学改革、提高人才培养质量、促进大学生全面发展;落实以创业带动就业,促进高校毕业生充分就业成为学校与社会的重要议题,于是大学生创业教育日益得到各高校的重视,各类大学生创业类别的课程如雨后春笋般地出现。今天已经有越来越多的大学生选择了创业,我国迎来了大学生创业的春天和新一轮热潮。

目前高校的大学生创业教育中虽然使用了类似于企业家精神、企业创业管理等教材,但是还亟须针对我国大学生创业的系列课程与优秀教材;大学生在现实创业过程中普遍感到所学知识不能系统地培养自己的创业精神、创业模式和创业技能,他们需要具有国际视野的、精心筹划的系列创业课程与优秀教材。

我很高兴地看到,姚凯教授编著的创业基础教材《大学生创业导论》正式出版,正本清源试图弥补上述缺憾。姚凯教授长期从事人力资源开发与管理、大学生创业等方面的研究与教学工作,与大学生们有非常密切的交流与沟通,了解他们的需求、分享他们的成功与失败、指导他们的创业,这些为他的这本教材增色不少。在我看来这本书至少有以下四个特点:

一是"系统"。即内容体系系统全面。本书不仅致力于培养大学生职业情感、激发创业意识,而且从创业的全过程出发,涵盖了大学生创业的原理、创新思维训练、创业机会发现、商业模式选择,以及创业计划书、创业融资、创业团队、创业政策、创业风险规避、新企业开办、上市之路等丰富的内容,侧重于大学生创业心智的养成和技能培养,便于读者从整体上了解和充分把握大学生创业的全貌。

二是"对路"。本书针对大学生创业过程中面对的种种实际问题和大学生创业特点进行深入剖析,列举了大学生创业中形形色色的误区和各种可能存在的风险,各章节内容紧扣大学生创业,创业思路和创业对策针对性强,准确地把握了大学生创业的心理和现实需求。

三是"实战"。本书不仅视野宽广、思路雄阔、内容全面、脉络清晰,带来了创新和创业思想的盛宴,而且创业方法和技能都具有很强的可操作性。本书还列举了大量的大学生和成功企业家创业的典型案例,具有很好的可读性,便于大学生创业者理解和借鉴。

四是"前沿"。本书在理论方面,在创业基础理论阐述的基础上,介绍了目前国内外前沿的创业理论模型和发展动态、创业机会和商业模式的新理论以及创业风险理论;在政策方面,介绍了目前最新的创业政策及其借鉴。

总之,本书是一本非常适合现代高校对大学生进行创业教育的优秀教材,不仅是对那些有志于创业成功的大学生大有裨益,因为可以助其插上事业腾飞的翅膀;作为基础性的"创业通识"教育课程与教材,对于其他广大学生而言也有助于塑造其良好的创新和创业综合素养。所以我认为,本书不仅适合于大学生读者,而且也可以作为研究生、MBA、EMBA的教学参考书,各类组织领导者、管理者和对创业感兴趣者的研修用书。

海阔凭鱼跃,天高任鸟飞。我衷心地期望我国大学生勇敢地投入中国经济发展的未来之中,创业创新、与时俱进,不断学习、不断成功,成为未来引领世界商业社会的领导者,同时也感谢上海高校毕业生就业工作创新基地对本书的资助。

芮明杰
复旦大学管理学院思源楼
2014年11月27日

序

姚凯教授请我给《大学生创业导论》写个序,我在电脑上输入"大学生创业",网上马上跳出来八万多条信息。这令我大吃一惊,大学生创业似乎在一夜之间就成了一个热门话题。我认为这种现象的发生可能源自于两个基本的原因:一是创业有助于解决大学生目前日益严重的就业问题;二是创业可以更好地激励大学生在激烈竞争的商业社会中奋斗拼搏,这样可能会获得比打工更多的收益。

我认为企业家创业是不容易的,特别是大学生创业更是不容易,我没有第一手资料,不敢妄加评论,但从身边的小样本还是可以明显地发现:创业成功的比例还是很低的。当大学生们向我咨询创业有关事项的时候,我总会问他们以下几个问题:

1. 你有独特的产品或者服务吗?
2. 你的产品或者服务可能盈利吗?
3. 如果三年不盈利你能坚持下来吗?

如果一个大学生对上述三个问题的回答都是"是"的话,那么他可以考虑创业。否则,他创业成功的可能性微乎其微。

那么,为什么这三个问题如此重要呢?

首先,准备创业的大学生要清楚地认识到,创业就是到市场中去竞争,如果你没有独特的优势,或者你没有核心竞争力,那么你去创业最多是混口饭吃而已,那还不如找个工作,稳稳地过着小康生活。

其次,创业就是创办企业,企业是一个营利组织,如果不能盈利,肯定就是一个不成功的企业。因此在创业初期就应该好好地算账,认真地思考何时才能达到盈亏平衡点。

最后,创业的这条路超乎寻常地艰难,如果你缺乏艰苦奋斗的思想准备、坚忍不拔的意志以及追求卓越的心理素质,那么你是不适合走创业之路的。

当然,创业成功的回报也是十分诱人的:你可能会早日实现财务自由的梦想;你可能会实现指挥"千军万马"的梦想;你也可能会实现早期的种种梦想。

相比于其他的教材,姚凯教授编著的《大学生创业导论》一书具有三个突出特点：

1. 内容更加贴近企业实践，可以帮助大学生创业时更容易上手；

2. 有不少精心挑选的企业家和大学生创业成功的案例可以为大学生创业提供有益的参考；

3. 文字生动活泼，读者阅读起来会更加轻松愉快。

因此，我认为《大学生创业导论》不仅可以作为教材，也可以作为想创业或正在创业的大学生的参考读物，当然也可以为其他有志于创业或从事创业研究的各类人士提供有益的借鉴。

我希望大学生们读了《大学生创业导论》后，能够更加踊跃地投身到创业的大潮中去，未来卓越的中国企业家一定会从现在创业的大学生中产生。

道路是曲折的，前途是光明的！

胡君辰
复旦大学管理学院
2014 年 11 月 28 日

目录

第一章 走进大学生创业 … 1

第一节 大学生创业现状及问题 … 2
一、大学生创业现状 … 2
二、大学生创业问题 … 4
三、大学生创业者自身特点的分析 … 6

第二节 大学生创业失败的误区 … 7
一、大学生创业初期的误区 … 7
二、大学生创业过程中的误区 … 8

第三节 大学生创业概述 … 10
一、认识创业及其本质 … 10
二、创业的基本要素 … 12
三、创业的类型 … 13

第四节 有关创业的理论研究 … 15
一、蒂蒙斯创业模型 … 15
二、威克姆创业模型 … 16
三、克里斯琴创业模型 … 17
四、熊彼特的创新理论 … 17
五、格林豪斯职业生涯发展阶段理论 … 19
六、萨尔曼（Sahlman）创业模型 … 21
七、加纳（Gartner）创业模型 … 21
八、基于资源、机会和环境三维度的若干经典创业模型比较 … 21

第五节 大学生创业的意义 … 23
一、大学生创业有助于对书本知识的消化吸收 … 23
二、大学生创业是提高实践能力的极好途径 … 23
三、大学生创业可以提高创新意识和创新精神 … 24
四、大学生创业可以增加就业机会 … 24
五、大学生创业可以促进社会发展和经济增长 … 24

本章小结 … 25

案例分析　大学生毕业后种香菇：年产值达1 000万元 …………………… 25
小链接　国内外大学生创业竞赛介绍 …………………………………… 27

第二章　大学生创新思维训练 …………………………………………… 31

第一节　走进创新思维时代 ……………………………………………… 32
一、认识创新思维 ……………………………………………………… 32
二、创新思维改变世界 ………………………………………………… 35

第二节　大学生要破除创新思维枷锁 …………………………………… 38
一、惯性思维 …………………………………………………………… 38
二、经验思维 …………………………………………………………… 39
三、权威思维 …………………………………………………………… 41
四、从众思维 …………………………………………………………… 43

第三节　大学生要运用创新思维技法 …………………………………… 44
一、智力激励法 ………………………………………………………… 44
二、列举法 ……………………………………………………………… 46
三、移植法 ……………………………………………………………… 47
四、信息交合法 ………………………………………………………… 49
五、奥斯本检核表法 …………………………………………………… 50
六、组合创新法 ………………………………………………………… 51

第四节　大学生要坚持创新思维训练 …………………………………… 52
一、类比思维 …………………………………………………………… 52
二、联想思维 …………………………………………………………… 53
三、想象思维 …………………………………………………………… 55
四、发散思维 …………………………………………………………… 56
五、逆向思维 …………………………………………………………… 57

第五节　大学生要投身创新思维实践 …………………………………… 58
一、产品创新 …………………………………………………………… 58
二、企业管理创新 ……………………………………………………… 60
三、营销创新 …………………………………………………………… 60

本章小结 ……………………………………………………………………… 62
案例分析　穆罕默德·尤努斯——获得诺贝尔奖的社会企业家 ……… 62
小链接　右脑和创新思维 ………………………………………………… 63
【延伸阅读与链接】 ………………………………………………………… 63

第三章　大学生的创业机会与创业团队 ………………………………… 64

第一节　创业机会概述 …………………………………………………… 65
一、创业机会的含义 …………………………………………………… 65
二、创业机会的来源 …………………………………………………… 65

三、创业机会的分类 …………………………………………… 69
　　四、创业机会的特征 …………………………………………… 69
第二节　大学生创业机会的识别与评估 …………………………… 72
　　一、创业机会概述 ……………………………………………… 72
　　二、影响创业机会识别的因素 ………………………………… 73
　　三、识别创业机会的常见方法 ………………………………… 73
　　四、创业机会的评估 …………………………………………… 74
第三节　大学生创业者的基本素质 ………………………………… 76
　　一、创业者应具备的政治素质 ………………………………… 76
　　二、创业者应具备的思想素质 ………………………………… 77
　　三、创业者应具备的知识素质 ………………………………… 78
　　四、创业者应具备的心理素质 ………………………………… 79
　　五、创业者应具备的身体素质 ………………………………… 81
　　六、创业者应具备的能力素质 ………………………………… 81
第四节　大学生创业团队 …………………………………………… 84
　　一、创业团队的概念 …………………………………………… 84
　　二、团队的常见类型 …………………………………………… 84
　　三、大学生创业团队运行机制 ………………………………… 85
　　四、大学生创业团队的组建 …………………………………… 86
　　五、大学生创业团队建设中的常见问题分析 ………………… 87
　　六、大学生创业团队建设的借鉴与参考 ……………………… 88
本章小结 ……………………………………………………………… 89
案例分析　猪肉大王 ………………………………………………… 90
小链接1　商机无处不在 …………………………………………… 91
小链接2　强关系与弱关系 ………………………………………… 92
小链接3　九种团队角色 …………………………………………… 93

第四章　大学生的创业融资 …………………………………… 94

第一节　大学生创业融资概述 ……………………………………… 95
　　一、大学生创业融资的重要性 ………………………………… 96
　　二、大学生创业融资存在的问题 ……………………………… 96
第二节　大学生创业融资的方式 …………………………………… 99
　　一、权益融资和债券融资 ……………………………………… 99
　　二、内部融资和外部融资 ……………………………………… 101
　　三、直接融资和间接融资 ……………………………………… 101
　　四、长期融资与短期融资 ……………………………………… 101
第三节　大学生创业融资的渠道 …………………………………… 101
　　一、创业融资渠道 ……………………………………………… 101

二、不同时期融资方式的选择 …………………………………………… 109
　第四节　大学生创业融资的程序 …………………………………………… 111
　　一、确定融资的需求量 ……………………………………………………… 111
　　二、确定创业融资的决策 …………………………………………………… 113
　　三、创业融资的技巧 ………………………………………………………… 115
　第五节　大学生创业融资的风险 …………………………………………… 116
　本章小结 …………………………………………………………………………… 118
　【思考与训练】…………………………………………………………………… 118
　案例分析　毕业后连续创业 …………………………………………………… 119
　小链接　"众筹"——日渐兴起的新兴融资方式 …………………………… 121
　【延伸阅读与链接】……………………………………………………………… 123

第五章　大学生创业商业模式　124

　第一节　商业模式的概念 …………………………………………………… 125
　　一、商业模式的定义 ………………………………………………………… 126
　　二、商业模式的构成要素 …………………………………………………… 128
　　三、商业模式的特征 ………………………………………………………… 134
　　四、成功的商业模式需具备的条件 ………………………………………… 135
　第二节　商业模式的类型和创新 …………………………………………… 136
　　一、商业模式的类型 ………………………………………………………… 136
　　二、商业模式的创新 ………………………………………………………… 138
　第三节　典型商业模式案例 ………………………………………………… 139
　　一、长尾模式(long tail pattern) …………………………………………… 139
　　二、"加码"模式 ……………………………………………………………… 140
　　三、轻资产模式 ……………………………………………………………… 142
　第四节　网络创业的商业模式 ……………………………………………… 143
　　一、网络商业模式分类 ……………………………………………………… 143
　　二、网络商业模式典型案例 ………………………………………………… 146
　第五节　大学生创业的商业模式 …………………………………………… 149
　　一、大学生创业的商业模式 ………………………………………………… 150
　　二、现实案例分析 …………………………………………………………… 150
　　三、典型案例分析 …………………………………………………………… 152
　本章小结 …………………………………………………………………………… 154
　案例分析　"乐高"的商业传奇 ………………………………………………… 154
　小链接1　商业模式的定义 …………………………………………………… 154
　小链接2　商业模式画布 ……………………………………………………… 155
　小链接3　平台经济：新的商业模式 ………………………………………… 157
　【延伸阅读与链接】……………………………………………………………… 157

第六章　创业计划书 ································· 158

第一节　大学生创业计划书概况 ···························· 159
　　一、大学生创业计划书的概念 ···························· 159
　　二、大学生创业计划书的特点 ···························· 160
　　三、大学生创业计划书的基本要素 ·························· 161
　　四、大学生创业计划书的基本要求 ·························· 162
　　五、创业计划书的类型 ······························· 163
　　六、大学生创业计划书的作用 ···························· 163

第二节　大学生创业计划书的内容 ··························· 165
　　一、大学生创业计划书的规范 ···························· 165
　　二、大学生创业计划书的形式 ···························· 165
　　三、大学生创业计划书的内容 ···························· 166

第三节　大学生创业计划书的制作 ··························· 174
　　一、创业计划书的制定步骤 ····························· 174
　　二、创业计划书的写作技巧 ····························· 175
　　三、创业计划书的口头陈述 ····························· 178
　　四、编写创业计划书要注意的几个问题 ························ 179

第四节　大学生创业计划书的评估 ··························· 180

本章小结 ····································· 183
【思考与训练】 ·································· 183
【模拟演练】 ··································· 183
案例分析　长沙 Pure 咖啡连锁创业计划书 ······················· 184
小链接　创业计划书的经典模板 ···························· 187
【延伸阅读与链接】 ································ 189

第七章　大学生的创业风险规避 ···························· 191

第一节　大学生创业风险概况 ····························· 192
　　一、什么是创业环境 ······························· 192
　　二、创业环境风险来源 ······························ 192
　　三、大学生创业风险分类的几种流派 ························· 194

第二节　大学生创业的市场定位和行业选择风险 ····················· 196
　　一、慎重选择创业项目 ······························ 196
　　二、行业选择的风险规避策略 ···························· 197

第三节　大学生创业的人力资源管理风险 ······················· 198
　　一、人力资源管理风险防范概述 ··························· 198
　　二、关键员工离职的风险 ······························ 201

第四节　大学生创业的市场营销风险 ························· 201

一、什么是市场营销风险……………………………………………… 202
　　二、市场营销风险的来源 ……………………………………………… 202
　　三、市场营销风险的内容 ……………………………………………… 202
　　四、大学生创业市场营销风险的控制 ………………………………… 203
　　五、市场营销风险的防范策略 ………………………………………… 204
　第五节　大学生创业的财务风险 ………………………………………… 206
　　一、什么是财务风险 …………………………………………………… 206
　　二、创业企业财务风险的特征 ………………………………………… 206
　　三、财务风险的来源 …………………………………………………… 207
　　四、大学生创业财务风险控制措施 …………………………………… 207
　第六节　大学生创业的开业经营风险规避 ……………………………… 208
　　一、避免因准备不足造成的风险 ……………………………………… 208
　　二、避免商业秘密泄露的风险 ………………………………………… 214
　　三、避免广告发布的风险 ……………………………………………… 215
　　四、避免源于合伙人的风险 …………………………………………… 216
　第七节　大学生创业的有效退出 ………………………………………… 218
　　一、首次公开上市（IPO） ……………………………………………… 219
　　二、兼并与收购（M&A）………………………………………………… 219
　　三、出售 ………………………………………………………………… 220
　　四、回购 ………………………………………………………………… 220
　　五、注销 ………………………………………………………………… 220
　本章小结 …………………………………………………………………… 221
　案例分析　精品店的失败 ………………………………………………… 222
　小链接　预防风险"八字诀" ……………………………………………… 223

第八章　大学生的创业营销 …………………………………………… 224

　第一节　大学生的创业营销战略 ………………………………………… 225
　　一、产品战略 …………………………………………………………… 226
　　二、价格战略 …………………………………………………………… 228
　　三、渠道战略 …………………………………………………………… 230
　　四、促销战略 …………………………………………………………… 233
　第二节　大学生的创业营销步骤 ………………………………………… 234
　　一、确定企业经营形势 ………………………………………………… 234
　　二、定义目标市场 ……………………………………………………… 236
　　三、确定营销目标 ……………………………………………………… 238
　　四、制定营销战略和行动计划 ………………………………………… 238
　　五、营销计划的执行 …………………………………………………… 239
　第三节　大学生的创业营销控制 ………………………………………… 240

一、营销控制过程 …… 240
　　二、营销控制的类型 …… 241
第四节　大学生的创业营销案例 …… 244
　　一、"永和大王"的成功之道 …… 244
　　二、整合 4P——丰田汽车的市场营销 …… 246
　　三、女大学生创业卖手帕年销 1 000 万 …… 248
　　四、定位不准，"烧"掉 40 万买来经验教训 …… 250
本章小结 …… 252
案例分析　小睡吧创业 …… 252
小链接　市场营销的新概念 …… 253

第九章　新企业的开办 …… 254

第一节　企业的法律形式 …… 255
　　一、独资企业 …… 256
　　二、合伙企业 …… 256
　　三、公司制企业 …… 258
第二节　大学生创业的法律形式选择 …… 259
　　一、税收 …… 260
　　二、开办程序的繁简与费用的大小 …… 260
　　三、资本和信用的需求程度 …… 260
　　四、企业的控制和管理方式 …… 260
　　五、利润和亏损的承担方式 …… 260
　　六、投资人的责任范围 …… 261
　　七、投资人的权利转让 …… 261
　　八、企业的存续期限 …… 261
第三节　新企业的注册登记流程 …… 262
　　一、合伙制企业设立的条件 …… 262
　　二、合伙制企业登记过程中所需要提交的文件 …… 262
　　三、合伙制企业成立时所签订的合伙协议内容 …… 263
第四节　商品采购管理 …… 265
　　一、商品采购管理的基本概念 …… 265
　　二、传统商品采购管理现状 …… 267
　　三、大学生创业适合的商品采购模式 …… 267
第五节　经营成本管理 …… 270
　　一、企业成本管理的现实意义 …… 270
　　二、现代企业成本管理理论和实践结合中存在的问题 …… 271
　　三、改善当前企业成本管理现状的措施 …… 272
第六节　公司财务管理 …… 274

一、中小企业中财务管理的重要地位 …… 274
二、中小企业财务管理中存在的问题 …… 274
三、解决中小企业财务管理中存在问题的主要对策 …… 275
本章小结 …… 277
【思考与讨论】 …… 277
案例分析 新办企业的股权之争 …… 277
小链接1 新开办企业应该如何纳税登记？ …… 280
小链接2 新公司如何建账 …… 280
【延伸阅读与链接】 …… 282

第十章 大学生创业企业的上市之路 …… 283

第一节 大学生创业为什么要上市 …… 285
第二节 大学生创业企业的成长模式与特征 …… 287
　一、企业生命周期理论 …… 288
　二、创业企业成长：含义、模式与特征 …… 290
第三节 大学生创业企业的上市流程 …… 296
　一、公司公开发行股票的一般过程 …… 296
　二、大学生创业企业公开发行股票的前期准备 …… 297
　三、大学生创业企业公开发行股票的申请与批复 …… 300
　四、股票的承销、上市 …… 301
第四节 大学生创业企业在中国境内证券市场公开上市 …… 303
　一、大学生创业企业在中国境内证券市场上市带来的优势 …… 303
　二、中国境内证券市场体系 …… 304
　三、中国境内股票公开发行与上市的政策要求 …… 306
本章小结 …… 314
案例分析 窝窝团第二次冲击赴美IPO："谜"一样的上市 …… 314
小链接 中国大学生创业企业在纳斯达克上市基本流程 …… 317

第十一章 大学生创业政策导引 …… 319

第一节 大学生创业政策出台的背景 …… 321
　一、经济社会发展的要求 …… 321
　二、大学生创业活动的兴起 …… 321
　三、高校扩招带来大学生就业高峰期 …… 322
　四、经济危机情况下大学生就业形势严峻 …… 322
第二节 大学生创业政策的历史和嬗变 …… 323
　一、1999—2002年：以高校自由探索为主，提倡大学生高科技创业 …… 323
　二、2003—2006年：提供创业优惠政策，重视普遍的创业活动 …… 324
　三、2007—2014年：更多部门参与，重视全面改进创业环境 …… 325

  第三节 大学生创业政策的构成 ………………………………………… 326
    一、创业教育培训政策 ……………………………………………… 326
    二、创业财政金融政策 ……………………………………………… 327
    三、创业商务支持政策 ……………………………………………… 330
  第四节 大学生创业政策的问题与未来 ……………………………… 333
    一、大学生创业政策的问题与评价 ………………………………… 333
    二、大学生创业政策的未来展望 …………………………………… 335
 本章小结 …………………………………………………………………… 336
 案例分析 政策给力 大学生圆了创业梦 …………………………… 337
 小链接1 《2013年国家鼓励普通高校毕业生自主创业政策公告》…… 339
 小链接2 《国务院办公厅关于做好2014年全国普通高等学校毕业生就业创业
     工作的通知》………………………………………………… 340
 小链接3 《人力资源社会保障部等九部门关于实施大学生创业引领计划的
     通知》………………………………………………………… 344
 小链接4 《国家税务总局、财政部、人力资源社会保障部、教育部、民政部关于支持
     和促进重点群体创业就业有关税收政策具体实施问题的公告》…… 346

第十二章 大学生创业成功案例精选 ………………………………… 350
 【创业案例1——电子商务行业】………………………………………… 350
 【创业案例2——电子商务行业】………………………………………… 354
 【创业案例3——电子商务行业】………………………………………… 356
 【创业案例4——互联网行业】…………………………………………… 360
 【创业案例5——移动互联网行业】……………………………………… 363
 【创业案例6——餐饮行业】……………………………………………… 365
 【创业案例7——娱乐行业】……………………………………………… 368
 【创业案例8——服装行业】……………………………………………… 371
 【创业案例9——教育行业】……………………………………………… 374
 【创业案例10——农业】…………………………………………………… 376

参考文献 ……………………………………………………………………… 380

第一章

走进大学生创业

课程目标

通过本章的学习,使学生全面了解和掌握创业的含义、创业的类型、主要的创业理论模型,让学生完整了解企业的概念和理论体系。通过深刻分析大学生创业现状,帮助学生培养正确的创业心态,规避创业过程中的潜在误区,提高学生分析问题以及解决问题的能力,充分认识大学生创业的重要意义。

知识点和技能点

1. 创业的含义
2. 创业的类型
3. 大学生创业的误区
4. 大学生创业的正确心态

案例导读

马克·扎克伯格:少年成名的哈佛辍学生

少年成名

扎克伯格1984年5月14日出生在纽约州一个犹太人家庭,父亲是牙医,母亲是心理医生。10岁的时候他得到了第一台电脑,从此他将大把的时间都花在了上面。11岁时,父母专门为他请了软件开发的家教,每周上课一次,家教称他为"神童"。之后不久,扎克伯格开始在家附近的大学旁听计算机研究生课程。据他的父亲回忆,第一次送他去上课时,教授指着小扎克伯格说"你不能带着他来上课",父亲则说他就是学生。

扎克伯格天生有种创造简单易用软件的能力。12岁时,他为父亲的诊所编制了名为"Zuck Net"的软件,让诊所和家之间实现了在线即时通信。一年之后,风靡全美的美国在线(AOL)问世,其原理和思路与Zuck Net大同小异。

高中时代,他与朋友一起编写了能记录听众收听习惯的音乐播放软件Synapse,AOL和微软表示希望购买这个软件并高薪雇用扎克伯格,但是扎克伯格都拒绝了,并于2002年秋进入哈佛大学学习计算机和心理学。

哈佛宿舍里的"突发奇想"

在哈佛的这几年,扎克伯格创业项目的最初设计是想帮助哈佛在校学生根据别人的选课来确定自己的课程表。只要用户在网页上点击一门课程,就能发现谁在报名选学这门课;点击一个注册的学生姓名,就能看到他选择了哪些课程。

不过,扎克伯格和他的朋友们很快发现,这个系统的使用者并不是都乖乖地用它来选课,反而是更希望通过这个选课系统知道邻桌的美女同学这学期都选了哪些课,然后自己再选择相同的课,以便有机会与美女搭讪。但这反而激发了扎克伯格的灵感:既然大家如此热衷于交友,为何不建立一个网站,让大家认识周围的同学呢?

在与同校高年级学生共同开发了"哈佛连线"(Harvard Connections)之后,扎克伯格转而开发自己的网站,于是最初的 Facebook 问世了。

意想不到的是,网站刚一开通就大为轰动,几周之内,哈佛一半以上的大学部学生都注册会员,主动提供他们的个人资料,如姓名、住址、兴趣爱好和照片等。学生们利用这个免费平台掌握朋友的最新动态、和朋友聊天、搜寻新朋友。

2004 年 1 月,扎克伯格在网上向域名公司支付了 35 美元,注册了名为 The facebook.com 网站一年的域名使用权。

到 2004 年 2 月底,整个哈佛 3/4 的在校生都在 Facebook 注册了账户。随后,注册扩展至所有的常春藤名校,并很快扩展到美国主要的大学校园,包括加拿大在内的整个北美地区的年轻人都对这个网站饶有兴趣,如今,在英国、澳大利亚等国的大学校园同样风靡。

哈佛辍学

和当今世界产生巨大影响的许多让我们耳熟能详的名字一样,如微软的创造者盖茨和苹果的创造者乔布斯,扎克伯格最终也成了一名"大学辍学者"。

20 岁的扎克伯格虽然考入了知名的哈佛大学计算机和心理学系,但随着越来越多的学校被邀请加入,网站需要大量时间和人力维护,扎克伯格因此离开了哈佛,成为全职创业者,最终,从 2006 年 9 月 11 日起,任何用户输入有效电子邮件地址和自己的年龄,都可以注册。Facebook 成了全球范围内的社会化网络,其影响力也随之被推向最大化。

(资料来源:http://www.a0598.com/html/cy/zhixun/dfal/651.html)

【思考题】
1. 你认为扎克伯格是怎样一步步走向成功的?
2. 你认为扎克伯格的奋斗经验适合中国大学生吗?

第一节 大学生创业现状及问题

一、大学生创业现状

1. 大学生创业的时代背景

首先,大学生创业是经济发展的必然规律。21 世纪是知识经济时代,以知识为基础、直接依赖于知识和信息的生产用的知识经济,将在世界经济中占主导地位。21 世纪的经济发展将导致新的高技术行业的不断涌现,科学技术作为生产力的第一要素,其作用也只有在知识经济中才能真正地发挥出来。这就要求掌握了现代科学技术的、富有冒险精神的年轻大学生担负起创业的历史重任。

其次,大学生创业是教育发展的客观要求。自1999年我国高校扩招以来,大学毕业生数量逐年增加。2013年毕业的大学生人数在700万人左右,比2012年的680万人数增加了20万人左右(见图1-1),2014年大学毕业生则进一步增加到727万人。而2004年,全国才280万名毕业大学生。随着就业压力日益增大,越来越多的大学生被推上了自主创业之路。

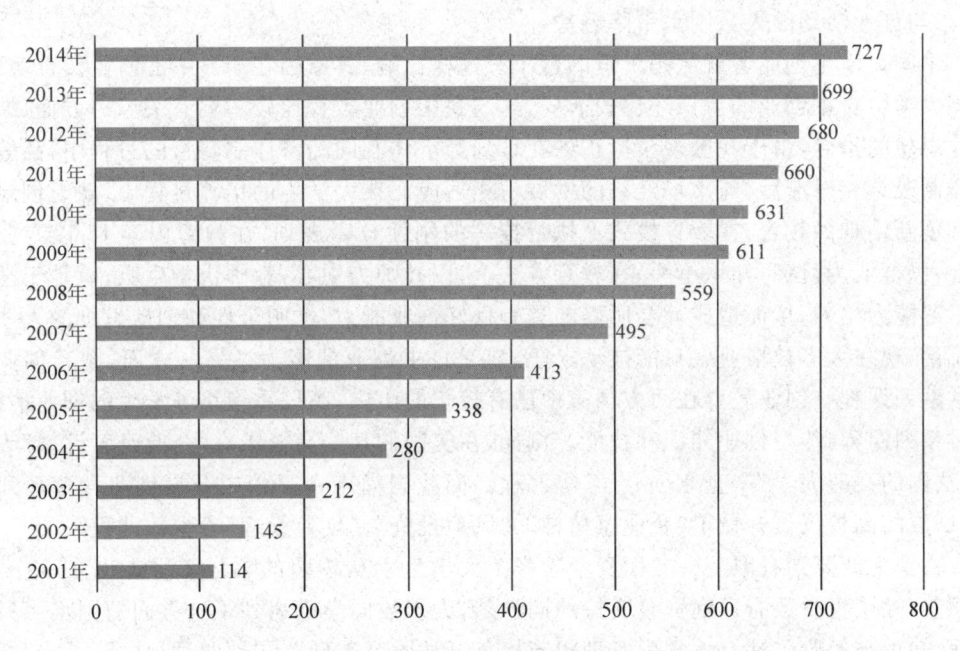

年份	人数(万)
2014年	727
2013年	699
2012年	680
2011年	660
2010年	631
2009年	611
2008年	559
2007年	495
2006年	413
2005年	338
2004年	280
2003年	212
2002年	145
2001年	114

图1-1 2001—2014年全国高校毕业生人数

2. 大学生创业的环境诱因

一是政策引导。为了有效地激励大学生的自主创业,2002年国务院办公厅转发教育部等部门《关于进一步深化普通高等学校毕业生就业制度改革有关问题意见的通知》,明确提出鼓励和支持高校毕业生自主创业。从2003年教育部、劳动与社会保障部、人事部等各部委相继出台了一系列指导大学生灵活就业、自主创业的政策,都给了大学生极大的激励。

二是竞赛推动。和世界其他国家一样,近年来大学生创业计划大赛的有效组织和社会各界对大赛的高度关注对大学生创业产生了推动作用。据了解,如今美国最优秀的50家高新技术公司有23家起源于创业计划。从某种意义上讲,大学生创业计划大赛已成了美国经济驱动力之一。随着我国经济社会的发展和对国外创业计划大赛经验的借鉴,我国大学生创业计划大赛渐成气候,对大学生创业起着不可忽视的推动作用。

三是榜样示范。改革开放以来,我国高新科技的国际创业浪潮的兴起激励了越来越多的大学生选择创业。比尔·盖茨等创业"英雄"对当代大学生自主创业起到了示范作用;杨致远、张朝阳等的创业"神话"也在创业大潮中产生了广泛的"明星效应"。

3. 大学生创业现状透析

然而,梦想与现实的差距也是很明显的。大学生创业还是新生事物,出现的时间不长,实践成功的不多,理论成果更少。清华大学中国创业研究中心公布的《GEM全观察2002中国报告》中,对全球37个国家的创业活跃程度进行评估,中国排名第9位,创业活动指数为12.3%(即100人中约有12人创业)。但是具有较高素质的大学生创业比例较低,不到毕业生总数的1%,而发达国家一般为20%。《GEM全球创业观察2003中国报告》显示,参与创业活动者绝大多数受到过初等以上的教育。但是随着受教育程度的提高,参与创业活动的人数则呈下降趋势。

中国大学生创业者就像是沉睡的狮子。这样比喻,其原因在于:一是创业教育薄弱。我国大学生自主创业的意识还比较薄弱,这与我国创业教育比较薄弱有关。一方面,缺乏创业思想的指导,由于我国现阶段正处在计划经济体制向经济体制转型的过程中,高等教育体制改革相对滞后,与市场经济的发展不相适应。在大学生的培养过程中,缺乏创新思维和创新精神的教育,在教育模式上执行统一的刚性教育规划;在教育内容上,以专业为中心,以行业为目标,知识单一;在教育方法上,以教师为中心,教师讲学生听,满足于学生的学习能力培养,从而造成社会所需的具有良好创业能力、鲜明个性和创造思维的人才严重不足,现在大多数毕业生只能被动求职,缺乏自主创业的能力。另一方面,缺乏创业教育的系列课程。创业教育在西方国家中已有较长的历史,高校重视培养学生的创业精神,通过系列课程,传授创业知识和技能。例如,在美国的某些高校中有"企业经营计划"等课程;法国的某些大学有"企业创办学"等课程。而我国尚未在高校中开设创业教育系列课程,试点的高校仅仅开设了"企业家精神"、"风险投资"、"创业管理"等少数课程。

二是生产要素有限。一方面资金紧张。大学生刚从校园的象牙塔里走出来,毫无资金积累,除了极少数有家庭资金支持的同学外,大多数同学都遇到了这方面的困难。另一方面,知识与经验欠缺。大学生有理想与抱负,但"眼高手低",在创业过程中除了能"纸上谈兵"之外,对具体的市场开发缺乏相关知识与经验。企业要想在激烈的市场竞争中占据一席之地,就必须提供受市场欢迎的产品;而要提供受市场欢迎的产品,就必须通过科学的市场调查与预测,从而发现、并满足消费者的需求,这是每个创业者首要的任务。可是大多数大学生的创业计划却将重心完全放在技术和产品上,忽略了其中重要的因素——市场。可以说,想当然、不按规律办事是当代大学生创业的第一大敌人。

二、大学生创业问题

1. "市场为王"与"技术为王"的权衡

大学生创业,尤其是理工科的大学生创业,往往陷入这样一个误区——认为有一个技术、有一个好的产品,就一定有市场。实际上不一定,或者正好相反。原因在于什么?一般来说,好的尤其是新的技术,往往是不成熟的。一个新技术,特别是元器件或者是和其他配套的技术,很重要的是看它和其他产品的兼容,不能只关注这个产品的本身,没有解决市场实用性以及和其他产品的配套问题,这项新技术则很难被市场所认可,这一点至关重要。

其次还要注重产品在心理层面被人接受的模式。一个产品虽然在技术方面有优势,但如果它和消费者的使用习惯或者审美观相悖,那么销售依然面临问题。比如说一个在创业者眼中很看好的产品,消费者却不愿购买,其中的原因是消费者根本不了解产品,所以在推出产品时,要有一个特别通俗易懂的说明书,要让消费者很容易就能明白卖点。不管技术多复杂,只要有一点能抓住消费者的心,产品就能卖出去。

很多大学生在学校里面有一定的科研能力,但是研发的产品有时是没有市场的,因为对于创业者来讲,进行科研的前提是创业者所研发的产品可以卖出去。换个角度而言,如果首先进行概念研发,然后再朝技术方向研发一个产品,市场的成效就很不一样。目前,万科的主要产品都先做概念研发,设计师根据概念研发来做实房的研发,而且要把房子做成一个真的房子,放在他们房子实验中心,把他们的目标消费者请来,问这个房子是否是他喜欢的。去年,万科共进行了124场消费者调查,很多人都说"这个房子就是我们要的"。而过去,40个产品类型里面只有1个是消费者想要的。

大学生的精力是有限的,我们是从自己的艺术倾向、灵感爱好出发,研发一个可能只有很小市场空间的东西,还是一开始就从我们想影响的消费者中间,找到一个有潜力的概念,然后进行研发?这是两个很不一样的路线。前面的路线,会有高度的浪费,这也是我们国家有85%的专利无法转化的最重要的原因。专利在中国的发明,带有很强的个人游戏的性质,但是没有衡量市场。而美国转化率很高,因为70%以上的专利本身就来自商业战斗,本身有很明确的商业价值追求。所以有技术发明能力的大学生,应该要多花一点时间去了解市场,和目标服务对象、消费者、用户进行沟通,了解市场情况。

2. "单枪匹马"与"团队合作"的权衡

大学生的创业活动或多或少总是包含有创新元素的,而具体能有多大程度的创新则取决于大学生创业者和创业团队的天分。所以大学生要从现在做起,有意识地培养自己的创新精神和工具性技能,提升自己个人的创新能力。

决意创业后,一些大学生会找一些志同道合的朋友一起创业,而有的大学生则倾向于选择自己独立创业。其实每个人都有某一方面的长处,但是短处实际上要比长处多得多。

如果大学生创业者自身是一个很有想法、很有专注性的理工科同学,较好的做法是选择团队合作创业,尽早寻找创业伙伴,这样能形成异质化、多元化的创业团队,合作伙伴可能在营销方面或融资方面很有想法,这样的一个创业团队,比自己单枪匹马要更有战斗力。

创业后面对市场、社会、公司员工,创业者要时时刻刻处理各方各面的琐事,一个人很难应对,在这种情况下良好的创业伙伴不可或缺。但人一辈子找到好的创业伙伴是非常不容易的,如果真的有几个好的创业伙伴,相对于单枪匹马,成功周期就会缩短,获得市场的可能性也会大很多。

创业要做的事,必须是自己所喜欢的、有强烈动力为之奋斗的;但创业伙伴不见得是你喜欢的。有些人,可能他的人格特点和做事方式你很不喜欢,但就创业这件事来说,对你非常要紧,他就应该成为你考虑的对象。

3. "大市场"与"小市场"的权衡

大学生创业者往往认为,可以创业的生意,都是针对小市场的,甚至是一些地域化的极小市场。但是,在着手创业前,还是需要一定的理性,要对市场进行分析。

从大学生的创业计划来看,都有一个共同的特点,就是实际上只能做一个小市场,但是计算的方法,却是使用大市场的计算方式。真正的市场不是这么简单的,真正的市场是高度细分的。正确的做法应该是,大学生创业者应将其产品所针对的人群进行细分,然后开展市场调研。具体做法可以是,在这个潜在消费群体中,找少数真实的消费者探讨一下,像本公司这样的产品、这样的服务,消费者是否有消费意向。

对大学生创业来说,能否最终获得投资人支持,能否打开市场局面,往往取决于是否能清晰、有效地描述出这样一个较小的市场,甚至是一个缝隙市场,而不是大市场,除非大学生创业者能从少数的政府基金拿到钱,但大部分情况下是不容易拿到钱的。站在长远生意的角度来考虑,这种创业模式将来也会暴露出问题,因为大学生创业者在打枪的时候都不知道哪个是靶子。所以创业要回答的首要问题就是,在非特权的市场上,谁是你的消费者?你要满足消费者怎样的需求?

三、大学生创业者自身特点的分析

大学生作为社会的一个特殊群体,其创业者与其他创业者有着基本的共同之处之外,还具有自身的特点。

1. 大学生创业者的文化程度较高

该创业群体接受了高等教育的熏陶,掌握了专业知识,为他们创业技术的准备打下了良好的基础。同时由于高校良好的学术氛围,也为他们对各项先进技术的了解打下了基础。

2. 创业时间和精力有限

大学生的主要任务是学习,因此上课和复习功课是大学生在校期间投入时间和精力最大的一块。而创业尤其是全职创业也需要投入大量精力和时间。在此种情况下,绝大多数同学是以学习为重的,而且在中国传统文化里,平稳和中庸向来都是中国人的生活处世哲学,普通人缺乏从事高风险商业活动的冒险精神。另外,传统观念中,从商者的社会地位并不高,这些原因影响大多数学生,只有极少数大学生会选择休学或退学去创业。

3. 创业意识和创业综合素质薄弱

由于大学生绝大多数时间是在校园里,校园是一个相对封闭的系统,老师教书育人,学生读书学习,无论是老师与学生还是学生与学生之间都不存在金钱上的利益关系。即使是竞争也是相对温和的。而商界则有着完全不同的组织模式和文化,各个组织之间是利益上的合作与往来,竞争则是优胜劣汰。在校园环境里诞生的大学生创业者与社会创业者相比,缺乏充分的商业文化的熏陶,更缺少商业实践的机会。因此大学生的创业意识薄弱,对市场、商业规则、组织管理等方面的了解和把握远不及社会创业人士。

4. 创业资源匮乏

对上海交通大学申请上海市科技创业基金的创业大学生的调查显示,有54%的同学的创业初始资金来自于亲朋好友。只有27%的同学的初始资金来自社会金融投资机构。大学生创业期间资金来源单一,相对于那些社会创业人士来说,很重要的因素是社会关系相对单一,且集中在校园里,缺乏足够的社会资源支持。大学生由于长期学习和生活在校园,相对与社会人士来说,不仅缺乏财富积累,更缺乏社会经验和人脉资源以及退出保障机制,因此很难在金融机构贷到资金。风险投资商出于营利的目的,也不愿把钱投到尚未成型的商业项目中,尤其是没有企业运作经验的大学生创业项目。因此,大学生创业初期难以吸引到风险投资,资金募集面临多重困难,多数情况下只能依靠于自己的亲戚和朋友。所以,资金的短缺被大学生认为是创业初期最大的困难。

综上所述,大学生创业群体相对拥有较高的文化水平和素质,学习能力比较强,这是优势所在,但创业精神和能力则相对薄弱,社会资源更是匮乏,因此本书将着重对高校的创业教育和资金及孵化支持进行分析。

第二节　大学生创业失败的误区

从某种意义上说,导致创业失败的错误只有一个:没人需要你做的东西。如果你在做的东西是用户需要的,那么你应该能够生存下去。对于大学生创业者而言,除了遵循市场需求这一基本原则之外,还有许多误区应当加以规避。

一、大学生创业初期的误区

1. 避开"形单影只"的误区

不知你是否注意到,极少有成功的初创公司是由一个人创办的。一些你可能会以为是单一创始人的公司,比如说甲骨文(Oracle),实际上是由多个人一起创办的。这似乎不是一个巧合。

单一创始人有什么问题呢?最起码,这反映了一种信心的缺乏。隐含的信息是,创始人无法说服他的任何一个朋友跟他一起打天下。这很值得玩味:别忘了,他的朋友是最了解他的人。就算朋友们都错了,公司实际上可能很有前途;但是,单一创始人的不利仍然是很明显的。一个人创业实在太难了。就算你无所不能,你也需要同伴们来集思广益,避免愚蠢的举动,以及在遇到挫折时互相鼓励。

最重要的一点是,创业的过程中你可能遇到难以承受的低点。当你有多个创业伙伴时,彼此信念上的支撑就好比捆成了一捆的箭。每个人都暗暗给自己打气:"我绝不能让我的朋友们失望。"这是创业者最强大的动力之一,而单一的创始人则缺少了这一动力。

2. 避开地域选择的误区

并不是所有的地方都适合创业。以美国为例,硅谷是创业的最佳地点,波士顿其次,再其次是西雅图、奥斯汀、丹佛和纽约。除此之外,几乎没有什么其他的选择了。就算在纽约,初创公司的密度也已经降到了硅谷的 1/20 左右。而在像休斯敦、芝加哥和底特律这样的地方,创业的可能性几乎可以忽略不计。

为什么某些城市会成为初创公司的聚集地呢?因为那里聚集了大批的专业人士,专业水准较高;人们对你所做的东西更容易产生共鸣;你能更容易地找到你想要雇用的人;周边工业也较发达;你有更多的机会遇到和你在一个领域内的人。

3. 避开创业领域的误区

许多大学生创业者在创业初期都犯了一个共同的错误:为了避免竞争而刻意选取那些很狭隘、很冷僻的领域。那些偏门、冷门的项目如果能够被创业者做出成就,迟早都会有竞争者,创业者早晚都要面对竞争对手。所以说,大学生创业者无法通过选取冷门领域创业来避开竞争。

这种遇到大的困难就退缩的举动，往往是人们在潜意识下做出的。这跟你有一个很大的构想却决定追求一个较小的、较稳妥的目标不同，因为你在潜意识里就拒绝大的构想。解决这一问题的办法是假装你在为别人而不是为自己做策划。想想看，有什么好的主意适合某人去进行创业呢？

二、大学生创业过程中的误区

1. 避开"一意孤行"的误区

在某些领域里，成功的途径需要你认准了想做的事情并坚持到底，不管遇到多大的挫折，而创业则另当别论。如果你是想要赢得一块奥林匹克金牌的话，那么你应该咬定目标，绝不放弃：因为你的目标十分明确。但是，创业更像是从事科学研究，你更应该遵循自然规律而不是主观臆断。

你应该避免过于坚持原来的计划，因为它可能是错误的。大多数成功的初创公司，最后做的都不是他们刚开始企图做的——而且差别往往很大，以至于你很难把他们同最初的公司联系起来。在创业的过程中，你应该准备好接受任何更好的主意，而最难做到的就是放弃你已有的想法。

当然，这里也有一个度的问题。每周都换一个想法显然也不可能成功。有什么标准能够帮助你做决定吗？一个办法就是衡量那些新的想法是否代表了某种进展。如果你能够利用大部分你所做过的东西，那么你可能是在一个螺旋式上升的过程中；反之，如果你需要从头开始的话，那就不是一个好兆头。

幸运的是，你可以向你的用户寻求建议。如果你转向一个新方向，而用户又对此反响热烈的话，那么你很可能押对宝了。

2. 避开人力资源配置的误区

回溯到20世纪90年代，以那些倒闭的电子商务初创公司为例，正是差劲的程序员毁了那些公司。很多公司都是由商业领域的人员创办的，他们以为初创公司就是有个好的点子，然后雇用一批程序员来实现它。这真是想到容易做到难。这些商业领域的人员根本就无法区分程序员的好坏。他们甚至接触不到最好的程序员，因为几乎没有哪个程序高手愿意去实现一个商人的构想。

事实是，这些人招募了一些他们以为是好的程序员（至少这些程序员的简历是这样吹嘘的，什么微软认证的开发人员了，等等），但实际上却名不符实。接下来他们就会很困惑地发现，自己的公司就像老牛拉破车一样吱嘎吱嘎，而竞争对手们却跟坐了火箭一样。这种初创公司具有那些大公司的所有缺点，却没有那些大公司所具备的优势。

3. 避开发布时机的误区

产品的发布时机过早或过晚都有可能导致创业失败。以软件产业的创业公司为例，所有的公司，不论大小，在完成软件之前都会有一段困难时期。从某种意义上说，这是一种固有的特性：软件的完成度永远都是在85%左右。你需要有极大的毅力来推动软件的完成并向用户发布。

初创公司总是用各种各样的借口来为推迟发布辩解。这些借口跟人们在日常生活中为自己的迟到所找的理由大同小异：总是有一些事情要在这之前办好。不过假如一个软件已经全部完成,按个按钮就可以发布的话,创业者还会等吗?

尽快发布的一个目的就是迫使你完成应该完成的工作。一个软件,只要还没有发布,就不算真正完成。不管你认为这个软件已经完善了,在发布之际,总还是有一大堆的事情要做,这种情形已经司空见惯了。发布的另一个目的就是,只有通过用户反馈,你才能真正明白要做什么。

发布延迟反映了一些问题:工作节奏太慢,没有真正搞清楚问题,惧怕同用户打交道,害怕别人的评论,分心过多,过于完美,等等。解决这些问题,只需要推动自己尽快发布一些东西就可以令局面大为改观。

发布过早的情况比发布迟缓要少见得多,不过并不是没有。发布过早的危险是有可能有损产品的名声。早期的使用者在试用了你发布的东西后,如果发现什么不满意的地方,他们可能就不会再来了。

如果创业者想发布一样产品的话,最低要求是什么呢?大学生创业者要认真考虑自己想要做的是什么,确定其核心内容;这些核心内容既要本身就能够有用处,又要能够作为基础,在此之上逐渐地拓展成一个完整的项目。一旦确定了这些,就应该尽可能快地完成它们。

4. 避开目标用户的误区

大学生创业者往往没有界定出清晰的目标用户,如果你不了解用户,就不可能做出他们喜欢的东西。大多数成功的初创公司,都是从解决创始人遇到的问题开始的。这里面有这样一条规则:你所创造的财富是跟你对问题的理解程度成正比的;而你最了解的就是你自己的问题。这条理论反过来说就是:如果你试图解决一个你不懂的问题,那无异于往自己的脖子上套绞索。

但还是有很多创始人,喜欢假定存在某些用户愿意用他们的产品,至于这些用户会是谁,他们也不清楚。那些创始人需要这些产品吗?不,他们不能算是目标市场。那么会是谁呢?年轻人?对本地活动感兴趣的人?还是商业领域的用户?什么样的商业领域?加油站?电影制片厂?还是军工采购商?

这种情况下,用户就是创业者的 GPS。创业者必须遵循"从实践中来"的原则。任何主观猜测都是不允许的,你必须接触用户并考察他们的反应。所以,当创业者为别人而不是自己设计产品的时候,必须去说服一些特定的用户来使用产品;如果做不到这一点的话,那么失败是必然的。

5. 避开内部争斗的误区

创始人之间的争斗出乎意料地普遍。初创公司中,大约 20% 的公司都有创始人退出的现象。一个创始人的离开并不会毁了公司。许多成功的初创公司都有过类似的情形。幸运的是,离开的通常都是投入最少的。

假如有三个创始人,其中一个不是很积极的退出了,没什么大不了的。如果有两个创始人,其中的一个走了,又或者离开的那个具备关键技术,那么就可能会有麻烦。

如果创始人们能够更加谨慎地选择他们的创业伙伴,那么大多数的争吵都可以避免的。多数的争吵并不是因事而起,而是因人而起。也就是说,因人而起的争吵是早晚都会发生的,只是时间问题。而大多数因为争吵而一怒离开的创始人,可能从一开始就信心不足,只不过被掩饰起来了。创业者要正视问题,在公司成立前把问题解决掉要容易许多。所以,不要因为怕疏远你的好朋友而拉他入伙;也不要因为某人有某种用得上的技能就一起开公司,而不管你喜不喜欢他。一个初创公司,最重要的因素就是人,所以不要在这上面有什么将就。

6. 避开三心二意的误区

大学生创业者有时并不具备创业的坚定意志,可能只是把创业当成一种兼职工作。你所听说过的失败的初创公司,都是一些很特殊的例子。他们实际上是失败者中的佼佼者。最通常的失败者并不是因为犯了这些很特殊的错误,而是因为没有做什么事情——我们从未听说过这些失败者;他们往往是两三个人,在工作之余,玩上一把;从未取得过什么真正的进展,渐渐地也就放弃了。

从统计上说,创业者如果想要避免失败的话,一个关键的举动就是辞掉日常工作。绝大多数失败的初创公司,其创始人都属于业余性质;而那些成功的初创公司,创始人都是全副身家扑在上面。

这是不是说,你必须辞掉你的日常工作呢?也不一定。那些还没有辞掉工作的创始人,大多缺少一种创办公司所必需的决心;他们的意识深处是知道这一点的。他们之所以不敢投入更多的时间是因为他们知道,这不是一个好的投资。

有相当多的大学生,如果能够迈出这一步而全时去做的话,是能够成功的,可惜的是,他们没有这样做。我不知道这样的人有多少,不过,如果把成功者、骑墙者和毫无希望者做个分布的话,那些如果辞掉工作就可能成功的人,要比那些现实中的成功者多出一个数量级。

如果这是真的,那么大多数有可能成功的初创公司最终失败的原因都是其创始人不能够全心全意地投入在上面。这跟我们所得出的结论也是一致的。绝大多数的初创公司之所以失败,是因为他们做不出用户需要的东西;而之所以做不出来,是因为他们的努力不够。

换句话说,创业跟做其他事情一样。你可能犯的最大错误就是不够努力。如果有什么成功的秘诀的话,就是不要否认这一点。

第三节 大学生创业概述

励志照亮人生,创业改变命运。——《赢在中国》栏目主题词
财富无处不在,行动成就梦想。——《致富经》栏目主题词

一、认识创业及其本质

创业是不拘泥于当前资源条件的限制下对机会的追寻,将不同的资源组合以利用和开发机会并创造价值的过程。上述定义容易使创业概念泛化,即容易把一般的经营活动都纳入创业的范畴。创业本身也是经营活动,创业活动普遍存在于各种组织和个人活动中,创业活动侧重经营活动的前段,在机会导向的程度、创新的强度、创造价值及对社会的贡献等多方面表现得更突出。

1. 创业概念的现有研究成果

关于创业的概念,历史上的许多学者和实业界人士都提出过各自的观点。我们来逐一了解:

(1) 罗伯特·C. 荣斯戴特(Robert C. Ronstadt)认为:创业是一个创造增长的财富的动态过程。

(2) 霍华德·H. 斯蒂文森(Howard H. Stevenson)认为:创业是一个人——不管是独立的还是在一个组织内部——追踪和捕获机会的过程,这一过程与其当时控制的资源无关。并进一步指出:"创业可由六个方面的企业经营活动来理解:发现机会、战略导向、致力于机会、资源配置过程、资源控制的概念、管理的概念和回报政策。"

(3) 美国巴布森商学院和英国伦敦商学院(London Business School)联合发起,加拿大、法国、德国、意大利、日本、丹麦、芬兰、以色列等10个国家的研究者应邀参加的"全球创业监测"项目,把创业定义为"依靠个人、团队或一个现有企业,来建立一个新企业的过程,如自我创业、一个新的业务组织或一个现有企业的扩张"。

(4) 清华大学教授张健、姜彦福和林强指出:"创业是一个跨越多个学科领域的复杂现象,不同学科都从其独特的研究视角进行观察和研究,这些学科包括经济学、心理学、社会学、人类学、管理学等,而在各个学科领域又衍生出不同的创业研究方向。"

(5) 杰弗里·A. 蒂蒙斯(Jeffry A Timmons)认为:"It is a way of thinking, reasoning, and acting that is opportunity obsessed, holistic in approach, and leadership balanced."依据他的观点,创业是一种思考、推理和行为方式,这种方式是机会驱动、注重方法和与领导相平衡。创业导致价值的产生、增加、实现和更新,不只是为所有者,也为所有的参与者和利益相关者。

(6) 新奥地利学派领袖克兹涅尔定义:创业是指对潜在利润机会的敏感性。但是,这种定义的缺点在于忽略了创业家落实那些潜在盈利能力的机会。

(7) 国内较为流行郁义鸿等人的定义:"创业是一个发现和捕捉机会并由此创造出新颖的产品、服务或实现其潜在价值的过程。"

(8)《GE环球企业家》曾刊载关于创业概念的讨论:依靠个人、团队或一个现有企业,来建立一个新企业,例如自我就业、一个新的业务组织或一个现有企业的扩张。

(9)《企业家精神》曾刊载汪丁丁的观点:敬业、创新及合作的合聚构成创业。

比较以上定义,我们可以发现创业的关键即是创业者对机会的发现和捕捉。因此,创业者的素质对于创业的成功与否起着决定性的作用,不同的创业者面对相同的条件,其结果可能是完全不同的。所谓大学生创业,是指大学生中的创业者发现机会、整合资源、最终实现自己创业目的的一系列创业活动。综上所述,理解创业这一概念关键在于以下方面:参与企业的创立(并不要求是发起人,可以只是参与者)或是新企业的所有者与管理者的经营管理活动,新企业指创立不超过42个月,即3~5年的企业。创业就是创立一家前所未有的新企业,包括"创"和"立"两个方面。创业的过程就是一个发现和捕捉机会并由此创造出新颖产品或服务并实现其潜在价值的过程。

2. 创业概念的本质

概括起来,创业是必须承担风险的创业者,通过捕捉商业机会、投入已有的技能知识、配置相关资源、为消费者提供产品和服务、为个人和社会创造价值与财富的过程。在这一过程中包含几个基本要素：创业者、商业机会、组织、资源、价值。

二、创业的基本要素

1. 人力因素

（1）创业者：置身创业过程核心的个人或团队（创业主体）

我更喜欢拥有二流创意的一流创业者和团队。

——美国风险投资家，"风险投资之父"乔治·多里特（George Doriot）

如果你选择了优秀的人，他们总是能够改变产品，几乎我犯的每件错误都是选错了人，而不是选错了创意。

——美国风险投资家阿瑟·洛克（Arther Lock）

（2）企业内部的人际关系。人在社会上不是孤立的个体，而是生活在与他人的关系中，需要与他人互相支撑。创业过程中人的因素除了创业者外，还包括企业内部的人际关系。

（3）企业外部的人际关系。企业不是一个封闭的体系，而是一个开放的系统，它与外部的供应商、客户、当地政府和社区发生着相互的联系。所以，创业过程中人的因素还包括企业外部的人际关系。

2. 商业机会

商业机会来源于由当前服务于市场的企业留下的市场缺口，是指存在于某种特定的经营环境条件下，企业可以通过一定的商业活动发现、分析、选择、利用，并为企业创造利润和价值的市场需求。商业机会的特性包括潜在性、针对性、利益性、公开性、竞争性和时效性。商业机会的识别策略有：

（1）市场细分策略。市场细分就是指按照消费者欲望与需求的差异性，把一个总体市场划分成若干个具有共同特征的子市场的过程。

（2）市场渗透策略。市场渗透策略是一种立足于现有产品，充分开发其市场潜力的企业发展战略，又称为企业最基本的发展战略。

（3）产品开发策略。企业为了保持市场活力、扩大市场份额，持续不断地开发新产品，挖掘顾客需求，挖掘产品功能，开发边缘产品，利用别人的优势开发。

（4）差异化策略。差异化策略体现在四个方面：①产品差异化，如特点、性能、款式和设计；②服务差异化，如配送、安装、修理服务和顾客培训服务；③渠道差异化，如销售渠道的选择和中间商的选择；④人员差异化，如雇用比竞争对手更优秀的员工并注重培训。

3. 组织因素

组织因素是协作体系的核心，只有通过组织的作用才能创造出新的价值，人是所有管理因素中唯一具有能动性的资源，但是这种能动性要通过组织来实现。具体到创业活动中，组织因素具有以下功能：

（1）正确决策。决策包括对创业目的的规定，也包括对实现目的的手段的决定。它决定着创业活动的方向。

（2）创建组织。创业通常是由一个团队来进行的，因此需要对团队进行组织和管理。通过分工与协作，有条理地完成创业的相关活动。创建组织包括组织结构的构建和沟通体系的形成。

（3）加强领导。创业者在创建企业的过程中，需要扮演多个不同的角色，承担不同的职能，其中，领导的作用无疑是最重要的，因为它能够创造价值。只有这样才能维持协作体系的内部和外部的均衡。

（4）激励员工。创业需要最大限度地发挥现有的人力资源的作用。为此，我们必须以科学的人才观为指导，创新人才管理制度与机制，努力激发员工的潜能与活力，充分调动人的积极性，增强创业团队的凝聚力。

曾有一位美国学者将创业的要素归纳为 9 个"F"，并命名为"成功企业的 9F 要素"。这些要素分别是：创办人（founders）、抓住重点（focus）、决策迅速（fast）、机动灵活（flexible）、不断创新（forever innovating）、精简机构（flat）、精打细算（frugal）、待人友好（friendly）和充满乐趣（fun）。[①]

4. 物力因素

一个生产性的企业需要原料、设备、工具、厂房以及运输工具等，然后制造出产品。创业过程中物力因素主要包括：

（1）资金。新创企业首先需要注册资金，同时技术（或专利）、生产设备、原材料的购买以及人员的招募等也需要大量的资金。

（2）技术。新创企业中，产品技术含量的提高已经成为一个趋势。从硅谷到中关村，在新创企业推出的产品中，高技术产业所占的比例越来越高。

（3）原材料和产品。对生产型企业而言，创业过程中包括原材料和产品。对于从事其他事业的企业来说，同样存在一个由投入到产出的过程。

（4）生产手段。它包括设备、工艺以及相关人员。

三、创业的类型

创业类型一般是指创业者在创业道路上所选择的起步方式，主要包含创业者或创业团队开展创业的动机、创业模式选择、创业效果等内容，一般按照创业主体（谁创业——个体或者团体、创业动机）、创业形式（在哪儿创业——组织或公司内部、网上等）、创业效果（如何创业——商业模式、效果等）这三大问题深入细分创业类型的选择与创业动机、创业者风险承受能力密切相关，创业类型直接影响创业策略的制定。明确创业类型能让准备创业的人士准确知道自己属于什么类型的创业者。

1. 按照创业价值分类

（1）复制型创业：复制原有公司的经营模式，创新的成分很低。例如，某人原本在餐厅里担任厨师，后来离职自行创立一家与原服务餐厅类似的新餐厅。新创公司中属于复制型创业的比率虽然很高，但由于此类型创业的创新贡献太低，缺乏创业精神的内涵，不是创业管理主要研究的对象。这种类型的创业基本上只能称为"如何开办新公司"，因此

---

① 葛建新. 创业学[M]. 北京：清华大学出版社，2005.

很少会被列入大学生创业课程中学习的对象。

（2）模仿型创业：这种形式的创业，对于市场而言虽然无法带来新价值的创造，创新的成分也很低，但与复制型创业的不同之处在于，创业过程对于创业者而言还是具有很大的冒险成分。例如某一纺织公司的经理辞掉工作，开设一家当下流行的网络咖啡店。这种形式的创业具有较高的不确定性，学习过程长，犯错机会多，代价也较高昂。这种创业者如果具有适合的创业人格特性，经过系统的创业管理培训，掌握正确的市场进入时机，还是有很大机会可以获得成功。

（3）安定型创业：这种形式的创业，虽然为市场创造了新的价值，但对创业者而言，本身并没有面临太大的改变，做的也是比较熟悉的工作。这种创业类型强调的是创业精神的实现，也就是创新的活动，而不是新组织的创造，企业内部创业即属于这一类型。例如研发单位的某小组在开发完成一项新产品后，继续在该企业部门开发另一项新品。

（4）冒险型创业：这种类型的创业，除了对创业者本身带来极大改变，个人前途的不确定性也很高；对新企业的产品创新活动而言，也将面临很高的失败风险。冒险型创业是一种难度很高的创业类型，有较高的失败率，但成功所得的报酬也很惊人。这种类型的创业如果想要获得成功，必须在创业者能力、创业时机、创业精神发挥、创业策略研究拟定、经营模式设计、创业过程管理等各方面，都要有很好的搭配。

2. 按照创业主体分类

按照创业主体，创业类型可分为大学生创业、失业者创业、兼职者创业、自主创业、独立创业和合伙创业。

（1）大学生创业。大学生毕业后创业，有独立创业，也有合伙创业；可依照所学专业，也可转而从事非所学专业的创业。大学生创业已经成为中国最为普遍的创业类型。

（2）失业者创业。不少失业者也通过自己的努力，成为创业的佼佼者。这类创业大多选择服务行业，投资少、回报快、风险低。比如，北京的月嫂就是失业工人开创的，市场非常大，十分适合有生活经验的中年妇女。

（3）兼职者创业。如大学教授中有一部分就是兼职创业者，尤其是艺术专业的，自己建立公司，对外招揽生意。也有一些研究生、博士生在读书期间就为导师打工做项目。

（4）自主创业、独立创业、合伙创业。自主创业的目的并非以挣钱为主，而是不愿给人打工，受制于人；创业是追求工作的自由，是干自己想干的事和体现自我人生价值。

独立创业是指创业者独立创办自己的企业。个人独立创业也成为一种很平常的现象。独立创业的特点在于产权是创业者个人独有的，相对独立，而且产权清晰，企业利润归创业者独有。企业由创业者自由掌控，创业者按照自己的思路来经营和发展自己的企业，无须迎合其他持股者的利益要求以及对企业经营的干预。但是，独创企业的创业者面临独自承担风险、筹备创业资金比较困难、财务压力大和个人才能的限制等困难。

合伙创业是指与他人共同创业。与独立创业相比，合伙创业具有诸多优势：一是与合伙人共担风险；二是融资难的情况得到缓解；三是有利于优势互补，形成一定的团队优势。不利因素：一是易产生利益冲突；二是易出现中途退出者；三是企业内部管理交易费用较高；四是对企业发展目标可能有分歧。

第四节　有关创业的理论研究

创业是理解未来社会经济变化的一个关键概念,国际上众多学者对创业研究领域进行了关注。随着学者们对创业的深入研究,出现了多种创业理论和理论模型。

一、蒂蒙斯创业模型

蒂蒙斯(Timmons)于1999年在其著名的《New Venture Creation》一书中系统地提出了一个创业过程模型,在2004年本书的第六版中他又进一步完善了这个模型(见图1-2)。他认为,成功的创业活动,创业者必须能将商业机会、创业团队和创业资源三者做出最适当的搭配,并且要能随着事业发展而做出动态的调整,创业过程由机会所启动,在组成创业团队之后取得必要的资源,创业计划方能顺利开展。

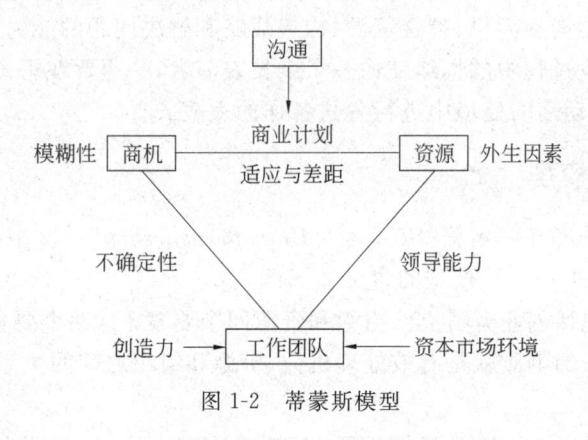

图1-2　蒂蒙斯模型

此模型认为创业是一个高度动态的过程,其中机会、资源、创业团队是创业过程最重要的驱动因素:商业机会是创业过程的核心要素,创业的核心是发现和开发机会,并利用机会实施创业,因此,识别与评估市场机会是创业过程的起点,也是创业过程中一个具有关键意义的阶段;资源是创业过程的必要支持,为了合理利用和控制资源,创业者往往要竭力设计创业技巧、用资谨慎的战略,这种战略往往对新创企业极为重要;创业团队是新创企业的关键组织要素。蒂蒙斯认为,创业领导人和创业团队必备的基本素质有:较强的学习能力,能够自如地对付逆境,有正直、可信、诚实的品质,富有决心、恒心、创造力、领导能力和沟通能力,但最为重要的是团队要具有柔性,能够适应市场环境的变化。

机会、资源、团队三者的不断调整,最终实现了动态均衡,这就是新创企业发展的实际过程。蒂蒙斯模型始终坚持三要素间的动态性、连续性和互动性。结合模型,蒂蒙斯创业理论的内涵可作如下理解:

第一,商业机会是创业过程的核心驱动力,创始人或工作团队是创业过程的主导者,资源是创业成功的必要保证。

创业过程始于创业机会,而不是钱、战略、网络、团队或商业计划。开始创业时,商业机会比资金、团队的才干和能力及适应的资源更重要。在创业过程中,资源与商机间经历着一个"适应→差距→适应"的动态过程。商业计划融合了创业者、商机和资源三个要素,使三者相互匹配,产生协同效应。

第二,创业过程是商业机会、创业者和资源三个要素匹配与平衡的结果。

处于模型底部的创始人或工作团队要善于配置和平衡,借此推进创业过程,他们必须做的核心过程是:对商机的理性分析和把握,对风险的认识和规避,对资源的最合理利用和配置,对工作团队适应性的分析和认识。

第三,创业过程是一个连续不断的寻求平衡的行为组合。

在三个要素中绝对的平衡是不存在的,但企业要保持发展,必须追求一种动态的平衡。保持平衡的观念展望企业未来时,创业者必须思量的问题是:目前的团队是否能领导公司未来的成长、资源状况;下一阶段的成功所面临的陷阱。这些问题在不同的阶段以不同的形式出现,牵涉企业的可持续发展。

总之,创始人或工作团队必须在推进业务的过程中,在模糊和不确定的动态的创业环境中要具有创造性地捕捉商机、整合资源、构建战略和解决问题的能力,要勤奋工作、富于牺牲。创业者在创业过程中的情绪就像一个杂技表演者,一边在平衡线上跳上跳下,保持平衡,一边还要在动荡的处境中进行各式各样的表演。

二、威克姆创业模型

威克姆(Wickham)在其名篇"*Strategic Entrepreneurship*"一文中提出了基于学习过程的创业模型(见图 1-3)。该模型的含义如下:

(1) 创业活动包括创业者、机会、组织和资源四个要素,这四个要素互相联系;

(2) 创业者任务的本质就是有效处理机会、资源和组织之间的关系,实现要素间的动态协调和匹配;

(3) 创业过程是一个不断学习的过程,而创业型组织是一个学习型组织。通过学习,不断变换要素间的关系,实现动态性平衡,成功完成创业。

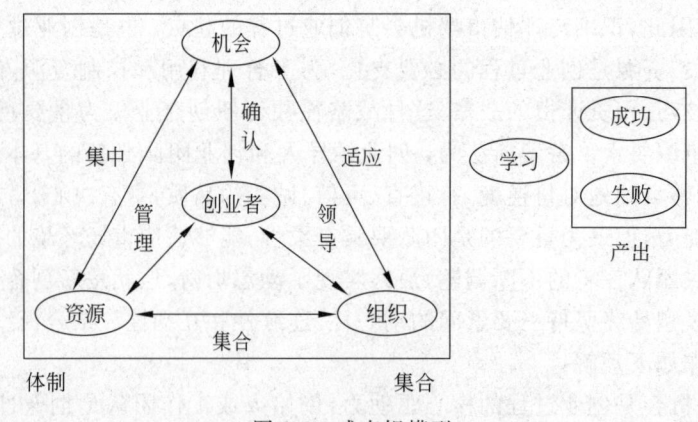

图 1-3 威克姆模型

该创业过程模型告诉我们,创业者处于创业活动的中心。创业者在创业中的职能体现在与其他三个要素的关系上,即识别和确认创业机会;管理创业资源;领导创业组织。

该模型还揭示了资源、机会、组织三要素之间的相互关系。威克姆创业模型的特点主要是，将创业者作为调节各个要素关系的重心，经过对机会的确认，管理资源并带领团队实施创业活动，在这个过程中组织不断加强学习，使创业者能够根据机会来集中所需资源，使组织适应机会的变化，进而实现创业成功。

另外，该模型还揭示了组织是一个学习型的组织。也就是说，组织必须对机会和挑战做出反应，而且还要根据这种反应的结构来调整和修改未来的反应，即组织的资产、结构、程序、文化等要随着组织的发展而不断改进，组织在不断的成功与失败中得到学习与锻炼，从而获得更大的成功，得以发展壮大。

三、克里斯琴创业模型

克里斯琴于2000年认为创业管理的整个焦点应该放在创业者（entrepreneur）与新事业（new venture）之间的互动上，所以他提出来的创业模型主要的两个元素为创业者与新事业。由于克里斯琴的模型主要强调创业者与新事业的互动关系，因此他将如何创立新事业，随着时间而变化的创业流程管理，以及影响创业活动的外部环境网络等三个议题，视为创业管理的核心问题（见图1-4）。

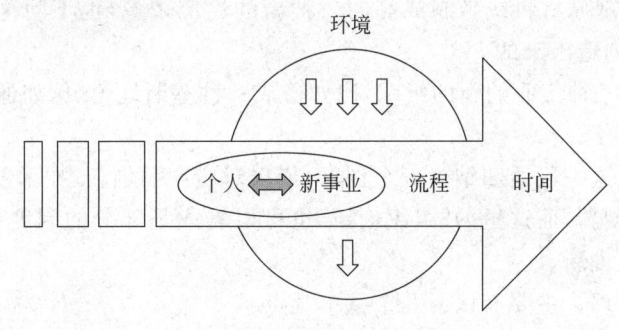

图1-4 克里斯琴模型

克里斯琴的模型与蒂蒙斯的模型同样重视创业者的功能，视创业者为创业活动的灵魂与推手，说明如何发展创业者的创业才能，将是创业管理工作上的一大重点。虽然有人说创业者的冒险犯难精神与积极开创的个性属于先天的人格特质，在后天上很难加以培养。但克里斯琴的模型所强调的"创业者与新事业互动的能力"以及蒂蒙斯模型所强调的"创业者随着环境变迁而动态调整创业模式的能力"，都与人格特质的关联性不高，也可说明创业者的能力确实可以经由系统的创业管理教育加以培育。

四、熊彼特的创新理论

熊彼特认为，所谓创新就是要"建立一种新的生产函数"，即"生产要素的重新组合"，就是要把一种从来没有的关于生产要素和生产条件的"新组合"引进生产体系中去，以实现对生产要素或生产条件的"新组合"；作为资本主义"灵魂"的"企业家"的职能就是实现"创新"，引进"新组合"；所谓"经济发展"，就是指整个资本主义社会不断地实现这种"新组合"，或者说资本主义的经济发展就是这种不断创新的结果；而这种"新组合"的目的是获得潜在的利润,即最大限度地获取超额利润。周期性的经济波动正是起因于创新过程的非连续性和非均衡性,不同的创新对经济发展产生不同的影响,由此形成不同的经济周期;资本主义只是经济变动的一种形式或方法,它不可能是静止的,也不可能永远存在下去。当经济进步使得创新活动本身降为"例行事物"时,企业家将随着创新职能减弱,投资机会减少而消亡,资本主义不能再存在下去,社会将自动地、和平地进入社会主义。当然,他所理解的社会主义与马克思、恩格斯所理解的社会主义具有本质性的区别。因此,他提出,"创新"是资本主义经济增长和发展的动力,没有"创新"就没有资本主义的发展。

熊彼特进一步明确指出"创新"的五种情况:

(1) 采用一种新的产品,也就是消费者还不熟悉的产品,或是一种产品的一种新的特性。

(2) 采用一种新的生产方法,也就是在有关的制造部门中尚未通过经验检定的方法,这种新的方法绝不需要建立在科学新发现的基础之上,并且,也可以存在于商业上处理一种产品的新的方式之中。

(3) 开辟一个新的市场,也就是有关国家的某一制造部门以前不曾进入的市场,不管这个市场以前是否存在过。

(4) 掠取或控制原材料或半制成品的一种新的供应来源,也不问这种来源是已经存在的,还是第一次创造出来的。

(5) 实现任何一种工业的新的组织,比如造成一种垄断地位(例如通过"托拉斯化"),或打破一种垄断地位。

后来人们将他这一段话归纳为五个创新,依次对应产品创新、技术创新、市场创新、资源配置创新、组织创新,而这里的"组织创新"也可以看成是部分的制度创新,当然仅仅是初期的狭义的制度创新。

熊彼特的创新理论主要有以下几个基本观点:

第一,创新是生产过程中内生的。他说:"我们所指的'发展'是产生于经济生活中的,而非从外部强加于它的,它是从内部自行发生变化的。"尽管投入的资本和劳动力数量的变化,能够导致经济生活的变化,但这并不是唯一的经济变化;还有另一种经济变化,它是不能用从外部加工数据的影响来说明的,它是从体系内部发生的。这种变化是那么多的重要经济现象的原因,所以,为它建立一种理论似乎是值得的,而另一种经济变化指的就是"创新"。

第二,创新是一种"革命性"变化。熊彼特曾作过这样一个形象的比喻:你不管把多大数量的驿路马车或邮车连续相加,都得不到一条铁路。"而恰恰就是这种'革命性'变化的发生,才是我们要涉及的问题,也就是在一种非常狭窄和正式的意义上经济发展的问题。"这就充分强调创新的突发性和间断性的特点,主张对经济发展进行"动态性"分析研究。

第三,创新同时意味着毁灭。一般来说,"新组合并不一定要由控制创新过程所代替的生产或商业过程的同一批人去执行",即并不是驿路马车的所有者去建筑铁路,而恰恰相反,铁路的建筑意味着对驿路马车的否定。所以,在竞争性的经济生活中,新组合意味着对旧组织通过竞争而加以消灭,尽管消灭的方式不同。如在完全竞争状态下的创新和毁灭往往发生在两个不同的经济实体之间;而随着经济的发展,经济实体的扩大,创新更多地转化为一种经济实体内部的自我更新。

第四,创新必须能够创造出新的价值。熊彼特认为,先有发明,后有创新;发明是新工具或新方法的发现,而创新是新工具或新方法的应用。"只要发明还没有得到实际上的应用,那么在经济上就是不起作用的。"因为新工具或新方法的使用在经济发展中起到作用,最重要的含义就是能够创造出新的价值。把发明与创新割裂开来,有其理论自身的缺陷;但强调创新是新工具或新方法的应用,必须产生出新的经济价值,这对于创新理论的研究具有重要的意义。所以,这个思想为此后诸多研究创新理论的学者所继承。

第五,创新是经济发展的本质规定。熊彼特力图引入创新概念以便从机制上解释经济发展。他认为,可以把经济区分为"增长"与"发展"两种情况。所谓经济增长,如果是由人口和资本的增长所导致的,并不能称作发展。"因为它没有产生在质上是新的现象,而只有同一种适应过程,像在自然数据中的变化一样。""我们所意指的发展是一种特殊的现象,同我们在循环流转中或走向均衡的趋势中可能观察到的完全不同。它是流转渠道中自发的和间断的变化,是对均衡的干扰,它永远在改变和代替以前存在的均衡状态。我们的发展理论,只不过是对这种现象和伴随它的过程的论述。"所以,"我们所说的发展,可以定义为执行新的组合。"也就是说,发展是经济循环流转过程的中断,也就是实现了创新,创新是发展的本质规定。

第六,创新的主体是"企业家"。熊彼特把"新组合"的实现称之为"企业",那么以实现这种"新组合"为职业的人们便是"企业家"。因此,企业家的核心职能不是经营或管理,而是看其是否能够执行这种"新组合"。这个核心职能又把真正的企业家活动与其他活动区别开来。每个企业家只有当其实际上实现了某种"新组合"时才是一个名副其实的企业家。这就使得"充当一个企业家并不是一种职业,一般来说也不是一种持久的状况,所以企业家并不形成一个从专门意义上讲的社会阶级。"熊彼特对企业家的这种独特的界定,其目的在于突出创新的特殊性,说明创新活动的特殊价值。但是,以能否实际实现某种"新组合"作为企业家的内在规定性,这就过于强调企业家的动态性,这不仅给研究创新主体问题带来困难,而且在实际生活过程中也很难把握。

学术界在熊彼特创新理论的基础上开展了进一步的研究,使创新的经济学研究日益精致和专门化,仅创新模型就先后出现了许多种,其代表性的模型有:技术推动模型、需求拉动模型、相互作用模型、整合模型、系统整合网络模型等,构建技术创新、机制创新等理论体系,形成关于创新理论的经济学理解。

五、格林豪斯职业生涯发展阶段理论

格林豪斯研究人生不同年龄段职业发展的主要任务,并以此将职业生涯划分为5个阶段。

(1)职业准备。典型年龄段为0~18岁。主要任务:发展职业想象力,对职业进行评估和选择,接受必需的职业教育。

这个阶段可以理解为找工作前的所有准备,在年龄上也较为符合中国的情况,即高中或中专毕业之后。此时的主要任务就是了解社会上的各种职业,并且在理论和实践上对职业进行体验、评估,结合个人偏好或目标进行大概的职业选择,同时为了达到职业入门的要求,就要接受培训、学校等方面的教育,以取得相应的从业证书和基本的职业能力。

(2)查看组织。18~25岁为查看组织阶段。主要任务是在一个理想的组织中获得一份工作,在获取足量信息的基础上,尽量选择一种合适的、较为满意的职业。

这个阶段可以理解为"找工作、找到工作、找到适合的工作"的过程,同时此理论提出一个概念:企业化或组织化,即在了解各类雇主中确定个人所适应的企业类型,在适应企业文化中与组织达到同步发展,这是与企业达成心理契约、获得同步发展的关键时期,也是避免职场新人过于频繁跳槽的有力方式,就是说我们现在过多地关注内在的职业倾向和外在的职业信息,而忽略了给我们提供工作平台的雇主,导致个人对组织有一点不满意就跳槽,这十分不利于个人的发展,要知道个人在职业生涯的发展很大程度取决于组织,在组织中较久地工作,与组织共同发展,这样对个人的锻炼和提升才是最大的,尤其是对于刚工作的人来说。

一般来说,在25岁之前是很难找到适合的工作的,大多人都是在毕业时找工作,经过一段时间找到工作,由于对职业与企业的不了解,很多时候是适应和学习,如果不适应就会离职换工作,对于很多国人来说,25岁甚至30岁之前都是职业体验期,即通过做更多的工作来了解自己的职业兴趣、评估各类职业,尤其是那些大学生,能在30岁时找到适合工作就不错了。

(3)职业生涯初期。处于此期的典型年龄段为25~40岁。该阶段的主要任务是学习职业技术,提高工作能力;了解和学习组织纪律和规范,逐步适应职业工作,适应和融入组织;为未来的职业成功做好准备。

有的人一辈子都在做着自己不喜欢的工作,但因为"路径依赖"导致转换成本过高,所以只能盼着退休,从这个层面来讲,本人认为只有当个人找到了自己的"天职"时才真正地开始自己的职业生涯,当然,对职业生涯的通俗理解就是只要开始工作了就是开始了职业生涯旅程。

天职——天赋之职,发现天赋,找到天职,开始职业生涯。融入职业、融入企业是把握当下的关键任务,这也是个人加薪晋升的两个必要条件。同时,还要为职业的下一步做好必要的准备,或职业转换,或跳槽。

(4)职业生涯中期。40~55岁是职业生涯中期阶段。主要任务:需要对早期职业生涯重新评估,强化或改变自己的职业理想;选定职业,努力工作,有所成就。

经过十几年的工作之后,也有了寻找天职的念头,以前是为生存工作,现在开始考虑为内心工作,因此有了重新评估和选择的想法,这个最好还是在初期就有所准备,否则四五十岁的人家庭负担很大,不容易轻易转换职业与组织。

(5)职业生涯后期。从55岁直至退休为职业生涯的后期。继续保持已有职业成就,维护尊严,准备引退,是这一阶段的主要任务。

快退休,不犯错,维持原有辉煌成就是很不容易的事,发挥最后的余热,同时规划退休后的生活。年轻时的爱好、朋友、理想在此时都会是打发时间的较好选择。

格林豪斯的职业生涯发展阶段理论从人的工作角度来看很通俗,在逻辑上也很清晰,可以概括人的整个职业生涯,但未免过于简单,不能细分职业生涯的阶段与问题。

六、萨尔曼（Sahlman）创业模型

萨尔曼（Sahlman）在"*Some Thoughts on Business Plan, the Entrepreneurial Venture*"一文中提出了其创业模型。萨尔曼认为，关键创业要素包括：人和资源、机会、交易行为和环境。创业过程是这四个关键要素相互协调，相互促进的过程。在该创业模型中强调了环境的重要性，认为其他三个创业因素来源于环境并反过来影响环境。另外，该模型考虑了交易行为因素，交易行为指的是创业者与资源供应者之间的直接或间接的关系，即与利益相关者之间的关系。萨尔曼创业模型强调了要素之间的适应性，并扩展了要素的外延，为创业实践提供了理论基础，同时为创业过程的研究开拓了新的视野。

七、加纳（Gartner）创业模型

加纳（William. B. Gartner）于 1985 年在其名篇"*A conceptual framework for describing the phenomenon of new venture creation*"中提出了新企业创建的概念框架，进而提出了独特的创业模型。加纳认为创业就是新组织的创建过程（organizing of new organizations），也就是将各个相互独立的行为要素组成合理的序列并产生理想的结果。他认为，描述新企业创业主要有四个维度：创立新企业的个人——创业者、他们所创建新企业的类型——组织、新企业所面临的环境以及新企业创立的过程。任何新企业的创立都是这四个要素相互作用的结果。加纳创业模型的特点是，这一模型不仅描述了新企业的创建，也适用于单个创业者的创业行为，此模型并不是专门回答"新企业是如何创建的"这一问题，而是为新企业的创建提出了可供参考的发展模型，因此这一模型也是动态的。

八、基于资源、机会和环境三维度的若干经典创业模型比较

要深入探讨各个创业模型的深层次内涵及其相互之间的异同，需要根据某种维度来对比分析。下面从资源、机会和环境三个维度来比较上述五大创业模型间的异同点，以期能够对模型的内涵和关联有较深入的把握。各个模型之间的比较结果见表 1-1。

表 1-1 经典创业模型比较

	资 源	机 会	环 境	综合比较
蒂蒙斯模型	资源的整合源于团队的形成和团队对机会的把握。经由团队实现了机会和资源之间的互动	创业源于对机会的识别，机会是创业过程中的关键因素	强调环境的不确定性，这是实现模型动态变化的前提，关注资本市场环境对领导力的影响	蒂蒙斯模型强调弹性与动态平衡，它认为创业活动随着时空变迁，机会、团队、资源这三项因素会因比重发生变化而产生失衡的现象。三要素随时空的变迁而实现动态的平衡是此模型的核心

续表

	资　源	机　会	环　境	综合比较
加纳模型	此模型中的资源主要是人力资源。创业者在创业过程中整合了内外部资源	机会开发过程就是创业过程	这里的环境主要是指商务环境，而并非环境特性	创业者要协调模型中的四个因素，各个因素相互影响，构成了网状结构，阐释了企业创建的基本过程
威克姆模型	资源是核心三角中的一角，源于对机会的识别和把握，创业者通过管理资源、领导组织来实施创业	此模型和蒂蒙斯模型一样强调机会的关键作用。机会既能够集中资源，又能够协调组织，是创业的直接诱因	通过对外部环境的适应，组织不断学习。此模型强调对环境的适应并从环境中获取知识，加以吸收和利用，强调了组织的不断学习能力	以创业者为核心来带领团队发现机会、组织资源，同时为适应外部环境而不断学习。动态学习过程成为创业能否成功的关键
克里斯蒂安模型	创业者个人是创业资源整合的基础	机会开发包括在新事业的开发过程中	强调环境随时间的变迁而变化，环境影响着创业的整个流程	强调个人能力随着环境的变化和创业过程的进行而不断地动态调整，新企业的创建是创业者创业能力动态变化的结果
萨尔曼模型	将人力资本和其他资源分离开来，探究资源与机会和交易行为之间的互动关系	从产品营利性、替代品和竞争者三个方面阐释机会的内涵，根据市场机会整合资源，决定实施何种交易行为	此模型强调了环境的核心作用，其他三个要素均以环境为中心而相互调节，同时对环境又有反作用	此模型强调了要素之间的适应性和匹配性，并扩展了要素的外延，从组织行为学的角度来研究创业活动

综上所述，首先，所有模型均具有动态特征。在动态中实现了各个创业要素的联系，根据外部环境的变化和时间的推移，这些模型呈现出动态性变化的特点。

其次，蒂蒙斯创业模型最具代表性。蒂蒙斯模型强调创业过程的动态平衡问题，克里斯蒂安模型所强调的创业者与新事业的互动，其内涵正好可以用蒂蒙斯模型的机会、资源、团队三要素的互动关系加以说明。克里斯蒂安模型注重创业流程管理。而加纳模型强调创业者要协调模型中的四个因素，各个因素相互影响，构成了网状结构，阐释了新企业创建的基本过程。这些创业模型都没有忽略外部环境因素，由于创业所需的机会、资源、团队都需要经由外部的市场网络、资本网络、人际网络来获取，因此，认识创业的市场环境，开发创业的网络关系，对于创业成功具有关键性的作用。

通过对创业模型研究工作的回顾，我们发现创业模型的开发具有以下特点：

第一，创业模型的开发很大程度上依赖于以发达国家，尤其是以美国为背景的案例（Timmnons, 1999；Gartner, 1985），如蒂蒙斯创业模型的提出是以对美国创业现象的研究为基础的，同样，加纳的研究也是以美国的企业为研究对象而提出的。因此，考虑国别及环境的不同，这些模型能否在发展中国家得到应用，还需要时间和实践的检验。因此，一个明显的研究趋势就是用多国的数据(源于发达国家和发展中国家)来进行比较研究，提出综合性较强的创业模型，以指导创业实践。

第二，基于案例研究或者小型样本开发创业模型。前人的研究工作似乎得到了这种一致性的倾向(McDougall&Oviatt,1996)。例如：克里斯蒂安创业模型的提出主要是基于案例研究。因此，在借鉴前面学者们建立的创业模型的基础上，我们认为有必要通过具有代表性的实证分析和案例分析，开发更具代表性和实践性的典型创业模型。

第五节　大学生创业的意义

围绕创业话题时刻都在演绎着一些具有悲喜剧色彩的故事。在大学毕业生就业压力越来越大的情况下，大学生改变传统的就业观念，不做现有工作岗位的竞争者，而是利用自己的知识、才能和技术创造新的就业机会，不论对大学生自己，还是对社会都具有重要意义。对于大学生自己而言，创业就是自己当老板，可以获得可观的经济收入，可以锤炼一个人的意志和信念，实现自己的人生价值；对于社会而言，可以创造更多的就业机会缓解社会就业压力。具体来说，大学生创业的意义主要体现在：

一、大学生创业有助于对书本知识的消化吸收

天桥把势，光说不练，到头来将一事无成。青年人的思想是与时俱进的，尝试创业，显然对今后的成功会奠定坚实的基础。由于中国学生的创业意识较差，在美国读书的中国学生与美国学生之间往往形成这样一种反差：在班上，中国学生学习刻苦，成绩优异。但是毕业后甚至还没毕业时，美国的学生就看准了自己的方向，创办了公司，准备开发产品。然后请几个高人制订一个开发方案，再请中国学生做开发人员，最后挣大钱的是美国学生，而出大力的却是中国学生。马克思主义认识论告诉我们：认识来源于实践，实践检验认识。我们要把白纸上的黑字变成自己的，不只要读读背背，还要把读过的、背过的放到社会中去实践，从而更深刻地理解它们，而我们具体的实践也将成为理论知识新鲜血液的来源。江泽民同志的四个统一中的"坚持学习书本知识与投身社会实践的统一"，说得也是这个道理。

二、大学生创业是提高实践能力的极好途径

目前，大学生就业市场的竞争日益激烈，企业招聘大学生，既要看毕业学校，还要看大学生实践经验，而实践能力水平的高低成为用人单位选贤任能的重要标准之一。所以，对于毫无经验的大学生来说，创业是提高实践能力的极好途径。现如今，为了满足社会需求，很多高校开始注重培养在校生的实践能力，但是，学校和社会从各个方面来说都存在着很多差异，高校培养大学生实践能力只是从一方面着手，但大学生创业却不同，它使得大学生深入社会，亲身感受社会，真真切切地培养了大学生动手动脑的能力，增强大学生的社会实践能力，并在实践活动中积累实践经验，提高大学生发现问题、分析问题、解决问题的能力，增加大学生职业体验。

三、大学生创业可以提高创新意识和创新精神

"培养创新型人才,推进高水平大学建设"已成为 2009 年全国"两会"高等教育的热点话题。社会各界也就如何培养大学生的创新意识、创业精神和创业品质,加强创业实践活动环节,开展了广泛的理论研讨与研究。创新意识及其支配和产生的创新活动对于个人乃至民族的发展有着重大的意义。近年来,商品经济时代的飞速发展,使铁饭碗时代一去不复返,取而代之的是愈演愈激烈的失业危机和就业压力。在如此的压力之下,具有创新思想就有很重要的意义,只有具有创新意识和创新思想才能在激烈的竞争中脱颖而出。而大学生创业就是提高创新意识、培养创新精神的一种有效途径。在创业过程中,大学生将学会逻辑分析、全方位思考,面对问题不断改进、不断创新,提高思维的活跃性。

四、大学生创业可以增加就业机会

近年来由于我国经济结构调整以及亚洲金融危机的影响,从 1999 年开始高校大规模扩招后的毕业生大量涌入社会,我国大学生的就业形势不容乐观。全国高等院校平均就业率在 70% 左右,本科生就业率在 80% 左右。而这其中还包括回到原籍等待二次就业的学生和考上研究生继续深造的学生。而政府也出台了各种相应的政策:允许学生将档案留在学校两年,增加研究生录取人数等,但是都不能从根本上解决问题。而创业,不仅可以解决大学生本身的就业困难,大学生的创业企业还可以为社会提供就业岗位,解决我国目前由于经济结构调整造成的全国范围内的就业问题。根据美国的统计结果,1977—1980 年,世界 500 强企业削减了 500 万个就业职位,而 1980—1999 年新企业在美国提供了将近 600 万个新岗位。据统计,在我国 1995—1999 年间城镇国有单位减少 2 000 万人、城镇集体单位减少 1 000 万人,外商投资增加不到 100 人,而私企和个体经济企业增加 1 500 万人,成为就业的主渠道。

由美国次贷危机引发的金融危机已蔓延全球,世界各国的经济发展均受到不同程度影响。我国亦不能独善其身,随着金融危机的持续,其对我国经济的影响日益凸显。经济状况向来是就业水平的"晴雨表",金融危机在影响我国经济发展的同时,对大学生就业带来的影响也是不容置疑的。企业的用人计划在缩水,使得原本就不景气的就业市场更加不景气,大学生与其等待别人安排就业,不如自己动手创业,不至于造成人才资源的浪费。在创业过程中,即使十个人有一个成功,也会带来社会就业机会的增加,带来社会财富的增加。

五、大学生创业可以促进社会发展和经济增长

在经济的发展中资源的优化利用成为其中的主要内容,而现代经济体系运行效率提高的余地逐渐缩小,使得创新成为经济发展的关键因素,创业不仅仅提高个体的人均产出和收入水平,而且促进新的社会结构和经济结构的形成。它不仅通过新的产品和服务来满足社会需求,而且刺激新的投资,从需求和供给两方面来促进经济的增长这一点美国的历史数据更具有说服力:从 1980 年以来,美国有 70% 以上的新产品和新服务由小企业和创业者提供,新公司每 1 美元的研发经费获得的创新是大公司的 2.5 倍。尤其在我国,正

处在发展市场经济体系的阶段,创业的发展必将为完善我国经济结构作出贡献。大学生创业除了具有创业的普遍意义以外,因为大学生处在校园环境之内,是我国科研活动比较集中的地方,对于提高我国远远落后的知识转化率也有着特殊的意义,同时大学生创业不论成功与否都将为社会培养储备一批具有高文化层次和丰富实践经验的人才,从这一点来看,大学生创业对社会发展的战略意义要远远大于单纯的经济意义。

本 章 小 结

综上可知,大学生创业无论是对自己还是对社会都形成了积极的影响。但是,创业是一个复杂的系统工程,它需要具有创新能力、富有创业精神和有较高综合素质的复合型人才。这种培养目标的达成需要创业人自己和外界的合作。

作为创业人自己——大学生,要积极学习,提高自身的含金量。首先,要塑造良好的创业心理素质。良好的心理素质是大学生进行创业的一个必要条件。创业活动是一项面临严峻挑战和压力的创造性事业,必须具备良好的创业心理素质。心理素质好的人,情绪稳定、性格开朗、人际关系协调、能以极大的热情投身于事业中,充分发挥主观能动性,使潜能得以有效发挥,并善于根据新形势适当地调控自己的身心状态。其次,要培养创业所必需的综合素质能力。创业是一个复杂而又艰巨的过程,它对创业者的综合素质要求很高,尤其是要求创业者具有合理的知识结构。具备一定的管理知识、商务、税务、投资、法律知识、创业知识和专业知识等。再次,还必须培养一些独特的创业素质,包括自立、自强、进取、意志、创新等,在思想上独立思考;在行动上独立展示自我、主宰自己的仕途。最后,还需有合理的能力结构,包括实践能力、开拓创新、组织领导、协调协作、沟通能力、创业能力、创造能力和社会交往等能力。

对于外界,除依靠高校的力量外,还需要全社会的支持与协作,并建立一个有助于大学生创业的、完善的创业服务体系,以优化创业环境,保障创业活动顺利开展与实施。作为以培养社会合格建设者与接班人的重要阵地,高等学校必须与时俱进,抓住机遇,大力推进高等教育改革,转变教育思路,改革人才培养模式,努力为社会培养大批高素质、创业型的人才,以适应经济社会发展的需要。只有这样,高等学校才能抢占人才培养的制高点,才能更好地推进全面建设小康社会的进程,构建社会主义和谐社会,为中华民族的伟大复兴做出积极贡献。

案例分析

大学生毕业后种香菇:年产值达 1 000 万元

1986年出生的李正森从小在农村长大,心地善良、乐于助人,村里老人担水烧柴困难,他总是主动跑去帮忙。每当听到大人们谈论哪个村民无钱看病可怜时,他就幻想着自己将来当了大老板,让那些可怜的乡邻都能在自己的公司上班挣钱。

2009年,李正森从安徽建筑工业学院毕业,在县城找到了一份建筑工作。由于所学专业对口，加之吃苦耐劳、工作有魄力，很受公司经理喜欢。一天，李正森回老家瓦房口镇看望父母，和同村一个15岁的少年同坐一车，这孩子的学习成绩非常优秀，可由于父亲残疾、家里贫困，考上重点高中就没有上。这再次刺激了李正森的那个童年梦想：创业办厂，带领乡亲们一起走上致富路！

2009年秋，当地政府鼓励大学生回乡创业，村里引进了肉鸡养殖企业。在建筑公司上班仅两个月的李正森辞去工作，信心百倍地搞起了肉鸡养殖，租地、贷款、建棚，他把周边一些留守老人和残疾朋友请来打工，连自己的父母也拉进来帮助管理。令他没有想到的是，第一次购买的4 000只鸡苗在路上就热死了一半，等到卖成品鸡时，收购经理说2 000只的养殖规模太小，相应的人工成本就会过高，赚不了钱肯定要亏本。第二次购回的6 000只鸡苗总算养大，可市场肉鸡价格大跌，当他拿到卖鸡款看着空荡荡的鸡棚时，眼泪唰唰直流，赔了20多万元，他三天三夜没睡着觉。第四天强撑着给村民付工资时，乡亲们都知道他赔了，让他先还银行贷款再说，但他执意先给村民付了工资。李正森回乡首次创业的一腔热情就这样被浇灭了。

李正森引种香菇纯属偶然。2010年夏季，李正森为了弥补养鸡的亏损，就跟着一个朋友搞起了猪苓购销。有一次，他到安康宁陕县收购猪苓，看到当地的食用菌产业很红火，就动了栽培食用菌的心思。他发现柞水以前都是用椴木栽培香菇木耳，随着人们对生态环保的重视，当地椴木食用菌产量必然会越来越少，而袋料生产香菇在柞水还很有限，这应该是一个致富商机，李正森瞅准了这一项目。宁陕的一位经理了解到他的创业经历后，被李正森憨厚耿直、富有同情心所打动，就同意和李正森合作。

2010年年底，在小岭镇政府的扶持下，李正森在金米村租地40多亩，注册资金300万元成立了陕西正森农业生态有限责任公司，他还注册了"正森"绿色食品商标。2012年李正森投资建设玻璃丝骨架大棚150个，购买高效灭菌炉、自动装袋机、电动翻料机等食用菌生产配套设备50余台，同时配套建设了装袋车间、菌种室、接种室、锅炉房、仓库、冷库和加工包装车间。

金米村既是板栗大村，又是核桃改良大村，每年林木科管会产生大量的树木枝条，还有大量的植物秸秆。自从在金米村建起食用菌公司后，他就从村民手中收购这些树木枝条、废弃秸秆和玉米芯、麸皮、玉米糠等，让这些往日的废弃物变成了钱串串。李正森还在生态循环经营上多动心思，对食用菌进行专业化生产、加工、销售，将食用菌培养基使用后又作为有机肥料还田，整个产业流程确保不给环境造成损害，公司采取"公司＋协会＋农户"的模式，充分发挥龙头企业的示范带头作用，统一培训、统一管理、统一回收、统一正森品牌销售，提高了菇农抗御市场风险的能力，带动周边农民发展优质、高效、生态、安全农业。2012年3月，在陕西正森农业生态有限责任公司的带动下，金米村组建了金米食用菌产业协会，村上33户农民加入协会，依托正森农业生态有限公司发展食用菌，仅去年村上生产食用菌150万袋，产鲜菇1 750吨，年产值达1 000万元。

（资料来源：http://www.cyzone.cn/a/20130725/243951.html）

【思考】
1. 你认为李正森身上有哪些创业成功必备的品质？
2. 你如何评价李正森寻找创业机会的经历？

> **小链接**

国内外大学生创业竞赛介绍

创业计划又名"商业计划"(business plan),是一无所有的创业者就某一项具有市场前景的新产品或新服务向风险投资家游说以取得风险投资的可行性商业报告。创业计划大赛是近几年风靡全球高校的重要赛事。起源于美国,又称为商业计划竞赛,自1983年得克萨斯州大学奥斯汀分校举办首届商业计划竞赛以来,美国已有包括麻省理工学院、斯坦福大学等世界一流大学在内的十多所大学每年举办这一竞赛。最著名的MIT"5万美金商业计划竞赛"已有十多年历史,每年都有五六家新的企业从大赛中诞生,影响深远。在中国,创业计划竞赛最早于1998年在清华大学举行。1999年,由共青团中央、中国科协、全国学联主办,清华大学承办的首届"挑战杯"中国大学生创业计划竞赛成功举行。目前,创业计划竞赛已与课外学术科技作品竞赛一同成为"挑战杯"的重要赛事,并形成两赛隔年举办的格局。且从2002年起,教育部也成为主办单位之一。作为学生科技活动的新载体,创业计划竞赛必将在培养复合性、创造性人才,促进高校产学研结合,推动国内风险投资体系建立方面发挥越来越积极的作用。

海外主要的大学生创业计划大赛

(1) 美国:MIT:5万美元创业大赛(1990年);得克萨斯州Austin:(1983年);

(2) 英国:剑桥大学创业学习中心(Cambridge ELC);

(3) 亚洲:亚洲大学生创业大赛;如中国台湾大学生商业计划大赛等;

(4) 国际大学生商业计划大赛。

大学生创业计划竞赛不是普通意义上的大学生的专业比赛。创业计划(又名商业计划)竞赛不是单纯的、个人的、集中在某一个专业的学生竞赛,而是以实际技术为背景,跨学科的优势互补的团队之间的综合较量。竞赛的意义也不局限于大学校园,从某种程度而言,创业计划竞赛是高等院校与现实社会和大学生与企业之间的互动与沟通。

今天,美国的高科技产业持续高速发展,大量充满活力的新公司不断涌现,树立了众人向往的榜样。同时,大学校园的高科技创业浪潮也席卷整个美国,大学生的创业热情空前高涨,起源于美国大学的创业计划大赛正是在这种形势下应运而生的。

创业计划大赛是借用风险投资的实际运作模式,要求参赛者组成优势互补的竞赛小组,提出一个具有市场前景的技术产品或服务,围绕这一产品或服务,以"获得风险投资家的投资"为目的,通过深入研究和广泛的市场调查,完成一份完整、具体、深入的商业计划。目前,美国已有包括麻省工学院(MIT)、斯坦福大学等10多所世界一流的大学每年举办这一竞赛。Yahoo!、Excite、Netscape等公司就是在斯坦福校园里的创业氛围中诞生的。

美国大学校园的商业计划竞赛起源于1983年,当时得克萨斯州立大学奥斯汀分校的两位MBA学生希望借鉴法学院的一种模拟法庭的形式举办商业计划竞赛,以此来推动高校MBA学生走入社会,进行企业策划的演练。当时他们的活动并没有受到多少的重

第一章 走进大学生创业

视,校方只给这两位同学象征性的经费支持。这两位商业计划竞赛的创办人历经千辛万苦,终于成功举办了世界上第一次商业计划竞赛。不过,当时的影响还无法与今天相比。

当得州大学奥斯汀分校的商业计划竞赛的举办者为了吸引新闻媒体和其他各方面的注意,开始邀请著名的宾州大学沃顿商学院等几家全美最有影响的商学院参加他们的比赛并且展示出竞赛极大的价值时,许多美国高校开始群起而仿效之。MIT、Stanford、Harvard等著名高校先后创办了自己的商业计划竞赛。其中以MIT的商业计划竞赛(现在更名为创业计划竞赛)最为成功。

MIT的"五万美金创业计划竞赛"($50K Entrepreneurship Competition)已有9年历史,影响非常之大。MIT创业竞赛成功的原因主要有以下几个方面:首先他们提倡全美最优秀的MIT工学院和位居全美前五位的MIT斯龙(Sloan)商学院的学生在竞赛中进行密切合作,每一届创业竞赛组织3次组队沙龙,此外,他们每个月还举行一次午餐会,所有团队成员聚在一起商讨合作;其次是庞大的MIT校友网络,这些MIT的校友对自己"师弟师妹"们的帮助对于他们在创业阶段的成长起了非常重要的作用;其次,MIT的创业竞赛吸引了一大批优秀的天使基金投资家、风险投资家、律师事务所、会计师事务所、咨询公司来参加他们的活动,这其中有许多投资和项目买卖的成交都直接与这些公司有密切的关系。

MIT的创业竞赛从1990年至今已成功举办了9届,其成就已令人瞩目。1990年仅有一份获奖的计划赢得了风险投资,成为今天很成功的一家高科技公司。但1997年的竞赛结束后,当年就有7家公司从竞赛中诞生。从MIT创业竞赛中诞生的公司几乎每年都在增加。更有许多成熟的商业计划被附近的高科技公司以高价买走,促进了周边企业的发展。这些从MIT创业竞赛中诞生的公司绝大部分发展十分迅速,年成长率通常都在50%以上。剑桥的一家咨询公司统计的结果表明,表现最优秀的50家公司中竟有46%出自MIT的创业竞赛。这并非偶然,因为从MIT竞赛中诞生的公司大都具有以下特征:技术含量高;创业者是MIT的佼佼者;发展十分迅速。一批批的创业者在比赛中得到锻炼和成长。风险投资家们涌入大学校园,寻求未来的技术经济领袖。

除了MIT的创业竞赛外,还有得州大学奥斯汀分校的Moot Corp等四个国际商业计划大赛也闻名整个美国。这些商业计划竞赛每年都吸引大量的风险投资基金的注意,成为美国校园一道独特的风景线。从某种意义上来说,高校的商业计划竞赛已经成为知识经济时代美国经济的直接驱动力量之一。

创业计划竞赛与风险投资紧密相关。风险投资在美国出现于"二战"后,举世闻名的硅谷就是风险投资的诞生地,风险投资和硅谷的高技术产业创业者们一块儿成长,和苹果公司、英特尔公司以及太阳微处理系统公司一块儿成长。风险投资和硅谷的创业者们一起经历四十年的风风雨雨,铸就了硅谷今天的辉煌。

在国际上家喻户晓的Yahoo!公司便是一个风险投资的典范。当初杨致远凭着他对网络搜索引擎的构想赢得了400万美元的投资,短短几年他的公司创造出近70亿美元的市场价值,投资回报率达几百倍。

高科技与新兴服务企业的发展具有高风险、高投入的特点,这就决定了谨慎的传统投资模式已不可能为其提供充足的资本,于是风险投资应运而生。由于高科技产业存在技术风险、市场风险、管理风险,投资家不得不对每一项投资慎之又慎。这就要求创业者在商业计划中对市场做出最清晰的分析,对产品的需求做出最准确的预测,对未来企业的管理做出最周密的筹划,对投资的收益做出最可信的阐释。投资者也往往通过创业者提交的创业计划来了解和考察创业者,从一定意义上讲,创业计划是创业起步的通行证。

美国硅谷之所以闻名于世,是因为那里有世界上最好的进行高科技创业的环境。一个年轻人如果有一个前景良好的高科技产品,他只需准备好一份优秀的商业计划,到创业投资公司游说一番,就会吸引到嗅觉十分灵敏的专门从事高技术风险投资的投资家们,他们会接踵而来对这份商业计划进行全面深入的评估,一旦认定这份计划具有投资价值,这家第一天还一无所有的公司第二天就可以开始营业了。只要有了创业者、优秀的项目和风险投资,律师事务所、会计师事务所、咨询公司、提供办公场地出租、员工招募的服务公司等都只需要一个电话就可以迅速提供服务。硅谷的人们深知时间点对于在高技术领域占领先机具有多么重要的意义,这种环境是硅谷成功最重要的原因。不仅世界上许多国家在效仿硅谷,美国许多地方也希望塑造本地的"硅谷",但都没有取得硅谷这样的成就,最重要的原因恐怕就是整个硅谷得天独厚的优良环境——优秀的大学、优秀的创业者、优秀的投资家、优秀的创业环境。

当代著名的美国高科技大公司,几乎都是创业者们利用风险投资创造出来的。Intel的摩尔、葛鲁夫,Microsoft的盖茨、艾伦,Apple的乔布斯,惠普的休利特、帕卡德,Netscape的安德森,Dell的戴尔,Yahoo!的杨致远等无不是创业者们的典范,这些公司中大部分是年轻的学生在离校后不久甚至在学校里就开始创办的。

创业计划竞赛活动在知识经济时代的风险投资浪潮中渐露峥嵘,目前,全球已有30余所大学举办创业计划竞赛,并已形成了一个全球商业计划竞赛网络,成员来自美国、欧洲、亚洲。全球商业计划竞赛网络每年举行一次会议,1999年度的年会于1月11—14日在新加坡国立大学举行,来自清华大学、新加坡国立大学(NUS)、麻省理工学院(MIT)、香港中文大学(CUHK)、台湾政治大学、韩国科技大学(KAIST)、日本早稻田大学(WASEDA)、以色列MIT企业论坛(MIT ENTERPRISE FORUM OF ISRAEL)等大学以及研究机构和公司的代表共120余人参加了本次会议。

我国大学生创业计划大赛历史沿革如下:
(1) 第一届(1999):北京——清华大学;
(2) 第二届(2000):上海——上海交通大学;
(3) 第三届(2002):杭州——浙江大学;
(4) 第四届(2004):厦门——厦门大学;
(5) 第五届(2006):济南——山东大学;
(6) 第六届(2008):成都——四川大学;
(7) 第七届(2010):长春——吉林大学。

清华大学于1998年5月成功举办了第一届清华创业计划大赛,首次将创业计划大赛引入了国内大学校园。1998年岁末,清华校园里的创业计划大赛成为社会各界关注的焦点之一。1999年,由共青团中央、中国科协、全国学联主办,清华大学承办的首届"挑战杯"中国大学生创业计划竞赛成功举行。竞赛汇集了全国120余所高校的近400件作品,在全国高校掀起了一轮创新、创业的热潮，产生了良好的社会影响。1999年、2000年、2002年、2004年、2006年、2008年、2010年第一、二、三、四、五、六、七届"挑战杯"中国大学生创业计划竞赛先后在清华大学、上海交通大学、浙江大学、厦门大学、山东大学、四川大学、吉林大学成功举办。经过几年的市场洗礼，一部分学生创业公司正在逐步走向成熟，创业计划竞赛使大学校园创新意识、创业能力的教育与培训工作得到了进一步发展，成为共青团、学生会组织参与素质教育的新载体，成为学生科技活动的新形式。

第二章 大学生创新思维训练

课程目标

通过本章的学习,使学生全面了解和掌握创新思维的定义、基本特征、创新过程、创新的意义等相关知识,帮助学生破除创新思维的枷锁,熟练掌握创新思维的常用技法,提高创新思维运用的能力,指导学生在创业中进行创新思维实践。

知识点和技能点

1. 创新思维的定义
2. 创新思维的基本特征
3. 创新思维的枷锁
4. 创新思维的技法
5. 创新思维的训练
6. 创新思维在创业中的实践

案例导读

乔布斯的成功之道

提到创新人们不能不想到史蒂夫·乔布斯。从早期职业生涯中的苹果的麦金塔电脑到皮克斯的大片,如玩具总动员3,最后回到苹果的"i"系列,他重新定义了科技世界,掀起了让技术为人们更好服务的热潮。

乔布斯出生于加利福尼亚州的杏园,即后来我们所称的硅谷。主修物理学和文学,后辍学在1976年和好朋友斯蒂夫·沃兹尼亚克一起用他卖掉自己大众牌房车的钱在父母家的车库里成立了苹果电脑公司。23岁时,已经坐拥100万美元的身家;24岁时,拥有超过1 000万美元;25岁时,拥有超过1亿元……许多年后,他成为亿万富豪。

乔布斯通过专注于新奇产品赚取超值利润,但是1985年,苹果公司在与微软的竞争中业绩下滑,使得他在与约翰·斯卡利的较量中失利而离开苹果。他转而成立了皮克斯动画工作室,在他的带领下皮克斯生产出一系列华特·迪士尼公司有史以来最成功、最受观众喜爱的动画片。

1997年,苹果公司在绝境中挣扎,再次邀请乔布斯出山。他意识到电脑市场正在迅速地改变着,戴尔这样的公司已经颠覆了电脑市场,因此并不确定苹果公司能否生存下去。但是乔布斯对科技未来的看法与众不同。他意识到科技应该向皮克斯公司学习——怎样与人们建立情感上的联系。他重新点燃了对于电脑设计的热情，采用了开放式系统，并推出了颜色时尚的 iMacs 电脑，用蓝莓色和橘红色取代了千篇一律的灰色。很快新产品受到了消费者的追捧，成为时尚的标志。他还坚持重视设计的每个方面，于 2000 年推出了 Mac OSX 用户界面，并在接受《财富》杂志采访时说："我们把屏幕上的图标做得很漂亮，以至于你想去舔舔它们。"他坚持不懈地致力于创新和市场营销，以创意而不是投资战胜竞争者。"创新与你拥有多少研发资金没有任何关系。当苹果公司刚推出 Mac 系列电脑时，IBM 花费的研发资金至少是其 100 倍。真正重要的并不是金钱，而是你拥有的人才，你的领导方式以及你拥有多少创意。"他在采访时补充道。

更引人注目的是，乔布斯意识到音乐产品急需创新。2001 年，iPod 诞生了，它拥有惊人的性能，能够储存 1 000 首歌曲。紧接着 iTunes 也面世了，这是一个真正的创新，它改变了人们对音乐的购买方式，也因此改变了这个产业的方方面面。此外，皮克斯公司在 2006 年被迪士尼公司收购，乔布斯因此获得了 75 亿美元的回报，使得他成为迪士尼最大的个人股东，并进入董事会。一年以后，iPhone 面世，引起巨大轰动，通过它应用的开放平台改变了整个通信领域。2008 年，MacBook Air 超薄笔记本电脑为计算机行业重新注入魔力，接下来 iPad 问世，预示着 2010 年平板电脑革命的到来。

他作为 4 个不同产业中的杰出人物，改变了音乐、电影、通信和电脑的世界，受到全世界管理者的钦佩，领导着一个最令人敬佩的、有创造力的创新者团队，并在 2009 年年末被《财富》评选为"20 年来最杰出的首席执行官"。把他对苹果、皮克斯、迪士尼和其他公司的贡献加在一起，《财富》估计他共创造了超过 1 500 亿美元的股东财富。我们对其成功秘诀众说纷纭，不过 2005 年他在斯坦福大学毕业典礼上的演讲可能给出了最佳答案，在演讲中他鼓励听众要像他一样树立自信心，抓住每一次机遇："你的时间是有限的，所以不要浪费时间去重复其他人的生活。不要陷入教条之中……要汲取其他人的思想成果。不要让其他人的观点淹没了你自己内心的声音。最重要的是，有勇气追随你自己的内心和直觉。"

（资料来源：[英]彼得·菲斯克. 创新天才[M]. 张冠南，相娜，赵俐，译. 北京：机械工业出版社，2012.）

【思考题】
1. 你认为乔布斯成功的秘诀是什么？
2. 创新思维有哪些有别于常规思维的特征？

第一节　走进创新思维时代

一、认识创新思维

1. 创新思维的定义

创新思维是人类在探索未知领域过程中，发挥人的主观能动性，以超越常规的眼光观察思考问题、提出与众不同且又能经得起检验的全新观点、全新思路和全新方案解决问题的思维活动。

创新又可分为不同的类型。根据创新成果是否具有首创性，可以分为原始创新和改进创新；根据创新成果是否拥有自主知识产权，可以分为自主创新和模仿创新；根据创新活动的不同主体，创新可分为技术创新、知识创新、制度创新、教育创新和管理创新。在商业社会中，创新又可分为市场创新、产品创新、组织创新和商业模式的创新等。

2. 创新思维的特征

创新思维作为人类创造能力的集中体现，有五个方面的基本特征：独立性、联想性、发散性、跨越性和综合性。

(1) 独立性，积极求异，在别人司空见惯、习以为常、不认为有问题的地方看出问题，勇于发掘认识过程中的差异性，敢于对司空见惯的现象和权威理论进行怀疑、批判，锐意进取。独立性是创新思维的主要标志，任何创新活动都离不开思维的智力品质的独创性。有这样一个例子：刷牙可以不用牙膏吗？成都一位老地质工人就发明了这种牙刷，获得中国和国际两项专利。这种牙刷刷毛中间有一块"纳米稀土磁芯片"，它是一种超强磁体，具有超强渗透能力，还可以迅速瓦解牙垢、牙石，清除口腔异味，并促进牙周组织血液循环、疏通牙周经络。

(2) 联想性，即由此及彼的思维能力。创新思维往往能够举一反三，融会贯通，由一种现象联想到其反面或相似的事物。鲁班是春秋时鲁国的能工巧匠，通过妻子的翻头鞋联想到了能出海打鱼的工具，于是造出了可供出海打鱼的木船。

(3) 发散性，即从不同角度思考问题，在一个问题面前提出多种假设和答案，及时放弃无效的方法而转换思路。创新思维的能动性驱使个体不满足于只有一种解决方案，能够突破已有经验、知识和常规思维定式的框架，使常规思维向创新思维转化，沿着不同的思维线索，展开多维的思维方向，多方向地、发散地思考解决问题的各种可能性，经过灵活地方向转换，将思维素材重新选择、重构，产生解决问题的新设想。

(4) 跨越性，即超越一般的逻辑推理法则和通常的实践进程，另辟蹊径，实现质变。跨越性是创新思维的必要属性，没有跨越性就不能算是创新思维。

已经认识到的规律、已经形成的科学理论，是人类的宝贵财富，是人类在认识世界、改造世界过程中所积累下来的经验教训，是我们用以教育下一代的主要内容，也是人类进一步地认识、改造客观世界的工具。但与此同时我们必须认识到，这些现有的知识基础，在人类认识发展的过程中，只是某一阶段的相对真理。随着人类认识范围扩大、深度加深后，这些真理就不再是真理，反而成为创新的桎梏。所以在碰到一些新情况、新问题时，运用已有的认识成果无法解决问题，就必须突破现有的框架，实现跨越式发展。例如，相对论的产生，就是爱因斯坦运用创新思维所实现的力学理论上的革命；生物进化论的产生，是达尔文和华莱士各自独立地运用创新思维所实现的生物学的革命；微积分的产生是牛顿和莱布尼兹运用创新思维将运动、变化引用到数学上，实现了数学的革命。

(5) 综合性，即整合、吸纳前人成果的性质，创新思维形成于大量概念、事实和观察材料的综合，产生于多种思维形式的交替，融合于前人智慧结晶的巧妙联结。

首先，创新思维是对已有成果的综合，人类历史上，脱离任何已有成果的完全创新是不存在的，任何创新思维都是以前人已有的认识和实践成果为基础或前提的。例如牛顿经典力学体系的创立,就是吸收、综合了开普勒的天体运动三定律和伽利略关于地面上物体运动规律的基础上实现的,这是近代科学史上的第一次大综合。牛顿自己也说道:"假若我能比别人看得更远,那是因为我站在巨人的肩膀上。"

其次,创新思维是多种思维形式的综合运用,在创新思维中既要用到抽象逻辑思维,也要用到具体形象思维;既要用到发散思维,也要用到收敛思维;既要用到横向思维,也要用到纵向思维;既要有动态思维,也要有静态思维;既要有正向思维,也要有逆向思维等,总之任何创新思维都不是单纯地运用一种思维方式所能实现的。

接着,创新思维还是多种思维方法的综合,单纯的演绎法和归纳法都不能产生创新思维。电子计算机的演绎逻辑能力比人强得多,但我们不能说计算机有创新能力。同演绎逻辑一样,单纯的归纳逻辑也没有创新成分。同样,单纯的分析、单纯的综合、单纯的逻辑方法与单纯的历史方法、单纯的抽象与单纯的概括等,都不能产生创新思维。只有将演绎与归纳、分析与综合、抽象与概括、逻辑方法与历史方法等许多思维方法结合起来,辩证地加以运用,才能产生创新思维。

3. 创新思维的过程

了解了创新思维的特点后,再来看看创新思维大概经过的四个阶段:

(1) 问题阶段,提出问题是一切发明创造的前提,包括自觉提出的问题、不自觉遇到的问题、直觉思维发现的问题以及理论方面相关的问题。由于人类的认识和实践活动是多种多样的,问题的产生和提出也势必是多种多样的。其中主要有以下几种类型:

① 生产和管理等实践活动中产生和提出的实用性、技术性的问题。其中包括生产范围、规模的扩大,生产所需设备、技术、工艺流程的更新,管理上的重大决策,规章制度的建立或改革,各项具体组织工作等。

② 科学上的观察和实验中所出现的前所未有的新现象、新事实,需要对它做出理论上的解释、说明或抽象概括。

③ 所有的各种认识、理论之间的矛盾,既包括一个理论体系(假说)内部的矛盾,也包括各种不同的理论体系(假说)之间的矛盾。

虽然问题的来源丰富,但要发现问题并不是那么容易。爱因斯坦说:"提出一个问题往往比解决一个问题更重要。"因为解决一个问题也许仅是一个数学上的或实验上的技能而已,而提出新的问题,从新的角度去看旧的问题,需要创造性的想象力,这才标志着科学的真正进行。

要发现问题、提出问题,必须具备两个条件:首先,要敢于突破原有理论的束缚,打破思维定式,具有怀疑一切的精神。我国宋代的大学者朱熹就提出了"学贵有疑"、"大疑则大悟,小疑则小悟"的著名论断。其次,要具备相应的知识,否则即使问题摆在面前也会视而不见。

(2) 准备阶段,准备阶段包括搜集一切和研究问题相关的资料。在这个阶段,人们搜集所有可以利用的资料,反复吸收整理,就能够分析问题的每一个要素,作广泛、深入地调研。如果不去搜集前人已有的成果,不仅会使自己的研究缺乏必要的理论和根据,还会造成无效的重复劳动。在搜集资料时对于前人成功的部分,要取其精华,作为进一步研究的出发点和依据,吸收宝贵的经验。在吸收前人成果时要采取批判的态度,既不能全盘否定,也不能不分好坏地全部吸收。对于以往研究的失败之处,更要从中吸取教训,找到失败的原因,使自己少走弯路。不注意他人失败的教训,自己往往会付出更大的代价。

需要搜集的资料主要包括两类:一是各种有关的基本理论;二是以往已经发现、认识的事实。任何问题的解决都需要有充分的理论根据,其中包括基础理论、专业理论和相关学科的理论,这些理论有些已经掌握,有些则尚未得到充分认识。对于尚未掌握的理论,我们要花工夫加以补充。理论基础不扎实的人,是不能有效进行创新思维的,一般来说,创新思维对基础理论的要求是扎实,对专业理论的要求是尽可能精深,对相关学科理论则要求尽可能广博。此外,解决问题还需要一定的事实根据,包括生产领域、社会领域、科学领域已经掌握的客观事物情况,没有一定的客观实际作根据,无法有效地解决问题。

(3)创新阶段,创新者在积累丰富的感性资料后,取其精华,去其糟粕,并将其和理论知识相联系,初步形成设想,再根据已有的知识对提出的设想是否符合客观实际,形成具有独创意义的设想。在这一阶段最重要的是清楚意识到原有的传统理论和技术的束缚,感受到解决问题的思路同传统观念、理论、技术之间的矛盾,经过对很多假设、方案失败原因的分析,并使之条理化、系统化,形成创新性的解决方案。很多科学家都到了此阶段但被传统理论所束缚,最终止步于新发现。例如普利斯特列已经在实验中析出了氧气,由于受燃素说的束缚而未能发现氧气,就是科学史上人尽皆知的典型事例。创新阶段往往是我们感到最迷茫的阶段,既丢不开问题,又找不到出路,这种苦闷的状态,清末学者王国维借用柳永的词将其称为"衣带渐宽终不悔,为伊消得人憔悴。"

(4)总结阶段,对提出的设想进行适当的整理,并在不同方案之间对比、评价,在充分论证和必要试验的基础上,找出最佳方案,随后制订出具体的实施计划和方案并付诸实践。这些新设想是否有价值,必须经过鉴定、比较,并最后在实践中才能体现出来。这是创新思维过程的最后一个阶段,也是思维成果的实现阶段,只有通过这个阶段才能真正完成创新思维活动的全部过程。

二、创新思维改变世界

1. 创新思维是人类文明进步的动力

人类与动物相比,人类是脆弱的,既没有虎豹的利爪,也没有鹰隼的锐眼,更没有感知超声波的异能,但人类拥有着神奇的力量,它并非来自肢体,而是来自头脑,来自人类特有的思维能力。法国思想家帕斯卡曾经说过:"人不过是一株芦苇,是自然界最脆弱的东西;可是,人是会思考的。要想压倒人,世界万物并不需要武装起来,一缕汽,一滴水,都能置人于死地。但是即便世界万物将人压倒了,人还是比世界万物高出一筹;因为人知道自己会死,也知道世界万物在哪些方面胜过了自己,而世界万物则一无所知。"

人类运用自己的思维能力发展着自己的文明,也改变着这个世界。蒸汽机的发明,引起了波澜壮阔的工业革命,使人类文明进入工业化时代。发电机、电动机、电灯泡以及电子无线电技术等的发明,使人类进入电气化时代。随着核动力发电和电子计算机的发明与广泛应用,人类社会进入了高科技时代并迎接知识经济时代的到来。从日常的衣食住行来看,人类从一丝不挂到西装革履、从钻木取火到半导体发光管、穴居到高楼大厦、从步行到空运,每一个进步都与人类的创新思维密切相关。

人类的历史就是一部发明创造史，没有发明创造，就没有人类社会的繁荣与昌盛，也没有物质和精神文明。科学技术发展的源泉是发明创造，搞发明创造就需要有创造力，而创新思维是构成创造力的核心，创新思维是人类文明不断进步的动力。

2. 创新思维是国家兴旺发达的动力

创新是一项重要的国家战略，与经济增长紧密联系，创新能够解释经济增长的理论已经被经济学家们深入阐释。著名经济学家约瑟夫·熊彼特提出：企业家会努力应用技术创新即一项新产品、服务或者生产的新流程，获得战略优势。在一段时期内，这家企业可能是唯一创新的企业，而该企业家可以预期获得垄断利润。但是其他企业无疑会发现这一诀窍并努力去模仿它，结果是其他的创新产品应运而生，大量新思想的涌入使得垄断利润被稀释，最终达到平衡。在此，新的循环又将开始，最初创新的企业家或是其他人会寻找下一次重新制定游戏规则的创新点，于是又开始了新的创新循环。熊彼特提到过"创造性破坏"的过程，在不断寻求新的利润增长点的驱动下，我们持续地寻找摧毁旧规则并同时建立新规则的创新点。

全球经济和令人难以置信的技术发展正在以意想不到的方式改造我们的未来，如果不能超前思考、不断创新，就会被抛在历史脚步的后面。所以世界上越来越多的国家将创新作为本国国家发展的重要举措，而各国综合国力的竞争归根到底是创新能力的竞争，谁的创新能力强，谁就能在经济发展中占据主导地位。2014年的中国政府工作报告中就写道："创新是经济结构调整优化的原动力。要把创新摆在国家发展全局的核心位置，促进科技与经济社会发展紧密结合，推动我国产业向全球价值链高端跃升。"

对于中国来说，创新思维作为国家战略格外紧迫。有些人洋洋得意于中国GDP的增长，却没有看到中国制造背后中国创造力的缺失。张瑞敏说："我认为他们忽略了一点，不是'全球产品中国造'，而是'全球名牌到中国制造'。"品牌和创新性的匮乏，使得中国企业挣扎于全球产业链的低端，而当土地、人力、资源等成本优势逐渐消失后，中国企业正在面临生存困境。2005年温家宝在和出席全国人大三次会议的江苏代表们一起审议政府工作报告时，讲道："我听到一个例子，感到非常痛心。我们出口的DVD一台大约40美元，但是要交21美元的专利费；我们的药品，人离不开啊，可是90％以上都是国外的专利；我们的数控机床70％以上是外国专利；我们的汽车90％以上都是合资企业或者国外品牌。"

一系列触目惊心的数据都在提醒我们中国必须转变经济发展方式，由低成本、高投入的粗放型增长方式转变为以创新为核心的新的增长方式。江泽民同志指出："创新是一个民族进步的灵魂，是国家兴旺发达的不竭动力。"创新是实现中国特色社会主义跨越式发展的必由之路，是增强我国自身竞争力，提高我国国际地位的必由之路。

3. 创新思维是企业发展的动力

这是一个充满创新的世界，一个创意推动经济的时代。科学家在研究新的超级纤维理论，工程师在从事纳米技术，设计师在钻研3D制图，教师试图培养出精通数码技术的孩子，艺术家致力于环境媒体，零售商提供体验式剧场……在这个时代中，直觉战胜逻辑，想象推动认识，形式和功能一样重要，创造力是最宝贵的财富。在商业领域中，企业们逐渐认识到只依靠高效和专注，是不可能发掘商机、赢得竞争优势的，只有创新才能为我们带来更大的成功。

《商业周刊》的年度全球最具创新性公司排名已经成为行业中权威性的排行榜(参见表 2-1),苹果一贯高居榜首,一些后起之秀包括亚马逊、LG 集团以及中国电动汽车制造商比亚迪公司也榜上有名,从表 2-1 可以看出产品创新成为很多公司创新战略的共同选择。

表 2-1　2010 年全球最具创新性公司排行榜

序号	公司	创新的重点	收入增长(%)	利润增长(%)	股东回报(%)
1	苹果	产品	30	29	35
2	谷歌	体验	31	2	10
3	微软	过程	10	−4	3
4	IBM	过程	2	11	12
5	丰田	过程	−11	—	−20
6	亚马逊	体验	29	6	51
7	LG 电子	产品	16	707	31
8	比亚迪	过程	42	−1	99
9	通用电气	过程	−1	−25	−22
10	索尼	产品	−5	—	−19
11	三星	产品	17	−9	10
12	英特尔	产品	0	12	3
13	福特	过程	−12	—	10
14	RIM	体验	75	−6	17
15	大众汽车	商业模式	0	14	8
16	惠普	过程	8	9	9
17	塔塔集团	商业模式	—	—	—
18	宝马	体验	0	—	−8
19	可口可乐	体验	9	1	9
20	任天堂	体验	22	3	−8

(资料来源:2010 年《商业周刊》)

在创新的大潮中,企业如果不创新,将很快面临灭亡的困境。微软总裁比尔·盖茨总是告诫他的员工:"我们的公司离破产永远只差 18 个月。"我们都知道巴林银行有着两百多年的历史,上百亿英镑的资产,而仅仅由于错误地判断了日本股市的走向,这座曾经辉煌的金融大厦瞬间倒塌。企业如果不保持创新活力,故步自封,面临倒闭不过是迟早的结局。

4. 创新与创业

通常意义上,创业是人类社会生活中一项最能体现人的主体性的社会实践活动。它是一种劳动方式,是一种需要创业者组织、运用服务、技术、器物作业的思考、推理、判断的行为。创新是创业的基础,而创业推动着创新。一方面,科学技术、思想观念的创新,在促进人们物质生产和生活方式的变革,引发新的生产、生活方式,进而为整个社会不断地提供新的消费需求,这是创业活动之所以源源不断的根本动因;另一方面,创业在本质上是人们的一种创新性实践活动。无论是何种性质、类型的创业活动,它们都有一个共同的特征,那就是创业是主体的一种能动的、开创性的实践活动,是一种高度的自主行为,在创业实践的过程中,主体的主观能动性将会得到充分的发挥和张扬,正是这种主体能动性充分体现了创业的创新性特征。创业可以推动新发明、新产品或是新服务的不断涌现,创造出新的市场需求,从而进一步推动和深化各方面的创新,因而也就提高了企业或是整个国家的创新能力,推动经济的增长。所以大学生创业要格外注意创新思维的运用,才能真正创业成功。

第二节 大学生要破除创新思维枷锁

一、惯性思维

1. 惯性思维概述

惯性思维就是思维沿前一思考路径以线性方式延伸,并暂时封闭了其他的思考方向。惯性思维是逻辑思维的一种表现,所谓逻辑思维就是借助语言形式表达的思维,特点是以抽象的概念、判断和推理作为思维的基本形式,通过分析、综合、分类、比较、归纳、演绎、抽象、具体化等方法,揭露事物的本质特征和规律性联系。惯性思维能省去摸索和试探的步骤,缩短思考时间,又可以提高思考的成功率。但惯性思维不利于创新思考,是创新过程中的一大枷锁,打破惯性思维枷锁的关键在于跳出逻辑思维的束缚。

2. 惯性思维表现

(1)强势惯性。在培训界有个著名的例子:

一般人家铺地砖都用各种花色的四边形(在黑板上画一个正方形),现在有座新建的歌剧院也要铺设地砖,但它的地砖是一种五边形,形状、大小都一样,要求不能重叠,除了墙角可以切割外,整个大厅几千块地砖必须严丝合缝、快快完整相接,请问应当怎么铺?

看到这道题,大家的第一反应是不约而同地在纸上画了一个正五边形,然后一块块画下去,最后发现无法找到答案。原因其实很简单,大家都把五边形仅仅理解为正五边形了,当题目中没有出现正五边形的要求时,为什么大家都以正五边形来思考呢?

这里设置了两个陷阱:首先黑板上画了一个正方形,强烈辐射后面的思路,引导大家将五边形理解为正五边形。此外,正五边形虽然在无数五边形中是一个特例,却是一个最强势的特例,这种强势在人们脑海中长期积累而成,从而在思考时阻挡思维的其他方向,一旦跳出这种惯性,问题就迎刃而解。

(2)预设惯性。思维是有预设条件的,人们只能在已经预设的、特定的、无形化的语境、逻辑、价值、常识中思考。

题1：有样东西，它毫无重量，眼睛能看见，如果将这样东西弄到一个桶上，还能使这个桶变轻，这是什么东西呢？

题2：有个人横穿马路，虽然他身穿黑衣，当时既无路灯也没有月亮，但司机却看到了他，为什么？

第一道题的答案是一个洞。如果大家没有想到，并不意味着发散思维能力有问题，而是这种联想的前提已经被不知不觉地预设，你的思考只能在实体范围内搜索，从而形成一种无意识的实体假设。

有第一道题的启发，相比第二道题大家已经想到它的答案了——这是在白天。见到"黑衣"、"路灯"、"月亮"这些词汇提供的语境，人们最直接的联想便是夜晚，人们对自己熟悉的语言在长期使用中已经建立起了某种定式联想，这种联系会以一种惯性的力量将我们逼进陷阱中，很多脑筋急转弯都遵循这种套路。

（3）惰性惯性。惰性是人类思维深处的一种保守力量，人们总是习惯用老眼光看新问题，而不愿意重新探索尝试，这种保守不仅仅是指有意识的应变策略，更是指一种下意识地对变化的迟钝反应。

有一个心理实验用来测量一个人的保守程度：首先让被试者看一张狗的图片，然后再给他看一串类似狗的图片，其中每一张图片都与第一张有点差异，每一张都减少一点狗的特征，加上一点猫的特征，这些差异演变到最后已经不是狗而是逐渐成猫。比较保守的人在这一连串图片中一直说是狗的次数比较多，而激进的人更早地认为是猫。

3. 破除惯性思维

大学生们从小到大考试的模式基本上都是逻辑思维的训练，当我们面对千头万绪的事务束手无策时，习惯使用逻辑思维方法理清思路，寻找解决问题的路径。或者事先安排好各种要求和限制条件，然后去寻找一个适应于这种"模式"的想法，如此一来，我们就把自己限制在这些想法中，无法找到突破口。这时我们就要破除惯性思维、逻辑思维的枷锁，让自己的想象力尽情翱翔，让自己的思维不断跳跃，很多创意和灵感就会倾泻而出，便可以在疑难面前豁然开朗。

二、经验思维

每个人都有自己一定的思维方法。查尔斯·汉迪（Charles Handy）[①]指出：人们心里都有一些"未曾表达、未加梳理，但却根深蒂固的组织模式"。这些模式来源于每个人不同的生活环境和人生经历，人们从中了解到如何待人接物和自我表现。这种无形的束缚伴随人们一生，一定的思维方法一旦形成，它就具有相对的独立性和稳定性。这种思维框架对人们的思维活动起着规范作用，引导人们对外界信息进行选择、过滤、吸收、加工，从而得出结论。而这些无意识中潜藏的惯性思维模式一旦摆错了地方就有可能造成危险，所以大学生创业一定要注意破除经验思维的束缚。

---

① 英国当代最知名的管理大师，被誉为"大洋彼岸的德鲁克"。

1. 经验思维概述

经验是人们通过实践所获得的知识、掌握的规律或技能,是主观意识的一种表现形式。经验思维即理解、处理问题时往往不自主地按照以往的经验去办的一种思维习惯,实际上是把经验绝对化、夸大化的表现。

经验思维有四个特点:

(1) 个体差异性。因个人的经历、感受不同,会形成不同的思维习惯、方法和定式,从而显示出很大的个体差异性。

(2) 直接可行性。经验的内容直接来自实践活动,成果又直接回到实践活动中去,指导人们类似的活动。经验本身就是一些指导行动的具体指令,人们利用这些指令直接调动和控制自己的操作,从而完成现实的实践活动,例如教师的教学经验,学生的备考经验等。

(3) 认识的表面性。经验停留在对事物的表面联系和外部面貌的认识,尚未深入事物的本质和运动发展的真实原因,常常知其然不知其所以然。

(4) 自发的习惯性和连续性。人们的某种生活感受和实践体会的重复出现促成人们形成某种经验,于是人们在运用经验思维时就会使那些具有连续性的经验一个接一个自动产生出来,构成一种连续的思维活动。

经验在人们的实践活动中起着重要的作用。首先,在一定的范围和条件下,人们可以凭借经验指导在相同条件下的实践活动,提高习常性实践活动的效率。其次,经验是理论的基础,理论必须建立在经验基础上才有生命力,离开了经验,理论思维就无法运行。但经验具有时间和空间的狭隘性,任何经验总是在一定的时空范围内产生的,一旦超越了这个时空范围,固有的经验可能就失去效用了。最后,经验具有思维主体的狭隘性,任何经验都是负载于特定的思维主体的,而思维主体在认识事物的过程中,都有可能带有一定的主观意向,使其对事物的判断带有一定的主观性。可见它只能在一定的实践水平和条件下才对一定的实践活动有指导意义,且这种指导意义是有限的。

2. 经验思维阻碍创新

经验思维是创新活动的重要枷锁,它阻碍创新思路的开阔,限制联想、想象力的发挥,是新思想、新方法、新形象、新技术产生的障碍。

中国古代有个成语叫"守株待兔":

宋人有耕田者,田中有株,兔走触株,折颈而死。因释其耒而守株,冀复得兔。兔不可复得,而身为宋国笑。——《韩非子·五蠹》

宋人因为对一次经验的迷信,妄想再次不劳而获,最后沦为笑柄。

诸葛亮敢演空城计,就是利用了司马懿的思维定式,不断改变己方策略,而司马懿正是由于以往作战经验形成的思维定式,使得他不敢进城,从而错过了战争胜利的机会。

经验比科学更直接、更亲切,也意味着比科学更肤浅、更狭隘。18世纪的天文学家绝不相信陨石确实是从天上掉下来的,当时的天文学家坚持认为这是从某处捡来的或是大风刮来的,要不就是目击者撒谎,甚至法国科学院也对民间传说加以嘲笑。直到1803年4月26日,几千块陨石眼睁睁从天而降,落在法国莱格尔镇,天文学家才不情愿地承认陨石确实是从天上掉下来的。

人们总是跳不出经验,甚至让最大胆的幻想都带着个人经验的痕迹。鲁迅《"人话"》中有个流传甚广的段子:"大热天的正午,一个农妇做事做得正苦,忽而叹道:'皇后娘娘真不知道多么快活。这时还不是在床上睡午觉,醒过来的时候,就叫道:太监,拿个柿饼来!'"农妇以自己的经验幻想皇后的生活,其结果让人忍俊不禁。

在第二次世界大战期间,反法西斯的同盟军在法国诺曼底登陆,对扭转战局起到了关键作用。但当时有个重大问题难以解决,就是诺曼底的地理位置虽然理想,却没有大型码头,大型运输舰无法停靠,重型武器无法上岸。如果登陆艇停在海上,则很容易被法西斯军队击中。而根据以往经验,有关人员想了很多办法,但最少也要一年,而在双方激战的情况下根本行不通。后来,美国的巴顿将军提出一个异想天开的设想:像用预制件建造房屋那样,用预制件来建造码头。这个想法虽然令建筑专家们一时难以接受,但在别无他法的情况下,经过反复研究和实验,证明具有可行性。他们用混凝土筑成一个个笨重的大箱子,再把它们连接起来成为一艘大船,当它沉入海底时,经得起任何风浪的冲击。在发起进攻前,用潜艇运到登陆地点,先完成码头的水下基础部分。登陆前再完成水上部分。盟军用这种办法在很短的时间内就建成了长达10余公里的大型码头,可供几十万人的机械化部队登陆。盟军在诺曼底成功登陆是法西斯德军怎么也没有想到的,这一仗打得他们措手不及,这也成为世界军事史上的辉煌战例。而巴顿将军能够想出这样的奇招,关键在于他没有建筑师们常有的经验思维,所以才能跳出经验框架束缚外,开拓一条新思路。

3. 破除经验思维

柏拉图说:"经验使人失去的东西往往超过给人带来的东西。"经验思维对创新思维有着禁锢作用,应当引起充分重视,自觉地警惕它,时刻提醒自己避免陷入经验定式。同时可以认真深入研究古今中外的典型案例,为破除经验思维的束缚积累必要的资料和教训。

朱镕基在国家杰出青年基金5周年座谈会上曾说过:"纵观世界科技发展史,成名的科学家大多在30岁左右。"大学生比较幸运的是思维方式还处于成长期,可塑性较强,对外界的新刺激可以很快做出反应,更容易破除经验思维的枷锁。

三、权威思维

由于时间、精力和客观条件等方面的限制,一个人在一生中通常只能在有限的专业领域内拥有精深的知识,在专业领域之外,人们不得不求助于该领域的专家。于是不少人习惯于引证权威的观点,不加思考地以权威的是非为是非,缺乏独立思考的能力。一旦发现与权威相违背的观点或理论,便想当然地认为其必错无疑。这种权威思维虽然为我们节约了时间和精力,我们不必从头研究几何学,只需学一学欧几里得理论即可,我们也不必亲自望闻问切,听一听专家的诊断即可,但从创新思维的角度,人们难以突破权威的束缚,总是有意无意沿着权威的思路向前走,无法进行创新思考。

1. 权威思维概述

权威是有组织的群体社会活动的产物,是群体在相互协作、统一行动过程中通过总结经验教训所形成的为众人所信任、服从的势力,是权力与服从、威望与信任的统一。权威思维就是处理一切问题都必须以权威作为判定是非唯一标准的思想方式,是思想惰性的表现,是对权威的迷信和夸大。

权威思维是广泛存在的,对于大学生来说它的来源有三种渠道:

(1) 不当的教育方式。家长、老师作为孩子接受教育的启蒙者,在传授知识、经验的同时,往往把自己经过泛化的权威传授下来。"听话"就成为家长、老师传授的最普遍的一种,即不管家长、老师说什么,都要听从,其实就是一种最常见的权威思维。

(2) 社会上的权威泛化,即把某个专业领域中的权威不恰当地扩展到社会的其他领域,而忽视了权威的专业限制,尤其是一些有权势的人利用各种人为手段建立或强化自己的权威。

(3) 日常生活中成功和失败的经验、教训,特别是受到的奖惩,不仅强化着被灌输的权威思维,还会产生一些新的权威思维。

2. 权威思维阻碍创新

权威是任何社会、群体中不可缺少的,但是权威思维在社会生活中是非常有害的,对创新活动起着阻碍、破坏作用。在权威思维影响下,一切以权威的观念作为是非的衡量标准,使人们思维僵化,否定了发展和创新的可能。

《战国策》中有个"伯乐相马"的故事,有一个卖骏马的人,接连三天早晨守候在市场里,无人知道他的马是匹骏马。卖马人很着急,于是去见伯乐说:"我有一匹骏马,想要卖掉它,可是接连三个早上也没有人来问一下,希望先生您能绕着我的马看一下,离开时回头再瞅一眼,这样我愿意给您一天的费用。"伯乐于是照做了,结果马的身价竟然涨了十倍,这显然就是权威思维在发挥作用,马还是那匹马,遭遇完全不同,原因就在于一般人对权威的迷信。

古今中外不少人为了实现飞翔的梦想做了很多大胆的实验,但科学技术的权威却断言人类根本不能飞上天空。17世纪意大利的科学家约翰·博雷利、19世纪初法国科学院院士勒让德、19世纪末德国著名物理学家赫尔姆霍茨等都先后发表过类似论断。1902年美国天文学界的权威、海军科学顾问西蒙·纽科姆明确宣称:"靠比空气重的机械飞行即使并非绝对不可能,也是不现实的,毫无重要性可言。"1903年12月17日,美国的莱特兄弟制造了第一架以内燃机为动力的飞机试飞成功,粉碎了这些科学技术家的权威性论断。

20世纪量子力学、粒子物理取得了辉煌的成就后,20世纪80年代曾有物理学家错误地认为,物理学对物质的认知已经达到顶峰。未过20年,航天观测发现宇宙有加速膨胀的迹象。美国航空航天局于1998年宣布,在宇宙中可能存在一种过去未发现过的"暗能量",占总能量的70%以上,对星系产生负压力或斥力,超过了物质之间的引力,导致宇宙在过去数十亿年的历史中加速膨胀。此外,还发现在宇宙质能27%的物质中,我们能看到的和能觉察到的仅有4%左右,还有23%的"暗物质"存在,其组成和性质无人知道,物理学尚无法解释。这像一桶冷水浇头,使认为科学已经终结的人清醒很多,这也提醒着我们只有不断质疑、探索,才能不断创新。

3. 破除权威思维

(1) 避免权威泛化。任何权威都有一定的专业限制,试问一位歌星就有资格推荐一种润喉片吗?一位相声演员就有资格评价一种啤酒吗?一位发明家就能够更好地参政议政吗?面对社会上权威泛化的现象,我们要时刻警惕,他对该领域是否有研究,他的言论对于该领域是否有价值。

(2) 因地制宜。权威还受到地域的限制,一个地区的权威性意见并不一定适用于其他地方。正如,美国的企业管理权威,不一定能管好中国的企业,沿海城市的规划专家,不一定能规划好内地的城市。我们在采纳权威论断时要因地制宜,而不能盲目套用。

(3) 时移事易。"江山代有才人出,各领风骚数百年。"随着时间的推移,旧权威必然让位于新权威。在知识经济时代,知识更新的速度不断加快,我们在面对权威时,也要审视这些言论在当今是否适用。

(4) 权威的真实性。我们应当注意的是有些权威是借助政治地位、经济力量、媒体包装等外在力量包装出来的,其实这些并非真正的权威。即便是真正的权威也会出于某种利益需要,做出有利于自己的结论,因此权威论点未必有真实性。对待权威,大学生要保持清醒的头脑。

四、从众思维

1. 从众思维概述

在社会互动中,人们以不同的方式影响周围的人。人们在心理上倾向于相信大多数,当个人与大多数人的判断发生矛盾时,往往服从大多数人的观点而怀疑自己的判断。从众思维会扼杀创新,因为创新以求异为基本特征,新思想、新事物必然与众不同。而在中国这样一个崇尚传统的国家,从众思维的枷锁更加稳固,在中庸的传统观念影响下,人们往往多一事不如少一事,不愿做出头鸟。

从众思维源于人的群居特性,为了维持群体生活,每个人都要奉行"个人服从群体,少数服从多数"的准则,这个准则进一步演化就成为一种思维原则。从众思维使得个人有归宿感和安全感,因为人云亦云就无须独自承担责任。有趣的是,不但人类有从众的倾向,其他的群居类动物也有从众的习惯。法国的自然科学家法伯曾经做过一次有趣的"毛毛虫试验"。

法伯把一群毛毛虫放在一个盘子的边缘,让它们一个跟着一个首尾相连,沿着盘子排成一圈。于是,毛毛虫开始沿着盘子爬行,每一只都紧跟着自己前边的那一只,既害怕掉队,也不敢独自走新路。最后它们连续爬了七天七夜,终于因饥饿死去,而就在那个盘子中央放着毛毛虫喜欢吃的食物。

2. 从众思维阻碍创新

从众思维作为一种群众意识、社会意识有很强的惯性,是创新思维的巨大枷锁,是先进思想、新技术普及、传播的巨大阻力。在从众思维下,人们不仅不能独立思考、标新立异,即使偶然有所发现也不敢公之于众,延缓创新进程。

物理学家福尔顿在研究中曾经测出了固体氦的热传导率,可是按照他的测量方法得到的数据竟然比过去的理论计算出来的结果高出 500 倍。他感到这个差距太大了,如果公之于世,恐怕要被人们误解为故意标新立异、哗众取宠,因此他没敢公布,也没有进一步研究。不久之后,美国一位年轻的科学家在实验中采用与福尔顿同样的测量方法得出了同样的数据,并公布了这个数据,很快引起科学界的广泛关注,最后赢得了人们的肯定,认为他创造了测量热传导率的新方法。福尔顿听说后追悔莫及:"如果当时我除去名为'习惯'的帽子,而戴上了称为'创新'的帽子,那个年轻人就绝不可能抢走我的荣誉。"这是一个受从众思维束缚失去创新优先权的沉痛教训。

日本东芝电器公司在1952年前后曾经积压了大量电扇卖不出去,7万多名职工费尽心机地想了不少办法,仍然进展不大。有一个小职员提出了改变电扇颜色的建议,引起公司领导的重视,决定采纳建议将黑色改为蓝色,果然新电扇一上市便大受顾客欢迎,一时掀起抢购热潮,短短几个月卖出几十万台,扭转了积压的局面。这是为什么?原来,自电扇产生伊始,就是黑色的,虽然没有什么道理,但全世界不约而同都是如此。这就逐渐成为一种传统颜色,几十年来的电扇一律是黑面孔。其实提出改变颜色的建议既不需要艰深的科学原理,也不是高难的制造技术,而只是需要克服一种无形的从众思维。

3. 破除从众思维

要进行创新思维,必须打破从众思维的枷锁,只有敢于不随大流,敢于独立思考、标新立异,才能实现创新。我们要坚信"真理往往掌握在少数人手中",任何科学技术上的新概念、新规律、新思想、新理论、新技术都是个别科学家、技术人员等首先提出来的。刚开始时必然只有极少数人才能理解,这时大学生要有承受讽刺挖苦甚至打击的心理准备,敢于坚持真理,同错误思想进行持久的斗争,我们要深信最后终会取得成功。

第三节 大学生要运用创新思维技法

一、智力激励法

1. 智力激励法的提出

智力激励法由美国人 A. F. 奥斯本创造,是一种主要用于激励集体智慧以提出大量新设想的方法,又称"头脑风暴法"、"BS法"等。

奥斯本在1953年出版的《创造性想象》中写道:"1938年,我首次在我领导的协会范围内采用了小组集中思考问题的方法。首批合作者给这种会议取名为'智力激励'。使用'智力激励'这一名称是非常贴切的,因为'智力激励'意味着开动大脑来解决问题。"经过众多领域的推广,反复检验了它的有效性,并不断得到丰富发展,最后形成一套系统、完整的方法。

智力激励法能有效消除与会者的思想顾虑,破除创新思维的枷锁,无拘无束地发挥联想和想象能力,并能使与会者彼此启发,互相促进,集思广益,引发创新思维的连锁共振效应。

2. 智力激励法的程序

(1)准备阶段。主持人事先对要讨论的问题进行一定研究,找出问题的关键,设定解决问题要达到的目标。同时选定参加会议的人数,一般以6～12人为宜,同时选定1～2人担任会议秘书负责记录,开会时间以半小时为宜。然后提前至少10天将会议的时间、地点、要解决的问题、可供参考的资料、需要达到的目标等事宜提前通知与会者,让大家做好充分的准备。

(2)热身阶段。这个阶段的目的是营造自由、轻松的氛围,使与会者进入一种无拘无束的状态。主持人宣布开会后,先说明会议的规则,然后做一些智力游戏,猜谜语,讲幽默故事或随便谈点有趣的话题,也可以准备一点糖果甚至啤酒,让大家的思维进入轻松而活跃的状态。

(3) 明确问题阶段。主持人简明扼要地介绍要解决的问题,不可过分周全。否则过多的信息会限制人的思维,影响思维创新能力。

(4) 重新表述阶段。经过一段讨论后,大家对该问题已经有了较深的了解,为了使大家对问题的表述能够具有新角度,主持人要记录大家的发言,并做适当的整理、记录,通过归纳找出富有创意的想法和有启发性的表述,供下一步畅谈参考。

(5) 自由畅谈阶段。为了使大家能够畅所欲言,需要制定如下规则:不要私下交谈,以免分散注意力;不要评论他人言论,每人只谈论自己的想法;发言时要简洁明了,一次只谈一个观点。主持人首先要向大家宣布这些规则,之后引导大家自由发挥,同时会议秘书要对与会者提出的每个设想予以记录。

(6) 筛选论证阶段。将会议发言记录进行整理,注意:寻找任何重复或相似的答案,将相似的概念聚集在一起,剔除不合适的方案。筛选论证应从可行性、实际效果、经济回报、时间要求、社会效益等多个角度进行,以选择最恰当的方案。会议结束后一两天内,主持人应向与会者了解大家会后的新想法和新思路,以此补充会议记录。然后将大家的想法整理成若干方案,再根据可识别性、创新性、可行性等标准交由专家组筛选论证。经过优中择优,最后确定1~3个最佳方案。

3. 智力激励法的发展

智力激励法被介绍到世界各地后,一些学者和专家加以改进、发展,相继创造了一些相似的新方法。

(1) 默写式智力激励法。这是德国创造学家荷立根据德国人喜欢沉思的民族习惯,对奥式方法加以改进提出来的一种以写代讲的智力激励法,它规定每次开会约半小时,一次6人参加,每个人在五分钟内各自写出3个设想,因而这种方法又称为"635法"。

在"635法"会议开始时,首先由主持人宣布议题,并对与会者提出的疑问加以解释。然后每个人发几张编了号的白纸用来填写设想。在填写时,要求纸上要留出一部分空白,以便其他与会者看到后能进行修正补充,使其进一步完善,或对已提出的设想综合,形成新的设想。每个与会者在5分钟内写出3个设想后,将写好的纸传递给坐在身旁的人。这样连续传递,半小时可以传递6次,总计能提出108个设想。

这种方法的优点是与会者可以比较充分地思考,同时避免争着发言而遗漏某些设想;缺点则是互相激励的气氛较弱。

(2) 卡片式智力激励法。这是日本创造开发研究所所长高桥诚,对奥式方法加以变化而创造的一种讲写结合的智力激励法。

开会前必须向与会者通知会议的主体,每次会议3~8人参加,每个人先发50张卡片,桌上另放200张卡片备用。会议进行一小时,最初10分钟,与会者分别在每一张卡片上各写一个自己的设想,接下来30分钟,大家按座位顺序,轮流讲解自己的设想,其他人可以询问和质疑,也可以将受到启发产生的新想法再写到备用卡片上。每人一次只能讲一张卡片,讲的时候卡片放在桌子中间,方便大家看到。剩下的20分钟,让大家相互探讨交流，对已提出来的设想发表自己的看法，激发更多更好的想法。

（3）戈登法。这是由美国人威兼·戈登创始的，其特点是不让与会者直接讨论问题本身，而只讨论问题的某一局部或某一侧面；或者讨论与问题相似的某一问题；或者把问题抽象化向与会者提出，然后主持人对提出的构想加以分析研究，一步步地将与会者引导到问题本身上来。因此，戈登法是在奥式的基础上增加一个开放的启发阶段，因此会议时间较长，一般为3小时。

（4）个人智力激励法。这是由美国学者沙克劳提出的，将智力激励法的基本精神用于个人。先用一张纸将自己要思考的问题写上，然后用10分钟时间尽最大努力多多提出设想，并一一记录。10分钟后，可离开书桌休息一下，过一段时间重新坐下，再用10分钟时间思考，写下新设想。可按这样的方法反复多次。

二、列举法

1. 缺点列举法

缺点列举法是将思维对象存在的缺陷一一罗列出来，经过分析研究，对症下药，从而找出克服缺陷的办法。首先要确定某一改革、创新的对象，然后通过智力激励法、调研等方法尽可能列举这一对象的缺点，将众多的缺点归纳整理，并针对每一条缺点进行分析，提出改进意见。

例如：大学生A君通过观察和思考，发现电冰箱有以下潜在的缺点：

（1）使用氟利昂，污染环境。

（2）冷冻食品带有李司德式菌，可引起人体血液中毒、孕妇流产。

（3）患有高血压的人给电冰箱除霜时，冰水易使人手毛细血管及小动脉迅速收缩，使血压骤升，容易发生危险。

针对上述缺点列出改进缺点的新设想：

（1）研究新的制冷原理，开发不用氟利昂的新型冰箱，如国外开发的"磁冰箱"，采用磁热效应制冷，不用有污染的氟利昂介质。

（2）研制一种能消灭李司德式及其他细菌的"冰箱灭菌器"。

（3）改进冰箱性能，实现自动定时除霜、无霜和方便除霜。

2. 希望点列举法

希望点列举法是将对思维对象所抱的希望罗列出来，经过分析研究，采取必要的措施，以一定的形式实现思考者所抱希望。首先我们要决定一个主题，然后通过观察、联想、调研等途径列举主题的希望点，从中选出所列举的主要希望点，并予以改进创新。

例如：日本的圆珠笔制造公司曾一度纷纷倒闭，制造商中田君也陷入了困境，他希望生产一种新型的笔来摆脱困境，希望这种圆珠笔能达到这样的要求：

（1）出水顺利，书写流利。

（2）不漏水。

（3）圆珠磨损虽变小，但不至于立刻脱落。

（4）墨水不污染纸面。

（5）双色。

(6) 省去笔套,落地不损坏笔尖。
(7) 可用于复写纸复写……
中田君从希望省去笔套出发,设计了一种新型笔,兼有铅笔、圆珠笔和钢笔的特性,在推出市场后,果然大受欢迎。

3. 特性列举法

特性列举法是先把所研究的对象分解成细小的组成部分,将各部分应具有的功能、特征、与整体的关系等尽量全部列举出来,然后根据名词特性(物质、材料、制造方法等)、形容词特性(颜色、形状、感觉等)和动词特性(功能、动作作用性质等)加以分类,详细分析每一特性,提出问题,逐项加以研究,探讨能否创新和怎样创新等问题,设计出新产品。首先确定需要改进的对象并加以分析,根据其名词特性、形容词特性和动词特性的分类列举特性,然后按照特性项目进行创造性思考,用取代、替换、简化、组合等方法加以重新设计。

例如:改进一只水壶的设计。

名词特性:整体是水壶,部分有壶柄、壶盖、出气孔、壶嘴、壶身、壶底等;制造材料有瓷、铜、铝、不锈钢等;制造方法有焊接法、冲压法、模具制造法等。

形容词特性:性质有轻重、厚薄等;状态有美观、实用等。

动词特性:装水、烧水等。

然后针对以上特性进行提问,壶柄大一点好,还是小一点好?出气孔是不是可以改变位置?还有没有其他廉价优质的材料?还有没有其他制造方法?能够将水壶设计得更美观、更耐用吗?在以上提问的基础上,反复思考探索,整理提炼后筛选出最有可行性的特点付诸实施。

4. 成对列举法

成对列举法将任意两个事项组合起来,成对列举,或在某一范围内将所有事物依次成对组合,从中获得创新性的设计方案。首先把某一范围内所能想到的事项都列举出来,任意选取其中的两项组合配对,可以根据其中的联系,也可以随意配对,从中进行筛选,挑出最佳方案。

例如:组合家具的发明就使用了成对列举法。

首先,列举所有家具和屋内的所有用品:床、桌子、沙发、椅子、书架、茶几、衣柜、镜子、花盆、电视机、电冰箱、梳子、笔、表等。

然后任选其中两项配对组合,比如:床与沙发、桌子与书架、镜子与椅子、茶几与衣柜、电视机与表……

最后经过筛选,不难找到一些可操作性强而又新颖的方案。像沙发和床,可以想象出可折叠的沙发床。眼镜与椅子,可以想象出像眼镜一样折叠的椅子等。

三、移植法

移植法是将某个学科领域中的原理、技术和方法,应用或渗透到其他学科领域中,为解决某一问题提供启发、帮助的方法。移植法由世界著名创新思维学专家、英国病理学家W. I. B. 贝弗里奇在《科学研究的艺术》一书中写道:"有的时候,决定一项研究的基本思想是来自应用或移植其他领域发现的新原理或新技术。这种取得进展的方法称为研究中的'移植'法。这也许是科学研究中最有效、最简便的方法,也是在应用研究中运用最多的方法。"

运用移植法要求对两个或多个领域科学研究成果比较熟悉且有较深的领悟,在一定程度上能够进行综合研究。且移植法的运用多是在研究遇到瓶颈的情况下,根据某种相似性将其他学科的概念、原理、方法、技术移植过来,寻找突破点,这属于学科之间的融合,需要类比、综合分析、想象力,不是机械地生搬硬套。

1. 原理移植

原理移植就是将已有的某产品或事物的原理移植到别的产品或事物上去。这种移植不是照搬,而是移植其核心内容,再根据事物的特点建立辅助部分,形成一个完整的新产品或事物。

法国微生物学家巴斯德(1822—1895)在实验中发现酒变酸和肉汤变质是由于细菌所致。英国著名外科医生利斯特看到巴斯德的这一实验报告后联想到:细菌使肉汤变质,那么手术后病人的伤口化脓溃烂可能也是细菌引起的。于是,利斯特便把这一理论移植到医疗领域,发明了外科手术用的消毒剂。

2. 技术移植

技术移植是指把某一领域的技术移植到其他技术领域,用以研究该领域内的技术创新课题,从而发明新技术和新产品。

房屋爆破技术已能将一幢高楼顷刻之间炸成一堆粉末,旁边的其他建筑物却安然无恙。我们许多大中城市早就有很多成功的案例。一些敏感的医学工作者从中联想到,是否也能将爆破技术移植到摧毁人体内的结石这一手术上来,用爆破的方法炸掉结石呢?于是,他们精心设计,精确计算炸药的使用分量,确保在炸掉结石时不会损伤其他器官。经过反复研究实验,医学上的微爆破技术终于获得成功。

3. 方法移植

方法移植是将制造方法、使用方法移植到不同领域中的发明技巧。

面团经过发酵,进入烘箱后,面团内产生大量气体,使面团体积膨胀,变成松软可口的面包。这种可使物体体积增大、重量减轻的发酵方法,移植到塑料生产中,便发明了物美价廉的泡沫塑料。这种质地轻,防震性能好,可以作为易碎或贵重物品的包装材料及运输、保温、隔音材料,也可用来制作救生衣。发酵方法用在水泥生产上,生产出了经过膨胀后的水泥制品,不仅体积大,质地轻,而且还有隔热、隔音等性能。发酵方法用在金属材料上,制造出了泡沫金属,可以填充工艺构件中的空隙,还可以悬浮在水上,有很大的开发价值。用在食品加工上,可以生产出发泡面、发泡饼。用在玻璃制作上,可以做成质轻、采光柔和,不透明的发泡玻璃,用来做高档的采光材料。

4. 结构移植

结构移植指将某种事物的结构形式或结构特征,运用于另外的某种产品的设计与制造。

美国宇航局技师马顿接受了一项困难的任务,研制一种既能硬又能软的绳子,因为宇航员离开飞船作业时,要依靠这样一根绳子同飞船保持联系。在操作时绳子要软才能方便自如活动,返回太空舱时需要绳子变硬才能抓住它顺利回到舱中。马顿为此绞尽脑汁,不得其解。有一天,他经过一家玩具店,有一条会发出汪汪叫声的小狗引起了他的注意,并使他联想到自己小时候玩过的"串珠小狗",这种小狗用绳子穿上一些小珠做成。将绳子放松,狗便软软地躺着,把绳子拉紧,小狗就会直挺挺地站起来。马顿回忆起这只小狗,很快将这种方法移植到设计中,经过试验果然取得成功。

5. 功能移植

功能移植设法使某一事物的某种功能也被另一事物所具备,从而解决问题。

在苏联一个正在做激光实验的实验室里,有一次突然闯进一个嘴里叼着香烟的冒失鬼。主持实验的科学家严厉地斥责了他,同时惊奇地发现,实验室里激光的"行迹"——一根极细的烟雾突然变得清晰起来。经过进一步观察分析后才弄清,原来是由于香烟烟雾发出的颗粒引起了光的散射造成的。

这一现象使正在实验的科学家们联想到,天空有雾时飞机起降很不安全,那么是否可以将香烟烟雾的这一功能移植到天空的大雾上,使激光也能在大雾中呈现出一条清晰的、对飞机有导航作用的"空中激光跑道"呢?他们根据香烟烟雾是固体细颗粒,大雾是液体细颗粒,二者都是细颗粒的共同点,大胆尝试,反复实验,终于在1986年利用氦氖激光器发出的红色光线,在机场上架设了一条"空中激光跑道",为飞机在大雾天气起降提供了方便。

四、信息交合法

1. 信息交合法的提出

信息交合法是我国创造专家许国泰经过多年的反复研究,于20世纪80年代首创提出的创新思维方法,是一种在信息交合中进行创新的思维技巧,即把物体的总体信息分解成若干要素,然后把这种物体与人类各种实践活动相关的用途进行要素分解,把两种信息要素用坐标法连成信息 X 轴和 Y 轴,两轴垂直相交,构成"信息反应场",每个轴上的信息可以依次与另一轴上的信息交合,从而产生新的信息。

2. 信息交合法的基本步骤

(1) 确定中心,这里以笔为信息基点,研究笔的开发。

(2) 根据需要画出坐标线,与笔相关的有功能、材料、结构、种类、时间等,形成坐标系轴线。

(3) 注明标点,即在各条标线上注明相关信息。如在功能标线上标出书写、装饰、赠品等,在材料标线上注出钢、塑料、竹、木等(信息交合法示例图见图2-1)。

(4) 相互交合,建立好信息反应场后,进行信息交流,即以一条标线上的信息为母本,另一条标线上的信息为父本,相交后产生新的信息。以"钢笔"为母本,"音乐"为父本相交合,产生出"钢笔式收音机"、"钢笔式定音器"等设想;将"钢笔"和"电学"交合,产生"试电笔"、"钢笔式电子表"等设想;将"钢笔"与"历史"交合后,产生带有历史标志如朝代、历史人物肖像、古代兵器等的"思古钢笔";将"钢笔"与"热学"交合,产生"试温笔"的设想……

3. 信息交合法实施要则

(1) 整体分解要则。即把所研究的事物看成是其构成部分之和,先把整体分解成部分,再把各个部分分解为因子,直到不能再分或达到目的为止。分解时要按照一定层次和

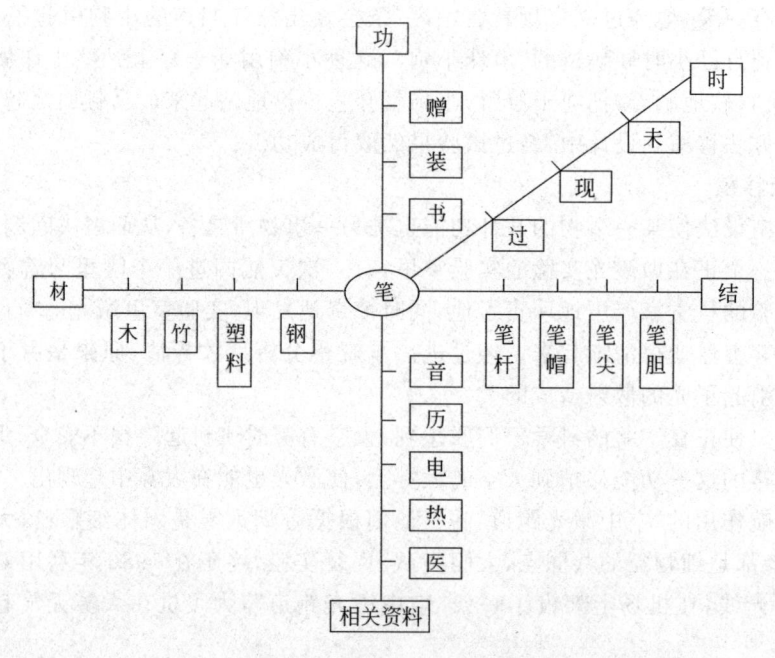

图 2-1 信息交合法示例图

序列逐步展开,尽量全方位、多角度进行,不要遗漏事物的微小特征。

(2) 信息交合要则。有四种基本类型:本体交合,即一个产品或一个独立的系统分解为多维标线形成本体信息交合反应场;异体交合,即把本体信息标系统作为"母本标",引进其他科学知识作为"父本标",从而获得新设想;多体交合,则是将多种不同信息群落放在一起交合;系统交合,设置一系列不同的反应场,从封闭系统走向开放系统。

(3) 结晶筛选要则。信息反应场中交合形成的新产品,相互之间常常在层次、结构上有一定的联系,这就需要按照一定的标准进行评析、筛选,找出最佳方案,具体标准可按具体情况从实用性、经济性、可操作性、安全性等来把握。

五、奥斯本检核表法

1. 奥斯本检核表法的提出

该法是由美国创造学家 A. F. 奥斯本首创,针对九大问题进行强制性思考,突破不愿提问题的心理障碍,激励人们按照一定的方向有目的地自问自答,探寻创新设想。这九大问题下还有很多小问题,这里列举一部分供参考(见表 2-2)。

表 2-2 奥斯本检核表

序号	主要问题	系列小问题
1	有无新用途	现有事物有无其他新用途,稍加改进有无其他用途
2	能否借用	能否借用别的经验、模仿别的东西、引入其他创造性设想

续表

序号	主要问题	系列小问题
3	能否改变	能否改变形状、式样、颜色、意义、音响、味道等
4	能否扩大	能否扩大使用范围、延长使用寿命、增加使用功能等
5	能否缩小	能否缩小体积、减轻重量，能否浓缩，微型化
6	能否代用	能否用其他材料、动力设备、元件、原理、结构、制造工艺等代替
7	能否重新调整	能否调换元件、其他型号、设计方案，能否调整顺序、速度、程序
8	能否颠倒	能否颠倒方向、顺序、因果关系
9	能否组合	能否综合不同材料、元件、产品，能否综合不同学科、原理、方法

2．奥斯本检核表法的要求

（1）必须紧密联系实际，面对具体问题进行思考，另外要搜集各种相关资料，做好充分准备，才能在它的引导下产生符合实际的新设想。

（2）奥斯本检核表法的每一个大问题都各具特色，也都具有一定的相对独立性，每一个大问题都可以作为一种单独的创新技法运用。问题1侧重功能、用途；问题2强调类比、移植；问题3注重形态改变；问题4和问题5着重空间、数量上的扩大或缩小；问题8强调逆向思维。如此，每一个问题都可以激发新的思路和设想。

（3）九大问题之间可以根据实际情况任意结合运用，从而相互补充，逐渐完善，为新设想的产生提供更宽阔的选择空间。

3．奥斯本检核表法在中国的发展

（1）和田检核表法。20世纪80年代初上海闸北区和田路小学对其进行发展，形成了"和田检核表法"，经总结可以概括为：加一加、减一减、扩一扩、缩一缩、变一变、改一改、联一联、代一代、搬一搬、反一反、定一定、学一学这12个问题，通俗易懂，有推广价值。

（2）八项发明思路。我国原东北工学院吴明泰结合中国实际对奥斯本检核表法进行简化，总结出四个方面、八条线索的思路：

① 增加与减少。增加侧重于对象的积极方面，如提高效率与强度，增加功能与效益，延长使用寿命等；减少侧重于对象的消极方面，如简化结构、克服缺点、减少危险等。

② 改组与重组。改组是利用原有的原理、零部件、原材料，改变其外部形态；重组是利用原有的零部件、原材料，改变其结构，侧重于内在的次序、排列。

③ 外推与移植。外推是把一个领域的原理、结构、方法推广到其他领域；移植是把这个领域的原理概念、方法运用到另外一个新的领域。

④ 类比与模仿。类比是根据两个或两类事物的相似之处，从已知推断未知；模仿是模拟、仿造现有的事物、理论或技术。

六、组合创新法

组合创新法是指按照一定的技术原理或功能目的，将两个或两个以上的技术要素进行组合，从而获得具有统一整体新功能的新产品、新材料、新工艺、新技术的创新方法。

1. 主体添加法

主体添加法就是在原有的技术思想中补充新内容,在原有的物质产品上增加新附件。主体附加是数量最多的组合创造,因为围绕一个主体可以进行各种各样的添加。例如:扇子和导游图的组合,人们需要扇子扇风驱热,需要导游图指引方向,以扇子为主体,导游图为添加,制作出印着导游图的扇子必定受人欢迎。同理,还可以在扇子上印上列车时刻表、学生常用数理公式、日历等。

2. 同类组合法

同类组合法就是由两个或两个以上相同或相似的事物简单叠加的方法。在此类组合中,参与组合的对象在结构和功能上没有显著变化,只是通过数量的增加弥补功能的扩展。例如:美国人推出的"情侣伞",这种伞与普通伞的区别就在于它的一柄双顶,方便情侣在雨中相依相偎,既不会让雨淋湿衣服,又有浪漫甜蜜的感觉。这种伞一上市,就成为抢手货。

3. 异类组合法

异类组合法是将不同类的物品组合在一起。例如:有位日本妇女在给幼儿喂奶时不小心把孩子的嘴烫伤了,而她在玻璃厂上班,老板要员工提合理建议,她坐在电车上满心忧愁,突然灵机一动,想出一个好主意,即在奶瓶上加一支温度计。这样孩子的嘴就不会烫伤了。

4. 重组组合法

重组组合是指在同一个事物的不同层次分解原来的事物,然后再以新的方式重新组合。这一组合并不增加新内容,而是改变事物的内在结构,从而达到性能优化。例如:战国时期的田忌赛马故事中,军师孙膑指导田忌用下马对齐威王的上马,以上马对齐威王的中马,以中马对齐威王的下马,在三局两胜的比赛中取得了胜利。

此外还有性能组合、材料组合、功能组合等方法,这里不再一一介绍。

第四节 大学生要坚持创新思维训练

莫文·列兹尼科夫、乔治·多米诺、卡洛琳·布里吉斯和莫顿·哈尼蒙曾做过创造力方面最具综合性的研究,他们研究了117对15岁到22岁同卵和异卵双胞胎的创造能力,进行过10次创造力测试,研究人员发现这些双胞胎在测试中的表现只有30%是由遗传因素决定的,可见后天教育比先天禀赋更重要,人类2/3的创新技能是习得的,大学生可以通过创新思维训练提升自己的创新能力。

一、类比思维

类比思维是根据两个对象之间在某些方面的相似或相同而推断出它们在其他方面也可能相似或相同的一种思维方式。人们常将陌生事物和熟悉事物相比较,触类旁通,认识未知事物。

1. 直接类比

直接类比常常从已有的知识、经验、发明和自然界的现象,寻找与创新对象相似的东西。例如：亚瑟·华特逊在看有关月球探险的电视节目时，发现主持人必须不断将手中的月球平面图打开给观众看，观看很不方便，便萌生制作月球仪的想法，在月球仪投入市场后第一年的营业额就高达1 400多万英镑，获得极大成功。

2. 相关类比

相关类比是指根据两个研究对象之间存在的相似点，以一个为先导，对另一个研究对象由此及彼地类推出其发展方向。各类仿生技术都是通过类比生物的形态、结构和功能等创造出来的，例如由鸟类创造出飞机，由蝙蝠创造出雷达，由犰狳创造出坦克，由石龙子创造出伪装色，由飞鼠创造出降落伞，由乌贼创造出推进器，由蝎子创造出皮下注射，由鲍鱼创造出吸盘，由手臂创造出新式掘土机，由人走路创造出步行机，由人体创造出机器人等。

3. 因果类比

因果类比即根据某个事物的因果关系推断出另一事物的因果关系。牛黄是一种名贵中药材，只能从屠宰场获得，数量有限。广东海康县药品公司研发人员发现牛黄作为牛的结石和珍珠的形成非常相似，既然珍珠可以人工培育，牛黄是否也可以呢？他们选择菜牛作实验，施行外科手术，在牛的胆囊中埋下异物，一年后取出结石一看，与天然牛黄无异，大大提高了牛黄的产量。

4. 综合类比

综合类比是指从事物的多种属性中选择某些相似的属性，通过类比推理提出创新方法。例如：利用电子计算机对现有同类产品的相似特性进行类比，可以设计出式样新颖、性能更加优良的新产品。

类比思维训练题：

（1）什么动物的行为像送货车？

（2）假如你是一辆洒水车，你会有什么样的感觉？你从中得到什么启发可以改进现有洒水车呢？

（3）试着解决下列问题：特警队员在执行爬高任务时需要一种更安全的鞋，这双鞋一点也不妨碍走路，在爬高时又能使人站得特别稳固，你可以从什么动物和植物身上类比呢？

（4）空气是无形的，你知道用什么简便的办法称出空气的质量吗？

（5）根据鸟巢的结构，设计3种新型玩具。

二、联想思维

联系思维是一种由此及彼、由表及里的思维，通过一件事情的触发转移到另一件事情的心理过程，可以激发创造灵感的出现，产生一些新想法。我们鼓励大学生建立不同领域间的联系，寻找其关联性和交叉点来产生新的想法。背景环境越不同，大脑所能联系的想法就越多，新的知识又引发事物新的联系，我们也会变得越来越有创造性。

1. 相似联想

相似联想是指思维主体把所有思考对象一同储存在自己大脑中的相似经验、事物等进行比较的联想。例如：鲁班进山砍伐树木，不小心被一种小锯齿状的茅草划伤，通过相似联想,成功发明了锯子。奥地利医生恩布鲁格发明的叩诊法,受益于他父亲在经营酒业时用手指叩木桶,以判断桶内盛多少酒的做法。四川省的姚岩松意外地发现屎壳郎能滚动一团比它自身重几十倍的泥土,却拉不动轻得多的泥土,而他曾开过几年拖拉机,便联想到:能不能学一学屎壳郎滚动土块的方法,将拖拉机的犁放在耕作机身动力的前面,而把拖拉机的动力犁放在后面呢?经过实验他设计出了犁耕工作部件前置、单履带行走的微型耕作机,以推动力代替牵引力,突破了传统的结构方式,大大提高了效率。

2. 对比联想

对比联想是指由某一刺激物或环境想到在方法、性质、功能上与之相反或相对的另一事物。例如,由沙漠想到森林,由光明想到黑暗,由小的事物想到大的物体,还可以将两个截然相反的概念放在一起产生冲突,冰冷的火焰、无情的温柔等。物理学家开尔文根据高温可以杀菌,食品经过煮沸可以保存的现象,运用对比联想,发明了冷藏工艺。英国物理学家法拉第在丹麦的奥斯特和法国的安培发现电能产生磁场后,"反其道而行之",经过10年的努力,发现了电磁感应。瑞士著名的科学家阿·皮卡尔类比自己设计的能飞过15 690米高空的平流层气球,发明了世界上第一只自由行动的深潜器。

3. 接近联想

接近联想是因两个以上的事物在空间或时间上的相关而引起的联想。比如看到雪就想到冬天,听到蝉鸣就想到夏天,因为二者在时间上是接近的。而看到学校就想到老师、课桌、操场,则是空间上的接近联想。成语中有"望梅止渴"的故事,即看到梅子的时候,脑中所有和梅子相关的感受会被调动起来,想到梅子的酸甜味道,自然会促使唾液的分泌,这就是接近联想。

4. 因果联想

因果联想是指由某一事物想到与之有因果联系的另一事物,包括由果求因和由因求果。澳大利亚甘蔗种植者在收获季节发现,有一片甘蔗田产量意外地提高了50%。这是怎么回事呢?他们回想起来在栽甘蔗的前一个月,有一些水泥洒落在这片地里。这是甘蔗高产的原因吗?经过科学研究发现,正是水泥中的硅酸钙使这片酸性土壤得到了改良,提高了甘蔗产量。于是,科学家发明了改良酸性土壤的"水泥肥料"。由因求果的例子有:在合成树脂(塑)中加入发泡剂,使合成树脂中布满无数微小的孔洞,这样的泡沫塑料既省料、重量又轻,且有良好的隔热和隔音性能。有人应用因果联想,认为在水泥中加入一种发泡剂,可能使水泥变得既轻又具有隔热和隔音的性能,结果就发明了一种气泡混凝土。

5. 强制联想

在思维世界中,有时两个看上去毫无关联的事物也可以强制联系到一起,从而产生新的创意。在日本酸奶刚上市时,消费者并不热衷,市场反应一般,一家酸奶厂的老板将产品的销售与其他事物联系起来,着意在酸奶和恋爱的关系上找出路,终于想出一句广告词:"酸奶有妙不可言的初恋味道,又酸又甜,又甜又酸,酸中带甜,甜中带酸。"这个广告一经播出就产生强大的号召力,酸奶市场也变得火热起来。

联想思维训练题:

(1) 请展开联想,说出汽车和马车、马与牛、收音机与电视机等的相似之处,越多越好。

(2) 弹簧秤是用来测量物体的质量的,现在没有弹簧秤,你能测出弹簧秤本身的质量吗?

(3) 婴儿的哭声可能包含很多含义,年轻的父母或监护者很难准确地理解其要求,请运用联想思维,设计一种婴儿产品。

(4) 请用圆形和半圆形组合成一些事物的形象,越多越好。

(5) 当你突然听到某航班发生空难事故时,你会产生哪种因果联想?

三、想象思维

想象思维是人们在自己已有的知识经验的基础上,对表象进行加工、改造,把它们在头脑中重新组合,创造出新的事物形象的思维过程。阿尔伯特·爱因斯坦说:"想象……要比知识重要得多。知识是有限的,而想象却可以环绕整个世界。"想象在我们的头脑中形成了以前从未体验过的或体验过的一部分或以不同形式组合的新形象,它不受客观事物的束缚。大学生只有经过想象才能把多学科的知识变成创意的来源。

1. 直觉想象

直觉想象是一种下意识的想象,将人的行为与经验范围内的事物联系起来。例如:当人类被地心说的观点统治时,太阳东升西落即太阳围绕地球转动是不证自明的。原始人类在描述外部世界时通常赋予外物以人的情感、生命,认为万物有灵,所以各种事物都有善良与邪恶、勇敢与懦弱、聪明与愚笨的区别,这些都是原始人类的直觉思维在起着作用。

2. 形象想象

形象想象是直觉想象的深化和发展,这样想象得来的新形象来自现实又高于现实。例如:看到一个线圈形状,我们可以想到蚊香、弹簧、旋涡、蛇、指纹、妇女的盘发、卷尺、缆绳、盘山公路、唱片上的纹路、螺旋花纹、卷起来的纸筒截面、草帽顶上的细纹……

3. 抽象想象

抽象想象从事物的内在本质出发,将事物的内在特性重新组合,形成一个整体,并以某种近似实物的图形或网络呈现出来。比如关于原子结构的想象,有出现过很多模型,1898年汤姆逊的"西瓜"模型,1903年勒纳的"配偶"模型,1909年卢瑟福的"太阳系"模型等。

想象思维训练题:

(1) 假如未来的人类不用吃食物就能维持生命,世界会发生什么变化?

(2) 一架飞机从地球上的P点出发,向正南飞100公里后,转向正东飞100公里,再折向正北飞100公里,就回到出发点。请问这个点在地球的何处?有多少个这样的点?

(3) 在一张白纸上,只画一笔(笔尖不能离开纸),就要画出一个圈和它的圆心,该怎样画?

(4) 假如人有7个指头会怎样?

(5) 为了训练想象思维,把下列20个互不相关的名词,通过想象,按顺序联系起来,编成两个情节不同的离奇故事。可以加入人的活动,例如:有一个人坐在茶杯里……

20个名词如下：

茶杯、罐头、墨水瓶、奖状、金鱼、台子、房屋、铅笔、烟囱、飞机、大衣、口袋、烟灰缸、炮弹、猫、皮鞋、书包、椅子、机器人、大河。

四、发散思维

发散思维又称扩散思维、辐射思维、求异思维、多元思维等，指从一个问题或主题作为思维的出发点，向周围想开去，以探求一个问题的多种答案或一个主题的多种表现形式。发散思维具有大胆独创、不受现有知识和传统观念束缚的特征，是创新思维的主要方法之一。

1. 立体发散

立体思维是指跳出点、线、面的限制，要"立起来思考"。科学家在研制飞机、导弹和卫星时需要运用非常复杂的电子设备，装配这些设备往往需要几十万甚至几百万个晶体管、电阻、电容等电子元件，这样的设备体积十分庞大，携带和使用也不方便。后来，他们将各种电子元件由平面式的接线方式改为立体式的连接，充分利用真空扩散、表面处理等方法，制成了平面型的晶体管、电阻、电容。这些很薄的元件通过层层重叠的方式组装起来，就构成了微型组合电路，再在一个单晶硅片上做成集成电路。这样，一个5平方毫米的硅片上可集成27 000个元件。正是由于有了这种集成电路才有了电子手表、电子计算器等袖珍电子产品。人们为了充分利用林业资源，发明了高大乔木下种灌木、灌木下种草、草下种食用菌的立体森林种植方法。

2. 组合发散

组合发散就是将不同的事物合成一个整体的发散思维法。李卜曼是美国佛罗里达州的一名穷画家，一天他在画画时不小心画错了一笔，却找不到橡皮擦，好不容易找到橡皮擦后手中的铅笔又不见了，于是他想了一个办法，用丝线将橡皮擦系在铅笔的尾端，可是不久丝线就断了，无奈下他找了一块薄铁皮，将橡皮擦和铅笔缠绕在一起，结果证明这个方法非常方便，后来这一小发明被铅笔公司看中，花了55万美元购买了这项专利，李卜曼也从此成为大富翁。

3. 侧向发散

侧向发散指思考问题时不从正面着手，而是另辟蹊径，从侧面寻找突破口。地质学家伍德沃德到赞比亚西部高原上寻找铜矿，可一直未能找到。后来，他发现了一种奇怪的小草，在不同的地方开不同颜色的花，有红的和紫的，于是，他想是不是土壤中含有不同的矿物质引起的呢？他把这些不同颜色的花拿去化验，发现紫色的花是由于土壤中含有大量的铜元素引起的，这样伍德沃德就把寻找铜矿转变为寻找奇特的小草，最后在卡伦瓜地区发现了世界罕见的大铜矿。

发散思维训练题：

（1）尽可能多地说出领带的用途，限时三分钟，至少10种。为了解决很多人不会给领带打结的问题，除了采用拉链结构外，还有什么解决办法？

（2）房间里飘出一股焦味，可能是什么原因？

（3）尝试通过发散思维方法开发新型凳子或者椅子，用于野外或旅行使用。可分别从其材料、可折叠程度、和其他物品组合及多功能性等角度出发寻求可能的思路。

(4) 请以"伞"为发散源,提出 10 个发明设想。

(5) 如何用一面镜子看清贴在自己后脑部的标记?

(6) 限时一分钟,请你用 4 根火柴摆出 5 个正方形。

(7) 现有一个玻璃瓶,里面装了半瓶铁砂和一支温度计,不允许加热,试问有何办法使温度计的温度值上升?

(8) 某牙膏生产厂积压了大量的库存牙膏,请问有何促销方法?牙膏除了用来刷牙,还有哪些用途?

(9) 在冬季,如何防止竹子因积雪太重而折断?请尽可能多地写出相关产品的设想。

(10) 手机或电子信箱经常会收到一些垃圾短信,请你运用发散思维找到一种好的解决办法。

五、逆向思维

逆向思维指人们从事物常规的相反方面去探索问题。人们习惯于沿着事物发展的正方向去思考问题,其实从结论往回推,倒过来思考往往会事半功倍。

1. 原理逆向

原理逆向就是将事物的基本原理颠倒过来,看看会带来哪些变化。在很久之前,人们已经发现生病后体温会升高,但却无法知道病人的体温,伽利略为此设计了很多方案,都失败了,这时他突然想到:容器中的水在受热后,体积膨胀,遇冷后体积会收缩,那么反过来,根据水的体积变化,不就能测出温度的变化了吗?就这样,伽利略制造出了世界上第一支温度计。日本是一个经济强国,却又是一个资源贫乏国,因此他们十分崇尚节俭。日本理光公司的科学家发明了一种"反复印机",已经复印过的纸张通过它以后,上面的图文消失了,重新还原成一张白纸。这样一来,一张白纸可以重复使用许多次,不仅创造了财富,还节约了资源。

2. 属性逆向

属性逆向就是用事物相反的属性代替原来的属性,如软与硬、固体与液体、直与曲等的互相代替。我们现在使用的洗衣机,它的脱水缸转轴是软的,用手轻轻一推,脱水缸就东倒西歪。可是脱水缸在高速旋转时,却非常平稳,脱水效果很好。其实当初设计时转轴是硬的,而为了解决脱水缸的颤抖和由此产生的噪声问题,工程技术人员想了许多办法,先加粗转轴,无效,后加硬转轴,仍然无效。最后,他们弃硬就软,直接用软轴代替了硬轴,成功地解决了颤抖和噪声两大问题。

3. 方向逆向

方向逆向就是将某事物的构成顺序、排列位置、安装方向、旋转方向等,反过来思索,设想解决问题的新方法。火箭本来是向上发射的,苏联工程师米海伊尔却倒过来想,研制出"向下发射"的钻井火箭,在此基础上与人合作又研制出钻冰层火箭、钻岩石火箭等,这些向下发射的火箭简称为钻地火箭。钻地火箭的重量只有常规机械重量的1/17,能耗减少2/3,效率却提高了5~8倍,在科技界堪称一场"穿地手段"革命。日本有一位家庭主妇,发现煎鱼时鱼总会粘在锅上,使得煎好的鱼东缺一块,西烂一片,极不美观。有一天,她突然产生一个"倒过来想"的念头：能不能不在锅的下面加热,而在锅的上面加热呢？她先后尝试好几种从上面烧火,把鱼放在火下面的做法,最后想到在锅盖里安装电炉丝的做法,终于制成了"煎鱼不粘锅",使鱼不再被煎烂,而且不冒烟又省油。

4. 缺点逆向

缺点逆向是利用事物的缺点,将缺点变为可利用的东西,化不利为有利的思维方法。人们历来追求完美,女神维纳斯的雕像出土后,很多艺术家都尝试重塑双臂,结果总是不令人满意,后来大家发现失去双臂的维纳斯反而产生一种含蓄朦胧、余味无穷的美感,这时缺陷也可以成为一种美。金属腐蚀是一种坏事,但人们利用金属腐蚀原理进行金属粉末的生产,或进行电镀等其他用途,无疑是缺点逆向的一种应用。

逆向思维训练题：

(1) 如何设计一个不影响煮饭烧菜的蒸物器具？

(2) 想一想废弃的瓶子、纸盒可以做什么？

(3) 一般来说真空中什么都没有,你能想出真空不空的案例吗？

(4) 现在有许多人在饭店吃饭时都会剩下很多菜,然后扬长而去,如果你是饭店的主人,能不能采取一些措施改变这一现象呢？

(5) 一般来说,治疗癌症的有效方法是开刀,切除癌变组织,你能用逆向思维想出其他治疗办法吗？

第五节 大学生要投身创新思维实践

一、产品创新

1. 产品及产品创新

企业经营的核心是产品,企业之间的竞争归根到底在于能否满足消费者的需求。产品有多种定义,科特勒定义为："能够提供给市场以引起注意、购买、使用或消费的东西,它包括实物形态、服务、个性、场所、组织和思想。"斯泰通认为："产品就是有形属性和无形属性的统一体,它包括包装、色彩、价格、生产商信誉、零售商信誉及生产商和零售商的服务等,这些可在满足买者需要时为他们所接受。"可见,产品就是为了满足人们的某种需要而提供给市场的一切物品和劳务。因此,产品创新就是开发出新产品的技术创新活动。

产品由三部分组成：

(1) 核心产品,即产品真正能为消费者提供的核心利益和基本效用。

(2) 形体产品,即产品的具体形态。

(3) 附加产品,即消费者在购买产品时所得到的附加服务和利益,如提供信贷、免费送货、安装包修、售后服务等。

2. 产品创新的类型

(1) 功能创新。产品功能是指产品的使用价值,顾客购买产品是因为产品能够为自己带来利益。大学生创业者应该认真研究市场的潜在需求,根据产品在功能上的增减、改进、变动和提高等进行功能创新。例如：在多数人心中,微波炉就是为了烹饪,而忽视了另一个重要的功能——杀菌消毒,于是格兰仕开发出光波炉,发明了数码光波技术,使产品兼具烹饪和瞬间杀菌的功能。

(2) 质量创新。产品质量指产品的品质特性决定了产品能够满足用户需求的程度。产品的质量一般用先进性、可靠性、耐用性、一致性等衡量标准来进行评价。例如:海尔集团执著追求先进技术,先后引进德国利勃海尔电冰箱技术、日本三菱空调器技术和意大利梅洛尼洗衣机技术,通过合资引智,海尔集团已经成为中国家电行业中规格最全、技术最高的大型企业,产品远销欧美日等发达国家。

(3) 品牌创新。品牌是一种名称、术语、标记、符号或设计,或是它们的组合运用,其目的是用于辨认某销售者的产品或劳务,使之与同类产品或劳务区分开来。品牌是产品市场销售的标志,反映用户对它所代表的产品和企业的整体印象,是企业无形资产的体现。例如:中国移动曾成功推出"全球通"和"神州行"两大子品牌,但随着市场进一步饱和,移动通信市场陷入价格战的困境,这时中国移动打造"动感地带"品牌,宣布为15～25岁的年轻人提供特制套餐,目前"动感地带"用户已经成为移动通信的主流。

(4) 价格创新。价格是产品价值的货币表现和市场交换的依据,产品价格制定得当会促进产品的销售,提高产品的市场占有率。大学生创业者可以通过产品价格的多样化进行价格创新。例如:天津的"蓝天"牌牙膏推出脱敏牙膏满足中等收入消费者,而蓝天牙膏以前主要针对高收入的消费者。

(5) 服务创新。服务是有形产品的延伸,是产品的重要组成部分。优质服务能够吸引顾客,提高产品的附加价值,带给客户安全感和购买信心。海尔集团始终遵循"用户永远是对的"的经营观念,推出电话咨询、上门设计、免费送货、免费安装、免收材料费、24小时服务到位、用户跟踪回访的六位一体一条龙服务,在消费者中引起强烈反响。

(6) 包装创新。利用包装促销已经成为企业的重要营销手段,俗话说:"三分长相七分打扮",这句话在产品中同样适用。企业常用的包装策略有:同类相似包装策略、成套包装策略、分量包装策略、等级包装策略、复用包装策略、环保包装策略等。

3. 产品创新的过程

新产品开发必须有一套科学的程序,按照一定的顺序逐步进行,否则很容易因出现失误而中断创新活动。具体的过程见表2-3。

表2-3 产品创新流程表

过程	内容
产品设想阶段	• 收集各类信息(市场、技术、竞争、价格) • 确定新产品的功能、范围、技术 • 进行各类创新构思 • 分析评估各种方案 • 形成目标开发方案
产品设计阶段	• 样品试制 • 性能测试 • 设计评审 • 新产品鉴定和定型

续表

过程	内容
产品试销阶段	• 销售测试 • 根据用户意见改进 • 市场反馈研究与评估 • 确定包装、营销规划等
产品投放阶段	• 确定产量和价格 • 建立有关生产管理系统 • 确定产品投放地点、时间 • 适时调整营销策略

二、企业管理创新

企业管理是企业的管理者为了实现企业的目标,对管理对象进行以人为核心的计划、组织、控制和领导等一系列协调活动的总称。

1. 理念创新

企业管理理念是指经营活动过程中的简化而浓缩的、便于传播和识别的指导思想。管理理念体现了自身个性特征,反映了整个企业经营意识的价值体系,是员工凝聚力的源泉。独特的管理理念,象征着企业文化的根基。管理理念创新要遵循以下几项原则:

(1) 以人为本。员工是提高经济效益的主体,应该积极营造人性化的工作氛围,全面提高员工的综合素质,改变传统的命令式管理思维,采用引导型的管理思路。以推陈出新闻名于世的3M公司平均每年推出新产品100多种,产品涉及各个领域,这种卓越表现得益于公司对员工的激励,李尔董事长说:"在3M你有坚持到底的自由,就是说你有不怕犯错、不畏失败的自由。"

(2) 柔性化管理。随着市场竞争的加剧,越来越要求企业灵活应对外在环境的变化,实现战略决策柔性化、生产柔性化、营销柔性化等,成为企业管理创新的重要方向。

(3) 重视知识。企业之间的竞争不仅仅是产品价格、服务、广告灯之间的竞争,而且是人才和创新力的竞争。为了可持续发展,企业应建立良好的学习机制,给企业提供长久发展的动力。

2. 企业文化创新

企业的经营理念和共同价值观是把企业员工凝聚在一起的精神支柱,是企业竞争力的源泉。企业要根据自身的生产经营特点培育个性化的企业文化,建立集情、理、法为一体的中国式管理体系,充分发挥员工的主观能动性。

3. 信息化创新

随着互联网、计算机技术的发展,管理方法和手段也发生了重大变革。信息化管理已经成为管理现代化的重要标志,通过管理信息化的创新,使资源配置更加合理,决策过程更加科学。

三、营销创新

营销创新指企业尽可能地利用现代高新技术手段,最有效地谋求新市场的开拓和新消费者的挖掘。营销创新强化了企业的市场观念和销售职能,有利于企业管理机制的调整。创新思维在营销中的应用体现在广告创新、公关营销创新、服务营销创新和网络营销创新。

1. 广告创新

美国市场营销协会对"广告"的定义是:"广告是由特定的广告主,通常以付费的方式,通过各种传播媒介对产品、服务或观念等信息所做的非人员介绍及推广。"广告创新是广告人对广告活动进行创造性的思维活动。广告创新要:

(1) 简洁有力。在广告界流传着一个著名的创意公式即 kiss 公式,它有两种表述,keep it sweet and simple,即令其甜美而简洁;keep it simple stupid,即使之简洁笨拙。在纷繁复杂的广告信息中,只有简洁有力的广告,才能抓住观众的眼球,实现信息的有效传递。

(2) 人性化。广告创新应洞悉人性需求,赋予产品和服务人性化的色彩,提供让人感受到的心理价值。可以说,广告创新就是攻心的艺术。

(3) 社会心态。广告创新应对社会情绪的变迁有准确把握,紧随时代潮流,对社会发展有深切观察,这样才能创造出有社会影响力的作品。

2. 公关营销创新

公关营销指营销活动与公共关系活动相互合作和渗透,从而提高媒体的关注度和消费者的参与性。

(1) 事件营销,即通过或借助某一有重要影响的事件来强化营销、扩大市场的方法。事件营销创新有运用公益活动型、利用时势型、挑战传统型等。日本 SB 公司利用日本人对富士山的特殊情感,人为制造了富士山危机。该公司宣称会用滞销的咖喱粉撒在雪白的富士山顶,到时"人们将会看到一个金顶的富士山。"一时舆论哗然,SB 公司也成为媒体关注的焦点,各种斥责之声蜂起,这正中策划者下怀,几天之后,公司在报上表态决定撤销这一计划。从此,SB 公司声名大振,咖喱粉也被人们争相购买。

(2) 公开营销,通过公开参观和公开见证,加强企业和消费者的联系,增强公司的透明度和信任度,并借助口碑传播,树立良好的企业形象。

3. 服务营销创新

服务营销强调与顾客的沟通,注重企业的长远利益。不仅包括纯粹的无形服务的营销过程,还包括与有形产品组合起来向消费者提供无形服务部分的营销活动。海底捞正是服务营销做得比较成功的企业,它将美甲与餐饮服务联系起来,给传统饮食赋予时尚感。海底捞非常注重细节服务,每隔 15 分钟都会有服务员更换毛巾,这种变态式的服务让海底捞声名鹊起。

4. 网络营销创新

网络营销指利用互联网的通信技术进行营销的电子化商务活动,在现代市场条件下越来越普遍。网络营销不仅改变了原有的营销方式,还改变着我们的生活方式。网络营销内容丰富,有开设电子商城、网上购物、举办电子论坛等。

本章小结

在本章中,我们首先介绍了创新思维的定义、特征以及创新的具体步骤和创新的重大意义,接着帮助大学生破除惯性思维、经验思维、权威思维和从众思维的四大枷锁,然后详细介绍了智力激励法、列举法、移植法、信息交合法、奥斯本检核表法、组合创新法等创新思维技法,训练大学生的类比思维、联想思维、想象思维、发散思维和逆向思维,最后从产品创新、管理创新、营销创新三个角度阐述如何在大学生的创业实践中运用创新思维。

案例分析

穆罕默德·尤努斯——获得诺贝尔奖的社会企业家

穆罕默德·尤努斯的创业历程始于1976年,他走访了孟加拉国的一个中心区域约布拉村的一些最贫困的家庭,发现当地妇女制作竹制家具,但是为了购买原材料不得不向当地的放贷者借小额的高利贷。所以尽管他们努力工作,却经常要付出大部分的利润还贷,甚至负债累累。尤努斯意识到需要为当地人民提供一种更好的小额贷款途径来帮助他们创业。"我坚定不移地相信所有人都是企业家。世界上2/3的人口没有资格借到银行贷款,这是一种什么样的制度?"他对众多企业领导者如是说。

他成立了格莱珉(Grameen)银行,开始借出小额贷款,额度大约25美元,并提供了额度相似的贷款给约布拉村的妇女,她们开始能够靠做家具赚取小额的利润,用这些利润她们能够购买更多的原材料,然后制作更多的家具——她们的利润开始增长。

传统的银行不愿意以合理的利率借出这种小额贷款给穷人们,认为借给他们风险太大。尤努斯却坚信,随着时间的推移和规模的扩大,他能够为自己开创出一种可持续的商业模式和一种能够帮助成千上万的孟加拉人摆脱贫困的方法。

20年后,格莱珉银行共借出了超过60亿美元的贷款给740万的借贷人,而且现在每年还借出10亿美元给小企业家。为了确保还贷,银行使用了一种"互助团队"的制度,将贷款提供给整个团队。它的成员们彼此互相提供还贷担保,并在经济上互相帮助、共同进步。格莱珉银行超过97%的贷款都提供给妇女,她们中有更高比例的人陷于贫困,并且比男人们更乐于把自己的收入贡献给家庭,并且最终偿还贷款。而在尤努斯之前,孟加拉银行只有1%的贷款是提供给妇女的。

2006年,"为表彰他们从社会底层推动经济和社会发展的努力",尤努斯和格莱珉银行共同获得了诺贝尔和平奖。在一次接受《领导人》杂志的采访中,尤努斯在被问到他创新的秘诀时,他回答说:"这很简单,我们所做的全部事情就是看看传统银行是怎么做的,然后反其道而行之。传统银行借钱给富人,我们借钱给穷人。传统银行要求担保,我们不需要担保;传统银行雇佣律师,我们不需要律师。"

(资料来源:彼得·菲斯克.创新天才[M].张冠南,相娜,赵俐,译.北京:机械工业出版社,2012.)

【思考题】
1. 穆罕默德·尤努斯成功的关键是什么？
2. 尤努斯的创新体现了本章哪些知识点？

> **小链接**

右脑和创新思维

　　大脑的左右两个半球分别被称为左脑和右脑，它们表面有一层约3毫米厚的大脑皮质或大脑皮层，两半球在中间部位相连。美国神经生理学家斯佩里发现了人的左脑、右脑具有不同的功能。右脑主要负责直感和创造力，或者称为形象思维，左脑主要负责语言和计算能力，或称为逻辑思维。一般认为，左脑是优势半球，而右脑功能普遍得不到充分发挥。

　　从创新思维的角度来说，开发右脑功能意义重大，因为右脑活跃起来有助于打破各种思维定式，提高想象力和形象思维能力。近年来，不少人对锻炼、开拓右脑功能产生浓厚兴趣。想多使用右脑应该怎样做呢？下面的做法就是使用右脑的方法：

　　（1）经常考虑怎样对事物进行改良或改造，进行能看得见的发明或者看不见的发明；
　　（2）多做感性方面的活动，培养趣味，如音乐、拍照以及与异性交往等；
　　（3）确信人生的生存意义，树立自己的奋斗目标，从而得到兴奋感和成功感；
　　（4）摄取对大脑有益的食物（蛋白质等），学习使用机器和器械等；
　　（5）智力练习和活动可直接影响右脑。

　　这类练习和活动不同于一般的智力测验，而是要求打破心理定式，发掘知觉和想象的潜力。如果请你回答"木头有何用处？"，而你只列举木头的一般用途，显然想象力不足。比较全面的说明是，除通常用途外，还可做柴火、木筏、木槌、挖空后做烟灰缸、木拖鞋等。

　　此外开拓右脑的方法还有：非语言活动运动、跳舞、美术、欣赏音乐、种植花草、手工技艺、烹调等。既利用左脑又利用右脑的有：每天练半小时以上的健身操，打乒乓球、羽毛球等，特别需要多让左手、左腿活动（左脑控制身体的右侧，右脑控制身体的左侧），这类活动是"自外而内"地作用于大脑的，有人称之为发展右脑的分部方法。

【延伸阅读与链接】

http://www.cx48.com/cxsw/swal
http://www.ceconline.com/
http://www.yicai.com/news/2014/06/3964735.html

第二章　大学生创新思维训练

第三章 大学生的创业机会与创业团队

课程目标

通过本章的学习,使学生全面了解和掌握创业机会的含义和来源,学会如何识别和评估创业机会。同时,让学生掌握创业者和创业团队的概念,提高学生在创业筹备过程中的识别能力、分析能力以及积累人力资本的能力。

知识点和技能点

1. 创业机会含义
2. 创业机会的来源
3. 创业机会的识别
4. 创业机会的评估
5. 创业者和创业团队的概念

案例导读

中国的"指甲钳大王"

梁伯强,广东中山圣雅伦公司总经理,中国"隐形冠军"形象代言人。这位被誉为"指甲钳大王"的梁伯强,决定生产指甲钳却是因为朱镕基总理的一句话。1998年年底,梁伯强在看报纸时发现了一条新闻,这篇名为《话说指甲钳》的文章让梁伯强的命运从此改变。文章写道,当时的朱镕基总理在参加一次会议时讲道:"要盯住市场缺口找出路,比如指甲钳子,我没用过一个好的指甲钳子,我们生产的指甲钳子,剪了两天就剪不动指甲了,使大劲也剪不断。"朱镕基总理以小小的指甲钳为例,要求轻工企业努力提高产品质量,开发新产品。梁伯强从这一句话中发现了指甲钳的商机。

梁伯强调查发现指甲钳每年的产值达到了60多亿元人民币,韩国只有5家工厂,他们居然占了20个亿的产值。但在中国呢,据在册登记摸底的就有500多家企业,营业额才在20亿元左右,那么从数量来对比,韩国的五家主要企业加上十来家配套企业就可以和中国的500多家企业打个平手,这种反差令梁伯强非常惊讶。

梁伯强心动了。兴致勃勃地开始对全国市场进行考察。考察完,梁伯强很意外地发现,很多生产指甲钳的工厂都倒闭了,如果中国真有20亿元的市场份额,为什么几个大厂会倒闭呢?一方面,商场零售都被外国品牌占据,国内老厂不断倒闭;另一方面,批发市场群雄逐鹿,热火朝天。抱着试试看的态度,梁伯强生产出第一批指甲钳,没想到,产品还没正式面世,就有几千万的订单找上门,这更坚定了他把指甲钳做下去的决心。

(资料来源:http://www.hanet.cn/html/huian/zhuanfang/5970.html)

【思考题】
1. 梁伯强是怎样发现创业机会的？
2. 你认为创业机会通常具备哪些特征？

第一节　创业机会概述

一、创业机会的含义

创业是建立在机会的基础上的。在企业创建时期真正的商业机会比团队的智慧、才能或可获得的资源更为重要。创业机会是创业的核心要素,创业过程是围绕着创业机会的识别、开发、利用的一系列过程。

创业机会,通常是指具有较强吸引力的、较为持久的有利于创业的商业机会,创业者据此可以为客户提供有价值的产品或服务,并同时使创业者自身获益。

创业机会属于更广义的商业机会范畴,但并不是一般意义上的商业机会,借助于价值创造流程中"目的—手段"的关系可以更好地理解创业机会的独特性。创业机会的独特性也正在于能经由重新组合资源来创造一种新的"目的—手段"关系,而商业机会的范畴更为广泛,代表着所有优化现有"目的—手段"关系的潜力或可能性。商业机会蕴含于"目的—手段"关系的局部或全盘变化之中,而创业机会则表现为对"目的—手段"关系的全盘甚至是颠覆性变化,是一种独特的商业机会。

创业机会实际上是一种可能的未来盈利机会,这一机会需要有实体企业或商业行动的支持,通过具体的经营措施来实施,以实现预期的盈利。创业者就是比较好地把握了商业机会从而成功创业。例如,蒙牛的牛根生看到了乳业市场的商机,好利来的罗红看到了蛋糕市场的商机,在现实生活中这样的例子不胜枚举。也有创业者不仅能够把握创业机会从而成功创业,而且因为他的成功还改变了人们的生活和休闲方式,甚至还能创造出新的产业。例如,易趣、阿里巴巴利用互联网开设网店,当当网、亚马逊等成功地将互联网技术引入图书销售业,艺龙和携程网等成功地将互联网技术引入旅游咨询服务业等,这些都极大地改变着人们的生活方式和消费观念。

二、创业机会的来源

创业机会以不同形式出现。虽然以前的研究中,焦点多集中在产品的市场机会上,但是在生产要素市场上也存在机会,如新的原材料的发现等。许多好的商业机会并不是突然出现的,而是对于"一个有准备的头脑"的一种"回报"。在机会识别阶段,创业者需要弄清楚机会在哪里和怎样去寻找。

综合国内一些学者的研究成果,创业机会的具体来源主要有以下几个方面:科学技术的进步、政策与法律的变化、社会和人口因素的变化、市场需求的变化等。

1. 科学技术的进步

科技进步带来的创业机会,主要源自新的科技突破和社会的科技进步。通常,技术上的任何变化,或多种技术的组合,都可能给创业者带来某种创业机会,具体表现在以下三个方面:

(1) 新旧技术的更替。当在某一领域出现了新的科技突破和技术,并且它们足以替代某些旧技术时,通常随着旧技术的淘汰和新技术的未完全占领市场而暂时出现市场空白。比如 Windows 7 操作系统在全面问世之前,微软公司退出了 Vista 操作系统,该操作系统从使用界面和用户习惯上来看,起到了帮助用户从 Windows XP 操作系统到 Windows 7 操作系统的过渡作用。

(2) 新技术的出现。当一种能够实现新功能、创造新产品的新技术出现时,无疑会给创业者带来新的商机。例如互联网的发明,伴随着一系列与网络相关的创业机会出现,而晶体管的发明促使索尼走向全球市场等。

(3) 新技术带来的新问题。多数技术的出现对人类都有其既有利又有弊的两面性,即在给人类带来新利益的同时,也会给人类带来某些新的问题。这就会迫使人们为了消除新技术的某些弊端,再去开发新的技术并使其商业化,就可能成为新的创业机会。例如节能环保装置,这就会带来新的创业机会。

"硅谷华人"李广益第一次成功创业正是抓住了较容易操作的数字信号处理芯片技术,该技术的成熟使得生产高速调制解调器不再困难。再如晶体管的出现与普及,使英特尔、摩托罗拉、东芝、日立等新公司诞生并壮大,都是对技术机会的成功把握。

2. 政策与法律的变化

政策与法律的变化能够产生创业机会,是因为它使创业者能够提出更多不同的想法,而这些创业者可能在一个常规体制下面是被禁止进入的。政策与法律的变革也清除了很多不利于生成新企业的官僚政治障碍,这些障碍的清除,使得创业者的创业成本大大降低,原来无利可图的创业项目变得有利可图。

希望集团的诞生就是受益于农村改革开放政策的典型。1982 年刘家兄弟做出了改变他们一生的决定:砸碎"铁饭碗",自主创业。他们都是在 20 世纪 70 年代高考竞争最为激烈的时候考上大学,不久又都捧上了当时令人非常羡慕的"铁饭碗"。当改革开放的春风吹到成都平原这块富饶的土地时,他们的创业激情被唤起了,通过对当时的政治、经济等一系列创业环境的仔细分析之后,把目光投向了自己最为熟悉的农村,这片后来为他们带来巨大财富的天地。当时改革开放已经开始,农村的改革先于城市,农民中出现了很多养鸡、养猪专业户,此外,几乎所有的农民家庭都要零散地养些鸡和猪作为副业,农村已率先呈现出了蓬勃发展的态势。于是他们决定就从最熟悉的农村入手,从事生态养殖和饲料生产,加入改革的大潮。事实证明,他们当初对创业环境的分析是完全正确的,他们所创办的公司就是今天的希望集团——中国最大的民营企业,其创始人刘永好也被列为中国内地富豪排行榜之首。

政策与法律的变化也可能通过强制增加需求的方式创造出新的商机,如汽车安全带。政策与法律的改变可以为新企业带来机会,比如对某些行业进入限制条件的放宽(如民用航空、资源开采等)、政府采购政策的导向(对科技新型小企业、创造大量就业的企业)都有可能为新企业带来机会。又如电信管理部门对于铁路通信信号技术的发展规划,使得华为等信号产品厂商获得了铁路通信信号设备的发展机会;政府对于企业排污等指标的强制标准,使得企业不得不投入相关环保费用,这也提供了环保产业的创业机会。而很多城市对于摩托车的限制措施,却使得摩托车厂商的市场大大萎缩。

3. 社会和人口因素的变化

不同时期的社会和人口因素的变化会产生不同的需求。随着现代社会发展的加快,这种变化中的需求更加明显。社会和人口是紧密联系在一起的,有时候社会文化的变革也是创业机会产生的引擎,例如计划生育政策使得教育市场高速发展;单身贵族的产生,促进了小户型商品房的热销;人口寿命延长导致的老龄化问题,丰富了老龄用品市场;欧美人口减少的趋势也引起一些大学招收来自发展中国家留学生的需要,从而产生了一些针对国际学生的服务项目。

随着人口与社会年龄结构的变化,相关年龄段的人们会体现出特有的社会需求,见表3-1。社会和人口因素的变化改变了人们对产品和服务的需求,需求的变化就产生了创业的机会。

表3-1 不同年龄阶段的消费需求倾向

时　　期	年龄阶段	优先考虑因素	主要消费
幼稚期	20岁以下	自己、兴趣活动、教育	服装、汽车、娱乐、旅行、爱好等
求偶期	20多岁	自己及他人、结婚、职业	家具、装修、娱乐及其用品、储蓄
筑巢期	20多岁到30多岁	孩子及职业	家具、幼儿护理用品、保险、DIY用品
满巢期	30多岁到50多岁	孩子及他人、职业、中年危机	儿童食品、服装、教育、交通、牙齿护理、职业及生活咨询
空巢期	50多岁到70岁	自己及他人、亲戚	家具、装修、娱乐、旅行、爱好、豪华汽车、船、投资
鳏居或寡居期	70岁到90岁	自己、健康、孤独	健康护理服务、饮食、安全舒适的产品、电视、书籍、长途电话

4. 市场需求的变化

市场需求表明某个行业里目标客户对产品和服务的偏好特性。市场需求的变化将使这些偏好特征变得突出和明显,从而产生新的创业机会。市场的"缺口"或"边角"往往是被人们遗忘或忽略的地方,但这里往往蕴含了大量因被忽略而未被满足的市场需求,这正是创业者可以充分开发利用的创业空间。搜寻、瞄准市场的"缺口"或"边角",科学地开发和满足这些市场需求,另辟蹊径,做到人无我有、人有我新,最终一定能够出奇制胜,占领目标市场。要想在市场需求的变化中发现创业机会,要具备多维的观察视角。常见的观察视角有经济发展阶段,市场供给缺陷,产业转移和国别比较。

(1)市场上出现了与经济发展阶段有关的新需求。市场上出现了与经济发展阶段有关的新需求,相应地,就需要有企业去满足这些新的需求,这同样是创业者可资利用的创业机会。中国台湾地区首富王永庆在16岁的时候,用200元资金在嘉义一条偏僻的巷子里租了一个很小的铺面开了一家米店。那时,嘉义已经有20多家米店,竞争非常激烈。他的米店开办最晚,规模最小,而且地理位置很不好,没有任何优势。经过细细观察对比之后,王永庆认为提高米的质量是最根本的方法。20世纪30年代的中国台湾地区,农村还处在手工作业状态,农民把稻谷收割后铺放在马路上晒干,然后脱粒,这样,一些沙子、小石子之类的杂物不可避免地掺杂在里面。

用户在做米饭之前,还要挑拣沙子,用起来很不方便,对于这种现象,买卖双方对此都习以为常,不把它当一回事。然而,王永庆却从这一司空见惯的现象中找到了转折点。他和两个弟弟一齐动手,不辞辛苦,不怕麻烦,一点一点地将夹在米里的秕糠、沙石之类的杂物挑出来,然后再卖。这样,王永庆米店卖的米的质量就要高出其他米店一个档次,深受顾客好评,从此他的米店生意一改往日的冷清局面,渐渐地红火起来。

(2) 当期市场供给缺陷产生的新的创业机会。非均衡经济学认为,在供求平衡的市场,总是存在一些供给不能实现其价值。因此,创业者如果能发现这些供给结构性缺陷,同样可以找到可资利用的创业机会。王永庆通过提高米质使生意开始兴隆起来,但并没有停止前进的脚步,他发现当时的售后服务是很有缺陷的。当时,用户都是自己到米店买米,自己搬送回家。王永庆认为这个缺陷正是扩大生意的有效途径,于是他决定主动送货上门。他的这一行为受到顾客的普遍欢迎。尽管当时有许多米店,但是却没有送货上门的,王永庆的这一服务项目实际上是一项创举。送米的同时他还帮用户将米倒进米缸里。如果米缸里有旧米,他就将旧米倒出,擦干净缸,将新米放到下面,旧米放在上层。如此,陈米就不会因存放过久而变质。王永庆这一独到的服务令顾客深受感动。在送米的过程中,王永庆了解到,当地居民大多数都以打工为生,生活并不富裕,有时货到却收不上款。为了解决这一问题,王永庆采取按时送米,约定到发薪之日再上门收钱的办法极大地方便了用户,深受用户的欢迎,而那些接受服务的用户渐渐地都成了王永庆的忠实客户。他的米店也随之生意兴隆、蒸蒸日上。王永庆注重米质、诚实守信的优质服务方法,让嘉义人都知道在米市马路尽头的巷子里,有一个卖好米并送货上门的王永庆。由于口碑好,王永庆的米店很快壮大起来。经过一年多的资金积累,王永庆创办了一个碾米厂。就这样,王永庆从米店的生意开始,慢慢地打开了通向中国台湾地区首富之路的大门。

(3) 产业转移带来的市场机会。从历史来看,世界各国各地的发展进程是有快有慢的。即便在同一国家,不同区域的发展进程也不尽相同。这样,在先进国家或地区与落后国家或地区之间,就有一个发展的势差。当这势差大到一定程度,由于国家或地区之间存在成本差异,再加上经济发展到一定程度,环保问题往往会被先进国家或地区率先提到议事日程上。这时,先进国家或地区就会将某些产业向外转移,这就可能为落后国家或地区的创业者提供创业的机会。根据亚洲鞋业协会2007年年底的统计,广东的鞋业企业中,已经有25%左右的企业迁到东南亚地区设厂,如越南、印度、缅甸等;有50%左右的企业迁到中国内陆省份设厂,如湖南、江西、广西、河南、四川等;只有25%左右的企业还处于观望状态。这是一种梯次转移,是符合经济规律的一场规模越来越大的产业迁移潮。产业迁移潮的背后蕴含着大量的创业机会。

(4) 从比较中寻找差距,差距中往往隐含着某种商机。通过与先进国家或地区比较,看看别人已有的哪些东西我们还没有,借鉴西方国家成熟企业的发展经验,也可能发现某种创业机会。1999年,李彦宏着手创办百度的时候,国内已经有搜索客、悠游等专业搜索引擎公司,一些门户网站如搜狐等,也开展了自己的搜索引擎业务。百度与它们不同的是,百度一直是参照美国公司成长的,李彦宏搬来了在美国成功的经营模式,百度的成功和李彦宏的海归背景关系密切,这是从中外比较中寻找差距的结果。

三、创业机会的分类

1. 根据创业机会的来源

(1) 问题型机会:指的是由现实中存在的未被解决的问题所产生的一类机会。

(2) 趋势型机会:就是在变化中看到未来的发展方向,预测到将来的潜力和机会。

(3) 组合型机会:就是将现有的两项以上的技术、产品、服务等因素组合起来,以实现新的用途和价值而获得的创业机会。

手机应用"美味不用等"是个很好的例子,它抓住了具备上述三种特点的创业机会。"美味不用等"开发的排队系统和客户端App为顾客提供远程取号和到号提醒的服务,简化了顾客的排队过程,确保顾客按时到店,吸引更多顾客排队,延长餐厅的火爆时间。点菜系统支持顾客在手机上浏览菜单并自主下单,简化了顾客点菜的过程,节约店内点餐时间,加快出菜速度,提高餐厅翻台率。排队系统自动电子叫号,餐厅排队井然有序。另外,顾客可浏览电子菜单自助下单,大幅度减少餐厅人力成本。这些优势令"美味不用等"既吸引了商家投资,又确保了用户活跃度,抓准了创业环境中的问题型机会、趋势型机会和组合型机会。

2. 根据目的—手段关系的明确程度

(1) 识别型机会是指市场中的目的—手段关系十分明显时,创业者可通过目的—手段关系的连接来辨识机会。

(2) 发现型机会则指当目的或手段任意一方的状况未知,等待创业者去进行机会发掘。

(3) 创造型机会是指目的和手段皆不明朗,因此创业者要比他人更具先见之明,才能创造出有价值的市场机会。

生鲜电商"美味七七"就是个很好的例子,它抓住了具备上述三种特点的创业机会。"美味七七"起家于为沪上及周边地区配送生鲜产品。商品线涵盖时令水果、蛋肉家禽、海鲜水产、牛乳制品、休闲食品、方便素食、健康时蔬、粮油副食品、酒水饮料等9大类,共2 000多个商品。"美味七七"的服务区域以上海区域为中心点向外围扩散。它抓准了创业环境中的识别型机会、发现型机会和创造型机会。如今大城市的上班族越来越渴望更多的休息时间,往往无暇去采购粮油副食、肉禽蛋菜等日常生活用品,"美味七七"可以直接配送上门,为上班族节约了大量宝贵的时间。在市场的大蛋糕中,"美味七七"赚取了不少份额。

四、创业机会的特征

创业者追逐创业机会的根本目的是基于创业机会组建企业进而获得财富。营利性是创业机会存在的根本基础。如果创业机会不具备营利性,对于创业者而言就不构成创业机会。并且,创业机会的营利性是潜在的,不是一目了然的。这就需要创业者拥有一定的知识和技能,同时也要有相关领域的实际经验。因此,这也为创业机会的识别和评估造成了一定的难度。

如果不依托实体企业或者具体的商业行为来付诸行动,创业机会就难以实现。事实上,创业机会具有很强的时效性,往往转瞬即逝;如果不及时把握,错失良机,或者这个机会所富有的价值便不复存在,或者被其他创业者抢先占据先机,原有的巨大价值的创业机会也会沦为一条无价值的市场信息。因此,创业者应当做好准备,一旦发现有价值的创业机会,就及时行动。

创业机会的潜在价值依赖于创业者的开发活动,创业机会不是被发现的,而是被"创造"出来的。创业机会的最初形态很可能仅仅是一些散乱的信息组合,必须在创业者和创业过程中的各类利益相关者积极地参与到机会识别中来,不断磨合各自的想法,创业机会的基本盈利模式才能逐步呈现,并转化为正式的企业。由此可见,创业机会的潜在价值具有很强的不确定性,而且并非即刻就可实现在实际创业中,其价值大小会随着创业者的具体经营措施和战略规划而发生变动。如果创业者的战略方案与创业机会的特征相匹配,创业机会的价值就能够得到很大的提升,创业活动也能够获得较好的效果。如果相关战略规划与创业机会特征不匹配,甚至有严重的失误,即使创业机会潜在价值很强,也无法得到最有效的开发,因而导致创业失败。结合具体事例来看,创业机会还具备以下特征:

1. 客观性

创业机会是在特定条件下产生的,它是客观存在的。但机会的识别具有一定的偶然因素,大学生创业者要做善于发现创业机会的有心人。

一个东北农民和一个南方农民外出打工途中相遇,交谈中都发现对方的家乡很好,说者无心,听者有意,两个人聊完,各自走了。不过他们都没有去离家时想好的大城市,而是分别去了对方的家乡。南方人在长白山栽培细辛,不久便成为细辛栽培大户。东北人在黄山种灵芝,又把茶运到北方去卖,很快也取得了创业的成功。其实,机会就在我们身边熟悉的角落,努力想到它,就会成功。而并不是必须费尽千里跋涉、远走他乡,才能抱得金财归。

两个卖鞋的商人旅行,来到非洲一个落后的农村地区。其中一个商人向他的公司发电报说:"当地人都赤脚,没有销售前景。"另一个商人也向他的公司发出电报,内容却是:"居民赤脚,急需鞋子,立即运货。"对同样一件事情,这两个商人的思维方式是不一样的。这后一种思维方式就是索尼公司所倡导的思维方式与经营理念。索尼公司认为,从事商业活动,绝不仅仅是寻找买主,而且要创造顾客。

2. 时效性

特定的机会仅存在于一定的时间段内。大学生创业者应认识到,市场中的创业机会有一定的时间跨度,创业者在适当的时段中创业才有望获得相应的投资回报。

1991年,一位年轻的工程师开发出万维网(World Wide Web)之后,微软没有引起足够的重视,比尔·盖茨说:"在1993年看到该产品时,想象所有公司广告都会附上自己的网址,我认为这一定是疯了。"1994年,网景(Netscape)成立,推出网络浏览器。1995年,盖茨醒悟过来,不惜冒与网景打官司和遭到美国司法部"垄断诉讼"的风险,在推出Win95

视窗系统中免费捆绑了自己的网络浏览器(Internet explorer)。以后，微软丝毫不敢松懈，不断地为 Internet explorer 升级换代，并免费与 Windows 系列视窗系统捆绑，以确保自己在"WWW"上的领导地位。在并购了全球最大电子邮箱网站 Hotmail 之后，又开始斥巨资准备收购全球最大的门户网站 Yahoo! 。有人分析，如果盖茨能够及早认识到万维网的发展，利用操作系统的优势，及时推出自己的网络产品，这个巨头将不可估量。

3. 均衡性与差异性

创业机会在特定范围内对某一类人或同一类企业是均等的，即所谓机会面前人人平等。机会虽然是均衡的，但不同个人和企业对同一市场机会的认识会产生差别。而且，由于个体和企业的素质与能力不同，利用同一市场机会获利的可能性和大小也难免产生差异。不同的人对机会的态度不一样，结果就不一样。机会是不平等的，它把回报赠与给勤奋的人、勇敢争取的人、超前地多跨了一步的人。

企业会根据不同员工的能力和素质差异予以不同的待遇，但是在新招聘同类员工入职的时候，往往都做到了此后难以出现的均衡，比如统一安排住宿、统一办理社保、统一派发底薪等。新员工入职培训完毕，老总得意洋洋地提出：请大家交流半个小时——观察新员工能力的机会向每个在场的新员工毫无差别地迎面扑来。第一种人是善于把握机会的人，老总话音一落，就立即迎合起来，盛情表达了新员工对老总的崇敬，对公司业绩的钦佩，然后提出早已搜集好的问题，并——提出了切实可行的应对策略……对于这种人在公司的前程可想而知。第二种人也毅然站出来发言，但罗列了很多问题，甚至提出了不满……这种人或许是才华出众，但是注定会被边缘化。最多的是第三种人，一直默默地担当听众，始终不发表自己的意见和见解，这是对机会的漠视，也代表着已经与机会擦肩而过了。

4. 必然性和偶然性

大学生创业者应认识到，创业机会的到来有一定的必然性和偶然性。必然性就是，在没有机会出现之前，如果大学生创业者能本本分分、踏踏实实地立足于做好当下之事，为创业机会的出现做准备，那么将必然更有能力去发现和捕捉创业机会。偶然性在于突然出现的创业机会可能会改变大学生创业者的创业轨迹。但是，这种创业机会往往被遇到的人错过，因为一切来得太突然，大学生创业者没有做好充分的思想准备。因此，充分认识创业机会的必然性和偶然性，将有助于帮助大学生创业者发现机会、捕捉机会，并把创业机会转变为商业实践。

对于两次高考失败，最后以专科成绩补录进入杭州师范学院读本科，对计算机网络技术不甚了解的 B2B 电子商务网站阿里巴巴的 CEO 马云来说，涉足网络世界纯属偶然。1995年，杭州电子工业学院英语教师马云由于英语好，受委托去美国协助一家中国公司收账，对方是这家公司的合资伙伴(美国人)。这名商人将马云禁闭在房间中长达两天，直到马云答应成为这名美国商人的合作伙伴，才摆脱困境。马云发现网上没有任何关于中国的资料，请人做了一个网页，3 个小时就收到了 4 封邮件。敏感的马云意识到：互联网必将改变世界。回国后，马云辞去工作，和妻子再加上一个朋友，凑了两万块钱，成立了专门给企业做主页的海博网络公司，网站取名为"中国黄页"，这也成为中国最早的互联网公司之一。1999年年初，马云进行二次创业，建立阿里巴巴网站，专心做中小企业的电子商务。1999年年底,阿里巴巴获得了Softbank提供的3 500万美元的风险投资,并成为国内最早宣布盈利的网络公司之一,连续4年被《福布斯》评为全球最佳电子商务站点第一名,开创了B2B新模式。

5. 成本性

创业机会的成本性主要在于其机会成本,机会成本在经济学上是一种非常特别的一种成本,指一笔投资在专注于某一方面后所失去的在另外其他方面的投资获利机会,也就是为了得到某种东西而不得不放弃另一样东西的成本。

一个已经获得MBA学位的人,打算投资20万元开办一家零售店,并自己经营管理。该店预计一年的销售收入为9万元,扣除货物成本和各种费用后,年纯利润为2万元。从会计成本上来看,创业获得了利润,但是,从机会成本上来看,却严重亏损了。因为,一个获得MBA学位的人如果到企业去工作,平均年薪应为5万元以上。曾经有两个商人来到沙漠边的一个地方准备投资办厂,他们发现这里的生活条件很恶劣,买一瓶矿泉水需要支付比别的地方高出许多的价钱。他们中的一个认为这里的生活成本太高了,不适宜投资;而另一个商人却坚定地留了下来,他认为成本越高,越能抬高未来产品的销售价格,并能阻止竞争对手的进入,于是开办了一个地下水桶装厂,他很快获得了创业成功。

第二节 大学生创业机会的识别与评估

创业机会识别是创业领域的关键问题之一。从创业过程角度来说,它是创业的起点。创业过程就是围绕着机会进行识别、开发、利用的过程。识别正确的创业机会是创业者应当具备的重要技能。

一、创业机会概述

有价值的创业机会往往具备两个特征:吸引性、盈利性。第一,有价值的创业机会往往是有吸引力的,会吸引来大批的创业者。面对这类机会,大学生创业者应明白其既是机会又是挑战。第二,有价值的创业机会是具有盈利性的。这个性质的含义在于有价值的创业机会能在未来较长一段时间给大学生创业者带来持续盈利。

成功的机会识别是创业意愿、创业能力和创业环境等多因素综合作用的结果。

首先,创业意愿是机会识别的前提。创业意愿是潜在创业者对从事创业活动与否的一种主观态度,是人们具有类似于创业者特质的程度以及人们对创业的态度、能力的一般描述。创业意愿是创业的原动力,它推动创业者去发现和识别市场机会。没有创业意愿,再好的创业机会也会视而不见,或失之交臂。个体特质对个体的创业意愿具有重要的影响,它在很大程度上决定了个体的创业意愿。影响创业意愿的心理特征有成就欲望、内控信念、风险承担倾向、识别和利用机会的能力、模糊性承受能力、处理问题的风格、企业家的个人价值观选择等。从大学生接受的创业教育的角度看,个人背景、在校经历、前瞻性人格、创业能力以及具备的创业知识都会影响大学生的创业意图。

其次,创业能力是机会识别的基础。识别创业机会在很大程度上取决于创业者的个人(团队)能力,这一点在《当代中国社会流动报告》中得到了部分佐证。报告通过对私营企业主阶层变迁的分析发现,私营企业主的社会来源越来越以各领域精英为主,经济精英的转化尤为明显,而普通百姓转化为私营企业主的机会越来越少。国内外研究和调查显示,与创业机会识别相关的能力主要有:远见与洞察能力、信息获取能力、技术发展趋势预测能力、模仿与创新能力、建立各种关系的能力等。

最后,创业环境的支持是机会识别的关键。创业环境是创业过程中多种因素的组合,包括政府政策、社会经济条件、创业和管理技能、创业资金和非资金支持等方面。一般来说,如果社会对创业失败比较宽容,有浓厚的创业氛围;国家对个人财富创造比较推崇,有各种渠道的金融支持和完善的创业服务体系;产业有公平、公正的竞争环境,那就会鼓励更多的人创业。

二、影响创业机会识别的因素

对于是什么因素导致一些人更善于识别出有价值的创业机会,不少学者进行过研究,下面是取得共识的四类主要因素:

1. 先前经验

在特定产业中的先前经验有助于创业者识别出商业机会,这被称为走廊原理。它是指创业者一旦创建企业,他就开始了一段旅程,在这段旅程中,通向创业机会的"走廊"将变得清晰可见。这个原理提供的见解是:某个人一旦投身于某产业创业,这个人将比那些从产业外观察的人,更容易看到产业内的新机会。

2. 认知因素

机会识别可能是一项先天技能或一种认知过程。有些人认为,创业者有"第六感",使他们能看到别人错过的机会。多数创业者以这种观点看待自己,认为他们比别人更"警觉"。警觉很大程度上是一种习得性的技能;拥有某个领域更多知识的人,倾向于比其他人对该领域内的机会更警觉。

3. 社会关系网络

社会关系网络能带来承载创业机会的有价值信息,个人社会关系网络的深度和广度影响着机会识别。研究已经发现,社会关系网络是个体识别创业机会的主要来源,与强关系相比,弱关系更有助于个体识别创业机会。("强关系"和"弱关系"的含义见章末小链接)

4. 创造性

创造性是产生新奇或有用创意的过程。从某种程度上讲,机会识别是一个创造的过程,是不断反复的创造性思维过程。在听到更多趣闻轶事的基础上,你会很容易看到创造性包含在许多产品、服务和业务的形成过程中。对个人来说,创造过程可分为5个阶段,分别是准备、孵化、洞察、评价和阐述(见图3-1)。

三、识别创业机会的常见方法

1. 新眼光调查

注重二级调查:阅读某人的发现和出版的作品、利用互联网搜索数据、浏览寻找包含你所需要信息的报纸文章等都是二级调查的形式。开展初级调查:通过与顾客、供应商、

图 3-1　产生创造性创意的 5 个阶段

销售商交谈和采访他们,直接与这个世界互动,了解正在发生什么以及将要发生什么。记录你的想法:瑞士最大的音像书籍公司的创始人说他就有一本这样的笔记本,当记录到第 200 个想法时,他坐下来,回顾所有的想法,然后开办了自己的公司。

2. 通过系统分析发现机会

实际上,绝大多数的机会都可以通过系统分析得到发现。人们可以从企业的宏观环境(政治、法律、技术、人口等)和微观环境(顾客、竞争对手、供应商等)的变化中发现机会。借助市场调研,从环境变化中发现机会,是机会发现的一般规律。比如 SWOT 分析法,这种优劣势分析法可以用来确定企业自身的竞争优势(strength)、竞争劣势(weakness)、机会(opportunity)和威胁(threat),从而将公司的战略与公司内部资源和外部环境有机地结合起来。

3. 通过问题分析和顾客建议发现机会

问题分析从一开始就要找出个人或组织的需求和他们面临的问题,这些需求和问题可能很明确,也可能很含蓄。一个有效并有回报的解决方法对创业者来说是识别机会的基础。这个分析需要全面了解顾客的需求,以及可能用来满足这些需求的手段。

一个新的机会可能会由顾客识别出来,因为他们知道自己究竟需要什么。然而,顾客就会为创业者提供机会。顾客的建议多种多样,最简单的,他们会提出一些诸如"如果那样的话不是会很棒吗"这样的非正式建议,留意这些,有助于你发现创业机会。

4. 通过创造获得机会

这种方法在新技术行业中最为常见,它可能始于较为明确的市场需求,从而积极探索相应的新技术和新知识,也可能始于一项新技术发明,进而积极探索新技术的商业价值。通过创造获得机会比其他任何方式的难度都大,风险也更高。同时,如果能够成功,其回报也更大。这种情况下所产生的创新在人类所具有重大影响的创新中,居于压倒性的主导地位。索尼公司开发的随身听(Walkman)就是一个很好的例子。索尼公司觉察到人们希望随身携带一个听音乐的设备,并利用公司微缩技术的核心能力从事项目研究,最终开发出划时代的产品——随身听,并取得了巨大的成功。

四、创业机会的评估

所有的创业行为都来自于绝佳的创业机会,创业团队与投资者均对于创业前景寄予极高的期待,创业家更是对创业机会在未来所能带来的丰厚利润满怀信心。不过我们都知道,几乎九成以上的创业梦想最后都落空。事实上,新创业获得高度成功的概率大约不到 1%。成功与失败之间,除了不可控制的机运因素之外,显然已经在许多创业机会开始的时候，就已经注定未来可能失败的命运。创业本身是一种在做中学的高风险行为，而且失败也可能是奠定下一次创业成功的基础。不过这些先天体质不良，市场进入时机不对，或者具有致命瑕疵的创业构想，如果创业者能先以比较客观的方式进行评估，那么许多悲剧的结局就不至于一再发生，创业成功的几率也可以因此而大幅提升。

以下我们针对创业机会的市场与效益面，提出一套评估准则，并说明各准则因素的内涵，目的是为创业者提供评估是否投入创业开发的决策参考。

1. 市场评估准则

（1）市场定位：一个好的创业机会，必然具有特定的市场定位，专注于满足顾客需求，同时能为顾客带来增值的效果。因此评估创业机会的时候，可由市场定位是否明确、顾客需求分析是否清晰、顾客接触通道是否流畅、产品是否持续衍生等，来判断创业机会可能创造的市场价值。创业带给顾客的价值越高，创业成功的机会也会越大。

（2）市场结构：针对创业机会的市场结构进行6项分析，包括进入障碍、供货商、顾客、经销商的谈判力量、替代性竞争产品的威胁，以及市场内部竞争的激烈程度。由市场结构分析可以得知新企业未来在市场中的地位，以及可能遭遇竞争对手反击的程度。

（3）市场规模：市场规模的大小与成长速度，也是影响新企业成败的重要因素。一般而言，市场规模大者，进入障碍相对较低，市场竞争激烈程度也会略为下降。如果要进入的是一个十分成熟的市场，那么纵然市场规模很大，由于已经不再成长，利润空间必然很小，因此这个新企业恐怕就不值得再投入。反之，一个正在成长中的市场，通常也会是一个充满商机的市场，所谓水涨船高，只要进入时机正确，必须会有获利的空间。

（4）市场渗透力：对于一个具有巨大市场潜力的创业机会，市场渗透力（市场机会实现的过程）的评估将会是一项非常重要的影响因素。聪明的创业者知道选择在最佳时机进入市场，也就是市场需求正要大幅成长之际，你已经做好准备，等着接单。

（5）市场占有率：从创业机会预期可取得的市场占有率目标，可以显示这家新创公司未来的市场竞争力。一般而言，要成为市场的领导者，最少需要拥有20%以上的市场占有率。但如果低于5%的市场占有率，则这个新企业的市场竞争力极有可能不高，自然也会影响未来企业上市的价值。尤其处在具有赢家通吃特点的高科技产业，新企业必须拥有成为市场前几名的能力，才比较具有投资价值。

（6）产品的成本结构：产品的成本结构也可以反映新企业的前景是否光明。例如，从物料与人工成本所占比重的高低、变动成本与固定成本的比重，以及经济规模、产量大小，都可以判断企业创造附加价值的幅度以及未来可能的获利空间。

2. 效益评估准则

（1）合理的税后净利：一般而言，具有吸引力的创业机会，至少需要能够创造15%以上的税后净利。如果创业预期的税后净利是在5%以下，那么这就不是一个好的投资机会。

（2）达到损益平衡所需的时间：合理的损益平衡时间应该能在两年以内达到，但如果三年还达不到，恐怕就不是一个值得投入的创业机会。不过有的创业机会确实需要经过比较长的耕耘时间，通过这些前期投入，创造进入障碍，保证后期的持续获利。在这种情况下，可以将前期投入视为一种投资，才能容忍较长的损益平衡时间。

(3) 投资回投率：考虑到创业可能面临的各项风险，合理的投资回报率应该在25%以上。一般而言，15%以下的投资回报率，是不值得考虑的创业机会。

(4) 资本需求：资金需求量较低的创业机会，投资者一般会比较欢迎。事实上，许多个案显示，资本额过高其实并不利于创业成功，有时还会带来稀释投资回报率的负面效果。通常，知识越密集的创业机会，对资金的需求量越低，投资回报反而会越高。因此在创业开始的时候，不要募集太多资金，最好通过盈余积累的方式来创造资金。而比较低的资本额，将有利于提高每股盈余，并且还可以进一步提高未来上市的价格。

(5) 毛利率：毛利率高的创业机会，相对风险较低，也比较容易取得损益平衡。反之，毛利率低的创业机会，风险则较高，遇到决策失误或市场产生较大变化的时候，企业很容易就遭受损失。一般而言，理想的毛利率是40%。当毛利率低于20%的时候，这个创业机会就不值得再予以考虑。软件业的毛利率通常都很高，所以只要能找到足够的业务量，从事软件创业在财务上遭受严重损失的风险相对会比较低。

(6) 资本市场活力：当新企业处于一个具有高度活力的资本市场时，它的获利回收机会相对也比较高。不过资本市场的变化幅度极大，在市场高点时投入，资金成本较低，筹资相对容易。但在资本市场低点时，投资新企业开发的诱因则较低，好的创业机会也相对较少。不过，对投资者而言，市场低点的成本较低，有的时候反而投资回报会更高。一般而言，新创企业的资本市场活跃比较容易创造增值效果，因此资本市场活力也是一项可以被用来评价创业机会的外部环境指标。

(7) 退出机制与策略：所有投资的目的都在于回收，因此退出机制与策略就成为一项评估创业机会的重要指标。企业的价值一般也要由具有客观鉴价能力的交易市场来决定，而这种交易机制的完善程度也会影响新企业退出机制的弹性。由于退出的难度普遍要高于进入的难度，所以一个具有吸引力的创业机会，应该要为所有投资者考虑退出机制以及退出的策略规划。

第三节 大学生创业者的基本素质

一个真正的企业家，不能只靠胆大妄为东奔西撞，也不可能是在大学的课堂里说教出来的。他必须在市场经济的大潮中摸爬滚打，在风雨的锤炼中长大。

——王均瑶

创业是由个人或若干人联合创办企业并掌握所有权。从广义上来说，创业是创立基业、创办事业，通过开拓性思维、创造性劳动建功立业。创业能否成功，这就可以体现出创业者的基本素质。根据我国的创业环境及众多成功案例，概括起来，创业者应具备以下几个方面的基本素质：政治素质、思想素质、知识素质、心理素质、身体素质和能力素质。

一、创业者应具备的政治素质

能坚持把国家富强、民族振兴、人民幸福作为自己的政治思想，自觉按党的路线、方针、政策办事，自觉地维护人民利益、国家利益。在这个政治的大是大非上，创业者应该旗帜鲜明，身体力行，而不只是嘴上说说而已。这要求创业者具有政治上的高瞻远瞩，与各级政府建立密切和谐的关系,对中国的社会福利和慈善事业做出自己应有的贡献,做一个社区的好公民,而决不做任何危害祖国和人民利益的事情。

二、创业者应具备的思想素质

要建立社会主义市场经济,创业者应该牢固树立与市场经济相联系的几种现代意识:

1. 市场经济意识

在长期计划经济体制下形成的产品经济意识,是产量、产值导向的管理理念,"增产"成为企业追求的主要目标,而用户对该产品是否满意以及销售额和利润额则被放在次要位置,这是与市场经济的要求背道而驰的。

2. 市场竞争意识

许多企业的创业者,身子已经处于市场竞争之中,但头脑中缺乏竞争的意识和谋略。人们往往习惯于纵向比较,而不进行横向比较,经常满足于一得之功及一孔之见,满足于"进步不大,年年有余",满足于企业员工"收入不多,有饭吃"。这与市场竞争的新体制格格不入,不冲破它,企业就无法投入市场的海洋。

3. 效率、效益意识

有些创业者效率、效益不离口,但却对身边的低效率、高浪费现象熟视无睹。办公室喝茶、聊天,他习以为常;资金上的跑、冒、滴、漏他不去抓;办事拖拉,不紧不慢,他不当回事……这种创业者的效率、效益意识其实并未真正建立起来,巨大的损失正在等待着他。

4. 开拓创新意识

创新来源于开拓精神,敢于走前人没走过的路,敢冒失败的风险,才能开拓出新局面,在创新中走向辉煌。增强中国企业的技术创新能力,要从"中国制造"尽快地过渡到"中国创造",要在这方面上有眼光、有魄力,就会发现自己的路越走越宽。

5. 风险意识

市场竞争是残酷的,机遇与风险共存,不敢冒风险,也就抓不住机遇。在市场竞争的惊涛骇浪面前,敢不敢冒风险,敢不敢闯出一条新路,往往决定了创业者的命运。有这样一句话:"企业家一次的成功,平均需经历九次的失败,做错事是做对事所不可缺少的一部分。"

6. 服务意识

如今科学技术的扩散速度之快,制造技术和设备的无差别,企业间的竞争也会日益转移到服务领域。服务制胜时代的来临,如可赢取服务质量上的竞争,是靠全体员工树立牢固的顾客至上和优质服务的意识,以及具有专业化的服务技能,更应该要求创业者树立牢固的服务意识。

7. 诚信意识

现代化的企业越来越实行开放式经营,甚至于实行跨国界的全球经营,其间,企业与外界建立了众多的关系,包括许多合同关系。能不能严格履约,受不受信用,自然成为企业的重要道德标准。守信是调节企业公共关系的道德规范。守信的价值观基础是视企业信誉为生命,其实践的要点是以诚待人。

8. 法制意识

市场经济的秩序靠法律来维持,守法经营是领导者必须守住的一条防线,一旦这个阵地失守,什么假酒、假药、假商标,以致走私、偷税、诈骗等违法行为就会缠住你不放,最后只有走向深渊。由于初创期缺乏信誉积累,创业者的法制意识更为重要。在守法问题上,可以说是"一着不慎满盘皆输"。

三、创业者应具备的知识素质

1. 基础知识

所谓基础知识指高中毕业生的知识水准,这是创业者最起码的知识基础,包括语文、外语、数学、物理、化学、生理、历史、地理等。此外,作为大学生创业者,还应当具备商业运行方面的知识、市场营销知识以及市场环境方面的知识等。

2. 人文社会知识

任何组织都是社会的细胞,在社会的大环境中生存和发展,与社会有着千丝万缕的联系。创业者应丰富自己的人文社会知识,特别是关于哲学、政治、文化、道德、法律和历史方面的知识,以确保做出正确的决策,并有效地加以实施。特别重要的是,一些大型项目的创业者,必须能够从政治上看问题,从哲学上进行思考,对他们人文社会知识的修养理所当然地应该有更高的要求。

3. 科学技术知识

科学技术是第一生产力,科学技术日新月异,谁掌握了明日的技术,谁就在竞争中稳操胜券。创业者应力求在自己从事的业务领域中成为专家,又要有比专家更广博的知识面。

4. 管理知识

管理是科学,也是艺术。现代管理理论是一切领导者的必学科目,也是成功者的护身法宝。在实践中创造性地应用管理知识,就会形成独具特色的领导艺术。企业管理知识包括企业管理原理与发展、企业与现代企业制度、企业经营战略与决策、人力资源管理、企业市场营销、企业财务、金融市场、国际贸易理论、政策与实务、商务谈判等。

5. 创业与创新方面的知识

创新是以新思维、新发明和新描述为特征的一种概念化过程,起源于拉丁语,它原意含有三层意思:第一,更新;第二,创造新的东西;第三,改变。创新是人类特有的认识能力和实践能力,是人类主观能动性的高级表现形式,是推动民族进步和社会发展的不竭动力。虽然创业与创新是两个不同的概念,但是两个范畴之间却存在着本质上的契合:内涵上的相互包容和实践过程中的互动发展。第一次提出了创新概念的奥地利著名经济学家熊彼特认为,创新是生产要素和生产条件的一种从未有过的新组合,这种新组合能够使原来的成本曲线不断更新,由此会产生超额利润或潜在的超额利润。创新活动的这些本质内涵,体现着它与创业活动性质上的一致性和关联性。创新是创业的基础,而创业推动着创新。从总体上说,一方面,科学技术、思想观念的创新,在促进人们物质生产和生活方式的变革,引发新的生产、生活方式,进而为整个社会不断地提供新的消费需求,这是创业活动之所以源源不断的根本动因;另一方面,创业在本质上是人们的一种创新性实践活动。无论是何种性质、类型的创业活动,它们都有一个共同的特征,那就是创业是主体的一种能动的、开创性的实践活动,是一种高度的自主行为,在创业实践的过程中,主体的主观能动性将会得到充分的发挥和张扬,正是这种主体能动性充分体现了创业的创新性特征。

创业与创新的相互作用在于以下几点:

(1) 创新是创业的本质与源泉。经济学家熊彼特曾提出,"创业包括创新和未曾尝试过的技术"。创业者只有在创业的过程中具有持续不断的创新思维和创新意识,才可能产生新的富有创意的想法和方案,才可能不断寻求新的模式、新的思路,最终获得创业的成功。

(2) 创新的价值在于创业。从一定程度上讲,创新的价值就在于将潜在的知识、技术和市场机会转变为现实生产力,实现社会财富的增长,造福于人类社会。而实现这种转化的根本途径就是创业。创业者可能不是创新者或发明家,但必须具有能发现潜在的商机和敢于冒险的精神;创新者也并不一定是创业者或企业家,但是创新的成果则是经由创业者推向市场,使潜在的价值市场化,创新成果也才能转化为现实生产力。这也侧面体现了创新与创业的相互关联。

(3) 创业推动并深化创新。创业可以推动新发明、新产品或是新服务的不断涌现,创造出新的市场需求,从而进一步推动和深化各方面的创新,因而也就提高了企业或是整个国家的创新能力,推动经济的增长。

通过以上对于创业与创新关系的论述,我们知道其内在相互关联、密不可分,并且了解了创业与创新的联合对于解决我国目前就业问题至关重要,大到影响我国的发展与前景。由于创新与创业的密切关系,我国高等院校的创业与创新教育应该相互渗透融合、弘扬创新创业精神、健全创新创业机制、完善创新与创业的环境、加强产学研结合、加强创新与创业的交叉渗透和集成融合,并且不断的在实践中结合,从而推动社会的可持续发展。

四、创业者应具备的心理素质

创业是一种精神,也是一种意识,更是一种人生的挑战;创业是团队的合作,也是心理的成长,更是生命的体验。每位创业的大学生都需要一个良好的创业心理素质,才能很好地从事创业实践活动。创业之路,是充满艰险与曲折的,自主创业就等于是一个人去面对变化莫测的激烈竞争以及随时出现的需要迅速正确解决的问题和矛盾,这需要创业者具有非常强的心理调控能力,能够持续保持一种积极、沉稳的心态,即有良好的创业心理品质。它是对创业者的创业实践过程中的心理和行为起调节作用的个性心理特征,它与人固有的气质、性格有密切的关系,主要体现在人的独立性、敢为性、坚韧性、克制性、适应性、合作性等方面,它反映了创业者的意志和情感。创业的成功在很大程度上取决于创业者的创业心理品质。正因为创业之路不会一帆风顺,所以,如果不具备良好的心理素质、坚忍的意志,一遇挫折就垂头丧气、一蹶不振,那么,在创业的道路上是走不远的。宋代大文豪苏轼说:"古之成大事者,不唯有超世之才,亦必有坚韧不拔之志。"只有具有处变不惊的良好心理素质和越挫越强的顽强意志,才能在创业的道路上自强不息、竞争进取、顽强拼搏,才能从小到大、从无到有,闯出属于自己的一番事业。

1. 强烈的创业意识

有了创业必备知识并不等于创业能成功,创业成功的因素很多,因素之一就是要有强烈的创业意识。俗话说,一切靠自己。这就要求创业者挖掘大脑的潜力,对创业产生强烈欲望,形成强烈的思维定式,营造创业的氛围,积极为创业创造条件。要想取得创业的成功,创业者必须具备自我实现、追求成功的强烈的创业意识。强烈的创业意识能够帮助创业者克服创业道路上的各种艰难险阻,将创业目标作为自己的人生奋斗目标。创业的成功是思想上长期准备的结果,事业的成功总是属于有思想准备的人,也属于有创业意识的人。

2. 自信、自强、自主、自立的创业精神

自信心是一个人相信自我能力的心理状态,自信心联系着一个人的成功与否,没有自信心是很难成功的。创业者要认真学习"潜能教育论述"和"成功教育论述",培养和坚固自己创业的自信心,最大限度地挖掘和发挥潜能,成就自我、享受人生。创业者还要有自强、自主、自立的精神,要通过多种形式学习创业成功者的优秀品质,深刻领会他们在创业过程中经历的风险。自信就是对自己充满信心。自信心能赋予人主动积极的人生态度和进取精神。不依赖、不等待。要成为一名成功的创业者,必须坚持信仰如一,拥有使命感和责任感;信念坚定,顽强拼搏,直到成功。信念是生命的力量,是创立事业之本,信念是创业的原动力。要相信自己有能力,有条件去开创自己未来的事业,相信自己能够主宰自己的命运,成为创业的成功者。自强就是在自信的基础上,不贪图眼前的利益,不依恋平淡的生活,敢于实践,不断增长自己各方面的能力与才干,勇于使自己成为生活与事业的强者。自主就是具有独立的人格和思维能力,不受传统和世俗偏见的束缚,不受舆论和环境的影响,能自己选择自己的道路,善于设计和规划自己的未来,并采取相应的行动。自主是要有远见、有敢为人先的胆略和实事求是的科学态度,能把握住自己的航向,直至到达成功的彼岸。自立就是凭自己的头脑和双手、智慧和才能以及努力和奋斗,建立起自己生活和事业的基础。21世纪的青年人应该早立、快立志向,自谋职业,勤劳致富,建立起自己的事业。

3. 竞争意识

天地万物无不存活在竞争之中,是存活的竞争推动了生物的进化,是残酷的进化竞争孕育了现代社会的文明。人类正是在存活竞争之中学会了制造使用工具,不断丰富和进展了自己的大脑。没有竞争就没有进展,没有竞争就没有进步,没有竞争就没有优胜劣汰。竞争是市场经济最重要的特征之一,是企业赖以生存和发展的基础,也是一个立足社会不可缺乏的一种精神。人生即竞争,竞争本身就是提高,竞争的目的只有一个——取胜。随着我国社会主义市场经济从低级向高级发展,竞争越来越激烈。从小规模的分散竞争,发展到大集团的集中竞争;从国内竞争发展到国际竞争;从单纯的产品竞争,发展到综合实力的竞争。因此,创业者如果缺乏竞争意识,实际上就等于放弃了自己的生存权利。创业者只有敢于竞争、善于竞争,才能取得成功。创业者创业之初面临的是一个充满压力的市场,如果创业者缺乏竞争的心理准备,甚至害怕竞争,就只能是一事无成。

4. 强烈的责任意识

没有责任感的员工不是优秀的员工。创业者要将责任根植于内心,让它成为脑海中强烈的意识,在日常行为和工作中,责任意识会使创业者体现得更加卓越。责任感是由许多小事构成的,但是最基本的是做事成熟,无论多小的事,都能比以往任何人做得更好。对自己的慈悲就是对责任的侵害,去战胜它。创业者要立下决心,勇于承担责任。

五、创业者应具备的身体素质

身体是完成任务的基础,拥有良好的身体素质,才能使人心胸宽广、拥有一往无前的魄力。如果想创业,就必须要有一个健康的身体。要在日常生活中注意锻炼身体,以对身体锻炼有效的项目为主,其他项目为辅,要有坚定的意志和志向。人能攀多高,不要问双手,要问意志;人能走多远,不要问双脚,要问志向。有志攀山顶,无志站山脚。

古希腊思想家苏格拉底在教学中有过这样一件事发生,在开学的第一天,苏格拉底对他的学生们说:"今天我们只做一件事,每个人尽量把手臂往前甩,然后再往后甩。"说着,他做了一遍示范。"从今天开始,每天做300下,大家能做到吗?"学生都笑了,这么简单的事,谁做不到呢。可是一年以后,苏格拉底再问的时候,他的全部学生却只有一个人坚持了下来,后来这个人继他之后成为新一代思想家,这个人叫柏拉图。要锻炼好身体,关键在于要有坚强的意志和坚持不懈的毅力。

六、创业者应具备的能力素质

创业能力是一种特殊的能力,这种特殊能力往往影响创业活动的效率和创业的成功。"不在其位不谋其政",但不是每一个人都能身兼百职,具备从事实践的能力,只有不断地加强能力修养,不断地去实践加强,提升能力素质。以下就是创业者应具备的基本能力素质:

1. 专业技术能力

专业技术能力是创业者掌握和运用专业知识进行专业生产的能力。专业技术能力的形成具有很强的实践性。许多专业知识和专业技巧要在实践中摸索,逐步提高、发展、完善。专业技术能力的形成有多条途径:一是在学校里的书本上学到的理论知识;二是请创业成功者做专题报告;三是利用项目教学法进行专业技术培训;四是利用现代信息技术搜集有关创业专业技术的知识。平时注意积累分类做好记录,如创业计划书的撰写、融资知识、如何选定行业、如何确定产品等。创业者要重视创业过程中的知识积累和技能训练,对于书本上介绍过的知识和经验在加深理解的基础上予以提高、拓宽;对于书本上没有介绍过的知识和经验要探索,在探索的过程中要详细记录、认真分析,进行总结、归纳,并将其上升为理论,形成自己的经验特色,积累起来。只有这样,专业技术能力才会不断提高。

2. 交往协调能力

交往协调能力是指能够妥善地处理与公众(政府部门、新闻媒体、客户等)之间的关系,以及能够协调下属各部门成员之间关系的能力。创业者应该做到妥当地处理与外界的关系,尤其要争取政府部门、工商以及税务部门的支持与理解,同时要善于团结一切可以团结的人和力量,求同存异、共同协调地发展,做到不失原则、灵活有度,善于巧妙地将原则性和灵活性结合起来。总之,创业者搞好内外团结,处理好人际关系,才能建立一个有利于自己创业的和谐环境,为成功创业打好基础。

交往协调能力在书本上是学不到的,它实际上是一种社会实践能力,需要在实践活动中学习,不断积累、总结经验。这种能力的形成:一是要敢于与不熟悉的人和事打交道,敢于冒险和接受挑战,敢于承担责任和压力,对自己的决定和想法要充满信心、充满希望;二是养成观察与思考的习惯。社会上存在着许多复杂的人和事,在复杂的人和事面前要多观察、多思考,观察的过程实质上是调查的过程,是获取信息的过程,也是掌握第一手材料的过程,观察得越仔细,掌握的信息就越准确。观察是为思考做准备,观察之后必须进行思考,做到三思而后行;三是处理好各种关系。可以说,社会活动是靠各种关系来维持的,创业者要善于经营社会关系。应酬是职业上的"道具",是待人接物的表现。心理学家称:应酬的最高境界是在毫无强迫的气氛里,把诚意传达给别人,使别人收到感应,并产生共识,自愿接受自己的观点。搞好应酬要做到宽以待人,严于律己,尽量做到既了解对方的立场又让对方了解自己的立场。协调交往能力并不是天生的,也不会在学校里就形成了,而是走向社会后慢慢积累社会经验,逐步学习社会知识而形成的。

3. 决策能力

决策能力是创业者根据主客观条件,因地制宜,正确地确定创业的发展方向、目标、战略以及具体选择实施方案的能力。决策是一个人综合能力的表现,一个创业者首先要成为一个决策者。创业者的决策能力通常包括:分析、判断能力和创新能力。大学生要创业,首先要从众多的创业目标以及方向中进行分析比较,选择最适合发挥自己特长与优势的创业方向、途径和方法。在创业的过程中,能从错综复杂的现象中发现事物的本质,找出存在的真正问题,分析原因,从而正确处理问题,这就要求创业者具有良好的分析能力。所谓判断能力,就是能从客观事物的发展变化中找出因果关系,并善于从中把握事物的发展方向。分析是判断的前提,判断是分析的目的,良好的决策能力是良好的分析能力加上果断的判断能力。创业实际就是一个充满创新的事业,所以创业者必须具备创新能力,有创新思维、无思维定式,不墨守成规,能根据客观情况的变化及时提出新目标、新方案,不断开拓新局面,闯出新路子,可以说,不断创新是创业者不断前进的关键环节。

4. 经营管理能力

经营管理能力是指对人员、资金的管理能力。它涉及人员的选择、使用、组合和优化;也涉及资金聚集、核算、分配、使用、流动。经营管理能力是一种较高层次的综合能力,也是一种运筹性能力。经营管理能力的形成要从学会经营、学会管理、学会用人、学会理财几个方面去努力。

(1)学会经营。创业者一旦确定了创业目标,就要组织实施,为了在激烈的市场竞争中取得优势,必须学会经营。经营能力是指拥有对企业整个生产经营活动进行决策、计划、组织、控制、协调,并对企业成员进行激励,以实现其任务和目标的一系列工作的综合能力的总称。

(2)学会管理。要学会质量管理,首先要始终坚持质量第一的原则。质量不仅是生产物质产品的生命线,也是从事服务业和其他工作的生命线,创业者必须严格树立牢固的质量观。要学会效益管理,要始终坚持效益最佳原则,效益最佳是创业的终极目标。可以说,无效益的管理是失败的管理,无效益的创业是失败的创业。要创造最佳效益,创业者应合理配置创业活动中的人、物、资金、场地和时间。做到不闲人员和资金、不空设备和场地、不浪费原料和材料,使创业活动有条不紊地运转。学会管理还要敢于负责,创业者要对本企业、员工、消费者、顾客以及对整个社会都抱有高度的责任感。

(3) 学会用人。市场经济的竞争是人才的竞争,谁拥有人才,谁就拥有市场和顾客。一个学校没有品学兼优的教师,这个学校必然办不好;一个企业没有优秀的管理人才、技术人才,这个企业就不会有好的经济效益和社会效益;一个创业者不吸纳德才兼备、志同道合的人共创事业,创业就难以成功。因此,必须学会用人,要善于吸纳比自己强或有某种专长的人共同创业。

(4) 学会理财。学会理财首先要学会开源节流。开源就是培植财源,在创业过程中除了抓好主要项目创收外,还要注意广辟资金来源。节流就是节省不必要的开支、树立节约每一滴水、每一度电的思想。大凡百万富翁、亿万富翁都是从几百元、几千元起家的,都经历了聚少成多、勤俭节约的历程。其次,要学会管理资金。一是要把握好资金的预决算,做到心中有数;二是要把握好资金的进出和周转,每笔资金的来源和支出都要记账,做到有账可查;三是把握好资金投入的论证,每投入一笔资金都要进行可行性论证,有利可图才投入,大利大投入,小利小投入,保证使用好每一笔资金。总之,创业者心中时刻装有一把算盘,每做一件事、每用一笔钱,都要掂量一下是否有利于事业的发展,有没有效益,会不会使资金增值,这样才能理好财。

(5) 要讲诚信。就创业者个人而言,诚信乃立身之本,"言而无信,不知其可也"。创业者在创业过程中,如不讲信誉,就无法开创出自己的事业;失去信誉,就会寸步难行。诚信,一是要言听计从;二是要讲质量;三是要以诚信动人。

5. 创新能力

创新是知识经济的主旋律,是企业化解外界风险和取得竞争优势的有效途径,创新能力是创业能力素质的重要组成部分。它包括两方面的含义,一是大脑活动的能力,即创造性思维、创造性想象、独立性思维和捕捉灵感的能力;二是创新实践的能力,即人在创新活动中完成创新任务的具体工作的能力。创新能力是一种综合能力,与人们的知识、技能、经验、心态等有着密切的关系。具有广博的知识、扎实的专业基础知识、熟练的专业技能、丰富的实践经验、良好的心态的人容易形成创新能力,它取决于创新意识、智力、创造性思维和创造性想象等。

创新是一个民族进步的灵魂,是一个国家兴旺发达的不竭动力,也是一个政党永葆生机的源泉。创新是一种企业行为,也是一种个人行为。对创业者来讲,创新能力的培养和提高,首先要突破习惯,即自己要拿出勇气,突破原有的思维习惯、行为习惯和消极的文化氛围的束缚,坚持以新的思维、积极的行为来对待生活。其次要进行社会实践锻炼,要具体剖析企业内部的组织、技术、产品和经济等因素的构成及效能,在努力实施解决现实问题的案例与措施的过程中提高创新能力。

第四节 大学生创业团队

一、创业团队的概念

关于创业团队这一概念的讨论学术界和企业界各有偏重，众说纷纭：

"经过生成创意和实践创意阶段后决定共同创业并将企业成立的一群人。"

"包括当企业成立时对企业有功能执掌的人或是在营运前两年加入的成员，不包括对公司没有所有权的成员。"

"由那些参与企业创建过程、共同分享创业苦乐、全心实现企业成长的成员构成，不包括律师、会计师等部分参与企业创建的外部专家。"

"由两个或两个以上的人正式组建并共同分享新企业所有权的群体，不仅是创建新企业的群体，还要对新企业具有共同承诺，对战略选择有直接影响。"

本书对创业团队的定义如下：创业团队是指由两个或两个以上具有一定利益关系的、彼此间通过分享认知和合作行动以共同承担创建新企业责任的、处在新创企业高层主管位置的人共同组建形成的有效工作群体。具体内容包括以下四点：①创业团队是一种特殊群体；②创业团队的工作绩效大于所有成员独立工作绩效之和；③创业团队对创业成功具有重要的价值；④创业团队是高层管理团队的基础和最初组织形式。

二、团队的常见类型

1. 问题解决型团队

问题解决型团队往往组织成员就如何改进工作程序、方法等问题交换看法，并就如何提高生产效率、产品质量等问题提供建议。问题解决型团队的核心点是提高生产质量、提高生产效率、改善企业工作环境等。在这样的团队中成员就如何改变工作程序和工作方法相互交流，提出一些建议。这种类型团队的主要缺点是成员几乎没有什么实际权利来根据建议采取行动。员工参与决策过程的积极性略显不足。

2. 自我管理型团队

问题解决型团队成员在参与决策方面的积极性显得不够，企业总是希望能建立独立自主、自我管理的团队——自我管理型团队。自我管理型团队是一种真正独立自主的团队，他们不仅探讨问题解决的方法，并且亲自执行解决问题的方案，并对工作承担全部责任。自我管理型团队的人数通常有10～15人，他们承担一些原本由上级承担的责任。这种自我管理型团队甚至可以自由组合，并让成员相互进行绩效评估，而使主管人员的重要性相应下降，甚至可能被取消。

这种类型团队的主要缺点是：虽然有时员工的满意度随着权利的下放而提升，但同时缺勤率、流动率也在增加。所以首先要看企业目前的成熟度如何，员工的责任感如何，然后再来确定自我管理团队发展的趋势和反响。

3. 多功能型团队

多功能型团队由来自同一等级、不同工作领域的员工组成，他们来到一起之后，能够使组织内(甚至组织之间)的员工交流信息,激发新观点,解决面临的问题,协调完成复杂的项目。20世纪60年代爱必尔诺威开发了卓有成效的360类反馈系统,该系统采用的是一种大型的任务攻坚团队,成员来自公司各个部门。

由于团队成员知识、经验、背景和观点不太相同,加上处理复杂多样的工作任务,因此实行这种团队形式,建立有效的合作需要相当长的时间,而且要求团队成员具有很高的合作意识和个人素质。

4. 虚拟型团队

虚拟型团队是现代科技革命的产物,它是一种以现代通信技术为基础的"网上"团队。它是指一群分散在不同地方的人为了完成共同的目标和任务而产生的互动,其主要优点是:组织资源的最优整合;多文化的最优整合;低成本、高效率;满足成员工作和生活需求。

三、大学生创业团队运行机制

总体上大学生创业团队运行机制包括大学生创业团队的组织机制、学习及知识共享机制、价值创造机制。

1. 大学生创业团队的组织机制

(1) 共同的意愿。意愿是凝聚团队力量的一个重要的因素。俗话说志同道合是指拥有共同的兴趣,两个或多个人形成一个创业团队,共同的兴趣必不可少,共同的兴趣使得创业团队有着共同的目标。由于大学生均为年轻人,思想容易融合,因此较容易接受共同的意愿。这就促使大学生创业团队较其他类型团队更为稳定。

(2) 团队成员的异质化。一个表现良好的创业团队通常具有良好的团队互补性。某些团队成员可能偏向技术,某些成员则更加偏向内部经营管理,而某些团队成员可能强于销售渠道的开拓。也有可能是思维方式的不同,有些人更加内省,能够很好地思考自身或公司发生的问题,思考解决问题的办法;有些人则显得外放,能想得更远。由于大学生创业团队往往是团队组织者利用个人关系网组建的,大多成员在组队前就彼此熟悉,因此比较容易互相融合和信任,也不存在个人生存压力,也不易相互猜忌,组织结构比较稳定。

2. 大学生创业团队的学习及知识共享机制

(1) 目标一致。拥有共同的创业目标,愿意为这个共同的创业目标而付出自己的资源和精力。对于大学生创业团队而言,虽然团队成员较容易接受团队的共同意愿,团队成员加入团队的目的却不尽相同,这就需要团队的组织者尽量去统一团队成员的目标。

(2) 知识共享。在大学生创业团队中,每个成员在团队中都担当不同的角色。根据成员在团队中的角色定位和各自所具特点,可将团队成员分为建议者、协助者、调和者、执行者等角色。大学生创业团队中每个成员在完成自身的工作中必须依靠他人来获得信息、资源以及必要的支持。每个成员必须通过分享资源和共享知识来协调完成他们各自的各项工作。但在大学生创业团队内的成员之间也存在一定的竞争关系,在有良好的外部环境的情况下,大学生创业团队内部的所有成员之间都保持基本的合作博弈状况。成员之间也能够顺畅地进行知识共享。

(3) 协同共振。这是团队成员通过沟通、协作等方式进行协同工作,最终形成一致的意志、达到共振的效果,使团队绩效最大化。如果团队成员始终保持良好关系,就会使成员在工作中能够发挥主观能动性与创造性,积极配合团队目标的实现。因此划分清楚团队成员的岗位职责、制定严格的考核制度,就可以从客观上抑制成员的不规范行为的发生,以更好的产生共振的效果。

从创业团队的形成过程可以发现,创业团队成员之间是高度相互依赖的,不仅表现在所拥有的资源和技能的互补性,而且在成员分工协作的职能上也是高度相互依赖。一个成员工作的开展往往离不开其他成员的协作,因此,在这种工作关系中,信任显得特别重要,只有在创业伙伴之间建立高度的信任,才能保证创业活动有效地实施。创业团队中还存在高度的风险特征。创业团队的合作和面临的任务都是高风险的,而通过成员之间的高度信任可以减少部分的风险,所以无论是领导型创业团队还是伙伴型创业团队,创业者在选择创业伙伴时都会考察对方的人品和能力是否值得信任,是否为共同创业的合适人选。例如考察对方的行为是否诚信,对方的动机是为了集体的利益还是为了个体的利益,这些行为的目的都是为了寻找值得信任的创业伙伴,建立起相互信任的创业团队。另外,由于创业团队任务的复杂性和不确定的特点,使得在创业团队里的信任也尤为重要。研究表明,在不确定和模糊的情形下,高度信任的团队表现得高度协调和灵活。创业团队的研究者也充分认识到信任对于创业成功的重要作用,很多创业团队研究文献都提到信任的作用,例如在不确定的环境中,信任可以降低监控成本、增加信息交换以及促进授权等。本书在此对以往研究关于信任在创业团队发展过程中的作用做一个系统的归纳,期望全面考察信任对于创业团队成长与创业成功的作用。

四、大学生创业团队的组建

我国大学生创建的企业多数是在一些互动激发出创业点子的基础上形成的合伙创业企业,合伙创业属于群体性创业团队。对于群体性的创业团队的组建,应注意以下几点:

1. 技能或背景上的互补

从人力资源管理的角度来看,建立优势互补的创业团队是保持创业团队稳定的关键。在创建一个团队的时候,不仅仅要考虑相互之间的关系,最重要的是考虑成员之间的能力或技术上的互补性。从创业资源的角度来看,在引进了不同背景的创业人员的同时,也引进了不同的人际网络。

2. 共同的理念和愿景

创业过程充满艰辛和风险。成员的个人目标要与企业的愿景一致,即认同团队的努力目标和方向,也就是对企业文化的认可。创业团队成员需要拥有共同的价值观,把个人目标整合到组织目标中,增强团队的凝聚力。一个好的领导者就像是一个好的创业家。创业家在一个新创的事业中,常常需要扮演两种角色:创造远景;及时与大家沟通。一个相互间默契的团队,能够具有比一般的团队更有弹性、更快速解决问题的能力,而沟通过程贯穿始终。

3. 科学合理的团队利益划分

团队成立初期,很多企业都没有意识到团队利益划分的重要性,当企业发展到一定阶段时,利益划分问题也渐渐显现出来。团队由个人组成,而个人是需要利益调节的,这个利益包括物质的利益,亦包括精神的利益。物质的利益是保障,精神的利益是基础。作为团队带头人,对个人有两个方面的利益调节不可马虎,尤其是物质利益。

(1)"给"与"不给"不能马虎。有些企业一开始就不规范,几个人凑在一起,办了公司,有的出资多,有的出资少,有的是现金出资,有的是实物出资,有的又是智力出资或知识产权出资,有的自始至终参与经营管理,有的却只是做一些力所能及的工作。因为公司最初并没有见到多少利益,所以很多人就忽略了挣来的钱怎么分配这一话题,有的仅仅是口头约定甚至没有任何约定,也就谈不上符合法律程序的分配文本。当某一天,公司发展了,产生利润了,钱一年比一年赚多了,投资人恍然大悟,自己吃亏了,为什么对方平白无故就拿了那么多,而自己的付出与所得远远地不对等,自己很冤、很委屈。于是,昔日的好友、昔日的伙伴,纠缠在公说公有理婆说婆有理的无尽的战争中,直至走上法庭,直至分崩离析。权益分配的混乱局面,对公司的发展造成了严重隐患,汗水化作了泪水,以往辛勤皆付诸东流。

(2)"多给"与"少给"不能马虎。中国人向来是不患寡而患不均,多与少,要给得有根据,绝对的公平不可能达到,但要让大部分人感觉到公平。再者,激励是一把"双刃剑",人的欲望是递进的,所以物质利益的分配也是要递进的,这就需要组织不仅看今年的分配盈利水平,还要预测明年有多少上升的空间,否则,激励就容易引发内耗。

(3)"虚"与"实"不能马虎。有的企业很注重愿景激励,存在的问题尽量回避不谈,给团队展示的永远是好的一面,描绘的"钱景和钱途"都很绚烂诱人,这样做,短时间内无疑能够调动大家的积极性,但是一旦愿景成了永远不可能实现的"远景",那么团队会变得心灰意冷,失去最初的信任和信心。所以组织悬于团队头顶那颗利益之果,其高度还是要精心设定为好,让大家跳起来能够得着,坚决不可虚无,要脚踏实地,才能一路走好。

五、大学生创业团队建设中的常见问题分析

纵观各类创业团队的发展史,大学生创业团队的分裂最容易发生在企业从创业阶段向集体化阶段过渡的时期。集体化阶段的特征是企业已经度过了生存期,开始提出明确的目标和方向。部门也随着权力层级、工作分派及劳动分工而建立。在此期间,企业从不规范过渡到正常经营管理状态,创业团队中的很多矛盾很容易由此暴露出来,而这些矛盾正是创业团队分裂的主要原因。导致创业团队不够稳定甚至走向分裂主要有三大因素:

1. 创业成员之间因为性格、理念不合,导致目标和创业价值观有冲突

在这种情况下,团队成员的性格差异和处理问题的不同方式就容易被掩盖。有些团队从表面上看,好像大家都在努力工作,但真正全身心投入的只有一到两个人,同时团队内又缺乏真正的沟通,那么该团队实际上并未形成真正的团队,而若团队成员间目标不一致,那么造成的结果就是1+1<2了。这种情况必定会导致创业团队的解散。

2. 随着企业规模的增长,创业团队成员的能力不足

这一点在我国众多的大学生创办企业中体现得非常明显。很多企业的创业元老缺乏持续的学习精神与吃苦耐劳的品质,当初的成功往往是因为有创业激情、敢拼敢干,但随着企业进入一个规范发展的时期,他们自身意志和能力的制约反而会成为企业发展的阻力,在这种情况下,创业团队很有可能走向分裂。

3. 团队在创立初期无明确的利润分配方案

这种情况在企业中是非常普遍的。很多大学生创业团队在企业发展初期，或者是没有考虑到，又或者是碍于面子，没有明确提出未来具体的利润分配方案，等到企业规模扩大的时候就开始为利润怎么分配而发生争执。

六、大学生创业团队建设的借鉴与参考

对于在校大学生创业团队而言，如何将他们纳入真正意义上的创业中来，为将来走向社会打下创业基础，是作为目前学校创业教育中的重要问题，因此在大学生创业团队的建设和管理上，必须对他们要有一个系统的疏导，这样才能从真正意义上做到理论和实践的统一。

1. 加强对创业团队成员价值观、人生观、道德观的教育和社会责任感的培养

在当今社会，影响当代大学生思想状况的因素是多元化的，大学生的思想很容易受到影响。在创业团队中，也必须加强上述方面的教育，而不至于使他们在创业历程中完全被金钱和利益所左右。另外，社会责任感的培养也十分重要。社会责任感是人们对自己在社会中责任的情感体验。在创业团队中，只有具备了较强的社会责任感，才会关心国家、社会和集体的前途，关心环境、关爱他人。而这恰恰是创业的深层内涵和高层目标。培养创业团队中各个成员之间的社会责任感。一方面，可以在创业团队内部形成一个负责的团队；另一方面，对外在而言也是对创业团队形象的良好塑造。这也正是创业团队走上良性循环发展道路的基础。

2. 加强对创业团队成员创新意识和创新精神的培养

创业团队成员要有创新意识，并逐步升华为创业精神。创新就是强调一种创造性思维：凭借知识、智慧和胆识去开创能发挥个人所长的事业；提醒创业团队成员全面理解创业的深刻含义，形成一种不创新就不会有创业机遇的共识。同时，创业不是普通的比赛或设计，而是要求能结合专业特长，根据市场前景和社会需要开发出独特的具有创新性的成果，这样才能达到真正的创新。

3. 努力提升创业团队成员的创业技能

具体来讲，创业技能包括对企业中人、财、物及技术资源的配置能力；对市场及环境信息资源的配置能力；对社会关系资源的配置能力；对组织及制度资源的配置能力；对个人行为资源的配置能力。因此，对创业团队成员进行行之有效的创业技能教育和培养是必须的，同时在对成员之间协同能力的培养上也需要引导者用合理的方法和教育进行疏导，从而实现创业团队的协同共振的效果。

4. 对创业团队成员知识体系的培养

以经济管理类大学生创业成员的基本素质为例，在对他们进行的知识体系的培养上，主要以金融、商务、法律、市场、营销、管理、财务、税收、企业设立程序和宏观经济政策等知识为主线。此外，还要使他们具备必要的自然科学知识，如商品类别、产品性能、技术性质等。学科教学的过程，也是学生创业能力基础培养的过程。所以，创业能力教育并不独立于正规的学科教育之外，而是内化在学科教学之中，是高校学科人才培养的本质要求。

5. 明确创业目标

创业团队的总目标就是要通过完成创业阶段的技术、市场、规划、组织、管理等各项工作,实现企业从无到有、从起步到成熟。总目标确定之后,为了推动团队最终实现创业目标,再将总目标加以分解,设定若干可行的、阶段性的子目标。

6. 制订创业计划

在确定了一个个阶段性子目标以及总目标之后,紧接着就要研究如何实现这些目标,这就需要制订周密的创业计划。创业计划是在对创业目标进行具体分解的基础上,以团队为整体来考虑的计划。创业计划确定了在不同的创业阶段需要完成的阶段性任务,通过逐步实现这些阶段性目标来最终实现创业目标。

7. 构建创业团队制度体系

创业团队制度体系体现了创业团队对成员的控制和激励能力,主要包括了团队的各种约束制度和各种激励制度。一方面,创业团队通过各种约束制度(主要包括纪律条例、组织条例、财务条例、保密条例等)指导其成员避免做出不利于团队发展的行为,实现对其的行为进行有效的约束,保证团队的稳定秩序。另一方面,创业团队要实现高效运作需要有效的激励机制(主要包括利益分配方案、奖惩制度、考核标准、激励措施等),才能使团队成员看到随着创业目标的实现,其自身利益将会得到怎样的改变,从而达到充分调动成员的积极性,最大限度发挥团队成员作用的目的。要实现有效的激励首先就必须把成员的收益模式界定清楚,尤其是关于股权、奖惩等与团队成员利益密切相关的事宜。需要注意的是,创业团队的制度体系应以规范化的书面形式确定下来,以免带来不必要的混乱。

8. 团队的调整融合

完美组合的创业团队并非创业一开始就能建立起来的,而是在企业创立一定时间以后随着企业的发展逐步形成的。随着团队的运作,团队组建时在人员匹配、制度设计、职权划分等方面的不合理之处会逐渐暴露出来,这时就需要对团队进行调整融合。

总而言之,大学生在组建创业团队时,要充分了解创业团队的运行机制,同时还要意识到作为大学生这个特殊群体的优势与不足,并利用自己的优势改正自己的不足,形成良好的创业团队,使自己和创业伙伴在创业过程中取得满意的成绩。

本 章 小 结

大学生创业要善于抓住好机会,把握住每个稍纵即逝的投资创业机会,就等于成功了一半。同时,大学生也要认识到组建优秀创业团队的重要性,一个好汉三个帮,红花也需绿叶扶持。不管创业者在某个行业多么优秀,但不可能具备所有的经营管理经验,而借助团队就是拿来主义,他们可以拥有企业所需要的经验。例如顾客经验、产品经验和创业经验等。而且人际关系在创业中的比重被放在一个很重要的位置,人际关系网络或多或少地帮助创业者,是企业成功的因素之一。通过团队,人脉关系可以放得更大,可提高创业成功的概率。

一项针对创业者能力的研究报告也指出,组成团队与管理团队是成功创业者需要具备的主要能力之一。由于组成创业团队的基石在于创业远景与共同信念,因此创业者需要提出一套能够凝聚人心的远景与经营理念，形成共同目标、语言、文化，作为互信与利益分享的基础。组成创业团队是一种结合远景、理念、目标、文化、共同价值观的机制，使之成为一个生命与利益共同体的组织。

案例分析

猪 肉 大 王

陈生毕业于北京大学，十多年前放弃了自己在政府中让人羡慕的公务员职务毅然下海，倒腾过白酒和房地产，打造了"天地壹号"苹果醋，在悄悄进入养猪行业后，在不到两年的时间在广州开设了近100家猪肉连锁店，营业额达到2个亿，被人称为广州千万富翁级的"猪肉大王"。

不完全统计数字显示，目前我国大学生创业成功率则只有2%~3%，有97%~98%的大学生创业失败，专业人士分析，缺乏相关的创业教育和实战经验、缺乏"第一桶金"等都是其中的重要原因。然而，对于成功创业的大学生来说极为重要的实战经验及"第一桶金"都是"天上掉下来的"吗？为什么陈生也在不到两年的时间里进入养猪行业，就能在广州开设近100家猪肉连锁店，营业额达到2个亿？这个问题，的确值得好好追问。

实际上，之所以能在养猪行业里很短时间就能取得骄人成绩，成为拥有数千名员工的集团董事长，还在于陈生此前就经历的几次创业的"实战经验"：陈生卖过菜、卖过白酒、卖过房子、卖过饮料。这使得陈生有着这样独到的见解：很多事情不是具备条件、做好了调查才去做就能做好，而是在条件不充分的时候就要开始做，这样才能抓住机会。

然而，"条件不充分"时到底怎么才能"抓住机会"呢？我们来看一下陈生的做法：他卖白酒时，根本没有能力投资数千万元设立厂房，可是他直接从农户那里收购散装米酒，不需要在固定设施上投入一分钱便可以通过广大的农民帮他生产，产能却可以达到投资5 000万元的工厂的数倍。此后，他才利用积累起来的资金开始租用厂房和设施，打造自己的品牌。迅速地进入和占领市场，让他在白酒市场上打了个漂亮仗。而当许多人"跟风"学习一位到南方视察的国家领导人用陈醋兑雪碧当饮料的饮食方法时，善于"抓住机会"的陈生想到了如何将这种饮料生产出来。经过多次尝试，著名的"天地壹号"苹果醋就此诞生。

当然，资金积累到一定程度时，陈生成功的秘诀更让人难忘：在经济飞速发展的年代，无数企业"抓破脑袋"寻求发展良机，在这样的情况下，只有技高一筹者才能够取得成功。而一些企业运用精细化营销，就是一种技高一筹的做法。于是，从传统的中国猪肉行业里，陈生分析到了其中的巨大商机，因为中国每年的猪肉消费约500亿公斤，按每公斤20元算，年销售额就高达上万亿元。而与其他行业相比，猪肉这个行业一直没有得到很好的整合，基本上没有形成像样的产业化，竞争不强，档次不高，机会很多。更重要的是，进入这一行业的陈生，机智地率先出了绿色环保猪肉"壹号土猪"，开始经营自己的品牌猪肉。

虽然走的还是"公司＋农户合作"的路子，但针对学生、部队等不同人群，却能够选择不同的农户,提出不同的饲养要求,比如,为部队定制的猪可肥一点,学生吃的可瘦一点,为精英人士定制的肉猪,据传每天吃中草药甚至冬虫夏草,使公司的生猪产品质量与普通猪肉"和而不同"。在这样的"精细化营销"战略下,陈生终于在很短的时间内叫响了"壹号土猪"的品牌,成为广州知名的"猪肉大王"。

(资料来源:http://wenku.baidu.com/)

【思考题】
1. 陈生在创业过程中都抓住了哪些机会?
2. 你认为在这个案例中创业团队应具备什么特质?

小链接1

商机无处不在

一、商机无处不在,现有市场中的创业机会要用心去发现

对创业者来说,在现有的市场中发现创业机会,是很自然的选择。一方面,它与我们的生活息息相关,能真实地感觉到市场机会的存在;另一方面,由于总有尚未全部满足的需求,在现有市场中创业,能减少机会的搜寻成本,降低创业风险,有利于成功创业。现有的创业机会存在于:不完全竞争下的市场空隙、规模经济下的市场空间、企业集群下的市场空缺等。

1. 不完全竞争下的市场空隙

不完全竞争理论或不完全市场理论认为,企业之间或者产业内部的不完全竞争状态,导致市场存在各种现实需求,大企业不可能完全满足市场需求,必然使中小企业具有市场生存空间。中小企业与大企业互补,满足市场上不同的需求。大中小企业在竞争中生存,市场对产品差异化的需求是大中小企业并存的理由,细分市场以及系列化生产使得小企业的存在更有价值。

2. 规模经济下的市场空间

规模经济理论认为,无论任何行业都存在企业的最佳规模或者最适度规模的问题,超越这个规模,必然带来效率低下和管理成本的提升。产业不同,企业所需要的最经济、最优成本的规模也不同,企业从事的不同行业决定了企业的最佳规模,大小企业最终要适应这一规律,发展适合自身的产业。

3. 企业集群下的市场空缺

企业集群主要指地方企业集群,是一组在地理上靠近的相互联系的公司和关联的结构,它们同处在一个特定的产业领域,由于具有共性和互补性而联系在一起。集群内中小企业彼此间发展高效的竞争与合作关系,形成高度灵活专业化的生产协作网络,具有极强的内生发展动力,依靠不竭的创新能力保持地方产业的竞争优势。

二、潜在的创业机会来自于新科技的应用和人们需求的多样化等。成功的创业者能敏锐地感知社会大众的需求变化,并能够从中捕捉市场机会

新科技的应用可能改变人们的工作和生活方式,出现新的市场机会。通信技术的发展,使人们在家里办公成为可能;互联网的出现,改变了人们工作、生活、交友的方式;网络游戏的出现,使成千上万的人痴迷其中,乐此不疲;网上购物、网络教育的快速发展,使信息的获取和共享日益重要。

需求的多样化源自于人的本性,人类的欲望是很难得到满足的。在细分市场里,可以发掘尚未满足的潜在市场机会。一方面,根据消费潮流的变化,捕捉可能出现的市场机会;另一方面,根据消费者的心理,通过产品和服务的创新,引导需求并满足需求,从而创造一个全新的市场。

衍生的市场机会来自于经济活动的多样化和产业结构的调整等方面。

首先,经济活动的多样化为创业拓展了新途径。一方面,第三产业的发展为中小企业提供了非常多的成长点,现代社会人们对信息情报、咨询、文化教育、金融、服务、修理、运输、娱乐等行业提出了更多更高的需求,从而使社会经济活动中的第三产业日益发展。由于第三产业一般不需要大规模的设备投资,它的发展为中小企业的经营和发展提供了广阔的空间。另一方面,社会需求的易变性、高级化、多样化和个性化,使产品向优质化、多品种、小批量、更新快等方面发展,也有力地刺激了中小企业的发展。

其次,产业结构的调整与国企改革为创业提供了新契机。党的十六大报告指出,"要深化国有企业改革,进一步探索公有制特别是国有制的多种有效实现形式,大力推进企业的体制、技术和管理创新。除极少数必须有国家独资经营的企业外,积极推进股份制,发展混合所有制经济。"因此,随着国企改革的推进,民营中小企业除了涉足制造业、商贸餐饮服务业、房地产等传统业务领域外,将逐步介入中介服务、生物医药、大型制造等有更多创业机会的领域。

小链接2

强关系与弱关系

强关系指的是个人的社会网络同质性较强(即交往的人群从事的工作、掌握的信息都是趋同的),人与人的关系紧密,有很强的情感因素维系着人际关系。用中国人的话说,就是关系很"铁"。

反之,弱关系的特点是个人的社会网络异质性较强(即交往面很广,交往对象可能来自各行各业,因此可以获得的信息也是多方面的),人与人的关系并不紧密,也没有太多的感情维系,也就是我们所谓的泛泛之交。

格兰诺维特认为,关系的强弱决定了能够获得信息的性质以及个人达到其行动目的的可能性。在他做的调查中,美国社会是一个弱关系社会。也就是说,一个人他认识的各行各业的人越多,就越容易办成他想要办成的事。而那些交往比较固定、比较狭窄的人则不容易办成事。

根据格兰诺维特的理论,华裔学者边燕杰提出了强关系假设。即认为中国社会并非美国的弱关系社会,而是一个强关系社会。也就是说,在中国,想要办成事,靠的不是弱关系所能够获得的信息的广度与多样性,而是强关系所能给予的确定而有力的帮助。我们通常说的"找关系",就是这个意思。可以说,边燕杰的强关系假设是很符合中国社会现实的。

> 小链接3

九种团队角色

角 色	角 色 描 述
栽培者	解决难题,富有创造力和想象力,不墨守成规
资源探索者	外向,热情,健谈,发掘机会,增进联系
协调者	成熟,自信,是称职的主事人,阐明目标,促使决策的制定,分工合理
塑形者	激发人的,充满活力,在压力下成长,有克服困难的动力和勇气
监控者	冷静,有战略眼光与识别力,对选择进行比较并做出正确选择
团队工作者	协作温和,感觉敏锐,老练,建设性的,善于倾听,防止摩擦,平息争端
贯彻者	纪律性强,值得信赖,有保守倾向,办事高效利索,把想法变为实际行动
完成者	勤勤恳恳,尽职尽责,积极投入,找出差错与遗漏,准时完成任务
专家	目标专一,自我鞭策,甘于奉献,提供专门的知识与经验

第四章 大学生的创业融资

课程目标

本章主要介绍了大学生创业过程中所面临的融资问题。通过本章的学习,需要了解大学生创业融资的方式以及融资的途径选择,掌握进行创业融资的步骤,并且了解融资过程中可能遇到的风险,学会控制这些风险。

知识点和技能点

1. 大学生创业融资的方式选择
2. 大学生创业融资的渠道选择
3. 大学生创业融资的成本
4. 大学生创业融资的程序
5. 大学生创业融资的风险控制
6. 风险投资的获得

案例导读

聚美优品的融资之路

2014年5月16日,聚美优品在美国纽约证券交易所正式挂牌上市,发行价为22美元。与中国大部分互联网企业一样,聚美优品曾经也是一家创业公司。在聚美优品创立之初,陈欧不过是一名20多岁的刚出校门的"小年轻",但是随着他顺利得到了徐小平的投资,又得到了雷军的商业"秘籍",聚美优品从无到有,愈发壮大,如今已经登上了纽约证交所。

首次创业是创办在线游戏对战平台 Garena

事实上,陈欧是在新加坡拿到第一桶金的。2006年,他还在新加坡读大四,伙同师弟刘辉创办了在线游戏对战平台 Garena。直到现在,Garena 都是新加坡最好的一家在线游戏平台。陈欧管理期间,已经达到10万人同时在线,最高峰时有四五十万人。

在新加坡大学毕业后,陈欧决定申请斯坦福 MBA

在斯坦福,陈欧认识了戴雨森。戴雨森在斯坦福待了三个学期,就被陈欧拉回国内创业。刘辉也在2009年卖掉股份,同时放弃未到手的价值100万美元的期权,追随陈欧回国创业。

在美国期间,陈欧就开始筹备回国创业计划,最后选择了游戏内置广告商业模式,他开始不断回国,和投资人进行接触,最后拿到了徐小平18万美元的投资。

早在2006年年底,陈欧为Garena在国内寻找投资人的时候,经兰亭集势创始人郭去疾的介绍,就认识了徐小平。当陈欧为国内这个创业项目找到徐小平的时候,已经过去两年。找徐小平,陈欧考虑的是对方的名气。一边喝茶,陈欧一边给徐小平讲商业计划。"说实话,那个项目很难讲清楚。我讲了很久,有广告商、游戏公司、游戏玩家,搞的是一个链条,是一个系统工程。徐老师也是知名投资人,装作很懂地就把18万美元给我了。"

得雷军真传

这家名为Reemake的游戏广告公司在中国诞生后,迅速遭遇了水土不服,几个月的时间,公司账面上只剩下30万元了。

陈欧、刘辉、戴雨森三人整天窝在海淀黄庄附近的一间民居里思考出路。他们没有勇气完全放弃原有业务,陈欧担心完全停掉,风险太大,不如先去投石问路,尝试化妆品团购的业务。当时,他们尝试过很多事情,唯一的目标就是能让公司活下来,找到下一个方向。

化妆品团购被他们认为是离钱比较近的一件事,可以让公司活下来,但是能不能做大,当时三人并不知道。他们花了两天的时间搭建起团美网,在线上做一些简单的推广,观察有没有人去点击。如果有人购买,再把单子加上去。结果效果很好,真的有消费者愿意来买。随着团美网越来越消耗人力,挣钱的可能性也比原有项目高出很多,他们决定集中全公司之力,转型做化妆品。

2010年2月,抱着扩展人脉、便于融资的想法,陈欧申请了亚杰商会的摇篮计划。面试他的正是雷军,陈欧通过了,成了雷军的学生。

"雷军后来告诉我,当时看到我的创业项目觉得超级不靠谱,但是看我简历时觉得人还挺靠谱,最后勉为其难把我留下的。"陈欧说。

雷军曾经告诉过陈欧三点,让他觉得受益匪浅:要做一个市场足够大的东西,而不是自己喜欢的东西;正确的时间做正确的事;早期低成本高速扩张。

团购符合这三点,陈欧一度认为,这是最好的商业模式——预付款,30天以后再打款给商家,现金流非常好。但是此时,市场上已经有了36团、VC团这些团购公司,市场已是一片红海,凭借着早期就开始做仓储物流的这些B2C基因,陈欧再次转型,团美网从"千团大战"中抽离出来,变身化妆品B2C聚美优品。2011年,聚美优品拿到了来自红杉资本的650万美元的A轮投资。

案例来源:(前瞻网·人物聚焦 http://www.qianzhan.com/people/detail/270/140519-8231765e.html)

【思考题】

1. 陈欧是如何融资的?
2. 这些融资都是来自什么渠道?

第一节 大学生创业融资概述

创业融资是指创业者为了将某种创业转化为商业现实,通过不同渠道、采用不同方式筹集资金以建立企业的过程。创业融资有广义和狭义之分。

广义的融资指资本在持有人之间的流动,是一种以余补缺的经济行为。它是资本双向互动的过程,不仅包括资本的融入,也包括资本的融出,即它不仅包括资本的来源,也包括资本的运用。

狭义的融资主要指资本的融入,也就是通常所说的资本来源。具体是指企业从自身生产经营现状及资本运用情况出发,根据企业未来经营策略与发展需要,经过科学的预测和决策,通过特定的渠道,采用一定的方式,利用内部积累或向企业的投资者或债权人筹集融通资本,组织资本供应,保证企业生产经营需要的一种经济行为。

一、大学生创业融资的重要性

融资是创业过程中的重要环节,对于大学生创业者,融资尤显重要。

首先,在开办企业的过程中,包括人工费用、房租费用等,每月需要支出的管理费用是创业者最先面临的重要支出,这是维持企业正常运转的最基本的源泉。如果没有充足的资金储备,企业可能很快面临现金枯竭。很多企业倒闭的原因并非是不能创造利润,而是资金流断裂。

其次,在产品或服务的提供上,创业者需要投入较多的资金。对于刚刚创立的企业,需要投入设备以及人员制造产品或服务,这都需要巨大的资金投入。

最后,创业者拓展新产品或服务的市场,这需要较多的资金。特别是在分销渠道的建立以及先期广告的投入上,需要耗费巨大的资金资源。新创企业需要进行大量的市场推广,如何把消费者吸引到自己的产品或服务中来,需要大学生创业者付出更多的努力。

二、大学生创业融资存在的问题

进入21世纪以来,胡锦涛总书记提出科学发展观,我国经济结构不断转换,经济体制不断完善,中小企业面临着前所未有的发展机遇。但我国并没有给中小企业的发展提供完全适宜的经济环境,从目前中小企业的状况来看,它们的发展的确面临着众多的困境,其中融资问题成为制约中小企业进一步发展的最重要的因素。

企业融资难是一个全球性的问题。根据调查显示,我国超过一半的中小企业在其发展过程中的第一障碍是融资难的问题,而这个问题在欧盟却不到两成。造成中小企业筹资难的原因有多种,其中包括企业本身内部环境的因素,也有外部环境因素,如金融机构、金融市场、国家相关制度、政策等。

创业企业大多是从中小企业开始做起,与中小企业面临同样的融资难问题,面临的内、外部融资环境也是非常相似的,下面我们对新创企业筹资困难的环境因素做一些简要的概述。

1. 新创企业筹资困难的内部环境因素

(1) 新创企业的经营风险较大。大多数新创企业成立的时间不长、底子薄、规模小、自由资金少,其自身薄弱的积累不能满足扩大再生产的需要。新创企业的管理水平参差不齐,管理方式也存在很大差异。另外,新创企业的破产概率较高,导致投资者和银行不愿给新创企业投资和贷款。据清华大学中国创业研究中心 GEM(全球创业观察)项目的研究成果,市场变化快是中国创业环境方面的重要特征。从统计上看,我国创业者的创业能力低于全球创业观察项目的均值水平,创业者普遍缺乏创办新企业的经验,缺乏进行创业管理的知识和经验,在商机把握和资源组织方面的能力不强。这些因素导致创业者把握不好创业机会,不能及时对市场变化作出反应,创业容易失败,进而加剧了创业企业的不确定性。据统计,我国新创企业的失败率在70%左右。国外有学者估计新创企业在2年、4年、6年内的消失率分别是34%、50%、60%。创业企业的高失败率给投资者带来很大的风险,导致了创业融资难度增加。

(2) 新创企业的信息不对称。信息不对称是经济生活中普遍存在的现象,产品的销售方比购买方具有更多关于产品质量的信息,工人比雇主更了解自己的技能和能力,公司的经理比公司所有人都更了解公司的成本、竞争地位和商业机会。在创业融资中同样存在着信息不对称,被投资公司的创业者往往既是大股东又是经营管理者,这样可能会侵害投资者的利益,例如改变资金用途、关联交易、股权稀释、给自己订立过高的报酬等,投资者对创业者的行为很难监控。同时相对于大型企业而言,新创企业自身的财务等制度并不健全,财务管理比较混乱。许多新创企业出于偷税漏税款项和应付上级部门检查等原因,会计信息严重失真,导致银行对企业的风险承受能力无法辨清,对贷款的监督和检查工作也无法进行。新创企业可以利用信息不对称的优势,美化财务报表,很会讲故事的创业者更是容易在融资的时候占到便宜,这在国际募资的说明会上立刻可以看见融资者的功力。如何判断财报及经营状况的真实性,就要靠银行的经验积累来判断了。

(3) 新创企业的贷款缺乏足够的抵押担保。在我国,企业向银行申请贷款必须提供抵押、质押等担保,信用贷款只在极少的场合对极少的企业适用,新创企业很难获得信用贷款。而与此同时,绝大多数新创企业普遍存在固定资产少、流动资产变化快、无形资产难以量化、办公设备不足以作为贷款抵押物,寻求担保又遭遇重重困难的问题。谁会把钱借给一个身无分文的人呢?我国通过调查发现这样的情况:创业者在创业前的年收入在3万元以下的占27%,3万至5万元占15.4%,这使得创业启动资金极为有限。所以新创企业在抵押、担保贷款方面的成功概率很小。

(4) 创业企业的融资规模相对较小。当创业企业向银行申请借款时,其额度往往比既有企业要小,而银行办理一次业务的成本相差不大,这使得创业企业的单位融资成本往往高于既有企业。据调查,从贷款规模比较,对新创企业贷款的管理成本平均为大型企业的5倍左右,大企业对于银行而言是较安全而低风险的,大企业的信贷历史很容易从各方面取得。相对于小企业,大企业不但可以取得较高额的融资,而且融资所付出的成本也较小企业低许多,银行理所当然愿意向大企业而不是创业企业贷款,这就加剧了创业企业融资的难度。

显然,创业融资的困境是相对于既有企业的融资而言的。一项对六个城市商业银行及其分支机构的抽样调查显示,企业规模和贷款申请被拒绝的次数呈现负相关关系;同样,企业年龄与贷款被拒绝次数的比例也是负相关关系。可见,企业的规模较小、成立的时间越短,越难以获得银行资金的支持,对新创企业而言,其融资困境更为显著。与既有企业相比,新创企业在融资条件上具有明显优势。

(5) 大学生创业融资的准备不足。从大多数大学生对创业融资的预期成效选择中我们可以发现,一部分大学生也是抱着急功近利的态度,他们大多数并未做好创业是一个艰辛的过程的思想准备,只是一味想着最后的成功,对创业融资的预期成效要求过高,会加大他们在创业中遇到难题时的挫败感,从而打击其坚持奋斗的决心。与此同时,一部分大学生对创业融资的预期成效要求过低,这使得他们在创业的过程中容易因为一些小的成果满足,进而安于现状,坐失良机。

2. 新创企业筹资困难的外部环境因素

(1) 金融机构没有将支持新创企业的发展真正放到重要位置。过去几年里,在直接筹资方面,较高的资本市场进入门槛阻止了新创企业的进入。我国目前为新创企业筹资服务的二板市场还不完善,上海证券交易所和深圳证券交易所这两个主板市场显然不应也不能成为新创企业筹资的渠道,也正是因为没有完善的二板市场,所以创新基金和开拓基金的发展十分缓慢。目前,我国虽然设立了科技型新创企业技术创新基金和新创企业国际市场开拓基金,但由于数量少、服务范围及其有限,仍无法满足新创企业发展的需要。在现行金融体系当中,多数金融机构也主要面向大型企业,以新创企业为主要服务对象的中小金融机构发展滞后,服务范围和服务品种难以满足新创企业发展的需要,这种不健全的金融体系致使新创企业筹资能力比较弱。金融机构对新创企业还存在认识上的盲点,有些银行对新创企业缺乏了解,只是片面地认为新创企业难上档次、运作不规范、风险大,不敢向它们放贷;有的银行怕工作量大、房贷成本高,怕日后出现坏账、承担风险,这大大削弱了商业银行对新创企业贷款的动力,这也增加了新创企业筹资的难度。

从 2014 年开始,国家推广新三板制度,挂牌企业的融资难问题有望得到缓解,也有更多的金融机构开始开展小微贷款业务,为中小企业的发展提供了更好的融资平台,但是这些措施尚处于发展期,还需要进一步地从制度上、机制上不断完善。

(2) 政策扶持力度不够是造成新创企业筹资困难的重要原因。比照国际经验,许多国家对新创企业筹资都采取各种优惠政策进行扶持,并有相应机构对新创企业贷款担保、保险。与西方发达国家相比,目前我国在这方面还有差距,专门为新创企业贷款服务、担保的机构匮乏,社会化服务体系尚不健全。此外,在发展资本市场、开展直接筹资的改革中也倾向于照顾大型企业,而忽略了众多新创企业的需要。国家对新创企业资本市场没有有效的扶持政策,使得新创企业从资本市场筹资几乎不可能。由于我国资本市场不成熟、容量有限,因而对投入资本市场的企业和公司债券的发行有严格的限制条件,而新创企业规模小、资本有限,难以达到主板上市条件,创业板虽然已经推出但仍然存在许多不足,使得我国的新创企业不能有效地利用资本市场。因此许多投资者停止向新创企业投资,有的甚至撤资。

2012 年 2 月 2 日,国务院常务会议研究部署进一步支持小型、微型企业健康发展。会议确定的进一步支持小型、微型企业健康发展的政策措施有:第一,完善财务税收支持政策。对小型、微型企业三年内免征部分管理类、登记类和证照类行政事业型收费,加快推进营业税改征增值税试点,完善结构性减税政策。第二,努力缓解融资困难。建立小企业信贷考核制度,支持小型和微型企业上市融资,继续对符合条件的新创企业信用担保机构免征营业税,制定防止企业长期拖欠小企业资金的政策措施。第三,加快技术改造,提高装备水平,提升创新能力。中央财政扩大技术改造资金规模,重点支持小型和微型企业应用新技术、新工艺、新装备,完善企业研发费用所得税税前加计扣除政策,支持技术创新。鼓励有条件的小型和微型企业参与产业共性关键技术的研发、国家和地方的科技项目及其标准的制定。第四，加强服务和管理。支持小型、微型企业参加国外展销活动，为符合条件的企业提供便利的通关措施，简化加工贸易内销手续。对小型、微型企业招用高校毕业生给予培训费和社会保险补贴，落实企业安全生产和产品质量主体责任，提高小型、微型企业的管理水平。

（3）新创企业融资缺乏完善的法律法规支持和保障。目前国内针对企业融资方面的法律条文只是按行业和所有制性质分别制定政策法规，缺乏一部统一规范的新创企业立法，使得各种所有制性质的新创企业在法律地位和权力方面与大中型企业不平等。同时，从国内的情况看，法律执行环境也比较差，一些地方政府为了自身局部利益，默许甚至纵容企业逃废银行债务，法律对银行债权的保护能力低，这也加剧了金融机构的"恐贷"心理。

在我国，创业商务环境较差，尤其是在获得金融和非金融服务方面。创业者群体不成熟，基础薄弱。由于创业环境、相关产业的不成熟，没有能够培育出成熟的投资者群体，他们对相关产业及投资活动的认识、直觉、经验、判断有待进一步提高。

第二节 大学生创业融资的方式

所谓创业融资，是指创业者为了将某种创业想法转化为商业现实，根据未来新创企业经营策略与发展需要，经过科学的预测和决策，通过不同渠道，采用不同方式向风险投资者或债权人筹集资本，组织创业启动资本的一种经济行为。创业融资是为了解决企业成立前后的创业启动资金问题，是创业者的第一次融资，也是最重要的一次融资。

在创业开始或者早期都需要筹集很多的资本，以便为创业启动提供资金，维持拟创企业的运营。许多大学生创业者随意地从事着融资任务，因为他们缺乏这方面的经验，并且对他们的选择知之甚少。不同的融资方式与渠道各有特点和适用性，为此创业者需要了解不同融资方式和渠道的内容。

融资方式是指企业融资所采用的具体形式和工具，体现了资本的属性和期限。其中资本的属性是指资本的股权或债权性质。拟创企业的融资方式可以按照不同的标准来进行分类。

一、权益融资和债券融资

按照资本的属性，我们可以把融资方式分为权益融资和债券融资。

1. 权益融资

权益融资也叫股权融资，意味着大学生创业者用未来企业的部分股权换取创业融资。权益资本代表着股东对企业的个人投资，不需要像负债一样向投资者支付利息，然而，增加企业的权益资本意味着大学生创业者必须放弃部分股权，把其转移给外部投资人。权益资本融资主要有吸引直接投资和发行股票两种方式。

（1）吸引直接投资。这是按照"共同出资、共同经营、共担风险、共享利润"的原则吸引政府、个人、法人和外商投入资本的融资方式，直接投资中的投资者都是企业的所有人，出资方式主要包括现金出资、实物出资、知识产权出资、场地出资等。投资的个人及法人拥有企业的部分控制权和利润分享的权利。

（2）发行股票。通过发行股票这种有价证券来筹集自由资本,股票持有人即为股东,按投资的资本额度享受所有者的资产收益并参与公司的重大决策。股票按股东权利和义务分为普通股和优先股。普通股是公司发行的代表着股东享有平等的权利、义务,不加特别限制,股利不固定的股票;优先股是公司发行的优先于普通股股东分取股利和公司剩余财产的股票。

对于即将创立的公司而言,通过发行股票进行融资有如下好处:一是发行股票不会使公司有法定的责任,不像债券那样按期付息,股票的股息是可以依据公司的营运情况来定的。二是普通股票没有"偿还期",不用还本。三是如果上市公司的前途预期看好,发行股票融资往往比发行债券融资对公司更有利,股票价格和股息一般是增值的,所以,可以保护投资人的利益。四是公司的财务经理愿意保持一定的借债能力,因为当公司不景气时,没有人会买这个公司的股票,公司要想获得外部资本就只好举债,因此公司财务经理在公司景气时,愿意少举债,多发行股权资本,这样可以在需要时保持一定的举债能力。

公司融资采用发行股票的形式有好处,但也有一些问题,创业者对此也应该有所认识:一是分散了公司的控制权。如果不愿意别人干涉自己的经营管理,大学生创业者就必须少通过该种方式获得融资。二是上市股票越多,瓜分公司利润的人就越多。三是发行股票的交易成本往往比发行债券高,因为发行股票前的各种准备工作的成本要比发行债券更高,而且股票的风险要大于债券。

2. 债券融资

债券融资是指公司以借款的方式筹集资本,到期需还本付息,在资产负债表中列为负债。债券投资是一种非常昂贵的融资方式,要求企业有较高的投资回报才能到期偿还债务,因此有较高的风险性。债券融资一般有银行借款、商业信用、发行债券和租赁等方式。

（1）银行借款。这是指创业者按照借款合同从银行等金融机构借入长期或短期债券资本的主要筹资方式。在我国,尽管有国家政策扶持,但由于普遍缺乏有效担保和有效抵押信用度不高,初创企业很难顺利地从银行借到资金。因此,创业者应发展多种融资渠道。

（2）商业信用。这是指企业通过赊购商品、预收货款等商品交易行为筹集短期债券资本的一种筹资方式。如企业赊购商品或服务的资金可能占到其流动负债的30%~40%,在小企业其比例可能更高,这其实就是一种短期融资。

（3）发行债券。这是指企业发行部门向债权人定期支付利息和到期偿还本金的债券以筹集资本的一种筹资方式。债券有两种:一种叫做"抵押债券",即债券发行方以某种资产作为该债券的抵押品,如果借款方破产,无法偿还,债券的持有人可以获得作为抵押的资产,将其变卖以收回投资。另一种叫"无担保债券",这种债券没有什么特别的资产作为抵押品,债券持有人是以借债公司的整个资产作为抵押,如果借款方破产,整个公司会被拍卖,所得款就用来偿还债权人。

（4）租赁。这是指按照租赁合同租入资产。企业可以采用租赁方式租入所需资产,并形成企业的债权资本。

二、内部融资和外部融资

创业的全部融资按资本来源的范围,可以划分为内部融资和外部融资两种类型。

内部融资是指创业者自己或在家庭中通过原始积累形成的资本来源。内部融资是在创业者个人、家庭或亲朋好友内部形成的,一般无须花费融资费用。对于创业者而言,内部融资主要来源于创业者父母、亲朋的支持,也有个别来自于自己的积累。外部融资是指在内部融资不能满足需要时,向上述人际圈之外融资而形成的资金来源。对于很有发展潜力的创业项目来讲,内部融资往往难以满足需要。因此,创业者就需要开展外部融资。外部融资大多需要花费融资费用,创业者应在充分利用了内部融资之后,再考虑外部融资问题。

三、直接融资和间接融资

创业融资活动按其是否以金融机构为媒介,可以划分为直接融资和间接融资。

直接融资是指创业者不经过银行等金融机构而直接与资本供应者协商借贷,或直接发行股票、债券等筹集资本的活动。在直接融资过程中,资本供求双方借助于融资手段直接实现资本的转移。间接融资是指创业者借助银行等金融机构而进行的融资活动,它是传统的融资形式。在间接融资形式下,银行等金融机构发挥中介作用,预先聚集资本,然后提供给融资企业。间接融资的基本方式是向银行贷款,此外还有向非有银行金融机构借款、融资租赁等。

四、长期融资与短期融资

创业融资按期限不同,可以划分为长期融资和短期融资两种类型。

长期融资是指创业需用期限在一年以上的融资,通常包括各种股权资本和长期借款、应付债券等债券融资。短期融资是指创业需用期限在一年以内的融资,一般包括短期借款、应付账款和应付票据等项目,通常是采用银行贷款、商业信用等筹集方式完成的。

第三节　大学生创业融资的渠道

一、创业融资渠道

融资渠道是指资金来源的方向和道路,体现着资金的源泉和流量。一般来说,创业者筹集资金的渠道有以下几种:

1. 自有资金

尽管有些创业者在没有用个人资金的情况下就办起了新企业,但这种情况很少,不仅因为从资金成本或企业经营控制的角度来说,个人资金成本最低廉,而且还因为在试图引入外部资金尤其是获得银行、私人投资者以及风险投资家的资金时,通常需要拥有个人资本。

外部资金的供给者通常认为,如果创业者自己没有资金投入,就可能对企业经营不会那么尽心尽力。个人资金的投入水平,关键在于创业者的投入占其全部可用资产的比例,而不在于投入的绝对数量。外部投资者要求创业者投资全部的可用资产,认为这就表明了创业者对自己的企业充满信心,并将为了企业的成功付出必要的努力。

那么,在工作中的积蓄是不是应该都投入到新的企业中来呢?创业者应将自由资金的大部分投入到新创企业中。一方面,创办新企业是使捕捉的商业机会实现价值的过程,将尽可能多的自由资金投入其中,可以在新创企业中持有较多的股份。创业成功后,将获得较大的创业回报。这样,个人才能和资金在创业活动中共同创造了较大的价值。另一方面,自我融资是一种有效的承诺。创业的不确定性和信息不对称常常会造成创业融资的诸多困难,如果在投身创业的过程中投入自己的资金,这本身就是一种信号,它给予其他投资者信心。这种信号让投资者觉得创业者对自己的创业项目充满信心,是全心全意地开创事业。这种信号会给其他资金所有者投资该企业一种积极的暗示,缓解信息不对称带来的负面作用,增加其对新创企业投资的可能性。

当然,对很多创业者来说,自我筹资虽然是新企业融资的一种途径,但它不是根本性的解决方案。一般来说,创业者个人的资金对于新创企业而言总是十分有限的,尤其是刚毕业的大学生,他们几乎没有资金。

2. 私人借贷

亲朋好友是创业融资的重要来源。特别是在我国,以家庭为中心,形成了亲缘、地缘、文缘、商缘为经纬的社会网络关系,对包括创业融资在内的许多创业活动产生重要影响。家庭成员和亲朋好友由于与创业者的个人关系而愿意给予投资,这有助于克服非个人投资者面临的一种不确定性:缺乏对创业者的了解。在创业初期,创业者往往缺乏正规融资的抵押资产以及社会筹资的信誉和业绩。因此非正规的金融借贷——从创业者的家人、亲戚、朋友处获得创业所需的资金是非常见效且十分常见的融资方法。我国温州民营经济的融资特征是,在创业初期,以自有资金和民间融资为主;在企业具有一定的规模和实力以后,以自有资金和银行借贷为主,民间融资仍是重要的外部资金来源。有调查发现,企业在初创期75%以上的资金来源于自身积累和民间借贷;在企业发展阶段,其资金来源主要为初创时的自有资金、留存收益以及银行借贷。

虽然从家庭成员和亲朋好友处获得资金相对比较容易一些,但与所有融资渠道一样,向家庭成员和亲朋好友融资也有不利的方面。创业者必须明确所获得资金的性质是债权性资金还是股权性资金。在借助基于传统的社会网络关系时,必须要用现代市场经济的游戏规则、契约原则和法律形式来规范借贷或融资行为,保障各方利益,减少不必要的纠纷。为了避免日后出现问题,创业者必须将有利方面和不利方面都告诉家庭成员和朋友,还要告诉他们存在的风险,以便将日后出现问题时对家庭成员和朋友关系的不利影响降到最低。用非个人投资者融资的商务方式来向家庭成员和朋友融资时,对每一笔债权性资金都要讲明其利息率和还本付息计划,对股权性资金不能承诺未来支付红利的时间。如果能用对待其他投资者的方式对待家庭成员和朋友,就能避免将来可能产生的矛盾。创业者还可以事先用书面形式将一切事项确定下来,在将资金用于企业投入之前,必须规定融资的一切细节,这些细节包括资金的数量、有关投资者的权利和责任以及对业务失败的处理等。制定一份涉及上述所有条款的正式协议可以帮助避免未来可能出现的纠纷。

除此之外,创业者还需要在接受投资之前仔细考虑投资对家庭成员或朋友的影响,特别需要考虑的是创业失败后的境况。家庭成员和朋友对新创企业的投资应该建立在他们对投资成功的信心之上,而不是因为他们认为有这个义务。

3. 天使投资

天使投资(angel investment)是权益资本投资的一种形式,是指富有的个人出资协助具有专门技术或独特概念的原创项目或小型初创企业,进行一次性的前期投资。它是风险投资的一种形式,在根据天使投资人的投资数量以及对被投资企业可能提供的综合资源进行投资。与其他投资相比,天使投资是能够最早介入的外部资金,即便还处于创业构思阶段,只要有发展潜力,就能获得资金,而其他投资者很少对这些尚未诞生或嗷嗷待哺的"婴儿"感兴趣。

一般来说,天使投资有三个方面的特征:一是直接向企业进行权益投资;二是不仅提供现金,还提供专业知识和社会资源方面的支持。惠普公司创业时,斯坦福大学的弗雷德里克教授不仅提供了538美元的天使投资帮助惠普公司生产振荡器,还帮助惠普公司从帕罗阿尔托银行贷款1 000美元,并在业务技术等方面给予创业者很大的支持;三是投资程序简单,短时期内资金就可到位。

天使投资平台,是天使投资人与创业者聚合交流的一种形式,大量的天使投资人和创业项目同时在平台出现,使得交流对象众多,这是项目快速成交的好方式。天使投资平台分为线上、线下以及两者结合的几种形式。

在线天使投资平台可以提供在线咨询、谈判、视频会议答辩,并着力开发天使投资的在线交易模式,其特点是范围广、数量大,创业者可以同一天跟数十名甚至上百名天使投资人交流,缺点是线上交流的仿真度有待提高,一些创业者在线上跟线下的表现不一致,使得投资人很难通过线上交流判断创业者的真实能力。

线下天使投资平台实体场所,提供休闲办公的投资交流环境,使得投资人可以近距离了解创业者,也可以在同一天中与多项目、多投资人沟通。缺点是由于时间和地域的限制,使得有些项目和投资人不能恰好赶上交流时间。

现阶段线上线下结合的方式比较多,随着天使投资平台的逐渐繁荣,中国的天使投资行为也必将越来越广泛,创业者和天使投资人可以选择各种合适的天使投资平台寻找自己的理想目标。

随着我国经济的发展,创业项目逐渐增多,天使投资也出现了发展。如周鸿祎、雷军、邓锋、刘晓松、张向宁等天使投资人已经赫赫有名。例如,美国网讯公司创始人朱敏先生发起成立了赛伯乐投资基金(Cybernaut)。作为中国投资基金的领导者之一,赛伯乐(中国)投资重点关注早中期具有强大整合平台价值的企业。其与创业者建立真正的事业伙伴关系,助其开拓全球化的发展视野,一起创建中国市场的领导者和国际化的大企业。其投资项目包括连连科技、聚光科技等。再如温州,通过小额贷款公司的融资方式与天使投资可谓有异曲同工之效,都是给新创企业,尤其是初创企业、早中期企业提供发展所需的资金。虽然我国的天使投资还不发达,但是随着市场机制的完善,信用制度的建立以及个人财富的积累,天使投资一定会发挥巨大的作用。这对想要创业的大学生来说是一个很好的融资渠道。

4. 银行贷款

向银行申请贷款是我国企业最常见的一种融资方式，创业者也可以通过银行贷款补充创业资金的不足。目前，我国的商业银行推出个人经营类贷款对创业者而言是一个好消息。个人经营类贷款包括个人经营贷款、个人创业贷款、个人助业贷款、个人小型设备贷款、个人周转性流动资金贷款、下岗失业人员小额担保贷款和个人临时贷款等类型。

银行在评估贷款项目时，以"盈利性、安全性、流动性"为基本原则，审查的因素通常称作"6C"。包括：①品德资信(character)：指借款者对其所欠债务是否愿意归还，一般通过考察其过去的资信情况以及通过同借款人面谈来做出谈判。②经营能力(capacity)：银行越是相信创业者的发展前景不可限量，也就越不会计较抵押物需要符合什么要求，因此，创业计划的可行性、创业者的个人信用和偿还贷款能力是非常重要的。银行主要通过审查财务报表，看其资金的流入流出是否正常以及考察其经营业绩来确定借款者的经营能力。③资本(capital)：借款人财务报表上的总资产和总负债情况、资本结构、资产负债相抵后的净值，即借款人的财富状况。④担保物价值(collateral)：借款人用做借款担保物的质量，通常要求用超过贷款价值的财务或权利担保。⑤经营活动(condition)：借款人在经济衰退期及其他事件中的脆弱性，或者可以说其在最糟糕的情况下的还款能力。⑥事业的连续性(continuity)：借款人能否在竞争日益激烈的环境中生存与发展。

银行贷款主要包括：担保贷款、抵押贷款和质押贷款。下面我们将一一介绍。

(1) 担保贷款。通常来讲，创业者缺乏必要的经营记录、资产以及其他获得商业银行贷款的条件，如果创业者不能获得正常的商业银行贷款，则可以考虑通过中小企业信用担保机构来取得担保贷款。政府部门为促进当地小企业的发展，常常会通过一些金融机构来开展小企业基金担保贷款业务，以解决小企业融资"抵押无物、担保无人、告贷无门"的瓶颈问题。目前我国已经形成了以中小企业信用担保为主体的担保业和多层次中小企业信用担保体系，在国家税收优惠等政策的推动下，各类担保机构的资本金稳步增加。在担保贷款中，较适合创业者的担保贷款形式有自然人担保贷款、专业担保公司担保贷款、托管担保贷款。

① 自然人担保贷款。自然人担保可采取抵押、权利质押、抵押加保证3种方式。如果借款人未能按期偿还全部贷款利息或发生其他违约事项，银行将要求担保人履行担保义务。从2002年起，除中国工商银行外，其他一些国有银行和城市商业银行也可视情况提供自然人担保贷款。

② 专业担保公司担保贷款。目前各地有许多由政府或民间组织的专业担保公司，可以为包括初创企业在内的中小企业提供融资担保。北京中关村担保公司、首创担保公司等属于政府性质的担保公司，目前在全国31个省、直辖市中，已有100多个城市建立了此类性质的担保机构，为中小企业提供融资服务。例如：针对银行对中小企业信用心存疑虑的问题，上海等省市的财政部门专门拿出资金，成立了民营小企业贷款融资担保中心或专户。规定生产型小企业连续正常经营半年以上、非生产型小企业连续正常运营一年以上即可提出担保申请。民营小企业贷款融资担保中心会对小企业的规模、经营、信用等情况进行调查，如果符合条件可以由中心提供担保，签约银行可以向小企业主发放担保贷款。这种贷款方式不需要企业缴纳保险基金，具有门槛低、成本少、手续简单的特点。

这些担保机构大多实行会员制管理的形式,属于公共服务性、行业自律性、资深非营利性组织。创业者可以积极申请,成为这些机构的会员,在以后向银行借款时,可以由这些机构提供担保。与银行相比,担保公司对抵押品的要求则显得更为灵活。担保公司为了保障自己的利益,往往会要求企业提供反担保措施,有时会派人员到企业监控资金流动情况。

③ 托管担保贷款。这是一种创新的担保贷款形式,对一些初创企业来说,虽然土地、厂房皆为租赁而来,现在也可以通过将租来的厂房、土地,经社会资产评估,约请托管公司托管的办法来获取银行贷款。

保证人和债权人约定,当债务人不能履行债务时,保证人按照约定履行或者承担债务。同一债务由两人以上的保证人保证的,保证人应当按照保证合同约定的保证份额,承担保证责任。法律规定保证人与贷款银行要以书面形式订立保证合同。保证人与贷款银行可以就单个主合同分别订立保证合同,也可以协议在最高债券额限度内就一定期间连续发生的借款合同或某项交易合同订立一个保证合同。保证合同包括以下内容:被保证的主债券种类;债务人履行期限;担保范围等。

(2) 抵押贷款。抵押贷款是指借款人以其所拥有的财产作为抵押物,来获取银行存款。在抵押期间,借款人可以继续使用其用于抵押的财产。当借款人不按合同约定按时还款时,贷款人有权依照有关法规将该财产折价或拍卖以取得价款。比较适用于大学生创业者的有动产抵押贷款、不动产抵押贷款等。动产抵押贷款是指以所持股票、国债等银行承认的有价证券等动产作抵押,向银行获取贷款。不动产抵押贷款是以房屋、车辆等不动产作抵押,向银行获取贷款。

(3) 质押贷款。质押贷款与抵押贷款不同,它是以借款人或第三人的动产或权利作为质物发放的贷款,当债务人无法履行债务时,债权人有权依据规定将该动产折价或拍卖以取得价款。比较适用于大学生创业者的有权利质押贷款、存单质押贷款、知识产权质押贷款、应收账款质押贷款以及国债质押贷款。权利质押贷款是以支票、存款单、股票,以及可以转让的商标专用权、专利权、著作权中的财产权等权利,质押给银行,以获取贷款。其与抵押最大的不同是,质物必须移交给银行占有。应收账款质押贷款一般是生产型企业以其销售形式的应收账款作为质押,向银行申请贷款,业内人士称,这是银行拓展小企业贷款新途径的又一个探索,由于应收账款是绝大多数正常经营的中小企业都具备的,比起不动产抵押,更容易解决中小企业融资问题。

虽然银行可以依靠担保、抵押和质押给资金需求者提供贷款,但是创业的高风险导致银行通常不愿意贷款给创业者。银行寻找的是能可靠地归还贷款的顾客,而不是寻找风险家所追求的能获得巨大成功的业务。虽然大学生创业者获得银行贷款有较大的困难,但并不意味着大学生创业者就不能获得银行的支持。对于大学生创业者来讲,可以从以下几个方面来取得银行贷款。

① 提供可靠的担保,转移银行风险。银行感兴趣的是大学生创业者能否提供可靠的担保,而不是对创业者的风险投资回报。担保通常是物权担保,如抵押、质押等。尽管银行并不想优先受偿这类担保的财务,但是为了安全起见,还是必须要有担保的。抵押物主要还是针对不动产,包括创业者个人的房屋、土地等;质押包括动产和其他财产权利,比如

存折、股票、债权、房契、保单等。此外,对于资本实力并不强的大学生创业者,可以向专业的担保公司申请,获得创业担保。

②贷款期限尽可能短期,减轻银行风险。银行一般都不愿意给小企业发放中长期贷款,而是提供短期贷款这种最安全又最能赚取利润的方式。银行更愿意考虑贷款在一年以内的情况,这样就便于及时地评估贷款的风险,决定以后的贷款方案。通常的情况是,贷款时期越长,银行需要的担保就越多,对企业运作上的限制就越多。至于中长期贷款,银行可以发放,但一般需要购买重型设备以增加固定资产,或者购进其他小企业等。

③准备一份值得信赖的计划书。大学生创业者要制定一份十分精细的创业计划书,随时准备提交给银行审查,但大多数小本经营者却做不到这一点。对于大学生创业者,他们受过高等教育,有着新奇的想法以及严密的思维,对创业活动充满热情又进行了周密的安排,他们需要将其转化成书面的计划。具体如何编写一份计划书我们将在本书第六章中介绍。创业计划书是获得银行贷款的关键。深思熟虑的计划书可以看做创业成功的蓝图,它迫使你考虑创业运作的每一个细节。为银行提供一份有专业水平的计划书,也就意味着为银行下一步考虑贷款申请打下了坚实的基础。这样也留给银行一个好印象:计划周密、准备充分、实际可行、值得信赖、风险较小,这样得到贷款的概率就增加了。准备以上内容应当在具有专业知识的有关专家、会计师和律师的协助下进行,因为他们在企业运作方面掌握着不少可供研究的统计资料,并能为我们的设想提出比较现实和有深度的分析。总之,要尽一切努力说服银行相信拟创企业能够良好运营,还可以视具体情况把样品、照片、顾客对产品的需求等文字介绍、统计分析以及有助于获得贷款的其他任何资料交给银行。

5. 政府项目

政府和一些民间的非营利组织也是创业资金的重要来源。政府依据相关法律政策,对于处于一定阶段的、有很好发展前景的、对相关领域有重大影响的创业项目提供直接资金支持,这些资金的使用成本较低,但数目不大,也只能在特定阶段使用。

在我国,政府提供的主要融资项目有:再就业小额担保贷款、科技型中小企业技术创新基金、中小企业国际市场开拓资金、青年创业贷款以及各种地方性优惠政策等。

(1) 再就业小额担保贷款。为帮助下岗失业人员自谋职业、自主创业和把他们组织起来就业,对于诚实守信、有劳动能力和有就业意愿的下岗失业人员,针对他们在创业过程中缺乏启动资金和信用担保,难以获得银行贷款的实际困难,政府设立了再担保基金。通过再就业担保机构承诺担保,可向银行申请专项再就业小额贷款,该政策早在2003年年初就已经在全国推行。其实用对象主要有:①国有企业下岗职工;②国有企业失业职工;③国有企业关闭破产需安置人员;④享受最低生活保障并失业1年以上的城镇其他失业人员。该类贷款额度一般在2万元左右。在条件允许下,大学生可以与该类人员合作,一起创办微型企业,获得少量贷款。

(2) 科技型中小企业技术创新资金。它是经国务院批准设立,用于支持科技型中小企业技术创新的政府专项资金,通过拨款资助、贷款贴息和资本金投入等方式,扶持和引导科技型中小企业的技术创新活动。根据中小企业和项目的不同特点,该创新基金的支持方式主要有:①贷款贴息。对已具有一定水平、规模和效益的创新项目,原则上采取贴息方式支持其使用银行贷款,以扩大生产规模。一般按贷款额年利息的50%～100%给予补贴,贴息总额一般不超过100万元,个别重大项目不可超过200万元。②无偿补助。这主要用于中小企业技术创新中产品的研究、开发及中试阶段的必要补助、科研人员携带科技成果创办企业进行成果转化的补助,资助额一般不超过100万元。③资本金投入。对少数起点高,具有较大创新内涵、较高创新水平并有后续创新潜力,预计投产后有较大市场,有望形成新兴产业的项目,可采用资本金投入的方式。

(3) 中小企业国际市场开拓资金。这是由中央财政和地方财政共同安排的专门用于支持中小企业开拓国际市场的专项资金。早在21世纪初,中央政府为了鼓励中小企业参与国际竞争,提高中小企业的国际竞争能力,财政部和外经贸部联合制定了《中小企业国际市场开拓资金管理(试行)办法》,明确规定了"中小企业国际市场开拓资金"的性质、使用方向、方式及资金管理等基本原则。之后,两部委又根据此《办法》的原则,联合制定了《中小企业国际市场开拓资金管理办法实施细则(暂行)》,对这项资金的具体使用条件、审批及审批程序、资金支持内容和比例等具体工作程序作出了明确规定。在此基础上,各地方又制定了配套的措施,如上海市、北京市、湖北省、安徽省也制定了《地方性中小企业国际市场开拓资金管理办法》。

(4) 青年创业贷款。共青团中央、国家开发银行为扶持青年创办中小企业,在2006年的时候联合推出了"中国青年创业贷款项目",对全国40岁以下青年初次创业和全国40岁以下青年企业家二次创业的中小企业提供不超过三年的贷款。青年创业小额贷款每人单笔额度在10万元以内,最多不超过100万元;青年创办的中小企业贷款单户额度一般在500万元以下,最多不超过3 000万元。对于纳入省市、地市、县政府信用平台,贷款本息偿还和保障的项目,可在中国人民银行公布的同期贷款利率的基础上向下浮动10%的优惠利率。

(5) 地方性扶持政策。如杭州市提出建设"天堂硅谷",把发展高新技术产业当作重点来抓,与之配套的措施是杭州市及各区均建立了"孵化基地",为有发展潜力的高科技人才提供免费的创业园地,并拨出数目相当可观的扶持资金。在全国各地许多地方都有类似的创业优惠和鼓励政策,如上海的张江高科技园、北京的中关村园区等。

(6) 针对大学生的专项创业扶持政策。近些年来我国政府面临着巨大的就业压力,进入21世纪以来,高校毕业生的毕业人数逐年增加,到2013年,高校毕业生人数高达700万人,这成为需要解决就业岗位的首要考虑因素。我国各地都建立了比较完善的鼓励大学生创业的措施,我们以上海市为例来简要说明。2013年上海高校毕业生人数已超过17万,再加上从全国各地涌入的应届毕业生,上海地区面临着重大的就业压力。为鼓励大学生自谋职业,上海市政府推出了一系列鼓励大学生创业的措施,在创业融资保障方面,上海市也做到了全国的前列。上海市政府主要从以下六个方面来解决大学生的创业融资问题,包括小额贷款担保和贴息、青年创业小额贷款、政策性中小企业贷款信用担保政策、上海市大学生科技创业基金投资资助项目、小企业创业基地建设项目资助和YBC中国青年创业国际计划。前五项是上海市政府针对本地创业制订的一系列融资措施,第六项是共青团中央发起的一项援助项目,在全国范围内对青年创业给予帮助。上海地区的大学生在创业时,可以针对自己的情况,从上述渠道中选择融资渠道。

第四章　大学生的创业融资

各地政府都有类似的专项基金项目来支持和鼓励高校毕业生以及青年进行创业,实际操作时可以详细了解当地的创业公共服务信息网站,以根据所面临的实际情况进行融资渠道的选择。

对此我们介绍一个案例。即将毕业的大学生刘某,几次找寻工作都不尽如人意,于是他决定自己创业。可是自己创业的话根本没有资金,他原本打算开一家超市,但是将近三十万元的启动资金让他手足无措。于是他将这件事告诉了父母,父母支持他创业,给他凑了十万元,又在亲戚朋友那里借了十多万元,可是资金依然不够,于是他有些着急了。在老师的介绍下,刘某了解到政府对于大学生有两年内无息贷款的政策,于是他就编写了创业计划书,并向当地财政部门申请政府创业支持资金项目,由于创业计划书的编写较为详细,又符合规定,最终从创业基金处获得了十五万元的贷款。刘某成功融资三十多万元,开始了他的创业项目。

6. 风险投资

(1) 风险投资的含义。风险投资是指投资人将风险资本投向刚刚成立或快速成长的未上市新兴企业,在承担风险的基础上为融资人提供长期股权投资和增值服务,培育企业快速增长,数年后再通过上市、兼并或其他股权转让等方式撤出投资,取得高额投资回报的一种回报方式。风险投资一般采取风险投资基金的方式运作。风险投资基金在法律结构上是采取有限合伙的形式,而风险投资公司则作为普通合伙人管理该基金的投资运作,并获得相应报酬。

(2) 风险投资的运作流程。通常来说,风险投资交易始于风险投资公司对商业计划书的筛选到交易的完成,以至最终风险资金退出。具体可分为以下几个步骤:

① 风险投资公司每天都会收到大量的以寻求融资为目的的创业计划书。投资经理人不可能仔细研读每一篇创业计划书,实际上每份大约只花费几分钟的时间。一旦发现他们感兴趣的,才会重点关注。

② 项目审议。风险投资公司将感兴趣的创业计划书提交给其投资小组进行初步审议。通过了初步审议,风险投资通常会建立一个项目评估小组,对项目进行进一步全面审议。通常,风险投资公司会向申请风险融资的企业要求更全面地企业背景资料,通常包括:企业章程、法律、财务合同和政策法规等方面的资料。审议将会涉及以下方面:行业审议、技术审议、市场审议、财会审议和法律审议。

③ 条款清单。审议阶段结束后,如果风险投资经理人认为所申请的项目前景预期不错,那么就可以开始进行投资形式和估价的谈判。通常创业者会得到一个条款清单,概括出涉及的内容,而这个过程需要几个月的时间。在这段时间里,创业者需要了解谈判的内容。

④ 项目谈判阶段。风险投资公司的项目评估小组将与创业者就有关问题进行谈判。涉及的主要问题有:投资形式、融资数量、资金使用、股权转让价格、股权注册权限、其他股东的义务、董事会组成、财务状况披露、股份购买协议、交易达成的前提条件、交易费用等。

⑤ 交易完成。风险投资公司将与创业者签署有关的法律文件,同时涉及对企业的现有章程进行修改,并须报有关部门批准和备案。从初次筛选到交易完成通常需要3~5个

月的时间。

⑥ 投资的监管。投资生效后,风险投资公司需要对拟创企业进行监管。多数风险投资家会在董事会中占有席位,他们主要就改善企业运营状况以获取更多利润方面提出建议。由于风险投资家对其所投资的业务领域了如指掌,所以这些建议会很有参考价值。为了加强对企业的控制,在合同中通常加有可以更换管理人员和接受合并、并购的条款。如果风险企业陷入困境,风险投资家可能被迫着手干预或完全接管。他可能不得不聘请其他的能人取代原来的管理班子,或者亲自管理风险企业。

(3) 如何获得风险投资。对于大学生创业来说,一套完整的创业计划书是非常必要的,此外还要有四个基本元素:有好的市场、有好的技术、有好的经营团队,同时在此基础上,能在财务预估上利润回收,而且能确认所得到的利润。

创业计划书必须经过仔细的制作、严密的规划,并经过专业的顾问公司指导,才能帮助拟创企业找到资金。现在除了风投公司、天使基金以及政府相关的鼓励政策使得创业项目能够有更多的渠道获取资金。

风险投资力挺汉庭的案例介绍如下:

季琦于1992年毕业于上海交大,研究生毕业后应聘到了长江计算机集团上海计算机技术服务公司。两年后辞职去了美国。回国后,于1997年,季琦才开始了他在互联网领域的创业征程。他创办了上海协成科技有限责任公司,后改为携程网,这是国内最早一批从事信息化建设、信息发布ICP内容提供的公司。凭借携程网本身的发展潜力和盈利前景,它很快获得了风险资本的青睐。凭借先后三次的成功融资和准确的市场定位,携程通过预订机票、订房和订购旅游线路这三个主导产品,在30个月内实现了盈利,并成为旅游电子商务网站的业界翘楚。2003年12月10日,携程旅行网成功在美国纳斯达克市场实现了IPO。

2004年他又发现了一个巨大的新市场——中档商务酒店市场,季琦又开始了第三次创业。2005年,季琦投资2 000万美元出资创办了汉庭酒店集团,一个定位于"有限服务"的酒店集团。汉庭的快速成长得益于季琦在经济型酒店行业的独特经历,作为这个行业的开拓者,他的第3次创业,比前两次更有经验!季琦对汉庭的打算是"100家店时,全部直营,在200家的时候,仍坚持以直营为主"。汉庭的步步为营显示了创业者对汉庭的发展战略进行过周详的考虑。在开发选址方面,汉庭先立足华东,在华东地区站稳之后,将来抗风险能力就比较强。在每个城市中,汉庭的选址都集中于交通方便、离商务区比较近、周边配套比较齐全的地段。2007年7月9日,由季琦创立的汉庭酒店集团宣布获得鼎晖创投基金、成为基金、北极光创投、IDG-Accel成长基金和保银资本五家投资机构共8 500万美元的融资,捧得历年来服务行业首轮融资数额之最的桂冠。

二、不同时期融资方式的选择

企业在成长的不同时期面临的挑战也不同,融资需求和方式会随之发生改变。创业者必须识别企业在企业生命周期中所处的阶段,并详细说明资金的用途。通过向投资人说明筹集的资金如何帮助企业进一步实现其目标,创业者达成融资协议的可能性就会大大增加。

大学生创业导论

通常将新创企业的成长分为种子期、起步期、成长期、成熟期和衰退期五个阶段。创业企业在不同的发展阶段处于不同的发展状态,每一阶段在企业规模、资金需求、融资方式等方面都有差别(见图4-1)。

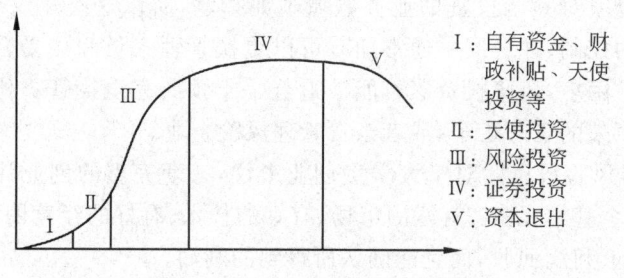

Ⅰ:自有资金、财政补贴、天使投资等
Ⅱ:天使投资
Ⅲ:风险投资
Ⅳ:证券投资
Ⅴ:资本退出

图4-1 不同生命时期融资渠道

(1) 种子期。对应图4-1的第Ⅰ阶段,在这个阶段,创业者仅有一个好的点子或创意而已。企业可能刚刚组建或正在筹建,基本上没有管理队伍。这一阶段的投资成功率最低,单项资金要求最少,获得的资金往往是考察项目的可行性。

这个阶段的主要融资方式为天使基金、财政专项拨款、科研机构和大学的科研基金、创业者自己及个人创业投资家提供的股本金等。由于投资风险比较高,规范的创业机构基本不涉足这一阶段。

(2) 起步期。对应图4-1的第Ⅱ阶段,在这个阶段,企业已经有了一个处于初级阶段的产品或服务,并有数量有限的客户使用,费用在增加,但仍然没有收入。到这个阶段末期,企业完成产品定型,着手实施其市场开拓计划。

这个阶段的技术风险与种子阶段相比,有较大幅度下降,但投资成功率依然较低。由于创业企业很难靠自我积累和债权融资等方式解决这一阶段的资金需求,所以创业投资依然是其主要的投入方式。

(3) 成长期。对应图4-1的第Ⅲ阶段,在这个阶段,企业开始出售产品或服务,但支出依然大于收入。在最初的试销阶段获得成功后,企业需要投资以提高生产和销售能力。企业的生产、销售、服务已经具备基本的成功把握,企业可能希望组建自己的销售队伍,扩大生产线,增强其研究开发后劲,进一步开拓市场,或拓展其生产能力或服务能力。企业逐步形成经济规模,开始达到市场占有率目标,企业开始考虑上市计划。

这一阶段的资金需求量更大。比较保守或规模较大的风险投资机构往往希望在这一阶段提供创业资本。在股本增加的同时,企业还可争取各种形式的资金,包括私募资金、有担保的负债、货物担保的可转换债以及优先股等。

(4) 成熟期。对应图4-1的第Ⅳ阶段,在这个阶段,企业的销售收入高于支出,开始产生净利润,创业投资家开始考虑撤出资金。对于企业来说,在这一阶段筹集资金的最佳方式之一,是通过发行股票上市。成功上市得到的资金,既为企业发展增添了后劲,拓宽了运作范围和规模,也为创业资本家的撤出创造了条件。创业资本家通常通过公开上市而撤出,但有时也通过并购方式撤出。

(5) 衰退期。对应图4-1的第Ⅴ阶段,在这个阶段,企业的组织成本上升,创新意识减弱,现金流可能出现负增长。对企业来说,在这一阶段应尽快稳定人才队伍,寻找新的创新产品。对创业投资家来说,也应迅速撤离,避免资金沉淀。

第四节　大学生创业融资的程序

创业企业的生产经营、资本经营和长远发展时时刻刻都离不开资金。创业融资面临的第一个问题就是如何进行融资决策的问题。创业企业要根据自身的融资需求,在融资之前认真考虑如何选择自己需要和适合自己发展阶段的融资方式、确定合适的融资规模以及制定最佳融资期限等问题。要解决这些问题,需要企业制定适当的融资策略,以做出最优化的融资决策。

一、确定融资的需求量

大学生创业者首先要确定自身需要多少资金？刚刚起步的创业者面临的一项重要而艰难的任务就是决定企业创办需要多少资金。这一点很重要,因为如果创业者低估了企业的资金需要,筹集的资金量过少,公司就会投资不足;如果创业者高估了企业的资金需要,筹集的资金量超出使用,那么会使资本成本较高。投资不足的企业可能会用完现金、借贷以及增发新股的能力,而这些新注入资金本可以使公司克服某些困难。如果投资不足,其结果是公司会在某个时候歇业。通常认为,对于新公司来讲,现金的重要性是不言而喻的。这是因为当创业者用完现金后,企业容易陷入困境,企业生存是非常困难的。

同样,投资过度显然也是不可取的,尽管对于许多创业者,尤其是大学生创业者来说这似乎不太可能发生。投资过度的公司筹集了太多的资金,现金过多会使拟创企业承担过多的负债,机会成本太高,资本的运作依靠效率,没有效率的资本是无法实现利润最大化的。同时,太多的现金会给拟创企业的股东传达错误的信息。例如,这会使得员工认为公司运行得比实际情况要好,他们因此迫切要求提高工资和福利。如果客户认为创业企业手头有足够的现金,他们会用更长的时间来付款。如果现金用于不必要的额外补贴和办公室升级,投资者会认为公司用钱不慎,缺乏节约的精神。同样,过多的现金可能赚不到回报或是只有很少的回报。上述各种情况都可能会导致投资者总回报的降低。

每一个大学生创业者在融资前都需要明确资本需求量,换言之,资本需求量的测算是融资的基础。一般说来,在企业成立的最初五年里,要明确知道企业到底需要多少资本是不太现实的。因而,一些创业者往往是根据同行的经验或主观判断进行资本需求量的最低限额估算。实际上,创业者掌握一些基本的财务知识,将财务报表与创业计划、企业发展战略结合起来,对企业资本需求量进行实际可行的估算还是有可能的。如果创业者是独资经营,那么所有预算决策就将由自己全权负责;如果是合作经营或拥有财务、销售、生产等方面的专职人员,则可以先让专职人员准备财务数据,然后由创业者决定资本需求量。

1. 预估销售收入、销售成本、销售费用、利润

对于新创企业来说,预估销售收入是制定财务计划与财务报表的第一步。为此,需要立足于市场研究、行业销售状况以及试销经验,利用购买动机调查、推销人员意见综合、专家咨询、时间序列分析等多种预测技巧,估计未来三年的销售收入。之后,要对销售成本、销售费用以及一般费用和管理费用等进行估计。由于新创企业在起步阶段在市场上默默无闻,市场推广成本相当高,销售收入与推动销售收入增长所付出的成本不可能成比例增加,因此,对于第一年的全部经营费用都要按月估计,每一笔支出都不可泄露。在预估第二年及第三年的经营成本时,首先,应该关注那些长期保持稳定的支出。如果第二、第三年销售量的预估是比较明确的话,则可以根据销售百分比法,即根据预估净销售量按固定百分比计算折旧、库存、租金、保险费、利息等项目的数值。

在完成上述项目的预估后,就可以按月预估税前利润、税后利润、净利润以及第一年利润表的内容,然后就进入预计财务报表过程。

2. 预计财务报表

拟创企业可以采用销售百分比法预估财务计划报表。这一方法的优点是:能够比较便捷地预测出相关项目在销售额中所占的比率以及相关项目的资本需求量。但是由于相关项目在销售额中所占比率往往会随着市场状况、企业管理等因素发生变化,因此,必须根据实际情况及时调整有关比率,否则会对企业经营造成负面影响。

(1) 预计利润表。预计利润表是应用销售百分比法的原理预测留存收益的一种报表。通过提供预计利润表,可预测留存收益这种内部筹资方式的数额,也可以为预计资产负债表的外部筹资额提供依据。

用销售百分比法制订计划的利润表,并据此获得相关项目的资本需求量,应该采取以下三个步骤:

第一步,根据几年预计利润表的资料,确定相关项目在销售收入中所占百分比。

第二步,对计划年度的销售收入做出预测,并用基年相关项目在销售收入中所占百分比预测相关项目的资本需求量,并编制计划年度利润表。

第三步,利用预计的比率,测算出计划年度的留存收益数额。

(2) 预计资产负债表。预计资产负债表是应用销售百分比法的原则预测外部融资额的一种报表。通过提供预计资产负债表,可预测资产负债表及留存收益有关项目的数额,进而预测企业需要外部融资的数额。应用销售百分比法要选定与销售有基本不变比率关系的项目,这种项目称为敏感项目。

敏感资产项目一般包括现金、应收账款、存货等项目;敏感负债项目一般包括应付账款、应付费用等项目。留存收益不宜列为敏感项目,因为它受企业所得税率和分配政策的影响。

预计资产负债表的编制过程如下:

第一步,取得基年资产负债表资料,并计算其敏感项目与销售收入的百分比。

第二步,用计划年度预计销售收入乘以第一步计算出来的百分比,求得敏感项目金额。

第三步,确定计划年度留存收益增加额及资产负债表中的留存收益累计额。留存收益增加额可根据利润额、所得税率和留存收益比例来确定。

第四步,增加总预计资产负债表的两方,如果负债及所有者权益的总额小于资产总额,则差额既是使资产负债表两方相等的平衡数,也是需要增加的外部融资数额。与利润表不同的是，尽管企业的每一笔经营业务都会影响资产负债表，但是考虑到时间、成本和必要性，资产负债表通常是按一定的时间间隔分期（如季度、年度等）编制的。

（3）预计现金流量表。大量的事实证明，现金流量是新创企业面临的主要问题之一。一个可以赢利的企业也会因为现金的短缺而破产，因此，对于新创企业来说，逐月预估现金流量是非常重要的。

现金流量预估表中的数据来自预计利润表，但要根据现金可能变化的时间进行适当的调整。假设某企业估计每月收入的60%是用现金支付的，剩下的40%将延期一个月收款，则本月的现金收入包括60%的本月销售收入和40%的上月销售收入。如果在某个时间出现现金支出大于现金流入，创业者就需要借入现金，或银行账户中有足够的现金，以保证冲销高出的支付额。任何时候出现的正现金流，则需要进行短期投资或存入银行，以防将来出现现金入不敷出的情况。

与预计利润表一样，如何精确地算出现金流量表中的项目是一个难题。为此，在预计财务报表时需要假设各种情况，如最乐观的估计、最悲催的估计及现实情况估计。这样的预测既有助于潜在投资者更好地了解创业者如何应对不同的环境，也能使创业者熟悉经营的各种因素，防止企业陷入可能的困境。

3. 结合企业发展规划预测融资需求量

上述财务指标及报表的预估是创业者必须了解的财务知识，即使企业有专门的财务人员，创业者也应该大致掌握这些方法。需要指出的是，融资需求量的确定不是一个简单的财务预算问题，而是一个将现实与未来综合考虑的决策过程，需要在财务数据的基础上，全面考虑企业经营环境、市场状况、创业计划及内外部资源条件等因素。

二、确定创业融资的决策

1. 进行融资收益与成本的比较

创业企业在进行融资之前，先不要把目光直接盯着各式各样令人心动的融资方式，更不要草率地做出融资决策。而应该考虑企业是不是必须融资、融资后的收益如何等问题。因为融资意味着需要成本，融资成本既有资金的利息成本，还有可能是昂贵的融资费用和不确定的风险成本。因此，只有经过深入分析，对融资的收益与成本进行仔细地比较，确信利用资金所预期的总收益要大于融资的总成本时，才有必要考虑如何融资。这是企业进行融资决策的首要前提。

2. 选择适合企业不同发展阶段的融资方式

在对融资收益与成本进行比较之后，认为确实有必要融资时，就需要考虑选择什么样的融资方式。在创业初期，创业企业通常会选择股权融资，因为创业初期风险很大，很少有金融机构等债权人愿意为其融资。而在股权融资中，企业主与其朋友和家庭成员的资金占了绝大多数。这部分融资实际上属于"内部人融资"或"内部融资"，也叫"企业自己投资"。但是内部人融资是企业吸引外部人融资的关键，只有具有相当的内部人资金，外部人才愿意进行投资。企业真正获得的第一笔外部股权融资，可能是了解企业战略发展目的又非常熟悉该投资行业的个人或企业的"天使投资"——创业投资的早期资金。在此基础上，可以寻求其他创业投资公司等机构的股权融资。等到创业企业发展到一定时期和规模以后,它就可以选择债券融资。债券融资主要来自金融机构,包括商业银行和财务公司等。对创业企业融资的商业银行不是大的商业银行,而主要是一些社区银行或地方性银行,大的银行只有在信用评级制度发展之后(或者说创业企业具备了信用等级之后),才开始介入创业企业的融资业务。财务公司提供创业计划贷款的主要形式是汽车贷款、设备贷款与资本性租赁,它们的抵押品就是有关的汽车与设备。在非金融机构的债务性融资中,最重要的是贸易信贷,占美国创业企业债务性融资的30%左右。贸易信贷是指产品的销售方在出售产品后,并不要求买方立即支付款项,而对买方形成资金融通。我国创业企业可以借鉴西方发达成熟国家的创业企业,如美国创业企业是如何融资的,进而根据企业自己的实际情况、企业发展阶段和资金需求的性质来选择自己需要的并适合企业发展阶段的融资方式。这样才是需要与可能相结合,才能做出切实可行的融资计划。

3. 合理确定融资规模

创业企业在筹集资金时,确定企业的融资规模是关键。筹资过多,可能会造成资金闲置浪费,增加融资成本;也有可能导致企业负债过多,使其无法承受,偿还困难,增加经营风险。而筹资不足,又会影响企业的融资计划及其他业务的正常发展。因此,创业企业在进行融资决策时,要根据企业对资金的需要、企业自身的实际条件以及融资的难易程度和成本情况等确定合理的融资规模。

企业所需的融资规模可以通过定性或定量的方法来预测或测算。定性预测法虽然十分有用,但它不能揭示资金需求量与有关因素之间的数量关系。因此,一般企业都用定量测算法,即销售百分比法。财务预测销售百分比是首先假设收入、费用、资产、负债与销售收入存在稳定的百分比关系,根据预计销售额和相应的百分比预计资产、负债和所有者权益,然后利用会计等式确定融资需要量。具体的计算方法有两种:一种是先根据销售总额预计资产、负债和所有者权益的总额,然后确定融资需求量;另一种是根据销售的增加额预计资产、负债和所有者权益的增加额,然后确定融资需求。虽然一个是根据总量来预测,另一个是根据增量来预测,但两者的基本原理是一样的。在这里介绍第一种计算外部融资需求的会计等式:

外部融资需求量＝预计总资产—预计总负债—预计股东权益

4. 制定最佳融资期限

企业融资按照期限来划分,可分为短期融资和长期融资。创业企业作融资决策时,要充分考虑融资期限,要在短期融资与长期融资之间进行权衡比较,以制定最佳融资期限结构。因为它直接影响资金的成本,进而影响企业的效益。当然,这主要取决于融资的用途和融资人的风险性偏好。

从资金用途上来看,如果融资用于企业流动资产,那么根据流动资产具有周转快、易于变现、经营中所需补充数额较少及占用时间短等特点,宜选择各种短期融资方式,如商业信用、金融机构短期贷款等。如果融资用于长期投资或购置固定资产,由于这类用途要求资金数额大,宜采用各种长期融资方式,如长期贷款、企业内部积累、租赁融资、发行债券、发行股票等。

从风险性偏好角度来看,在做融资期限决策时,可以根据融资人风险性偏好的不同,采取配合型、激进型、稳健型等不同的融资策略。配合型融资策略是指对于临时性流动资产,运用临时性负债融资满足其资金需要;对于永久性资产,运用长期负债、自发性负债和权益资本融资满足其资金需要。激进型融资策略是指临时性负债满足流动资产的资产需要,同时解决部分永久性资产的资金需要。稳健型融资策略是指企业不仅用长期资金满足永久性资产,还用其解决一部分甚至全部流动性资产。在这三种融资策略中,配合型的风险、成本、收益适中;激进型的风险大、成本小、收益大;稳健型的风险小、成本大、收益小。

5. 谨慎对待企业的控制权

创业企业在融资时,经常会发生企业控制权与所有权的部分丧失。这不仅直接影响企业生产经营的自主性、独立性,而且会引起企业利润的分流,使得原有股东的利益遭受巨大损失,甚至可能影响企业的近期效益与长远发展。将债券融资和股票融资两种方式进行比较,可看出:新增股权会削弱原有股东对企业的控制权。因此,在考虑融资的代价时,只考虑成本是不够的。当然,在某些特殊情况下,也不能一味固守控制权不放。例如,一个急需资金的小型高科技企业,它是应该接受某创业投资公司较低成本的巨额投入,同时让出较大比例的控制权,还是选择破产?两难的选择。一般来说,企业还是应该从长计议,在股权方面适当让步。

三、创业融资的技巧

创业投资的获得除取决于创业企业的素质外,还需要一定的融资技巧。也就是说,获取创业资本支持的过程就是展示创业企业投资价值和完善创业企业家融资技巧的过程。

1. 准备相关文件

在准备与创业投资人洽谈融资事宜之前,应该准备四份主要文件。这四份文件包括:《投资建议书》,对拟创企业的管理情况、利润情况、战略地位等进行概要描述;《创业计划书》,对创业企业的业务发展战略、市场推广计划、财务状况和竞争地位等作出详细描述;《尽职调查报告》,对创业企业的背景情况、财务稳健程度以及管理队伍和行业进行深入细致调研后形成的书面文件;《营销计划报告》,是指对创业企业的产品或服务制订的有关营销的计划。

2. 做好心理准备

在与创业投资人正式讨论投资计划之前,大学生创业者还须做好四个方面的准备:

(1) 准备应对提问以考查投资项目潜在的收益和风险。一般来说,创业投资人所提的大多数问题都能在一份详尽而又精心准备的创业计划书中找到答案。值得注意的是,一些大学生创业者通常自认为对所从事的创业项目有着非常清晰的理解,并认为自己资历很好,这样的错误务必要避免,否则讨论的结果会让你非常失望。企业家可以请一名专业顾问来模拟这种过程,虽然请这样一名顾问的费用并不低,但和有可能吸引到的投资额相比,付出点代价通常是值得的,毕竟给创业投资人留下来第一印象的机会只有一次。

(2) 准备应对创业投资人对管理的查验。企业家千万不要认为这种查验是对管理层或个人的侮辱。比如,虽然你10年以来所取得的成就让你自豪,创业投资基金的经理依然可能会问你:你既没进过商学院,又不是律师或会计师,也没有毕业文凭,你凭什么认为你可以将这项业务开展得合乎我们所设想的目标?面对这样的提问,大多数人可能会非常气愤并反应过激。而作为创业者,在面对创业投资人时,确实很有可能会被问到这类问题,因为这已构成了投资人对创业企业的管理进行查验的一部分,因此需要提前准备。

(3) 准备放弃部分业务。在某些情况下,创业投资人可能会要求企业家放弃一部分原有业务以使其投资目标得以实现。放弃部分业务对那些业务分散的创业企业来说既很现实又很必要,因为在投入资本有限的情况下,企业只有集中资源才能在竞争中立于不败之地。

(4) 准备作妥协。从一开始,企业家就该明白,你自己的目标和创业投资人的目标不可能完全相同。因此,在正式谈判前,企业家要做的第一个也是最重要的一个决策就是:为了满足创业投资人的要求,企业家自身能作出多大的妥协。一般来说,由于创业资本不愁找不到投资项目,寄希望于创业投资人妥协是不大现实的。

3. 应对技巧

企业家还应该掌握必要的应对技巧。事前了解所谓"六要"和"六不要"两种行为准则,有利于企业家顺利地进行引资谈判。

"六要"准则为:

① 要对本企业和本企业的产品或服务持肯定态度并充满热情。
② 要明了自己的交易底线,如果认为必要甚至可以放弃会谈。
③ 要记住和创业投资人建立一种长期的合作关系。
④ 要对尚能接受的交易进行协商和讨价还价。
⑤ 要提前做一些了解如何应对创业投资人的功课。
⑥ 要了解创业投资人以前投资过的项目及其目前投资组合的构成。

"六不要"准则为:

① 不要逃避创业投资人的提问。
② 回答创业投资人的问题时不要模棱两可。
③ 不要对创业投资人隐瞒重要问题。
④ 不要希望或要求创业投资人立刻决定是否投资。
⑤ 在交易定价问题上不要过于僵化。
⑥ 不要带律师去参加会面。

第五节　大学生创业融资的风险

创业企业在成长初期,大都有"融资饥渴症"。经营者满足于筹集尽可能多的资金,其中易犯的错误就是忽视融资的风险管理。处于成长初期的创业企业无法获得足够多的股权资本,而银行的信用也难以取得,因此通过其他可能的债务融资渠道方式如财务公司、代理商、租赁公司、应收账款融资、动产抵押等融通资金将不可避免。

大学生创业过程中面临的融资风险来源主要包括如下几个方面:首先,大学生创业融资时易急功近利。大学生自身创业能力的匮乏是限制大学生创业融资的主要原因,大学生在选择融资对象上缺乏理智判断和在使用融入资金时缺乏风险意识都是产生融资风险的主要来源。在当前的创业融资环境中,创业者急于得到资金用于企业启动或周转,不惜低价转卖股权和技术创意,加大融资风险。其次,创业资本市场的融资政策不健全。大学生创业融资风险不仅来源于自身的局限性,资本市场发展缓慢且不完善同样也制约大学生创业融资渠道。虽然当前我国大力建设中小企业资本市场,新三板的开展如火如荼,但是还处于起步阶段,针对大学生创业融资的资本市场更是落后。

收益与风险并存,创业过程中时时都存在风险,创业者在融资过程中必须学会规避风险。第一个风险是遭遇虚假投资者。一些投资者很有可能打着投资的旗号窃取创业者的技术等,所以创业者需要全面了解投资者。第二个风险是泄露商业机密。创业者将创业计划书交给几个潜在投资者,有可能使拟创企业的财务、供应商以及创业思想泄露,所以创业者需要与投资者签订保密协议。

创业者要树立风险意识,在经营活动下尽可能预防风险、降低风险、规避风险。首先,创业者要学会分析风险,对每一个环节都要进行风险分析,要对可能出现的风险有明确的认识和克服的预案。其次,创业者要善于评估风险,预测风险带来的负面影响。再次,创业者要积极预防风险,对投资方案进行评估,对市场进行全面调查,制定科学的资金使用政策等,加强合同管理。最后,创业者要设法转嫁风险,例如财产担保、以租赁代替购买等方式。

根据不少创业企业的教训,创业融资中应该注意以下几点:

1. 预先规划,留有余地

虽然创业企业面临非常大的不确定性,但这并不意味着创业企业可以忽略计划的制订。一个充分详尽的计划有助于帮助企业搞清楚自己的资金来源、资金结构以及由此产生的资金需求。

当企业希望从资金提供者处获得资金时,他们所关注的其实并不是企业是否需要资金,而是企业在获得资金后能否有效、合理地利用资金,在保障资金安全性的同时通过企业的经营运作来实现资金的增值。他们也同样关注融资者的信用以及担保品、抵押品和质押品有无价值。如果企业能够制订计划、合理规划企业未来资金的需求及使用,那么资金提供者也更愿意提供资金。

从企业向资金提供者提出融资申请并最终获得资金往往需要一定的时间。虽然不同资金提供者的融资周期存在差异,但这个时间跨度总是客观存在的,它取决于资金提供者的相关融资制度。因此,企业在融资规划时必须考虑到这一点,在需要资金之前就根据不同的资金提供者的具体情况着手准备相关工作。

2. 谨防控制权旁落

控制权旁落主要源于股权性融资安排,创业企业可以通过新增股份来吸引资金提供者。但是这种融资方式使创业者要与其他人共享未来利润,也导致创业者对企业控制权的稀释。创业者很有可能从原来的企业所有人转变为企业部分股份的持有者和经营管理者。虽然未来收益与他人分享是创业者股权性融资不得不承受的代价,但控制权的稀释甚至失去显然是其所不愿意看到的。一般来说,创业者持有企业过半数以上的股份是最为稳妥的保持控制权的策略,虽然也存在其他的方式,但风险明显增大,操作难度也明显提高。

3. 轻松面对融资

不同的创业者在负债问题上持有不同的态度,有些人生性稳健,不愿意拖欠别人的金钱。虽然这属于个人问题，但是当创业者将这种性格带入到企业的经营管理中就有必要重新重视。虽然我们不提倡盲目投资，但通过适当的财务杠杆来支持企业的发展，特别是当企业面临一个好的发展机会时，更有必要适当改变资本结构。等待资金全部完成自我积累，机会很有可能早已过去。

负债经营对于任何一家企业来说都是相当重要的。创业者必须提防将个人的负债厌恶倾向带入企业，当然也不能走向另一个极端使企业面临过大的融资风险。总而言之，创业者必须坦然面对负债，科学合理地融资以促进企业的健康发展。

4. 合理安排开支，精心用好每一分钱

创业者可以通过融资解决资金压力，但无论企业的未来发展趋势多么美好，即便已经有了一定的投资回报，企业也必须要控制好融资成本。企业的利润源自于收益与成本、费用之差，用好每一分钱，在不影响企业发展的前提下降低各类成本和费用，这也就意味着企业利润的提高。

5. 与融资者保持密切联系

企业要实现稳定的融资必然要和资金提供者保持密切的联系，以确保企业在需要资金的时候这种密切的联系能够帮助其顺利获得资金。对于资金提供者来说，它在开展融资业务的时候也可能需要完成一定的任务，如银行发放贷款的指标。一方面，银行不得不完成贷款指标；另一方面，银行信贷部门又必须保证贷款资金的安全性。这就使银行非常乐意将资金贷款给自己熟悉的、经营情况良好、信用良好的企业。如果企业能够长期和银行搞好合作关系，提高银行对本企业的熟悉程度，那么自然就能够提高银行对企业的偏好度和信任度，这将有助于企业在需要资金的时候更方便地从银行获得资金。例如有两家企业，一家和银行保持长期的合作关系，另一家未曾或很少有机会与银行进行合作，自然前者更容易获得银行贷款，这是毋庸置疑的。经营的不确定性促使企业具有灵活融资的能力，这既表现在财务管理的技能上，也需要企业在搞好与资金提供者的关系上下功夫。

本 章 小 结

在本章中，我们首先介绍了大学生创业融资过程中可能会遇到的问题，然后介绍了创业融资的方式，包括权益融资和债券融资、内部融资和外部融资、直接融资和间接融资、长期融资和短期融资。在第三节中，我们详细说明了大学生创业融资的渠道，包括自由资金、银行贷款、天使投资、政府项目等多种资金渠道，还介绍了在不同时期融资方式的选择问题。第四节主要介绍融资的程序，确定融资需求、融资决策、融资技巧。第五节中主要介绍了创业融资过程中的风险问题。

【思考与训练】

1. 大学生在创业过程中可能会存在哪些问题？
2. 大学生创业融资有几种方式？
3. 大学生面临的创业融资渠道有哪些？

4. 如何确定融资需求？
5. 应该如何规避融资过程中的风险？
6. 如果你现在创业，请说明你选择的融资渠道、融资的操作过程以及需要注意的问题。

案例分析

毕业后连续创业

1997年王兴从龙岩一中保送到清华大学电子工程系无线电专业，2001年毕业于清华大学。2003年放弃美国学业回国创立校内网，2006年被千橡集团收购；2007年创办饭否网；2010年创办团购网站美团网。

在2005年年底创办校内网之前的近两年，王兴折腾过"多多友"等好几个创业项目，也犯了很多错误。"那两年我们做了好多产品但从来没去推广。说好听点靠口碑传播，说难听点是压根儿不敢也不知道怎么传播。"王慧文说。

那时候的王兴还是一个典型的高智商工科男，他对一切有趣的新科技着迷并乐意动手；他相信0和1的二进制法则将改变世界；他还有一句名言，那就是"面对一件不满意的事情，有三种选择，一是忍耐，二是走掉，三是去改变它"。

创业10年，这个极客的王兴某种程度上一直没变，某种程度上也一直在变，他在不断与另一个"王兴"融合并螺旋生长，而构成那一个"王兴"的要素是那些来自于商界摸爬滚打的经验教训，他们之间的黏合剂则是王兴极强的学习能力。

2005年年底，当校内网上线的时候，王兴早已不是外界印象中那个"坐在电脑后面的键盘创业者"了。校内网初期就有300位校园大使在高校中做推广，以至于后来王兴美团时期的销售副总裁就是当初校内网线下推广团队的一员。"我觉得很多人误会我们，以为我们产品做得好，其实是推广做得好。"王慧文说。

就连王兴对于O2O的初体验也是始于那个看似纯线上创业的校内网时代。

校内网的早期没有任何收入，唯一一笔广告收入来自当时清华东南角的阿目眼镜。"现在回头看，他就是O2O——开在没什么客流、房租便宜的六楼，依靠互联网来给他引流。"王兴说。关于校内网的融资，据说2006年5月王兴曾飞往旧金山找当时主投社交网站的风险投资机构BV Capital，并已签订了框架协议，但当BV Capital进一步考察时适逢暑假，校内网用户数据滑落，随后BV Capital停止了投资。

2006年，校内网因为融资失败，王兴被迫以200万美元的价格卖给陈一舟，两年之后，校内网获得了软银3.4亿美元的融资。今天去回顾那件事，王兴显得平静，"员工是需要拿工资的，SNS前途非常大，但是需要的时间很长，需要投入的钱很多，可能没法直接赚钱"。

在一次次的磕磕碰碰中，另一个"王兴"不断变得强大。那个极客王兴保持着初心和永不停歇的折腾，另一个"王兴"则一直在学习产品之外从融资推广运营到管理的一整套商业智慧。青春永远不白费，所有的积累都是在为将来的爆发积蓄能量。

第四章　大学生的创业融资

走出融资乱局：抓紧现金

"王兴的每一分钱都会花在刀刃上，美团最终能率先上岸也是赢在综合运营效率。"美团COO干嘉伟说。

随着中概股危机和资本寒冬，美团不仅从千团大战中活过来，还占领团购行业过半的市场份额，并在2013年年底首度宣布全年盈利。2013年美团全年交易额达160亿元，较2012年增长了188%。王兴根据美团的增长速度推算，预计美团到2015年的销售额将突破1 000亿大关。

无从考证王兴对于现金的高效利用是否受早年几次创业经历的影响，但充足而健康的现金流才是王兴牢牢把美团的命运掌握在自己手中的关键。

当年在"饭否网"被关闭期间与团队讨论的创业新计划里，原本有Foursquare和Groupon两种模式，但一向热衷于SNS的王兴，最终选择了离现金流更近的Groupon模式。

不过在美团刚刚起步的时候现金恰恰是他们最大的劣势。

2010年6月，拉手、糯米等对手们已经纷纷拿到了融资，这意味着，竞争者可以用更快的速度进行市场推广和地面扩张。

那是美团第一次低谷期。当时美团的10个销售有4个去了糯米团，离开的销售还带走了美团跟万达谈好的单子。人人网旗下的糯米团利用人人网首页的广告位置，第一单就卖了15万份电影票，而当时美团每单销售最高纪录才几千份。

那是一段非常压抑的日子。销售们每天都在楼道里大把大把地抽烟，抽完烟就出去谈商家。王兴每个周六晚上都会给团队做分享，已经多次创业的他看上去很淡定："创业就像坐过山车，今天低谷，可能明天就上升了。"给团队注入强心针的同时，王兴的焦虑感始终存在，他在咖啡厅约见每一个要离职的员工，并花费大量时间劝说。

对于销售沈鹏来说，那段日子几乎是人生最苦的一段日子。当时，美团要求每个销售一天拜访8个商家，如果连续3次做不到就被直接淘汰；如果做得好就发期权奖励。

那时候的王兴其实也有其他选择。当时不少竞争对手采取代理商模式换取发展速度，用市场份额换取VC的投资，但是王兴坚定只做直营模式，因为直营模式可以控制团购的品质，在现金与产品品质之间，他又一次选择了后者。

战略的高下往往拼的只是选择，这种朴素的钝感力却帮助美团"意外"迎来柳暗花明。在各大团购网站纷纷一天上很多单的情况下，王兴也坚持每天只上一单。将所有的流量都导入一个商家。当商家发现在美团的流量和业务数多于其他团购网站时，合作意愿也更加强烈。

直到2010年9月，王兴拿到红杉的第一笔投资，金额约为2 000万美元，美团创立后的第一个生死劫终于跨越过去了。

2011年，美团第二轮融资金额高达5 000万美元，阿里巴巴集团也参投。2014年的新一轮融资中，美团网融资规模为1亿美元，在本轮融资中，阿里巴巴以跟投身份参与此轮融资，而泛太平洋则以领投身份参与此轮融资。王兴表示：美团网不会为了融资而融资，不会为了上市而上市。此次融资是为了储备资金，为今后的发展做好准备。

【思考题】
1. 校内网被出售的主要原因是什么？
2. 美团网是怎样融资的？这些融资来自什么渠道？
3. 分析王兴的创业失败与成功的主要因素。
4. 请从融资的角度简要说明你从这个案例中学到了什么。

小链接

"众筹"——日渐兴起的新兴融资方式

一、众筹模式的起源、发展

众筹的雏形最早可追溯至18世纪，当时很多文艺作品都是依靠一种叫做"订购"(subscription)的方法完成的。例如，莫扎特、贝多芬采取这种方式来筹集资金，他们去找订购者，这些订购者给他们提供资金。当作品完成时，订购者会获得一本写有他们名字的书，或是协奏曲的乐谱副本，或者可以成为音乐会的首批听众。类似的情况还有教会捐赠、竞选募资等，但上述众筹现象既无完整的体系，也无对投资人的回报，不符合商业模式的特征。

众筹作为一种商业模式最早起源于美国，距今已有10余年历史。近几年，该模式在欧美国家迎来了黄金上升期，发展速度不断加快，在欧美以外的国家和地区也迅速传播开来。

2012年，美国研究机构Massolution在全球范围内对众筹领域展开了一项调查。结果显示，该年度全球众筹平台筹资金额高达28亿美元，而在2011年只有14.7亿美元。2007年，全球众筹平台的数量不足100个，截至2012年年底已超过700个。

2012年12月27日，美国福布斯网站发布了一项报告，该报告预测：2013年，全球众筹平台的筹资总额将会达到60亿美元；到2013年第二季度，全球众筹平台将增至1 500家。未来，众筹模式将会成为项目融资的主要方式。

在欧美国家的诸多众筹平台当中，成立于2009年4月的Kickstarter最具代表性。截至2012年，该平台共发布项目数27 086个，其中，成功项目为11 836个，项目共融资99 344 382美元，参与投资支持项目的人数已经超过300万，2012年全年营业收入超过500万美元。对于一个处于创业初期的企业来讲，上述数据证明了众筹是一个值得肯定和推广的商业模式。

目前，无论是国外还是国内，文化创意产业融资都是众筹商业平台起步的主要内容。作为美国众筹平台的第一巨头Kickstarter，目前仍是以音乐、电影、漫画等与文艺相关的项目为主。据统计，2012年，Kickstarter近30%筹资成功的项目都属于音乐类。国内情况也是如此。

二、众筹商业模式的构建

众筹从某种意义而言，是一种Web 3.0，它使社交网络与"多数人资助少数人"的募资方式交叉相遇，通过P2P或P2B平台的协议机制来使不同个体之间融资筹款成为可能。

构建众筹商业模式要有项目发起人(筹资人)、公众(出资人)和中介机构(众筹平台)这三个有机组成部分。

(一) 项目发起人(筹资人)

项目是具有明确目标的、可以完成的且具有具体完成时间的非公益活动,如制作专辑、出版图书或生产某种电子产品。项目不以股权、债券、分红、利息等资金形式作为回报。项目发起人必须具备一定的条件(如国籍、年龄、银行账户、资质和学历等),拥有对项目100%的自主权,不受控制、完全自主。项目发起人要与中介机构(众筹平台)签订合约,明确双方的权利和义务。

项目发起人通常是需要解决资金问题的创意者或小微企业的创业者,但也有个别企业为了加强用户的交流和体验,在实现筹资目标的同时,强化众筹模式的市场调研、产品预售和宣传推广等延伸功能,以项目发起人的身份号召公众(潜在用户)介入产品的研发、试制和推广,以期获得更好的市场响应。

(二) 公众(出资人)

公众(出资人)往往是数量庞大的互联网用户,他们利用在线支付方式对自己感兴趣的创意项目进行小额投资,每个出资人都成为了"天使投资人"。公众所投资的项目成功实现后,对于出资人的回报不是资金回报,而可能是一个产品样品,例如一块Pebble手表,也可能是一场演唱会的门票或是一张唱片。

出资人资助创意者的过程就是其消费资金前移的过程,这既提高了生产和销售等环节的效率,生产出原本依靠传统投融资模式而无法推出的新产品,也满足了出资人作为用户的小众化、细致化和个性化消费需求。

(三) 中介机构(众筹平台)

中介机构是众筹平台的搭建者,又是项目发起人的监督者和辅导者,还是出资人的利益维护者。上述多重身份的特征决定了中介机构(众筹平台)的功能复杂、责任重大。

首先,众筹平台要拥有网络技术支持,根据相关法律法规,采用虚拟运作的方式,将项目发起人的创意和融资需求信息发布在虚拟空间里,实施这一步骤的前提是在项目上线之前进行细致的实名审核,并且确保项目内容完整、可执行和有价值,确定没有违反项目准则和要求。

其次,在项目筹资成功后要监督、辅导和把控项目的顺利展开。

最后,当项目无法执行时,众筹平台有责任和义务督促项目发起人退款给出资人。

三、众筹商业模式的优势

(一) 可以降低融资门槛,有效促进微创业

微创业,是指使用微小的成本,以微平台或网络平台为重要载体,在细微的领域进行创意开发的创业活动。其主要特点是可批量复制、投资微小、产生效益快。微创业是缓解当前我国大学生就业压力的有效途径之一。

但是,在目前金融管制的大背景下,民间融资渠道不畅、融资成本较高等问题阻碍了微创业的发展,而众筹是一种更大众化的融资方式,它为微创业者提供了获得成本更低的、更快捷的资金的可能,可以很好地解决"融资难"的问题。项目发起人通过众筹平台把大众的微小资金汇集,以获得从事某项创业活动的资金,突破了传统融资模式的束缚,每

个投资人也可以参与项目的策划、咨询、管理与运营。

由于互联网的开放性特征,投资人不受地区、职业和年龄等限制,只要具有一定的资金能力、管理经验和专业技能即可。这种依托众筹平台的微创业活动在实现了"众人集资、集思广益、风险共担"的众筹理念的同时,也积累了经验和人脉。

(二) 可以激发"草根"创新,拉近生产者与消费者的距离

众筹模式不仅是一种投融资活动,还作为一种创新模式,激发"草根"创新。互联网的技术特征和商业民主化进程决定了"草根"创新时代的到来,每个人(文艺、科技人才等)都可以发挥自身的创新与研发能力,并借助社会资源把自己的创意变为现实的产品。

众筹模式为每个"草根"创新者(即项目发起人)提供了获取资金、市场和人脉等重要资源的平台,而不同的投资人因为有着不同的专业背景以及不同的价值观,他们可以直接对项目提出自己的观点和意见,项目发起人会对此认真评估并进一步完善方案。双方的互动拉近了生产者与消费者之间的距离,这种注重用户交流和体验的行为类似于"大规模定制"行为,极大地降低了产品的市场风险。

【延伸阅读与链接】

一些投资基金网站:

http://www.99inf.com/chuangye/chuangyerongzi/4909.html.

http://www.u2ipo.com

http://www.hua360.com

http://www.vcancel.com.cn/Index.htm

http://www.idgvc.com

http://www.k4forum.com.cn

http://www.gsrventures.cn

http://wwwsbcvc.com

http://wwwnlightvc.com

第五章 大学生创业商业模式

课程目标

通过本章的学习,使学生全面了解和掌握商业模式的含义、商业模式的构成要素、商业模式的类型、网络创业中商业模式的运用和大学生创业商业模式的应用等相关知识,提高学生的商业模式建立意识,培养正确的商业模式观念,规避创业过程中建立商业模式的潜在错误,提高学生分析问题以及解决问题的能力,让学生能够根据实际创业情况建立因地制宜、因时制宜的商业模式。

知识点和技能点

1. 商业模式的定义
2. 商业模式的构成要素
3. 商业模式的特征
4. 商业模式的分类
5. 网络创业的商业模式
6. 大学生创业中商业模式的运用

案例导读

"精算"新市场

神州租车公司成立于2007年9月,总部位于北京。神州租车公司的租车业务推出仅半年时间就得到市场的热烈响应,开业城市数从11个增长到30个,出租率接近70%(国外成熟市场的平均租车率为50%),各项业务指标呈跳跃式增长。外界惊讶于神州租车的动作神速,但神州租车的创始人陆正耀说:"其实我们一直在关注这个市场,包括研究同行的行动。我们做了大量准备工作,甚至运营手册早就写好了。"可见神州租车公司获得今天的成绩并非一种"偶然成功",而是基于周密的市场分析后做出的理性决策。在前期掌握大量市场信息和消费者需求的基础上,建立其特有的汽车租赁的商业模式,为神州租车后期突飞猛进的发展奠定了坚实的基础。

神舟租车商业模式的推出,首先是出于对市场需求的调查分析。汽车是满足人们衣、食、住、行中最基本的消费之一。在国外,租车是人们出行的重要方式之一,美国每年销售的1 500万辆汽车中,约有30%被汽车租赁企业消化吸收,可供租赁的汽车数量以年均

8%的速度递增;日本的汽车租赁规模每年递增20%。

实际上,国内的汽车租赁业在1990年已经起步,但直到2006年汽车租赁市场多被分散在各地的独立租车公司分割,手续烦琐,服务不统一。陆正耀把目前市场上已有的租赁公司分成几类:第一类是各地汽车公司,譬如上海的上汽、广州的广汽、北京的首汽等,这类公司以提供企业长租用车为主,基本上不开展短期散租,而且在管理上也缺乏现代企业的活力;第二类是国外品牌进入中国的合资公司,譬如赫兹在2002年就进入中国,但是一直水土不服,分析赫兹的失败原因,进入时机太早是最大的原因,而且赫兹在中国采取了连锁经营模式,管理上存在诸多有待改进的地方;第三类就是分散在各地的小型租车公司,他们中80%的企业运营车辆不足50辆,缺乏规模化和网络化经营。

和同行相比,神州租车拥有一个最大的竞争优势就是它的母公司UAA——国内最大的汽车俱乐部,其在汽车服务领域所积累的经验和大量的第一手的客户信息是神州租车最宝贵的资源之一。在租车项目筹备期,陆正耀就曾经有意识地利用UAA的会员数据库进行市场调研,捕捉到客户对于租赁市场的细致需要。

其次是对目标客户群的定位与选择。经过大量调查和客户对比,神州将目标客户锁定在商旅人士,相对家庭用车,经常在外出差的商务人士的出行频次与租车需求相对更强烈。基于这样的客户定位,神州租车有针对性地在目标人群中做市场拓展。譬如选择中央二套《经济半小时》这类商务节目做推广,和航空公司开展合作,重点发展企业用户等。在经营网点的选择上,神州将营业门店设在机场、火车站、商务中心区这类商务人士频繁流动的地方,并提供异地还车服务。同时为每辆车装备了GPS导航设备,这很好地解决了商旅人士对路况不熟悉而造成的困扰。在资源整合上,神州租车和中信银行、中国银行、中国国际航空公司、上海航空公司等结成战略合作伙伴,这些合作一方面增加了神州租车的优质客户来源,另一方面也为合作伙伴的客户提供了增值服务。

汽车租赁业深入下去最关键的是两点:一是资金控制能力;二是运营管理水平。租赁业占用的资金额巨大,因此如何控制成本,如何有效地进行再次投资、在运营上如何提高车辆的出租率、如何有效配置资源,是神舟租车商业模式进一步改进的思路。面对刚起步的中国汽车租赁市场,神州几乎是被市场"拉"着往前跑,但对于建立一个成熟的商业模式,神舟租车还有很长的路要走。

(资料来源:http://business.sohu.com/20080821/n259076107.shtml)

【思考题】
1. 神舟租车是怎样建立其商业模式的?
2. 你认为商业模式通常包含哪些要素?

第一节 商业模式的概念

商业模式,是一个时下热门,但却又难以准确对其内涵作出明确规定的定义。随着20世纪末网络经济的流行,商业模式在中国成了网络经济的专有名词。目前来看,尽管商业模式在国外已经得到了企业界和学术界的广泛关注,但迄今为止,对于商业模式的概念本质并没有取得共识。

管理学大师彼得·德鲁克说："当今企业之间的竞争，不是产品之间的竞争，而是商业模式之间的竞争。"凡成功的企业必有成功的商业模式。一个企业要想基业长青，首先要制定出清晰而明确的企业战略，随后将战略付诸实际，形成企业本身一套强大的、可操作的、可持续盈利的商业模式。那么商业模式到底是什么？

一、商业模式的定义

商业模式从全新的角度来考察企业，是一个正在形成和发展中的理论和操作体系，目前很多方面仍尚未准确定位。但是，当今大多理论都认同商业模式涵盖了企业从资源获取、生产组织、产品营销、售后服务到研究开发、客户合作和收入方式等一切活动。

哈佛商学院的教学资料中将商业模式定义为："企业盈利所需采取的核心业务决策与平衡"（Hamermesh, Marshall & Pirmohanmed, 2002）。咨询师 Mitchell & Coles (2004)将商业模式定义为："一个组织在何时（When）、何地（Where）、为何（Why）、如何（How）以及多达程度（How much）地为谁（Who）提供什么样（How）的产品和服务（即'5W2H'），并开发资源以持续这种努力的组合。"

清华大学雷家骕教授概括的商业模式的定义是："一个企业如何利用自身的资源，在一个特定的包含了物流、信息流和资金流的商业流程中，将最终的商品和服务提供给客户，并收回投资、获取利润的解决方案。"《21世纪商业评论》认为："商业模式是一种包含了一系列要素及其关系的概念性工具，用以阐明某个特定实体的商业逻辑。它描述了公司所能为客户提供的价值以及公司的内部结构、合作伙伴网络和关系资本等用以实现（创造、营销和交付）这一价值并产生可持续、可营利性收入的要素。"

综合以上观点，可以总结出商业模式的基本定义：为了实现客户价值最大化，把能使企业运行的内外各要素整合起来，形成一个完整的、高效率的、具有独特核心竞争力的运行系统，并通过提供产品和服务使系统持续达成盈利目标的整体解决方案。

在商业模式定义中，关键词是"客户价值最大化"、"整合"、"高效率"、"系统"、"持续盈利"、"核心竞争力"、"整体解决"。这七个关键词是构成成功商业模式的七个要素，缺一不可。其中"整合"、"高效率"、"系统"是基础和先决条件，"核心竞争力"、"整体解决"是手段，"客户价值最大化"是主观目的，"持续盈利"是客观结果。具体来看：

1. 客户价值最大化

"客户价值最大化"是企业制定战略的出发点，是企业一切经济活动的指南和动力源泉。这里的客户不仅包括消费者，还包括股东、合作伙伴、员工和社会，其中消费者是主导。只有消费者的价值实现了，后四者的价值才能实现。要确定消费者，对消费者进行明确的定位和分析，这样才能洞察消费者内心真实的需求。在不断满足消费者需求的同时，能够给予消费者超值的服务。

以华硕公司为例，从客户价值的角度看，全球PC业在1995年以后便走上了一条反用户价值的道路。20世纪90年代初成型的Wintel联盟形成了自己对整个产业的实质控制力，消费者开始处于完全被动的位置，除了接受它们编制的一个个关于技术和功能的神话，并为不断升级换代的产品买单外，别无选择。在此情况下，华硕公司的EeePC将一种完全基于用户互联网应用体验而简化设计的思想带入这个领域，并使用户价值再一次成为 PC 产业的原动力。在开发 EeePC 时,华硕采用了消费者而非厂商的思考模式进行重新想象:一台笔记本电脑到底应该什么样,需要能做什么？最终,华硕决定 EeePC 只专注于解决一些在互联网和移动环境中使用的基本任务和功能,比如收发电子邮件、上网冲浪、编辑文档和电子表格等基本任务,而对需要耗费大量资源的额外功能则一概放弃,这种独特的客户价值主张让 EeePC 大获成功。

2. 系统

"系统",既指企业内的小系统,也指企业所属整个产业价值链的大系统;"系统"是最佳整体的意思,即个体的最佳组合。"整合"就是协调、组织和融合,使企业内外部与企业的经营管理系统进行有机的整合,形成一个整体。"高效率"就是通过整合系统内外的各要素,使之高效率地运作。

雅昌公司从一家印刷公司成为数码艺术资产管理商的实践,阐述了商业模式的资源整合作用对于企业发展的重要性。对于长期专注艺术品印刷细分市场的雅昌来说,涉足数字产业和互联网是雅昌对自身传统业务资源进行重新整合和再利用的过程。多年以来的艺术品印刷业务,使雅昌在书画、文物、拍卖和摄影领域积累了大量的艺术家和艺术作品的相关信息数据,利用这些别人废弃不用的信息资源,在解决了法律和授权问题之后,雅昌建立了一个庞大的中国艺术品数据库,使之成为了雅昌艺术网成立的基础,也成为雅昌构建其数字资产产业链的基础。在拥有大量艺术品数字资产的基础上,雅昌开发了"艺品"业务,依托独有的版权管理体系和先进技术,向市场提供限量复制艺术品和多种衍生品。此外,雅昌还利用自有的国内最大的图像数据处理中心,研发了"艺+"产品,为艺术家提供数字资产管理服务。雅昌将自己的新商业模式定义为"印刷+IT+艺术"。通过核心数据库,雅昌将艺术品行业最主要的参与者——拍卖行、画廊、投资者、画家、印刷出版公司等都联结在一个平台上,由此开展印刷、互联网、数字资产管理、摄影、出版、高仿真复制品销售以及展览策划等广泛的业务,实现对不同经营系统的运营。

3. 持续赢利

"持续赢利"是企业实现"客户价值最大化"的客观结果,实现"客户价值最大化"是企业的主观追求,二者相互联系,相辅相成。能否"持续赢利"是对企业"客户价值最大化"结果的直接反映,因此也是检验商业模式是否成功的唯一外在标准。

企业自然需要营利性和产生可持续的收入流,但现实当中的很多企业,尽管并不缺少清晰的客户价值主张和难以复制的资源和流程,但却在拓展收入上举步维艰。北京立思辰公司围绕着总拥有成本(total cost of ownership,TCO)的分解和组合,成功地建立了更加符合顾客心理的收费模式。随着服务经验的积累,立思辰总结出了四种不同的收费模式,有的放矢地针对不同的客户:企业设备全购置型、全租赁型、半购置半租赁型和全外包型。这四种收费方式都是按照打印数量收费,区别在于优化设备时的支付方式上,前期支付越高的企业,后期服务费用就越低廉;反之亦然。这种建立在顾客价值基础之上的收入模式给立思辰公司带来了持续的收入流,实现了持续赢利的企业目标。

二、商业模式的构成要素

国外关于商业模式体系构成的观点见表 5-1。

表 5-1 商业模式体系构成的观点汇总

来　源	构　成　因　素	数量	范围
Horowitz (1996)	价格(price)、产品(product)、分销(distribution)、组织特征(organizational characteristics)、技术(technology)	5	普遍
Viscio et al. (1996)	全球核心(globe core)、管制(governance)、业务单位(business units)、服务(services)、连接(linkages)	5	普遍
Timmers (1998)	产品/服务/信息流结构(product/service/information flow architecture)、参与者利益(actor benefits)、收入来源(revenue source)	3	电子
Markides (1999)	产品创新(production innovation)、顾客关系(customer relationship)、基础设施管理(infrastructure management)、财务方面(financial aspects)	4	普遍
Donath (1999)	顾客理解(customer understanding)、市场战术(marketing tactics)、公司管理(corporate governance)、企业内部网络能力(extranet capabilities)、企业外部网络能力(extranet capabilities)	5	电子
Chesbrough et al. (2000)	价值主张(value proposition)、目标市场(target markets)、内部价值链结构(internal value chain structure)、成本结构和利润模式(cost structure and profit model)、价值网络(value network)、竞争战略(competitive strategy)	6	普遍
Gordijn et al. (2001)	参与者(actors)、价值目标(value object)、价值端口(value ports)、价值提供(value offering)、价值界面(value interfaces)、价值交换(value exchanges)、目标顾客(market segments)	7	电子
Linder et al. (2001)	定价模式(pricing model)、收入模式(revenue model)、渠道模式(channel model)、商业流程模式(commerce process model)、以互联网为基础的商业关系(Internet-enabled commerce relationship)、组织形式(organizational form)、价值主张(value proposition)	8	普遍
Hamel (2001)	核心战略(core strategy)、战略资源(strategic resources)、价值网络(value network)、顾客界面(customer interface)	4	普遍
Petrovic et al. (2001)	价值模式(value model)、资源模式(resource model)、生产模式(production model)、顾客关系模式(customer relations model)、收入模式(revenue model)、资产模式(capital model)、市场模式(market model)	7	电子
Dubosson-Torbay et al. (2001)	产品(products)、顾客关系(customer relationship)、伙伴基础与网络(infrastructure and network of partners)、财务方面(financial aspects)	4	电子

续表

来　　源	构 成 因 素	数量	范围
Afuah et al. (2001)	顾客价值(customer value)、范围(scope)、价格(price)、收入(revenue)、相关行为(connected activities)、实施(implementation)、能力(capabilities)、持续力(sustainability)	8	电子
Weill et al. (2001)	战略目标(Strategic objectives)、价值主张(value proposition)、收入来源(revenue sources)、成功因素(success factors)、渠道(channels)、核心能力(core competencies)、目标顾客(customer segments)、IT技术设施(IT infrastructure)	8	电子
Applegate (2001)	概念(Concept)、能力(capabilities)、价值(value)	3	普遍
Amit et al. (2001)	交易内容(Transaction content)、交易结构(transaction structure)、交易管理(transaction governance)	3	电子
Alt R et al. (2001)	使命(mission)、结构(structure)、流程(processes)、收入(revenues)、法律义务(legalities)、技术(technology)	6	电子
Rayport et al. (2001)	价值串流(value cluster)、市场空间提供物(market space offering)、资源系统(resource system)、财务模式(financial model)	4	电子
Betz (2002)	资源(resources)、销售(sales)、利润(profits)、资产(capital)	4	普遍
Stähler (2002)	价值主张(value proposition)、产品/服务(product/service)、价值体系(value architecture)、收入模式(revenue model)	4	普遍
Forzi et al. (2002)	产品设计(production design)、收入模式(revenue model)、产出模式(output model)、市场模式(market model)、财务模式(financing model)、网络＆信息模式(network ＆ info model)	6	普遍
Gartner (2003)	市场提供物(market offering)、能力(competencies)、核心技术投资(core technology investments)、概要(bottom line)	4	电子
Osterwalder et al. (2005)	价值主张(value proposition)、目标顾客(target customer)、分销渠道(distribution channel)、顾客关系(customer relationship)、价值结构(value configuration)、核心能力(core capability)、伙伴网络(partner network)、成本结构(cost structure)、收入模式(revenue model)	9	普遍

（资料来源：根据 Morris et al.(2003)等资料整理得到。）

对于商业模式的构成有很多版本，它们有着不同程度的相似度和差异。然而，任何一个成功的商业模式都要包含若干基本的因素，包括价值主张、消费者群体等。

1. 价值主张（value proposition）

价值主张是客户转向一个公司而非其他公司的原因，它解决了客户困扰或满足了客户需求。在各类产品同质化日趋严重的今天，企业成功的关键在于寻找不同于甚至于优越于同类产品的利益点。价值主张强调了公司通过其产品和服务所能向消费者提供的价值，确认了公司对消费者的实用意义。企业要将自己的核心认同和价值观有效地传达给消费者，需要确立一个价值主张，企业的一切传播和营销活动必须围绕价值主张来进行。

价值是可以定性的(如设计、客户体验),也可以是定量的(如价格、服务速度)。

沃尔玛的价值主张非常清楚,就是天天低价。同样的东西,沃尔玛比所有的店都便宜,因此注重价格的客户自然要选择沃尔玛。正因为有了天天低价的价值主张,沃尔玛才会围绕着实现这一价值主张来增加网点覆盖,提高运营效率,节省成本,并且与产品价格低廉的中国供应商结成网络。在沃尔玛,购物环境并不太好,但是简单实用。毕竟好的购物环境是要花钱的,这并不符合沃尔玛的价值主张。

茅台的价值主张是"贮足陈酿,国酒永恒"。茅台酒可以满足客户两种不同的需求:好酒+国酒,前者是酒本身的品质与特色,满足客户的感官需求;后者是围绕着茅台作为一个国酒品牌的光环,满足客户的心理需求。

宝马的价值主张是卓越的性能。宝马与奔驰比并不舒适,与雷克萨斯比质量并不出色。但是,宝马卓越的性能给驾驶者带来良好的感受与驾驶快乐。宝马的一切商业模式都是围绕着这一价值主张。而奥迪在中国的价值主张则完全不同:各方面均衡,内敛而官气,这恰好满足了中国客户的需求。

格力的价值主张是"性能+质量"。"好空调,格力造"完美体现了格力的价值主张。"好"意味着性能好,质量好,而格力注重研发的商业模式也是与之相适应的。格力专注于空调领域的做法也让这种价值主张得到了强化。

对于如何确立价值主张,美国著名的广告大师詹姆斯·韦伯·扬(James Webb Young,1886—1973)曾论及USP(独特的销售主张,unique selling proposition)的提出是基于以下原则的:所提出的主张必须是真实、可信的;提出的主张必须是其他产品所没有的;所提出的主张必须是具有销售力的。创业者对于价值主张的确立可以借鉴于他所提出的USP的提出原则进行,并加以从产品的核心利益上深入。下面一些简单的要素列表也有助于大学生创业者提出企业的价值主张。

(1) 新颖性。一个新颖的产品或服务能够满足客户的全新需求,给予客户从未体验过的全新感觉。这种新颖性通常体现在技术方面,但也不仅仅局限在这一方面。近年来较为成功的案例包括桌游《三国杀》的成功以及微博糕点店等。

(2) 性能。改善产品或服务的性能是一个传统的创造价值的方法。这一改善将会直接提高公司的硬件实力,如果加以恰当运营便能获得回报。例如,苹果公司不断更新的iPhone产品将不断引领着消费者对于更高性能产品的需求。

(3) 设计。产品可能因为优秀的设计脱颖而出,但是设计是一个重要却很难衡量的因素。在时尚和消费电子产品行业,设计是价值主张中一个特别重要的部分。

(4) 定制化。不同的客户群体有着不同的需求,定制产品在满足客户需求方面有着独到的优势。近年来大规模定制和客户参与制作的模式大量出现,但如何利用规模经济优势值得创业者加以考虑。

(5) 价格。以更低的价格提供同质化的产品或服务是满足价格敏感客户细分群体的通常做法。低廉的价格通常更依赖于降低成本或削减利润率,但也不失为创造价值的重要方法(一些著名企业的价值主张典型案例见表5-2)。

表 5-2　一些著名企业的价值主张典型案例

企业提供的价值主张	国外典型案例	国内典型案例
新颖性	DreamWorks（艺术作品） Google（搜索引擎及衍生产品）	联想（笔记本电脑） 腾讯（通信软件）
性能	Intel（芯片） 苹果（电子产品）	海尔（电冰箱） 格兰仕（微波炉）
设计	Gucci 三星	江南布衣 网易
定制化	乐高（玩具）	苏宁（定制导购服务）
价格	美国西南航空公司 沃尔玛	国美电器

2. 消费者群体（target customer segments）

公司所瞄准的消费者群体，也就是公司的客户，构成了任何商业模式的核心。受生产力发展水平、文化背景、民族、宗教信仰、地理气候条件等影响，以及消费者之间在生理、心理特性方面存在诸多差异，不同消费者群体因此而形成。这些群体具有某些共性，通过对不同消费者群体的划分，企业可以准确地细分市场，使公司能够针对这些共性创造价值，从而减少经营的盲目性和降低经营风险。定义消费者群体的过程也被称为市场细分（market segmentation）。

没有可获益的客户，就没有企业可以长久生存。在商业模式中，任何创业者都要定义该服务哪些消费者群体，该忽略哪些消费者群体。一旦做出决议，就可以凭借对特定客户群体需求的深刻理解，仔细设计商业模式的其他细节。下面介绍几种基本的客户细分的方法。

(1) 单一变量法。单一变量法是指根据市场营销调研结果，把选择影响消费者或用户需求最主要的因素作为细分变量，从而达到市场细分的目的。这种细分法以创业者的实践、行业经验和对组织客户的了解为基础，在宏观变量或微观变量间，找到一种能有效区分客户并使公司的营销组合产生有效对应的变量而进行的细分。例如：玩具市场需求量的主要影响因素是年龄，因而年龄成为玩具商格外重视的一大因素，可以针对不同年龄段的儿童设计适合不同需要的玩具。除此之外，性别也常作为市场细分变量而被企业所使用，女性商场等的出现正反映出性别标准被大家所重视。

(2) 主导因素排列法。主导因素排列法即用一个因素对市场进行细分，如按性别细分化妆品市场，按年龄细分服装市场等。这种方法简便易行，但难以反映复杂多变的顾客需求。

(3) 综合因素细分法。综合因素细分法即用影响消费需求的两种或两种以上的因素进行综合细分，例如用生活方式、收入水平、年龄三个因素可将男性服装市场划分为不同的细分市场（见图 5-1）。

(4) 系列因素细分法。当细分市场所涉及的因素是多项的，并且各因素是按一定的顺序逐步进行，可由粗到细、由浅入深，逐步进行细分，这种方法称为系列因素细分法。目标市场将会变得越来越具体，例如某地的皮鞋市场就可以用系列因素细分法做如下细分

(见图 5-2)：

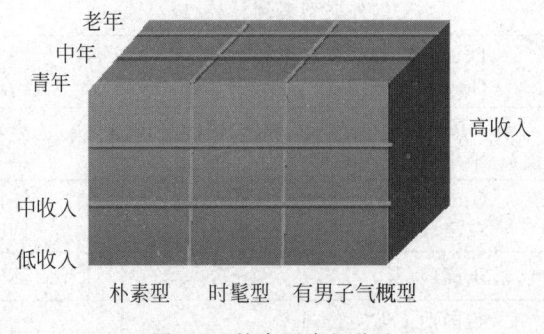

图 5-1　综合因素细分法

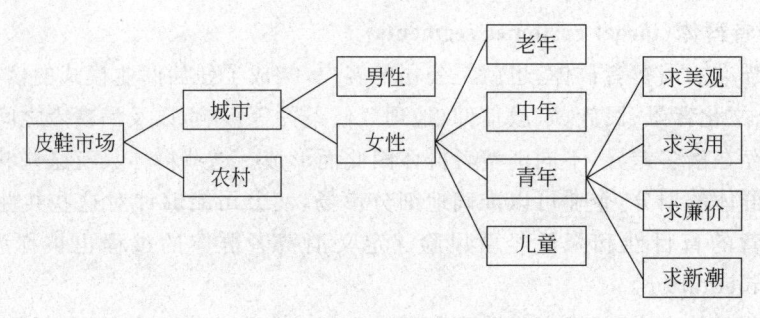

图 5-2　系列因素细分法

3. 分销渠道(distribution channels)

分销渠道是指某种产品或服务从制造商向最终用户转移的过程中，取得这种产品或服务的所有权或帮助所有权转移的所有企业和个人，包括商人中间商、代理中间商、生产者和最终消费者。使用分销渠道可以使产品高效地送达目标市场，从而满足消费者的最终需求。因此创业者在确定公司的商业模式时，需要考虑公司的市场和分销策略。常用的分销策略有以下三种：

(1) 密集分销策略。在密集分销中，凡是符合生产商的最低信用标准的渠道成员都可以参与其产品或服务的分销。密集分销意味着渠道成员之间的激烈竞争和很高的产品市场覆盖率。密集式分销最适用于便利品。它通过最大限度地便利消费者而推动销售的提升。采用这种策略有利于广泛占领市场、便利购买、及时销售产品。而其不足之处在于，在密集分销中能够提供服务的经销商数目总是有限的。生产商有时要对经销商的培训、分销支持系统、交易沟通网络等进行评价以便及时发现其中的障碍。而在某一市场区域内，经销商之间的竞争会造成销售努力的浪费。由于密集分销加剧了经销商之间的竞争，他们对生产商的忠诚度便降低了，价格竞争激烈了，而且经销商也不再愿意合理地接待客户了。

(2) 选择分销策略。生产企业在特定的市场选择一部分中间商来推销本企业的产品。采用这种策略，生产企业不必花太多的精力联系为数众多的中间商，而且便于与中间商建立良好的合作关系，还可以使生产企业获得适当的市场覆盖面。与密集分销策略相比,采用这种策略具有较强的控制力,成本也较低。选择分销中的常见问题是如何确定经销商区域重叠的程度。在选择分销中重叠的量决定着在某一给定区域内选择分销和密集分销所接近的程度。虽然市场重叠率会方便顾客的选购,但也会在零售商之间造成一些冲突。低重叠率会增加经销商的忠诚度,但也降低了顾客的方便性。

(3)独家分销策略。即生产企业在一定地区、一定时间只选择一家中间商销售自己的产品。独家分销的特点是竞争程度低。一般情况下,只有当公司想要与中间商建立长久而密切的关系时才会使用独家分销。因为它比其他任何形式的分销更需要企业与经销商之间的联合与合作,其成功是相互依存的。它比较适用于服务要求较高的专业产品。

4. 客户关系(customer relationships)

客户关系是指企业为达到其经营目标而主动与客户建立的联系。这种联系更多的是提供一种与客户特殊接触的机会,甚至可能为双方利益而形成某种买卖合同或联盟关系。客户关系具有多样性、差异性、持续性、竞争性、双赢性的特征,它不仅仅可以为交易提供方便、节约交易成本,也可以为企业深入理解客户的需求和交流双方信息提供机会。在竞争趋于同质化的环境下,细心"经营客户"可以让创业者在营销手段上达到制胜效果。因此,客户关系管理也逐渐被越来越多的企业所重视。

创业者在创业初期就应该注意客户关系管理,提高顾客的忠诚度。创业者可以考虑以下措施:

① 建立累计消费优惠制度;
② 利用用户社区与客户/潜在客户建立联系;
③ 建立客户回访制度;
④ 与客户共同创造价值,鼓励客户参与到产品的开发与设计中来。

5. 价值配置(value configurations)

价值配置即资源和活动的配置。资源配置是企业为了实现其为顾客提供价值的主张对其资产、资源和流程所进行的安排。一般来说,企业的资产、资源包含设备、厂房、品牌、专利权、知识、技能、能力和顾客资料等。这些资源可以帮助企业提供不同于其竞争者的差异化价值或能够为顾客创造出独特的价值资源。因此,创业者必须要保证这些资源是为企业所专有的,是稀有的、无法模仿和无法取代的,且企业的活动流程也必须要能与这些资源相配合,使企业可以整合这些资源为顾客创造价值。

6. 核心能力(core capabilities)

核心能力即公司执行其商业模式所需的能力和资格,是让业务系统运转所需要的有形或无形的资源和能力。核心能力可以是实体资产、金融资产、知识资产或人力资源。核心能力可以是本身自由的,也可以从别处获得。核心能力可以分为:实体资产、知识资产、人力资源和金融资产。

7. 合作伙伴网络(partner network)

合作伙伴网络即公司同其他公司之间为有效地提供价值并实现其商业化而形成的合作关系网络。企业会基于很多种原因来打造合作关系,合作关系正日益成为许多商业模式的基石。很多公司创建商业联盟来优化其商业模式、降低商业风险和获取资源。我们可以把合作关系分为以下四种类型:

① 非竞争者之间的战略联盟关系；
② 竞争合作关系：竞争者之间的战略合作；
③ 为开发新业务而构建的合资关系；
④ 为确保可靠供应的购买方—供应商关系。

任何一种合作关系的创建都具有各自的优势和意义。例如蓝光——一种光盘格式，由一个世界领先的消费类电子、个人电脑和媒体生产商所构成的团体联合开发。该团体合作把蓝光技术推向市场，但个体成员间又在竞争销售自己的蓝光产品。

8. 成本结构（cost structure）

成本结构用来描绘运营一个商业模式所引发的所有成本。有些商业模式，相比其他商业模式，更多的是由成本驱动的。例如，那些号称"不提供非必要服务"的航空公司，是完全围绕低成本结构来构建其商业模式的。

9. 收入模型（revenue model）

收入模型包括企业的收入结构以及相应的目标利润。即公司通过各种收入流（revenue flow）来创造财富的途径。一般来说，企业的经营收入模式需要与其成本结构相匹配，创业者必须思考经营收入模式既能够被顾客所接受，又能支撑企业的成本结构。当厂商决定了经营收入机制与产品价格，并衡量了经由其他活动所产生的成本，便能够计算出目标利润。创业者需注意两个重要方面：

① 收益来源。在选择出细分市场之后，可能拥有多重的收益来源，辨认这些来源有助于决定要提供什么样的价值给顾客，及以何种方式来进行创造价值的活动。

② 价格。需要为其产品确定有效的价格和顾客价值，提供给适当的顾客并从中获取利润。

结合星巴克咖啡定价的例子，我们可以发现在不同国家和地区，同样的咖啡定价相差很大（见表5-3）。这从侧面反映了企业采取最大化其经济利益的定价策略。

表5-3 不同地点星巴克中杯拿铁的价格

地　　点	中杯拿铁价格（折合人民币）	地　　点	中杯拿铁价格（折合人民币）
中国北京	27元	印度孟买	14.6元
英国伦敦	24.25元	美国芝加哥	19.98元

三、商业模式的特征

一般的商业模式具有三个特点：资本是运动的；资本的运动要带来盈利；盈利的过程是周而复始、循环进行的。

运动的资本是商业模式的首要特征，资本运动的成效主要通过以下两个方面来考察：资本的构成情况和资金的流动速度。资本的构成情况考察了资本分布的合理性，主要包括流动资产与非流动资产的比率，流动资产主要由银行存款、短期投资、应收票据、库存和在途物资以及应收账款等构成。资金的流动速度指的是资金周转率，即在既定的资本投入前提下资金的使用效率，可以通过企业的流动比率和速动比率等指标反映出来。

资本运动能带来盈利是商业模式的又一特征,主要反映企业资本运动的绩效。资本运作的绩效可以通过企业的损益表反映出来,主要包括净资产收益率等。

资本运动要循环不断、周而复始,指的是企业是否具有可持续发展的能力。企业的可持续发展能力体现在客户需求的连续性以及企业现金流的正向性等方面。企业可以通过自筹资金和融资等方法获得资金来源,同时要保证这些资金要能够支持企业持续不断的生产和经营,满足源源不断的消费者需求(一般的商业模式流程图见图5-3)。

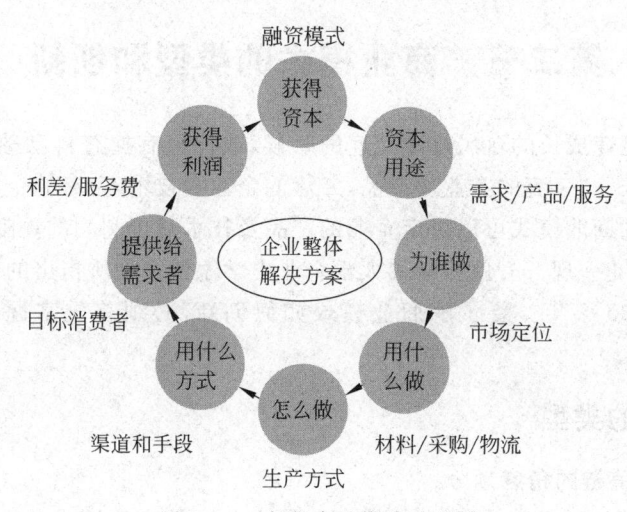

图 5-3 一般的商业模式流程图

总之,商业模式既是一个完整的系统又是一个高速运转、有效率的系统,而且有别于其他企业或其他产业价值链的能够持续盈利的系统。

四、成功的商业模式需具备的条件

商业模式有三个核心要素:顾客、价值和利润。一个好的商业模式必须回答以下三个问题:

① 企业的顾客在哪里?
② 企业能为顾客提供怎样的(独特的)价值和服务?
③ 企业如何以合理的价格为顾客提供这些价值,并从中获得企业的合理利润?

长期从事商业模式研究和咨询的埃森哲公司认为,成功的商业模式具有三个特征:

首先,成功的商业模式要能提供独特价值。有时候这个独特的价值可能是新的思想;而更多的时候,它往往是产品和服务独特性的组合。这种组合要么可以向客户提供额外的价值;要么使得客户能用更低的价格获得同样的利益,或者用同样的价格获得更多的利益。

其次,商业模式是难以模仿的。企业通过确立自己的与众不同,如对客户的悉心照顾、无与伦比的实施能力等,来提高行业的进入门槛,从而保证利润来源不受侵犯。比如,直销模式(仅凭"直销"这一点,还不能称其为一个商业模式),人人都知道其如何运作,也都知道戴尔公司是直销的标杆,但很难复制戴尔的模式,原因在于"直销"的背后,是一整套完整的、极难复制的资源和生产流程。

最后，成功的商业模式是脚踏实地的。企业要做到量入为出、收支平衡。这个看似不言而喻的道理，要想年复一年、日复一日地做到，却并不容易。现实当中的很多企业，不管是传统企业还是新型企业，对于自己的钱从何处赚来，为什么客户看中自己企业的产品和服务，乃至有多少客户实际上不能为企业带来利润、反而在侵蚀企业的收入等关键问题，都不甚了解。

第二节 商业模式的类型和创新

当全球经济迅速成长的台风逐渐减速的时候，或许只有拥有自己独特商业模式的企业才能够持续成长。"三流的企业卖产品，二流的企业卖技术，一流的企业卖商业模式"并不是空谈。一流的商业模式可以决定企业的产品及技术对于利润的贡献是不是具有可持续性，而不仅是昙花一现——就如哈佛大学企业史学家钱德勒所指出的，西方500强企业的平均寿命只有30多年。要了解商业模式如何创新，必须首先掌握商业模式的基本分类。

一、商业模式的类型

1. 从产业价值链的角度划分

从产业价值链的角度划分，商业模式可分为企业内的商业模式和企业所处的整个产业价值链的商业模式。典型的设计产业价值链的商业模式案例有湖南广电集团所主办的选秀节目《超级女声》。作为主办方的湖南广电集团，集全省各频道的优势在黄金时段播放《超级女声》的节目、花絮，倾全力来打造《超级女声》的品牌，同时广泛地将蒙牛、掌上灵通、百度等许多企业拉进《超级女声》的产业链中，让他们共同参与创造价值并形成长长的产业价值链。再如我国香港富商、周大福的创始人郑裕彤之孙郑志刚所创立的新世界女子百货，通过俱乐部营销的方式，部署了许多具有女性特色的商铺，而且与特力屋、Lavera等百货业鲜见的知名品牌强势合作，将女子主题进一步集中化、组织化，取得双赢效果。

2. 从空间定位划分

从空间定位划分，可以分为：

（1）虚拟空间的商业模式。此类商业模式大多以互联网为媒介，整合传统商业类型，连接各种商业渠道，具有高创新、高价值、高盈利、高风险的特征。典型代表包括新浪、搜狐等门户网站，以及百度、QQ、淘宝网等服务网站。

（2）现实空间的商业模式。与虚拟空间相对，显示空间的商业模式依托实体企业存在，以生产实物产品为主。普通生活中常见的如联想、海尔、国美、青岛啤酒等实体企业都属于此类商业模式。

3. 从企业资本的构成性质划分

从企业资本的构成性质划分，可将商业模式分为四类：

（1）以产业资本为主的商业模式，如以格兰仕、长虹为代表的以生产加工为主的企业。格兰仕从1992年开始涉足家电领域,通过专业化和规模化战略使得微波炉的价格大大降低,成为微波炉市场上的真正霸主,拥有全球50%以上的市场份额。而2013年以来,通过电商与地标店的全面突击,格兰仕欲构建线上与线下融合的新流通体系,进而建立起一套全新的以产业资本为依托的商业模式。

(2) 以商业资本为主的商业模式。商业资本是从产业资本中分离出来的、专门从事商品买卖、独立发挥资本职能,以获取商业利润为目的的一种资本形式。它是处于流通领域的商品资本的转化形式。商业资本的产生有利于缩短流通时间、节约流通费用、加快资本周转。此类商业模式主要存在于以商业零售为主的企业,如沃尔玛、易初莲花等。

(3) 以金融资本为主的商业模式。金融资本就是工业垄断资本和银行垄断资本在一起而形成的垄断资本。典型公司如银行、信托公司、投资公司等。

(4) 以产业资本、商业资本相结合的商业模式。这类商业模式集中了多项资本,大型企业如国美、苏宁、海尔、联想等企业均采取了此模式。

4. 从经营业务划分

从经营业务划分,商业模式也可以分为四类:

(1) 以经营产品和服务为主的商业模式。制造业、商业企业、地产业、网站、咨询公司等大部分的企业都属于这个范畴。

(2) 以经营品牌和信誉为主的商业模式。典型企业如可口可乐、中科智担保公司等。

(3) 以资本经营为主的商业模式。投资公司、信托公司、投资基金、银行等多属于此类。

(4) 以商品经营(产品、品牌)和资本经营结合的商业模式。如青岛海尔、南京斯威特、浙江万向、华立等。其中青岛海尔是一个值得关注的例子,张瑞敏所独创的商业模式让海尔从20世纪80年代一个濒临倒闭的集体小工厂,在短短的时间内成为全球白色家电第一品牌,并且受到美国沃顿商学院以及美国管理会计师协会的关注。海尔的商业模式有以下几个比较独特的要素,包括动态地与顾客需求同步、成功地整合实体及虚体网络、与员工分享利润及成本,以及有效地调整本身的组织结构。海尔的领导由员工选出,并且领导主要的任务也转变为向员工提供相关的支持,让员工可以更好地服务客户。为了调动员工的积极性,海尔将员工以及用户的利益绑定,员工可以分享为企业所创造的利润,同时也必须承担所发生的相关成本。独特的商业模式使得海尔业务迅猛发展,且近几年开始立足虚拟网络进一步开拓市场。

5. 从企业生存的依赖度划分

从企业生存的依赖度划分,可以将商业模式分为四类:

(1) 以偏重于融资模式为主的商业模式,即对金融工具有很高依赖度的模式;

(2) 以偏重于管理模式为主的商业模式,即对企业的运行效率进行改变就能改变公司命运的模式;

(3) 以偏重于营销模式为主的商业模式,如直销公司等;

(4) 以偏重于生产加工为主的商业模式,如格兰仕等。

二、商业模式的创新

1. 商业模式创新的重要性

企业的创新可以分为两类,一类是技术创新;另一类是商业模式创新。商业模式创新(business model innovation)作为一种新的创新形态,其重要性已经不亚于技术创新等。好的商业模式需要在现实基础上进行不断创新。美国的一项统计表明,在成功的创新中有60%的创新是商业模式的创新。一项技术的经济价值仅仅是潜在的,直到它能够被以某种形式商业化后才能具体表现出来。同样一项技术,采用不同的商业模式会带来不同的收入。好的商业模式可以举重若轻、化重为轻,在利润创造、赢得顾客、吸引投资者等方面形成良性循环,使企业经营达到事半功倍的效果,成长快速、成长效率倍增。即使业内高手如云,也可以后来者居上;在新兴产业领域,则可以先发制人、遥遥领先。

2. 商业模式创新的构成要素

相对于传统的创新类型,商业模式创新有几个明显的特点:

(1) 提供全新的产品或服务、开创新的产业领域,或以前所未有的方式提供已有的产品或服务。如 Grameen Bank 面向穷人提供的小额贷款产品服务,开辟全新的产业领域,这是前所未有的。亚马逊卖的书和其他零售书店没什么不同,但它卖的方式全然不同。西南航空提供的也是航空服务,但它提供的方式,也不同于已有的全服务航空公司。

(2) 其商业模式至少有多个要素明显不同于其他企业,而非少量的差异。如 Grameen Bank 不同于传统商业银行,主要以贫穷妇女为主要目标客户、贷款额度小、不需要担保和抵押等。亚马逊相比传统书店,其产品选择范围广、通过网络销售、在仓库配货运送等。西南航空也在多方面不同于已有的全服务航空公司,如提供点对点基本航空服务、不设头等舱、只使用一种机型、利用大城市的不拥挤机场等。

(3) 有良好的业绩表现,体现在成本、盈利能力、独特竞争优势等方面。如 Grameen Bank 虽然不以盈利为主要目的,但它一直是盈利的。亚马逊在一些传统绩效指标方面良好的表现,也表明了它商业模式的优势,如短短几年就成为世界上最大的书店。数倍于竞争对手的存货周转速度给它带来独特的优势,消费者购物用信用卡支付时,通常在24小时内到账,而亚马逊付给供货商的时间通常是在收货后的45天,这意味它可以利用客户的钱长达一个半月。西南航空公司的利润率连续多年高于其全服务模式的同行。如今,美国、欧洲、加拿大等国内中短途民用航空市场,一半已逐步采用像西南航空那样的低成本商业模式。

因此,根据其特点,商业模式要实现创新,就必须具备以下几个要素:

(1) 商业模式创新更注重从客户的角度,从根本上思考、设计企业的行为,视角更为外向和开放,更多注重和涉及企业经济方面的因素。商业模式创新的出发点是如何从根本上为客户创造增加的价值。因此,它逻辑思考的起点是客户的需求,根据客户需求考虑如何有效满足它,这点明显不同于许多技术创新。

(2) 商业模式创新表现的更为系统和根本,它不是单一因素的变化。它常常涉及商业模式多个要素共同发生变化,需要企业组织的较大战略调整,是一种集成创新。商业模式创新往往伴随产品、工艺或者组织的创新;反之,则未必足以构成商业模式创新。

(3)从绩效表现看,商业模式创新如果提供全新的产品或服务,那么它可能开创了一个全新的可盈利产业领域,即便提供已有的产品或服务,也更能给企业带来更持久的盈利能力与更大的竞争优势。它也更难以被竞争者模仿,常给企业带来战略性的竞争优势,而且优势常可以持续数年。

第三节 典型商业模式案例

在过去 50 年里,出现了不少令人惊叹的商业模式。随着资本市场的发展,主动设计商业模式,经过试验成型后,进行复制、升级、推广应用,是非常重要的实践。本节我们将集中介绍典型的商业模式,并结合具体案例进行阐述,供创业者参考。

一、长尾模式(long tail pattern)

长尾理论由《连线》杂志主编 Chris Anderson 在 2004 年提出,主张商业和文化的未来不在于传统需求曲线上那个代表"畅销商品"的头部,而是那条代表"冷门商品"经常为人遗忘的长尾。最简单的例子:在一个 xy 的坐标系里面,y 对应销售收入,x 对应同一产业中不同品牌的产品或服务。一般会出现名列前茅的几个品牌占据大部分,其他无数的小品牌占据小部分。再例如,我们常用的汉字实际上不多,但因出现频次高,所以这些为数不多的汉字占据了使用范围的大部分区域;而绝大部分的汉字难得一用,它们就属于"长尾"。

同理,长尾理论也可应用在商业模式中,并成为了一种典型。长尾商业模式的核心是多样少量:企业关注为利基市场提供大量产品,每种产品相对而言都买得较少,但是却实现与少量多效的传统模式相当的销售额。长尾模式需要低库存成本和强大的平台,并使得利基产品相对于兴趣买家来说容易获得。

下面我们通过西班牙服装品牌 ZARA 来解读长尾商业模式。

案例

ZARA 的长尾模式

ZARA 是近年来最成功的潮流服装品牌,它开创了一种被称为"快速时尚"的商业模式,它的成功正是一种长尾现象。与传统成衣业"款少、量多"的模式不同,ZARA 的特点是"快速、少量、多款",它每年推出上万款服装,并且款式与时尚同步。郎咸平在《模式:零售连锁业战略思维与发展模式》中预测,未来时装业将朝着"ZARA 模式"发展。他分析说,在之前的概念中,款少量多是企业实现规模经济的不二法门,所以传统服装企业大多采取款少、大批量采购、大批量生产的策略,以实现规模经济,降低货物的平均成本。他对 ZARA 和另一快速时尚的典型公司 H&M 的财务进行研究后发现,多款少量的 ZARA 和 H&M 也实现了规模经济。

"多款少量"是 ZARA 呈现出来的形态,它背后的运作机制使得这种模式有利可图,这个运作机制的特征就是"快速"二字。

ZARA的零售处在一个"进货快"与"销货快"两者相互不断强化的正循环之中：分店每周根据销售情况下订单两次，这就减少了需要打折处理存货的情况，也降低了库存成本；款式更新快加强了新鲜感，吸引消费者不断重复光顾，快速更新店面里的货品，也确保了它们能符合顾客的品味，从而能被销售出去。

ZARA的"快速"，还包括对时尚潮流的快速反应、快速的设计过程和与快速模式相适应的供应链。ZARA和H&M都没有试图做时尚的创造者，而是做时尚潮流的快速反应者，郎咸平在《模式：零售连锁业战略思维与发展模式》中分析道："在流行趋势刚刚出现的时候，准确识别并迅速推出相应的服装款式，从而快速响应潮流。"这样做的优点是："无须猜测快速易变的时装趋势，在降低库存风险的情况下，大大缩短设计的酝酿期。"

ZARA的快速设计过程体现在与其他同行相比极短的"前导时间"。在服装业，前导时间指的是一件服装从设计到出售所需的时间。ZARA大大缩短了前导时间，它从设计到生产最快可以两天完成，前导时间最快为12天，对比而言，Gap的设计酝酿期就达两三个月。服装是随时间快速贬值的，每天贬值0.7%，计算机产品为每天0.1%。因而缩短前导时间有多重好处：提高服装价值、降低库存成本、避免生产出不合潮流的商品、减少折扣销售的损失。

二、"加码"模式

随着时代的进步，商业模式也变得越来越精巧，越来越创新。目前我们熟知的一种重要的商业模式便是"加码"模式——也称为"饵与钩"（Baitand Hook）模式，或是"搭售"（Tied Products）模式。

"加码"模式出现在20世纪早期年代。在这种模式里，基本产品的出售价格极低，通常处于亏损状态；而与之相关的消耗品或是服务的价格则十分昂贵。比如说，剃须刀和刀片、手机和通话时间、打印机和墨盒、相机和照片等。这个模式还有一个很有趣的变形：软件开发者们免费发放他们的文本阅读器，但是对其文本编辑器的定价却高达几百美元。我们下面介绍一个典型的运用"加码"商业模式的企业：美国忠实航空公司。

案例

美国忠实航空公司

在美国，自从"9·11"事件后，美国国内经济衰退，油价大涨，多数航空公司均大幅度亏损。根据统计数据，2008年美国五大航空公司（美国航空、联合航空、达美航空、大陆航空和西南航空）中有四家巨额亏损。其中达美航空收入227亿美元，亏损额高达89亿美元；唯一盈利的西南航空仅盈利2亿美元，净利润不到2%。

在一片惨淡之中，美国一家小航空公司——美国忠实航空（Allegiant Air）却连续六年盈利。就是在2008年，忠实航空的乘客人数增长了30%，达到430万人次，收入增长40%，达到5亿美元，营业利润增长27%，危机背景下11.5%的营业利润率高居全美各家航空公司之首。忠实航空为什么能够盈利?

究其原因,忠实航空的商业模式似乎不同于传统智慧。忠实航空于1997年成立,最初它的经营模式和其他传统航空公司一样,靠增加航线和商务包机获利,但在激烈的竞争中,公司于2005年破产重组,此后,忠实航空转变为一家廉价航空公司,致力于在那些被大航空公司忽视的小城市和旅游胜地之间开辟直达航班——以往游客要想去这些城市必须经历中途转机的麻烦和承受昂贵的机票,现在他们可以享受廉价的直达航班了。

忠实航空公司建立的航线网络涵盖美国各地86座小城市和13个休闲目的地,范围从美国东海岸到西海岸,从北到南。其运行的城市人口很少:2013年86%的人口少于90万,超过三分之一不到30万。在2014年4月,Allegiant的机队包括53架MD-80系列飞机、6架波音757和10架空客A320系列飞机。MD-80的平均年龄是24年、波音757是21年、A320是将近13年,整个机队的整体平均机龄为22年。可以看出忠实航空尽量使用"老旧飞机",其战略的目的是保持其所有权成本相对较低(忠实航空的机队统计见表5-4)。此外,这还基本上将飞机的固定成本减至最低。一旦完全折旧,旧飞机就无折旧费及它们的使用成本,而只有变动成本了。

表5-4 忠实航空的机队统计

机 型	运行数	存储数
A320-100	3	0
A320-200	7	0
B757-200	4	0
B757-200(ETOPS)	2	0
MD-82	4	0
MD-83	43	1
MD-88	6	0
总 计	69	1

但是,如果仅仅依靠传统的机票收入,忠实航空也将是亏损的。在2008年5亿美元的营业收入中,固定航班机票收入仅占66%,包机业务占10%左右。最终它的盈利取决于两个独特的盈利点。

首先是改变票价结构,创新收费项目。在传统的航空业,托运行李、饮料食品都是免费项目,忠实航空却一律收费,几乎没有免费项目。比如托运行李首件收费15美元,网上订票收取13.5美元,预订座位收取5~25美元。忠实航空的平均票价虽然仅是92美元,但是客运定期航班上的附属收入却达到机票总额的一半多——46美元(忠实航空与西南航空公司每位旅客的成本比较见图5-4)。公司很强的营业利润率是如上所述的成本和收入优势相结合的结果。

其次是挖掘旅客的附加价值,获得旅游收入。忠实航空公司将大批小城市的旅客送往度假胜地,通过代替旅客预订酒店、为旅客租车、代购景点门票等方式,从旅游公司获得

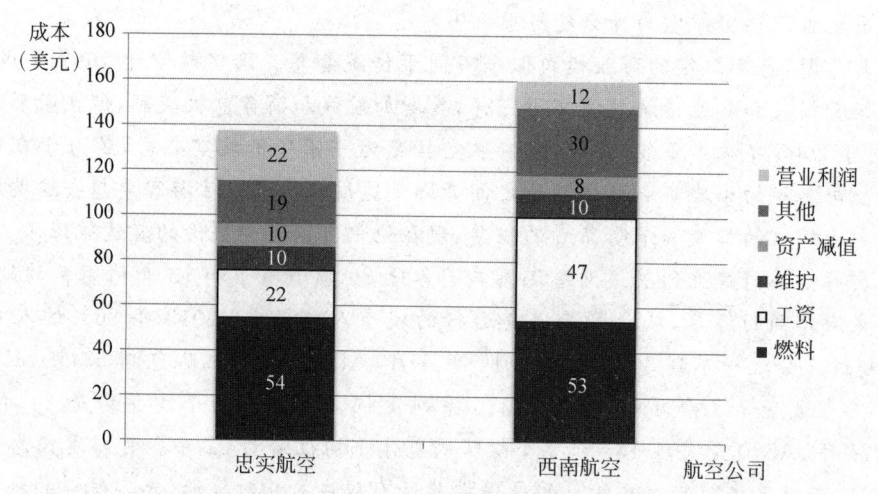

图 5-4　忠实航空与西南航空公司每位旅客成本比较(2013 年)

佣金,将人流变成了现金流。2008 年忠实航空平均从每位旅客身上获得了 30 美元的附属收入,而即使是将这些方法运用得最好的欧洲瑞安航空也仅获得了平均 14 美元的附属收入。

通过对"加码"模式的运用与创新,忠实航空成功实现了业务利润的增加。虽然多数航空公司无法复制其商业模式,但是其战略选择的定位值得思索和研究。

三、轻资产模式

轻资产商业模式,指企业投入资本较低、周转速度较快、资本收益较高的运营模式。轻资产模式的企业往往能够有效利用三个杠杆:资产杠杆、负债杠杆和业务价值杠杆来实现企业的发展。资产杠杆体现了企业利用与整合存量关键资源的能力,因此可以减少自身投资,实现业务系统轻资产。有效利用负债杠杆使得库存降低,应收账款和有息负债减少,运营效率提高。有效利用价值杠杆提高了投入资本收益,加快企业成长速度,提高了成长价值和价值实现效率,能很快获得资本青睐。许多企业例如耐克、阿迪达斯、可口可乐等都属于轻资产商业模式。下面就斯特雷耶教育公司的具体发展历程来透析轻资产的商业模式。

案例

斯特雷耶教育公司(Strayer Education Inc.)

美国斯特雷耶教育公司的主要资产就是斯特雷耶大学,学校教师大部分都是兼职的,校舍基本上靠租用,主要的盈利方式就是不断开设新校区。

2001—2007 年,斯特雷耶大学的小区从 14 个增加到 35 个,注册学生人数从 1.2 万增加到 3.6 万,学费每年提高 5%。学校管理层称新校区的年收益率超过 70%,每年的净利润率在 21% 左右。2008 年,它的股价逆市上涨 27%,《福布斯》杂志将其评为"2008 年福布斯最佳小型企业"。

美国有3亿人口,其中无学位的人有9 000多万人。很多人为获得更高的收入而选择在职攻读硕士学位,但又要兼顾家庭和工作。斯特雷耶大学就是以这部分人群为目标客户。

斯特雷耶大学并不购买校舍,而是采用租赁的方式。它将更多的钱用于培养分校校长、聘请更好的教授。只要能够不断地开设新校区,保证教学质量,就能够保证公司财源滚滚。学校97%的收入来自学生的学费。每开设一个新校区,通常斯特雷耶大学就要投入约100万美元,主要用于改造租来的校舍和购置设备。第一年学校亏损了100万美元,但是随着学生的增长,在第六年学校开始盈利。

斯特雷耶大学是典型的轻资产大学,它凭借这一商业模式带来的高效的运营效率实现了自身的盈利与发展。

第四节　网络创业的商业模式

一、网络商业模式分类

在中国,"商业模式"一词随着20世纪末网络经济的蔚然成风而流行,之后的很长一段时间,商业模式似乎成为网络经济的专有名词。直到今天,在网络上搜索"商业模式",能找到的几千万条相关内容中,许多都还是B2B或B2C的谈资。

随着互联网宽带化、大众化、个性化、移动化的不断发展,新应用层出不穷,带有Web 2.0特征的服务已经越来越多地进入网民的视野:RSS、SNS、Tag、Blog、P2P……而互联网产业也不断细分,互联网创业成为创业者青睐的方式(见表5-5)。

表5-5　中国互联网产业的55个细分领域

	领域		领域		领域		领域		领域
1	综合门户	12	交友	23	电子支付	34	女性男性	45	电子邮件
2	搜索引擎	13	博客	24	网上银行	35	生活消费	46	IP电话
3	即时通信	14	数字杂志	25	财经	36	娱乐	47	网络接入
4	新闻媒体	15	图片摄影	26	地图导航	37	时尚	48	网络安全
5	网址导航	16	卡通动漫	27	IT数码	38	体育	49	软件服务
6	博客视频	17	游戏企业	28	汽车	39	文学	50	软件下载
7	视频搜索	18	游戏资讯	29	旅行	40	音乐	51	下载工具
8	视频点播	19	B2B电商	30	房地产	41	门户	52	客户端
9	P2P播放	20	B2C电商	31	健康医疗	42	分类黄页	53	网络广告
10	个人门户	21	C2C电商	32	教育培训	43	无线移动	54	广告代理
11	社区论坛	22	虚拟电商	33	人才招聘	44	IDC主机	55	广告媒介

下面我们着重介绍几种基本的网络商业模式:

第五章　大学生创业商业模式

1. 代理模式

代理商是市场的缔造者，它把买方和卖方撮合在一起，并且推动交易行为。交易的双方可以是企业—企业、企业—消费者，或消费者—消费者市场。代理人从他撮合成功的每项交易中收取一定的费用，且佣金的计算方式因人而异。代理模式常见的有以下几种类型：

(1) 市场交换，即提供涉及交易的全面服务环节，从市场评估到价格谈判及合同执行。交易中心或独立运营，或由多家企业联营。这是在 B2B 市场中不断被应用的通用模式。在此交换模型中，代理方向卖方收取基于销售额的交易费用，而价格机制可以是一个简单的出价/购买(offer/buy)、出价/协议购买(offer/negotiated buy)，或者是一个拍卖的出价/投标的处理方法(auction offer/bid approach)。

(2) 买/卖履行。使用此类商业模式的企业包括在线金融代理、旅游代理，以及类似于 eTrade 用户发出买卖订单进行金融设备的交易。在这种模式中，代理向买方和卖方收取交易费用。在这种模式下基于规模经营，用很低的费用就可以发送出最好的交易价格。

(3) 需求搜集系统。其模式由 Priceline.com 公司首创，预期的购买者为某一商品或服务报出的最终价格，代理则为他寻求相应的卖家。在某些模式中，代理收取的费用是报价和成交价之间的差额，或者是一个处理费用。通常，这种模式的目标定位于一些高档的物品，如汽车、飞机票等。

(4) 拍卖代理。为卖方(个人或商家)处理拍卖的站点，以一个最低点为基础，卖方从购买者那里获得最高投标金额。拍卖根据报价和出价规则的不同而有所不同。

(5) 交易代理。为买卖双方解决交易问题，提供第三方安全支付机制。

(6) 批发商。仅维护一个分类目录，将大量的产品生产商和零售买家撮合在一起。代理商方便了特许代理商和贸易伙伴的商务交易。对于购买者，可以使他们更快地进行市场交易、更快地获取批量，同时降低获取成本。为购买者提供来自于最好的分销商的报价、显示特定购买者的价格、交易时间，并推荐此分销商，使交易更加有效。对于分销商，通过报价、订单处理、跟踪订单状态，使分销商更快地适应变化，减少劳动力，从而降低销售成本。

(7) 搜索代理。使用一个代理(如智能软件)，为购买者指定的一项商品或服务搜索出最好的价格，或者努力定位、发现信息。一个工作代理，能够扮演一个搜索代理人的角色，为求职者寻找工作，或为招聘者列出的职位寻找合适的求职者。

(8) 虚拟市场。虚拟市场指招待许多商家的站点，典型地，市场收取初建费、每月列表费和每次的交易费。如果虚拟市场具有一个一般化的门户入口，那么它的功能就能被非常有效地实现。再如更加复杂的市场，将提供自动交易服务和关联市场机会的服务。

2. 广告模式

网络广告模式拓展了传统的广告媒体。此刻的传播商通常是一个网站，在提供内容(常常但并非必须是免费的)和服务(像邮件、即时通信、博客)时，常加入些条幅广告信息。这些条幅广告可能是这个传播商的主要或者唯一的收入来源。传播商可能是内容的创建者或者发行人。只有当浏览量非常大或者高度专业化时，广告模式才能正常运作。

门户(portal)是广告模式的重要内容，通常指能够找到各类内容或者服务的搜索引擎。大量的访问流量让广告有利可图,而且要求网站的服务更多样化。个性化门户,允许用户定制其界面和内容。而细分门户则精心培育明确的用户群。

3. 信息中转模式

消费者的个人信息和消费习惯的数据是很有价值的,尤其是那些经过细致分析的并用于目标市场营销的信息。在消费者考虑一次采购的时候,独立收集的关于生产商和他们产品的数据是非常有用的。有些公司的定位就是类似信息中介(信息媒介),辅助买家或者卖家了解当前的市场状况。信息中转模式包括以下几种类型:

(1) 广告网络。广告网络模式添加条幅广告到会员网站的网络,让广告商能够展开大型的市场运作。广告网络收集来自用户的数据信息,以辅助分析市场营销的效果。

(2) 激励营销。激励营销就是"为注意力而付费"的模式,就是对观看内容和完成表单填充,或参加比赛,或经常观看弹出式广告的浏览者付费。注意力市场方法对于具有复杂的产品信息的公司特别有吸引力,如果不采取这种方式,可能会很难吸引消费者的兴趣。

4. 商户模式

商户是指产品和服务的批发和零售商家,其销售可能基于价目单或者拍卖形式完成。主要包括虚拟商户(virtual merchant),即一个仅通过 Web 进行操作的公司,提供传统的或 Web 上的商品或服务。销售的方法可以是列表价格或拍卖。Facetime 是一个很好的例子,它是一个服务商,并且称自己为一个"应用服务提供者",为电子商务站点提供生动灵活的客户支持。

5. 厂家直销

厂家直销模式被预言为最能体现 Web 的强大力量,它使厂商能够直接地接触消费者,因此压缩了分销渠道,省去了批发商和零售商环节。厂商模式是基于效率的,可以节约成本,从而可以降低消费者的负担,提高客户服务水平,更好地理解客户喜好。容易腐烂的产品将会从快速销售中受益,如鲜花,通过省去中介,也将会使消费者受益。这种模式会和厂商已经建立起来的供应链具有潜在的渠道冲突。

(1) 租赁。以交换租金、买家获得协议中约定的条件下使用该产品的权利,产品在租赁期满或者租赁协议默认的时限内返还给卖主。其中的类协议可能包含此次租赁购买的到期时间。

(2) 授权许可。产品的销售依据合同使用条款,买家仅获得转移的使用权。所有权仍为生产商所有(像软件授权形式)。

6. 会员营销

会员直销是和一般化的门户入口模式相反的模式,它寻求对某一站点有一个高浏览量。在会员模式中,人们无论在哪儿上网冲浪,该模式都会为他们提供购买机会。对于会员站点,它会以折扣的形式提供金钱上的激励机制。会员站点提供"购买点—点击进入"的商家,如果会员站点没有产生销售,它对于商家来说就没有产生任何成本。会员模式对于 Web 来说是相当便利的,这也是它流行的一个重要原因。在此模式下,存在变化的因素主要包括标题广告的变换、每次点击付钱以及利润共享程序。会员营销模式还包括以下具体分类:①广告交换。会员网站网络内部的广告投放交易。②每点击付费。网站为每个有效的用户点击付费。③收益共享。提供一定百分比的销售佣金,基于一起后续购买行为的用户点击。

7. 社区形式

社区模式的发展主要依赖用户忠诚,而收益则往往来自于副产品和服务的销售或者无偿的捐助。互联网天然地适合社区商务模式的发展,其中较为流行的开发领域是社会化网络的兴起。主要包括以下几类:

(1) 开源软件。通过全球性的程序员社区,彼此开放并共享源码,协作开发的软件。和一般付费的授权代码不同,开源代码主要通过相关服务获得收入,如系统整合、产品支持、指南和用户文档。

(2) 开放内容。基于全球性的内容提供志愿者开发,并完全公开内容的访问,如维基百科。

(3) 公共广播。用户支持的模式通常应用在非营利性质的广播电视,并已拓展至网络。该社区的用户,主要以志愿捐献的形式支持网站运作。

(4) 社会化网络服务。此类网站为个人提供一套基于共同的兴趣(职业、爱好、经历)联系其他人的方式;社会化网络服务能够为内容广告和佣金订阅服务提供良好的机会。

8. 订阅模式

订阅模式的用户要为访问该站点付费,因此高附加值的内容是最基本的要求。一般的新闻内容已被证明不适合用订阅模型。1999年由Jupiter Communications组织的一项调查报告显示,46%的互联网用户不希望付费看Web上的内容。某些公司只为订阅者提供免费内容和付费内容。订阅模式的具体内容包括:

① 内容服务。即提供文字、音频或者视频内容给那些付费的订阅用户,该费用主要用于获得该服务的使用权。

② 个人与个人的网络服务。它是用户提交的信息的一条发布渠道,例如个人搜索过去的校友。

③ 信托服务。会员模式下的组织,每位会员严格遵守明确的规范,并支付订阅费。

9. 效用模式

效用或者需求模式,采用定量的使用或者随用随付的方式。与订阅服务不同,定量服务基于实际的使用率付费。通常来说,定量付费一直应用在必须的服务(例如水电、长途电话服务)。世界上某些地方的网络服务商(ISP)是基于效用运作向客户收取每分钟的接入费用,这和美国常见的订阅模式大不相同。效用模式的主要内容包括以下几项:

① 定量使用。测算用户使用服务的情况,再发账单。

② 定量订阅。允许订阅者购买一定量的内容访问权(如页面访问数)。

二、网络商业模式典型案例

伴随着互联网的迅猛发展,新的网络商业模式也随之出现。在创新这一互联网的基本驱动力的基础之上,不断深化的技术与市场拓展的商业模式进入我们的视野。以下10个互联网细分行业旗舰企业所创立的商业模式成为互联网行业的经典,下面我们将选取其中典型企业着重介绍(见表5-6)。

表 5-6　互联网细分业务领域旗舰企业

企业名称	业务领域	业务内容
雅虎	移动门户	互联网门户网站，以网站广告收入为主，渗透搜集业务多领域
Google	移动搜索	互联网搜索引擎，以关键词广告收入为主，触及移动互联多业务
eBay	C2C 电商	电子商务，调整盈利模式阶段，尝试收取服务费和会员费
Amazon	B2C 电商	电子商务商，以收取管理费和交易费为主，向科技公司转型
阿里巴巴	B2B 电商	电子商务商，以会员费收入为主，构筑电子商务生态圈
腾讯	移动 IM	即时通信服务商，以增值服务收入为主，提供一站式在线生活服务
Myspace.com	移动 UGC	UCG 社交网络，以广告收入为主，摸索新的业务范围和盈利点
Facebook	移动 SNS	SNS 社交网站，以广告收入为主，多个国家推出移动版
盛大网络	手机游戏	网络游戏运营商，以增值服务收入为主，做大、做深网络游戏市场
YouTube	手机视频	UGC 模式视频分享网站，以广告收入为主，推进移动战略

1. 电子商务 B2B 模式：阿里巴巴

马云于 1999 年正式成立阿里巴巴，从事企业间（B2B）电子商务业务，后来陆续发展出面向个人的电子商务（B2C/C2C）"淘宝网"（2003）、第三方支付工具"支付宝"（2003）以及面向企业软件应用的"阿里软件"（2007），这四部分业务先后独立成为子公司，再加上通过股权置换并购的"中国雅虎"（2005），阿里巴巴发展成为控股五个子公司的大型互联网企业。目前，阿里巴巴是全球企业间电子商务的著名品牌，是目前全球最大的网上贸易市场。阿里巴巴以 B2B 为切入点，通过横向、纵向一体化战略，构筑了六大业务领域的电子商务生态圈，全面覆盖中小企业电子商务化的各大环节（阿里巴巴服务流示意图见图 5-5）。

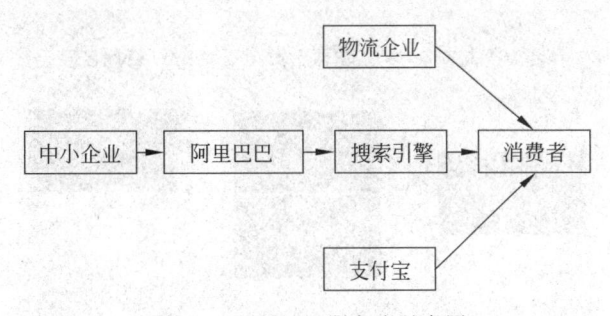

图 5-5　阿里巴巴服务流示意图

战略方向

阿里巴巴的成长过程基本可以归纳为两个发展阶段，第一阶段为 2001—2004 年期间，该阶段的发展目标是 meet at alibaba，即有交易与贸易需求的人在阿里巴巴相遇。阿里巴巴通过打造行业领先的免费电子商务平台，实现了大量汇聚人气的目的，注册用户规模与网上商机量得以快速扩张。第二阶段为 2005 年至今，该阶段的发展目标是 work at alibaba，即用户的任何交易与贸易行为都与阿里巴巴产生关联。阿里巴巴陆续开发出多项基于电子商务的增值业务，深入渗透中小企业的管理、财务、商务、物流等各个环节，有意贯穿中小企业的整个经营流程。目前,阿里巴巴正向第三个战略发展目标——live at alibaba 转型。

盈利模式:以会员费用及广告竞价为主

会员收入始终是阿里巴巴公司主要的收入来源。以 2004 年阿里巴巴网站会员数量估计,阿里巴巴的会员收入约为 4 500 万美元,根据该公司披露的数据分析,这部分收入占据了公司收入的 90% 以上;而在这部分会员收入中,来自高等级的"中国供应商"收入约占 2/3,来自一般等级的"诚信通会员"收入则约占 1/3。与此同时,阿里巴巴也推出关键词的竞价服务,会员可以为每个关键词的前三位竞价。另外阿里巴巴带来的广告收入所占份额也在逐步增长。

竞争策略:通过经营采购商资源大力发展供应商会员规模

在发展初期,阿里巴巴致力快速扩大会员规模。为此,阿里巴巴采用挖掘采购商资源的手段来实现拓展供应商会员的目的。通过在美国、欧洲、中国香港等地设立办公室,就近发展与当地有采购需求的客户,阿里巴巴用以黏着大规模的供应商会员。另外,阿里巴巴极为重视对会员的线下拓展营销活动,其绝大部分的会员特别是高等级的"中国供应商"是依靠客户经理面对面的直销发展而来的,2004 年之前,阿里巴巴已经在国内 15 个城市设立了分支机构,挖掘当地客户潜力;另外,其呼叫中心的坐席数也达到 500 个,每天每个坐席可以外呼 1~200 个客户,成为"诚信通"会员主要的销售拓展渠道之一。

2. "即时通信":腾讯

腾讯公司成立于 1998 年 11 月,是目前中国最大的互联网综合服务提供商之一,也是中国服务用户最多的互联网企业之一。成立十年多以来,腾讯一直秉承"一切以用户价值为依归"的经营理念,始终处于稳健发展的状态。目前,腾讯 QQ 稳坐中国即时通信市场领导者的地位(腾讯商业模式要素示意图见图 5-6)。

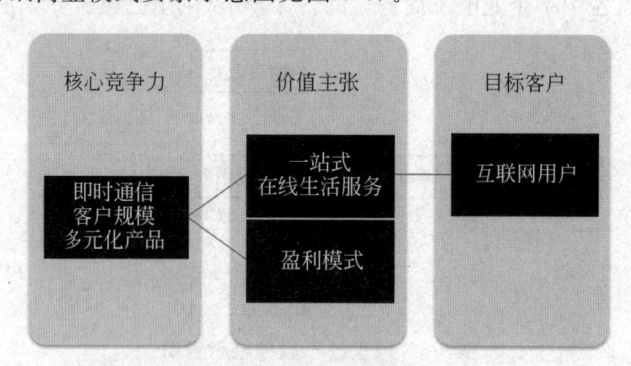

图 5-6 腾讯商业模式要素示意图

战略方向

目前,腾讯把为用户提供"一站式在线生活服务"作为战略目标,提供互联网增值服务、移动及电信增值服务和网络广告服务。同时,腾讯推行了"根据地"战略:以 QQ 社区为基础作为主要收入来源,并开展其他业务。

价值主张

腾讯的典型用户群体是年轻且追求时尚的用户,他们有向别人展示自我以及自我娱乐的需求。通过腾讯,用户能够展现自己个性的一面;同时腾讯提供了大量的娱乐内容,用户能够在娱乐中打发时间以及交友;大量的新闻类内容源也是用户群获取知识以及了解信息的一个重要渠道;另外腾讯的在线商城也能够满足用户群体在线生活的渴求。

业务定位

整个互联网的产业链是极其庞大且冗长的,但是腾讯在整个环节里紧紧抓住了业务运营这一关键点,做互联网上的内容运营商,精确的定位加上庞大的用户量确保了其稳定的增长。

腾讯涉足的业务,基本还是瞄准即时通信和电子商务的主要业务,花精力做好研发,提高技术竞争力;对于外部的业务也有一些合作,目前主要集中在游戏的联合运营。因为腾讯是一家互联网公司,销售的作业没有传统行业那么强势和明显,所以在整体的业务流程或者组织架构里,销售线的人员都不是很突出。

3. "网络社区":Facebook

Facebook 的创办人是马克·扎克伯格(Mark Zuckerberg),他曾是哈佛大学的学生。最初,网站的注册仅限于哈佛学院的学生,在之后的两个月内,注册扩展到波士顿地区的其他高校。第二年,很多其他学校也被加入进来。最终,Facebook 业务扩展到全球,成为社交网络和 Web 2.0 的风向标。

战略方向

Facebook 是一个有强大扩展功能的网站,自身带有许多有趣而有用的工具,而且有强大的扩展 API。Facebook 制定了其发展基调,将首要任务确定为积累人气,其次是实现盈利。同时致力于发展社交网络集成,与超过 50 个国家的 100 多个运营商签订了合作协议。

盈利模式:广告和 App 开发

Facebook 比其他的社交网站更能吸引广告机会,因为能够深入地渗透到一系列微社区(各大学校园)内。Facebook 有大量的机会来使自己的盈利渠道多样化,深入渗透这些微社区的特点使它不仅仅局限于传统的广告条幅模式,它吸引了 90% 的学生加入,一所大学可以为自己增添在线分类、事件列表、电子商务和选举领导等便利功能。

同时,Facebook 将尽量能开放的数据全部开放出去,不遗余力地培养 App 开发商,为 App 开发商创造最好的赚钱途径。Facebook 就像是一个巨大的网店,而 App 开发商就是上面免费租赁店面的商家,兜售自己的玩具,吸引用户来玩。

第五节　大学生创业的商业模式

大学生是社会中的活跃群体,新颖的创业想法和灵感是大学生创业的突出特点。对于成功创业的大学生来说,对商业模式的运用和创新是能够获得成功的重要方面。根据不完全统计数字显示,目前我国大学生创业的成功率则只有 2%～3%,有 97%～98% 的大学生创业失败,专业人士分析,缺乏相关的创业教育和实战经验、缺乏好的商业模式都是其中的重要原因之一。因此对大学生创业者来说,要获得投资者的青睐,商业模式显得尤为重要。本章节将介绍几个大学生创业中商业模式创新的案例,以加深对商业模式的理解和思考。

一、大学生创业的商业模式

创业模式指的是创业者为保障自身的创业权益，而对各种创业要素进行合理配置和整合的创业行为，包括创业组织形式和创业方式的确定、创业行业选择等，它们共同组成了创业模式。大学生的创业模式则是大学生在特定环境中形成的，在创业动机、创业方式、产业进入、资金筹集、组织形式、创新力度和政府支持等方面具有相似性和典型性的创业行为，是对各种创业因素的配置、整合方式进行选择和决策的行为。我国学者蔡敬聪和梅天笑(2003)提出目前最常见的几种创业模式，有立足校园创业、互联网创业、借助兴趣创业、抓住商机创业、发挥专长创业、创新模式创业、加盟创业等。万细梅等学者(2007)提出我国大学生创业的主要模式包括积累演进、连锁复制、分化拓展、技术风险、模拟孵化、概念创新这6种模式。彭小媚和陈祖新两位专家(2008)结合现有的几个大学生创业团体与大学生创业实际情况，分析了现有可行的大学生创业的几种模式：代理加盟创业、依附创业、入孵化园、法人股份制。

二、现实案例分析

现实案例

小蔡零食吧

大学生小蔡和他的女朋友小周都是某高校即将毕业的学生，和同龄人纷纷考证考研、准备各奔前程不同，他们打算走创业之路，在学校旁边的小街开一家小店。他们从大四上学期的期末就开始谋划，经过一个寒假的精心准备，小蔡零食吧终于在2月开业了。

零食吧主要以销售零食为主，兼销售水果，代报驾校和包车。前期为了打开市场，零食和水果的价格一度比较低，结果被认为是恶性竞争，受到了同行的排挤。经历一场价格战后，零食吧目前正常经营销售零食以及代办一些其他业务，总体经营情况正常。

商业模式创新分析与评价：

1. 顾客

根据调查，在小蔡零食吧的消费者群体中，本校大学生占到了大约80%（以女生为主），周边的大学因为相距稍远，故只占到10%，剩下的10%是周边居民家的孩子，所以总体来说，消费群体还是比较稳定的。

2. 价值主张和服务

在大学后门口这块狭小却十分繁忙的小街，开一家零食吧，可以说是比较敏锐地抓住了小街的一个商机，看到了小街这个小市场的缺口，抢占了大学周围零食行业的先机。以服务大学生、方便学子生活为核心价值主张，为大学生提供了小吃和相关服务的小蔡零食吧的价值主张是比较准确的。

但是作为一个加入小街的新手，小蔡零食吧已经失去了很多机会，比如说，像他这样的后起之秀，首先打印与复印领域早已被校内校外垄断，根本无机会插手；其次，一些类似于奶茶等饮料服务早已充斥着校内校外的各种超市、小店甚至于图书馆都有提供这方面的服务,所以他也无法插手;最后,竞争问题、场地问题、资金问题等一系列问题都亟待解决。

3. 服务

为了弥补零食吧在空间上的缺憾,小蔡在服务这一方面花了不少功夫:从外面的装饰来看,几串霓虹小灯下,铺着长长的红地毯,小街一个浅浅的弄堂尽头,一家刚刚开张的零食吧用独特的霓虹灯塑造了一幅浪漫温馨的画面。同时,墙角、桌边贴满了温馨提示,随时欢迎光临的毛绒玩具和可以随意品尝的果脯,而每日一款店长推荐的特价商品,预留给你写下想买却没买到的零食的小纸片,为本店商品及其他商店商品提供校准服务的复秤处,以及提醒顾客辨别商品真伪的告示,则更是让人感到贴心舒适。

除此以外,对于损耗和临近保质期的零食,小蔡都立即停止销售,坦然承受损失。万一顾客不满意,只要损耗不大就能接受退货。为了实惠同学,他降低售价,还推出各种各样的促销活动,办会员卡,通过消费积分的积累可以获得免费的水果赠送,享受会员特权,始终把客户的利益放在第一位,颇得学生欣赏。而且,与其他商店的促销活动相比较,因为水果、零食大家经常买,所以会员的优势在零食吧里就能得到更好的发挥。

4. 盈利模式

小蔡零食吧的利润来源与小街的其他商店相比都差不多,他们经常要横跨整个城市进货,而且为了保证食品新鲜、货品充足,他们更是每隔三四天就要跑一趟,争取不断货。因此在较为稳定的供货背景下,小蔡零食吧的日营业额大概维持在4 000元左右,而周五到周日的时候,小店就比较繁忙,营业额能达到5 000元左右。另外,除了销售商品,零食吧还有代报驾校等其他业务。除此以外,在寒暑假的时候,小蔡还打算在学生放假时发展新业务。

5. 发展方向

根据实际情况,按照小蔡和小周的设想,近几年先将零食吧稳定下来,再招一两个员工帮帮忙,等到资金积累到一定程度后,再去周边的一些大学开几家分店,扩大规模,实现薄利多销,也许经过几年之后,实现全国连锁也有可能。虽然理论上是挺好的,但是其中也面临着许多不可避免的风险,他们也在思考,在大学稳定的时间越长,后期的发展所受到的限制就越大,竞争会越激烈,压力就越大,而且其他地段的商业机会就会越来越少,这些都是即将面临的问题,但是他们表示,机会总是有的,需要一步一步来。

6. 总体商业模式评价

综合以上,小蔡零食吧就其初期的经营状况,无论是其价值或是服务还是比较创新的,但是仍然需要探索其自身独特的创新商业模式。仔细研究一下可以发现:专门从事零食销售的商店在小蔡的大学并不是很多,而小蔡零食吧恰居其中,尽管地理位置稍有点缺憾,但仍然很有潜力。从另一点出发,小蔡抓住了作为学长这一独特的价值,用学长的身份营销自己小店的产品,势必会受到更多在校学生的欢迎。就这一点而言,小蔡是比较敏锐地抓住了大学生创业的独特价值。

三、典型案例分析

1. 铁血网与社区电子商务

铁血网创始人蒋磊是个典型的大学生创业者,他16岁保送清华,创办铁血军事网,20岁保送硕博连读,中途退学创业。如今,铁血网稳居中国十大独立军事类网站榜首,铁血军品行也成为中国最大的军品类电子商务网站,年营收入破亿,利润破千万。

回到2001年,16岁的蒋磊初入清华园,当时电脑还没有在普通宿舍出现,他只能去机房捣鼓他的网页,他想把自己喜欢的军事小说整合到自己的网页上。出人意料的是,他的"虚拟军事"的网页一经发布,就吸引了大量用户,这也是铁血军事网的雏形。

2004年4月,蒋磊和另一个创始人欧阳凑了十多万元,注册了铁血科技公司。2006年1月1日,蒋磊最终顶住了家庭和学校的压力毅然决定辍学创业,以CEO的身份正式出现在铁血科技公司的办公室里。然而一开始,铁血网并没有找到合适的商业模式,由于军事人群很难对广告主产生精准广告的投放效益,网站也仅靠一点广告费苦苦支撑。于是,蒋磊决定做自有军品商城。从2007年年底创始人蒋磊给国外供应商一封封发供货邮件到铁血做自有品牌"龙牙",铁血的电商之路甚至可以说惊人地顺利。2007年年底,铁血上线了第一款、也是当时唯一一款定价700多元的军事户外类外套,一个星期就卖出了十多件。出人意料的销售速度给了蒋磊底气慢慢增加商品数量。2008年年初,铁血军品开始把品类扩充至墨镜、手电筒等。到2008年,铁血的销售额达到了600万,2009年猛增3倍多至2 600万,2010年突破5 000万,2011年7 000多万,毛利率40%,净利率10%。

经过12年的努力,目前蒋磊的公司拥有员工200余人,他创办的网站已成为能够提供社区、电子商务、在线阅读、游戏等产品的综合平台。据透露,截至2012年12月,网站已有1 000万注册会员,月度覆盖超过3 300万用户,正处于稳步且高速的增长中。

仔细分析铁血电商成功的原因,在于用户和品牌。网站聚集了大批高度细分的用户,铁血的电商业务几乎不需要在其他网站上做推广,这为铁血网节省了大量的流量获取成本。社区越垂直,做电商的成功可能性越大。社区所掌握着的大量用户是商业价值的源头,而品牌是高附加值的代名词,也是各大电商试图提高利润率时首选的途径之一。换言之,社区解决了低成本获取流量的问题;而自有品牌解决了电商行业中普遍存在的低毛利问题。

铁血成功的历程也证明了社区电子商务注定是有价值的,除了军事领域之外的垂直细分仍然有很多的可能性。社区电商非常适合"小而美"的创业。随着移动互联网的发展,更多基于兴趣爱好的"小而美"的社区可以通过社区电子商务进行盈利。

2. 饿了么——饿出来的商机

2008年,还在上海交通大学机械与动力工程学院读硕士一年级的张旭豪也认为,打工要争取别人的认可,但只要自己做的东西被市场认可,个体就是有价值的。一天晚上,他和室友一边打游戏一边聊天,突然感到饿了,打电话到餐馆叫外卖,不是打不通就是不送。创业就这样从不起眼的送外卖服务开始了。

张旭豪和同学康嘉、汪渊、曹文学一起,将交大闵行校区附近的餐馆信息搜罗齐备,印成一本小册子在校园分发,然后在宿舍接听订餐电话。接到订单以后,他们先到餐馆取快餐,再送给顾客。这一模式完全依靠体力维持业务运转,没有太大的扩张余地。唯一的好处是现金流充沛:餐费由他们代收,餐馆一周结一次款。但这时他们意识到:只有互联网才能够大规模复制并且使边际成本递减。

2009年4月,"饿了么"(www.ele.me)网站上线,原有的配送服务被砍掉,专注于网上外卖订餐。与"饭统网"或"订餐小秘书"不同,"饿了么"没有呼叫中心这一环节,用户需求可以直达餐馆。

"饿了么"是典型的"O2O"(Online to Offline)模式:线下产品和服务通过互联网吸引用户,互联网成为线下交易的前台。到目前为止,除团购以外,尚无非常成功的"O2O"企业实践,而团购也因为缺乏黏性和恶性竞争而备受诟病。网上外卖订餐业务的潜力在于,无论对学生还是上班族,使用互联网订快餐都是一个常态化的基础性功能。外卖送餐半径通常在两三公里内,送餐时间控制在40分钟内,使得"饿了么"网站在某一特定地理区域的用户流量可以高度集中,用户精准度甚至可能高过百度。一旦将城市切分成一个个两三平方公里的小区域,在长期精耕细作之下,不同区域上的商家就能够发现"饿了么"网站流量的价值。这是一个超越餐饮的概念,也是很多互联网公司梦寐以求的事情。

"饿了么"推出了自己的网络餐饮管理系统。通过这一系统,餐馆可以管理并打印订单,大大提高了工作效率。店家还可以对营业状况进行设定(如设为营业中或休息中),管理已经售完的菜品,添加新的菜品。网站还积极拓展其他收费方式,如竞价排名。这一系列方式使得"饿了么"完成了由中间商向平台商的转变,面向消费者一端的用户体验也在不断提升。

对"饿了么"的创业者张旭豪来说,他很认同乔布斯的话:"CEO应该关注用户体验,关注产品本身,而不是只泛泛地讲战略。"用户点了外卖,最可能破坏用户体验的状况便是外卖迟迟不来。实际上,在点餐高峰时段,餐馆往往已经忙到极限,而且越是口味好的餐馆,越可能出现滞后的情况。因此,管理消费者的预期很重要。从这一思路出发,"饿了么"推出了"超时赔付"功能。通过根据各个餐馆以往的送餐时长计算出每个餐馆的平均送餐时长,餐馆可以选择加入"超时赔付",一旦送餐超过一定的时间,立刻减免相对应的金额。张旭豪不是特别清楚这一功能在提高用户重复购买率上有多大帮助,但他认为这是一个属于用户满意度的问题,服务更加完善以后,网站的用户体验会更加好。

"饿了么"凭借独特的商业模式和良好的运营能力,迅速实现了资本的扩大和发展。到2012年,"饿了么"实现年交易额6亿元,网站收入接近1 000万元。值得注意的是,外卖的平均单价只有20元左右。从上海西南的闵行高教区起步,网站业务扩展到了北京、杭州、广州的高教区和写字楼,同时推出了ios和Android客户端,公司人数也从2011年的80人扩充到200人。

创始人张旭豪说:"我们是这样的人,即使没有钱,也从不低头。这个项目起码还要做3~5年才能考虑其他,因为规模要做到足够大。"带着大学生创业的激情和梦想,但愿"饿了么"能大胆尝试,在未来实现新的突破。

本 章 小 结

在本章中,我们首先解读了商业模式的定义、构成要素、特征和成功商业模式的必备条件,然后介绍了商业模式的不同类型以及商业模式创新要具备的要素,接着结合典型的商业模式案例阐述长尾模式、加码模式和轻资产模式三种商业模式,第四节重点分析了网络创业中的九种商业模式,最后通过大学生创业的案例介绍了大学生创业中的商业模式。

案例分析

"乐高"的商业传奇

乐高公司创办于丹麦,至今已有80年的发展历史。这家成立于1932年的玩具公司,在1978—2012年的30余年中,长期保持了收入和盈利的快速增长。在玩具界,乐高拥有着和"苹果"一样的魅力,这家来自丹麦的玩具公司,振臂一呼就会引来大量粉丝的拥护。

乐高玩具主要使用的材质是ABS工程塑料,ABS是一种三元共聚物,具有PS(聚苯乙烯)、PAN(聚丙烯腈)和PB(聚丁二烯)三者的共同特征,性能上表现为高强度、耐冲击性、低毒性、易加工。一代又一代的孩子都在玩着乐高的产品,而近年来,随着每年都有电影大片的诞生,乐高也随之取得授权,推出了成千上万的玩具套件和角色玩具,甚至使从来不玩积木的人都开始对乐高产生浓厚的兴趣。有些人为了自己心爱的电影会考虑去买乐高,喜欢玩乐高的玩具玩家也会去考虑购买相关的电子游戏。

2005年,乐高开始尝试用户创造内容的模式。他们推出了乐高工厂,让客户组装属于自己的乐高套件并且在线订购。使用称为乐高数码设计师(LEGO digital designer)的软件,客户可以发明和设计自己的建筑物、火车和人物,期间可以可以从数千种组件和颜色中任意搭配。通过乐高工厂,被动的客户变成了主动的设计者,参与到了乐高的设计体验中来。因为这种模式对供应链基础设施的改造要求较高,加之乐高并没有完全改造它的支撑基础设施来适应乐高工厂模式,因此顾客自主定制玩具套件的订货量很低。但是就商业模式而言,乐高已经通过进入长尾领域,迈出了超越大规模定制的一步。

(资料来源:[瑞士]亚历山大·奥斯特瓦德,伊夫·皮尼厄. 商业模式新生代. 王帅,毛心宇,严威,译. 北京:机械出版社,2011.)

【思考题】
1. 你认为乐高维持高增长的秘诀是什么?
2. 乐高模式体现了本章的哪些知识?

小链接1

商业模式的定义

参考Morris et al.(2003)对众多商业模式定义的归类方法,并结合对国外众多商业模式定义考察后的理解,可总结出目前国外对商业模式的定义总体上是从经济类向运营类、战略类和整合类递进。

在经济类定义的层次上,商业模式仅仅被描述为企业的经济模式,其根本内涵为企业利润获取的逻辑。与此相关的变量包括收入来源、定价方法、成本结构、最优产量等。许多研究者都是从这个角度对商业模式进行了概念限定和本质阐述。Stewart et al.(2000)认为商业模式是企业能够获得并且保持其收益流的逻辑陈述。Rappa(2000)认为商业模式最根本的内涵是企业为了自我维持,也就是产生利润而经营商业的方法(the method of doing business),从而清楚说明企业如何在价值链(价值系统)中进行定位,从而获取利润。

在运营类定义的层次上,商业模式被描述为企业的运营结构,焦点在于说明企业通过何种内部流程和基本构造设计,使得价值创造成为可能。与此相关的变量包括产品/服务的交付方式、管理流程、资源流、知识管理和后勤流等。也有许多研究者从这个角度对商业模式进行了概念限定和本质阐述。Timmers(1998)将商业模式定义为:用来表示产品、服务、与信息流的一个架构,包含各个商业参与者(business actors)与其角色的描述、各个商业参与者潜在利益的描述以及获利来源的描述。Mahadevan(2000)认为商业模式是企业与商业伙伴及买方之间三种串流——价值流(value stream)、收入流(revenue stream)以及物流(logistic stream)的独特组合。

在战略类定义的层次上,商业模式被描述为不同企业战略方向的总体考察,涉及市场主张、组织行为、增长机会、竞争优势和可持续性等。与此相关的变量包括利益相关者识别、价值创造、差异化、愿景、价值、网络和联盟等。目前来看,国外对商业模式的定义大部分属于这种范畴。KMLab顾问公司将商业模式定义为:对于企业意图如何在市场中建立价值的描述,包含企业所进展的产品、服务、形象、与配销的独特组合,也包含了用以完成工作的人员与作业基础建设的基本组织。

在整合类定义的层次上,商业模式被认为是一种对企业商业系统如何很好运行的本质描述,是对企业经济模式、运营结构和战略方向的整合和提升。采取综合类定义的研究者认为,一个成功的商业模式必须是独一无二和无法模仿的。要做到这一点,就必须要超越过去那种对商业模式简单的认识。商业模式不应当仅仅是对企业经济模式和运营结构的简单描述,也不应当是将企业不同方面战略的简单加总,而是要超越这些孤立和片面的描述,从整体上和经济逻辑、运营结构、战略方向三者之间的协同关系上说明企业商业系统运行的本质。近年来,国外已经有研究者尝试着从这个层次理解商业模式。

小链接2

商业模式画布

商业模式画布(business model canvas)是由作家兼创业者Alexander Osterwalder和瑞士学者Yves Pigneur在他们的专著《商业模式新生代》中提出来的,通过简单设计将商业模式的概念清晰化,并使得整个制定过程更为生动易懂,主要用来帮创业者建立可视化、测试自身的商业模式的可行性,从而避免挥霍资金或者盲目地叠加功能。Canvas由9个方格组成,每一个方格都代表着成千上万种可能性和替代方案,你要做的就是找到最佳的那一个。这九个方格分别是 CS 客户细分、VP 价值主张、CH 渠道通路、CR 客户关系、RS 收入来源、KR 核心资源、KA 关键业务、KP 重要合作和 CS 成本结构。

CS 客户细分：企业想要接触和服务的不同人群和组织，有大众市场、利基市场、区隔化市场、多元化市场、多边平台或多边市场等。

VP 价值主张：为特定客户细分创造价值的系列产品和服务，例如新颖、性能、定制化、"把事情做好"、设计、品牌/身份地位、风险抑制、可达性、便利性/可用性等。

CH 渠道通路：如何沟通，接触其客户细分而传递其价值主张，提升公司产品和服务在客户中的认知，帮助客户评估公司价值主张，协助客户购买特定产品和服务，向客户传递价值主张，提供售后客户支持。

CR 客户关系：与特定客户细分群体建立的关系类型，例如个人助理、专用个人助理、自助服务、自动化服务、社区和共同创作。

RS 收入来源：从每个客户群体获取的现金收入（需要从创收中扣除成本），获取收入的方式有资产销售、使用收费、订阅收费、租赁收费、授权收费、经纪收费、广告收费等，而定价机制分为固定定价和动态定价。

KR 核心资源：让商业模式运转所必须的最重要因素，有实体资产、知识资产、人力资源、金融资产等。

KA 关键业务：为了确保商业模式可行，企业必须做的最重要的事情，例如制造产品、问题解决、平台/网络。

KP 重要合作：让商业模式运转所需的供应商和合作伙伴的网络有合作的动机：商业模式的优化和规模经纪的运用、风险和不确定性的降低、特定资源和业务的获取等。合作的类型有非竞争者之间的战略联盟关系、竞合（在竞争者之间的合作关系）、为开发新业务而构建的合作关系、为确保可靠供应的购买方——供应商关系。

CS 成本结构：运营一个商业模式所引发的所有成本。商业模式指成本驱动或是价值驱动，成本结构分为固定成本、可变成本、规模经济、范围经济。

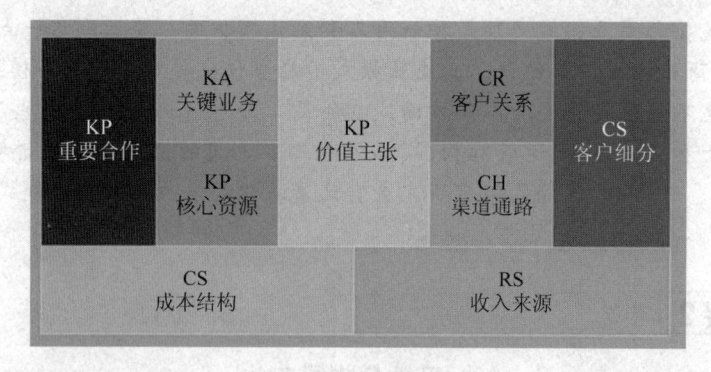

KP 重要合作	KA 关键业务	KP 价值主张	CR 客户关系	CS 客户细分
	KP 核心资源		CH 渠道通路	
CS 成本结构			RS 收入来源	

Canvas 的使用者需要按照一定的顺序：首先要了解目标用户群，再确定他们的需求（价值定位），想好如何接触到他们（渠道），怎么盈利（收益流），凭借什么筹码实现盈利（核心资源），能向你伸出援手的人（合伙人）以及根据综合成本定价。

大学生创业者可以先将猜想和计划写在便签纸上，展开最基本的商业模式。接着仔细想想，每一个方格背后的含义和假设，哪一个是促成全局的最重要因素，哪一个能够带来盈利。然后规划未来的路线，从而确保重要格子的内容能不断推进，并且方向正确。最后设计实验,验证猜想,为每一个格子设置参数,比如目标用户数目、他们所能承受的价格等。

小链接3

平台经济:新的商业模式

随着信息网络技术的飞速发展和互联网的应用普及,越来越多的平台型企业迅速崛起,平台经济模式迅猛发展。据不完全统计,全球最大的100家企业中,有60家企业的大部分收入来自平台类业务。时至今日,具有高度粘性的平台经济已成为推动经济发展的新引擎,也成为大学生创业的首选。

平台经济是指依托超市、购物中心等实体交易场所或门户网站、网络游戏等虚拟交易空间,吸引商家和消费者加入,促成双方或多方之间进行交易或信息交换的商业模式,主要是通过收取会员费、技术服务费、交易佣金等费用获取收益。平台经济模式具有双边市场、交叉网络外部性、增值性、快速成长性等主要特征,在给平台企业带来巨大回报的同时,还能通过信息精确匹配规模效益或定向营销等方式给在平台上交易、交流的双方带来的便利和实际利益,从而达成多方共赢。

但平台经济并不是一种完全崭新的商业模式,早年经常提到的中介公司所扮演的就是平台型企业的角色,其所从事的经济活动即属于平台经济。但由于技术水平有限,传统平台型企业的业务活动容易遭遇地域、时间等限制,平台经济发展也会受到一定影响。随着信息网络技术的飞速发展和互联网的应用普及,平台经济正在实现更加迅猛的发展,越来越多的平台型企业纷纷涌现,并催生了新一轮平台经济浪潮。借助于互联网络,人们能够突破沟通交流的空间限制,电子支付技术和现代物流服务又给人们在金融交易与实际货物交易方面带来了极大便利,各种平台由此迅速建立并不断扩张。而以电子商务平台为突出代表的各类平台服务越来越深地融入人们工作、生活的方方面面,改变了企业的营销方式和人们的消费方式,进而又为平台型企业和平台经济奠定了进一步发展的基础。近年来,平台型企业迅速崛起,成为经济发展的重要动力,国外的谷歌、苹果、脸谱和国内的阿里巴巴、百度、腾讯等近些年受到广泛瞩目的企业都属于典型的平台型企业。随着平台型企业和平台经济影响力的逐渐扩大,平台经济也在推动现代经济的变革和重塑。

【延伸阅读与链接】

http://weibo.com/hsbcbmp?source=blog
http://www.dcci.com.cn/
http://www.ceconline.com/
http://www.cyzone.cn/
http://www.tiexue.net/
http://ele.me/
http://blog.sina.com.cn/s/blog_69a381c00100sxjl.html
http://www.dcci.com.cn/

第六章 创业计划书

课程目标

通过本章的学习,大学生创业者应该全面了解创业计划书的含义、特点、类型、作用等相关理论知识,要掌握制定创业计划书的过程和写作技巧,学会如何制定一份合格的创业计划书,并了解在这一过程中需要注意的问题,懂得如何对创业计划书进行自我审查。

知识点和技能点

1. 创业计划书的概念
2. 创业计划书的特点
3. 创业计划书的基本要素和要求
4. 创业计划书的类型与作用
5. 创业计划书的内容结构
6. 制定创业计划书的步骤
7. 创业计划书的写作技巧和口头陈述技巧
8. 创业计划书的变更
9. 创业计划书的评估

案例导读

张华的创业计划

张华毕业于某名牌大学,经过多年的业余研究,他在室内环境污染治理方面取得了一项重要突破,这项技术如果在实际中得到应用,前景非常广阔。于是张华便辞去原来的工作,准备自己创业。但由于多年的积蓄都用在了室内环境污染治理的研究上,在七拼八凑注册了一家公司后,已经无力再招聘员工、购买实验试验材料了。无奈之下,张华想到了风险投资基金,希望通过引入合作伙伴的方式解决困境。为此,他多次与一些风险投资机构或个人投资者接洽商谈,虽然张华反复强调他的技术多么先进,应用前景多好,并拍着胸脯保证投资他的公司回报绝对低不了,但总是难以令对方相信,而且他对于投资人问到的多种数据也没有办法提供,如市场需求量具体有多少?一年可以有多大的销售量?投资后年回报率有多高?就连招聘一些技术骨干也比较困难,这些人也总是对公司的前景缺乏信心。

这时,曾经在张华注册公司时帮助过他的一位做管理咨询的朋友一句话点醒了他,"你的那些技术有几个投资者搞得懂?你连一份像样的创业计划书都没有,怎么让别人相信你?投资者凭什么相信你?"于是,在向相关专家请教咨询后,张华又查阅了大量的资料,然后静下心来,从公司的经营宗旨、战略目标出发,对公司的技术、产品、市场销售、资金需求、财务指标、投资收益、投资者的退出等方面进行了分析和论证,当然这个过程中,他还得不时搞一些市场方面的调查。一个月后就拿出了一份创业计划书的初稿,经过几位相关专家的指点,又再次进行了修改和完善。凭着这份创业计划书,张华不久就与一家风险投资公司达成了投资协议,有了风险投资的支持,员工招聘的问题也迎刃而解。

现在,张华的公司经营得红红火火,年销售利润已达到500万元。回想往事,张华感慨地说:"创业计划书的编制与我搞的环境污染治理材料的要求差不多,决不是随便写一篇文章的事。编制计划书的过程就是我不断理清自己思路的过程。只有自己思路清晰了,才有可能让投资人、员工相信你。"

(资料来源:http://wenku.baidu.com)

【思考题】

1. 为什么张华开始时拍着胸脯的保证无法令投资者相信,甚至连招聘技术骨干都很困难?

2. 创业计划书对张华的创业成功起到了什么作用?

第一节 大学生创业计划书概况

一、大学生创业计划书的概念

创业计划书又叫商业计划书,是大学生创业者就某一项具有市场前景的创业项目,向潜在的投资者、供应商、合作伙伴等寻求合作支持或者投资款项的可行性商业报告。创业计划书用以描述与拟创办企业相关的内外部环境特点,为新创企业的发展提供指示图和衡量业务进展情况的标准。通常创业计划是结合了营销、财务、生产、人力资源等职能计划的综合,它从企业内部的人员、制度、管理,以及企业的产品、营销、市场等各个方面对即将展开的项目进行可行性分析,详细准确的分析是创业者融资成功的重要因素之一。创业计划书的格式具有一定的规范,编写时需要遵循一定标准的文本格式;内容上需要全面介绍创业项目的发展前景,阐述产品或服务、目标市场、竞争、风险、投入产出及融资等相关内容。总的来说,创业计划书主要回答创业者想要做什么、如何做,面向的目标客户是谁,市场状况、经营团队、营销安排、财务分析以及退出机制的一系列问题。创业者必须非常清楚地了解这些问题,创业计划书的编写实际上就是对这些问题作出系统性的回答,帮助创业者整理思路。尽管创业计划书的格式有一定的要求,但是其内容和形式不尽相同,不管外在的东西怎么千变万化,其本质都是对创业者提出的创业思想进行分析和论证。

创业计划书就像一副骨架,它脉络清晰,提醒着大学生创业者在某一时刻该注意什么,以及应该考虑的问题和风险。创业计划书的内容可以衡量创业者的创业准备程度,也在很大程度上决定了创业成功与否。如果创业者并没有重视创业计划书,认为创业计书是不切实际的东西,甚至没有好好准备计划书就已经开始行动,那么这种盲目行动是非常危险的。

二、大学生创业计划书的特点

大学生要想获得创业成功,就需要一份优秀的创业计划书,创业计划书中要包含最基本的元素,如目标市场、产品或服务、投资的支出与收益、管理团队、竞争和行动。它的总体要求是:清晰的定位与分析目标市场,包括目标市场是什么、目标市场的特点、如何进入目标市场等;准确预测产品或服务的需求,包括消费者的需求特点、需采用的营销方式、预计将来市场份额等;阐释投资的支出与收益,包括初始投资额、投资回报率、成本回收期等;周密规划新企业的管理,包括组织结构、人员构成、业务流程、规章制度等;最终是对竞争的分析,包括如何赢得市场、如何实施提出的措施等。

当然,大学生创业者不仅要关注以上五个基本方面,还要在具体方面作出规划:创业项目本身要具有价值和发展空间,没有价值的项目难以获得资金支持,没有发展空间的项目难以取得成功;管理模式独特,创业团队有能力、充满激情和活力,同时拥有吃苦耐劳的精神;计划书的内容要根据实际数据,做到切实可行,不能没有根据的主观臆断,更不能弄虚作假。

大学生创业者要通过创业计划书进行四个方面的基本分析:首先确定创业的内容是什么;其次说明创业者计划采取什么样的方法实现这一机会或服务;再次确定实现创业目标需要什么资源、需要多少资源以及得到这些资源的具体方法;最后分析和确定新创企业能否成功的关键因素。总的来说,这四个方面的基本分析是解决用什么样的资源如何实现创业项目的问题。因此,创业计划书要具有以下几个方面的特点:

1. 规范的格式

创业计划书要有一个规范的格式,前后一致、风格一致。结构要安排适当,整体具有逻辑性,对必要的条款和内容要进行详细描述,使创业计划书更具说服力和可靠性,体现出大学生创业者的专业素质。

2. 长度适中,重点突出

创业计划书要长度适中,简洁明了,一定要在内容上突出创业项目的创新点和重点,不能过于烦琐,让读者抓不住重心。此外,创业计划书应能对创业构思和盈利模式进行简洁、系统的描述,不要过于渲染或夸大其市场意义。

3. 表达清晰明确

大学生创业者通过创业计划表达出创意的背景、团队近期或中长期目标;描述清楚目标市场,如行业有多大的吸引力、竞争状况如何等。创业计划书应是一个清晰的财富路径图,明确写出未来3~5年要达到的目标,以及如何达到这样的目标。

4. 数据真实可靠,结论准确

创业计划书应当客观,采取中性的语言,避免使用过于夸张的、广告性的语言,避免带有主观色彩的分析与评论。有关数据、产品等最好用图表或图片的形式直观地呈现出来,数据一定要详细、真实、有效,并可提供佐证。当然,数据不能前后自相矛盾,结论必须具有逻辑性,并建立在科学分析的基础上。

5. 可靠的规划

创业者提供产品或者服务,需要对其营销策略、财务能力、管理模式等进行合理、详细地分析,说明相关成本,预测未来发展水平,对整个发展有一个可靠的规划。

6. 创业团队

对合伙人和投资者来说,大学生创业团队人员的能力甚至比项目本身的价值还要重要。一份内容完整、思路清晰、具体可行的计划书应该是集体成果的结晶,应能体现团队的合作精神。团队的能力状况在很大程度上决定了新创企业能走多远。

三、大学生创业计划书的基本要素

在前面我们也曾提到过创业计划书需要包含五个基本元素,大学生创业计划书是对创业项目的系统思考,需要包含最基本的架构。下面就着重介绍创业计划书的基本要素。

1. 产品或服务

首先是新创企业的产品或服务,这是对主营业务的介绍。大学生创业的时候首先要想的是做什么,也就是说提供什么样的产品或服务,这是最核心的内容。在创业计划书中,要提供产品或服务的所有相关细节,包括企业所实施的所有调查。同时还需要明确说明所提供产品或服务的独特性、企业销售策略、产品的生产成本和售价、企业开发新产品或新服务的计划等。创业计划书中对上述的介绍要真实可靠,是建立在一定的实际调查基础上的分析,而不是主观臆断。

2. 要进入的市场

其次是产品或服务要进入的市场,大学生创业者一定要提供对目标市场的深入分析和理解。因为对于创业者来说,只关心产品或服务做得好不好是不够的,还要关心这些产品或服务有没有市场以及市场需求有多大。同时,创业者要在创业计划书中对消费者购买本企业产品或服务的行为进行细致的分析,说明消费者的行为受何种因素影响,并通过营销计划说明企业将如何通过广告、促销和公关等营销手段来达到预期的销售目标。

3. 商业运行模式

再次是新创企业的商业运行模式,这是其他企业无法模仿的,是新创企业的核心竞争力。商业模式是一个企业满足消费者需求的系统,这个系统管理企业的各种资源,如资金、原材料、人力资源、生产方式、销售方式、品牌和知识产权、创新力等(输入变量),形成能够提供消费者无法自力而必须购买的产品或服务(输出变量),因而具有自己能复制但难以被别人复制的特性。商业模式贯穿在整个创业计划书中,它决定了创业企业的运作,关系到企业的发展战略。创业者应该关注商业模式是否蕴含巨大利益,是否对现有的和潜在的利益进行重新组合与再分配,是否不容易被复制。因此,创业者要在创业计划书中阐明所选择的商业模式。

4. 创业团队

又次是创业团队,这是创业能否成功的关键。人才是最为重要的资源,是创业成功的关键,所以创业者应该非常关注创业团队。在创业计划书中,要完全展现创业团队的才能,这也是融资的重要筹码。在创业计划书中,描述创业企业的管理目标和组织架构以及整个创业队伍及其职责,分别介绍每位核心创业人员的特殊才能、特点和分工,细致描述每位创业者能对公司做出的贡献。

5. 竞争和行动

最后是竞争和行动,这是创业计划的实施。大学生创业者需要在创业计划书中细致分析产品或服务的市场竞争情况,包括分析现有市场的情况、现有的和潜在的竞争对手的情况,还要分析如何进入市场、赢得市场,如何应对竞争对手的挑战。当然,"三思而后行",只有想好才能做好,但是再好的理念也只有通过行动才能实现,不能只做思想上的巨人、行动上的矮子,强有力的行动才能赢得投资者的青睐。创业计划书应该有清晰的企业设计、生产和运营计划,切实可行的企业营销计划和准确的财务计划。新创企业将如何设计产品,需要哪些资源来创造产品,生产成本是多少,如何定价,如何把产品或服务推向目标市场,所有这些问题,大学生创业者都要做出详细规划,并且在创业计划书中明确表达。

四、大学生创业计划书的基本要求

前面我们也提到,创业者依靠创业计划书来获取投资者的投资或者国家有关部门的贷款,在制定创业计划书之前,一定要了解创业计划书写作的基本要求,避免低级错误,并在此基础上把创业计划书做得更加出色。

1. 内容准确

大学生制定创业计划书时,要向投资者全面介绍创业公司的详细情况,无论是优势还是劣势都要讲到位,体现出与投资者合作的诚意,隐瞒实情、过分乐观甚至夸大其词往往会适得其反。

2. 简明扼要

大学生制定创业计划书时,要注重简洁,最好开门见山,直奔主题,不要绕弯子,让投资者觉得每一句都不是废话。许多大学生创业者常犯的毛病是把创业计划书写得像一部企业管理大全或者文字优美的散文,这样会没有重点。创业计划书不要太长,显得冗杂;也不要太短,显得空洞,以30~50页为宜。

3. 条理清晰

大学生创业计划书看起来是很高深的东西,实际上,投资者真正关注的是卖什么产品、如何挣钱、能挣多少钱、怎么保证挣钱这些问题。在制定创业计划书之前,要能够清晰地就这几个问题解释清楚:商业机会、所需要的资源、把握这一机会的进程、风险和预期回报。

4. 言简意赅、通俗易懂

良好的语言水平永远是打动投资者的重要手段之一,当然这不是要把创业计划书写成学术论文。良好的语言水平并不能够挽救创业企业不成熟的创业理念,但是一个好的创业理念却可能因为语言水平不高而导致融资失败,试想,如果大学生创业者连创业计划书都讲不清楚,那他们又如何把事情做好呢?因此,需要对创业计划书的语言进行锤炼,一方面,创业计划书应该力求语言生动,能说服投资者;另一方面,要让读者容易理解里面的内容,所以尽量避免使用过多的专业词汇。

5. 强调可信性

创业计划书描述的前景可能很动人,但要真正打动投资者,还要让他确信这幅图景是可实现的。要做到这一点,需要在创业计划书撰写之前进行充分的市场调研,了解顾客、竞争对手、市场前景等问题,在调研数据的基础上进行财务分析,说明企业将获得的收益。在创业计划书中,数据越充分越翔实,就越容易让投资者相信预测是可信的。

我们举个例子说明投资公司认可的创业计划书要素:
① 企业简介:公司的名称、产品或服务等。
② 业务模式:企业的主要产品或服务,新创企业的优劣势。
③ 市场分析:行业发展状况、新创公司的目标市场等。
④ 管理队伍:公司的组织架构、创业人员、各人员职责等。
⑤ 财务数据:投入成本核算、回报率预测等。
⑥ 融资需求:资金需求量、融资方案等。

五、创业计划书的类型

创业者编写创业计划书的目的主要有两个,一是创业者可以通过创业计划书理清创业思路;二是大学生可以用创业计划书获得投资者的资金支持。这两个目的可以概括为内用和外用。根据这两个不同的目的,从创业计划书的主要形式大致可以分为获取外部资金型创业计划书、争取政府支持型创业计划书、概括式创业计划书和详细的创业计划书。其中前两种类型侧重于外用,后两者主要侧重于给创业团队使用。

1. 获取外部资金型创业计划书

这种类型的创业计划书主要为融资使用。获取外部资金包括股权式资金和债券式资金。这种类型的创业计划书是普遍的,尤其是对大学生创业者来说。这类创业计划书通常要求较高,包含以下内容:执行概要、公司概述、市场分析、产品或服务介绍、管理团队、生产计划、营销计划、财务预测、融资计划和风险分析等。

2. 争取政府支持型创业计划书

政府为鼓励大学生创业,制定了很多优惠政策,大学生创业者为获取相应的政策支持,有时会将创业计划书呈交给政府部门。这种类型的计划书也应该包括前面我们提到的内容,只是侧重点会有所不同。这类创业计划书通常包括:总论、创业团队、市场需求预测、可行性分析、实施方案、投资估算与资金筹措、收益分析、风险分析以及希望获得政府支持等。

3. 概括式创业计划书

概括式创业计划书比较简明,主要包括拟创企业相关的重要信息以及相关的资料。类似于电影的剧情简介,它一般用来申请银行贷款或者作为与投资商洽谈的样本,也作为创业思想的架构,为创业团队内部使用。

4. 详细的创业计划书

这是与前面的概括式创业计划书对应的,其内容包括创业计划书的全部内容。在详细的计划书中,大学生创业者能够对整个创业思想作一个比较全面的阐述,尤其是对计划中的关键部分进行详细、准确的论述。

六、大学生创业计划书的作用

创业计划书的主要目的是用来厘清创业思路和获取创业资本,它是大学生在进行创业时对发展路径以及企业打算如何创造并收获价值的系统整理。总的来说，它对投资者、大学生创业者和创业企业的员工都有重要的作用。

一是对投资者的作用，这是创业计划书最主要的作用，大学生要靠创业计划书获得投资或者银行的贷款。投资者投资的目的在于获取投资带来的收益，因此其对于投资项目的选择也是十分谨慎而苛刻的。由于投资者的时间和精力都有限，对于任何潜在投资项目他们不可能身体力行地去考察。因此，大学生在融资时需要认真做好创业计划书并作出清楚地相关说明。首先，风险投资者在投资之前要向创业者索要创业计划书，判断这个项目是否与自己的投资兴趣相吻合，然后决定是否与创业者进行下一步的沟通或投资。其次，风险投资者迫切地需要了解被投资产品或项目的投资回报情况和投资收益回收周期是否可行，以便了解风险投资的可行性。最后，创业计划书是创业者向潜在投资者、供应商、合作伙伴和应聘者展示新创企业机制的重要书面文件，它不仅展示拟创企业的目标、产品或服务等，也展示了创业团队的能力、信心、创业思想等，有助于吸引志同道合的合伙人、股东。因此，创业计划书对于大学生创业者获取外部资金来说是非常重要的工具。

二是对大学生创业者的作用。前面我们也提到过，创业计划书不仅仅是大学生创业者的融资工具，而且制定创业计划书还可以帮助大学生创业者系统地梳理创业思路，全面地掌握拟创企业的实际情况，发现拟创企业的优势和劣势，提早进行风险预警。首先，它是一个从抽象到具体的过程。许多创业设想在最初构思阶段是比较空泛的，经过一个具体的创业计划制作过程，把整个计划全面、具体地展现出来，成为一个系统的、可行的方案，可以作为评估创业项目和创业实施过程中的一个参考工具。其次，它是创业行为的方向盘。在一定时间，创业计划书为创业行动提供原则和行动指导，根据所制定的创业计划，确定在创业过程中先做什么、后做什么，保证创业过程顺利进行。最后，它也是一份内部文件，能帮助创业者明确目标和商业模式。好的计划书不仅会给出项目的可行性分析，而且也提出完成项目所要采取的措施。具体而言，创业计划书会指引大学生仔细思考以下问题：

你了解或熟悉这个项目吗？
你了解项目的市场并有了进入和拓展市场的方案吗？
你和你的创业团队有能力做好这个项目吗？
项目的投资与投资回报是你和投资者期望的吗？
有哪些风险存在？

三是对创业企业员工的作用。创业计划书在创业早期起到类似"灯塔"的作用。它不仅是大学生创业者描绘的未来蓝图，也是企业今后的奋斗目标，也可以说是拟创企业的共同愿景。对于任何企业来说，无论它的未来多么美好，目标多么诱人，最终都要通过企业全体成员的共同努力来实现。由此可见，良好的创业计划书可以增强企业的凝聚力和向心力，使企业员工充分理解并认同拟创企业的共同愿景，有信心并且努力为之奋斗，只有这样创业者描绘的目标才能实现。

第二节　大学生创业计划书的内容

一、大学生创业计划书的规范

创业计划书,可以是针对投资者的,可以是针对银行的;可以是针对合作伙伴的,也可以是针对自己的。它将创业者的创业思路通过文字的形式记录下来。针对不同对象,创业计划书的侧重点有所不同,不过创业计划书一般会有自己的规范,通常被称之为6C规范,具体包括以下内容:

(1) 概念(concept):就是让潜在阅读者知道你卖的产品或服务是什么。

(2) 顾客(customers):顾客的范围要很明确,比如说你认为顾客是青年男性,那具体多大年龄的男性是你的客户呢?

(3) 竞争者(competitors):该产品或服务是否有企业正在销售?竞争者是否强大?

(4) 能力(capabilities):要卖的东西自己懂不懂,比如说酒吧,如果调酒师突然离职,酒吧是否还可以经营下去?

(5) 资本(capital):资本有可能是现金,也有可能是无形或有形资产。要很清楚资本在哪里、有多少,自己有多少资金,需要借贷多少资金。

(6) 持续经营(continuation):如果你的拟创企业发展得很顺利,那么未来的规划是什么?拟创企业如何使自身持续经营下去?

创业计划书共分为三个部分。首先是形式部分,这个部分包括创业计划书的封面、目录和附录,是创业计划书的外部包装;其次是核心内容部分,这个部分是创业计划书的主要内容;最后是补充部分,包括营业执照、专利证明等。

二、大学生创业计划书的形式

1. 封面

封面应该包括创业项目的公司名称、项目负责人、创业者来自哪个学校以及联系方式等,并且应将这些信息置于封面醒目的位置。因为封面和创业计划可能会分离,最好是将这两者装订牢固,以免封面脱落,造成无法寻找联系人的情况。如果计划书是给投资商的,最好将常用固定电话也写上。封面底部可以放置警示性的事项,包括要求保密等。最下方是日期。如果公司已经有注册商标,那么应该把它放在靠近封面顶部中间或者顶端的位置。

如果封面有放置警示保密的事项,则需要设计扉页,即保密承诺。在保密承诺中,要注明创业计划属于商业机密,所有权属于某公司,未经同意,其他任何人不得将计划书予以复印、泄露给第三方。创业计划书的封面见图6-1:

2. 目录

由于创业计划书的页数比较多,为了方便读者查阅和查找,也为了读者能够很清晰地了解创业计划书的大概内容,应该在基本内容之前设置目录。目录可以帮助阅读者浏览创业计划,并最终得出是否应该为这个创业项目提供资金的结论。目录是读者比较早接

```
┌─────────────────────────────────────┐
│                                     │
│             商  标                  │
│                                     │
│  [公司名称] ×××公司创业计划书        │
│                                     │
│                                     │
│         [创业者]_____      │
│         [学校名称]_____      │
│         [电子邮件]_____      │
│         [电话号码]_____      │
│         [通信地址]_____      │
│         [邮政编码]_____      │
│                                     │
│                                     │
│      （机密文件，未经许可，严禁复印）│
│                                     │
│              年   月   日           │
│                                     │
└─────────────────────────────────────┘
```

图 6-1　创业计划书的封面

触的地方，如果目录做得模糊不清、丢三落四，那么会给人不认真的感觉，最终的结果可能会失去潜在投资者。创业的主要部分都应列入目录，并标出所在页码。创业计划书的目录见图 6-2。

3. 附录

附录包括与创业计划书相关但不宜放在主干内容里的部分，比如说企业的营业执照、专利证明、企业的组织架构图、创业成员简历等。通常来说，附录对于提高创业计划书的质量有着重要的作用，对于创业者获取外部资源的支持有着特殊的意义。

一般来讲，附录的内容可以分为附件、附表和附图。一份创业计划书没有必要包括所有内容，只要从中选取一些对自己的创业计划书具有作证价值的材料即可。附件包括营业执照复印件、企业组织架构图、主要创业人员简历、公司章程、专利证明、注册商标、产品说明书等相关的材料。附表包括主要产品成分、主要设备清单、市场调查分析表、资产负债预测表、利润预测表和现金流量预测表等。附图包括产品市场预测图、产品销售预测图、公司选址图等。

三、大学生创业计划书的内容

虽然创业计划书的内容侧重点会有所不同，但是主要内容是相同的，我们就按照目录

目录

第一章 执行总结
第二章 公司概况
1. 公司简介 ·· 3
2. 公司战略 ·· 4
3. 专利技术 ·· 6
第三章 市场分析
1. 市场特征 ·· 8
2. 市场细分 ·· 8
3. 目标市场 ·· 9
4. 销售渠道分析 ·· 10
5. 目标销售量 ·· 11
6. 竞争分析 ·· 11
第四章 产品和服务
1. 产品的品种规划 ··· 12
2. 服务与支持 ·· 13
第五章 市场营销
1. 营销策略 ·· 13
2. 产品策略 ·· 14
3. 营销渠道 ·· 16
4. 营销管理 ·· 17
5. 定价策略 ·· 17
6. 销售计划 ·· 18
第六章 财务计划
1. 固定资产 ·· 21
2. 流动资金 ·· 22
3. 损益报表 ·· 22
4. 现金流量表 ·· 23
5. 投资现金流量 ·· 23
6. 资产负债表 ·· 24
7. 投资回报分析 ·· 26
8. 资金需求 ·· 26
第七章 创业团队
1. 管理团队 ·· 29
2. 组织结构 ·· 30
3. 领导及其控制方式 ··· 32
4. 人力资源管理及发展方案 ··· 35
5. 组织、协作和对外关系 ··· 38
第八章 风险控制
1. 外部风险 ·· 38
2. 内部风险 ·· 39
3. 解决方案 ·· 39
第九章 附录
1. 相关图表 ·· 43
2. 专业术语 ·· 45
3. 公司Logo ··· 46

图 6-2 创业计划书的目录

上的逐一进行介绍。

1. 执行总结

执行总结是整个创业计划的高度概括，涵盖整个计划各个部分的要点。潜在投资人首先看的就是这部分，它就如同论文的摘要，如果执行总结部分不具有足够的说服力、吸引力，投资人就有可能放弃该计划书。因此，执行总结部分非常的重要，其往往是在完成其他部分之后才会撰写，以便形成准确、精炼的概述。执行总结部分一般在两页左右，以便阅读者能够快速、准确的掌握创业计划的精髓。这短短的两页承载着吸引投资者兴趣的重担。执行总结部分一般应该具有以下几个方面：

(1) 拟创企业的概况：必须说明拟创企业的主营业务；产品或服务有什么独特的地方；有什么专有技术等。

(2) 市场机会：描述市场特点，寻找市场机会以及进入市场的战略；概括市场条件、行业趋势、竞争者的优劣势、进入市场后的预计等。

(3) 目标市场和预测：阐释主要客户群、目标市场特点、产品或服务定位，包括市场结构、细分市场容量、预计市场占有情况、销售额以及定价策略等。

(4) 竞争优势：主要描述产品或服务的竞争优势。

(5) 管理团队：创业带头人和主要人员的学习经历、工作经历、主要职务以及责任等。

(6) 盈利能力：主要包括需要资金量、成本回收时间、投资回报率以及财务预测等。

2. 公司概况

公司概况是对创业者拟创企业的总体情况介绍，主要是明确阐述创业背景和发展的立足点，包括企业定位、企业战略以及企业制胜因素等内容。这一部分的主要内容包括企业设立的充要条件、企业的目标和发展战略、企业的股权结构以及公司的专利技术等方面。具体有以下内容：

(1) 企业设立的充要条件。创业者最好从描述创业机会入手，着重讲述为什么要设立一个企业以及设立企业最合适的时间、地点等；然后阐述拟采用的企业状态以及为什么要采用这种形态等；最后是竞争优势分析和商业模式概述。总之，这个部分应该简要说明企业设立的必要性和适当性。

(2) 企业的目标和发展战略。创业者应该进一步说明自己企业的背景和现状，清晰明白地托出企业的全盘战略目标，提出最终盈利目的，使投资人能充分理解并信任其所投资的创业企业。

(3) 企业的股权结构。本部分应首先介绍新创企业的股权结构，介绍原始创业者的持股情况，包括描述管理团队成员之间的关系。对新创企业来说，最常见的问题就是没有明确界定权责关系，当两个或多个创业者地位相当时更容易产生这种问题。为了表明创业者已解决这个问题，计划书中需要加上组织架构图，同时配以文字来说明结构图中的重要关系。如果获取融资，那么投资者的股权分配方式也要进行介绍。

(4) 公司的专利技术。本部分是对公司专利技术总体状况的介绍，创业者需要说明专利的来源、类型、使用说明、注意事项等。

3. 用 SWOT 分析或五力模型进行市场分析

大学生创业者还要对企业内部的优势、劣势以及外部环境的机会和威胁进行分析。

外部的分析主要是市场的分析,拟创企业的外部环境分析可以从宏观、中观和微观三个层次来进行分析。

首先是宏观层面的分析。大学生创业者可以运用PEST法对创业想法所涉及的政策与法律环境、经济环境、社会文化环境以及技术环境做出周密的分析,从宏观上辨别机会是否存在。宏观环境又称一般环境,是指影响一切行业和企业的各种宏观环境。对宏观环境因素作出分析,不同行业和企业根据自身特点和经营需要,分析的具体内容会有差异,但一般都会对政治、经济、社会和技术这四大类影响企业的主要外部环境因素进行分析。

其次是中观层面的分析。大学生创业者在该项应该说明试图进入的行业的发展趋势及其重要特征,如行业的规模、吸引力和盈利潜力。行业分析不仅要考虑行业结构、市场的大小、成长趋势和竞争者,还要考虑新产品、新的市场和顾客、新进入者和退出者以及其他对企业产生正面或负面影响的经济趋势和因素。阅读行业分析之后,投资者应该能够较为准确地把握新创企业参与竞争的行业前景,识别创业者试图进入的目标市场以及如何保护其定位。在进行中观层面的分析时,常用的工具就是五力模型。

最后是微观层面的分析,也就是企业层面的分析。大学生创业者应该对竞争者的情况以及自身优劣势清楚认识并明确战略部署。竞争分析有利于创业者迅速摸清拟创企业的产品或服务,较其竞争对手的产品或服务的主要优势和独特品质。在进行微观层面的分析时,常用的工具就是SWOT分析。

在进行宏观、中观和微观的分析以后,创业者还要进行销售渠道分析和销售目标的制定。创业者需要制订一个销售目标,然后选择销售途径,并且采取合适的促销方式达到这种销售目标。

上面提到了五力模型和SWOT分析,这是进行行业和企业竞争力分析的常用工具,下面我们简要介绍一下这两个模型。

(1)五力模型分析。波特五力模型(Michael Porter's Five Forces Mode)是由哈佛商学院的迈克尔·波特(Michael Porter)教授于20世纪80年代提出的关于进行行业竞争特征分析的一个框架。所谓五力模型,实际上就是行业的五个方面,它包括:新进入者的威胁、替代品的威胁、供方砍价能力、买方砍价能力以及现有竞争对手(见图6-3)。

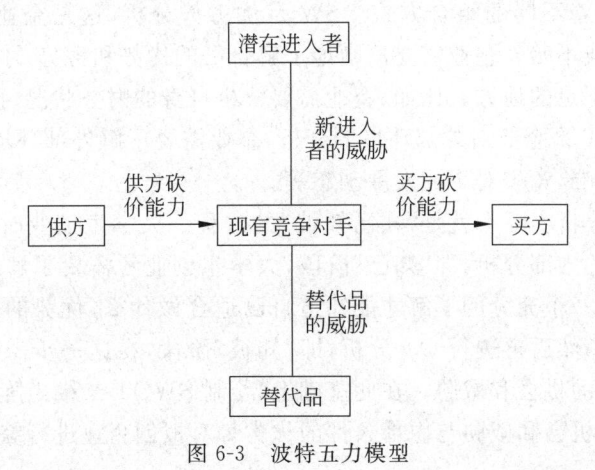

图6-3 波特五力模型

① 供方砍价能力。供应商的讨价还价能力表现为其对价格的谈判能力，也就是对价格的提高能力，以及对供货量、供货时间的主导能力。这里的讨价还价能力受到诸多因素的影响，主要有以下几种：供应商的规模、供应商的数量、所在行业的集中程度、供应商的资产专有性等因素。这些因素影响了供应商的谈判能力。

② 买方砍价能力。与供应商一样，购买者的讨价还价能力表现为其对价格的谈判能力，也就是强行压低购买价格的能力，以及对购买量、交货时间的主导能力。购买者的讨价还价能力也受到很多因素的影响，综合来看主要有以下几种：生产者的规模、生产者的数量、购买者的需求弹性、购买者的数量等因素。这些因素影响了购买者的谈判能力。

③ 新进入者的威胁。新进入者是否采取进入一个行业的战略主要取决于这个行业内已有企业是否造成进入壁垒和对进入者的报复程度。进入壁垒（barriers to entry）是指潜在进入企业和新企业所遇到的产业内有企业形成的进入障碍。它会受到多方面因素的影响，比如说产业的规模经济、客户忠诚度、投入资本量及沉没成本、产品差别、政策法律、既有企业的战略性阻止行为等。

④ 替代品的威胁。当行业中存在替代品时会给企业造成威胁，首先是因为这增强了购买者的议价能力，因为他们多了一项选择。决定替代品威胁大小的主要因素有以下几种：替代品的替代能力、购买者从原产品向替代品的转换成本大小等。

⑤ 现有竞争对手。现存竞争者是企业的直接威胁，他是企业市场份额的直接掠夺者，对企业的竞争影响很大。他受到竞争者数量、竞争者规模、市场容量等因素的影响。

波特的五力模型是经典的进行战略制订的分析工具。它从企业面临的五个竞争威胁做出系统性分析。大学生创业者要利用好五力模型进行微观层面的分析，拟创企业的购买者和供应商是谁，他们的讨价还价能力如何，行业内的现有竞争如何，拟创企业的建立对现有竞争的影响。

(2) SWOT 分析工具。SWOT 分析是进行内外部分析的一种比较常用的分析方法。SWOT 是代表四个字母：S 代表 strength，是指企业内部优势，如企业的人力资源丰富等；W 代表 weak，是指企业的内部的劣势，如企业的内部管理不规范等；O 代表 opportunity，是指企业所面临的外部机会，如电商企业面临着网购的浪潮；T 代表 threat，是指企业所面临的外部威胁，如零售百货企业面临着电商的威胁。

这四个方面有着不同的组合方式。SW 是优劣势分析，这是企业内部的资源分析。所谓知己知彼、百战不殆。企业需要清晰地了解自己的优势和劣势，才能知道自己有哪些优势资源，有哪些不足的地方。比如，企业需要分析自身的财务状况、技术能力状况，以便进行战略分析。OT 是企业对外部环境的分析，企业需要了解外部环境对自己的影响，比如政策对行业的影响，竞争对手的发展动态等。

进行 SWOT 分析实际上就是"知己知彼"的过程。大学生创业时首先要先进行 SW 分析，对拟创企业的内部分析，即"知己"阶段，大学生创业者需要了解拟创企业自身的优势、劣势，对自身有一个充分的了解才能知道自己适合做什么，优势的地方在哪里以及劣势的地方如何解决；然后再进行 OT 分析，即"知彼"阶段，在这一步需要找出拟创企业所面临的外部环境中的机会和威胁。在此基础上，绘制 SWOT 二维矩阵。最后大学生创业者根据外部环境的机会和威胁与内部条件的优劣势对拟创企业进行综合分析。

4. 产品或服务介绍

产品或服务是创业计划书的具体承载物，是投资者最终能否得到回报的关键因素。对产品或服务的详细介绍，尤其要注重产品或服务的新颖性、先进性和独特性，可以给出产品或产品原型的图示或数码图像。产品或服务的介绍应该包括以下几个内容：

（1）产品或服务的特点和优势。大学生创业者应在该项说明产品或服务的核心竞争力，自己产品或服务有哪些优缺点和特色，顾客为什么会选择本企业的产品或服务。大学生创业者应对其进行尽可能详细、清晰的描述，具体应突出产品或服务的特点、潜在竞争优势、是否适应现有消费水平以及对市场前景准确合理的判断等。

（2）产品或服务的市场前景预测。大学生创业者应在该项说明创业者的产品或服务预计能获得多大的市场，为什么企业的产品或服务能获得较大市场，为什么用户会大批量地购买企业的产品或服务。产品或服务要有商业价值，必须以市场为导向，而不能以纯技术为导向，因为有市场机会的创意才最有价值，才能够满足目标市场领域的要求。

（3）产品或服务的知识产权保护。大学生创业者应在该项说明创业者为自己的产品采取了何种保护措施，拥有哪些专利、许可证，或与已申请专利的厂家达成了哪些协议，如拥有的专利技术、版权、配方、品牌、销售网络、专营权以及特许经营权等。知识产权是塑造创业企业价值和竞争优势的基础，除高度机密信息外，应该列出企业拥有的所有重要专列、商标和版权；对那些高度机密的内容，企业可以对外宣称出于知识产权保护的考虑。这些措施对于大学生创业者来说，拥有的越多越好。

（4）产品或服务的研发情况。大学生创业者应在该项说明创业者的产品研发与开发目前正处于一种什么样的状态。创业者在技术开发方面已经产生的投入是多少，计划还要投入多少等。如果尚未开始实际研究和开发产品，则应说明企业或主要创业技术骨干的研究与开发成果及其技术先进性。

（5）产品的生产计划。大学生创业者应在该项说明对企业生产活动进行的统筹安排，这是企业生产活动有序进行的依据，是企业生产经营活动的重要组成部分。生产计划针对的是有关生产方式、生产设备和质量保障等方面的问题。

（6）产品的销售计划。大学生创业者应在该项说明对企业产品或服务进行营销活动的总计划。产品或服务的最终用途是卖给消费者，只有这样才能获得利润。创业者需要认真考虑产品或服务如何卖给消费者，如何获得市场认可、扩大市场占有率。

产品或服务是企业最核心的利润来源，大学生创业者需要对产品或服务做统筹规划，以产品或服务为中心，从各个方面设计企业运营模式，在创业计划书中进行清晰的阐释。

5. 营销计划

营销计划主要分为五个策略，包括营销策略、定价策略、销售渠道、促销策略以及销售预测。首先创业者应制订营销策略，该策略是总体策略，是描述分析拟创企业如何达到销售预期，需要详细说明产品或服务的竞争优势是什么。然后是定价策略，大学生创业者需要制定有竞争力的价格，当然这不是要将价格定得足够低，而是根据产品或服务的实际情况，实现总体利益最大化。大学生创业者还应该阐述其他的营销组合方面，包括销售渠道、促销策略。同时还需要分析拟创企业的销售渠道以及自身的产品或服务通过何种方式销售至消费者手中。之后是促销策略，即采用什么样的方式促进销售。它的主要问题是产品或服务如何打入目标市场;说明销售和分销产品的方法;如何建立销售队伍;如何选择合适的销售人员;采用什么方法吸引顾客的注意力;创业计划书中还需要对销售人员的激励方式作出说明。最后作出销售预测,创业者要以定量的研究方法,运用时间序列等技术预测未来所能达到的销售量、市场份额的相关数据。

创业计划书的制订,就是让投资者、创业者了解企业进入目标市场的总体营销战略,了解企业的价格策略、渠道策略和促销策略。这是此部分的主要目的。

6. 财务计划

财务是创业人员和项目投资者最为注重的方面。在该部分大学生创业者需要制订财务目标,详细规划未来3~5年的资金需求、资金来源和资金的使用。要根据创业计划、市场计划的各项分析和预测,在全面评估市场信息和公司财务环境的情况下,提供公司今后三年的预计资产负债表、利润表和现金流量表。当然,创业者还要进行盈亏平衡分析,结合前面营销计划里讲的定价策略,详细说明各种可能的支出和收入,只有进行全方面的分析,才能真正做到运筹帷幄。创业者要详细说明预测的依据、预测的前提以及使用的预测方法,要做到预测有根有据,而不是没有科学基础的主观臆断,以增加预测的可信度。财务计划主要是进行经营成本核算、财务报表和盈亏平衡分析,下面我们来做具体分析。

(1) 经营成本核算。为了达到预定目标,拟创企业维持运营需要的支出,包括固定成本和可变成本。固定成本包括购置机器设备和厂房的费用、租金、折旧等。可变成本包括广告费、销售成本、原材料费用以及日常运营费用等。

(2) 四大财务报表。资产负债预估表是反映未来某个特定时间点上企业的资产、负债和所有者权益的概况性报表。为了使数据合理,资产负债预估表的编制要与利润表和现金流量表相一致。现金流量预估表是用来预测未来特定时段企业现金状况的变化,并详述这种变化为何出现的财务报表。现金流量预估表不是对企业盈利能力的预测,而是对短时间内企业的收入能否大于支出的预估。制定现金流量预估表的目的是说服银行或投资机构,证明其有能力偿还资金,也使自己对创业更加明确。利润预估表是反映未来某个时间段经营效果的财务报表,可以反映收入和支出情况,同时反映企业是否盈利。所有者权益变动表反映公司从本期初至期末所有者权益的变动情况,通过所有者权益变动表,既可以为报表使用者提供所有者权益总量增减变动的信息,也能为其提供所有者权益增减变动的结构性信息,特别是能够让报表使用者理解所有者权益增减变动的根源。

(3) 盈亏平衡分析。明确需要多少单位产品的售出,或者要多大销售规模才能达到盈亏平衡。

7. 创业团队

这一部分内容主要分为两个方面,即组织架构和管理团队。

组织架构就是拟创企业的骨架。大学生创业者需要决定拟创企业采用的管理结构是怎么样的,是采用扁平化组织还是矩阵型组织,并且指明每个管理岗位的职责是什么。如果公司规模足够大,必须附有组织图。

管理团队也是拟创企业管理能力的体现,大学生创业能否成功在很大程度上取决于创业团队的能力。因此,创业计划书里应该对创业企业的核心管理者以及其他成员进行介绍:①核心管理者,要介绍他们的职务、工作和学习经历、受教育程度和主要能力等。

②核心管理人员之间的关系,要介绍他们是否有血缘或非血缘关系等;其次就是介绍其他管理人员,包括他们的教育情况、具体分工情况、个人能力等。团队的结构应该科学合理,应拥有技术、管理、财务、法律以及营销等方面的人才或各有专长的组织成员,并且还需充分考虑内部成员能力互补的问题。③整个拟创企业的人事问题。大学生创业者即使在初期也要考虑到未来3~5年的人事需求,并且具体考虑未来需要哪些人才,如何做好储备工作。该项还应说明拟创企业的人事制度,在未来各机构的人员配备情况、如何实施人员激励等问题。④所有权与报酬问题,即关键成员投资股权的数额,打算进行的各种凭业绩分配的股票期权、奖金计划。在该部分,最后一个要素是专业服务,指出所选择的法律、会计、广告公司以及它们所可以提供的支持和服务。

8. 生产与运营计划

如果拟创企业是制造型企业,创业者还必须制订生产与运营计划。

大学生创业者应该在创业计划书里明确通过什么方式提供产品或服务,需要什么样的能力保证产品或服务的优良品质。产品或服务是拟创企业的核心内容,也是拟创企业的主要利润来源。所以,企业若想赢得市场,就必须与众不同,也就是应该具有企业的核心竞争力。企业的核心竞争力首先应该是保证产品或服务的质量以及独特性,保证不被轻易模仿。然后是制订详细的生产与运营计划,主要包括以下几个问题。

(1) 工厂地理位置和条件:地理位置的优劣;劳动力的可供应性;与目标市场的距离;运输的便利程度;设备、场地是租还是买。

(2) 原材料供应:制定详细地生产计划以及物料流动需求计划;必要时画出流程图。

(3) 质量控制:产品或服务的质量如何控制。

(4) 其他问题:库存问题、许可证审批等。

9. 融资计划

创业者十分关心融资计划,尤其是刚刚起步的大学生创业者,他们没有足够的资金运作拟创企业,融资是他们获取资金的重要手段,而创业计划书是融资的重要工具。因此,创业者应该在创业计划书中对融资计划作出重要说明,需要具体说明对资本的具体需求和安排,列出资金结构和数量,并在全面估价后,提出最具吸引力的融资方案。此外,还要说明融资款项的运用、营运资金周转等具体的资金使用规划,目的是使创业投资者能够给予足够的投资。

10. 风险控制

收益总是伴随着风险,如果没能做好风险控制,或许细微的风险就可能使整个创业计划付诸一炬。大学生创业者要非常谨慎,根据自身的实际情况和面临的生存环境来描述关键风险,当然也不能忽略细小的风险。这里的风险包括很多方面,如外部的市场变动、竞争对手的报复等方面,以及内部的管理团队瓦解、生产能力不足等方面,还包括营销、财务等方面,这些方面都有可能导致创业失败。对风险进行评估是计划书中不可或缺的一部分。找出拟创企业可能存在的问题,预计可能导致企业不良运转的情况,并对这些情况深入研究,并给出应急预案。

第三节　大学生创业计划书的制作

一、创业计划书的制定步骤

创业计划书的制定需要耗费巨大的精力,对于即将要进入或者刚刚进入社会的大学生来讲,他们缺少工作经验,想要制定一份好的创业计划书显然不是一件容易的事,这就需要科学的指导。但是既然准备创业,就得做好克服各种困难的思想准备,首先就是从写一份好的创业计划书开始。做任何事情都需要一个完整的顺序和步骤,精心制作、不要急于求成,才能创造出好的东西。创业计划书的制订也需要这样一个过程。

1. 商业构想

大学生头脑灵活、点子多,脑袋里会有很多稀奇古怪的想法,而这些五花八门的想法很有可能就成为重要的商机。大学生创业之初就是在创意的万花筒中寻找一个可实现、有前途的构想。

2. 把构想细化

在上一步中获得了初步的构想,但是只有构想是不够的,创业团队需要集中思考、讨论、头脑风暴之后对创业思想作出系统规划,明确指出产品或服务、目标客户、融资计划以及盈利模式等。到这里,创业思想就基本形成了。

3. 市场调研,获取信息

由大学生组成的创业团队大多没有社会经验,想法容易脱离实际情况,犹如天方夜谭。所以,大学生创业者们要进行实地调研,对所处的行业、环境和政策背景进行调查,同时也需要就市场展开研究,分析消费者人群的特点,寻找目标市场,进行可行性分析,为下一步编写创业计划书提供数据积累。这个过程是非常必要的。

4. 编写创业计划书

根据创业者的构想以及实际调查的数据制订明确的目标,拟定实施战略的具体措施。对产品或服务、市场分析、管理能力、营销、财务等部分的内容进行详细、准确地分析和阐述。

5. 创业计划书的后期制作

在完成创业计划书的编写之后,还要对其进行包装。良好的包装会使创业计划书易于保存和使用,也将给投资者留下良好的印象。首先是装订和封面,最好用活页夹把它夹起来,这样便于使用,然后要有一个精美的封面,这样看起来会让潜在投资人有个好心情。第二个是外观,大学生创业者要尽量使创业计划书的外观整洁、精美。如果外观做不好,会留下不好的第一印象,但是如果外部过于精美,会使投资者觉得过于浮夸,甚至怀疑创业者使用资金的合理性,所以大学生创业者一定要注意这些方面。第三个是目录,大学生创业者一定要给创业计划书加目录,并且目录要足够详细,方便潜在投资人查阅。最后一个是对计划书的文本编码,大学生创业者一定要保护好自己的创业计划,若是申请投资被拒绝,一定要将创业计划书取回;或者确认未来不能取回的,递交时要与阅读者签订保密协议,这是对自己创业思想的保护。

创业计划书需要经过多次地修改才能完成。有些时候,大学生创业者并不能发现其中的问题,他们可以请求相关的老师提供咨询意见,他们可以咨询一些融资顾问,就创业计划书进行讨论,因为融资顾问更容易发现创业计划书中的不足。当然,国家政策、法律环境是不断变换的,这可能会引起包括市场和顾客消费导向、生产计划以及财务预测等方面的变化,创业者需要不断调整分析,修改计划书,使之更加有效。

二、创业计划书的写作技巧

前面我们也已经提到,创业计划书主要有两个方面的作用,一个是创业者整理思路,另一个是吸引投资、获得资本。对于大学生创业者来说,后者尤为重要,他们面临的最重要的就是资金问题。然而,一个投资公司每月都会收到数以百计、甚至是上千份的创业计划书,每个投资者都要阅读众多的创业计划书,而其中仅有几份能够引起他们的兴趣,更多的会被无情丢掉。所以,大学生若想让他们的创业计划书顺利晋级到下一轮,就必须做好周密的准备。

1. 第一印象很重要

创业计划书要给投资者一个好的第一印象,关键在于开头。整个创业计划书要有一个精彩的概要,每个章节都要有一个精彩的开头。对于整个创业计划书,最重要的是摘要部分;具体到每一章,最重要的是每一章开头的引言,要用简洁的语言,概括出整章的核心思想。

2. 引起投资者的兴趣

写一份创业计划书就像写一篇作文,要有吸引人的地方。撰写创业计划书最重要的目的是吸引投资者对创业项目的兴趣,说服投资者,让他们来投资自己的项目。因此,在撰写时必须事先搞清楚投资者对什么感兴趣,又对什么不感兴趣。另外,在寻找投资者之前一定要进行市场调查,还要清楚地了解投资者的情况,有针对性地做好准备。

3. 注重投资者感兴趣的方面

对于投资者,他们对拟创企业的利润大小、风险程度以及成本回收时间等最感兴趣。有收益就有风险,一般情况下,投资回报与风险成正比,但是在大量的可选择的项目中,大多数投资者首先会把注意力集中在那些风险相对较小、回报相对较大的项目。不同的投资者会有不同的侧重点,这取决于投资者的风险偏好程度。有些投资者偏好风险小的项目,而有些投资者则偏好投资收益大的项目。但是总的来说,创业者就是要告诉投资者在多长时间内以多大的概率获得多少回报。所以任何一个有经验的投资者一般都会对创业计划书的以下内容感兴趣:

(1) 产品或服务的市场前景。投资者首先感兴趣的是拟创企业所制造的产品或服务是否能够进入市场、占领市场。即使产品或服务质量很好,但是如果不能被市场接受,也是不会产生经济效益的。所以大学生创业者一定要在创业计划书中提供足够的证据来证明市场对其产品或服务的需求情况,包括对消费者心理的分析、产品的市场调查等。

(2) 拟创项目的利润率。并不是占据了市场就能获得高的利润,如果拟创企业的产品或服务能够被市场所接受,但是这需要的投入巨大,也就是说投资收益率很低,投资者也是很难接受这样的项目的。所以,大学生创业者在制定创业计划书时,需要考虑到这个方面。

(3) 投资回报时间。大多数投资者都希望他们的投资能在 3~7 年的时间收回,即他们所持的企业股份能在 3~7 年兑现。投资者要求知道他们的投资在什么时间、以什么样的方式可以得到偿付。例如,企业是公开上市还是出售,或者企业从他们手中把股份收购回去等,他们需要企业在创业计划书中对他们有一个明确的交代。他们还要知道投资回报率与风险的关系。更重要的是,他们还要知道在你提供的投资回报率中是否考虑了通货膨胀的因素。一般来说,投资者希望在把通货膨胀因素考虑进去的情况下,年回报率应该在 35%~60% 之间。

(4) 拟创企业的优势。大学生创业者应该告诉投资者关于拟创企业的优势是什么,以及如何把资源集中到这些优势上使其转化为企业的核心竞争力。如果大学生创业者不能在创业计划书中突出自己的优势或者优势太少,这样会让投资者产生怀疑,他们会怀疑企业的管理能力和经营方式是否能使企业获得利益。如果没有独特的产品或服务,投资者一定会怀疑拟创企业是否能在市场中站得住脚。如果提到的优势太多,他们会觉得资源过于分散,反而不容易做好事情。因此,创业者应该将精力集中在几部分内容上,不要太多也不能太少。

(5) 拟创企业的优势持续能力。如果新创企业的优势很容易被模仿,那么这种优势是不能持续的。因此,大学生创业者不但要告诉投资者拟创企业的优势,还必须告诉投资者如何维持自己的优势,例如专利、商标保护以及版权等。如果企业没有自己独特的技术,或者虽有某些技术,但是得不到可靠的保护,投资者可能就会对拟创企业的盈利能力产生怀疑。

(6) 拟创企业管理团队的能力。人是最重要的资源,是决定事情成败的最重要的因素。创业团队在很大程度上决定了创业的成功率,所以投资者会对创业者感兴趣。而大学生创业者没有工作经验,未经受过创业失败,对工作中遇到的各种情况也没有处理经验,但是他们充满活力、思维活跃,如何向投资者展现他们优势的地方,是大学生创业者需要认真考虑的。

这六个方面决定了新创企业能否成功、能否赢得足够的利益,因此投资者比较关注这些方面。大学生创业者也要注重这些方面,一是可以将创业计划书做好;二是自己可以更清楚地了解创业情况。当然,大学生创业者要实事求是,注重计划书的客观性,不能因为投资者对这些方面感兴趣就夸夸其谈。

4. 避免投资者不感兴趣的方面

投资者除了对上述方面感兴趣以外,其他大多是他们不感兴趣的。对于投资者不重视的地方,大学生创业者应该引起注意,尽量回避。凡事过犹不及,合理地对各项进行说明,不应过分夸大。下面我们介绍几个投资者不感兴趣的地方。

(1) 创业者过于强调其产品或服务。很多大学生创业者对社会认识不清,往往比较乐观,过高期望和评价自己的产品或服务而忽略了市场,导致对自己的产品或服务夸夸其谈,对所学的理论纸上谈兵。从投资者的角度,他们认为这些不谙世事的大学生不够成熟,没能够对创业问题认识清楚,对未来的预期不是建立在科学分析的基础上,而是建立在了自己的主观愿望上和未来可能的顾客上,这是投资者最为反感的,而又是大学生创业者很容易犯的错误。

(2) 盈利率不符合公认预期。不同的行业利润率有所不同,但是都会有一个公认的情况,比如说餐饮业的毛利一般在35%～50%,而创业计划书中的毛利却为60%,或者低于30%,这都会引起投资者的疑惑。盈利率过低不会引起投资者的兴趣,盈利率过高会使投资者对数据产生怀疑。

(3) 拟创企业的发展过于乐观,考虑不足。大学生经历的创业失败很少,容易对企业的发展前景过于乐观。他们往往过于乐观地估计产品或服务的未来,对市场情况和拟创企业的发展估计过高。虽然不同的投资者风险偏好不同,但是多数投资者往往倾向于风险规避,他们不太乐于投资成长速度过快或估计过高的企业,而实际上多数对自己估计过高的企业都缺少实际的市场调查研究,投资者不会对这样的计划书感兴趣。

(4) 市场过窄。如果拟创企业的产品或服务的顾客群过小,市场宽度过窄,会使产品的发展前景不容乐观,可能不会引起投资者的投资欲望。目标市场过小、市场提高空间不大、成本回收预期太久,投资者不会对这样的项目感兴趣。

下面是周鸿祎对创业计划书的解读:

周鸿祎曾为360公司董事长,知名天使投资人。他曾说:"我对三类计划书是最反感的。"

第一,没有强有力团体的计划书。没有创意的事情我们也可以投,但是你要做的事情是有很多人在干类似的事情时,我们主要看团体。这个时候我们对团体的要求会非常高,你最好可以证明你在哪个公司做过,做过什么事情,有什么成功的纪录,你的团体如何的有执行力。这个是最有说服力的。我相信今天你要创业的话,竞争对手在中国没有50家也有30家。大家的模式都是模仿,还有很多的小公司在进来。我觉得最后谁可以取胜,决定于团体的执行力。如果你不是非常有经验,自己也没有非常强壮的团体,这样的计划肯定不会被录用。

第二,只有创意,没有实际经验、没有细节的计划书。我们有很多年轻的创业者有非常大的一个误解,他们认为有一个创意,加上了钱一定可以成功,我认为这个是天大的误会。因为我觉得每个人都有创意,每个人都有灵感。但是如果只有创意,再加上了钱就可以成功,那么我觉得这个世界上都是成功者了。我们很多的成功者成功了以后,就神话自己,把自己成功的故事说得非常地悬。或者说自己很容易想到一个主意,这个主意一夜之间就成功了。我觉得这个是对自己公司的美化,对自己个人的神话。我认为对年轻的创业者来说,这样的文章是不利的。如果你们真正的近距离了解过中国互联网成功的故事,他们每个人都经历了九死一生,经过了很多的磨难才挺过来。所以我认为如果自己没有经验,仅仅是一个创意,你最缺少的不是钱。我收到了很多大学毕业生的创意书,他没有带过团体,没有工作经验,你给钱让他创业,这个是不可能成功的。而且越是没有花过钱的人,你给他很多的钱,他只会在全中国四处打广告,这样是不行的。银行和中央电视台他们都有钱,但是他们是否可以把中国互联网的问题解决?答案肯定不是这样。商业计划书如果仅仅是一个简单的创意,没有实践的经验,没有一个团队,没有深入的细节,就不要寄给我。你先把这些细节想好了以后,再找我要钱,这个时候我们可能有很多的讨论和挑战。

第三,超过10页的计划书。有很多的团队也不错,他们有一定的经验和创意,他们也进行了一定的实验,但是他们的商业计划书和我当年的差不多。他们的商业计划书写的非常多,说的非常的美妙,但是我看了以后不知道他要做什么,所以这样的计划书也不行。因为做投资的人有一定的经验,我们的判断是只要告诉我你在做什么,你的产品提供了什么价值给什么样的用户,用户为什么要用你的东西以及你的东西怎样面对竞争。如果有同行竞争,你和他们相比如何?你对未来市场竞争的办法?只要做一个10页的计划就可以了,至少我和很多的投资人都愿意看这样的计划书。我们会非常清楚这样的产品是做什么的,如果他好,我想投资人会做一个判断,比你自己讲这个东西多么地好强得多。我问过全球最大的一个VC公司,他们投资了雅虎,也投资了很多著名的公司。他们的观点是一个公司不怕小,你做的事情非常的简单,只要你能为客户创造价值,客户会喜欢用你的东西,并且可以说服VC可能有更多的人会用这个产品。这个事哪怕是非常的小,你可以证明你能做全球最好,或者是中国最好,这个公司就有价值。我们会考虑投资这样的公司。我希望大家在这个方面构思自己商业模式的时候,不是把计划书写得多么地宏大,或者是这个事情多么地重要,你们就踏实地告诉我们,如果我是你的客户,你会为我们带来什么样的价值。当然了,有人会问,10页的篇幅不够写、说不清怎么办。我可以告诉你,如果10页的计划书可以引起我们的兴趣,我们会和你联系,这个时候你可以有机会,我可能会给你3个小时的时间进行讨论。但是很多人巴不得一下子把所有的东西发给我们,所以我们会把这个去掉。所以希望大家写的时候可以用最简洁的方式描述。希望在今天大会当中,在三年以后,新的互联网的英雄们可以在这里讲话。

　　我给创业者的建议:①概念不重要,讲概念并试图用一套逻辑来分析用户是不行的;②商业模式不重要,永远要先关注产品对用户产生了什么价值,脱离产品谈商业模式是空谈;③布局不重要,号称在很多领域布了大局仍然失败了,就是因为没有找到用户的体验点。

三、创业计划书的口头陈述

　　创业计划书不仅只是书面材料,要用它来获得投资资金,投资者必须向投资人进行陈述。口头陈述是大学生创业者与投资人沟通的一个重要环节。因此,在与投资人会面之前,大学生创业者不仅要准备好书面形式的创业计划书,还应该做好陈述材料,并严格按照预定的陈述时间为限。大学生创业者要注意陈述流畅、简洁鲜明,切忌堆砌资料,将创业计划书的内容在规定时间内清晰、准确地向潜在投资人陈述,赢得他们认可,甚至投资,这是大学生创业者进行口头陈述的主要目的。

　　大学生创业者在进行陈述前要做好准备,最好准备PPT,可以提高效率,并且使创业计划书的主要内容看起来更加清晰。一般来说,口头陈述只需使用10~15张幻灯片即可,最好用半个小时左右的时间。口头陈述的关键点和陈述技巧如下:

　　(1) 拟创企业:用1张幻灯片迅速说明企业的概况和目标市场,在1~2分钟之内把总体情况说明清楚。

　　(2) 机会:这是陈述的重要内容之一,最好用2~3张幻灯片,用5~6分钟的时间解释拟创企业尚待解决的问题和未满足的需求。

　　(3) 解决方式:解释企业将如何解决问题或如何满足需求,这项内容需要2~3张幻灯片,用大约 5 分钟的时间说明拟创企业解决问题的能力。

(4) 管理团队优势:用 2~3 张幻灯片简要介绍每个管理者的能力,创业团队是重要的资源,用 5~6 分钟的时间介绍创业团队是必要的。

(5) 产业、目标市场和竞争者:用 2~3 张幻灯片简要介绍企业即将要进入的产业、目标市场及竞争者的情况,并介绍企业如何与目标市场中的现有企业竞争,用 5~6 分钟的时间把市场的总体环境说清楚。

(6) 财务:用 2~3 张幻灯片简要陈述拟创企业的盈利率、初创期需要的资本投入等。财务问题也是投资者比较关心的问题,用 5~6 分钟的时间将该问题阐释明白。

口头陈述还需要注意以下几个常见问题:

(1) 内容繁杂,幻灯片过多,重点不突出,走马观花似的陈述内容。

(2) 陈述前的准备不够充分。首先是内容的不充分,幻灯片做得不到位,抓不到重点;其次是设备的不充分,陈述前没有调试好设备,这给人的第一感觉是办事不牢靠,也会影响陈述的效果。

(3) 陈述的专业性太强。大学生创业者常犯这种错误,他们的产品可能涉及专业知识,但是投资者可能并没有这方面的知识,他们的夸夸其谈却可能适得其反,让人摸不着头脑。大学生创业者要尽可能地用通俗易懂的语言表达,站在投资者的角度,不要过多使用技术性用语。

(4) 口头陈述的首要原则是遵守安排。如果投资者给 45 分钟的时间,口头陈述最好控制在 30 分钟左右,留下 15 分钟时间给投资者提问。也就是说,口头陈述的时间最好占四分之三。

(5) 陈述者遗忘重要的材料内容。比如说投资者询问财务方面的某个数据来源时,大学生创业者却忘记了;又如投资者询问专利的申请时间,而创业者却忘记了具体时间,这给人留下的印象会非常不好。这些细节对于大学生创业者来说是经常忽略的方面,这应该引起相当的重视才行,因为不管其他方面做了多少工作,这些都会带来严重的负面影响。

四、编写创业计划书要注意的几个问题

许多大学生在制作创业计划书时,过于追求外观的华丽,精心排版,版面设计非常鲜艳,令人赏心悦目。但是在精美的格式设计背后却没有什么实质性的东西。如果创业项目不够好,思路不完善,发展前景也不明朗,那么再华丽的外衣也没用,这些问题在刚开始创业的大学生里是最常见的。因此我们认为,在编写创业计划书时应该注意以下几个问题:

1. 创业计划书的目的要明确

前面我们也提到,创业计划书主要有两个目的:一是对内的,是写给创业者看的,因为它对未来的创业活动做出计划和预期,以规范创业过程中的各种行为;二是对外的,主要是对投资者,用来引进创业所需的资金,这可能是最为主要的用途。所以大学生创业者在制定创业计划书时要尽量有所偏向,目标有所明确。因此,根据这两个方面的目的,应该注意以下几点要求:

(1) 清晰地展示创业者所做的市场调查和预期的市场容量,清晰地描述未来顾客的需求特征,令人信服地解释顾客为什么会购买拟创企业的产品或服务。

(2) 语言清晰、结构紧凑、逻辑严密、内容充实,向潜在投资者展示良好的商业机会。

(3) 大学生要将其作为实用的工具,帮助创业者整理思路,综合分析各种问题,以做出更好的前瞻性的决策。

2. 避免易犯的错误

很多大学生往往缺乏营销理论知识,更是缺乏相关的经验,他们往往过多地注重产品本身,而忽略了其他同样重要的市场策略等,这是不可取的。详细地说,大学生创业者在编写创业计划书时必须避免以下几个问题:

(1) 过分乐观:对产品或服务的前景预估过分乐观会令人产生不信任感。

(2) 数据没有说服力:市场调查数据来源可靠性不高,生产计划过于主观,财务预期没有事实根据,这会使创业项目存在很大的风险。

(3) 文字过分简单或冗长:创业计划书要做到外人能看得懂,文字过分简单会使叙述不够准确,过于冗长显得很烦琐,难以说准要点。要做到精炼、准确地传达创业者的想法。

(4) 写作要符合规范:创业计划书是一份很严肃的正式文件,大学生创业者应该予以高度重视,严格按照规范来写。

(5) 写作风格前后一致:一份创业计划书通常由几个人共同完成,应该形成统一的格式、风格,否则读起来会让人感觉不够专业。

3. 创业计划书应当简洁明了

创业计划书是面向内部人员或者投资者的,它不是学术论文,不需要生涩难懂,应该简洁明了,不能过于烦琐,大学生创业者必须明白这一点。一些大学生创业者认为他们用过于花哨的技术、精细的设计方案、完整的分析报告可以赢得投资者的青睐,这种想法是严重错误的。投资者追求的核心是利润,它们不仅看产品是否"好",还要看产品能不能占领市场,其他的固然重要,但不是最重要的。所以大学生创业者制定计划书时要注意言简意赅,表达简洁明了。

第四节 大学生创业计划书的评估

创业计划书的质量有好有坏,投资者有必要对其进行评估。但是由于所选的产品或服务不同,所进入的目标市场不同,创业环境的优劣也不同,创业人员的能力也存在很大的差异,所以对一份创业计划书进行评估是一件很难的事情。此外,决定创业能否成功不止创业计划书这一个因素,因此不能以创业能否成功来衡量创业计划书的好坏。投资者或者相关专业人员通常从以下几个方面来评判创业计划书:

1. 执行概要

首先看的是执行概要是否简明、扼要、具有鲜明的特色。重点包括对公司及产品(服务)的介绍、市场概况、营销策略、生产销售管理计划、财务预测;指出新思想的形成过程和企业发展目标的展望;介绍创业团队的特殊性和优势等。

2. 产品

如何满足关键用户需要；进入策略和市场开发策略；说明其专利权、著作权、政府批文、鉴定材料等；指出产品（服务）目前的技术水平是否处于领先地位，是否适应市场的需求，能否实现产业化。

3. 市场

市场容量与趋势、市场竞争情况、市场变化趋势及潜力，细分目标市场及客户描述，估计市场份额和销售额。市场调查和分析应当严密科学。

4. 竞争

包括公司的商业目的、市场定位、全盘策略及各阶段的目标等，同时要有对现有和潜在的竞争者的分析，替代品竞争、行业内原有竞争的分析。总结本公司的竞争优势并研究战胜对手的方案，并对主要竞争对手和市场驱动力进行分析。

5. 营销

阐述如何保持并提高市场占有率，把握企业的总体进度，对收入、盈亏平衡点、现金流量、市场份额、产品开发、主要合作伙伴和融资等重要事件有所安排，构建一条畅通合理的营销渠道和与之相适应的新颖而富有吸引力的促销方式。

6. 经营

原材料的供应情况；工业设备的运行安排；人力资源安排等。这部分要求以产品或服务为依据，以生产工艺为主线，力求描述准确、合理、可操作性强。

7. 组织

介绍管理团队中各成员有关的教育、工作背景、经验、能力和专长。组建营销、财务、行政、生产、技术团队。明确各成员的管理分工和互补情况，公司组织架构情况，领导层成员、创业顾问及主要投资人的持股情况。

8. 财务

包括营业费用和收入、现金流量、盈亏能力和持久性、固定和变动成本；数据应基于预计未来发展状况的估计，并能有效反映公司的财务绩效；预测估计的方法是否得当，数据是否失真等。

9. 总体评估

条例清晰，表达避免冗余，力求简洁、清晰、重点突出、条理分明，专业语言要运用适度，相关数据科学、翔实，计划书总体效果好。

根据这些评估内容，我们制定了一个创业计划书的标准供大家参考，见表6-1：

表6-1 创业计划书评分标准

内容总分：100分

评分项	一等（8～10分）	二等（5～7分）	三等（0～4分）	得分
项目概述分析（10分）	简明、扼要，能有效概括整个计划；具有鲜明的个性和吸引力；有明确的思路和目标；能突出自身特有的优势	能基本概括整个计划；具有一定吸引力；有明确的思路和目标；能突出自身特有的优势	能基本概括整个计划；思路和目标比较模糊；自身特有的优势不明显	

续表

内容总分：100分

评 分 项	一等(8~10分)	二等(5~7分)	三等(0~4分)	得分
项目创新性 (10分)	创意独特新颖,创新力度大	项目某些细节具有创意,有吸引力	项目创意不够新颖,没有创意	
盈利模式、经济及财务状况 (10分)	盈利模式可行,列出关键财务因素、财务指标和主要财务报表;财务计划及相关指标合理、准确	盈利模式基本可行,基本列出了财务因素、财务指标和主要财务报表	盈利模式不可行,没有列出关键财务因素、财务指标和主要财务报表	
融资方案和回报 (10分)	需求合理,估计全面;融资方案具有吸引力	融资方案某些细节具有吸引力;明确回报率,大致明确回报周期	对投资回报率及投资回报周期有一定认识	
经营管理和运作方案 (10分)	开发状态和目标规划合理;操作周期和实施计划恰当;在各阶段目标合理,重点明确;对经营难度和资源要求分析准确	开发状态和目标规划基本合理;有操作周期和实施计划;对经营难度和资源要求分析合理	开发状态和目标规划不合理;操作周期和实施计划不恰当,重点不明确;对经营难度和资源要求分析不准确	
创业团队和组织架构 (10分)	团队成员具有相关的教育及工作背景;能力互补且分工合理;组织机构严谨;产权、股权划分适当	团队成员具有相关的教育及工作背景;有基本的能力;产权和股权划分基本合理	团队成员具有相关的教育及工作背景;组织结构不严谨;没有合理的划分产权和股权	
市场及竞争分析 (10分)	市场分析数据完整,市场分析科学、客观,结合自身项目能准确把握市场发展趋势;明确竞争对手的优势和劣势及公司的优势	市场分析数据基本完整,基本符合市场发展趋势;基本了解竞争对手的优势和劣势及公司的优势	有一些基本的市场分析数据,对市场趋势不是很明朗;不了解竞争对手的优势和劣势及公司的优势	
营销策略 (10分)	营销策略具有创新;对顾客具有潜在的吸引力;成本及定价合理,营销渠道顺畅,有一定创新	营销策略某些细节具有创新;成本及定价基本合理	有一些基本的营销策略,没有创新	
项目可操作性分析 (10分)	项目、服务或产品的各项分析和预算的可行性较高、运营计划明确	项目、服务或产品的各项分析和预算的可行性一般、运营计划基本明确	项目、服务或产品的分析和预算没有可行性	
内容规范 (10分)	整个计划书规范,文章前后逻辑紧密,语言流畅;内容全面、系统、科学性强;对整个经营模式的体系设计创新性高,具有很大的商业价值等	计划书基本规范;某些细节对整个经营模式有一定的创新	计划书不规范,内容不全面;对整个经营模式的体系设计没有创新能力,没有商业价值	

本 章 小 结

本章向大学生创业者介绍如何编写创业计划书。在第一节中,我们总体介绍了创业计划书的概况。包括创业计划书的概念、创业计划书的特点、创业计划书的基本要素、创业计划书的基本要求、创业计划书的类型以及创业计划书的作用。通过这一节的学习,大学生对创业计划书有了一个总体的认识。

在第二节中,我们向大学生创业者详细地介绍了创业计划书的内容。创业计划书的形式,包括封面、目录和附录。创业计划书的内容包括概要、企业介绍、产品或服务介绍、市场分析、管理能力、生产运营能力、营销计划、财务计划、融资计划以及投资风险分析。

我们在本章向大学生创业者介绍了创业计划书的制作步骤以及写作技巧。从创业构想、市场调研到最后将其编写成计划书,大学生创业者需要严格按照编写步骤,一步步地将创业构想形成最后的书面形式。当然,根据创业计划书的目的,大学生在编写它时还需注意一些写作技巧以及口头陈述技巧。本章我们还向大学生介绍了创业计划书的评估方法,大学生可以根据专栏中给出的评分标准进行自评,以确定自己编写的创业计划书的水准。

我们在本章中全面地向大学生介绍了创业计划书,并系统地向他们阐释了如何编写创业计划书。希望通过本章的学习,大学生创业者能够对创业计划书有比较深刻的了解,并能实际操作,编写一份合格的创业计划书。

【思考与训练】

1. 大学生创业时为什么要编写创业计划书?
2. 创业计划书包括哪些要素、哪些要求?
3. 大学生编写创业计划书时的基本程序是怎样的?
4. 创业计划书有哪些内容?每一部分的重点是什么?
5. 大学生在编写创业计划书时应该避免哪些问题?
6. 大学生在编写创业计划书时应该注意哪些写作技巧?
7. 大学生应该如何对创业计划进行口头陈述?

【模拟演练】

假设你要跟几个同学创办一家公司,请编写一份创业计划书。
要求:格式规范;
　　　团队合作,好的创意;
　　　可参考相关资料。

案例分析

长沙 Pure 咖啡连锁创业计划书

一、咖啡行业历史背景及现状分析

1. 历史背景

咖啡——世界三大饮料之一,一个西方的舶来品,在中国确是家喻户晓,有着极为深远的历时背景和现实意义。咖啡、西餐的真正兴起,应该是从20世纪90年代末开始的。其发展速度之快,在短短十来年时间内,达到了前所未有的行业繁荣。现在随着改革开放经济蓬勃的发展,有着大批的外商和白领长期处在高节奏、高效率的工作和生活加之于受西方文化的种种因素,造成了咖啡销量不断上升。故咖啡的消费主要群体也就是外商、白领、旅游者和居家百姓。2003年的调查表明:咖啡终端销售市场依次为:咖啡及西式快餐连锁店、星级酒店、西餐厅。其中咖啡馆及西式快餐连锁店主要由上岛咖啡、星巴克咖啡、真锅咖啡,麦当劳、必胜客,这些连锁店平均每月销量在21.18吨,占30.18%。

2. 行业发展趋势

(1) 咖啡消费市场发展迅速,已经成为城市消费一大潮流,市场前期培育已经结束。雀巢、麦斯威尔、哥伦比亚等国际咖啡公司纷纷在中国设立分公司或工厂,根据一项在12个内陆城市的调查,32%的城市居民喝咖啡。过去一年内喝过速溶咖啡的人口比例在30%以上的地区除了上海之外,还有昆明、厦门、杭州和天津。

(2) 咖啡消费品位越来越高,文化的魅力就是市场的魅力。单纯速溶咖啡已远远不能满足要求了,消费者开始认知咖啡的品牌、风格和知道如何享受咖啡带来的乐趣。

(3) 教育水准、家庭月收入和饮用咖啡的频率相关。这意味着咖啡这种西方传入的饮料在中国大陆是一种象征优势阶层的生活方式。

二、商机和战略

1. 速溶咖啡 & 新鲜现煮咖啡

速溶咖啡现今已成为中国快速消费品中不可或缺的一部分,顾名思义,它方便、快捷、普及性高;现煮咖啡因为它的局限性,并没有在全国普及,但是现煮咖啡在它的质量以及味道上有着不可比拟的优势。

下面就速溶咖啡和现煮新鲜咖啡、做了一个详细的对比。

两种咖啡的详细对比

	速溶咖啡	现煮咖啡
味道、可操作性	不讲究原味、可操作性弱	保持原味、可操作性强
原料	原料选择相对粗糙	原料选择十分严谨
安全	含有多种添加剂	纯天然、无添加
价格	相对低廉	相对昂贵
局限性	小	大

从上图的对比中我们就可以了解,新鲜现煮咖啡具有很大的优势,但是为什么现煮咖啡一直没有占据中国大部分的市场呢?原因其实很简单,就是因为它的局限性,这个虽然说是缺点,但从另一个角度来看,又成为了商机。

2. 突破局限性,造就商机

现煮咖啡已经在欧美得到普及,但是在中国由于价格以及时间、空间的局限性,一直得不到消费者的青睐,但是这个局限性,在我看来,其实是可以攻克的,并且可以利用它,转变成商机——现煮新鲜咖啡连锁。

我利用连锁加盟的形式,创建了 PURE 咖啡,我们讲究快捷、健康、享受。

(1) 时间的局限性。以连锁加盟的形式解决,让消费者用买一杯豆浆、一杯牛奶的时间购买到一杯原味、新鲜的咖啡。

(2) 地点的局限性。加盟的形式彻底解决了消费者没有专业设备以及原料的问题。

(3) 价格的局限性。咖啡仪器为一次性投资,咖啡豆可以批量购买,在成本上可以采取薄利多销的战略。

3. 运营方式

(1) 本公司采用连锁加盟的形式,创建人在某所学校周围先开一家实体店,运营稳定后,允许加盟商加盟。

(2) 如何吸引加盟商:①品牌效应;②广告效应;③各种优惠政策,如省内前十名加盟商减免部分加盟费。

三、企业目标市场和预测

(1) 消费者:以学生以及普通上班族消费者为主。

(2) 市场大小和趋势:以学校以及商业区周边为主。

(3) 竞争和竞争优势:目前为止,新鲜现煮咖啡并未得到普及,原味、快速、享受对于消费者来说无疑是我们竞争的亮点。

(4) 估计的市场份额和营业额:根据保守的预测日平均营业额在 1 000 元左右。

(5) 持续的市场评估:据预测公司的目前市场具有相当的份额,随着居民生活水平的不断提高,人们将越来越注重健康以及高品质,本公司的创立正适应他们这方面的追求。并且同时注重速度以及服务,只要定价合理,服务保证,一定会有大量的消费者,从而产生更大的规模经济,据保守的预测年营业额将会超过 25 万元。

四、企业竞争优势

注重快速而新鲜的咖啡连锁,在本地区比较罕见,连锁加盟的形式也比较有竞争力。面对庞大的学生以及普通上班族群体,无疑也具备很大的吸引力,并且投资较小,在经营得当的情况下,收回成本到盈利的时间会非常短。

五、企业管理

本公司管理分为两部分,第一部分是形象店(创始人开设)的管理;第二部分为加盟店的管理。

其中形象店管理的标准为:

1. 形象店应设在交通方便、人流量大、靠近学校以及商业区周边。

2. 形象店的投入应在公司总投入比例的 50% 以上。

3. 形象店也要负责公司运营。
4. 形象店负责加盟店的培训等工作。

六、企业第一年经济性、盈利性和收获能力经济效益预测（见后附预计利润表）

年营业收入：25万元；年营业总成本：21万元；年利润：4万元；所缴所得税：8 000元；税后利润：3.2万元；提取盈余公积：5 000万元；可分配利润：2.7万元；投资回收期4年。

七、企业团队

公司有员工4名，员工除投资方推荐的委派人员外，其他人员向社会公开招聘。其中：法定代表人（兼总经理）1名，负责日常经营管理兼任财务管理；员工3人，负责公司的日常经营及参与策划各种公关活动，其中一人为甜品糕点师。

八、投资企业的回报

总投资额：10万元人民币；注册资金：10万元人民币；出资情况：法定代表人出资5.5万元人民币，占投资比例的55%；其余4.5万元由3人平均投资，占投资比例的45%。出资方式：全部以货币资金投入；缴资期限：在工商营业执照签发前一个月（即工商查名成功后）全部到位。经营期限：5年；资金的主要用途：购买固定资产及低值易耗品（咖啡机、餐桌、杯子以及其他各种经营所需）、开办费、房屋租赁费、水电费、管理费、员工工资及各种税收、不可预见费等。企业回报：企业预计将在3年即可收回投资成本，并且投资人可每年视经营状况追加部分固定资产外，再按出资比例分红。

九、营销策略

（1）公司将采取不同的定价策略，建立不同的价格体系，门面的装饰别具一格，印制各种海报，招徕顾客；同时在店内可以利用音响等辅助设备，播放高质量、高品位的音碟，还配备精致沙发、餐桌，以及将各种西式、港式甜品，做到品味一新；让消费者具有试理、试消费的感觉。

（2）广告和营业公关：及时在门面里张贴新品咖啡及其他饮品，以及分季节推出时季的甜品，吸引广大的消费者。

（3）困难和风险：任何一个新公司的创立均会受到来自同行业及不法分子的竞争；同时如果大家都看好该地段的文化优势，纷纷建立类似公司，则会形成强强竞争，那会给公司带来一定的冲击，将会不可避免的影响公司的效益。

（4）机遇与挑战：如果该地区被看好，那么说明发展潜力很大，若强强联合，做强做大，不一定是坏事，可以通过公司兼并或收购等形式，重新创建公司，规模必定空前盛大，也是值得投资者以后长远考虑的事宜。

利润表（预计）

项　　目	行次	本年累计
一、主营业务收入	1	250 000
减：主营业务成本	2	147 100
营业税金及附加	3	12 500

续表

项 目	行次	本年累计
二、主营业务利润(亏损以一号填列)	4	27 500
加：其他业务利润(亏损以一号填列)	5	
减：营业费用	6	
管理费用	7	50 400
财务费用	8	
三、营业利润(亏损以一号填列)	9	40 000
加：投资收益(亏损以一号填列)	10	
补贴收入	11	
营业外收入	12	
减：营业外支出	13	
四、利润总额(亏损以一号填列)	14	40 000
减：所得税	15	8 000
少数股东权益	16	
五、净利润(亏损以一号填列)	17	32 000

说明：

营业收入：4个员工，预计每天收入1 000元。

营业成本：糕点师每月支付2 500元，外聘劳务工每月支付底薪800元，再按业绩提取奖励。低值易耗品1 000×12＝12 000元，水电费1 500元每月，房租每月2 000元。

营业税金及附加：250 000×5‰＝12 500元。

管理费用：总经理每月薪金支付3 500元，办公费200元每月，其他不可预见费用500元每月。

【思考题】

1. 如果你是某投资机构负责人，你认为该创业计划书可行吗？请给出理由。
2. 请简要评价该计划书的营销策略。
3. 分析该创业计划书的内容结构，指出其优缺点。
4. 如果让你重新来写这份创业计划书，你应该怎么做。

小链接

创业计划书的经典模板

一、概要

一个非常简练的计划及商业模型的摘要，介绍你的商业项目，一般500字左右。

第六章　创业计划书

二、公司描述

A. 公司的宗旨

B. 公司的名称、公司的结构

C. 公司经营策略。用最简洁的方式,描述你的产品服务;什么样的困难你准备解决;你准备如何解决;你们的公司是否是最合适的人选。

D. 说明你的产品为消费者提供了什么新的价值。

E. 公司设施。需要对计划中的公司设备详细加以描述。

三、产品与服务在这里用简洁的方式,描述你的产品服务

注意不需要透露你的核心技术,主要介绍你的技术、产品的功能、应用领域、市场前景等。

1. 产品服务 A
2. 产品服务 B

说明你的产品是如何向消费者提供价值的,以及你所提供的服务的方式有哪些。你的产品填补了哪些急需补充的市场空白。可以在这里加上你的产品或服务的照片。

A. 产品优势

B. 技术描述:1. 独有技术简介 2. 技术发展环境

C. 研究与开发

D. 将来产品及服务。说明你的下一代产品,并同时说明为将来的消费者提供的更多的服务是什么。

E. 服务与产品支持

四、市场分析

简要叙述你的公司处于什么样的行业、市场、专向补充区域。市场的特征是什么?你的分析与市场调查机构和投资分析有什么不同。分析是否有新生市场?你将如何发展这个新生市场。

A. 市场描述

说明计划或正在××行业竞争,这个市场的价值大约有×××,整个行业的主要发展趋势将向着(环境导向型、小型化、高质量、价值导向型)发展。

市场研究表明(引用源)到未来某年该市场将(发展萎缩)到×××。在这段时期里,预计你的细分市场将(成长、萎缩、不发展)。改变这种情况的主要力量是什么,这个行业最大的发展将达到×××。你的公司可能独一无二的将你的产品和服务与××公司同级别的公司的现行业务合并。而当今的类似××公司正面临着诸如逐步提高劳动力成本等困难。

B. 目标市场

将目标市场定义为 X、Y、Z。现在这个市场由 a 个竞争者分享。

C. 目标消费群

是什么因素促使人们购买你的产品?你的技术、产品对于用户的吸引在何处?人们为什么选择你的产品服务公司?

D. 销售战略

说明市场营销部门动用什么样的渠道销售你们的产品。之所以选择这些渠道是因为：

1. 季节变化引起的消费特点；
2. 资金的有效运用可以利用市场上现有产品的销售渠道。

针对每一个分销渠道，确定一个五年期的目标销售量以及其他假设条件。为每一个渠道所做的假设可以是以下这些。

五、竞争分析

请告诉读者根据产品、价格、市场份额、地区、营销方式、管理手段、特征以及财务力量划分的重要竞争者。

A. 竞争描述

B. 竞争战略市场进入障碍

请在这里研究进入你的细分市场的主要障碍及竞争对手模仿你的障碍。

六、营销略策及销售

A. 营销计划

描述你所希望进行的业务是如何的，你所希望进入的细分市场以及曾经使用的分销渠道，例如：零售、对商业机构的直接销售、OEM以及电子媒介等，还要描述你所希望达到的市场份额。

B. 销售战略

描述你进行销售所采取的策略。包括如何促销产品：通过广告、邮件推销,电台广播或是电视广告等方式。

C. 分销渠道及合作伙伴

D. 定价战略

E. 市场沟通

你的目的是加强、促进并支持你的产品能更好的满足消费者需求的热点。唯一的原则就是寻找一切可能的有利途径进行沟通。

七、财务分析

财务数据概要。

八、附录

如有以下材料，请列出。

A. 公司背景及结构

B. 团队人员简历

C. 公司宣传品

D. 相关词汇

【延伸阅读与链接】

1. 延伸拓展

如果需要进一步了解有关创业计划书领域的知识，可以阅读《商业计划书详解》（琳达·品森,中国商业出版社,2007),《商业计划书编写指南》(国家科技风险开发事业重心/长春市科技局编,电子工业出版社,2002),《创业计划书》(布莱克·韦尔,机械工业出版社,2009),《商业计划宝典:如何撰写结果驱动型商业计划书》(菲利普斯,机械工业出版社,2011)等相关文献资料。

2. 相关链接

创业计划书大全 http://wiki.mbalib.com

创业计划书幻灯片模板 http://wenku.baifu.com

http://wenku.baidu.com/view/fcec15d14afe04a1b071dedb.html

http://wenku.baidu.com/view/daf19c84d4d8d15abe234ef2.html

http://doc.mbalib.com/view/2aa72840847dec6f301c7ba442b1ce3f.html

http://www.docin.com/p-415300309.html

第七章 大学生的创业风险规避

课程目标

通过本章的学习,使学生全面了解创业过程中存在的各种显性风险和隐性风险,从而学会如何规避创业过程中各个阶段的风险,提高学生分析问题以及解决问题的能力,让学生做好更充分的创业准备。

知识点和技能点

1. 市场定位和行业选择的风险规避
2. 人力资源管理风险规避
3. 市场营销风险规避
4. 财务风险规避
5. 开业经营风险规避
6. 有效退出

案例导读

"智能洗衣机"的陷阱

"智能洗衣机,只要投币,就自动转洗,方便快捷……"看到此广告后,霍爱兰(化名)编织起自己的创业梦。可谁知,投入近6万元后,才知此机为"三无"产品。

2008年10月的一天,霍爱兰偶然收到一个商家发布的智能投币全自动洗衣机的邀请加盟广告的宣传资料。对方自称是一家以智能产品研发为主要方向的高新科技独资企业,智能洗衣机是他们2007年成功研发的。

对方的介绍让霍爱兰很心动,随后她与商家签了《加盟购销合同》,当日立即支付了53 200元货款(14台洗衣机,每台3 800元)及加盟费3 920元。

霍爱兰随后联系新疆职业大学、新疆工业经济学校学生宿舍楼作为洗衣机的铺放场地,并交纳场地费共1 750元。

2008年10月底,霍爱兰的洗衣机投放运营。然而,众多学生使用后,纷纷投诉智能洗衣机总爱"咬"衣服,好多衣服都被洗坏了。

接到投诉后,霍爱兰委托自治区公证处对洗衣机的现状进行勘察。这时,她才发现商家所给的洗衣机,既没有生产许可证、产品质量检验合格证明和3C标志,更没有生产厂家厂址。霍爱兰与商家多次交涉未果后,向乌市天山区人民法院起诉。

经法院查证,商家给霍爱兰提供的智能洗衣机没有生产厂名、厂址及生产许可证编码,此商家西北管理中心新疆分部是自行设立的机构,未进行工商登记和注册。根据法律规定,违反法律、行政法规的强制性规定的合同无效。法院最终判决,霍爱兰与商家所签合同无效,商家退还其货款及加盟费共计 57 120 元。

(资料来源:http://www.ts.cn/police/content/2008-05/30/content_2615209.htm)

【思考题】
1. 霍爱兰的创业准备充分吗?她忽略了哪些事项?
2. 如果你是霍爱兰,在创业前你会怎么做准备工作?发现问题之后你又会怎么做?

第一节 大学生创业风险概况

当前,国家为鼓励大学生创新创业,出台了一系列优惠政策,如资金扶持、能力提升、税费减免等,在各种优惠政策的激励下,自主创业将成为众多即将毕业或已毕业大学生的选择。但"风险无处不在",创业过程中的各种风险同样应当引起正在创业或者选择创业的大学生关注和重视。具备一定的风险防范意识和知识,是大学生成功创业的重要保障。

创业是当今时代的新主题,同时也成为当代大学生自我实现、建功立业、创造传奇人生的重要途径。创业的确增添了人生的机会,但同时也蕴藏着风险,如果仅凭一腔热血,而忽视创业风险带给创业活动的危害,这将使大学生的创业之路变得崎岖艰辛。

一、什么是创业环境

创业环境是指围绕创业者的创业发展和变化,并足以影响或制约创业行为的一切外部条件的总称。创业环境与创业活动是相互作用的,对创业的成败起着决定作用。硬环境指的是创业环境中有形要素的总和(基础设施、自然区域、经济区域等);软环境是指无形的环境要素的总和(政治、法律、经济、文化环境等)。

二、创业环境风险来源

创业环境风险主要来源于目标行业的进入风险、沉没成本和市场竞争风险等。

1. 进入风险

进入风险是新进入企业与在位企业竞争过程中所面临的不利因素,即它仅指新进入企业所必须承担而在位企业无须承担的额外生产成本。行业进入风险的体现包括:

(1)生产规模。有些行业领域要求新进入者必须以大规模生产的方式进入市场,否则将不得不面对成本劣势的现实。比如汽车行业在这方面尤其如此,由于汽车的巨额研发成本,所以当产品的产量不能达到一定的规模时将难以摊销。同时汽车的规模经济还体现在管理与采购成本以及销售成本上。虽然对于国外汽车企业在华投资而言,规模经济这一因素可以被视为国外规模的一种延伸而被大大削弱,但如果没有一定的规模这种投资也必然是失败的;对于国内企业而言,规模经济的门槛将更加明显,尤其是那些曾经除了开车和坐车以外与汽车毫无瓜葛的企业。

（2）产品差异化。消费者对市场中原有品牌的认同会迫使新进入者不得不花费巨资来克服消费者的品牌忠诚度所带来的不利影响。与品牌美誉度有关的同行介绍或者从众心理等因素都在购买者决策因素中名列前茅。而对于一个新进入者来说，这一块可能完全是一个空白，从而面临较大壁垒。

（3）资金需求。当进入的行业需要大量的资金时，会对新进入者构成相当的障碍，尤其是在广告和研发等方面有去无回的投资，需要新进入者有足够的勇气。同时资金实力还会对顾客的信任、渠道的信心等方面构成很大的影响。从渠道信心方面看，如果企业没有足够的广告投入或者资金实力做后盾，渠道将很难搭建，从而销售局面无法打开，企业生存面临困境。

（4）销售渠道限制。新进入者除了需要将产品生产出来以外还必须构建通往消费者的渠道。在这方面新进入者往往存在一定劣势，比方说他们往往很难获得经销商的信任，而必须支付更昂贵的代价；进入超级市场的货架必须以打折、促销等方式才可能获得允许等情况。

2. 沉没成本

沉没成本是指由于过去的决策已经发生了，而不能由现在或将来的任何决策改变的成本。人们在决定是否去做一件事情的时候，不仅是看这件事对自己有没有好处，而且也看过去是不是已经在这件事情上有过投入。我们把这些已经发生不可收回的支出，如时间、金钱、精力等称为"沉没成本"（sunk cost）。在经济学和商业决策制定过程中会用到"沉没成本"的概念，代指已经付出且不可收回的成本。沉没成本常用来和可变成本作比较，可变成本可以被改变，而沉没成本则不能被改变。沉没成本带来风险的原因包括：

（1）策划或决策失误。

（2）前期调研、评估、论证工作准备不足，造成中途出问题而无法进行下去。

（3）有良好的策划、计划，但执行中偏离轨道，造成事与愿违。

（4）执行中发现存在问题，但没有及时调整策略、方案而是一意孤行。

（5）危机处理能力不足或措施不当，使事态扩大及蔓延。

实际工作中，人们往往会对因为过去的决策造成大量设备积压、闲置，"大马拉小车"的现象产生一定的心理负担，随之而来的相关决策，总是希望"能多少挽回点损失"。这是可以理解的，但最终的结果可能会事与愿违，甚至在错误决策的道路上越走越远。实际上，在"是否继续使用"的决策上，过去的采购成本已经作为"沉淀成本"的形式"固定下来"了，不会随未来决策的改变而改变，在制定决策时可以不予考虑。但在这些资产是否继续使用的决策里，必须注意到相关的成本仍会发生，如运营费用、维护费用等。因此，事关"未来"的决策一定要"向前看"，而不是"向后看"。

3. 市场竞争风险

在市场竞争中，竞争的基本动机和目标是实现最大化的收入。但是，竞争者的预期利益目标并不是总能实现的，实际上，竞争本身也会使竞争者面临不能实现其预期利益目标的危险，甚至在经济利益上受到损失。这种实际实现的利益与预期利益目标发生背离的可能性，就是竞争者面对的风险。风险是由不确定性因素而造成损失或获益的可能性。在市场竞争中，不确定性因素很多，虽然每个竞争者都期望实现其预期利益目标，但总不能全都成功,必然会有某些竞争者在竞争中败下阵来,承受竞争的损失。

市场主体在竞争中面对的风险可以区分为两大类:

(1) 自然和社会风险。自然灾害、个人或社会团体的某些行为,如水灾、火灾、偷盗、战争等,都可能给某些市场主体造成重大的经济损失,形成自然或社会风险。

(2) 经营风险或市场风险。企业在投资、生产和销售等市场经济活动中,都会因为决策依据的信息不完全、决策手段不完善、决策执行不及时和不充分以及竞争的加剧等原因而蒙受经济损失,形成经营风险。

自然或社会风险一般来说是可以运用概率方法进行预测的,是属于可保险的风险,能通过投保而节制和转移;经营风险与经营者的主观因素和市场运行状态相关,其可能的损失及其程度无法测算,是不可保险的风险,从而不能通过投保而转移,只能通过改善经营决策和经营活动来降低损失的可能程度。

市场风险的大小主要取决于三个基本因素:

(1) 市场竞争的规模。竞争双方投入的竞争力量和成本越大,竞争规模越大,市场风险就越大。

(2) 市场竞争的激烈程度。市场竞争的激烈程度主要表现为企业间在争夺市场占有率、提高销售额和盈利率等方面的抗衡状态。市场竞争越激烈,竞争双方所面临的风险就越大。

(3) 市场竞争的方式。竞争方式是竞争双方在竞争时所采取的手段和策略,一般可以划分为价格竞争和非价格竞争两类。一般地说,价格竞争较为激烈,特别是竞争双方轮番降价,经常造成两败俱伤。

风险的存在对于市场竞争者具有双重意义:第一,风险意味着损失的可能性。对于市场竞争主体来说,必然会形成巨大、现实的经营压力,促使企业等竞争主体为避免损失而尽力提高决策水平,改善企业的经营管理,规避风险损失,提高经营效益。第二,风险也意味着获取高额收入的可能性。具有大风险的事业往往是少有问津的事业,由于从事者过少甚至没有,一旦成功便会有较高的收获。所以,风险的存在不仅会形成一种压力机制,而且还会形成一种动力机制,从这两个方面促进企业发展。

大学生创业之前要先对创业环境进行仔细分析,首先是金融工具、政策方面的支持,如所在城市是否有对大学生创业提供金融支持的会计师事务所或者有无税收优惠政策,以及对提高大学生创业知识的培训与教育,如果从事制造业还应该留意政府采购项目和科研成果转移;然后对目标市场的开放程度和进入难度进行考察,初步把握市场竞争的情况,其次还要大概了解当地的基础设施,如土地、交通、网络、法律服务机构的分布和使用情况,最后要确保所创的企业符合当地的社会文化和经济发展趋势。

三、大学生创业风险分类的几种流派

1. 按风险来源划分

按风险来源的主客观性划分,可分为主观创业风险和客观创业风险。

主观创业风险,是指在创业阶段,由于创业者的身体与心理素质等主观方面的因素导致创业失败的可能性。客观创业风险,是指在创业阶段,由于客观因素导致创业失败的可能性,如市场的变动、政策的变化、竞争对手的出现、创业资金缺乏等。

2. 按风险内容划分

按创业风险的内容划分,可分为技术风险、市场风险、政治风险、管理风险、生产风险和经济风险。

技术风险,是指由于技术方面的因素及其变化的不确定性而导致创业失败的可能性。市场风险,是指由于市场情况的不确定性导致创业者或创业企业损失的可能性。政治风险,是指由于战争、国际关系变化或有关国家政权更迭、政策改变而导致创业者或企业蒙受损失的可能性。管理风险,是指因创业企业管理不善产生的风险。生产风险,是指创业企业提供的产品或服务从小批试制到大批生产的风险。经济风险,是指由于宏观经济环境发生大幅度波动或调整而使创业者或创业投资者蒙受损失的风险。

3. 按资金影响程度划分

按风险对所投入资金即创业投资的影响程度划分,可分为安全性风险、收益性风险和流动性风险。

创业投资的投资方包括专业投资者与投入自身财产的创业者。安全性风险,是指从创业投资的安全性角度来看,不仅预期实际收益有损失的可能,而且专业投资者与创业者自身投入的其他财产也可能蒙受损失,即投资方财产的安全存在危险。收益性风险,是指创业投资方的资本和其他财产不会蒙受损失,但预期实际收益有损失的可能性。流动性风险,是指投资方的资本、其他财产以及预期实际收益不会蒙受损失,但资金有可能不能按期转移或支付,造成资金运营的停滞,使投资方蒙受损失的可能性。

4. 按创业过程划分

按创业过程划分,可分为机会的识别与评估风险、准备与撰写创业计划风险、确定并获取创业资源风险和新创企业管理风险。

创业活动须经历一定的过程,一般而言,可将创业过程分为四个阶段:识别与评估机会;准备与撰写创业计划;确定并获取创业资源;新创企业管理。机会的识别与评估风险,指在机会的识别与评估过程中,由于各种主客观因素,如信息获取量不足、把握不准确或推理偏误等使创业一开始就面临方向错误的风险。另外,机会风险的存在,即由于创业而放弃了原有的职业所面临的机会成本风险,也是该阶段存在的风险之一。准备与撰写创业计划风险,指创业计划的准备与撰写过程带来的风险。创业计划往往是创业投资者决定是否投资的依据,因此创业计划是否合适将对具体的创业产生影响。创业计划制定过程中各种不确定性因素与制定者自身能力的限制,也会给创业活动带来风险。确定并获取资源风险,指由于存在资源缺口,无法获得所需的关键资源,或即使可获得,但获得的成本较高,从而给创业活动带来一定的风险。新创企业管理风险,主要包括管理方式,企业文化的选取与创建,发展战略的制定、组织、技术、营销等各方面的管理中存在的风险。

5. 按与市场和技术关系划分

按创业与市场和技术的关系划分,可分为改良型风险、杠杆型风险、跨越型风险和激进型风险:①改良型风险,是指利用现有的市场、现有的技术进行创业所存在的风险。这种创业风险最低,经济回报有限,即风险虽低,但要想生存和发展,获取较高的经济回报也比较困难,一方面,会遭遇已有市场竞争者的排斥或进入壁垒的限制;另一方面,即便进入,想要占有一定的市场份额也非常困难。②杠杆型风险,是指利用新的市场、现有的技术进行创业存在的风险。该风险稍高,对一个全球性公司来说,这种风险往往是地理上的,常见于挖掘未开辟的市场,如彩电行业,利用原有技术进入农村市场。③跨越型风险,是指利用现有市场、新的技术进行创业存在的风险。该风险稍高,主要体现在创新技术的应用方面,往往反映了技术的替代,是一种较常见的情况,常见于企业的二次创业,领先者可获得一定的竞争优势,但模仿者很快就会跟上。④激进型风险,是指利用新的市场、新的技术进行创业存在的风险。该风险最大,如果市场很大,可能会带来巨大的机会,对于第一个行动者而言,其优势在于竞争风险较低,但是知识产权保护力度很弱,市场需求不确定,确定产品性能有很大的风险。

6. 按创业中技术因素、市场因素与管理因素的关系划分

按创业中技术因素、市场因素与管理因素的关系划分,可分为技术风险、市场风险和代理风险。其中,技术风险和市场风险在前面已提到,这里就不再赘述。代理风险,是指高级经营管理人才、组织结构以及生产管理等能否适应创业的快速增长或战胜创业企业危机阶段的动态不确定性因素的风险。这三类风险之间相互作用,使得创业企业运作的各个层面上诸多因素的不确定性更加复杂,并且在创业企业不同的发展阶段上,各因素的风险性质也将产生一定的变化。

第二节 大学生创业的市场定位和行业选择风险

创业的成功,源于准确的市场定位。全球管理大师拉姆·查兰曾告诉创业者说:"准确的市场定位是企业的盈利之基。"并指出,"市场定位是业务的核心理念,也是你能否赚到钱的基础。真正检验你的定位的是这个真实的世界。如果顾客对你提供的东西很迷惑,或是根本不喜欢,那么你就无法赚到钱。"

所以,为了降低失败的风险,创业之前,一定要有清楚的规划、定位,策略执行务必精准。商场如战场,创业就是个战场。如果创业者在一开始的市场定位上犯了错误,再多的努力都是在浪费,努力越多离目标就越远,甚至会演变成痛苦的挣扎,越挣扎陷得越深。市场在变化、信息在更新,昨天畅销的产品今天可能已经落后,只有掌握了信息,及时了解市场,了解消费者的需求,才能更主动地调整自己的经营方向和产品结构,不致落后和失败。可以说,谁能适应市场变化,谁就掌握了创造财富的主动权。

一、慎重选择创业项目

1. 选择项目要立足长远

创业者的喜好直接决定着选择何种类型的创业项目,创业者对一个具体项目,有一个认识、理解、通透、把握的过程,这是一个历史过程。由此决定了创业的过程是人与项目长期相互融和的过程,也决定了选择项目必须立足长远。

2. 选项目要知己知彼

选择项目需要四个字:"知己知彼。"知己,就是清醒地审视自己的优势、强项、兴趣、知识积累与结构以及性格与心理特征等。知彼,是对社会未来发展趋势的认识,稳定的、恒久的、潜在的需要。

3. 选项目要选有良好市场前景的项目

创业者不能坐在家里等着好的创业项目掉下来。在选择创业项目这个过程中,要舍得花时间、花力气,要能够静下心,认真调查研究,寻找事实根据。确定自己找的创业项目是有价值的、可以发展的并且是有前途的。

4. 选项目要有特色

选择的项目一定要有"根",即项目生命的根子、生存的权利、活下去的条件。可以表示成四句话:别人没有的;先人发现的;与人不同的;强人之处的。"别人没有的",可以是某种资源与某种特定需要的联系,也可以是某种公认资源的新商业价值。再比如,"强人之处的"。一个项目中不论哪个方面,哪怕是一点:高人一等、优人一档就是根。

二、行业选择的风险规避策略

1. 做熟不做生

对于创业者来说,有句不得不记住的老话:"做生不如做熟。"创业最简单的方法就是从自己熟悉或有专长的事情做起,这样可以最大限度地降低创业失败的风险。选择自己熟悉的行业,市场熟、产品熟、人际关系也熟,拥有更多的信息,知道什么商品有市场、有前途以及不同产品的优劣及消费者的需求,知道市场的发展方向,这样便可以"驾轻就熟"。

事实证明,在创业之初,从事你所熟悉的行业与业务领域,可以将自己的核心专长发挥到极致,最容易取得成功。比如,牛根生从伊利出去后做的仍然是乳业,陆强华的创业也没有离开家电的老本行。

所以,真正想创业又希望比较有把握的话,一定对某一行业越熟越好,不要仅凭想象、冲劲、理念做事。若真立志投身一项事业,不妨辞去本身的工作,在该行业做一年半载,摸清摸熟行业再开业也不迟。

2. 看清潮流,顺势而为

创业的人,一定要跟对形势,要研究政策。这是大势。很多创业者是不太注意这方面的工作的,大学生尤其容易忽视,往往认为政策研究"假、大、虚、空",没有意义。实则不然,对于一个创业者来说,大到国家领导人的更迭、国家产业发展政策,小到一个乡镇芝麻小官的去留,都会对自己有影响。在政策方面,国家鼓励发展什么、限制发展什么,对创业成败更有莫大关系。做对了方向,顺着国家鼓励的层面努力,可能事半功倍;做反了方向,比如说,某个行业、某类企业,国家正准备从政策层面进行限制、淘汰,如果创业者赶在此时懵懵懂懂撞了进去,一定会鸡飞蛋打。

3. 冷门挖金

许多成功的创业者在创业过程中善于抓住别人不注意、或无意顾及又确实存在的市场需求,避热就冷,结果大获成功。但捕捉冷门也非易事,需独具慧眼。正如毛泽东在总结井冈山工农革命军和游击队的作战经验时所说:"敌进我退,敌驻我扰,敌疲我打,敌退我追。"这个道理在商场上也同样适用,那就是:人进我退,人弃我取,人无我有,人有我新,人粗我精,人简我全。

事实上,市场上的许多热门生意都是众多的创业者一起打造出来的,冷门生意可以变成热门,热门行业中也能发现冷门生意。将冷门变成热门,在热门中寻找冷门商机,创业就具有了持久的竞争力和生命力。

4. 勿以利小而不为

有的人刚投资创业时,见别人开公司办企业,大把大把赚钱,心就痒痒,梦想"一夜暴富"、"一口吃成胖子",结果没能达到目的,而那些不嫌弃做小生意赚小钱的人,却赢得了成功。事实上,许多鸿商巨贾,如新希望集团的刘永好、吉利汽车的李书福、力帆集团的尹明善等老板,也都是从小生意起家,一点一滴积累、一步一步发展、一次一次与时俱进,才成为商业帝国的胜利者。古人曾教导"莫以善小而不为,莫以恶小而为之",个人创业也应该"莫以利小而不为",从小处着手,锲而不舍,终能敲开财富之门。

第三节 大学生创业的人力资源管理风险

一、人力资源管理风险防范概述

人力资源管理,是在经济学与人本思想指导下,通过招聘、甄选、培训、报酬等人事管理职能对组织内外相关人力资源进行有效运用,满足组织当前及未来发展的需要,保证组织目标实现与成员发展的最大化。这也就是预测组织人力资源需求并制订人力需求计划、招聘选择人员并进行有效组织、考核绩效支付报酬并进行有效激励、结合组织与个人需要进行有效开发以便实现最优组织绩效的全过程。人力资源管理分为六个模块:人员招聘与培训管理、岗位设计与培训、薪酬管理、绩效管理、劳动关系管理以及人力资源规划。

面对企业人力资源管理的风险,人们可以采取多种方式加以防范。其中,主要方式有回避、转移、预防和抑制等,企业可视当时的情况和条件加以选择。

1. 回避风险

这是企业人力资源管理风险防范技术中最简单,也是比较消极的一种方式。风险回避有许多限制条件:第一,有些企业人力资源管理风险是不能回避的,只要存在人力资源管理,就必然存在风险;第二,回避风险可能带来经济损失,因为回避风险的同时,有可能错过机会;第三,回避了这种风险,却可能产生那种风险。尽管如此,在某些情况下,特别是企业承受风险能力较差时,采取回避风险的方式还是十分必要的。

(1)放弃风险项目和活动。由外部原因引起的风险,通常情况下企业是不能控制的,这时可以采取放弃的办法回避风险。如到经济不发达地区投资,由于经济环境差,技术人才缺乏,有可能产生招聘人才失败的风险和员工流失的风险,企业没有能力承担时就可放弃该项目的投资。一些社会人文环境差的地区,容易发生员工道德风险,可采用放弃到该地区投资或从事业务活动的办法回避风险。为了防止培训后员工流失发生的培训风险,特别是培训费用很大时,应当放弃培训计划。

(2)免除风险单位或个体。处于政治法律不健全、经济波动很大、社会人文环境较差的一些国家或地区的企业,屡屡发生员工流失、道德事件或员工伤亡等各种人力资源管理危机,给企业造成巨大损失。在这种情况下,企业可以采用出售或出租的办法免除风险;在经济和技术不发达的地区和国家,企业招不到所需要的员工,或者员工流失危机频频发生,也可以采用出售或出租的办法免除风险;对经常发生道德风险事件和管理失败事件的员工,可以采用开除和辞退等办法免除风险;等等。

2. 转移风险

企业人力资源管理风险转移,是指通过合同或协议把风险造成的损失,部分地转移到企业及当事人以外的第三方。企业人力资源管理风险和其他风险相比,能够进行风险转移的情况比较少,主要可以采取以下方式:

(1) 保险方式。为了防止员工因健康原因和人身意外伤害事故给企业造成损失,可以向保险公司投健康保险和人身意外伤害保险。对那些具有很大危险性的工作,如驾驶、爆破和野外作业等,投保尤为重要。职业责任保险也是通过保险转移风险的一种方式,它是以各种专业技术人员在从事职业技术工作时,因疏忽或过失造成合同对方或他人的人身伤害或财产损失导致的经济赔偿责任为承保风险的责任保险,这是由企事业单位投保的团体业务。通过投保把企业的专业技术人员在工作时因疏忽和过失造成的损失转移到保险公司。

(2) 担保方式。担保是指保证人对被保证人的行为不忠、违约或失误负间接责任的一种承诺。如果职业介绍所、猎头公司和推荐人向企业承诺,当他们所推荐的员工在应聘、工作和离职过程中有弄虚作假行为和违约行为时,由他们间接承担一部分责任。当然为取得这种承诺,用人企业需要向这些机构交纳一定的费用,并以合同形式规定中介机构的责任。有了这种担保后,用人企业就可以把由于员工行为不确定性带来的风险损失,转移到职业介绍机构、猎头公司和推荐人身上。

(3) 企业业务外包方式。企业人力资源管理外包,是指企业将相关的人力资源管理活动部分地或全部地外包供应商的过程。如企业可以用合同的形式把企业的招聘、考核、测评和培训等业务活动外包给专业服务机构,一方面,可以减少企业自己能力不足造成的管理风险和消除内部管理带来的徇私舞弊等道德风险的发生;另一方面,可以通过合同约定,对供应商的服务提出要求,当他们的服务达不到要求时,根据合同的约定要他们给付赔偿金,从而达到风险转移的目的。

(4) 开脱责任的合同方式。即通过签订劳动合同、增加附加条款而开脱责任。在附加条款中要求应聘人员保证其提供的信息真实可靠,并规定由于应聘者提供虚假信息造成的一切后果和损失由其自己负责。许多工种对应聘者的身体、精神等条件要求很高,如果应聘者提供虚假信息蒙混过关,则为日后发生相应的风险事故留下隐患。这种隐患带来的损失可以通过签订开脱责任的合同达到风险转移的目的。

3. 预防风险

通过对企业人力资源管理风险产生和作用的机理进行分析,包括人与环境之间的关系和委托代理理论的分析,以及企业人力资源管理风险产生的原因分析,从而获得企业人力资源管理风险的有关理论,用它们可以指导风险的防范工作。

(1) 完善企业人力资源管理信息系统。信息是人力资源管理的重要依据,信息不对称、不完全是产生道德风险和契约风险的根本原因。为了防止这类风险的发生,必须完善企业信息系统,加强信息管理。为此,企业要重视人力资源管理信息系统的建设,全面收集企业内外部信息,加强信息的过程管理并对信息管理工作进行监督和考评。

(2) 加强制度管理。现代企业的运作应该有一套完善的制度来保证,比如,劳动工资制度如果不合理,特别是如果执行不公,则会导致人员流失危机的发生;如果财务管理制度有漏洞,执行不力,则为贪污、挪用公款、公款消费等道德风险的滋生搭建了温床。加强制度管理的关键在于,建立权力之间的制衡机制,健全各项规章制度,加强监督管理,保证制度得到全面地履行。

(3) 加强激励。实证研究表明,道德风险和员工流失风险事件发生的概率与激励是否得当密切相关,如果激励得当则能够减少风险事件的发生。为此,企业应强化激励机制,力争做到激励公平,做到多元化激励、差异化激励、人性化激励和长期化激励。

(4) 缓解员工压力。适度的压力能够为工作带来动力,压力过大则会影响员工的身体,带来员工健康方面的风险;同时,由于压力过大,员工为了减轻压力,有可能出现道德方面的风险;或者为了逃避压力,到其他企业工作,产生员工流失风险。通过减轻员工过大的生活和工作方面的压力,可以减少风险事件发生的概率。

4. 抑制风险的方式

一部分企业人力资源管理风险可以采用回避的方法,避免风险事件的发生。而对于大部分风险事件,可以采取措施减少风险发生的概率,但不可完全消除风险。所以,在风险事件发生前就要预料风险事件发生后将出现的种种情况,事先采取措施,防止损失的扩大和蔓延;或者在风险事件发生后,根据情况及时采取措施减少损失。

(1) 事前防范。事前采用的防范措施是基于对企业人力资源管理风险发生后出现的种种情况的预测和分析,主要包括以下措施:①保证企业正常运转。员工的流失都会直接影响企业的正常运转,从而给企业造成经济损失。为了防止这种损失的发生,在培训员工时,要求他们会两种以上的工序操作,便于员工轮岗;在管理人员中设置副职和助理职务,一旦正职缺位,副职可以随时行使正职职权;还可以建立干部储备制度,以满足各种缺员的需要;在签订劳动合同时,要求员工辞职需提前三个月通知企业。这些措施都可以保证员工流失后企业能正常运转。②防止商业秘密泄露。每个企业都有自己的商业秘密,这些商业秘密是企业保持其竞争力的重要资源。员工流失后,有可能有意无意地泄露这些商业秘密,给企业造成损失,削弱其竞争力。因此,在工作中要特别注意商业秘密的保护,只让必要的人知道,或者把这些秘密分散,只让他们知道一部分。③防止培训费用损失。员工的流失会造成培训费用的损失,为此在培训时应签订培训合同,给被培训者设定最低服务年限,或者培训费用由企业和被培训者分担。④防止客户资源流失。客户是企业十分重要的资源,他们的流失会使企业陷入困境。为了避免或减少这种损失,对客户的管理和联系要以公司的名义进行,而且不能让同一个人与之保持联系。⑤防止技术流失。企业人员的流失,特别是技术人员的流失,会造成技术的流失,从而给企业造成损失。为此,企业应采取以下措施:建立企业技术档案,由专人负责掌管;研发阶段的技术,要有阶段性地总结汇报,防止成果未出来时研发人员流失;企业的核心技术只能由少数人掌握,并要对他们进行重点管理。⑥防止企业声誉损失。员工流失后,有可能产生诋毁原企业的言行,给企业造成声誉上的损失。所以,企业的各项管理工作要注意公平、公正,要注意提升员工的士气和情绪。⑦稳住企业人心。当企业流失的人员较多,而且流失的人员影响力又较大时,会造成企业人心涣散,使员工感到企业没有前途。为此,在平时管理中要注意各种非正式组织的存在,对非正式组织中的领导人物要给予高度重视。

(2)事后防范。事后防范措施是企业人力资源风险发生后采取的一些措施,目的是使损失尽可能地减少。主要包括以下措施:①保证企业正常运转的事后措施。员工流失后造成企业不能正常运转时,通常的做法是:延长现有员工的工作时间(当然要增加相应的报酬);从企业外借调相应的人员;招聘临时工;紧急招聘。②防止商业秘密泄露的事后措施。最主要的是以合同的形式要求他们不得泄露商业秘密。③防止培训费用损失的事后措施。当辞职者没有完成规定的服务年限时,可以按合同的规定要求其交纳相应的违约金。④防止客户资源流失的事后措施。销售员工辞职时,向他们提出不要到同类企业从事销售工作、更不能带走客户的要求。对辞职人员负责联络的客户要进行重点管理,掌握他们的动态,防止客户流失。⑤防止技术流失的事后措施。技术人员特别是关键技术人员辞职时,要及时收回企业的有关技术资料,并签订有关协议,流出员工不能出卖属于本企业的技术。⑥防止企业声誉损失的事后措施。要特别留意有关媒体,如果有对企业进行恶意炒作的行为,要及时辟谣。⑦稳住企业内部人心的事后措施。这时企业要做好思想工作,并采用相应措施,稳住人心。

二、关键员工离职的风险

1. 什么是关键员工离职的风险

企业的关键员工拥有专门技术并掌握核心业务,对企业的经营与发展会产生深远影响。他们一般占据企业总人数的20%~30%,但集中了企业80%~90%的技术和管理,创造了企业80%以上的财富和利润,是企业的骨干。这些员工的离职会使企业的有形和无形资产都遭受损失,削弱企业的核心竞争力;另外,企业需要追加招聘和培训成本,这会影响企业的正常运转和发展的连续性。

2. 关键员工离职风险的来源

(1)内部原因:由于契约或管理制度的欠完备性、员工个人目标与组织整体目标不一致,或员工在企业中受到不公平的对待或企业无法提供足够的发展空间都将使员工产生去意。

(2)外部原因:一旦外界提供了更好的发展机遇,他们便会通过比较利润的高低和机会成本的大小最终选择离开。

3. 大学生创业对关键员工离职风险的防范

(1)定时或不定时地了解员工的情况(待遇、工作成就感、自我发展、人际关系、公平感、地位、生活、对企业的信心、对企业战略的认同感等)。

(2)用培训和开发来激发员工,因为对于高素质的关键员工而言,这比提高薪水更有意义。

(3)契约约束。如签订"竞业禁止"协定,要求员工在离职后一段时间内不得从事与本企业有竞争关系的工作,并要为企业保守商业、技术机密。

第四节　大学生创业的市场营销风险

大学生在创业管理运作过程中经常因信息不对称、管理不善、判断失误等影响管理水平,而导致创业失败。大学生创业者要培养企业家的精神,锻炼自我的诚信力、决策力、管理力、创新力、社交力、理财力,多阅读管理类书籍,掌握科学的管理理念和方法,并运用到创业团队的管理中去。

创业管理风险落实到具体的企业经营过程中又包括市场营销风险和财务风险。

一、什么是市场营销风险

市场营销风险,是指企业在开展市场营销活动的过程中,由于出现不利的环境因素而导致市场营销活动受损甚至失败的可能性。企业在开展市场营销活动的过程中,必须分析市场营销可能出现的风险,并努力加以预防,设置控制措施和方案,最终实现企业的营销目标。如果企业制订并实施的营销计划与其营销环境不协调,将使营销策略无法顺利实施,导致目标市场缩小,无法实现盈利的可能。

二、市场营销风险的来源

1. 营销模式不转变

当影响的目标市场发生变化时缺乏应对新形势的新思路,对消费者的变化缺乏调查和研究,沿用以前的思维定式,对市场营销模式如法炮制。

2. 盲目依赖广告

不可否认广告在新创企业初期的巨大作用,但是若企业不能提供与广告相称的产品或服务时就会影响市场的忠诚度。

3. 缺乏危机管理

突发事件发生时没有加以重视,不能迅速拿出富有创造性和实质性的危机处理方案,因此新创企业要树立危机管理意识,完善公关工作,处理好突发事件。

三、市场营销风险的内容

1. 产品风险

产品风险是指产品在市场上处于不适销对路时的状态。产品风险又包括产品设计风险、产品功能质量风险、产品入市时机选择风险和产品市场定位风险、产品品牌商标风险等:

(1)产品设计风险是指企业所设计的产品过时或者过于超前,不适应市场顾客的需要。

(2)产品功能质量风险主要是指企业所销售的产品,功能质量不足或产品功能质量过剩,不能完全满足用户需求。

(3)产品入市时机选择风险是指产品进入市场时间的选择出现不当。

(4)产品市场定位风险是指产品的特色等与市场顾客的要求不相符。

(5)产品品牌商标风险是指名牌产品被侵权或维护不当,使名牌产品信誉受损害时的状态。其表现:一是被外部企业或个人侵权;二是品牌未经及时注册而被别人抢注;三是名牌形成后疏于维护或维护不当而使信誉受损等。

2. 定价风险

定价风险是指企业为产品所制订的价格不当导致市场竞争加剧、用户利益受损或企业利润受损的状态。定价风险包括：

(1) 低价风险。低价是指将产品的价格定得较低。从表面上看，低价有利于销售，但定低价并不是在任何时候、对任何产品都行得通。相反地，产品定低价，一方面会使消费者怀疑产品的质量，另一方面会使企业营销活动中价格降低的空间缩小，销售难度增加。其次是产品订低价依赖于消费需求量的广泛且较长时间内稳定不变。而实际上，消费者的需求每时每刻都在变动之中，因此企业这种价格的依赖性是非常脆弱的。

(2) 高价风险。高价是指企业将产品价格定得较高，单件产品盈利较大。高价产品的风险主要表现为：一是高价招至市场竞争程度白炽化，从而导致高价目标失效；二是高价为产品营销制造了困难，因为低收入者会因商品价高而望而却步；三是订高价也容易使顾客利益受损，尤其是对前期消费者的积极性伤害较大。

(3) 价格变动的风险。价格变动主要有三种形式，其一是由高价往低价变动，即降价；其二是商品价格由低价往高价变动，即提价；其三是因市场竞争产品价格发生变动，本企业的产品价格维持不变。在企业营销活动中，实施价格变动时，若处置不当，往往也会产生不利的局面，如降价行为会引发竞争对手的恶性价格战，提价会使消费者转买其竞争对手产品进而导致顾客流失等。

四、大学生创业市场营销风险的控制

创业随着企业内外生态环境的复杂化，企业经营所面临的风险日益增多。营销风险越来越受到企业的重视，建立起营销风险防范体系，已成为业内人士面临的难题与关注的焦点。企业如何才能有效管控市场营销风险？

(1) 加强市场营销环境的调查研究，是市场营销风险控制的根本性措施。企业从设计产品开始，到定位、分销和促销活动的全过程，都必须深入市场，进行调查研究。通过市场的调研活动，掌握相关的情报资料信息，包括顾客需求信息、竞争者信息、国家宏观经济及相应的政策信息、国际政治与经济形势以及其他信息。企业的营销活动，必须在充分掌握了相关信息资料的基础上才能顺利展开，否则企业营销活动就会产生风险。中粮美特是一家生产包装产品的企业，为众多生产企业提供包装产品，近几年来营销风险得到了有效控制，应收款都已收回。该企业规定营销人员在销售产品时，随货同行、货到人到，与客户当场验货，并办妥相应手续。同时营销人员还必须了解客户相应的信息，如产品销售是否正常，是否出现催要款项的情况等，通过营销人员深入客户的现场调查来分析判断交易是否存在风险。如该企业在与某生产饮料公司的业务往来中发现该公司出现了催要款的人员，且该公司产品库存积压上升，就应及时调整对该公司的供应方式，后来该饮料公司被宣布破产，许多供应商的货款无法回收，而中粮美特则毫发未损。

(2) 建立风险防范与处理机构。在变化的市场环境下，企业在运营中风险随时都可能发生，因此建立风险防范与处理机构就如同建立营销机构一样重要。风险防范与处理小组的工作应包括以下几个方面：

① 在企业内部建立风险预防的规章制度，并督促制度的贯彻执行。

② 调查研究相关信息资料，对公司客户的信息和能力进行分析与评定。

③ 在日常管理工作中进行风险处理演练，以提高对风险处理的应对能力，强化职工

的风险防范意识。

④ 在企业出现风险后,由风险防范与处理机构统一处理风险事件。

(3) 正确面对发生的风险。当风险产生以后,如何面对风险,是决定风险能否正确和顺利处理的关键。风险的发生会给企业带来损害,也可能给社会、顾客带来损害。

第一,应该诚实地面对社会和顾客,一方面,最大限度地减少对社会和顾客的损害;另一方面,快速采取措施制止风险的扩大和扩散。如果风险产生后,企业回避、推托、甚至辩解,反而会使风险扩大,损害增加。1999年6月在欧洲发生的可口可乐饮料污染事件,就是可口可乐公司面对的一次风险。可口可乐公司采取的措施首先是由公司高层管理者飞赴比利时、法国处理饮料污染事件,并向受害者道歉。

第二,委托权威机构对风险原因进行调查并将结果向公众公布。

第三,控制和影响信息发布源。通过公司一系列措施,最终将成功地控制风险的损害程度。

(4) 依法处理。企业风险产生后,企业应该迅速地运用法律武器来处理风险。国家为了规范市场行为,保护公平竞争,维护企业合法权益,制订了一系列相关的经济法律和法规,如《合同法》、《价格法》、《反不正当竞争法》等,企业决策者应该了解相应的法律法规,在营销活动中依法办事。在日常业务往来中,企业对一些具有潜在风险的业务,首先,要依法鉴订合同,鉴订合同是预防风险的第一道门槛。其次,当由于对方的原因而给企业造成风险后,应该当机立断,积极寻求法律途径处理风险。

(5) 提高企业员工素质。企业营销活动中的一些风险,是由企业员工素质不高或其他主观因素造成的。如有些企业销售人员因不熟悉所推销产品的相关知识而发生销售阻碍,或责任心不强而导致货款不能及时回收或损失,都属于因员工素质问题而产生的营销风险。因此,加强企业员工素质的培训与提高,是控制企业市场营销风险的重要措施之一。企业员工素质培训应包括员工的政治素质、文化素质、业务素质、道德素质等多方面的内容。对于营销第一线的员工,其综合素质的提升与否,直接影响企业营销,对其强化培训就显得更为迫切和重要。企业在对营销人员考核中,注重销售额及利润的考核固然重要,对其责任心与有关风险防范的考核同样重要。目前,许多企业实现的销售额从会计账面看非常大,但实际的销售回笼资金却不理想,有些资金可能成为吊账或死账。因此,营销人员既要努力促进销售额的提高,更应注意风险的防范。

五、市场营销风险的防范策略

1. 制定营销风险的防范策略

(1) 加强市场环境的调查研究,这是市场营销风险防范的根本措施。

(2) 利用市场细分,防范目标市场变化的风险。

(3) 实行多角化经营,分散目标市场单一风险。

(4) 树立"营销队伍全员风险意识"。从人员招聘、培训、日常管理都要对营销人员灌输风险意识,让他们有危机感、责任感。

(5) 建立风险防范与处理小组。主要工作应包括:一是在企业内部建立风险预防的规章制度;二是对客户的资料进行分析和评估;三是在日常管理中进行风险处理演练,提高风险处理能力;四是当风险发生后,由风险防范与处理小组统一处理风险事件。

2. 明确不同营销风险类型下的具体防范措施

以风险的来源为标志,可将营销风险分为外因型风险和内因型风险。外因型风险指来自于营销主体以外的风险因素导致的风险,主要包括价格风险、销量风险、信用风险、经销商风险;内因型风险指来自于营销主体自身因素的风险,主要包括销售人员风险。下面详细论述不同营销风险类型下企业的具体防范措施。

(1)价格风险及其防范。价格风险是市场营销的第一大风险,不仅因为价格对企业利润至关重要,更重要的是在当前资源和市场两大约束条件下,企业对价格的自主权几乎丧失殆尽。但是企业在价格风险管理方面并非无所作为,建立企业上下游产业的战略联盟就是一条思路。自2004年钢价上涨以来,世界第一造船大国韩国的钢铁企业即以"国内需求紧张"为理由,优先满足国内船厂,不再履行合同向中国出口造船供钢。而日本钢铁企业虽未终止合同,但卖给本国企业的船用钢板的价格是每吨400美元,卖给中国企业的价格则高达每吨700美元,两者价差几乎达一倍。同样是铁矿石涨价,我国企业损失惨重,可日本企业由于在铁矿企业占有相当大的股份,就可避免损失。

但也有的企业利用价格风险给企业创造了发展机遇。如江苏省的一家化工原料企业建立了缜密的市场价格监测网,能从一些蛛丝马迹中准确判断价格走势。多年来,以一个行业内中型企业的地位领先了众多大企业,做到了"领涨领跌"、先人一步,在价格上涨时通过领涨最大化企业利润,在价格下跌时通过领跌争取了新客户。从企业内部来说,要长期制定降低成本的规划,要通过价值工程、设计创新等方式保持企业成本领先的地位,为应对价格风险提供较大的空间。

(2)销量风险及其防范。销量风险就是指企业对其产品的销量估计不足造成的收益损失风险,主要原因在于没有充分估计环境变化和"企业惰性"所致。20世纪90年代小天鹅上马洗碗机项目也因为销量不足造成大量亏损。很多跨国公司初进中国时都曾经以中国庞大的人口数量乐观估计市场规模,没有对销量风险进行控制,栽了不少跟头。再如,联想收购IBM个人电脑业务的最大风险之一就是销量风险。假如收购后的公司能保持联想与IBM以前的销量,就为新联想的业务重组提供了空间,这一收购就有可能成功。如果销量萎缩,则所有的英雄图谋只能是一场空。

销量风险主要来自于需求、供应链的结构变化或者是竞争环境的意外变故。比如互联网购物就对传统的图书、音像制品销售行业的销量造成很大影响。又如DELL公司开始销售自有品牌的打印机就对惠普公司的销量形成威胁。

企业控制销量风险的主要途径有两条:一是强化企业市场地位。宝洁公司在分析市场占有率时,有一个指标是本企业具有绝对优势的产品市场占有率。这一指标较好地反映了企业的市场稳定性;二是积极拓展新市场,使新产品、新市场的比重不断加大。企业也可以将销量风险转移,如联通CDMA手机和上海永乐的合作,上海永乐通过包销的方式承担了CDMA手机开拓市场初期的销量风险,同时也获得了丰厚的回报。

第五节　大学生创业的财务风险

　　创业对于国民经济的发展有着重要的意义。开展大量的创业活动,不仅可以推动经济的增长,提升综合国力和国际竞争力,而且可以促进新技术的商品化开发,成为转变经济增长方式的一个重要途径;个人自主创业还可以缓解就业压力,解决就业矛盾;有利于培养自立自强和敢于承担风险的创业精神,锻炼和培育我国目前最为稀缺的企业家资源。由于创业企业的固有特征,创业是一项复杂而艰难的过程,涉及技术、市场、财务、管理、政府等方面,时刻面临着风险,财务风险是其中一个重要内容,使得大量的创业企业由于财务问题而失败。因此,在目前创业活动异常活跃以及机遇与风险并存的时期,研究创业企业财务风险就更加紧迫,更有现实指导性和实用性。通过分析创业企业的财务风险识别、影响因素分析,大学生创业者能尽早发现财务风险的信号,以便及时采取相关措施,降低对企业的危害,使创业企业能够进一步迅速地成长壮大和可持续发展,走得更远更好。

一、什么是财务风险

　　财务风险的概念最早是针对企业的理财活动提出的,并已经形成了一套比较成熟的财务风险理论。从财务角度来讲,财务风险的范畴是一个广义的概念,财务风险也叫筹资风险,一般是指由于企业筹集资金方面的原因带来的收益不确定性,创业企业财务风险也称融资风险或筹资风险,是指由于企业融资不当、财务结构不合理给投资者造成损失的可能性,会对企业生产经营产生重大影响,企业员工特别是企业的经营管理者,只有树立财务风险意识,有预见性地采取各种防范措施,使可能遭受的风险损失降到最低限度,才能保证企业的生存和发展。

二、创业企业财务风险的特征

　　在企业的财务管理中只有充分了解财务风险的特征,才能采取针对性的防范措施。归纳起来,具有以下特征:

　　(1) 客观性。企业的整个财务系统是客观存在的,在价值增值的同时不可避免的面临种种危险,也就是说财务风险不以人的意志为转移。

　　(2) 全面性。财务风险存在于企业财务管理的全过程,包括资金筹集、资金运用、资金积累、资金分配等财务管理的全过程。

　　(3) 不确定性。财务风险的不确定性虽然事前可以评估和防范,但由于影响财务的各种因素也在不断的变化,在一定时期和一定条件下有可能发生,也可能不发生,事前不能准确地预测财务风险的大小。

　　(4) 共存性。财务风险与收益是成比例的,也就是说风险越大,收益越高;风险越小,收益越小。在我国企业里,由于种种原因,财务风险会影响企业生产经营活动的连续性、经济效益的稳定性,因此,科学的控制和防范风险,可以提高企业的经济效益。

三、财务风险的来源

财务风险的来源,归纳起来,主要有以下几个方面:

(1) 企业财务管理宏观环境的复杂性是企业产生财务风险的外部原因。企业财务管理的宏观环境复杂多变,而企业管理系统不能适应复杂多变的宏观环境。财务管理的宏观环境包括经济环境、法律环境、市场环境、社会文化环境、资源环境等因素,这些因素存在企业之外,但对企业财务管理产生重大的影响。

(2) 企业财务管理人员对财务风险的客观性认识不足。财务风险是客观存在的,只要有财务活动,就必然存在着财务风险。然而在现实工作中,许多企业的财务管理人员缺乏风险意识。风险意识的淡薄是财务风险产生的重要原因之一。

(3) 财务决策缺乏科学性导致决策失误。财务决策失误是产生财务风险的又一主要原因。避免财务决策失误的前提是财务决策的科学化。

(4) 企业内部财务关系不明。这是企业产生财务风险的又一重要原因,企业与内部各部门之间及企业与上级企业之间,在资金管理及使用、利益分配等方面存在权责不明、管理不力的现象,造成资金使用效率低下,资金流失严重,资金的安全性、完整性无法得到保证。

四、大学生创业财务风险控制措施

1. 增强投资者和企业管理人员的风险意识

创业投资本身就是一项风险很大的投资行为,应该大大增强投资者和企业管理人员的风险意识,使其具有很强的风险观念,这样在投资和经营过程中就会有意识地注意防范风险和识别风险。企业的市场风险和经营风险最终都会在财务风险上有所体现,可以说财务是创业企业经营的神经末梢,财务风险是创业企业最外在的风险,也是最后的风险,因为财务风险直接导致企业创业失败。企业理财人员应能发现和正视风险,为企业决策层提供企业的财务风险信息,并提出有效的防范措施供决策参考。

2. 建立健全企业财务风险的防范机制

企业应建立健全财务预测、财务预算和财务控制的风险防范机制。创业企业应该建立预测模型,选择预测风险的方法,对各种情况下可能发生的财务风险及风险的影响程度进行测试。对测试出的风险应采取预防措施,比如通过保险、合同、担保和租赁等方式,把风险转嫁给保险公司、购销对象、担保人和租赁人等。创业企业可以考虑采用变动成本法编制财务预算,而且要应用弹性预算,以尽量留有余地应付业务变动的影响。在预算编制时还应综合采用零基预算和滚动预算的预算编制方法,使预算成为抵御财务风险的有力武器。创业企业要强化企业内部的财务控制,努力减少管理人员的道德风险,对企业的重大筹资、投资和分配等财务活动实施规范的决策程序和监管制度。

3. 利用企业孵化器

企业孵化器是通过提供一系列新创业发展所需的管理支持和资源网络,帮助和促进新创企业成长与发展的经济发展手段或企业运作形式。孵化器通过提供场地、共享设施、培训和咨询、融资和市场推广等方面的支持,降低创业企业的创业风险,提高企业的成活率和成功率。为了降低和抵御创业企业的财务风险,创业企业在种子期应该考虑充分利用企业孵化器,不要急于从企业孵化器中脱离出来。创业企业还可以考虑即便从企业孵化器中脱离,也应积极和企业孵化器形成经营与资本的一定联合,这样既可以促进企业的成长,又有利于降低创业企业的后续经营风险。

4. 积极吸收风险投资基金

风险投资基金是一种向创业企业提供股权资本的投资行为,其基本特征是投资周期长,一般为一年,除资金投入之外,投资者还向投资对象提供企业管理等方面的咨询和帮助。投资者通过投资结束的股权转让活动来获取投资回报。创业企业如果能多方面吸收风险投资基金的投资,就会大大改善创业企业的资本结构,充足企业的资本金额,提高企业的偿债能力,降低和防范企业的财务风险。

5. 保持资产流动性

企业资金流转总是周而复始地进行的,因此流动性是企业的生命,企业必须加速存货周转、缩短应收账款周转期,以保持良好的资产流动性。创业企业应降低整体资产中固定资产的比重,这样就可以大大降低产品中固定成本所占的比重以及企业的经营风险和财务风险。

6. 加强组织结构和人员控制

按照决策系统、执行系统、监督反馈系统相互独立、相互制衡的原则进行财务内部控制组织结构的设置。创业企业投资者和管理人员应在其职责和权限范围内行使职权,做到高效、有序。企业内部监督系统应建立各项业务的风险评价、内部控制状况的检查评价的处罚制度。创业企业的决策及高层管理人员的能力、品行、资历和稳定性,关系到创业企业的安全与发展,因此有必要建立其控制制度,其中特别是财务安全与风险控制制度,让决策层及高层管理人员科学可靠地承担起财务安全与风险控制的责任。

7. 加强财务会计制度建设

创业企业要按照科学规范、权责分明、监督制约、账务核对、安全谨慎和经济有序的原则建立严密的财务会计控制制度。会计记录、账务处理和财务成果核算等完全独立,并且严格按照高校财务会计制度和规则进行,保障财务、会计信息的完整性、准确性、客观性与有效性。

第六节 大学生创业的开业经营风险规避

本章前文若干小节分别按照创业的各个管理职能对大学生创业风险规避进行了阐述,下文将依据创业阶段进一步阐释如何规避创业风险。

一、避免因准备不足造成的风险

大学生在创业之初,需要充分了解企业开业经营的基本知识,要做到烂熟于胸。事前准备做充分,才能不慌不忙地应对突发事件。本节将结合企业开业经营环节来阐述大学生创业的开业经营风险规避。

1. 企业治理结构

(1) 认真对待公司章程和合伙协议。公司章程和合伙协议有着非常重要的法律意义。首先,公司章程或合伙协议是公司或合伙企业的法定文件,在公司和合伙企业设立登记时,设立人必须向企业登记机关提交上述文件。《公司法》规定,设立公司必须依法制定公司章程;《合伙企业法》规定,申请设立合伙企业,应当向企业登记机关提交登记申请书、合伙协议书、合伙人身份证明等文件。其次,公司章程和合伙协议是公司和合伙企业的纲领性文件,对内具有最高约束力。《公司法》规定,公司章程对公司、股东、董事、监事、高级管理人员具有约束力。《合伙企业法》规定,合伙协议经全体合伙人签名、盖章后生效。合伙人按照合伙协议享有权利,履行义务。

(2) 设计科学规范的公司治理结构。

① 股东会:股东会由全体股东组成,是公司的最高权力机构。分为年度股东大会和临时股东大会。年度股东大会每年召开一次,应当于上一会计年度结束后的 6 个月内举行。临时股东大会则会在特殊情形时,在法律规定期限内召开。

股东会的相关职权:

a) 股东会对公司增加或者减少注册资本、分立、合并、解散或者变更公司形式做出决议,必须经出席股东大会所持表决权的 2/3 以上才算通过。这一规定较通常的 1/2 以上表决权通过的规定,扩大了利益保护的范围。

b) 公司可以修改章程,但修改公司章程的决议,必须经代表 2/3 以上表决权的股东通过。

c) 股东会会议由股东按照出资比例行使表决权。

d) 股东会的首次会议由于尚未形成会议召开方法,故应由出资最多的股东召集和主持,依照《公司法》的规定行使职权。

e) 股东会会议分为定期会议和临时会议:定期会议应当依照公司章程的规定按时召开。拥有 1/10 以上表决权的股东、1/3 以上的董事,监事会或者不设监事会的公司的监事提议召开临时会议的,应当召开临时会议。

f) 公司设立董事会的,股东会会议由董事会召集,董事长主持,董事长因特殊原因不能履行职务时,由董事长指定的副董事长或者其他董事主持。

g) 召开股东会会议,应当于会议召开 15 日前通知全体股东。股东会应当对所议事项的决定进行会议记录,出席会议的股东应当在会议记录上签名等。

h) 无论公司章程有无规定,股东会会议的有关问题涉及上述方面的,都必须按规定的程序执行。程序未作规定而章程有规定的,则可依章程规定的程序执行。

② 董事会:董事会是由董事组成的,对内掌管公司事务、对外代表公司的经营决策机构。公司设董事会,由股东会选举。董事会设董事长一人,副董事长一人,董事长、副董事长由董事会选举产生。董事任期三年,任期届满,可连选连任。董事在任期届满前,股东会不得无故解除其职务。

董事会对股东会负责,行使下列职权:

a) 负责召集股东会,执行股东会决议并向股东会报告工作。

b) 执行股东会决议。

第七章　大学生的创业风险规避

c) 决定公司的生产经营计划和投资方案。
d) 制订公司的年度财务预算方案、决算方案。
e) 制订公司利润分配的方案和弥补亏损的方案。
f) 制订公司增加或减少注册资本以及发行公司债券的方案。
g) 制订公司合并、分立、解散或者变更公司形式的方案。
h) 决定公司内部管理机构的设置。
i) 决定聘任或解聘公司经理及其报酬事项,并根据经理的提名决定聘任或者解聘公司副经理、财务负责人及其报酬事项。
j) 制定公司的基本管理制度。
k) 公司章程规定的其他职权。

③ 监事会:监事会是由股东(大)会选举的监事以及由公司职工民主选举的监事组成的,对公司的法律教育等业务活动进行监督和检查的法定必设和常设机构。监事会,也称公司监察委员会,是股份公司法定的必备监督机关,是在股东大会领导下,与董事会并列设置,对董事会和总经理行政管理系统行使监督的内部组织。

监事会的职权范围包括:
a) 检查公司财务。
b) 当董事、高级管理人员的行为损害公司利益时,要求董事、高级管理人员予以纠正。
c) 提议召开临时股东会会议,在董事会不履行本法规定的召集和主持股东会会议职责时召集和主持股东会会议。
d) 向股东会会议提出提案。
e) 依照《公司法》第一百五十二条的规定,对董事、高级管理人员提起诉讼。
f) 公司章程规定的其他职权。
g) 列席董事会会议,对所有议事项提出质询和建议。
h) 调查公司异常经营情况。

④ 经理:经理是负责公司日常经营管理工作的高级管理人员。我国《公司法》规定,有限责任公司可以设经理,由董事会聘任或者解聘,经理对董事会负责。经理可以作为公司的法定代表人。

经理负责公司的日常经营管理工作,行使职权包括:
a) 主持公司的生产经营管理工作,组织实施董事会决议。
b) 组织实施公司年度经营计划和投资方案。
c) 拟定公司内部管理机构设置方案。
d) 拟定公司的基本管理制度。
e) 制定公司的具体规章。
f) 提请聘任或者解聘公司副经理、财务负责人。
g) 决定聘任或者解聘除应由董事会决定聘任或者解聘以外的其他负责管理人员。
h) 董事会授予的其他职权。

(3) 合理执行合伙企业事务。

① 合伙事务的执行方式：

a) 由全体合伙人共同执行。

b) 由各合伙人分别单独执行合伙事务。

c) 由一名合伙人执行合伙事务。

d) 由数名合伙人共同执行合伙事务。

每一合伙人有权将其对合伙事务的执行权委托其他合伙人代理，而自己不参与合伙事务的执行。

② 合伙企业事务执行后果的承担：执行合伙事务的合伙人，对外代表合伙组织，其执行合伙事务所产生的收益归全体合伙人，所产生的亏损或民事责任，由全体合伙人承担。

③ 合伙事务的决定：只能由合伙人依法做出，不得委托其他合伙人或合伙人以外的人进行。以下为必须经全体合伙人同意的合伙事务：

a) 处分合伙企业的不动产。

b) 改变合伙企业名称。

c) 转让或处分合伙企业的知识产权和其他财产权利。

d) 向企业登记机关申请办理变更登记手续。

e) 以合伙企业名义为他人提供担保。

f) 聘任合伙人以外的人担任合伙企业的经营管理人员。

g) 依照合伙协议约定的其他有关事项，如增加对合伙企业的出资，延长合伙企业的经营期限等事项。

其他的合伙事务的决定或由全体合伙人决定，或依合伙协议约定决定，而且合伙协议的约定优先。在合伙企业存续期间，合伙人不得从事对合伙企业不利的活动，如自营或与他人合作经营与本合伙企业相竞争的业务；未经全体合伙人同意，合伙协议也没有约定，而与本合伙企业进行交易。

(4) 妥善管理个人独资企业事务。

投资人有权自主选择企业事务的管理形式。个人独资企业事务管理主要有三种模式：

① 自行管理：即由个人独资企业投资人本人对本企业的经营事务直接进行管理。

② 委托管理：即由个人独资企业的投资人委托其他具有民事行为能力的人负责企业的事务管理。委托管理，须由投资人与受托人签订书面合同，明确委托的具体内容和授予的权利范围。聘用他人管理企业事务，须由投资人与被聘用的人签订书面合同，明确委托的具体内容和授予的权利范围。投资人委托或者聘用的人员管理个人独资企业事务时违反双方订立的合同，给投资人造成损害的，应承担民事赔偿责任。

③ 聘任管理：即个人独资企业的投资人聘用其他具有民事行为能力的人负责企业的事务管理。投资人对受托人或者被聘用的人员职权的限制，不得对抗善意第三人。

2. 注册企业商标

注册商标是一种法律名词，是指经政府有关部门核准注册的商标，商标申请人取得商标专用权,注册商标享有使用某个品牌名称和品牌标志的专用权,这个品牌名称和品牌标志受到法律保护,其他任何企业都不得仿效使用。商标注册人受法律保护,享有商标专用权。

注册商标所需要的资料有:

(1) 以企业名称申请注册的,需提供营业执照复印件,并需在营业执照复印件上加盖公章。

(2) 以个人名称申请注册的,需提供个人身份证复印件1份和个体工商户营业执照复印件,个体工商户营业执照复印件上需加盖公章。

(3) 提供商标文字或图样,需要保护颜色的,还需要提供彩色图样。

(4) 提供拟注册的商品或服务项目,可根据申请人自己经营的商品或提供的服务,参照《商标注册用商品和服务国际分类》(尼斯分类)第九版以及商标局根据上述国际分类表修改的《类似商品和服务区分表》来填写。

(5) 提供加盖公章或签字的《商标代理委托书》,尤其注意,《商标代理委托书》上的地址应于营业执照上的注册地址完全一致。

注册商标的好处包括以下几个方面:

(1) 注册商标,表明了商品的独属性,在全国乃至世界,只有拥有这一商标的企业才可以使用,任何其他的企业不能擅自使用。这就在一定程度上保护了企业商标不受侵犯,保护了品牌的价值不受盗取。

(2) 注册商标,还可以形成一种独特的品牌形象,在任何地方,只要看到这样的商标,就能让消费者联想起这一产品,创造一定的市场认同感。

(3) 注册商标,可以以此为契机进行国际贸易,并由此拥有一定的国际认同,进而形成一定的国际地位。

(4) 注册商标之后,如果以后不再使用这一商标,可以转让,也可以抵押。

商标注册的步骤包括以下几个方面:

(1) 注册准备——选择注册方式:一种是自己到国家工商行政管理局商标局申请注册;另一种是委托一家经验丰富的商标代理组织代理服务。在注册前,最好先找一家比较权威的查询公司,进行注册前的查询,以减少商标注册的风险,提高商标注册的把握性。

(2) 准备资料,包括商标图样,申请人身份证、企业《营业执照》副本并递交复印件,盖有单位公章商标注册申请书。

(3) 开始申请。

(4) 按商品与服务分类提出申请。申请注册时,应按商品与服务分类表的分类确定使用商标的商品或服务的类别;同一申请人在不同类别的商品上使用同一商标的,应按不同类别提出注册申请。

(5) 申请日的确定。申请日以商标局收到申请书的日期为准。接下来就是商标审查、初审公告、注册公告三个程序。

(6) 领取商标注册证。

3. 专利申请使用

专利申请是获得专利权的必须程序。专利权的获得,要由申请人向国家专利机关提出申请,经国家专利机关批准并颁发证书。申请人在向国家专利机关提出专利申请时,还应提交一系列的申请文件,如请求书、说明书、摘要和权利要求书等。在专利的申请方面,世界各国专利法的规定基本一致。

(1) 专利的分类

① 发明专利:是指对产品、方法或者其改进所提出的新的技术方案。它又分为产品发明和技术方案的方法发明。产品发明是指一切以有形形式出现的发明,即用物品来表现其发明,例如机器、设备、仪器、用品等。方法发明是指发明人提供的技术解决方案是针对某种物质以一定的作用、使其发生新的技术效果的一种发明。方法发明是通过操作方式、工艺过程的形式来表现其技术方案。

② 实用新型专利:是指对产品的形状、构造或者其结合所提出的适于实用的新的技术方案。实用新型专利只保护具有一定形状的产品,没有固定形状的产品和方法以及以单纯平面图案为特征的设计不在此保护之列。由于实用新型专利及申请具有无须进行实质审查、审批周期短、收费低的特点,使该类型专利的申请量占专利总申请量的2/3。

③ 外观设计专利:是指对产品的形状、图案或者其结合以及色彩与形状、图案的结合所做出的富有美感,并适于工业应用的新设计,即产品的样式。它也包括以单纯平面图案为特征的设计。

(2) 申请专利的程序。

① 受理阶段:专利局收到专利申请后进行审查,如果符合受理条件,专利局将确定申请日,给予申请号,并且核实过文件清单后,发出受理通知书,通知申请人。如果申请文件未打字、印刷或字迹不清、有涂改的;附图及图片未用绘图工具和黑色墨水绘制、照片模糊不清并有涂改的;申请文件不齐备的;或者请求书中缺申请人姓名或名称及地址不详的;专利申请类别不明确或无法确定的,以及外国单位和个人未经涉外专利代理机构直接寄来的专利申请不予受理。

② 初步审查阶段:经受理后的专利申请按照规定缴纳申请费的,自动进入初审阶段。初审前发明专利申请首先要进行保密审查,需要保密的,按保密程序处理。在初审时要对申请是否存在明显缺陷进行审查,主要包括审查内容是否属于《专利法》中不授予专利权的范围,是否明显缺乏技术内容而不能构成技术方案的,是否缺乏单一性,申请文件是否齐备及格式是否符合要求。若是外国申请人还要进行资格审查及申请手续审查,不合格的,专利局将通知申请人在规定的期限内补正或陈述意见,逾期不答复的,申请将被视为撤回;经答复仍未消除缺陷的,予以驳回。发明专利申请初审合格的,将发初审合格通知书。对实用新型和外观设计专利申请,除进行上述审查外,还要审查是否明显与已有专利相同,不是一个新的技术方案或者新的设计,经初审未发现驳回理由的,将直接进入授权秩序。

③ 公布阶段:发明专利申请从发出初审合格通知书起进入公布阶段,如果申请人没有提出提前公开的请求,要等到申请日起满15个月才进入公开准备程序。如果申请人请求提前公开的,则申请立即进入公开准备程序。经过格式复核、编辑校对、计算机处理、排版印刷,大约3个月后在专利公报上公布其说明书摘要并出版说明书单行本。申请公布以后,申请人就获得了临时保护的权利。

④ 实质审查阶段：发明专利申请公布以后，如果申请人已经提出实质审查请求并已生效的，申请人进入实审程序。如果申请人从申请日起满一年还未提出实审请求，或者实审请求未生效的，申请即被视为撤回。

在实审期间将对专利申请是否具有新颖性、创造性、实用性以及专利法规定的其他实质性条件进行全面审查。经审查认为不符合授权条件的或者存在各种缺陷的，将通知申请人在规定的时间内陈述意见或进行修改，逾期不答复的，申请被视为撤回；经多次答复申请仍不符合要求的，予以驳回。实审周期较长，若从申请日起两年内尚未授权，从第三年应当每年缴纳申请维持费，逾期不缴的，申请将被视为撤回。实质审查中未发现驳回理由的，将按规定进入授权程序。

⑤ 授权阶段：实用新型和外观设计专利申请经初步审查以及发明专利申请经实质审查未发现驳回理由的，由审查员做出授权通知，申请进入授权登记准备，经对授权文本的法律效力和完整性进行复核，对专利申请的著录项目进行校对、修改后，专利局发出授权通知书和办理登记手续通知书，申请人接到通知书后应当在 2 个月之内按照通知的要求办理登记手续并缴纳规定的费用，按期办理登记手续的，专利局将授予专利权，颁发专利证书，在专利登记簿上记录，并在 2 个月后于专利公报上公告，未按规定办理登记手续的，视为放弃取得专利权的权利。

⑥ 复审阶段：专利复审程序是专利申请被驳回时，给予申请人的一条救济途径。根据专利法第四十一条的规定，专利复审委员会对复审请求进行受理和审查，并做出决定。复审请求案件包括对初步审查和实质审查程序中驳回专利申请的决定不服而请求专利复审的案件。只有专利申请人才有权启动专利复审程序，而且必须在接到驳回通知 3 个月内向国家知识产权局专利复审委员会提出。

⑦ 专利无效：在企业的专利申请和专利运用中，专利无效是被企业、单位运用最多的一个专利法规之一（应该仅次于专利的申请）。专利无效已成为专利诉讼中的必要手段和技巧。

专利权宣告无效的法律后果是被宣告无效的专利权视为自始即不存在。对专利复审委员会宣告专利权无效或者维持专利权的决定不服的，可以自收到通知之日起三个月内向人民法院起诉。

宣告专利权无效的决定，对在宣告专利权无效以前人民法院做出并已经执行的专利侵权的判决、裁定，已经履行或强制执行的专利侵权纠纷处理决定，以及已经履行的专利实施许可合同和专利权转让合同，不具有追溯力。但是因专利权人恶意给他人造成的损失，应当给予赔偿。

如果按照上述规定，专利权人或专利权转让人不向被许可人或专利权受让人返还专利使用费或专利权转让费，明显违反公平原则，专利权人或专利权转让人应当向被许可人或专利权受让人返还全部或部分专利使用费或专利权转让费。

由此可以看出，宣告专利权无效的法律后果是相当严重的。对于专利申请人来讲，务必要做好申请专利的前期工作，比如专利文献的查询、查新、市场调查等。

二、避免商业秘密泄露的风险

所谓商业秘密保护，是指劳动者在劳动合同期间以及解除或终止劳动合同后一段期限内不得利用企业的商业秘密从事个人牟利活动,非依法律的规定或者企业的允诺,不得披露、使用或允许他人使用其掌握的企业商业秘密。

保护商业机密的必要性:

(1) 加强商业秘密保护,是维护商业秘密权利人合法权益的需要。

(2) 加强商业秘密保护,是维护正常的市场竞争秩序的需要。

(3) 加强商业秘密保护,是参与世界经济一体化的需要。

(4) 加强商业秘密保护,是提高商业秘密法律保护整体效果的需要。

一方面,企业需要提高自身保护意识,并且加强保护措施,防止商业秘密泄露。企业和企业内的员工首先应当加强对商业秘密的认识,在企业和员工的主观上对企业自身的商业秘密要有认同。在法律理论中,商业秘密的概念是"主观秘密"和"客观秘密"的统一。如果企业自身在主观上不认为某些信息是商业秘密,则不可能强调客观上该信息属于商业秘密。比如,企业如果将本应当向某些特定客户提供的优惠价格,通过广告的形式公布出去,这一报价就谈不上商业秘密,因为企业主观上就不认同这是秘密,否则不可能广而告之。在主观认同的基础上,企业必须加强有关保密措施。通常的保密措施包括:企业内的隔离措施(例如:设立保密库、建立电子监控装置、限制参观者或客户与核心样品或生产工具接触等);缩小员工的业务知识面(即将员工所掌握的信息控制在必须的范围之内,尽可能减少员工了解其他业务信息的机会);文件的保管和销毁;严格控制对外发放资料的程序。总之,对于企业而言,必须注意时刻提醒自己的员工和相关访客:"这是商业秘密,请勿打探或泄露!"企业应当建立内部的保密制度,并且告知所有员工。企业内部的所有保密措施不仅可强化企业内部人员对于商业秘密的主观认同,更进一步在客观上体现了商业秘密的保密性。这为商业秘密的保护提供了基础依据。

在另一方面,任何涉及企业商业秘密的交易合同或协议,均应当设置"保密条款"。所谓"保密条款",即指通过合同的形式,对合同对方增设保密义务。这种保密义务通常是双方对等的。如果合同的对方泄露了因合同的签订和履行所掌握的我方的商业秘密,则构成违约,需要承担相应的违约责任。

三、避免广告发布的风险

广告发布是指广告经营者通过一定的媒体或形式,将已制作好的广告信息传递给广告对象的活动。

1. 网络广告发布的误区

(1) 只考虑购买网站的首页。

(2) 以网站点击量为主要衡量标准。

(3) 认为广告投放的量越大,广告效果就一定越好。

2. 电视广告发布的主要形式

(1) 特约播映广告。是指电视台为广告客户提供的特定广告播出时间,客户通过订购这类广告时间,把自己的产品广告在指定的电视节目的前、后或节目中间播出的一种广告宣传方式。

(2) 普通广告。指电视台在每天的播出时间里划定的几个时间段,供客户播放广告的一种广告宣传方式。

（3）经济信息是电视广告的一种宣传方式，是电视台专门为工商企业设置的广告时间段，是专门为客户宣传产品的推广、产品鉴定、产品质量咨询、产品联展联销活动，以及企业和其他单位的开业等方面的宣传服务。

（4）直销广告。指电视台为客户专门设置的广告时间段。利用这个时间段专门为某一个厂家或企业，向广大观众介绍自己生产或销售的产品和商品。

（5）文字广告。只是在电视屏幕上打出文字并配上声音的一种最简单的广告播放方式。

（6）公益广告。是一种免费的广告，主要是由电视台根据各个时期的中心任务，播出一些具有宣扬社会公德、树立良好的社会风尚的广告片。

四、避免源于合伙人的风险

合作创业就好比一场婚姻，这一步棋走错了，很可能满盘皆输。可以说，合伙创业如果搞得不好，会产生许多矛盾和问题，比如利益分配不均、权责不明、合作者的发展理念发生分歧等，这些矛盾发展下来，就可能出现类似爱多公司的两位创始人内斗的这类极端现象，最终断送企业的大好前景。所以，为了尽量发挥合作创业的优势、规避合作创业的风险，一定要谨慎选择合适的合作伙伴，并保持良好的合作关系。

1. 大学生规避合伙人风险的基本思想

尽管相互合作能够很好的体现创业的各种优点，但我们也应该注意到，合作创业也存在一些问题，一旦合作双方的意见未能达成一致，可能造成的损害比独家经营还要大，"内耗"的破坏力是恐怖的。在对那些几个自然人（包括兄弟姐妹、叔伯舅姨、挚友亲朋）合作共同创业的企业作一下调查你会发现，几乎没几家企业发展了，而是合作者散伙了。因此，为了避免与合作伙伴产生不愉快的矛盾，要规避合伙创业的风险，应该遵循以下几点：

（1）弄清楚合作的真正动机。好好干事业是很多人的梦想，尝试去做的也有很多，但真正与伙伴同甘共苦的人却寥寥无几。"过河拆桥"的事例比比皆是，通常是利用同伴的优势让事业走上轨道以后，就收购股份将之打回"原形"。如果与这样的人合作，不仅无法同心协力的奋斗打拼，还会耗费自己过多的精力与时间，得不偿失。因此，在选择创业伙伴时，一定要慎重考虑，考量对方的合作动机，以免成为别人创业的工具。

（2）签订"君子协议"。问题是会存在的，但是要寻求合理的方式去解决。俗话说，先小人后君子。合作也好，合资也好，凡能预见到的，都拟出一个彼此都能接受的"君子协议"，将合作以后将要涉及的资金、分配、分红等一系列的问题，白纸黑字认可并按协议执行，那么，就算出现无可避免的问题，也有依据进行处理。

（3）要有一个良好的心态。创业是有风险的，没有谁能预测接下来会遇到什么样的灾难。也许现在事业正如日中天的老板，明天就会倾家荡产变得身无分文。因此，创业者应该保持一个良好的心态，将创业过程看作是人生的一种磨炼，就算失败了大不了从头再来，执意地去注重结果只会让创业之路有诸多束缚。当然，保持清醒的创业头脑也是创业者的必备素质。

2. 大学生如何选择合伙创业的伙伴

在创业的路上单飞与合伙各有利弊,如何让双方优势互补,合作成功,选择一个合适的合作伙伴们是至关重要的。合作创业的优势在于:优势互补;资源共享;智慧结晶;群策群力;降低风险。

大体来说,人们之所以需要合作伙伴,是出于这样的一些原因:

(1) 资金问题。独自创业资金不够,希望大家能一起凑一凑。

(2) 交情问题。大家本来就是好朋友,吃饭做事都在一起,一起创业也是件自然而然的事。

(3) 资源问题。一个人如果拥有很好的资源,大家创业时就会自然而然地想到邀他入伙,以便利用其资源。

(4) 专业能力。光有钱是不够的,还要找些懂管理、懂市场营销的人,只有方方面面的专业人才一起创业,创业成功的把握才会更大一些。

选择合作伙伴不能凭感觉,也不能抱着试试看的心理去做,必须要有端正的态度,必须从多方面审视自己,同时也必须对周围的环境和切身利益做周密的思考。为了避免麻烦,一开始在选择合作伙伴的时候你就应该慎重。

在挑选合作伙伴时有一个最起码的技巧,第一,人品好是必要条件。蒙牛董事长牛根生说过:"德才兼备破格使用;有德无才培养使用;有才无德坚决不用。"作为合作伙伴德是关键,其次是才。

第二,优势互补。人无完人,每个人都有自己的优势和劣势,利用合作伙伴的优势弥补自己的劣势,这样才能最大化地使创业成功。

第三,志同道合、能够沟通的人。如果两个合作伙伴连目标都不一致的话,创业也离失败不远了。

第四,能共同承担责任的人,最重要的一点是有韧性的人,要持之以恒,不能凭短时间的激情,有始无终是大忌。

第五,可替代性的人。在选择合作伙伴的时候,首先要考虑对方在企业中的位置是否可以替代,如果你的这位或这群创业伙伴是很容易替代的,那么,对你来说就是有利的,这意味着你可以将整盘生意始终操控在自己手里;反过来,如果你是被别人挑选来作为创业伙伴的,那么,你首先要考虑的也是自己在合作关系中的可替代性。如果你是轻易可以被替代的,或者现在虽然不能替代,在将来的某个时间段却是很容易被替代的,这样的创业合伙关系对你来说,就是一种危险的合伙关系。你要时刻做好被人踢出局的准备。

3. 什么样的创业合伙人最危险

我们已经充分分析了合伙创业的好处与风险防范,但是在选合伙人的时候,如果你不能找到合适的合伙人,那么对于你来说无疑是噩梦的开始,那么到底哪些人是不适合一起合伙创业的呢?

(1) 万年打工仔。万年打工仔有长长的简历和厚厚的资历证明,但自己做老板还是第一次。他喜欢按时领取工资,享受医疗保险,每天晚上7点准时回家和家人共进晚餐。可惜,万年打工仔无法独自经营企业,需要你一个指令、一个动作地教他如何发展企业。而且如果你的投资计划无法立刻产生效益,他就会跑去找份"真正的工作",不然他孩子的学费谁来支付？

建议：不喜欢风险，目标不一致的人很难成为好的合作伙伴。跳过那些无法贡献同等时间、精力和资金的人。

（2）完美主义者（或许是习惯拖拉者伪装的）。就连确定产品的官方发布日期，完美主义者都要求事事一丝不苟，否则他就无法工作。他喜欢研究竞争对手，设立行业案例研究，让自己那份长达150页的商业计划书尽善尽美。完美主义者当然希望新企业能立刻步入正轨，但内心深处总有个地方觉得还不对劲。他计划接下来的几周内再对同事、朋友和家人发一份详细的调查，来进一步充实理念。

建议：手头现成的好计划比明天的完美计划更有用。避开那些可能是用完美主义为借口的习惯拖拉者，找一些行动力强、干劲十足的人。

（3）大学同伴。也许某晚一道在酒吧寻欢作乐时，大学同伴突然被一道灵感砸中，他立刻找了一张餐巾纸记下来，然后请你帮他"把这个变成现实"。他喜欢吹嘘自己的伟大创意，指点你如何具体操作（他对"亲自动手"没什么兴趣）。可问题是，他秋天就要去千里之外的医学院报到。但别担心，当他不用学习、不用工作、没有上课也没有约会的时候，你还是能通过电话联络到他的。他也肯定会把地址告诉你，好让你把他的那一半利润汇给他。

建议：永远不要为了一半的回报而承担全部风险。没有出色的执行过程，创意本身一文不值。合作创意投入生产前，要确定合伙人有长期参与的计划。写在餐巾纸上的东西没有法律约束力，一定要订立一份正式的运营协议。

（4）发明家。发明家往往认为自己创造出的小玩意能发展成为十亿美元规模的生意。他喜欢用2小时来给投资者讲解中国电力工程标准，迷信"人之初，性本善"，做商业决策是靠"直觉"。发明家根本不理解"盈利"这个词，但认为自己有必要将公司所有的投资收益都用在研发上。

建议：优秀的学者并不一定是优秀的商人。最好别与这种人合伙创业，不妨考虑跟他们进行技术授权合作或建立战略合作关系。如果你还是决定与这种人合伙创业，一定记住，在合伙协议里明确划分产品控制权和经营控制权。

第七节　大学生创业的有效退出

随着中国民营经济的发展壮大，出现了许许多多的大学生创业者们。把握进入机遇、选择进入领域是创业成功的重要因素；而把握退出时期、选择退出方式，同样也是企业立于不败之地的关键。

退出战略是战略管理中的一项重要内容，它包括产业退出、市场退出、股权退出等。实际上，退出是硬币的另一面。在我国，许多企业家在创业的过程中是不考虑退出的，至少在可预见的未来不考虑这个问题。比如传统的家族企业常常专注于创造的现金流，绵绵不断地维持企业的运作。"老板在，公司在"，他们认为自己不需要退出战略。实际上，在市场瞬息万变的今天，应该坚信一个哲理：生女终有嫁女时，当你开始倾注心血创业的时候就应该想好自己的退路。因为它能够让你心中清楚自己的创业征途有一个怎样的终点和底线,让你明确自己努力的焦点。

退出战略的制定需要审时度势,谋定而后动。退出战略的时机选择、方式选择需要科学性和艺术性,尤其需要专业的分析方法和工具,随着市场化程度的深入,企业主的退出不再被认为是失败的表现,企业家也有了更多的选择空间。

一、首次公开上市(IPO)

此方式所占比例最小,难度最大。IPO 可以使创业投资主体持有的不可流通的股份转变为可交易的上市公司股票。IPO 由于发行溢价的存在能更好地实现投资的盈利性,并有助于企业在资本市场建立声誉和保持持续融资渠道,因而广受创业投资主体的欢迎。一般当创业投资企业步入扩张期,经营业绩稳步上升并满足上市条件之时,创业投资主体都会首先采取 IPO 退出方式。创业投资企业固有的投资风险大、稳定利润缺乏、资信度低等特性,使其往往难以满足主板市场的上市条件。为创业投资 IPO 量身定做的股票交易市场是二板市场。美国证券商协会在 1971 年设立了 NASDAQ 市场,该市场以其宽松的上市条件和快捷的电子交易系统为一批高新技术企业提供了良好的上市环境,微软、英特尔、雅虎等著名企业都是借助该市场发展起来的。20 世纪 90 年代中期以后,欧洲和亚洲的一些国家也纷纷设立了类似的二板市场。

IPO 的缺点也是很明显的。一是在限制期内不能完全实现股权的流动性及收益。各国监管当局出于稳定投资信心和股市价格的目的,对创业投资公司在 IPO 时出售股票的比例和部分股份的锁定年限都有严格的限制性规定。二是对 IPO 的企业有一定的条件要求,多数创业投资企业只能"望 IPO 兴叹"。三是 IPO 的费用昂贵,对规模较小的企业来说可能不堪重负。尽管二板市场的上市费用和管理费用比主板市场的要低得多,但是发行企业仍要负担数额较大的承销费用、信息披露费用和其他成本。四是 IPO 能否取得成功在很大程度上受股票市场活跃程度影响。

二、兼并与收购(M&A)

科技型创业企业可以选择在公司的未来投资收益的现值比公司的市场价值高时把公司出售给收购者,这是主流的退出方式。兼并指的是两个和两个以上的企业按某种制度安排组成一个企业的产权交易行为,收购指的是甲企业以某种条件取得乙企业的大部分股权从而控制乙企业的产权交易行为。收购与兼并的定义有部分重叠,收购可以看成是广义的兼并行为的一种。在实践中,收购与兼并经常合在一起使用,被称之为并购(M&A)。创业投资领域通常的并购做法是新兴创投公司被某一大公司兼并,创业投资家通过与大公司交换股票从而退出创投企业。当创业投资主体打算尽早撤离,创投企业经营业绩稳步上升且其尚不满足 IPO 条件、或者决定通过战略联盟扩充实力时,M&A 就成为最佳退出方式。M&A 有助于新兴企业充分利用大公司的雄厚资金增强研发能力、提升核心竞争力。收购方则希望借助 M&A 完成自身的战略目标。20 世纪 90 年代以来,以战略并购为宗旨的第五次大并购如火如荼地进行着,企业为达到巩固自身市场份额、行业定位和把握资源要素等目的,并购者可以牺牲一定时期的利润、局部市场、辅助行业、甚至可以牺牲自己作为被收购方的地位而加盟强者。第五次并购高潮的出现,为采用

M&A 方式退出的创业投资公司提供了宽容的市场环境。

三、出售

以私募的方式出售所投资的企业是创业投资家比较偏好的一种退出方式。出售有将企业一次性整体出售和将企业部分股权出售两种形式。如果创业投资家是将企业股权部分出售,在企业后续的生存时间里,创业投资家还可将余下的股权以私募的方式出售。这种创业投资家出售部分股权的方式就是二次出售。当创业投资家急于变现创业资本时,出售和二次出售因交易复杂性较低、花费时间较少,并能使创业投资家的资本快速变现,其优势极为明显。虽然出售不受 IPO 的条件限制,但其收益率要较 IPO 低得多,并且由于企业的独立性丧失及进行二次出售对企业获取稳定的后续投资存疑,这一方式极有可能遭遇来自企业家的反对票。

四、回购

回购指的是创投企业或创投企业家以现金或可流通证券的形式向创业资本投资公司回购本公司全部股权的交易行为。回购的类型主要有 3 种:一是创投企业用本企业的现金或票据回购股权;二是员工收购,即通过在创投企业内设立员工持股基金回购创业投资股份,员工持股基金的资金主要来源于公司的税前收益和建立在公司预期收益基础上的市场融资;三是管理层收购,即创投企业的管理层运用杠杆和金融衍生工具期权式回购股权。当创投企业的经营管理走向成熟而企业的高成长性难以稳定预期时,创业投资家可根据签订的相关偿付协议条款转让股权。

股权回购对创投企业的经营状况要求相当高,所能实现的投资收益率远不及 IPO 方式,但其优势独特:一是回购只涉及创投企业或创投企业管理层与创业资本投资公司双方当事人,涉及面较窄,交易简便易行;二是回购受到的管制极少,创投资本撤离速度快;三是回购可以使创投企业的外部股权全部内部化,创投企业的独立性不受影响,并有充足的资本保证企业的升值潜力。在某种程度上可以说,回购方式促成了创投企业和创投资本的双赢局面,因而近年来备受欢迎。

五、注销

在创投资本退出方式中,注销等同于破产清算。当创业投资不成功或者创投企业经营状况恶化且未来预期不看好时,创业投资家迅速通过公司破产清算方式尽可能多地回收本金,以便将投资损失减少到最小。一般说来,以破产清算方式退出仅能收回原投资的 64% 左右,收益率为负,且法律手续烦琐,历时较长,但这不表示该方式就不可取。统计数据表明,以该方式退出的创投资本约占美国创投资本退出总额的 30%(Cumming & MacIntosh,2003)。注销对创投资本循环的意义在于:避免过多的创投资本投入没有前途的项目,在本质上反映了创投项目在市场上的优胜劣汰。

如果大学生创业者决定以注销的方式退出市场,需要了解有关企业终止经营的知识。

1. 企业终止经营的有关概念

企业终止是企业停止经营活动、清理财产、清偿债务、依法注销企业法人资格的行为。

（1）解散。解散是企业因出现某些法定事由而导致其民事主体资格失效的行为。

（2）清算。解散仅仅是企业终止的原因，企业并非因解散的事实发生而立即失效。企业的清算即是处理解散企业未了结的法律关系的程序。清算结束进行注销登记，企业才最后失效。

（3）注销登记。注销登记时企业登记主管机关依法对歇业、被撤销、宣告破产或者因其他原因终止营业的企业，取消企业法人资格或经营权的执法行为。

2. 企业终止经营的流程

《公司法》规定，对公司合并、分立、解散和清算等事项做出决议，是股东大会的专属职权。董事会应当于股东会议召开的30日前，将会议审议的有关公司解散的事项通知股东。股东大会应当作出特别决议。

（1）成立清算组。因公司章程规定的营业期限届满或者公司章程规定的其他解散事由出现时，又或者股东会决议解散时，按照《公司法》的规定，应当在15天内成立清算组。有限责任公司解散时，清算组由全体股东组成；股份有限公司解散时，清算组由股东大会确定，清算组成员即可以是股东、董事，也可以是其他人。

解散的公司超过15日不成立清算组进行清算的，债权人可以申请人民法院指定有关人员组成清算组。公司因违反法律、行政法规而被依法责令解散或者因为撤销许可而解散时，由有关主管机关组织股东、有关机关及有关专业人员组成清算组。

（2）通知债权人

清算组应当在成立之日起10日内通知债权人，并于60日内在报纸上至少公告3次；债权人应当在接到通知书之日起30日内，未接到通知书的自第一次公告之日起90日内，向清算组申报其债权。

（3）注销登记

清算组结束工作之后，将股东会及有关机关确认的清算报告报送公司登记机关，申请注销公司登记。

（4）公告公司终止

公司注销登记后，在本公司所在地发布公司解散公告。

本 章 小 结

对于想要创业的同学，必须在大学的四年中做好充分的准备。一般来说，在大学一年级时，就应该接受职业价值观方面的教育，开始了解自己的兴趣、特长和专业背景，为今后选择创业、确定职业目标奠定基础。大二、大三的时候应通过参加社会实践和实习活动，对专业的社会需求和发展前景深入了解，根据实践中自我适应度的反馈信息，反思和调整自己的职业取向，初步确定出与自己能力相吻合的职业选择。大四的时候就要确定出自己的就业或创业目标，做出职业生涯规划，并开始付诸实施。提前做好这些准备，可以为自己今后成功创业增加筹码。

创业虽然充满了风险，但只要大学生认真学习，增强实践能力和社会认知，保持积极的心态，多学习、多汲取优秀经验，结合大学生既有的特长优势，相信大学生创业的步伐，会越走越远、越走越稳。

案例分析

精品店的失败

4位梦想创业的大学生,每人凑齐4 000元,准备在校园附近开一间精品店。当他们和房屋转租者签好转让协议,对店面进行装修时,房东突然出现并进行阻挠。16 000元创业资金已经花光,门面却无法开张。

小王是中南大学铁道校区的大三学生,大二时他就忙着在学校做市场调查,他认为定位中高档的男士精品店会很受学生欢迎。这学期开学不久,他和另外三位有创业想法的同学一拍即合,每人投资4 000元准备开店。

校园附近的孙老板有三间紧挨着的店面,其中一个门面闲置着。孙老板同意以12 000元转让这门面两年的使用权。小王告诉记者,当时孙老板说她有这个门面三年的使用权,但不要让房东知道房子已经转租给他们,就说几个大学生是帮她打工的,以此避免房东找麻烦。"我们虽然知道孙老板不是房东,只是租用了房东的房子,但我们不知道一定要经过房东的同意才能租房。"9月10日,涉世未深的几名大学生和孙老板签下了门面转让协议书,并支付了7 000元钱。

当他们开始对门面进行装修时,房东闻讯赶来。房东表示,他和孙老板签订的合同上明确写了该房子只允许做理发店,并且不允许转租。房东阻止他们装修,并和孙老板发生了冲突。在店面前透过玻璃门看到,几个玻璃柜凌乱地摆放着,地上刨花满地。前不久,小王和另外三个同学还在一边贴墙纸,一边憧憬着美好前景。当时为了不影响上课,他们利用晚上装修,忙到深夜两三点是常事。

现在门上已经挂了三把锁。9月份房东将第一把锁挂了上去,接着孙老板也挂了一把锁。小王等人的玻璃货架等物品都被锁在里面,无奈之下他们也挂了一把锁。现在要进入这个门面,要过三道关。几把锁锁死了他们的创业之路。孙老板从9月20日起就无影无踪,手机也不开机,不作任何解释。房东也不愿意和他们协商,反正房租已经收到了年底。这可苦了几个大学生,交给孙老板的7 000元房租,加上门面装修的5 000多元以及进货花去的钱,4人凑的16 000元已经所剩无几。近日,孙老板终于出现,她提出,几个大学生将剩下的5 000元交上,再想办法和房东协商。如果要退还7 000元的房租,必须把已经装修的门面恢复原状并补偿她两个月的误工费。这些钱来之不易,其中两个家庭条件并不是很好的学生拿出的是自己学费,他们希望通过创业缓解家庭的经济压力。黄同学告诉记者,他的4 000元是软磨硬泡才从父亲那里"借"来的。

(资料来源:http://wenku.baidu.com/)

【思考题】
1. 在这个创业过程中,存在哪些风险?
2. 几位创业者应当如何规避他们的创业风险?

> **小链接**

预防风险"八字诀"

预防经营风险时,有一则"八字秘诀"可以供大学生创业者参考:分析、评估、预防、转嫁。

第一,学会分析风险。创业者对每一个经营环节都要学会分析风险,做什么都不能满打满算,要留有余地,对可能出现的风险要有明确的认识和克服的预案。

第二,善于评估风险。通过分析,预测风险会带来的负面影响。例如,投资一旦失误,可能造成多大损失;投资款万一到期无法挽回,可能造成多大经济损失;贷款一旦无法收回,会产生多少影响;资金周转出现不良,对正常经营会造成哪些影响……

第三,积极预防风险。例如,对投资方案进行评估,对市场进行周密调查,制定科学的资金使用政策等。一旦某个环节出了问题,要有采取补救措施的预案,尽可能减少负面影响。同时,还要加强管理,建立健全企业各种规章制度,特别是合同管理、财务管理、知识产权保护等;在平时的业务往来中要认真签订、审查各类合同,加强对合同履行过程中的监督。

第四,设法转嫁风险。风险不可避免,但可以转嫁。例如,财产投保就是转嫁投资意外事故风险;以租赁代替购买设备是转嫁投资风险。创业也是如此,个人独资承担无限责任,但几个人共同投资,就是有限责任,就能分散风险。

第八章 大学生的创业营销

课程目标

通过本章的学习,使学生全面了解和掌握营销的定义以及产品战略、价格战略、渠道战略和促销战略的内容,帮助大学生制定创业营销计划,熟练运用营销各种战略组合,指导学生分步营销,学会营销控制,并结合案例深入理解营销的魅力,让学生能够根据实际创业情况进行营销活动。

知识点和技能点

1. 营销的定义
2. 营销的4P战略
3. 营销实施步骤
4. 营销控制
5. 营销案例

案例导读

索尼的营销创新

1946年,盛田昭夫与井深大共同创建了索尼公司的前身——东京通信工业公司。战后的东京很难找到一处完整的建筑,盛田和井深大跑遍了城市的每个角落,终于找到一个便宜的破旧小屋子,这里远离市区,四处漏雨,但这还不是最难的。创业之初,他们利用自己的专长试制出了磁带录音机及磁带。这种录音机比原有钢丝录音机使用方便,录放音质高,生产成本低,得到了鉴定专家的好评。但推向市场后并没有被消费者接受,人们搞不清它到底是什么样的东西。于是,盛田把大量的精力投入到产品的推销宣传活动中。他用汽车拉着产品,到公司、学校、商店展示新产品,当这个看起来怪模怪样的录音机录下人们的谈话再放出来时,大家都感到万分惊奇,但这对销售却没有多少帮助,因为大家都觉得这东西作为娱乐品似乎太贵了。

盛田昭夫百思不得其解,后来还是一件偶然的事情让他茅塞顿开。有一天,他在一家古玩店发现一位顾客毫不犹豫地以高价买下了一个旧坛子。他想,旧坛子在一般人眼中一文不值,但在懂得其价值的人看起来却是宝贝。这启发了盛田:一定得向懂得产品价值的人来推销。那么,哪些人最懂得录音机的实用价值呢?

盛田开始有针对性地开展推销。当他得知许多法院的速记员因为人手不足而不得不加班时，马上带来录音机上门表演。法院很快就大批订货。随后，他又把推销重点转到学校。因为当时日本在驻日美军的控制下，大力进行英语教育，英语教师不足，特别是进行会话、听力训练的条件很差，正好极需要这种录音工具。盛田昭夫和井深大又设计制造了一种价格更低廉、体积更小，更适合学校使用的磁带录音机。这样，录音机迅速普及到全国各地的学校，销路打开了，磁带录音机成为热销货，盛田的事业也迈上了新台阶。

盛田和井深大并不满足，进一步研制更具吸引力的新产品。正在这时从太平洋彼岸传来一个信息：美国贝尔实验室发明了晶体管，美国西方电子公司仅仅把这种晶体管用于助听器的生产。受过高等教育、具有专业知识的井深大和盛田闻讯后，敏感地意识到这项伟大的发明具有良好的发展前景。于是，盛田从父亲那里借来了在当时如同天文数字般的2万美元，准备投入生产新产品。当时，日本国内没有多少人理解晶体管的意义，觉得盛田昭夫简直是他们家族的败家子！

可是，这两个人异常坚定，终于在1957年生产出世界上第一台袖珍式晶体管收音机。在广告中，他们强调这种收音机可以放在衬衫口袋中。实际上这种当时世界上最小的收音机还是比标准的男衬衣口袋大一点。为此，盛田要求公司所有推销员都穿上特制的衬衫，口袋比普通衬衣大一点，刚好可以放下这种收音机。为了给这个即将诞生的孩子取个响亮的名字，他们冥思苦想，决定用世界上所有国家都能通用，简单易读的"SONY"，即拉丁文中"SONUS"（声音）和英语的"SONNYBOY"（聪明可爱的小孩）两词合并而成，即"聪明可爱的孩子们组成的发声电器公司。"从此，公司改名为"SONY"公司，即"索尼株式会社"。

打上"SONY"商标首批生产的200万台袖珍式晶体管收音机刚投放市场就受到消费者的青睐，销售额高达250万美元，"索尼"的名气也响遍全世界。之后，索尼又推出了第一台8英寸电视机等新产品，使得日本制造的含义发生了根本变化，将日本制造的产品拉到"高质量"的地位。

（资料来源：李良智，查伟晨，钟运动. 创业管理学[M]. 北京：中国社会科学出版社，2007.）

【思考题】
1. 你认为索尼公司创业成功的关键是什么？
2. 你认识的营销活动包含哪些方面？

第一节　大学生的创业营销战略

美国著名的营销大师菲利浦·科特勒将营销定义为"个人和集体通过创造，提供出售，并同别人自由交换产品和价值，以获取其所需之物的一种社会过程"。这一概念主要强调市场营销的核心是满足消费者的需求。营销不同于推销，推销不过是营销冰山上的顶点，彼德·格鲁克说："可以设想，某些推销工作总是需要的。然而，营销的目的就是要使推销成为多余。营销的目的在于深刻认识和了解顾客，从而使产品或服务完全适合他的需要而形成产品自我销售。"

营销的定义不是固定不变的，美国市场营销协会（AMA）1985年对营销所下的定义是："营销是计划和执行关于商品、服务和创意的观念、定价、促销和分销，以创造符合个人和组织目标的一种交换过程。"2004年8月，AMA又公布了新定义："营销既是一种组织职能，也是为了组织自身及利益相关者的利益而创造、沟通、传递客户价值，管理客户关系的一系列过程。"这种定义突出关系营销色彩，把关系营销作为营销活动的重要方面，这是20世纪90年代以后营销活动的客观反映。营销战略包括产品战略（product）、价格战略（price）、渠道战略（place）、促销战略（promotion），又称4P战略。

一、产品战略

1. 产品与产品组合的定义

产品的定义有狭义和广义之分，狭义的产品概念局限在产品的特定物质形态和具体用途上，而广义的产品概念来源于现代营销学上的定义，即满足人类需要、欲望、实现企业营销目标的一切东西。这样大大扩充了产品的内容，既包括有形产品如产品实体及其品质、特色、式样、品牌和包装，也包括无形服务如售后服务、产品形象、保证等。

产品组合是企业销售者给用户的一组产品，包括产品线和产品项目。产品项目即产品大类中各种不同品种、规格、质量的特定产品，企业产品目录中列出的每一个具体的品种就是一个产品项目。产品线是许多产品项目的集合，这些产品项目之所以组成一条产品线，是因为这些产品项目有功能相似、用户相同、共用分销渠道、消费上相连带等特点。产品组合具体说来就是企业生产经营的全部产品线、产品项目的组合方式，即产品的宽度、深度、长度和关联度。产品组合的宽度是企业生产经营的产品线的多少，公司的每条产品线一般由一些主管人员进行管理，就好像大学里不同的学院有自己的院长一样。而产品长度是所有产品线中产品项目的总和。产品组合的深度是指产品线中每一产品有多少品种。例如：宝洁公司的牙膏产品线下有佳洁士等三个产品项目，而佳洁士牙膏有三种规格和两种配方，所以其产品组合的深度为6。产品的关联度是各产品线在最终用途、生产条件、分销渠道和其他方面相互关联的程度。产品组合的四个维度是企业制定产品战略的重要依据。

2. 产品战略

这个营销战略是对新创企业即将上市的产品或服务的描述。产品战略不仅要考虑产品的有形特征，还要考虑无形特征。例如，戴尔计算机公司的产品是计算机，从外形上与其他现有的竞争者所提供的产品没有太大的不同，所不同的是它是由积压的零部件组装而成，依靠直接营销技术上市，交货快而且成本低。这样，该产品的内容远远超过物理组件本身，而包含包装、品牌、价格、保证、形象、服务、交货时间、特征和风格。因此，在考虑市场战略时，大学生创业者需要考虑产品的所有这些方面，牢记满足顾客需求这一目标。

产品战略具体来说有四种：

（1）扩大产品组合战略。扩大产品组合战略是指企业增加企业生产经营的产品线或产品项目的战略。它既可以使产品组合的长度和宽度扩大，也可以使产品组合的深度和关联度扩展。采取这种战略的优点在于企业能够尽量利用现有设备和资源的潜能，在更大的领域里发挥作用，还可以分散经营风险，在更大范围内满足消费者的需求，加强产品组合的关联度,提高企业声誉。但是产品组合的扩大也会带来管理难度大、主业不突出、项目不盈利且没有发展前途等威胁。

(2) 缩小产品组合战略。缩小产品组合战略是指企业减少生产滞销产品或取消亏损产品项目的战略。当产品线中出现衰退产品且影响到整条线的利润额时,或者当企业的某些产品面临着高需求而企业又没有能力在现有的条件下扩大生产时,又或者当企业的某些产品的发展偏离了企业的主营业务又对主营业务发展带来负面影响,给管理造成很大难度时,大学生创业者就可以考虑删减那些不利于企业发展的产品项目。采取这一战略的优点在于可以集中精力对某些能带来较大利润的产品进行改制,降低生产经营成本,突出企业的主营业务,提高企业的知名度,还可以减少资金的无效占用,便于取得规模效应,有利于专业化批量生产。

(3) 革新产品组合战略。革新产品组合战略是指维持现有产品组合的长度和宽度,对产品组合的深度进行改革和发展,目的是提高产品质量,对落后的产品升级换代。主要通过两种方式实现:现有基础上的改良和彻底的革新,前者可以利用现有基础,节省投资且风险不大,后者则风险较大,在初创企业中很少发生。

3. 产品生命周期理论

产业要经过四个阶段:导入期、成长期、成熟期和衰退期。这些阶段是以产业销售额增长率曲线的拐点划分的,销售增长率在 0.1%~10% 的为引入期和成熟期,大于 10% 的为成长期,小于 0 的为衰退期。产业的增长与衰退由于新产品的创新和推广过程而呈 S 形(见图 8-1)。随着企业的发展,竞争的性质也会发生变化。波特总结了常见的关于产业在其生命周期中如何变化以及它们如何影响战略。

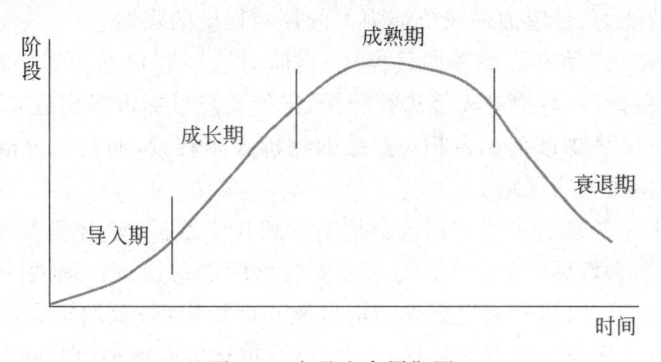

图 8-1 产品生命周期图

首先在导入期时,产品用户很少,只有高收入者愿意尝试新产品。产品虽然设计新颖,但质量有待提高,尤其是可靠性。为了说服客户购买,引入期的产品营销成本高、广告费用大,而且销量小、产能过剩、生产成本高。但竞争对手较少,产品的独特性和客户的高收入使得价格弹性较小,可以采用高价格、高毛利的政策,但是销量小使得净利润较低。企业的战略目标是扩大市场份额,争取成为"领头羊"。这个时期的主要战略路径是投资于研究开发和技术改进,提高产品质量。

在成长期,产品销量节节攀升,产品的销售群已经扩大。此时消费者会接受参差不齐的质量,对于质量的要求不高。各厂家的产品在技术和性能方面有较大差异:广告费用较大,但是每单位销售收入分担的广告费在下降;生产能力不足,需要向大批量生产转换,并建立大宗分销渠道。由于市场扩大,竞争者涌入,企业之间开始争夺人才和资源,会出现兼并等意外事件,引起市场动荡。由于需求过剩,此时产品价格最高,单位产品净利润也最高。这一时期企业的目标是争取最大市场份额,并坚持到成熟期的到来。成长期的主要战略路径是市场营销,此时是改变价格形象和质量形象的好时机。

成熟期开始的标志是竞争者之间出现挑衅性的价格竞争。虽然市场巨大,但已经趋于饱和,新的客户减少,主要依靠老客户的重复购买支撑。产品逐步标准化,差异不明显,技术和质量改进缓慢;生产稳定,生产能力过剩;产品的价格下降,毛利率和净利润率都下降,利润空间适中。此时经营重点转向巩固市场份额的同时提高投资报酬率,主要路径是提高效率、降低成本。

衰退期的产品客户大多都很精明,对性价比要求高。各企业的产品差别小,因此价格差异也会缩小。为降低成本,产品质量可能出现问题。产能严重过剩,只有大批量生产并有自己的销售渠道的企业才有竞争力。有些竞争者先于产品退出市场,产品的价格、毛利都很低。只有到后期,多数企业退出后,价格才有望上扬。这时企业的目标首先是防御,获取最后的现金流;途径是控制成本,以求维持正的现金流量。

二、价格战略

1. 影响产品定价的因素

(1) 产品成本:大学生创业者在定价时要考虑产品成本的构成,评估产量、销量对成本的影响,分析产品是否具有成本优势,公司对成本控制的能力是否强大,即企业的研发能力、节省成本的能力、供应商的议价能力等的控制程度的强弱。

(2) 市场需求:产品定价要考虑目标客户群,对这些客户的消费心理、行为、消费方式、消费频率、价格弹性、客户规模等进行分析,定价要与目标市场相适应。

(3) 物价政策:考虑政府出台相关产品的物价限制政策,如猪肉价格的调控,使价格区间符合政府法律法规的规定。

(4) 定价目标:管理者可以利用价格战略达到几个目标,如市场渗透、避免政府干涉等。当定价涉及多个目标时,大学生创业者要注意两者的协调。通常的定价目标包括:获得市场地位,低价可以用来获得更大的销售额和市场份额;获取资金,价格过高可能购买者不会接受,也就无法达成利润目标;产品定位,价格可以增加产品的声誉,增加消费者对产品的认知;刺激需求,低价可以吸引消费者购买新产品;影响竞争,针对已有的或潜在的竞争者的定价目标会影响整个竞争格局。

(5) 市场竞争:分析竞争对手的价格定位、价格战略、竞争对手对本方价格战略的反应以及本方的应对等。

2. 定价方法

(1) 成本导向定价法。成本导向定价法是以产品单位成本为基本依据,再加上预期利润来确定价格的成本导向定价法。具体的有:

① 总成本加成定价法,即把所有为生产某种产品而发生的耗费均计入成本的范围,计算单位产品的变动成本,合理分摊固定成本,再按照一定的利润率决定价格。总成本定

价法的优点是简化了定价工作,便于企业开展经济核算。其次,若某个行业的所有企业都使用这种定价方法,他们的价格就会趋于相似,价格竞争减少。最后,在成本加成的基础上制定出来的价格对买方和卖方来说都比较公平。缺点是忽视了产品需求弹性的变化,固定的加成比例不能适应迅速变化的市场要求,缺乏灵活性,容易做出错误的决策,同时也不利于企业降低产品成本。

② 目标收益定价法,又称投资收益率定价法,根据企业的投资总额、预期销量和投资回收期等因素来确定价格。与总成本定价法相似,这种方法也很少考虑市场竞争和需求的实际情况,只是从保证生产者利益角度制定价格。此外,先确定产品销量,再计算产品价格的做法完全颠倒了价格与销量的因果关系,把销量看成价格额度的决定因素,缺乏可行性,尤其是那些需求价格弹性较大的产品,这种方法制定出来的价格,无法保证销量的必然实现。

③ 边际成本定价法。边际成本是指每增加或减少单位产品所引起的总成本的变化量,由于单位产品难以衡量,常用变动成本代替边际成本,即总成本增量或产量增量。这种方法改变了售价低于总成本便拒绝交易的传统做法,在竞争激烈的市场条件下具有很大的灵活性,可以有效应对竞争、开拓新市场、调节需求的季节差异、形成最优产品组合,发挥巨大的作用。但是,过低的成本有可能被认为从事不正当竞争,在国际市场则容易被进口国视为"倾销",使结果适得其反。

④ 盈亏平衡定价法,在销量既定的条件下,企业产品的价格必须达到一定的水平才能做到盈亏平衡。既定的销量就成为盈亏平衡点,制定价格的方法就成为盈亏平衡定价法。这种方法只能使企业的生产耗费得以补偿,而不能得到收益,因此常被作为价格的最低限度,通常在加上单位产品目标利润后才作为最终市场价格。有时,为了开展价格竞争或应对供过于求的格局,大学生创业者也可以采用这种方法赢得市场竞争的主动权。

(2) 需求导向定价法。需求导向定价法是以产品或服务的社会需求及对价格的敏感性为主要依据,综合考虑企业的营销成本和市场竞争状态,制定或调整产品及服务价格的方法。

① 习惯定价法,又称便利定价法,是企业考虑并依照长期被消费者所接收和承认的价格来定价的方法,在日常生活消费品中比较常见。

② 认知价值定价法,根据消费者对产品价值的认知和肯定程度的高低决定价格。认知价值,是指消费者对某种商品价值的主观评判。这种定价方法的关键在于获得消费者对有关商品价值认知的准确资料,不能过高也不可过低。大学生可以通过广泛的市场调研,了解消费者的需求偏好,根据产品的性能、用途、质量、品牌、服务等要素,判定消费者对商品的认知价值。

③ 差别定价法,是指对于具有不同购买力、不同需求强度、不同购买时间和地点的顾客,根据他们的需求强度和消费感觉的不同制定不同的价格。

④ 比较定价法,根据产品需求弹性的研究和市场调研来决定价格,高弹性的产品可以采用低价办法,缺乏需求弹性的产品可以采用高价。

(3) 竞争导向定价法。竞争导向定价法是以竞争为中心的、以竞争对手的定价为依据的定价方法。

① 随行就市定价法，即以所在行业的平均价格水平作为定价参照，再结合自身的实力和市场战略来制定合理的价格。其特点是可以产生公平的报酬，不会扰乱行业的协调，充分反映了行业的集体智慧；其次，对企业来说，如果在测算成本困难或者竞争者不确定的情况下，适宜采用这种方法。

② 投标定价法，采购机构在报刊上登广告或发出函件，说明采购商品的品种、规格、数量等具体要求，邀请供应商在规定的期限内投标，采购机构在规定的日期内开标，报价最低者中标。

3. 定价战略

（1）新产品定价战略。新产品定价正确与否直接关系到产品能否顺利进入市场，通常有两种形式：

① 撇脂战略，企业在新产品刚投放市场时，因为没有竞争对手所以采取高价战略，以尽快收回新产品的研发成本，适用于产品吸引力较强且消费者对产品的需求价格弹性较小时。

② 渗透战略，指新创企业以较低的价格将新产品投放市场，采取薄利多销的思路，迅速占领市场。大学生创业者采用渗透定价需具备以下几个条件：市场需求对价格极为敏感；企业的生产成本和经营费用会随着生产规模的扩大、销量的增加而下降；低价不会引起实际和潜在的竞争加剧。

（2）折扣定价战略。折扣定价战略是指企业在销售过程中，出于促销或者其他目的，直接或间接地给中间商或最终消费者一定的价格优惠。其中，现金折扣指顾客在一定时期内付清价款，按原价给予一定折扣。数量折扣指当购买者的购买达到一定数量或金额时，企业给予一定折扣。功能性折扣根据各类商业部门在产品销售中负担的不同功能给予不同的折扣。季节性折扣即厂家为了维持季节性产品的全年均匀生产、鼓励淡季进货给予的折扣。

（3）组合定价战略。组合定价战略指企业在生产多种产品时，对其不同的产品或产品线确定不同的价格。其中，产品线定价是指企业生产的系列产品存在需求和成本的内在关联时，依据产品在产品线中的角色不同而制定不同的价格。分部定价是指企业将原本可以以整体形式销售的产品分开出售，对不同的产品组件单独定价。产品束定价指企业以某一价格出售一组产品，所定价格低于单独购买其中每个产品的费用总和。

（4）心理定价战略。心理定价是指企业定价时，利用顾客心理有意识地将产品价格定高或定低，以增加销量。其中，尾数定价是指给产品定价时，故意保留一个零头，让消费者觉得价格是经过精密计算的，因而产生一种真实感和便宜感。声望定价是指企业利用消费者仰慕名牌商品或名店声望所产生的某种心理定价，故意把价格定成高价。招徕定价指零售商利用部分顾客图便宜的心理，特意将某些商品的价格定低来吸引顾客，使顾客在采购廉价商品时也选购了正常价格的商品。

三、渠道战略

1. 渠道的定义

营销渠道是生产者和使用者之间的贸易通道，由参与产品或服务转移活动以使产品或服务便于使用或消费的所有组织构成。可以从以下几个方面理解渠道的定义。首先，渠道是一系列组织（渠道成员）的结合，这些组织之间是交换和协作的关系。渠道成员之间在获得、处置产品和服务的过程中，为创造顾客价值而建立了各种交换关系。每个成员依赖其他成员协同工作，渠道成员共同努力，渠道才得以顺畅运行。其次，渠道是一个过程，包括了从销售到售后服务的一系列过程。最后，对于企业来说，渠道是外部的，不是组织内部结构的一部分，因此，渠道管理是跨组织的管理，而不是组织内部的管理。

2. 渠道的结构

渠道的结构包含长度结构、宽度结构和系统结构三个方面：

（1）渠道的长度结构。渠道按照中间商的数目分类，有零级、一级、二级和三级渠道等。零级渠道（zero-level channel）就是由生产者直接销售给最终顾客。一级渠道（one-level channel）是包括一个销售中间商，如零售商的渠道。二级渠道（two-level channel）是包括两个中间商的渠道，在消费品市场上，一般是一个批发商和一个零售商。三级渠道（three-level channel）是包括三个中间商的渠道，在消费品市场上，一般是一个批发商、一个中转商和一个零售商。对于制造商来说，级数越长，越难控制，获得最终消费者的信息也更加困难。对于消费者来说，渠道级数越高，获得的渠道服务水平越高，商品的价格也越高。通常，我们将零级渠道和一级渠道定义为短渠道，二级渠道、三级渠道或三级往上的渠道称为长渠道。短渠道适合在小地区范围内销售，而长渠道适合在较大范围和更多的细分市场内销售。此外，零级渠道又称为直接渠道，主要方式有人员直销、目录营销、电话营销、互联网营销、厂商直销等。而一级及以上的渠道则称为间接渠道，产品经由一个或多个商业环节销售给最终消费者。

（2）渠道的宽度结构。根据渠道每一级使用同类型中间商的数量多少，可以定义渠道的宽度结构。若制造商选择较多的同类中间商（批发商或零售商）经销其商品，则这种产品的分销渠道成为宽渠道；反之，称为窄渠道。渠道的宽窄是相对而言的，受产品性质、市场特征和企业分销战略等因素的影响，分销渠道的宽度结构有三种类型。

① 独家分销渠道：独家分销渠道（exclusive distribution）是制造商在某一地区市场仅选择一家批发商或零售商经销其产品所形成的渠道，独家分销渠道是最窄的渠道。一般说来，独家销售商不再经营竞争品牌，制造商与销售商之间是紧密的合作伙伴关系。独家分销具有强化产品形象、简化渠道管理程序的特点，有利于制造商对市场进行控制。对于产品或市场具有特殊性的制造商而言，适宜采取独家分销渠道。这些特殊性可以是专门的技术或者品牌优势、专业用户等。

② 选择性分销渠道：选择性分销渠道（selective distribution）是制造商按一定条件选择若干个同类中间商经销产品形成的渠道。选择性分销渠道通常由实力较强的中间商组成，能较有效地维护制造商的品牌信誉，建立稳定的市场和竞争优势。这类渠道多为消费品中的选购品和特殊品、工业品中的零配件等商品的生产者采纳。与独家分销相比，选择性分销能够使制造商产品获得足够的市场覆盖面和渗透力。

③ 密集型分销渠道：密集型分销渠道（intensive distribution）是制造商通过尽可能多的批发商、零售商经销其产品而形成的渠道。密集型渠道通常能扩大市场覆盖面，或使产品快速进入新市场，使众多消费者和用户随时随地买到这些产品。消费品中的便利品，

第八章　大学生的创业营销

如方便食品、饮料等；工业品中的作业品，如办公用品等，通常使用密集型渠道。

三种不同宽度的渠道在市场覆盖面、竞争性、控制力、风险和适应等方面存在明显差异，见表 8-1：

表 8-1 不同宽度的三种渠道类型比较

类　　型	分销商数量	市场覆盖面	竞争性	控制力	风险度	适应产品
独家分销	一家	小	小	强	大	特殊品、新产品
选择型分销	有限	较广	较高	较强	较小	选购品
密集型分销	众多	广	高	弱	小	日用品

3. 影响渠道选择的因素

(1) 产品因素，包括产品的物理化学性、产品单价高低、产品式样和产品的技术性和复杂性等。易腐烂的产品为了避免拖延时间及重复处理增加腐烂的风险，通常需要直接营销。那些与其价值相比体积较大的产品（如建筑材料、软件材料等），需要通过生产者到最终用户搬运距离最短、搬运次数最少的渠道分销。非标准化的产品（如顾客订制的机器），通常由企业推销员直接销售，因为不易找到具有该类知识的中间商。需要安装、维修的产品经常由企业自己或授权独家专售的特许商来负责销售和保养。单位价值高的产品则应由企业推销人员来销售，而不通过中间商销售。

(2) 市场因素，如消费者的人数及购买频率、分布状况、中间商实力等。当顾客人数较多时，倾向于利用每一层次都有许多中间商的长渠道。如果顾客经常小批量购买，则需采用较长的分销渠道。

(3) 企业自身因素，包括企业的声誉与规模、销售经验和服务能力、企业产品组合的特征、控制渠道的意愿等。企业的总体规模决定了市场范围、较大客户的规模以及强制中间商合作的能力。企业的产品组合也会影响其渠道类型，企业产品组合的宽度越大，则与顾客直接交易的能力越大；产品组合的深度越大，则使用独家专售或选择代理商就越有利；产品组合的关联性越强，则越应使用性质相同或相似的渠道。

(4) 环境因素，包括经济环境、社会文化环境、技术环境、政治和法律环境等。在这些因素中，社会文化环境因素在一种文化背景下是相对稳定的，但不同文化背景下的渠道结构可能存在较大的差异。法律环境一般也是稳定的，但在经济体制变迁的时期，法律已经成为我国渠道结构变动比较大的问题。

4. 渠道战略

适合新创企业的营销渠道有以下几种：

(1) 直接邮购销售。对于创业者来说，可以借助邮购营销，不需要实体店，最大限度地减少投资，节约经营成本，从而降低产品价格。

(2) 网络和电话销售。互联网的发展为销售提供了更方便、低廉的销售平台，企业可以在电子商务网站介绍自己的产品，建立自己的网络销售系统，实现网上销售。电话销售即借助电话推销产品，利用这种方式，企业只需很少的营销人员就可以达到较广的市场销售面。

（3）直销。对于处于生命周期的初始阶段的产品来说是很好的办法，可以节约经营费用，不需要花费大额资金做广告，只要质量不错就会取得消费者认可，但这种方式也有不足，如直销员的招聘、培训和监督的成本较高等。

（4）自动售货。这种方式适合于生产饮料或一些易取食品的创业者，可以在车站、码头、机场、学校、办公大楼等一些人流量大却不适合设置柜台的地方设置。

（5）捆绑式销售。如果新开发的产品系列是相关产品，这些产品的用途是相互配套、相互联系的，那么配套产品可以利用主要产品销售渠道。美国达罗奇制药股份有限公司生产一种婴儿用的抗菌类新药，除了利用药品经销商、药房和超市外，还利用"美国尿布辅助设备商店协会"的销售网络，通过这个机构经销人员的推销，使美国妇女都知道该药品的杀菌除臭效用，于是打开了这一新产品的销路。

（6）广泛性和控制性相结合的战略。该战略指既要利用尽可能多的中间商分销产品，又要能控制中间商的销售活动，保证销售渠道畅通无阻，而产品质量的信誉不受损害。做得最好的是美国的可口可乐公司，总公司在各国选择代理商、批发商，并授予特许经营权，按合同规定，只许销售该公司的产品，各国的代理商、批发商都要从该公司进口浓缩原液，按统一配方、商标、包装来销售产品。该公司只取得浓缩液的利润，而代理商、批发商可取得全部销售利润。

四、促销战略

新创企业的销售战略应当集中在能马上吸引顾客的促销手段和保证良性循环的销售手法上。大学生创业由于资金来源的限制，刚启动的企业无力做大型广告宣传，因此选择那些能迅速带来收益又花费较少的区域做广告是非常重要的。

1. 他人推荐

企业可以借助他人推荐这一方式扩大企业知名度，顾客口碑宣传是招徕新顾客的极好方式。尤其随着网络的发展，利用论坛进行口碑传播已经成为一种非常成熟的模式。

2. 公共关系

为了使开发的新产品尽快为人所知，公共关系是强有力的工具。例如，通过公共报道将产品的有关信息传递给消费者；与外部行业、技术、专家、中间商建立良好的沟通渠道；建立良好的政府沟通渠道等。例如："宝马——腾讯世博网络志愿者接力"活动利用世博会让知名度大增，通过对公益任务的植入，紧扣时下热点公益主题，保持用户的高度关注，提升了宝马的品牌形象。

3. 适当广告

广告是促销中最常见的手段，很多新创企业都通过广告促销打开市场，迈出第一步。广告的三种目标：以宣传为目标，如介绍企业、介绍产品功能等；以提醒为目标，主要针对成熟产品，不断加深公众对产品和企业的印象；以劝说为目标，使顾客偏爱本企业的产品和服务。企业应根据市场的供求情况和产品的生命周期阶段来确定相应的广告目标。新创企业可以更多地使用宣传性广告，将产品迅速推向市场，然后再以劝说性广告吸引消费者购买。

创业者有必要设法告知潜在顾客有关产品的可获得性，或运用广告媒体如印刷材料、广播或电视等教育消费者。创业者应对可选媒体审慎挑选,不仅要考虑成本,还要考虑这些媒体满足市场目标的效果。

此外,独特的营销设想常常会引起媒体的兴趣,地方报纸或贸易类杂志往往会刊登新版企业的文章。通过运用公共关系战略向这些媒体发布信息,会起到免费广告的作用,创业者可以尝试将这些手段结合起来。

4. 直销

对创业者来说,直销也是打开市场的一种方式。做直销首先要作充分的调查来区分哪些是你的潜在客户,手上要有这些公司的名称、地址、电话、邮箱等基本信息,尽量获取那些可能购买产品的负责人的姓名、地址、电话和邮箱,因为向负责人以外的人推销只是在浪费时间。在第一次通过电话或者当面与顾客接触时要集中说明产品的使用价值而不是价格,不要试图成交,而是重在建立顾客对你的信任和情感联系,如果顾客有兴趣的话,可以向他预约时间再次详细说明产品情况,在第二次接触时再解释产品定价和可支付方式。

这几种促销方式各有特点。例如广告具有公开性、普遍性和表现力,但成本较高,只能单向沟通;人员推销具有针对性、说服力和人情味,但接触面有限,成本较高;公关覆盖面广,但见效慢。在实际商业活动中通常运用促销组合,把公关、广告、直销和他人推荐等有机结合起来,实现更好的整体促销效果。

第二节 大学生的创业营销步骤

一、确定企业经营形势

1. 外部环境因素

确定企业经营形势首先要分析外部和内部两方面环境因素。外部环境因素指直接或间接影响企业营销活动的宏观环境、产业环境和竞争环境因素。宏观环境因素包含政治与法律因素、社会文化因素、经济环境因素和技术因素。政治法律因素指政局稳定情况、政府行为、路线方针政策、法律法规等。社会文化因素有人口状况、社会流动性、消费心理、生活方式变化、价值观等。经济环境因素有社会经济结构、经济发展水平、宏观经济政策等。技术因素有科技政策、科技水平、科技发展趋势等。产业环境分析的主要工具是波特的"五力模型",即潜在进入者威胁、购买者讨价还价能力、供应商讨价还价能力、替代品的威胁和本产业现存企业之间的竞争这5种力量的产业结构分析模型。竞争环境分析即对每个主要竞争者都要加以识别,包括它的地理位置、规模、市场份额、利润、优势及劣势。对于新产品开发能力、管理能力、制造能力和财务能力等方面的评价,创业者应该将竞争者按优秀的、好的、一般的、差的来进行评定,这些分析都将为创业者营销战略的制定提供依据。

2. 内部环境因素

内部因素及企业自身的资源有三种形式:有形资源即可见的、能用货币直接计量的资源;无形资源指企业长期积累的、没有实物形态的、甚至无法用货币精确度量的资源;人力资源指一定时期组织中的人所拥有的能够被企业所用、对价值创造起贡献作用的教育、能力、技能、经验等的总称。企业能力是指企业配置资源,发挥其生产和竞争作用的能力,企业能力来源于企业资源的整合。

3. SWOT分析

综合考虑企业内外部条件的各种因素后,大学生创业者可以采用SWOT分析将企业内外部条件各方面内容进行综合和概括,分析企业的优劣势、面临的机会和威胁,进而帮助企业进行战略选择(见表8-2)。

表8-2 SWOT分析的四个要素

要素	含义	表现	判断标准
优势	是指能给企业带来重要竞争优势的积极因素或独特能力	企业的资金、技术设备、员工素质、产品、市场、管理技能等方面	判断企业内部的优势和劣势一般有两项标准:一是单项的优势和劣势。例如,企业资金雄厚,在资金上有优势;市场占有率低,在市场上处于劣势。二是综合的优势和劣势,为了评估企业综合优势和劣势,应选定一些重要因素,加以评价打分,然后根据其重要程度按加权平均法确定
劣势	是指限制企业发展且有待改正的消极方面		
机会	是随着企业外部环境的改变而产生的有利于企业的时机	政府支持、高新技术的应用、良好的购买者与供应者的关系等	判断企业外部的机会和威胁一般有两项标准:一是局部的机会和威胁,例如基础环境中的个别因素、相关环境因素和企业自己内部的条件差异等所形成的机会和威胁。二是整体的机会和威胁,如政治、经济、文化、科技、人口因素等所形成的市场机会和环境威胁
威胁	是随着企业外部环境的改变而产生的不利于企业的威胁	如新竞争对手的出现、市场增长缓慢、购买者和供应者议价能力增强、技术老化等	

根据这些评价,可以帮助企业在现有条件下最优地运用自己的资源,以下有四种战略:

首先在SO条件下应该采用增长型战略,即发展企业内部优势与利用外部机会的战略,是一种理想的战略模式。当企业具有特定方面的优势,而外部环境又为发挥这种优势提供有利机会时,可以采取该战略。例如良好的产品市场前景、供应商规模扩大和竞争对手有财务危机等外部条件,配合企业市场份额提高等内在优势可成为企业收购竞争对手、扩大生产的有利条件。

接着是WO条件下的扭转型战略,利用外部机会弥补内部劣势,使企业改劣势而获取优势的战略。这时存在外部机会,但由于企业自身的劣势而妨碍其利用机会,可采取措施先克服这些劣势。

WT条件时采用防御型战略,旨在减少内部劣势,回避外部环境威胁。当企业存在内忧外患时,往往面临生存危机,进行业务调整,设法避开威胁和消除劣势。

ST条件下采用多元化战略,即企业利用自身优势,回避或减轻外部威胁所造成的影响。如竞争对手利用新技术大幅度降低成本,给企业很大的成本压力;同时材料供应紧张,其价格可能上涨;消费者要求大幅度提高产品质量;企业还要支付高额的环保成本等,但若企业拥有充足的现金、熟练的技术工人和较强的产品开发能力,便可利用这些优势开发新工艺,简化生产工艺过程,提高原材料利用率,从而降低材料消耗和生产成本。另外,开发新技术产品也是企业可选择的战略。

二、定义目标市场

1. 市场细分

市场细分就是根据构成总体市场消费者的需求特点、购买行为和购买习惯等标准,将其划分为若干有着相似需求倾向的、可识别的、有意义的消费者群体或部分的过程。市场细分的概念是美国市场学家温德尔·史密斯于20世纪50年代中期提出来的,这一观念的提出及其应用的客观基础在于市场需求的差异性和企业生产经营能力的有限性。市场细分并不仅仅是将一个市场分解,实际上是聚集的过程,即将对某种营销组合战略有一致反应的购买者聚焦起来。细分市场可以帮助企业深刻地认识顾客群体的行为特征,有的放矢地开发产品或服务来满足特定顾客群体的需求,还能帮助企业发掘良好的市场机会。

企业的服务对象可以分为消费者和生产者,而这二者在产品购买时考虑的因素和需求是不同的,所以创业者要根据自己所面对的不同类型的顾客按照不同的标准进行市场细分。

(1) 消费者市场细分的标准。在消费者市场上,影响消费需求的因素主要有地理环境因素、人口统计因素、消费心理因素和消费行为因素等。

① 地理环境因素,即按照消费者所处的地理位置、自然环境来细分市场,具体包括国家、地区、城市、乡村、人口密度、不同的气候带、不同的地形地貌等。处于不同地理环境的消费者,由于自然气候、传统文化、经济发展水平等因素的影响,对同一类产品往往有不同的需求和偏好,对营销刺激也有不同的反应。

② 人口统计因素,即按照人口统计因素细分市场,影响人口细分的变量有年龄、性别、职业、收入、教育、家庭人口、国籍、民族、宗教、社会阶层等。这些人口变量和需求差异性之间存在密切的因果关系,直接影响消费者对某一产品质量、档次等方面的要求。

③ 消费心理因素,即按照消费者的心理特征细分市场,包括生活方式、个性、购买动机、价值取向和对销售方式的敏感程度等。

④ 消费行为因素,即根据消费者不同的消费行为细分市场,影响消费行为的变量有购买时机、追求的利益、使用状况、使用频率、忠诚程度等。

(2) 生产者市场细分的标准。生产者的购买活动属于组织采购,目的是维持业务日常运营和生产消费。生产者购买活动的特点有别于消费品的购买活动,因此生产者市场细分的标准主要有三种。

① 最终用户的要求。不同的最终用户对产品及其营销有不同的利益要求。同样是对橡胶轮胎这样一种产品的需求,一般工业市场如普通汽车、自行车、拖拉机制造业买主,要求适当的价格、较高的产品质量和服务;特殊工业市场如飞机、高档豪华汽车制造业买主,要求绝对安全和更高质量,价格不是主要考虑的因素。所以企业要根据不同用户所追求的利益对市场进行细分,为用户提供有针对性的服务。

② 用户规模和购买力大小。大中小用户对企业的重要性不同,企业可以根据用户数量和规模大小来细分市场,针对不同的市场采取不同的营销手段,如大客户由主要业务负

责人接待洽谈,力图建立长期的合作关系,而中小用户由推销员负责。

③ 用户的地理位置。每个国家的不同地区都在一定程度上受自然资源、气候条件和历史传统等因素的影响形成具有特点的区域,根据地理位置细分生产者市场,有利于企业选择用户最集中的地区作为目标市场,节省推销员的时间和推销成本。

2. 目标市场选择

市场细分与目标市场既有密切联系,又有区别。市场细分是按一定的标准划分为不同消费者群体的过程;而目标市场是根据市场细分的结果选择一个或一个以上的细分市场作为强企业进入的对象。企业选择目标市场是在市场细分基础上进行的。新创企业应该根据自身的条件和能力,决定选择一个或若干个细分市场,针对不同的目标市场制定相应的营销战略,即目标市场战略。

(1) 无差异营销战略。无差异营销战略就是不考虑市场内消费者的潜在差异,将整个市场视为一个无差异的市场,推出一种产品,实行一种营销方式来占领整个市场。无差异营销的最大优点就是成本低,单一品种导致标准化和大批量生产,降低生产、储存和运输成本。作为新创企业,无差异营销是降低成本的好办法,但由于消费需求多种多样,采取这种战略可能会失去很好的市场机会。

(2) 差异性营销战略。差异性市场战略是将整体市场划分为若干细分市场,针对每一细分市场制定一套独立的营销方案。例如,服装生产企业针对不同性别、不同收入水平的消费者推出不同品牌、不同价格的产品,并采用不同的广告主题宣传这些产品。差异性营销战略的优点:机动灵活、针对性强;能更好地满足消费者需求;在一定程度上减少了经营风险;有助于提高企业形象。但也会有缺点:增加营销成本;分散资源和精力;可能使企业丢掉重点业务,不利于竞争。因此,新创企业应该在突出主营业务时,适度进入若干细分市场。

(3) 集中性营销战略。集中性营销战略是集中力量进入一个或少数几个细分市场,实行专业化生产和销售。这一战略尤其适合资源有限的新创企业,采用这一战略有利于新创企业在目标市场取得强有力的市场地位,因为它对这些市场有较深的了解,而且由于生产、分销方面的专业化,成本方面的优势是显而易见的。如果企业能正确选择细分市场,就有可能获得较高的投资回报率。但实行这一战略风险较大,一旦目标市场出现变化,如消费者偏好转移和突然出现强有力的竞争者,企业可能陷入困境。

3. 市场定位

市场定位就是设计一定的营销组合,以影响潜在顾客对一个品牌、产品线或一个企业的全面认识和感知。新创企业在选择了目标市场战略后,就需要为自己所提供的产品进行形象定位,从而使消费者能够快速准确识别企业的产品。市场定位的步骤如下:

(1) 识别可能的竞争优势。消费者一般都选择那些能给他们带来最大效用的产品和服务,所以企业赢得和保持顾客的关键是比竞争对手更好地理解顾客的需要和购买过程,以及向他们提供更多的效用。所以企业要尽可能识别自己相对于竞争对手所具有的优势,这种优势的来源可以是产品差异、服务差异、人员差异和形象差异。

(2) 选择正确的竞争优势。企业可能拥有一种或多种潜在的竞争优势,但必须从中准确选择几个竞争优势作为市场定位的基础,竞争优势的选择决定了企业为目标客户推出的特色主要在哪个方面,是产品、服务、人员还是形象。新创企业应该将全部的营销活动加以分类,并结合创业期自身的条件,将主要环节和竞争者的相应环节进行比较,选择正确的竞争优势。具体可以选择对抗定位、避强定位、反向定位以及重新定位等方法。

(3) 表达自己的市场定位。确定市场定位后,企业要通过传播媒介将定位信息有效地传达给消费者。企业的所有市场营销战略都必须与之相匹配,全力支持企业所选择的市场定位战略,以尽快向消费者准确传达企业的特色,获得市场的认可。

三、确定营销目标

企业的营销目标是指在一定时期内,企业市场营销活动预期要达到的成绩。任何一项营销策划都应该提出明确的营销目标。营销目标一般包括以下四个目标:

1. 销售目标

销售目标是营销目标中的直接目标,一般可用实物和金额两种指标表示。实物指标用销售量或其销售量增长率表示;金额指标用销售额或其销售额增长率表示。

2. 市场目标

市场目标又称市场占有目标,体现了企业占有市场的广度和深度,是企业营销活动在市场方面达到的成果,这个目标一般可用市场占有率来表示。在新产品上市、新市场拓展、产品的市场竞争力等方面常常需要使用这一指标。

3. 竞争目标

竞争目标是指企业在市场竞争中所处的位置、份额、领先(或落后)度等方面的指标,有时它也通过市场占有率、产品价格等指标来反映。通过这些指标制定企业争取竞争优势的战略。

4. 形象目标

形象目标主要是追求企业在公众心目中树立的高尚地位,它们一般包括品牌声誉、企业知名度、美誉度等指标。企业良好的社会形象属于无形资产,有助于提高消费者对企业产品的品牌忠诚度,有利于扩大企业的市场占有率和竞争力。

在制定营销目标时以明确性、统一性、层次性和可行性为准则。所谓明确性是指每个目标应该有一个既明确又能测量的形式,并且有一个应该完成的期限,各项目标应尽可能运用明确的数量指标加以表示;统一性是指各个目标应具有内部的统一性,企业的目标体系是由各个分目标组成的,各目标之间应协调一致;所谓层次性是指营销目标应该从高到低清楚地排列,既要有终极目标,又要有阶段性目标;所谓可行性是指目标必须是可以达到的,营销策略不是根据策划者的主观愿望来规定目标水平的,而应当根据对市场机会和资源条件的调查研究与分析来规定适当的目标水平。

四、制定营销战略和行动计划

1. 制定营销战略

一旦营销目标和目的已经确立,创业者就可以开始制定实现这些目标的营销战略和行动计划。营销战略包括产品战略、价格战略、渠道战略和促销战略。大学生创业者应拟定几个可供选择的市场营销战略,综合考虑企业自身的资源限制,选择最佳战略。例如确定了提高市场占有率的战略目标后,可以采用两种战略,一是密集型市场战略;二是低价格高促销战略。低价格高促销战略在产品的引入期可能大大有助于迅速提高市场占有率,但从长期看尤其是考虑到企业的人、财、物等限制,不如采用密集型战略,选择几个细分小市场作为目标市场,并在产品设计和其他营销活动上集中优势,全力打入这些市场,可能会获得较大的市场占有率。而在制定战略后要确定相应的营销因素组合,如按妇女的特点进行产品设计,制定对妇女有吸引力的价格,通过妇女经常去接触的广告媒体大做广告,将商品分配到妇女经常购物的地点去销售等。

2. 行动计划

关于营销行动计划决定要完成什么任务、什么时候完成、由谁负责执行、完成这些任务花费的费用等。行动计划大体包括如下步骤:

(1) 将达成目标的行动计划分为几个步骤。
(2) 说明每一个步骤之间的关系和顺序。
(3) 每一个步骤由谁负责。
(4) 确定每一个步骤所需的资源。
(5) 每一个步骤需要多少时间。
(6) 规定每一部分的完成期限。

例如,创业者如果想把加强营销传播活动作为提高市场占有率的主要战略,那么就要制订相应的营销传播行动计划,包括广告公司的选择、评价广告公司提出的广告方案、决定广告题材、核准广告媒体计划等,还可列表表明每一时期应执行和完成的营销活动,确定负责人,使整套营销活动落到实处,循序渐进地执行。

五、营销计划的执行

营销计划的执行是将计划转化为行动的过程,很多时候企业营销战略之所以不成功并不是战略本身有问题,而是执行过程中发生了偏差。因此,大学生创业者需要了解营销执行的步骤。

1. 建立组织结构

组织结构有两大职能,一是提供明确的分工,将工作横向分解交由不同部门处理;二是发挥协调作用,通过层级网络沟通各部门和人员,协调他们的行动。营销计划的执行依靠组织将战略实施的任务分配给具体的部门和人员,规定明确的职权界限和信息沟通渠道,协调企业内部的各项决策和行动。企业的组织结构应与战略相一致,体现企业自身的特点。

2. 设计决策和报酬制度

这些制度直接关系到战略实施的成败,所以这些制度需要明确在计划实施过程中设计的营销人员的工作评估、奖惩和管理措施;制定合理可行的考核标准,做到权责一致;建立合理的奖惩体系,充分调动员工的积极性。

3. 建设营销团队

营销战略最终是由企业内部的工作人员来执行的,因此高效协调的营销团队至关重要,只有具备相应的能力才能充分执行分配的任务,每个岗位上要选拔合适的人才。此外，执行团队的效率还取决于员工的积极性，所以良好的激励机制和绩效考核标准都可以鼓励员工充分发挥主观能动性。

4. 创建企业文化

企业文化是一个企业内部全体人员共同持有和遵循的价值标准、基本信念和行为准则。企业文化影响企业中个人的偏好，从而可以简化信息处理，减少决策制定的成本并促使工作专门化，减少不确定性，共同的文化使得员工始终存在共同关注的焦点，从而提高企业的效率。

5. 确定管理风格

与文化相关联的是企业的管理风格。有些管理者追求个人权威，喜欢发号施令，坚持正式的信息沟通，不能容忍非正式的组织和活动。另一些管理者则主动授权给下属，协调各部门的工作，鼓励下属的主动精神和非正式交流。不同的战略要求不同的管理风格，大学生创业者应该综合企业的战略任务、组织结构、人员特点和环境等进行考虑，选择合适的管理风格。

第三节　大学生的创业营销控制

所谓营销控制是指营销管理者经常检查市场营销计划的执行情况，如果出现偏差要找出原因所在，并采取适当的措施。营销控制的目的就是要保证企业的营销活动按照计划和要求展开，有效实现预定目标。从营销管理者制定目标到目标的实现通常需要一段时间，在这段时间里，公司内外部都面临着环境变化，需要企业随时调整目标以适应新情况。控制还有助于及早发现问题，避免可能的事故，充分挖掘企业的潜力。控制还有监督和激励的作用，如果销售人员发现营销经理非常关注产品销售，他们的工作将更加积极。

一、营销控制过程

营销控制的基本程序包括以下几个阶段：

1. 确定控制对象

虽然控制的内容多、范围广，可以获得较多的信息，但任何控制本身都会引起费用支出。因此，创业者要合理设定控制对象。最常见的控制内容是销售收入、销售成本和销售利润三个方面。此外，对市场调研、推销人员工作、消费者服务、广告等营销活动也要通过控制评价它们的效率。创业者在确定控制对象后，还要决定控制量——频率和范围。控制对象对公司的重要程度越高，就要进行集约型控制；若某一销售区域或活动容易脱离计划，也要予以较多控制；若某种产品、某一销售区域表现出相对稳定的趋势，在控制中就不必经常注意。

2. 设置控制目标

设置控制目标是将控制和计划联结起来，大多数目标最终都要涉及销售收入和成本。创业者要综合考虑效率和效益，效率即

确定控制对象
↓
设置控制目标
↓
建立衡量尺度
↓
确定控制标准
↓
比较实际绩效和标准
↓
分析偏差原因
↓
采取改进措施

图 8-2　营销控制过程

产出水平是否达到需要的高度,效益即投入和产出的比例是否达到需要的水平。如果只考虑某一方面,会导致费用支出过大或过小。

3. 建立衡量尺度

在很多情况下,企业的营销目标决定了它的控制衡量尺度,如目标销售收入、利润率、市场占有率、销售增长率等。但还有一些问题比较复杂,如销售人员的工作效率可用一年内新增加的客户数目及平均访问频率来衡量。公司可采用多种衡量尺度,因为公司有若干管理目标,在选择衡量尺度时还要考虑成本问题,其提供的信息价值要超过成本。

4. 确立控制标准

控制标准是指以某种衡量尺度来表示控制对象的预期活动范围或可接受的活动范围,即对衡量标准加以定量化。例如,规定每个推销员全年应增加 30 个新客户,某项新产品投入市场 6 个月之后应使市场占有率达到 3％,市场调研访问每个用户的费用每次不得超过 10 元等。控制标准允许一个浮动范围,如上述新产品市场占有率在 2.8％也是可以接受的,访问费用标准是 10 元,最高不得超过 12 元。此外,设立标准还要考虑到产品、地区、竞争情况的不同,最大限度地吸收多方面人员参加。

5. 比较实际绩效和标准

将控制标准与实际结果进行比较时,需要决定比较的频率和数量。频率是指多长时间进行一次比较,这取决于控制对象是否经常变动;数量指是将全部完成情况的结果与计划进行比较,还是对其中的抽样结果与计划进行比较,这就涉及成本和实施的可能性问题。

6. 分析偏差原因

如果比较结果未能达到预期标准,要分析偏差产生的原因。大致有两种情况,一是实施过程中的问题;二是计划决策中的问题,但更多时候这两种情况往往交织在一起。如某推销员达不到访问次数的标准,可能是他在旅途中花费时间过多,也可能是标准过高。确认产生偏差原因的方法有探寻和询问,尽可能详细地分析有关资料,找出问题的症结。

7. 采取改进措施

如果在制订计划时,还制订了应急方案,改进措施会更加及时。例如,计划中规定"某部门一季度的利润如果降低 3％,就要削减该部门预算费用的 3％"的条款,届时自动启用。不过,很多情况下并没有这类预定措施,要根据实际情况,迅速制定补救措施加以改进。

二、营销控制的类型

1. 年度计划控制

年度计划控制是指企业在本年度内采取控制,检查绩效与计划是否一致,并采取改进措施,确保营销计划的实现。年度计划控制主要包括四个步骤:

首先是制定标准,以月度或季度为基础,确定本年度各个季度(月)的目标,如销售目标、利润目标等。

其次是绩效测量,管理者必须密切监视在市场上的执行成绩,将实际成果与预期作比较。

再次是因果分析,对任何严重的偏差行为的原因进行分析。

最后是改正行动,即采取最佳的改进措施,以便弥合其目标和执行结果之间的缺口,并对营销执行过程进行调整,甚至是对营销目标作出调整。

年度计划控制采用的具体方法有销售情况分析、市场占有率分析、营销费用率分析和用户反应跟踪。

(1) 销售情况分析。销售分析是评估计划销售目标与实际销售之间的关系,可以用销售差异原因分析和微观销售分析这两种方法衡量。

(2) 市场占有率分析。市场占有率分析剔除了一般环境影响来考察企业本身的经营工作状况,因为企业的销售绩效并未反映出相对于竞争者而言企业的经营状况,如果企业销售额增加了,可能是企业所处的整个经济体系的发展,或者由于其营销工作相较竞争者有所改善。如果市场占有率升高,表明它比其他竞争者的情况更好;反之则较差。衡量市场占有率有四种不同的方法:

① 全部市场占有率,用企业的销售额占全行业销售额的百分比来表示。使用这种测量方法必须作两项决策:第一要用单位销售量或销售额表示市场占有率;第二是正确认定行业的范围,明确本行业所包括的产品、市场等。

② 服务市场占有率,以其销售额占企业所服务市场的百分比来表示。服务市场就是企业产品最适合且企业营销努力所及的市场。企业可能有100%的服务市场占有率,却只有相对较小的全部市场占有率。

③ 相对市场占有率(相对于三个最大竞争者),以企业销售额对最大的三个竞争者的销售额总和的百分比来表示。如某企业有30%的市场占有率,其最大的三个竞争者的市场占有率分别为20%、10%、10%,那么该企业的相对市场占有率就是75%。

④ 相对市场占有率(相对于领导竞争者),以企业销售额相对市场领导竞争者的销售额的百分比来表示。相对市场占有率超过100%,表明该企业是市场领导者,相对市场占有率的增加表明企业正接近领导竞争者。

(3) 营销费用率分析,指营销费用与销售额的比率分析,一般由五种费用对销售额的比率构成,五种费用包括销售人员费用、广告费用、销售促进费用、市场调研费用和销售管理费用。

(4) 用户反应跟踪。上述的年度控制度量方法都是数量分析,没有对营销发展的变化作出质的描述。为此,企业要建立一套系统来追踪其顾客、经销商以及其他营销系统参与者的态度。如果发现顾客对本企业和产品的态度发生变化,要及早采取行动,争取主动权。企业一般利用如下系统追踪顾客反应:

① 抱怨和建议系统。企业对顾客书面或口头的抱怨应该加以记录分析,并作出适当的反应。对不同的抱怨应该分析归类,对较严重和经常发生的抱怨应及早注意。企业应鼓励顾客提出批评和建议,这样才能收集更完整的资料。

② 固定顾客样本。企业可以建立由有一定代表性的顾客组成的固定顾客样本,定期通过电话访问或邮寄问卷了解态度。这种做法有时比投诉和建议系统更能代表顾客态度的变化和其分布范围。

③ 顾客调查系统。企业定期让一组随机顾客回答一组标准化的调查问卷。问卷的

问题可以包括员工友好性、服务的质量等。通过对问卷的分析,企业可以及时发现并纠正问题。

2. 盈利能力控制

盈利能力控制就是对企业营销组合中各类因素的获利能力进行分析,帮助营销管理者决策。采用的方法有对市场营销成本和盈利率的分析:

(1) 营销成本控制。营销成本包括直接推销费用、营销传播费用、仓储费用、运输费用和其他营销费用。

(2) 盈利率控制。利润是企业营销的首要目标,盈利能力还可用利润和有关项目的比率来考察,如销售利润率、资产收益率、净资产收益率、资产管理效率等。

3. 效率控制

效率控制就是采用高效率的方法来管理销售人员、商业广告和促销。常用的指标有人员推销效率、广告效率、营业推广效率和促销效率等。

(1) 人员推销效率指标

① 每个推销员平均每天的推销访问次数;

② 平均每次推销访问所需的时间;

③ 平均每次推销访问的收入;

④ 平均每次推销访问的成本;

⑤ 订单数与推销访问次数之比;

⑥ 每一时期新增加的顾客数;

⑦ 每一时期失去的老顾客数;

⑧ 推销队伍成本占总销售的百分比。

(2) 广告效率指标

① 每一家媒体的千人广告成本;

② 广告注意率、阅读率;

③ 消费者对广告有效性和广告内容的意见;

④ 测量广告发布前后消费者对产品态度的改变;

⑤ 由广告引发的消费者咨询次数;

⑥ 每次的咨询成本。

(3) 促销效率指标

① 优惠销售所占的百分比;

② 单位产品陈列成本;

③ 赠券回收率;

④ 一次演示引发的询问次数。

4. 战略控制

战略控制又称市场营销审计,是对企业的营销目标、政策和战略进行控制,是对组织全方位的评价,以确保企业的可控因素与外界环境相统一。具体步骤如下:

① 营销审计首先应由公司人员和外部审计人员会面,介绍情况,拟定协议;确定审计目标、范围、资料来源、报告形式和所需时间。

第八章 大学生的创业营销

②检查企业各项目标的实现情况,如检查各项目标的实施进度以及资源配置是否合理。

③确定执行计划是否付出足够努力,如营销战略执行是否全力以赴、营销活动是否得到全力支持等。

④检查企业营销组织状况,如内部信息沟通、权责分配是否合理等。

⑤对审计结果进行汇总,提出改进意见,写出书面报告。

第四节 大学生的创业营销案例

在创业过程中既有大量成功的经验,也有很多失败的教训。总结他人创业成败的历史经验教训,可以为大学生自己创业提供启示,增加成功的机会。

一、"永和大王"的成功之道

"永和大王"是总部位于中国台湾的连锁快餐企业,旗下经营豆浆、油条、各种稀饭和小甜点。从1995年12月12日,在上海市长宁区水城路诞生了"永和大王"的第一家餐厅,截至2004年4月"永和大王"已经在北京、上海、杭州、武汉、深圳5个城市开业将近80家直营分店,工作人员总数超过3 000名,成为立足发扬光大中华美食,并专业从事中式快餐连锁经营管理的大型餐饮集团。"永和大王"的成功无疑成为各大中式快餐店竞相效仿的对象,而它也当之无愧地被业内人士称为"卖油条的中国麦当劳"。

套用托尔斯泰一句名言:"好的企业都是相似的,不好的企业各有其不好之处。"即好的企业在经营、管理、企业文化等各方面都是做得较好的,而不好的企业往往存在着这样或那样做得不足或不好的地方。下面我们就来看一下"永和大王"在经营上的过人之处。

差异化的产品

上海人不太爱吃包子,典型的上海人会搞不清包子和馒头的区别,从这一点上便可见一斑。上海人的传统早餐一般称为"四大金刚",分别是豆浆、油条、大饼、粢饭团。而这些东西一般由个体摊贩经营,在街边贩卖,其卫生程度可想而知。小贩为了节约成本,炸油条的油一般都反复使用,而经科学证明经常食用这样的油炸出的食物对人体的健康极为不利,容易致癌。另外油条中加有明矾,多吃也对人体不宜。而"永和大王"的产品风味独特、环境整洁,因此相对于几十年、上百年来在路边早点摊上蒙尘的豆浆、油条来说,其产品实现了差异化。其用于煎炸类的油都是百分之百纯天然的色拉油,且经过一次使用后立即换新油,对于油条的处理,采用的是进口面粉,这样既加强了油条的松脆度,又减少了明矾的摄入,让食客吃得放心、吃得健康。

别人做满汉全席、做酒席式的中餐,永和只做中式快餐市场;别人每天营业11个小时,永和24个小时营业;别人只开通了电话外送的业务,而永和成为国内首家网络订餐并外送的餐厅。这些都极大地方便了顾客,也为永和争取到了那些在写字楼里忙于工作没时间下来就餐的上班族,并为那些"都市夜归人"吃宵夜找到了好去处。

产品要有独到之处才能给顾客留下深刻印象,特别是食品,属于一次性消费品,更要追求色、香、味俱全。永和的油条做得要比普通路边卖的油条长三分之一。在"永和大王"

中每一件容纳食物的餐具也都经过精心挑选和设计,使顾客感受到的不仅仅是吃的过程,更是慢慢享受品味美食的过程。

高档的价格

在当时,上海街头的油条一般只卖五毛钱,然而"永和大王"的卖到了2元钱。其他诸如豆浆、饭团、葱油饼的价格也贵出了好多倍。除了因为要租用店面、进行员工培训、进口高品质原料需要较多的费用等固定成本的因素,一开始公司定价的初衷就是为了拉开消费层次、走高档路线,"永和大王"清楚"麦当劳"、"肯德基"的目标顾客群是二十几岁以下的青少年和儿童,因此其第一家店在1995年年底在上海开张时,便走"优质、卫生、高价位"之路,把目标客户定位在18岁到45岁之间的中高收入者,从而保持了与洋快餐顾客目标群的错位,避免正面竞争,而是与其保持一个均衡与互补的状态。另外,考虑到整个大环境,20世纪90年代中期的上海,居民口袋里有了一些钱,日子也不像80年代过得那么精打细算,人们追求更为舒适的消费环境和优质的服务。而且上海人喜欢求新、求变、喜欢赶时髦,因此高价位并没有让人望而却步,反而在社会上掀起了一阵小浪潮。真正做到了把"永和豆浆"变成一种时尚的品牌,使人们愿意为此多花钱。这样既保证了餐厅经营的收益,也给今后发展打下了一个良好的基础,有利于产品组合在长度和深度上的拓展。

精明的连锁

"永和大王"的发展壮大也不是一直都一帆风顺的,2001年由于新添直营店,后续资金难以跟上,到年底公司已亏损5 000万。其实,和其他开连锁店的公司一样,永和在公司的初创期一直做的都是烧钱的生意,在连锁经营的规模效益没有表现出来之前,亏损是必然的。以"麦当劳"为例,他们在一个城市要开70多家店,才能收支平衡;而"大家乐"在香港要有35家店,才能收支平衡;至于"永和大王",最起码需要50家店铺。连锁店的经营,最重要的是有精通管理经验的人才,为此永和还专门请了猎头公司从同行中找高级管理人员。林猷澳说:"管理不是一朝一夕能够大踏步提高的,而管理水平直接决定了将来企业的经营水平。我们看的是长远利益。"另外,"永和大王"总部非常注重加盟者的合约精神。因为一旦一个加盟店不守法,进行违规操作,在食品的配料上出现了问题,致使食物的口味不统一,就会把整个"永和大王"的牌子坏掉,使得品牌在消费者心目中的地位下降。

跟进的门店

在日常生活中可以自然地发现,"麦当劳"的周围不出二三十米远便有一家"肯德基"的分店,这两家绝对是属于"对着干"的迎头定位,竞争的火药味很浓。"永和大王"也不甘示弱,基本上采取跟进战略,洋快餐开到哪,我中式快餐就跟到哪。永和认为"麦当劳"和"肯德基"选定的店址,首先一定是人潮汇聚地,其次毕竟中餐和西餐的消费群体不一样,"永和大王"和他们之间又存在着一种互补竞争的关系。举例来说,在北京西临中国人民大学、南靠双安商场的科学院南路,南北120米、东西80米的弹丸之地,竟云集了10多家快餐业的高手,科学院南路的西侧从南向北一字排开,依次为美国的"麦当劳"、中国的"永和大王"、半亩园快餐有限公司所属的"半亩园";东侧是日快餐"面爱面"、中国的"馄饨侯"和具有西域风情的"马兰拉面",在丁字路口的南侧则有"肯德基"……以上各家几乎都是

第八章　大学生的创业营销

紧挨的,而且店面大小相差不多。竞争是较量,也是交流。地理位置优劣的竞争,最能反应双方的差距,只有看到差距,才会有进步。林猷澳认为,与西式快餐相比,中餐的食品种类比较多,这是中餐的优势,容易吸引更多的顾客。但这也是中餐的劣势,因为食品种类多了,质量就不容易控制。但是从长远讲,中式快餐绝对不会输给西式快餐。

在店面的装饰上,"永和大王"也一直紧跟时代的步伐,不断地求新、求变。永和在市场调查中发现,消费者层次在向下延伸,由原先的 25～45 岁发展到 21～45 岁。这说明其目标客户正越来越年轻化,因此对于各门店店面的装饰,永和由二代店古色古香的风格转变为三代店的休闲风格,在上海的淮海路上还开出了旗舰店。

与"麦当劳"夺人眼球的灯箱广告和高高树立的醒目标识相比,"永和大王"确实有些不起眼,然而大红的门脸透着中国传统的喜庆气氛,很能赢得普通百姓的认可。店标是位与"肯德基"快餐有着相似之处的慈眉善目的老人形象,这是永和大王创始人李金鹏的形象,或许正是这个慈祥的老人奠定了永和大王平易近人的经营方式。

良好的口碑

与"肯德基"、"麦当劳"铺天盖地的广告战略相比,"永和大王"在这方面可谓节省得多,前二者在每每推出新品的时候都大张旗鼓地利用广告、销售促进、公共宣传、企业赞助等多种促销方式进行宣传,而永和基本上不做什么广告,要做的话也不会做单一的新产品的广告,而是推广"永和大王"的整体品牌概念。例如在其"公司片"的一则广告中:白领们加班加到深更半夜,女白领买永和豆浆给男白领,恰好男白领也正去买来给女白领吃,然后打出一行大字——永和就是你的家。这样,就把一个卖大饼、油条的广告时尚化了。

永和认为他们主要不靠广告宣传来拉顾客,而主要靠口碑,通过提高顾客满意度来提升"永和大王"的口碑。因为一个高度满意的顾客会为一个公司的产品及品牌说好话、购买更多的公司新产品、忽视竞争品牌和广告并对价格不敏感,所以与其花费大量的资金在广告宣传上还不如对顾客进行调查,开发适合顾客口味的产品,提供顾客满意的服务。

(资料来源:http://www.cg01.cn/zb/liaojieshichang/2012/0624/4564.html.)

二、整合 4P——丰田汽车的市场营销

丰田汽车公司在成为日本国内最大的汽车企业后,开始将眼光投向美国市场,在对美国市场没有进行详细调查的情况下,就拍板美出口汽车。第一批两辆皇冠车运抵加利福尼亚州时,受到当地媒体的广泛关注,不少顾客根据报纸广告纷纷打电话询问哪里能买到丰田汽车。很快这种狂热就被泼了冷水,虽然皇冠车在一些细节方面确实想得很周到,如车门没有关好时发出警告灯光,油箱加油口安装特殊锁盖,前挡风玻璃装有双速雨刷,但是其他没有想到的细节使丰田车的弱点暴露出来:这辆取名为"丰田宝贝儿"的汽车简直集中了汽车可能存在的所有缺点——方盒子的样式,看起来就像一块砖头;内部装修不光粗糙,还让人不舒服;灯光昏暗,好像在点蜡烛;发动机声音巨大,简直就像开坦克……总之,整个车子质量低劣,让人无法接受。此外,丰田车在价格上与美国的"大众牌甲壳虫"相比,也没有什么优势。当时,甲壳虫售价 1 600 美元,而丰田车则卖 2 300 美元,结果只有 5 位代理商愿意经销其产品。就这样,丰田汽车进军美国的梦想破灭了。

自那以后,丰田静下心来,研究和生产适合美国市场的轿车,运用现代市场营销的观

念重新考虑进入美国市场的营销战略,考虑从侧面冲击美国市场。一方面,丰田调查研究丰田公司在美国的代理商及顾客需要什么,以及他们无法得到的是什么等问题。通过市场调研,他们发现美国人把汽车作为地位或性别象征的传统观念正在逐渐减弱,更追求实用性、舒适性、经济性和便利性。如长途驾驶要求座位舒适和较大的腿部活动空间,易于操控、行车平稳符合大众利益要求,较低的配置费用、耗油少、耐用和维修方便;随着交通拥挤日趋恶化,要求提供可靠方便,转弯灵活的小车型。他们还知道了竞争对手的不足和缺陷,从而制定"攻占角落"的营销战略。既了解竞争对手,又了解顾客需求,攻击竞争对手的不足和缺陷。另一方面,丰田对外国汽车制造商在美国的业务活动进行了研究,以便找到缺口,从而制定出更好的销售和服务战略。丰田公司在市场调研中还发现,底特律汽车制造商骄傲自大、因循守旧,甚至面对竞争者的挑战、政府的警告信号、消费者拒绝购买,仍然熟视无睹,继续生产大量的大型豪华车。

随着日本汽车工业的发展,在技术上的差距与先进国家相比越来越小,为其进入美国市场奠定了坚实的基础,但是丰田汽车成功进入美国,还在于它成功运用了各项营销战略。

产品战略

丰田从小型车空白市场看到了丰田轿车的进入机会,因此,在市场调研的基础上,丰田公司设计出满足美国顾客的美式日制汽车。皇冠车以其外形小巧、购买经济、舒适快速、维修方便的优势终于敲开了美国的大门。面对美国和西欧这些强劲对手,丰田汽车的产品战略是避实就虚,生产的汽车造型优美、内部装修精致典雅,舒适的座椅、肉色的玻璃,发动机的功率和性能比大众汽车公司提高了一倍,甚至连汽车扶手的长度和腿部活动的空间都是按美国人的身材设计的。由于适合美国大众的口味,皇冠车被迅速接受,很快建立起了较高的质量信誉。

为了制造出最佳品质的汽车,丰田除了在生产过程中实行看板式管理外,主要采取了两项措施。一是大力推行TQC(全面质量管理)运动。公司总经理亲自担任质量管理部部长,对每一个工序应对下一个工序进行质量保证的项目、为保证质量必须进行的作业、质量保证的负责人等作了明确规定,要求每一道工序都对下一道工序保证质量,从而最终对用户保证质量。二是广泛开展合理化建议活动。这些活动使丰田真正实现了"好产品",合理化建议用在皇冠车上使每辆车的成本下降了1.2万日元。丰田汽车质量好、价格低,已经成为国际一流的好产品,销售额也直线上升。

低价渗透

为了进入市场,争取潜在顾客群,丰田公司打入美国市场主要采取的是竞争性渗透战略,制定的价格大大低于竞争对手的价格,其目标不仅仅在于获取单位产品的高额利润,而在于最迅速地攻入市场,获取尽可能大的市场份额,建立起长期统治地位。

随着丰田公司市场份额的扩大,刺激有效供给的增加,单位成本的降低,即使它的价格不变,也能保持长期获得一个相对稳定的利润总额。例如,皇冠车在进入市场时售价不到2 000美元,而后推出的新车型售价不到1 800美元,要比美国同型车低400~1 000美元。

凌志牌轿车可谓是丰田车最杰出的代表,凌志的定位是豪华车,同一市场定位的品牌有福特公司的加长林肯、梅赛德斯-奔驰420SEL、本田汽车公司的本田里程、宝马的

BMW735i 和大众汽车公司的奥迪 V-8quattro 等。而凌志车分两种,一种是 LS400,定价为 3 500 美元;另一种是 ES250,价格为 21 050 美元,而同样定位的梅赛德斯和宝马车型,定价高达 8 万美元,分布是凌志两种车型的 2.3 倍和 3.8 倍。

丰田凌志的品质和价格赢得了经销商和用户的心,几乎横扫世界豪华轿车市场,在美国面世的第一年,拥有了 90 多个经销商,销售量为 16 000 辆,第二年即达 75 000 辆,与宝马花费多年心血取得的成果持平。凌志也因此成为丰田和整个日本汽车业的第一品牌。

渠道战略

通过研究竞争对手,丰田公司选择了一整套进攻的分销战略,以保证其产品畅通无阻地进入国际市场,完成了产品从生产到消费领域的惊险跳跃。

首先,提供良好的售中和售后服务,在发动攻势前,建立广泛的服务网点,提供充足的零配件,为销售成功筑起牢固的支撑点。

其次,严格筛选代理商。丰田为自己的汽车选择一流的代理商,特别是进入国际市场的初期,重金聘用当地商人或国外代理商经销商品,这样就减少了营销风险,增加了销量,而且可以提供示范和培养人才。

最后,用丰厚的利润扶植和激励经销商。丰田公司进入美国公司时以每辆 181 美元的利润让给经销商,这一数额大体与经销一辆大型轿车的利润相等,这让许多人说"丰田公司的人是傻子"。在短短几年后,丰田公司的汽车销售量就跻身世界前几名,这时他们才知道傻的人是自己。

广告促销

丰田公司为了有效进入美国市场,还利用了许多广告战略,大打宣传战,使丰田公司在美国市场上家喻户晓、妇孺皆知。这一时期,丰田的广告支出大大超过竞争者的水平。仅 1969 年的广告费用支出就达到 1 850 万美元。丰田汽车公司广告的内容由专家精心设计,决不粗制滥造。为避免刺激美国的竞争者,引发日美贸易矛盾尖锐化,尽量迎合美国人的喜好,在大力宣传交通工具在美国的重要性的同时,提到丰田汽车良好的性能和能给消费者带来的利益。这种具有美国精神的进口汽车广告战,终于以丰田轿车的胜利而告终。日本轿车像潮水一样涌入美国市场,到 1985 年,它控制了美国轿车市场份额的 20%。

(资料来源:盘和林. 哈佛市场营销决策分析及经典案例[M]. 北京:人民出版社,2006.)

三、女大学生创业卖手帕年销 1 000 万

2005 年夏天,李玲从四川大学工商管理学院会计专业毕业后,进入成都一家会计师事务所任职。虽然在众人眼里,她是时尚光鲜的"白骨精",但李玲对自己的工作并不满意。因为她心性活泼,却每天与一大堆枯燥乏味的数据打交道,这令她感到无比的郁闷和困惑!

她希望能从事一份富有创意的工作,最好是能选择一个感兴趣的项目自主创业,在赚钱的同时实现自己的人生价值。然而,想找一件投资不大且能赚钱,又令自己感兴趣的项目谈何容易,李玲一直没有物色到合适的项目,于是只能将这个愿望埋在心底。

2008年"十一"长假期间,李玲与事务所的几个同事一起随旅行团到日本旅游。到东京后的第一天晚上,旅行团安排游客在一家五星级酒店用餐。在这次晚宴上,一个小小的细节让李玲深受触动——用餐途中,李玲和同事们习惯性地找服务生索要餐巾纸,却被婉拒。服务生告诉他们,日本环保法规对使用餐巾纸有明确限制。于是,李玲和同事们只能从随身携带的包包里掏出纸巾擦嘴。而李玲发现邻桌的日本客人都是从自己的上衣口袋里取出一方手帕擦嘴……这个动作让李玲感到既陌生又惊讶,因为在李玲的印象中,用手帕是一种很老土的生活方式,她大约有20年没有用过也没有见过手帕了。

接下来的几天,李玲留心观察,发现无论在地铁、大街,还是商场、旅游景点,有人打喷嚏或者轻微咳嗽时,都会从口袋里掏出手帕遮住口鼻,去到吃饭的地方,不论是大饭店还是小餐厅,都不提供餐巾纸,但服务好的地方会提供一块湿毛巾。

李玲在逛街时发现东京有很多手帕专卖店,一方方艺术品般精美的手帕令她爱不释手,她选购了几十条心仪的手帕,打算带回国送给亲朋好友。

回国后,李玲下意识地观察周围的人,发现几乎所有的人都用餐巾纸,而且,很多人用完餐巾纸后,都是随手往地上一扔,李玲看得直皱眉。后来,李玲上网查资料得知:每生产一吨纸要17棵大树,而我国年人均消费纸巾1.74千克,这就意味着1 000万立方米的森林被砍掉。看来,我们在环保方面真应该学学日本人,把我们过去用手帕的传统重新发扬光大。

想到这儿,李玲脑子里突然一激灵不如就开一家手帕店吧!这个想法让她兴奋不已。为了了解市场,李玲特意到成都各大商业区转了一圈,还真没发现有卖手帕的店铺。这不正意味着一个巨大的潜在市场吗?李玲马上坚定了开手帕店的信念,并决定自主设计原创手帕,然后找合适的印染厂帮自己生产……

当李玲把自己想辞职开手帕店的想法告诉父母时,遭到了父母的强烈反对,父亲说:"现在大家都用餐巾纸,谁还用手帕?"李玲据理力争:"现在,全世界都在提倡低碳环保的生活方式,在日本,无论男女都用手帕,用餐巾纸是一件非常丢脸的事。"父母说:"中国人用餐巾纸已经有20多年的历史,人的习惯一旦形成就很难再改变,如果你要一意孤行地去卖手帕,那就是凭一人之力,跟全国人民斗啊!"见父母极力反对,李玲不敢贸然辞职,心想等创业有了一些起色之后再作打算。

李玲的困难

首先,中国人没有用手帕来替代餐巾纸的习惯,李玲第一个问题就是一个可能对自己产品没有需求的市场。

其次,都市女性的李玲没有资金优势,只有一万元左右的创业资金。注定了初期产能无法上量,如果不拼命就难以和优秀的代工厂合作。事实上李玲在创业初期,只能找一家小印染厂合作。

最后,没有商业经验导致被骗。事实上,李玲就真的吃了亏。因为是朋友介绍,李玲没有与最初合作的小印染厂签订生产合同。问题就出在这里——等她按照约定的时间去提货时,顿时傻眼了!这批货除了线头等小瑕疵不说,厂家为了减少生产成本,还将图样肆意修改,而且印染得非常粗糙,与李玲当初的设想大相径庭。李玲因为事先没有跟厂家签订生产合同,根本无法索赔。事已至此,李玲只有打落牙齿往肚里咽,她把心一横,将这批货全部当废品处理了。

李玲的对策

面对这样多的困难,李玲选择从这样一些方面入手,克服自己面临的困难。

第一,重新定位。李玲发现节能环保这些绿色概念虽然人人挂在嘴边,但是真正为了这个牺牲自己利益的人很少。她在实践中发现,即使以成本价倾销,即使主打环保牌也最多只是不赚不赔。为此,她专门找人重新设计了自己的手帕,不过效果不够显著,一方面高端大气的优秀设计师价格很贵,而自己的产品是薄利多销怎么可能请得起,自己的设计师就是一所高校的大三学生罢了。既然不能主打美观,李玲又想到了实用。作为旅游爱好者的李玲深有体会,初到一个城市,游客对当地的名胜古迹和交通路线都不熟悉,出行很是不便。这时,她突然灵机一动:若将路段、景区、宾馆、交通等元素以地图的形式展示在一方手帕上,不就轻松地解决了旅行者的麻烦吗?传统的地图错综复杂,而且旅行结束后往往弃之于垃圾箱,手帕则不然,旅行时,旅行者把手帕拿在手上,既可以当地图,又可以擦汗;旅行结束后可以继续使用,还可以留作纪念。

第二,选择靠谱的供应商和代销商。当初被骗后,李玲决定舍近求远,去义乌寻找生产厂家。那里的企业技术不错,成本低廉,非常适合自己这样的三无创业者。在面对选择代销商的问题时,李玲看中了成都繁华的西大街百盛大厦旁的"幸运符号"生活用品店,与店主交涉后,店主答应代销她的手帕。随后,李玲和店主商定,将手帕的价位定在12～18元之间,每卖出一条手帕,店主可获利3～5元。通过这种制度安排,可以激发店主的积极性。

第三,成熟后,尽快建立自己的创意作坊。这个创意工坊实际上是一个营销策划基地。除了在手帕的内容上不断创新之外,李玲还在手帕的销售形式上狠下功夫:2010年情人节,李玲推出了情侣手帕DIY活动,情侣可以把自己喜欢的图案或照片拿到店里,让杨佳为他们量身设计手帕。妇女节、愚人节、母亲节、圣诞节……每逢节日,店里都会推出相应的主题活动。

第四,积极借力互联网、线下团购等商业模式。"团购如果可以促销,为什么不用?"李玲说。除了店面销售之外,李玲还另辟蹊径,到一些公司和企业联系团购业务。2010年"三八"妇女节前,在李玲的公关下,有20多家公司和企业向李玲定购了手帕,作为节日礼品发放给女员工。仅此一役,李玲就销售了近2万条手帕,获利近5万元。

第五,拉长产业链,积极发掘客户价值。现在,李玲正踌躇满志地计划将自己的手帕卖到全国各地。她说,除了卖手帕,她还要陆续开发一些其他的低碳环保产品。

(资料来源:http://www.cg01.cn/jiaoliu/chuangyegushi/2013/1008/6223.html.)

四、定位不准,"烧"掉40万买来经验教训

没有计划周全,没弄清盈利点在哪儿,也没有做充分的市场分析,更没有构建必需的营销团队。创业初期过于铺张、不计成本……这是24岁的何炜创业两年收获的经验教训。

创业两年,24岁的何炜如今还带领公司在温饱线上挣扎。他说,尽管现在谈发展为时过早,却收获了很多,"权当是积累经验"。

定位不准——第一个"孩子"夭折

2007年年底,何炜不得不放弃苦心经营两年的双休网。在烧掉40万元后,何炜没有赚到一分钱。

何炜毕业于华中科技大学武昌分校计算机系,2005年5月,正是大三下学期,课程不紧,何炜便邀两位好友成立武汉极限脉络网络技术有限公司。公司有两块业务,一是帮其他公司建设网站;二是创建双休网——专为年轻人的吃喝玩乐提供点子。公司投入10多万元,"我出了三四万,钱是家里给的"。

何炜的想法很简单,双休网与一家时尚杂志合作,在杂志上开辟专栏,并联手推出广告"买一送一",即买纸媒广告,送网络广告,希望能快速做出影响力。让何炜没想到的是,实际操作中却是困难重重,"我们的主攻方向是特色小店,可是这些店铺既没有做广告的需求,也没有这个能力"。

2007年的最后一个周日晚,何炜亲手拔掉双休网服务器的最后一根电源。对何炜来说,双休网就是他的第一个"孩子",那份珍贵无与伦比。但是,他也知道,如果再坚持就意味着更多的投入,"伤其十指不如断其一指",只好含泪关掉。

"现在看来,创办这样的网站,时机是对的,可是没有计划周全,没弄清盈利点在哪儿,也没有做充分的市场分析,更没有构建必需的营销团队。"何炜说。

困难接踵而至——赚钱业务成"鸡肋"

"屋漏偏逢连夜雨。"一直以来,尽管双休网没有广告收入,但何炜的另一块业务——为别人做网站建设,还是能维持公司的开销。如今,这项主业务却慢慢变成了"鸡肋"。

做网站建设,何炜提出了一个全新的理念——网络营销,花几百元钱就可以将产品和信息销售到全世界每一个有互联网存在的角落。对于大型网站而言,如果善于把握网络营销,就能花很低的成本将网站的流量提升起来,以提升其在搜索引擎上的排名。带着概念,他们努力寻找客户。2007年年初,何炜的网络建设业务迎来了辉煌期,业务量开始猛增。

但是,两年前,建一个企业网站要4 000元,现在市场标价仅为500元。当他的网建业务突破100笔时,公司收益开始呈逐月下降趋势。何炜说,每建一个网站就要增加一个员工维护网站,数百元的收益根本无法支付员工的工资。"所有的人力、物力和时间都消耗在网络基础建设上,研发工作毫无进展,没有核心竞争力,公司的生存空间越来越窄。"

剖析失败经历——何炜要打翻身仗

两年的起起落落,让年轻的何炜懂得了很多。"尽管没有赚到钱,但这两年我收获了太多。"他所指的收获,主要是指自己已经诊断出了公司、尤其是自己身上存在的毛病。

他回忆说,当网建客户迅猛增长后,租用服务器空间已不能满足公司的需求,自己的第一想法是购买服务器,而且一口气买下3台。按他的完美构想,3台服务器各司其职:一台用于网建客户使用、一台用于出租个人空间、一台用于发送邮件,这样就各不影响。理想与现实总是有差距。实际运行中,3台服务器的年开销是3万元,原本应承担300家公司的容量却仅有100家客户,支出与收益之比可想而知。

何炜认识到在创业初期过于铺张、不计成本。去年9月,公司从中南路60平方米的商住楼搬到了汉口惠济路,办公面积增加到130平方米,月租由1 200元涨到2 000元,员工由 10 余人增加到 22 人,林林总总的开销加在一起,令他不堪重负。

何炜很尖锐地剖析了自己:"所谓的企业特色是建立在适合行业需求的基础上,脱离现实的浪漫主义在生意场上行不通。"

目前,何炜已开始与朋友酝酿一个新的项目,前期的市场调查已做了 3 个多月,希望能打一场翻身仗。

(资料来源:http://www.cg01.cn/jiaoliu/chuangyeshibaigushi/2010/0724/580.html.)

本 章 小 结

在本章中,我们首先介绍了营销的定义,然后详细分析了产品战略以及产品生命周期理论,围绕价格战略介绍了影响价格的因素、定价方法和常用战略,从渠道角度阐述了渠道的结构类型以及新创企业可选择的渠道,并介绍了促销的四种方式。接着指导大学生创业分五步实施营销战略,先确定企业经营形势,然后定义目标市场、确定营销目标、制定营销战略和行动计划,最后是营销计划的执行。然后介绍了营销控制的七个步骤以及营销控制的年度计划控制、盈利能力控制、效率控制和战略控制的四种类型。最后本章给出了 4 个或成功或失败的案例,启发大学生创业者总结经验教训,为自己创业做好充分准备。

案例分析

小睡吧创业

目前,在大城市,很多白领和工薪阶层的上班地点离家有一两个小时的路程,很多人都要在早上 6 点起床,再挤地铁、公交到公司上班,下午 5 点下班回到家已经是八九点了。所以,大多数人都睡眠不足,单位一般又不允许可放几张床供大家休息,所以很多白领只能在坐车时打盹补眠。一个来自哈尔滨的女孩小 S,发现了满足白领和工薪阶层休息的商机:开一家小旅馆来满足这部分人的休息需求。最早她只开了 8 个房间,每间房每小时 5 元,起名"睡吧",给职场那些身心疲惫、家离公司较远的人提供午休场所。为此,她辞掉年薪十万的工作,经过不断改造,形成有家庭卧室型的模式,有素雅的窗帘,温暖的壁灯,床头柜上放些休闲杂志以及可以带上耳麦欣赏优美的音乐等。她的生意突然好起来,睡吧的预订电话被打爆了。后来,她又借钱扩展了 200 多平方米,并按配套设施分出高、中、低档,制定不同的价格。之后,她的睡吧又根据不同客人、不同的上班时间给客人提供个性化的"催眠"业务等。再后来,有人找她合作出资,现在以每年一家的速度发展,如今的她每年有 100 万的收入进账。

(资料来源:李良智,查伟晨,钟运动.创业管理学[M].北京:中国社会科学出版社,2007.)

【思考题】
1. 你认为小睡吧成功的关键是什么？对你有什么启发？
2. 小睡吧的成功体现了本章哪些知识点？

小链接

市场营销的新概念

关于市场营销的第一版官方定义是 1935 年由 AMA（美国市场营销协会）的前身——美国营销教师协会所提出的，1948 年被 AMA 正式采用。1960 年，当 AMA 重新审视第一版定义时决定依然保持不变，不作任何修改。就这样，关于市场营销最初的定义一直沿用了 50 年，直到 1985 年的时候被重新修订了。修订后的定义也就是当今我们见到的关于市场营销最普遍的定义："市场营销是计划和执行关于商品、服务和创意的观念、定价、促销和分销，以创造符合个人和组织目标的交换的一种过程。"这个定义被一直沿用，直到 2004 年夏天才被重新修订。这次新定义是近 20 年来关于市场营销定义的首次修订，自然引起了广大营销者的普遍重视。相比旧定义而言，新定义在表述的重点和着眼点上都有所创新。

新定义中最显著的变化就是把定义的立足点和表述的侧重点都放在了顾客身上。

1. 明确了顾客地位

顾客在市场营销中应居于什么地位呢？中心地位。我们不难发现新定义在表述上始终是围绕"顾客"而展开的，尤其强调了要重视"管理客户关系"。关于营销的定义，不同的学者或者机构都会从不同的角度给出不同的看法。但是，在定义中这么着重突出"顾客"，而且是由 AMA 这样的机构提出，这在市场营销发展史上可以说是第一次，当然，我们也可从此看到"顾客"在市场营销中的地位了。其实，随着技术和营销的发展，在近年来的市场营销实践中，尤其是在近 5～10 年来，对"顾客"的重视程度已经被提到了前所未有的高度，可市场营销并没有随着环境的变化而同步发展。因而在新定义公布之后，好多美国的营销者、分析家们纷纷感慨道：是时候了！

2. 承认了顾客价值

顾客在市场营销中的价值何在呢？顾客驱动着市场。新定义不是停留在市场营销要有盈利这样一个水平上，新旧定义的交替实际上是承认了顾客价值驱动着市场。顾客构成市场，市场沉浮企业。无论何时何地争取顾客的支持，千方百计地满足顾客，应当永远是企业思考营销问题的核心。顾客凭借什么力量来驱动市场呢？凭借的就是他们的购买权。这种购买权对于企业来说是稀缺的，因而也就具有了价值。这种价值足以使得企业千方百计来追求为顾客提供利益了。

3. 强调了与顾客的互动

市场营销活动应该在哪些环节强调与顾客的互动呢？应该在营销的各个环节。为什么这么说呢？新定义给出了明确的阐述，因为新定义中在描述市场营销过程时就是紧紧围绕顾客价值来阐述的。新经济条件下的市场营销的发展趋势之一就是客户越来越多地参与到营销活动中来。从新产品开发到售后服务，从营销战略开发到营销策略实施，这样一系列的过程中应当重视客户更多的参与，也只有这样才能真正做到尊重客户价值。

第八章 大学生的创业营销

第九章 新企业的开办

课程目标

本章主要介绍了大学生创业过程中,在开办新企业时所面临的法律、企业管理等方面的问题。通过本章的学习,需要熟悉大学生创办企业的法律形式,了解新企业的注册登记流程,掌握企业管理基本知识,包括商品采购管理、经营成本管理以及公司财务管理。

知识点和技能点

1. 企业的法律形式
2. 大学生创业的法律形式选择
3. 新企业的注册登记流程
4. 商品采购管理
5. 经营成本管理
6. 公司财务管理

案例导读

毕业即创业,大学生的五家连锁蛋糕店

在绍兴市新建北路5号,有家"新天烘焙"蛋糕店与其他蛋糕店有点不同,这家店不仅宽敞明亮,而且在店铺的一角摆放着一张圆桌、两张凳子,桌上还放着几本杂志,有点休闲吧的味道。

这家与众不同的蛋糕店的主人,是位刚走出大学校门才两年的年轻人——浙江大学城市学院2006届毕业生陶立群。他毕业后自主创业,现在已拥有5家蛋糕连锁店和一家加工厂,成为绍兴市里小有名气的创业青年,今年被评为"绍兴市创业之星"。

2006年6月,陶立群从浙江大学城市学院工商管理专业毕业时,决定开个蛋糕店。他做出这个决定并不是盲目的——大学期间,他曾经经营过校内休闲吧、小餐厅,都做得不错。曾做过"元祖蛋糕"代理的他,对蛋糕市场有所了解,觉得能在这一行闯出一片天地。虽然父母极力反对,但陶立群认准了这条路,决意走下去。2006年夏天,他白天顶着烈日逛绍兴市区大大小小的蛋糕店,看门道、想问题,晚上则躲在房间里查资料,了解市场行情。他还跑到杭州、上海等大城市做蛋糕市场的调查,搞可行性分析。

陶立群的调查有不小的收获：绍兴当时只有"亚都"、"元祖"两家知名品牌的蛋糕店，其余的都是本地小蛋糕店，中高档品牌蛋糕市场相对空缺，而且当时绍兴还没有一家蛋糕店的糕点是现烤现卖的。陶立群的创业梦想定位在打造本地中高档蛋糕品牌上。

2个多月后，当满满9页的《新天烘焙蛋糕店可行性策划书》放在父母面前时，陶立群的父母被感动了，他们拿出积蓄支持儿子创业。2006年年底，第一家"新天烘焙蛋糕店"在绍兴市新建北路5号正式开张，陶立群做起了小老板。他将店面分成两部分，前半部分是自选式的透明橱窗，便于顾客自行挑选；后半部分则用来加工糕点，现做现卖。

起早摸黑，对在创业之初的陶立群来说是常事。为节约成本，采购、运货等工作，陶立群都自己一个人做。优质的用料、独特的口味、有人情味的服务，赢得了消费者的喜爱。2007年5月和10月，陶立群先后开了第二、第三家连锁店。今年9月，又有两家"新天烘焙"店在绍兴市区开张。在鲁迅故里做讲解员的曹圣燕是"新天烘焙"店的忠实顾客，她说，"新天"不仅布置得有情调，并且糕点的品种多、口味好，所以经常买。

谈及今后的打算时，陶立群说，他下一步要在蛋糕店的团队建设上下功夫，并且要不断改善店里的蛋糕品种以及销售服务，打响"新天"品牌，力争开出更多的连锁蛋糕店。

（资料来源：投资界，http://newsdaily.cn/chuangye/201312.）

【思考题】
1. 蛋糕店老板陶立群创立的企业的法律形式是什么？为什么选择这种法律形式？
2. 蛋糕店老板在创立企业过程中使用了哪些企业管理手段？

第一节　企业的法律形式

企业法律形式（legal form of enterprise），是指企业依据不同的法律标准和条件所形成的组织形式。企业法律形式决定企业内部的组织结构和企业法律地位，同时也决定投资人的风险责任范围。企业法律形式的不同，在一般意义上讲，也是一种企业的分类，但它在企业法学的研究中是一个重要的问题，因此需要详细介绍。

目前，我国立法已形成较为完善的企业法律制度，2005年通过的新《公司法》，就是一部鼓励大学生创业的服务性公司法，高校毕业生中有志于自主创业的很多学生在这种大环境下可以说大有作为。根据我国现行法律制度，大学生创立企业时可以采用的法律形式包括公司制企业（包括一般有限责任公司和一人有限公司）、合伙企业、个人独资企业。这三种企业法律形式各有优势和弊端，大学生在自主创业时应该根据实际情况，具体分析后作出慎重选择。毕业大学生在创立企业的时候，首先需要解决的一个重要问题就是企业应选择什么样的法律组织形式。这个决策主要取决于创业者和公司投资者的企业发展目标，并考虑个人或创业团体实际情况、纳税方式、承担的法律责任及在企业经营和融资活动中的灵活性。法律方面的各种内在要求使得组织形式选择的难度有所增加，例如为了能够得到最有利的税收待遇，创业者往往需要放弃一些责任保护、灵活性或两者都要放弃。

根据财产的组织形式和法律责任，国际上常将企业分为三种类型：
Ⅰ 独资企业

Ⅱ 合伙制企业
- 普通合伙制
- 有限合伙制

Ⅲ 公司制企业

一、独资企业

独资企业,即个人出资经营、归个人所有和控制、由个人承担经营风险和享有全部经营收益的企业。以独资经营方式经营的独资企业有无限的经济责任,破产时借方可以扣留业主的个人财产。创办个人独资企业的大学生应对企业对外债务以其个人财产承担无限连带责任,就是说一旦经营不善会面临倾家荡产的境地,值得指出的是,这种无限责任是一种补充责任即只有当独资企业财产无法清偿时才追及至大学生个人,且这种创业者与企业你中有我、我中有你的模式给创业者以较强的归属感,容易激发创业热情。

独资企业是最古老、最简单的企业组织形式,主要盛行于零售业、手工业、农业、林业、渔业、服务业和家庭作坊等比较传统的行业。开办独资企业的人不受任何与其他几种组织形式有关的约束;业主与企业是一体的,从税收和法律责任的角度来看,它们具有相同的地位。从责任的角度看,业主与企业也是合而为一、地位相同的。因此,当企业发生财产纠纷时,法定原告可以追诉业主的个人财产,而不是仅限于企业使用的财产。设立个人独资企业应具备的条件:

① 投资人为一个自然人。法律行政法规禁止从事盈利活动的人,比如法官、检察官、警察等,不得作为投资人申请设立个人独资企业。

② 有合法的企业名称。

③ 有投资人申报的出资。

④ 有固定的经营场所和必要的生产经营条件。

⑤ 有必要的从业人员。

这种企业法律形式的创办较公司对注册资金没有明确的要求,对软硬件条件要求不高,独资企业仅规定有投资人申报的出资;固定的生产经营场所和必要的生产经营条件;必要的从业人员(一名大学生只要提交相关申请,拥有一间办公场所和一台电脑,雇佣一两名服务人员便可成立相关技术服务企业,形象设计、信息咨询等企业)。

二、合伙企业

合伙企业,是指自然人、法人和其他组织依照《中华人民共和国合伙企业法》在中国境内设立的,由两个或两个以上的自然人通过订立合伙协议,共同出资经营、共负盈亏、共担风险的企业组织形式。我国合伙组织形式仅属限于私营企业。合伙企业一般无法人资格,不缴纳所得税。

根据我国《合伙企业法》制度规定,设立合伙企业应具备五个条件:

① 有两个以上的合伙人,合伙人为自然人的,应当具有完全民事行为能力且都是依法承担无限责任者。

② 有书面的合伙协议。

③ 有合伙人认缴或者实际缴付的出资。
④ 有合伙企业的名称和生产经营场所。
⑤ 法律、行政法规规定的其他条件。

法律法规禁止从事盈利活动的人，不得成为合伙企业的合伙人，如国家公务员、机关、学校、医院、部队等机构的人员。合伙人可以使用货币、实物、土地使用权、知识产权或者其他财产权利出资。货币以外的其他出资需要进行评估作价，可以由全体合伙人共同协商确定，也可以由全体合伙人委托法定评估机构通过评估确定。经全体合伙人协商统一，合伙人也可以用劳务出资，其评估方式由全体合伙人协商确定。合伙协议是合伙企业成立的依据，也是合伙人享有权利和履行义务的依据，必须以书面形式订立，且经全体合伙人签名、盖章后才能生效。经合伙人协商一致才能进行修改或补充。合伙人不得自营或者同他人合作经营与本合伙企业相竞争的业务。除合伙协议另有约定或者经全体合伙人一致同意外，合伙人不得同本合伙企业进行交易。合伙人不得从事损害本合伙企业利益的活动。

合伙制企业在纳税和责任方面，与个人独资企业的待遇相同。企业收益按照合伙协议分配，税金按合伙人得到的份额在个人收入所得税水平上缴纳。在责任问题上，每个合伙人都负有各自和连带的责任。这样一来，损失方可以向任何一个或全部合伙人追诉所有损失——可以不以合伙人的投资或利润分配比例为依据的要求权。

合伙企业又分为普通合伙企业和有限合伙企业。合伙企业可以由部分合伙人经营，其他合伙人仅出资并共负盈亏，也可以由所有合伙人共同经营。

(1) 普通合伙制。普通合伙制是所有的合伙人对于合伙制的经营、合伙制结构的债务以及其他经济责任和民事责任负有连带的无限责任的一种合伙制。普通合伙制结构中的合伙人称为普通合伙人。在大多数国家中普通合伙制结构一般被用来组成一些专业化的工作组合，例如会计师事务所、律师事务所等，以及被用来作为一些小型项目开发的投资结构，但很少在大型项目和项目融资中使用。只有在北美地区，普通合伙制偶尔被用来作为项目的投资结构，投资者以合伙的形式共同拥有资产，进行生产经营，并以合伙制结构的名义共同安排融资。

(2) 有限合伙制。有限合伙制是一种混合的组织形式。有限合伙是一个同时拥有有限合伙人和一般合伙人的合伙形式。一般合伙人对企业承担管理责任和无限连带责任，对利润和损失必须至少拥有1%的权益。有限责任合伙人不参与管理，而且在法律上承担的责任只限于资本投入金额加上自己承担的债务。

注意，在有限合伙企业里，利润和损失的分摊可能是不一样的。也就是说，即使利润的20%分配给一般合伙人，80%分配给有限合伙人，有限合伙人也可能承担99%的损失。然而，损失最多只能抵减到有风险的资本数额。请注意，利润的分配是由各种创造性的分配结构决定的，比如像在某项创业投资和房地产合伙企业经常看到的那样：有限合伙人得到利润的99%，直到他们已经收回了投资成本。之后，一般合伙人就能得到20%的利润，而有限合伙人只能得到80%。这种灵活性是合伙制组织形式的一个主要优势。

团队创业的大学生如果采纳普通合伙企业的方式，就将以其全部个人财产对外承担无限连带责任，这对大学生来说存在着较大的创业风险，由于大学生资本实力较低所以难以对外产生良好的经济交往信用,因此大学生应该对此谨慎选择;对于一些拥有专利技术的大学生可与社会上一些有着较雄厚资金的个人或企业成立有限合伙企业,成为有限合伙人,因为有限合伙人可以用知识产权作价出资,且一般情况下不用承担企业事务的管理,大学生既发挥了自身的聪明才智又克服了自身管理经验的缺乏,同时对企业对外债务只以其出资承担有限责任。

《合伙企业法》第十六条规定:合伙人可以用货币、实物、知识产权、土地使用权或者其他财产权利出资,也可以用劳务出资。第六十四条规定:有限合伙人不得以劳务出资。所以,在高校导师的带领之下,特别是在拥有专利技术的专家学者的带领下,可以创建普通合伙企业,这样一方面有导师的指导,创业风险大大降低,更主要的是可以使一些专业技能较强但却没有专利技术的大学生,以劳务出资的方式加入普通合伙企业,实现他们自主创业的愿望。

三、公司制企业

公司制企业是指一般以营利为目的,从事商业经营活动或某些目的而成立的组织。公司制企业的主要形式有有限责任公司和股份有限公司。

1. 有限责任公司

有限责任公司,又称有限公司(CO.,LTD.),是指根据《中华人民共和国公司登记管理条例》规定登记注册,由五十个以下的股东出资设立,每个股东以其所认缴的出资额对公司承担有限责任,公司以其全部资产对其债务承担责任的经济组织。一般有限责任公司适用于由 2~50 名大学生组成的创业团队,这 2~50 名大学生成为所设立的有限责任公司的股东,以他们的出资额为限对公司债务承担责任,该公司则以其全部资产为限对公司债务承担责任。

有限责任公司(有限公司)是我国企业实行公司制最重要的一种组织形式,根据《中华人民共和国公司登记管理条例》规定登记注册。其优点是设立程序比较简单,不必发布公告,也不必公布账目,尤其是公司的资产负债表一般不予公开,公司内部机构设置灵活。其缺点是由于不能公开发行股票,筹集资金范围和规模一般都比较小,难以适应大规模生产经营活动的需要。因此,有限责任公司这种形式一般适合于中小企业。

2013 年 10 月 25 日,国务院总理李克强主持召开国务院常务会议,部署推进公司注册资本登记制度改革,降低创业成本、激发社会投资活力,会议决定取消有限责任公司最低注册资本 3 万元、一人有限责任公司最低注册资本 10 万元、股份有限公司最低注册资本 500 万元的限制;不再限制公司设立时股东(发起人)的首次出资比例和缴足出资的期限。这对于刚刚毕业,存在资金少、寻求银行贷款担保难的大学生创业者来说无疑是一有利因素,特别是在国家、地方政府针对大学生自主创业提供的优惠政策帮助下,大学生创业团队筹集到一定创业基金还是很容易的。

有限责任公司中有一个特殊形式,即一人有限责任公司,它是我国《公司法》新引进的一种企业法律形式。对于大学生创业者来说,一方面,使大学生以较小的风险实现了个人创业梦想;另一方面,该形式又受到公司法的严格规定,对于大学生创业者各方面素质能力要求很高。一人有限责任公司也简称"一人公司"、"独资公司"或"独股公司",是指由一名股东(自然人或法人)持有公司全部出资的有限责任公司。一人有限责任公司公司有两个基本法律特征,一是股东人数的唯一性;二是股东责任的有限性。

一人有限责任公司是《公司法》修改的一个新增亮点。一人有限责任公司,是指只有一个自然人股东或者一个法人股东的有限责任公司。大学生应当一次足额缴纳公司章程规定的出资额,有志创办此类企业的大学生要在资金上做好充分准备。一个自然人只能投资设立一个一人有限责任公司。该一人有限责任公司不能投资设立新的一人有限责任公司。一人有限责任公司应当在公司登记中注明自然人独资或者法人独资,并在公司营业执照中载明。一人有限责任公司章程由股东制定,且一人有限责任公司不设股东会。一人有限责任公司应当在每一会计年度终了时编制财务会计报告,并经会计师事务所审计。一人有限责任公司的股东不能证明公司财产独立于股东自己财产的,应当对公司债务承担连带责任。因此,作为对一人有限责任公司的规制,创业者在经营管理过程中如发生个人财产与公司财产混同,会产生大学生个人以其个人财产对公司债务承担无限连带责任的法律后果,这一点大学生创业者一定要注意。

大学生创业者成立一人有限责任公司对其个人的经营管理能力提出更高的要求。原因有两点:一是突破传统的公司治理结构即只有股东一人集决策、执行、监管、财会于一身,要求大学生拥有各方面知识,包括管理、法律、财会等;二是公司法规定一人有限责任公司应当在每一会计年度终了时编制财务会计报告,经会计师事务所审计,其规定了更为严格的财务审核制度。提醒有志创立一人有限责任公司的大学生在校期间就应广泛涉猎相关知识,并积极参加相关的创业竞赛,多去类似公司实习以积蓄能量。

2. 股份有限公司

股份公司(stock corporation)是指公司资本为股份所组成的公司,股东以其认购的股份为限对公司承担责任的企业法人。设立股份有限公司,应当有 2 人以上 200 人以下为发起人,注册资本的最低限额为人民币 500 万元(目前已经放开了)。由于所有股份公司均须是负担有限责任的有限公司(但并非所有有限公司都是股份公司),所以一般合称"股份有限公司"。股份公司产生于 18 世纪的欧洲,19 世纪后半期广泛流行于世界资本主义各国,到目前,股份公司在资本主义国家的经济中占据统治地位。

公司的资本总额平分为金额相等的股份;公司可以向社会公开发行股票筹资,股票可以依法转让;法律对公司股东人数只有最低限度,无最高额规定;股东以其所认购股份对公司承担有限责任,公司以其全部资产对公司债务承担责任;每一股有一票表决权,股东以其所认购持有的股份,享受权利、承担义务;公司应当将经注册会计师审查验证过的会计报告公开。

第二节 大学生创业的法律形式选择

那么大学生创业过程中应该如何选择最佳的法律组织形式呢?具体来讲,大学生创业过程中可以通过以下因素来选择企业法律形式,以便投资者根据自身情况和愿望选择最适当的形式进行投资活动。

一、税收

企业创办人首先考虑的因素是税收。在美国公司法的书籍中,将这一因素成为决定性的因素。在我国独资企业、合伙企业虽然不具备企业法人资格,但为了税收管理的方便,保证税源的统一完整,在税法上将该两种企业均视为纳税义务人。该两种企业的投资人从企业所分配的利润也同公司股东一样,须完成两次税收,即企业所得税和个人所得税。而小规模的投资者如选择了个体工商户或个体合伙形式,则只是缴纳个人所得税,即缴一次税。

二、开办程序的繁简与费用的大小

企业开办时,通常会发生一系列的费用。开办费用不得列入企业注册资本金范围内,而要由投资者先期垫付。就我国而言,企业的开办费用大小不一致,少则几百元,多则几百万元,这当然是投资者在开办企业时需要考虑的一个因素。对于开办个体工商户的投资者来讲,由于其经营规模不大,雇工人数低于8人,他所要筹措投入运营的资金不会太多,开办费也相对要少得多,并且开办的手续也很简单。依据现行规定,他只要提供户籍证明或身份证明、提供营业场地使用证明、提供非国家党政机关工作人员身份证明即可直接向工商登记机关申请营业执照。私营独资企业的开办费用虽然较个体工商户要大一点,但开办的程序却也不甚复杂。合伙企业赖以存在的法律基础是合伙协议,协议的制定与法律的规定如不是直接冲突则是有效的。合伙企业成立时应提交合伙协议、合伙人身份证明、企业经营场所使用证明等文件。公司企业成立时,则在手续的复杂性上远胜于独资企业和合伙企业,开办的费用也较大;如果开办股份公司,则程序更为复杂,费用也更大,提交的文件会更多,开办费少则几十万元,多则到几百万元。

三、资本和信用的需求程度

一般地说,开办人有足够的资本,并愿意以个人信用为企业信用的基础,而且预计企业规模不会有很大的扩展,采用独资方式较为适宜;如开办人有一定的资本,但尚不足,又不想使未来的事业规模太大,或者扩大规模受客观条件的限制,采用合伙或有限公司的形式更为适宜;如需资金额巨大,而且希望经营事业规模宏大,采用股份有限公司较为适宜。

四、企业的控制和管理方式

一般地讲,企业的资金来源渠道越少,出资人对企业的控制权就越大。因而,如若想直接、最大限度地控制企业,可选用独资经营的形式。在合伙企业和有限公司条件下,投资人需要与其他投资人协商处事,完成对企业的控制和管理。如果购买了股份公司向社会公开发行的股份,那对企业的控制权就更弱了。

五、利润和亏损的承担方式

在独资企业的情况下,业主无须和其他人分享利润,其代价是业主一人承担企业的亏损。在合伙形式下,如合伙协议没有特别的规定,利润和亏损由每个合伙人按相等的数额分享和承担,不应以其出资比例分享和承担。在有限公司和股份有限公司条件下,公司的利润是按股东持有的股份比例和股份种类分享的。对公司的亏损,虽然亏损的事实会影响和减少他们的股息、红利以及出售股票的价格,但是股东个人不再承担投资额以外的责任。

六、投资人的责任范围

对企业所负债务,不同企业形式下的投资人所负债务责任界限不同,主要分为无限责任、无限连带责任和有限责任三种。在独资企业条件下,企业主对债务人的债权请求负无限责任,其清偿债务的范围不以业主投入企业的财产为限。在合伙企业情况下,合伙人对债权人的债权请求承担无限连带责任。就无限责任来看,每个合伙人和独资企业是一样的,不同之处在于合伙人对企业债务不仅负无限责任,且要负连带责任,单个的每一个合伙人可能会对全部企业债务首先予以清偿,而后由其再向其他合伙人追偿。可见,在合伙形式下,每个合伙人比合伙企业的债权人实际承担的责任要小。在有限公司和股份有限公司形式下,股东仅以出资额为限对公司债务负责。

七、投资人的权利转让

独资企业主如转让他经营事业的权利,就等于出售企业,如转让一部分权利,可能会形成新企业类型,如合伙或有限公司。合伙企业合伙人的权利一般是不可以转让的,除非其他的合伙人一致表示同意。合伙人的权利主要分为以下几种:第一种是基于出资形成的与其他合伙人对合伙财产的共有权。合伙人在合伙存续期间不得要求分割合伙财产,除非全体合伙人均表同意,且要避开合伙事业的繁忙季节,于特定的时间提前提出。第二种是合伙人对合伙事业的管理权不得转让。第三种是合伙人从合伙事业中分得的利益,是合伙人的个人财产,可由合伙人任意转让分配给第三人,但该第三人无权参与合伙管理,即使该第三人为合伙人的债权人。有限责任公司的股东转让其股份,应依公司章程之规定办理,经股东会特定多数股东的同意。股份有限公司的股东可自由转让其股份,须按法律和章程的规定办理。不上市的股份有限公司,股东转让股份时应按章程办理;上市的股份有限公司,股东转让股份时可通过证券公司代理在股票交易所转让。

八、企业的存续期限

团体组织存在自身的生存与消亡,即存续期间,这也是大学生在选择创业形式过程中必须要考虑的因素。独资企业的存续期限一般以独资企业主的生命为限。如果业主去世,另有人继承其事业则应视为一个新的企业。合伙企业,从技术意义或法律原理上说,可以因一个合伙人的死亡、破产、退出、丧失行为能力等原因而终结。但事实上,剩余的合伙人可以通过多种协调方式使合伙企业保留下来。有限公司的存续期限一般在企业章程中写明,而股份有限公司如果在章程中不写明存续期限,则视为永久存在,不因股东的变化而受影响。

大学生创业可选择的企业法律形式包括一般有限责任公司、合伙企业、一人有限责任公司、个人独资企业。其中,一般有限责任公司创业者承担有限责任,出资方式灵活且对知识产权比例无限制,公司治理结构健全,因此适合拥有资金、掌握专利技术的大学生,还需要拥有管理、经营、财会等多方面专长的人才加入,特别适合由导师引领创业;合伙企业创业者以各合伙人财产承担无限责任但也可以成为有限合伙人,可以劳务出资,无须缴纳法人所得税,大学生创业者只需交纳个人所得税即可,因此适合创业资金缺乏、无专利技术,但勤劳肯干的大学生创业团队,这类合伙企业经过发展可以在资金充足、技术完备后转为一般有限责任公司;一人有限责任公司创业者承担有限责任,但对于出资额度、缴纳期限、财会审核制度、经营管理规范都较为严格,特别是在发生个人财产与公司财产混同时,会产生大学生个人对公司债务承担无限连带责任的法律后果,因此适合资金雄厚,个人经营、管理、财会能力较强的个人大学生创业者;个人独资企业创业者以个人财产承担无限连带责任,对于创办者的资金要求不高,企业经营方式灵活,创业者可聘任有管理经验的专门人员经营管理,企业无须缴纳法人所得税,大学生创业者只需交纳个人所得税即可,因此适合资金较少、缺乏一定经营管理经验的个人大学生创业者。

第三节 新企业的注册登记流程

大学生创办新企业时,需要到工商局以及其他行政部门进行注册登记,本节将以合伙制企业为例,讲述新企业的注册登记流程。

一、合伙制企业设立的条件

(1) 有两个以上合伙人,并且都是依法承担无限责任者。
(2) 有书面合伙协议。
(3) 有各合伙人实际缴付的出资。
(4) 有合伙企业的名称。
(5) 有经营场所和从事合伙经营的必要条件。

二、合伙制企业登记过程中所需要提交的文件

(1) 全体合伙人签署的设立登记申请书。
(2) 全体合伙人的身份证明。
(3) 全体合伙人指定的代表或者共同委托的代理人的委托书。
(4) 合伙协议应当载明下列事项:
① 合伙企业的名称和主要经营场所的地点;
② 合伙目的和合伙企业的经营范围;
③ 合伙人的姓名及其住所;
④ 合伙人出资的方式、数额和缴付出资的期限;
⑤ 利润分配和亏损分担办法;
⑥ 合伙企业事务的执行;
⑦ 入伙与退伙;
⑧ 合伙企业的解散与清算;
⑨ 违约责任;
⑩ 合伙企业的经营期间和合伙人争议的解决方式;
(5) 出资权属证明。

(6) 经营场所证明。
(7) 国务院工商行政管理部门规定提交的其他文件。
(8) 法律、行政法规定设立合伙企业须报经审批的,还应当提交有关批准文件。

三、合伙制企业成立时所签订的合伙协议内容

为了避免经济纠纷,在合伙企业成立时,合伙人应首先订立合伙协议(又叫合伙契约,或叫合伙章程),其性质与公司章程相同,对所有合伙人均有法律效力,一般包括以下内容:

(1) 合伙企业的名称(或字号)和所在地及地址。
(2) 合伙人姓名及其家庭地址。
(3) 合伙企业的经营以及设定的存续期限。
(4) 合伙企业的设立日期。
(5) 合伙人的权利和义务。
(6) 合伙人的投资形式及其计价方法。
(7) 合伙的退伙和入伙的规定。
(8) 损益分配的原则和比率。
(9) 付给合伙人贷款的利息。
(10) 付给合伙人的工资。
(11) 每个合伙人可以抽回的资本。
(12) 合伙人死亡的处理以及继承人权益的确定。
(13) 合伙企业结账日和利润分配日。
(14) 合伙企业终止以及合伙财产的分配方法。
(15) 其他需经全体合伙人同意的事项。

其他类型企业与合伙制企业注册登记流程较为相近,主要可以分为核名、编写公司章程、开立公司验资户、公司注册登记、办理企业组织机构代码证、开立银行开基本户、办理税务登记等基本流程,详见表9-1。

表9-1 新公司注册登记简易流程

序号	办理步骤	需提供资料等	规范要求	办理地点	办理时间	取得资料
1	核名	法人身份证复印件、《企业名称(变更)预先核准申请书》		当地工商局	1日	《企业名称预先核准通知书》
2	租房	签订租房合同且房东能够提供产权证明复印件	税务局购买印花税,千分之一贴花,所用复印件全部贴花	房东处、税务局	1～3日	租房合同及印花税票
3	编写公司章程	工商局网站范本自行修改	所有股东亲笔签名签署日期、法人股东盖章、股东资格证明股东为企业的,出具加盖本企业公章的《营业执照》复印件	公司、工商局	1日	公司章程

续表

序号	办理步骤	需提供资料等	规范要求	办理地点	办理时间	取得资料
4	刻法人私章	法人身份证复印件或原件	方形章	刻章社	1日	法人章
5	领取银行询证函	联系会计事务所	盖会计事务所章	会计师事务所	1日	银行询证函
6	开立公司验资户	公司章程、工商局核名通知、法人代表的私章、身份证、用于验资的钱、空白询证函表格等	按股东出资比例存入验资账户	验资银行	1日	股东缴款单、盖有银行章的询证函
7	办理验资报告	股东缴款单、银行盖章后的询证函、公司章程、核名通知、房租合同、房产证复印件		会计师事务所	1～3日	验资报告
8	公司注册登记	1.《企业设立登记申请书》(内含《企业设立登记申请表》、《单位投资者(单位股东、发起人)名录》、《自然人股东(发起人)、个人独资企业投资人、合伙企业合伙人名录》、《投资者注册资本(注册资金、出资额)缴付情况》、《法定代表人登记表》、《董事会成员、经理、监事任职证明》、《企业住所证明》等表格)。2.公司章程(提交打印件一份,请全体股东亲笔签字;有法人股东的,要加盖该法人单位公章)。3.法定验资机构出具的验资报告。4.《企业名称预先核准通知书》及《预核准名称投资人名录表》。5.股东资格证明。6.《指定(委托)书》。7.经营范围涉及前置许可项目的,应提交有关审批部门的批准文件。到当地工商局领取公司设立登记的各种表格,包括设立登记申请表、股东(发起人)名单、董事经理监理情况、法人代表登记表、指定代表或委托代理人登记表。填好后,连同核名通知、公司章程、房租合同、房产证复印件、验资报告一起交给工商局。需要前置许可审批。大概5个工作日后可领取执照。				
9	刻公章、财务章	营业执照	指定场所	公安局指定地点	1日	公章、财务章
10	办理企业组织机构代码证	(1)营业执照正本原件及复印件；(2)单位公章；(3)法人代表身份证原件及复印件(非法人单位提交负责人身份证原件及复印件)；(4)集体、全民所有制单位和非法人单位提交上级主管部门代码证书复印件；(5)单位邮编、电话、正式职工人数		技术监督局	15日	技术监督局发一个预先受理代码证明文件,凭这个文件就可以办理后面的税务登记证、银行基本户开户手续
11	开立银行基本户	营业执照正本、税务登记证正本、组织机构代码证正本及法人身份证、公章、财务专用章、法人章等	最好在验资行开立	开户行	3日	银行开户许可证

续表

序号	办理步骤	需提供资料等	规范要求	办理地点	办理时间	取得资料
12	办理税务登记	(1)营业执照副本原件及复印件;(2)企业法人组织机构代码证书原件及复印件;(3)法人代表身份证原件及复印件;(4)财务人员身份证复印件;(5)公司或企业章程原件及复印件;(6)房产证明或租赁协议复印件;(7)印章	公司登记30日之内办理	国税局	7日	国地税税务登记证

特别注意:1.建议在登记过程中不要更换被委托人;2.如果委托有资格的登记注册代理机构办理,应提交加盖该代理机构公章的代理机构营业执照复印件、《指派函》《委托书》、代理人员的资格证明及身份证;3.公司注册时,需提交并验资股东的身份证明原件;4.监事:按公司章程规定,公司成立时,可以设监事会(需多名监事),也可以不设监事会,但需设一名监事。一人有限公司,股东不能担任监事;二人及以上的股东,其中一名股东可以担任监事。5.公司经营范围:注册公司时,经营范围必须要明确,以后的业务范围不能超出公司经营范围。可以将现在要做的或以后可能要做的业务写进经营范围。经营范围字数在100字以内,包括标点符号。

第四节　商品采购管理

一、商品采购管理的基本概念

商品采购管理是采购计划下达、采购订单生成、采购单执行、到货接收、检验入库、采购发票的收集到采购结算的采购活动的全过程,对采购过程中物流运动的各个环节状态进行严密的跟踪、监督,实现对企业采购活动执行过程的科学管理。采购管理的职能主要可以分为三类,即保障供应、供应链管理以及信息管理。

1. 保障供应

采购管理最首要的职能,就是要实现对整个企业的物资供应,保障企业正常进行。大学生创办的企业一般为零售批发类、电子计算机类等小型企业,企业生产需要原材料、设备、工具以及配件,在企业创办前,这些东西必须样样到位,缺少任何一样,企业都将陷入无尽烦琐中。

2. 供应链管理

在市场竞争越来越激烈的当今社会,企业之间的竞争实际上就是供应链之间的竞争。大学生创办企业为了有效地进行生产和销售,需要一大批供应商企业的鼎力相助和支持,相互之间最好的协调配合。一方面,只有把供应商组织起来,建立起一个供应链系统,才能够形成一个友好的协调配合采购环境,保证采购供应工作的高效顺利进行;另一方面,在企业中只有采购管理部门具有最多与供应商打交道的机会,只有他们最有可能通过自己耐心细致的工作,通过与供应商的沟通、协调和采购供应操作,才能建立起友好协调的供应商关系,从而建立起供应链,并进行供应链运作和管理。

3. 信息管理

在企业中,只有采购管理部门天天和资源市场打交道,它除了是企业和资源市场的物资输入窗口之外,同时也是企业和资源市场的信息接口。所以采购管理除了保障物资供应、建立起友好的供应商关系之外,还要随时掌握资源市场信息,并反馈到企业管理层,为企业的经营决策提供及时有力的支持。

简单地讲,商品采购管理是企业为了达成生产或销售计划,从合适的供应商那里,在确保合适的品质下,于合适的时间,以合适的价格,购入合适数量的商品所采取的管理活动,即"5R"管理:合适的供应商(right vendor)、合适的品质(right quality)、合适的时间(right time)、合适的价格(right price)、合适的数量(right quantity)。

(1) 选择适当的供应商。所谓"只有错买没有错卖"。采购最怕的就是选错供应商。因此,采购管理的工作原则之一,就是如何慎重选择合格的供应商,以建立平等互惠的买卖机会,维持长期合作的交易关系。

(2) 选择合适的品质。企业根据所处地段的消费群体的消费水平确定采购商品的档次与品质。一般而言,品质以适当可用为原则,因为品质不好,不但购入成本会偏高,甚至造成使用上的浪费。反之,品质太差,将无法达到使用的目的,增加使用上的困难与损失,如购买制冷量不够的空调机,购买损耗率太高的燃气灶等。

(3) 选择合适的时间。采购的时间不宜太早也不宜太晚。太早则造成堆积存货,占用仓储面积;太晚了则导致商品脱销,顾客流失,影响超市的形象。在"零库存"的观念下,适时采购、及时交货是最理想的采购模式。

(4) 选择合适的价格。价格应该以公平合理为原则,避免购入的成本太高或者太低。如果采购价格过高,将使超市负担额外的成本,丧失了商品的竞争能力。反过来,如果采购价格太低,所谓"一分钱一分货",供应商将被迫偷工减料,造成"价廉、质次",超市将无法顺利销售出去。另外,如果供应商无利可图,其交易意愿就会低落,买方可能就减少了一个供应来源。

(5) 选择合适的数量。采购的数量不宜太多或太少,应避免"过与不及"。因为采购量太大,一旦商品需求降低,将造成商品积压,如果商品推陈出新,则过时的商品难以卖出去。反过来说,如果采购数量太少,则增加作业次数,提高采购成本,或不利供应商送货,延误企业商机。

采购为企业提供生产所需的各种物品和服务,采购的好坏直接影响着整个企业的生产运作情况,尤其对于大学生创办的企业来说,由于企业资金有限,商品采购水平的高低影响着最终产品的成本,往往决定着企业能否走长远。著名管理学大师德鲁克认为改进生产工艺、降低原材料消耗是企业的第一利润源泉;增加销售量、提高销售利润率是企业的第二利润源泉。由于竞争越来越激烈,再加上客观技术的限制,企业在这两个方面努力的空间也就越来越小。因此,企业要在竞争中保持有利位置并获取利润,就必须开发第三利润源泉,即通过加强采购管理、降低采购成本来实现利润增加。

二、传统商品采购管理现状

我国企业的采购管理模式比较落后,虽然很多企业已经形成了按需采购的制度,但仍然属于粗放式管理,采购管理体系中仍然存在着诸多问题,例如:采购思想和观念落后;采购工具和技术落后,没有形成采购规模优势;供应商伙伴关系观念薄弱等。从整体上来看,我国企业的采购管理水平低下,主要表现在以下几个方面:

1. 采购观念落后

通过几十年的发展,我国采购管理水平有了很大的提高,但是与世界先进水平还有很大的差距,具体表现在:①企业对供应商的产品质量进行事后控制,对已造成的损失无能为力,影响企业的声誉和产品质量;②企业与供应商之间的竞争多于合作,双方之间只是一种简单的买卖关系,造成了经营的不确定性;③采购方式落后,影响企业的整体运行效率。

2. 采购管理体系不完善

长期以来,一方面,采购部门没有受到足够的重视;另一方面,企业的工作人员没有对采购工作予以足够的重视,致使采购方式落后、采购体系不完善。具体表现在:①采购计划准确性低,致使物料积压严重;②采购过程不透明,存在暗箱操作的现象;③采购分工不明确,责权不对等,存在员工之间相互推诿现象;④对采购人员的绩效考核指标设计不合理,缺乏相应的激励机制;⑤采购方式落后,影响企业的整体运行效率。

3. 采购流程不合理

很多企业由于没有意识到采购在企业以及供应链中的重要地位,对采购工作没有予以充分的重视,只强调采购作为辅助性活动对生产部门的支持,采购方式与采购工具落后,同时对供应商管理没有予以足够的重视,从而对客户的需求难以做到及时响应。

4. 采购信息化水平低

企业的信息化基础配置较为落后,计算机、网络和电子商务还未在采购系统中广泛普及。企业内部之间、企业与供应商之间的信息传递效率低、信息传递速度慢、信息共享程度低。一些企业虽然配置了计算机与网络,但由于缺乏相应的技术人员,使得采购信息系统未能发挥应有的效用。更为严重的是,一些企业的采购信息系统与企业的结构、业务流程不配套,影响了企业的发展。

三、大学生创业适合的商品采购模式

1. 采购业务外包

在大学生创办企业时,可以将一些采购业务外包,使企业可以专注于核心业务,提高企业的竞争力。将某些采购业务外包,可以降低外购部件的成本、发挥专业生产的优势、提高产品质量、加快企业的响应速度。

企业进行业务外包的目的是:使企业专注于核心业务,发展专业生产,同时使企业内部最具竞争力的资源和外部最优秀的资源结合,提高企业的产品质量,提升企业的运作效率。业务外包具有以下特征:第一,由于企业将非核心的业务外包给其他企业,使得企业的各项活动在时间上可以并行运作,节省了产品的生产时间,加速了产品的上市进程;

第二，由于企业将非核心的业务外包给其他企业，从而可以精简部门和人员，使企业更为灵活；第三，由于企业将非核心的业务外包给其他专业企业，从而提升了产品质量，可以扩大市场份额；第四，业务外包企业可以专注于核心竞争力的发展。业务外包的目的在于打造企业的核心竞争力。

2. 电子采购

信息技术的广泛应用促进了采购管理的科技含量，在一定程度上提高了采购个人和部门的工作绩效。在过去的几十年里，在采购管理方面，先后建立了物料需求计划、企业资源计划等，这些系统帮助企业缩短了客户响应时间、提高了产品质量、提升了企业的竞争力。

但是电子采购的实施面临着很多问题，如：缺乏电子采购方面的人才；电子采购的基础设施需要大量资金；社会物流整体水平低下；企业与供应商之间不愿共享信息；供应基地的选址问题等。解决这些问题的关键因素之一是"信息可视化"，"信息可视化"是指共享关键数据的过程，这些数据用来实时地反映外在环境的变化、顾客需求的变化以及企业经营战略的变化。为实现"信息可视化"，需要建立起供应链管理的模式，在这个模式中，供应链各节点企业制定共同的战略目标和行业产品标准并共同管理运输与库存等。业务流程优化、电子商务、EDI 和 CPFR 软件的使用极大地提高了企业的采购管理水平，当然在这个过程中仍然存在着很多问题，需要企业以及研究人员不断地探索。

3. 建立供应链管理下的商品采购管理模式

现今市场经济中最主流的采购是企业采购（以下简称采购），它是一种经济活动，也是资源从供应者向购买者转移的过程，通过运输、存储、装卸、生产加工或者包装，实现资源的时空转移。这是物质实体的转移，是一个物流过程。同时物质实体的转移过程中又内含了所有权的转移，通过交易手段、等价交换实现，因此采购是集物流与商流于一体的过程。传统理论中对采购的定义，简单地讲是指购买用于企业价值链各种投入的活动。长期以来，人们广为接受的一个定义是"在合适的时候，以合适的质量、合适的数量、合适价格，从合适的供应商获得正确的产品和服务等"，这个概念道出了采购的基本任务：以最优的成本从适当的、可靠的渠道获得所需的原材料和服务，被认为是与 JIT 生产的思想紧密吻合的一种定义。

但是这个概念在供应链管理模式下还存在着一定的局限性，实践中具体表现为：第一，合适的标准是什么？有谁来确定合适的标准？这些在实际操作中往往很难确定，更难以量化；第二，从这个定义出发，采购只注重了组织内部的作业，而忽视了外部资源，这在日益意识到外部资源重要性的今天，显得有点落后了；第三，可能出现采购部门与需求部门对同一目标采取不同解释的情况，造成采购活动无法获得"正确的产品和服务"；第四，在这种概念指导下很难找到较好的衡量和评测的标准来评判某项采购作业合乎要求了，"合适的"往往暗含着采购是一项被动而行的职能，这有悖于供应链管理强调"价值贡献职能"的思想。随着供应链管理思想渐渐渗透入管理的实践当中，采购正在发生着变化。

采购的重点逐渐从注重价格转到成本，进而向价值升华，这就是要求采购人员也要致力于产品的增值，紧密扣和了供应链管理强调的"价值贡献职能"思想。本书引用美国供应协会对供应的最新阐述，把供应链管理下的采购定义为：企业为了追求和实现它的战略目标而进行的一系列紧密与生产和库存相连的识别、采办、获取与管理它所需的或潜在所需的所有资源的活动。

在供应链管理的环境下，企业的采购方式和传统的采购方式有所不同。这些差异主要体现在如下几个方面：

(1) 为库存而采购到为订单而采购的转变。在传统的采购模式中，采购的目的很简单，就是为了补充库存，即为库存而采购。采购部门并不关心企业的生产过程，不了解生产的进度和产品需求的变化，因此采购过程缺乏主动性，采购部门制订的采购计划很难适应制造需求的变化。在供应链管理模式下，采购活动是以订单驱动方式进行的，制造订单的产生是在用户需求订单的驱动下产生的，然后，制造订单驱动采购订单，采购订单再驱动供应商。

(2) 采购管理向外部资源管理转变。正如前面所指出的，传统采购管理的不足之处就是与供应商之间缺乏合作，缺乏柔性和对需求快速响应的能力。一方面，在传统的采购模式中，供应商对采购部门的要求不能得到实时的响应；另一方面，关于产品的质量控制也只能进行事后把关，不能进行实时控制，这些缺陷使供应链企业无法实现同步化运作。为此，供应链管理采购模式的第二特点就是实施有效的外部资源管理。实施外部资源管理也是实施精细化生产、零库存生产的要求。供应链管理思想就是系统性、协调性、集成性、同步性，外部资源管理是实现供应链管理的上述思想的一个重要步骤——企业集成。从供应链企业集成的过程来看，它是供应链企业从内部集成走向外部集成的重要一步。

(3) 从一般买卖关系向战略协作伙伴关系转变供应链管理模式下采购管理的。第三个特点是供应与需求的关系从简单的买卖关系向双方建立战略协作伙伴关系转变。在传统的采购模式中，供应商与需求企业之间是一种简单的买卖关系，因此无法解决一些涉及全局性、战略性的供应链问题，而基于战略伙伴关系的采购方式为解决这些问题创造了条件。

综合上述供应链管理下采购方式的特点，采购管理的内容也发生着变化。采购管理是供应链管理的一部分，指的是企业为了追求和实现它的战略目标而进行的一系列紧密与生产和库存相连的识别、采办、获取与管理它所需的或潜在所需的所有资源的活动。采购管理的具体内容包括采购市场的研究、采购目标的确立、采购策略和采购计划的生成、采购作业的实施（包括商务谈判、签订订货合同、进货实施、验收入货、支付善后处理），最后进行控制和评估。采购市场的研究是系统的收集、分类和分析所有影响公司获取货物和服务的相关因素的数据，旨在满足现在和未来的公司需求，使其能够为最优的回报做出贡献。它是企业获取所需或潜在所需资源的必不可少的活动，是采购组织制定采购策略的重要支持。采购市场的研究通过定性和定量的方法对企业内部和企业外部的供应市场进行的研究。采购目标是在公司整体目标的基础上，围绕降低成本、减少供应商数量、提高产品质量、缩短交货周期等目标展开。确定采购目标后，采购管理致力于不同的领域展开活动。如何选择和评价供应商、是否要与供应商发展合作伙伴关系、采购某一商品采用何种策略、价格策略、质量策略还是价值策略、某一产品的供应商数量多少适宜、如何控制采购的风险等。这些都是采购策略所关心的问题，并制订出详细的采购计划。采购作业实施是开展某一具体的采购流程，简单地概括为供应商选择、谈判、签订合同、进货实施、

第九章 新企业的开办

验收入货、支付善后处理等。最后一个环节是采购控制和评估,是对采购效果的评价和采购过程的控制,旨在更好的执行采购计划,通过对内部采购组织的考核和外部供应商的绩效考核不断改善采购管理。

第五节 经营成本管理

在当前市场竞争激烈的环境下,企业面临的生存压力与日俱增,控制成本进而取得市场优势成为现代企业必然的选择。企业的生产经营过程,既是物质形态的循环过程,又是价值形态的循环过程。成本管理不仅仅是单纯的价值管理或者实物管理,而是两者相互结合,有机统一。必要时将成本管理与企业经营活动、管理方案、战略选择进行综合考察,并应将成本管理置于首位。成本管理能否取得成功,取决于企业能否有一套运作成熟完善的成本控制体系。这就要求现代企业必须科学预测企业经营生产过程中所用到的材料成本以及企业各方面费用以及成本的控制。编制详细的成本计划,有利于目标成本确定。通过成本评价,准确核算成本,可促进企业寻求更佳的降低成本途径。通过成本控制,合理配置现有资源,保障企业可持续稳定发展。提高企业成本管理水平已成为理论和实践共同探讨的课题。

一、企业成本管理的现实意义

成本管理通过控制企业经营生产过程中的各种费用支出,实现企业经营效益和社会效益的目的。成本控制以运用成本会计为主,对成本限额加以限定。对企业经营过程中的实际成本消耗和原计划成本限额相比较,衡量企业经济活动的绩效和效果,提高资源利用率,达到资源合理利用,实现企业成本控制预期效果。

1. 成本管理是现代企业生存发展的基础

随着经济体制的转换,高新技术及管理科学的不断创新,市场经济内外环境发生了巨大变化。成本管理的范围日益扩大,给现代企业带来了巨大的生存压力,外有同行竞争、经济突变等不利因素,内有改善职工待遇及股东分红的压力。因此,在当前竞争型市场环境中的企业来说,结合当前市场经济危机的影响,应综合考虑企业成本管理的不利因素,企业生产是满足市场需求,市场供需中不同企业之间相互关联的生产经营活动,形成一个创造价值的动态过程,即价值链。现代企业可通过企业间的价值链进行成本管理和控制。成本不仅仅是影响企业效益的一个重要因素,也是衡量企业在当前市场竞争中取得的竞争力,以至于关系到企业生存发展的基础,科学的成本管理有助于企业战略目标的实现。

2. 成本管理可有效改善和提高企业的经营管理水平

成本管理是现代企业管理系统不可或缺的部分。成本控制能改善企业经营管理工作;成本控制水平的高低也直接影响企业经营效益,成本管理关系到企业可持续健康发展,也关系到企业的每一位员工,所以需要全员参与系统化管理的过程。在市场经济条件下,成本管理与当前市场环境密切相关,随着经济危机的影响,成本管理更具有现实意义。因此企业经营过程中的每一项都必须严格控制成本,达到企业资源充分利用。成本管理在现代企业管理中处于极其重要的位置,现代企业成本管理的范围主要包括两个方面的成本控制,一是生产领域;二是流通领域。生产领域主要是对产品研究、设计及开发进行成本控制。现代成本管理打破了传统的成本管理模式,不再局限于某个具体领域,只是致力于企业整体战略。通过市场分析及竞争对手的成本控制研究,有利于企业对市场前景及企业经营选择正确的经营方针以及适合企业自身发展的道路,达到成本控制的目的,实现企业经济效益。

3. 通过成本管理实现企业价值最大化

《企业会计准则》明确指出：成本指企业为生产产品、提供劳务而发生的各种耗费。企业价值等于收入减去经营过程中所用到的成本及费用支出,即：价值＝收入－(成本＋费用)。从中可以看出成本对企业价值影响较大,企业成本过高,产品价格就会偏高,市场竞争优势将不复存在。因此,必须加强对成本的控制,包括管理成本和技术成本,应从产品设计、开发、销售等多种渠道进行成本控制。可引进先进设备提高资源利用率,挖掘企业降本增效的潜力,充分达到企业资源利用的要求,真正实现企业价值最大化。

二、现代企业成本管理理论和实践结合中存在的问题

1. 观念误区制约了成本管理有效性的发挥

很多人认为,在一个企业里,成本是应由企业领导层和财务部门负责管理的,其他员工只是制度的遵守者和执行者,由于这一观念误区的存在,导致了真正参与生产实践的车间、班组、部门员工的头脑中缺乏成本管理的观念,本应该由其控制的成本没有得到有效控制再加之企业绩效考评机制不够健全,使得"有规不依,执规不严"现象的比比皆是,跑冒滴漏、损失浪费现象随处可见,企业的成本管理因而失去庞大的管理群体而无法收到应有的效果,成本管理的作用仅停留于止损而非增效。成本管理理论也由于缺乏与实践的有机结合成了一纸空文。

2. 管理人员知识结构单一、缺乏实践经验

由于有观念误区的存在,企业成本管理的主要工作集中在财务部门,而财务部门的人员多为会计,其所掌握的学科知识多为财经理论,诸如企业会计实务、经济法、管理会计、财务管理等,工作内容更多侧重于会计核算和报表编报。对生产工艺的了解与生产技术的学习和掌握程度远远不够,因此,不能够很好地将成本管理理论有机地嵌入企业生产、经营的各个领域之中,相应地,管理方法也没有起到应有的"内窥镜"作用,尽管比较先进、科学,却终因"不知症而无从下药",管理效果欠佳。

3. 传统的企业成本管理模式缺乏全面管理的概念

当前,企业的成本管理工作在一定意义上还停留在传统的成本管理模式上,即成本管理还局限于企业内部成本管理,缺乏战略管理思维,即只注意生产过程中的成本管理,忽视供销环节的成本管理;只注重投产后的成本管理,忽视投产前的项目设计以及各生产要素的合理组合;只注意产品加工成本水平的高低,缺乏对企业整体成本效益水平的关注和把握,尚未将价值管理观念真正引入到企业管理的全过程中来。

4. 管理职能分工过细导致信息的失真和管理成本增加

当前,国有企业由于人员过剩导致了内部分工过细,这种过细的分工导致了管理层级的加厚,从而影响了上下级之间、部门之间沟通与协作的顺畅性。这种不顺畅一方面导致

了信息的损耗和失真,同时,也造成了信息反馈链的加长与管理难度的加大,使企业决策失误的可能性增加,因此,这一因素不仅导致了人工成本的增加,更多的是导致了管理风险的加大。

5. 管理制度与管理模式不够统一

当前,一部分国有企业实行全面预算管理,这是一种较为先进的企业管理模式,但遗憾的是大多数企业却缺少一套与之配套的绩效考评体系,或者说这一体系不够完善合理,没有真正发挥其应有的激励与约束作用,譬如:

在预算编制阶段,如果没有严格依据合理的定额、限额指标进行预算额度确定,也没有对预算期情况予以准确把握与合理预计,仅靠拍脑门定数,是不可能制定出代表企业发展方向的科学、合理的预算指标的。在预算执行过程中,如果没有对各项费用制定具体的管控措施,并存在任意追加预算支出的现象,势必导致管理的失控与资金的流失。

在预算考核环节上,由于没有一套行之有效的激励约束机制与之配套,可能的结果是由于过多地关注成本指标的降低,使得该发生的成本没有发生,该节约的成本没降下来,违背了成本效益原则,造成更大程度的损失与浪费。

粗放管理还体现在投资决策和管理方面:一方面,部分投资项目的前期调研与论证工作缺乏深入系统的研究和论证,所做出的决策因缺乏科学性依据而被迫中断,使得因投入不能有相应的产出而给企业造成损失;另一方面,表现为投资项目预算与实际偏差较大,实际执行过程中又没有严格控制,因此造成企业资金的流失。

三、改善当前企业成本管理现状的措施

1. 理清思路、消除观念误区,实行全员成本管理

企业成本控制不是某个部门的事,更不是某个领导的事,它是一项系统的管理工程,是企业全体员工的事,因此,加强成本管理,首要的工作在于提高广大职工对成本管理的认识,培养全员成本意识,将少数人的成本管理变为全员的参与管理。提高全员的成本意识,需要有相应的管理机制,能够在企业内部形成职工的民主和自主管理意识,使每个人都为完成各自的工作目标而努力,从而有效地保证企业目标的实现,不失为全面预算管理工作的重中之重。

2. 加强管理人才队伍的培养与建设

企业应该高度关注成本专业人才的培养和使用,作为拥有企业财务管理职能的财务人员,不但要熟练掌握会计、财务管理等相关知识,同时还必须学习和了解生产工艺技术、生产组织管理等相关知识,用生产经营管理的理念指导实际工作;同时,企业生产线上的岗位技术人员和作业人员,也要对他们进行管理知识的培训与学习,使之能够更加科学有效地实施管理,人是生产力中最活跃的因素,人员素质的提高是企业减少损失、提高效益的最有利因素。

3. 建立健全监督制约机制

在成本管理方面,企业内部各部门之间在相互提供产品或劳务的过程中无人关心过问成本和计较成本,这样成本肯定居高不下。所以,企业内部应该建立这样一种机制,让大家因相互提供产品或劳务成本的高低产生争执、并在争执中实现成本下降。在这方面,

邯钢的"模拟市场核算"管理办法很值得我们学习和借鉴，即以产品在市场上被承认的价格作为内部定价依据，并以此作为对车间或部门领导业绩进行考评的依据，这一机制的存在，形成了单位或部门负责人能够重视分析其他相关部门的成本对本部门的影响，了解其他部门的运作；了解市场行情，到市场上寻求更合理的成本，企业内部的生产与采购部门之间、生产与辅助生产单位之间、完全成本管理法下的生产与后勤管理部门之间，在相互提供产品、劳务、服务过程中需要有这样一种管理氛围，将会给为其提供产品或劳务的部门带来一定的竞争压力。这种制约带来的效果是各部门都将为降低成本而努力，这种共同的努力最终使企业的成本效益也达到了最优。这就是"成本否决"或"成本领先"理念的实质所在。

4. 整合组织流程，实行扁平化管理

扁平化的管理模式，既有利于信息的沟通与传递，又能确保信息的完整与真实，同时也可大大减少决策失误率和降低管理成本。因此，企业要根据管理的需要不断地进行组织机构整合与业务流程再造，从而达到为企业的管理层级"瘦身"，实现"扁平化"管理的目标。同时，把从管理岗位精减下来的人员按照"人尽其才"的原则，充实到其他的生产和服务岗位中。这种整合，也必将使企业资源得到更加合理的分配和应用。

5. 建立成本管理制度保障措施

成本管理制度的保障措施是为了保证成本管理制度实施的有效性而建立的各种规范。主要做法是通过对企业各部门进行职能划分，本着事前控制的原则，制定一系列规范的管理制度、程序来保证组织内各项活动按照有利于降低成本和增加效益的方式来进行。例如，红透山矿业公司先后制定和完善的《存货管理制度》、《企业专项资金管理制度》、《投资管理制度》、《差旅费管理制度》等，这些措施的功能不直接作用于成本发生过程本身，而是对处理业务的行为按照成本管理的需要加以倡导或约束，其作用是基础性的和防范性的。另外，在激烈的竞争环境中，为了及时了解环境、内部条件和竞争对手的变化可能带来的机会与威胁，还应该建立成本预警分析系统，对外部环境、竞争对手及企业自身条件的变化进行长期的观察，对可能出现的重大变化以及可能面临的机会和威胁作出及时的预报，使企业能够有充裕的时间作出反应，例如近年来在各大企业内部建立的一系列风险防控体系以及为确保企业各项任务目标的实现所建立的企业绩效考评机制等。

6. 不断创新管理模式，适应现代企业发展的需要

任何成本管理模式都不是一成不变的，它应随着社会的发展，环境的变化而不断变化，如我国传统管理模式下的计划成本管理、现代管理制度下的全面预算管理系统、平衡计分卡管理系统以及标准成本系统等一系列管理体系与方法，都是管理专家们经过长期实践，针对不同企业、不同发展阶段的生产经营特点，总结形成的一系列先进、合理的管理办法，一个企业采用的成本管理方法是否合理与有效，是决定一个企业能否良好运行和持续发展的关键。因此，我们要依据这种变化规律，针对企业不同发展时期的生产经营特点动态地去研究成本管理模式和创新成本管理模式，只有使二者和谐统一，才能有效地保证企业资源的有效利用和经济效益的稳步提高。

第六节　公司财务管理

一、中小企业中财务管理的重要地位

财务管理在企业的生存发展过程中处于重要地位,对于中小企业而言,财务管理更是处于核心地位,有着重要的作用,主要体现在以下方面:

1. 增强企业的融资能力必须加强企业财务管理

面对激烈的市场竞争,生存是中小企业面临的首要问题。生存离不开资金,中小企业融资渠道比较窄,因此融资问题就成为制约中小企业发展的瓶颈。中小企业一般都经营规模小、抗风险能力弱,投放资金要选择回收期短、风险相对较小的项目,这样可以提高资金的使用效益。中小企业必须提高自身的融资能力,合理安排资本结构,不断增加内部的资本积累,适度贷款,以满足企业投资的需要。同时还要减少决策的随意性和盲目性,提高企业财务管理水平,制定科学的财务决策,降低投资风险。同时,当企业资本积累到一定规模后,可以考虑适度的多元化经营,分散资金投向,这样也有助于降低投资风险。此外,还要把握投资程序的规范性,保证投资的时间和风险收益的平衡。

2. 强化企业资金管理离不开企业财政制度创新

创新是企业发展、进步的灵魂,企业管理需要创新,财务管理更需要根据企业的发展不断改进和创新。中小企业财务管理的制度创新主要包括财务治理和财务控制两个方面的创新。中小企业的财务治理应当让关键的利益相关者都来参与,这样可以调动大家的积极性。中小企业的财务控制创新主要体现在两个方面:一是对财务控制流程的创新。当前许多中小企业的财务控制流程和业务流程分离,这容易导致采购、生产、销售等环节失控,应该让财务人员参与到业务活动当中去。二是中小企业要努力构建全方位的财务控制体系,要健全内部控制,制定一系列的控制方法、措施和程序。

3. 企业加快发展的前提是制定明确的企业财务管理目标

企业财务管理目标是和企业的发展紧密地联系在一起的。在当前的经济形势下,实现利润最大化是企业经营的最终目的,良好的财务状况是实现这一目的的重要保证。良好的财务状况需要企业的经营者协调好企业经营活动的相互关系,处理好当前利益和长远利益之间的关系,规划好企业发展的长期战略以实现企业的可持续发展。

二、中小企业财务管理中存在的问题

1. 中小企业资金短缺,融资困难

目前,我国中小企业由于投资规模小、资本和技术构成偏低,融资难、担保难仍然是制约中小企业发展的最突出问题。主要原因:第一,自有资金不足,负债过多,融资成本高、风险大,造成信用等级低,资信相对较差。第二,国家没有专设中小企业管理扶持机构,国家的优惠政策未向中小企业倾斜。第三,大多数中小企业属于私营企业,有些银行为防范贷款风险对其贷款加大审查监督力度,对中小企业贷款的积极性不高。第四,中介机构不健全,缺乏专门为中小企业贷款服务的金融中介机构和贷款担保机构。由此造成中小企

业的资金严重不足,投资能力相对较弱,阻碍了中小企业的发展。

2. 对项目投资缺乏科学论证,随意性大

一是片面追求"热门"行业,不考察市场行情,不顾客观条件和自身能力,无视国家宏观调控对企业发展的影响。二是追求短期目标,由于自身规模较小,贷款投资所占的比例较大,所面临的风险也更大,所以它们总是尽快收回投资,很少考虑扩展自身规模。三是对项目的投资规模、资金结构、建设周期以及资金来源等缺乏科学的筹划与部署,对项目建设和经营过程中需要的运营资金缺乏可靠的预测,盲目投资。一旦国家加强宏观调控,收紧银行信贷,使得建设资金不能如期到位,企业就面临进退两难的境地,甚至造成巨大的经济损失。

3. 日常管理不严,财务控制薄弱

由于中小企业多属私营企业,企业的投资者同时就是经营者,这就使得企业在决策和经营管理方面带有很大的主观随意性。企业领导者集权严重,仅凭经验和感觉进行企业管理,致使职责不分、越权行事,造成财务管理混乱。一是对现金管理不严,造成资金闲置或不足。二是应收账款周转缓慢,没有建立严格的赊销政策,缺乏有力的催收措施,造成资金回收困难。三是存货控制薄弱,造成资金呆滞。四是重钱不重物,资产流失、浪费严重。不少中小企业的管理者,对原材料、半成品、固定资产等的管理不到位,财务管理职责不明,出现问题无人追究,造成资产的严重浪费。

4. 财务人员素质低,处理业务能力弱

大多数中小企业财会人员都是业主的家属、亲戚、朋友担任,并且没有经过专门化、系统化的知识教育,无证上岗的现象极其严重。工作中多是边干边学,有的甚至只记现金流水账,电脑只是办公室的时髦摆设,并不会运用财务软件进行财务核算。显然这样的会计水平不能充分说明企业的经营状况,也无助于企业改善经营、降低成本,使财务管理失去了它在企业管理中应有的地位和作用。

三、解决中小企业财务管理中存在问题的主要对策

1. 优化企业外部环境,拓宽企业融资渠道

(1) 政府要加强相关法律法规建设,尽快制定或完善有利于中小企业发展的政策,给中小企业更多平等竞争的机会。国家应解除对中小企业的诸多限制,放开经营范围,允许成立带有金融性质的机构,如成立中小企业基金,这样就能在一定程度上缓解融资难的困境。

(2) 建立中小企业的信用担保体系,加强信用文化建设。应培育企业家的信用意识,提倡和宣传信用观念,在"有借有还"的良好信用环境下改善银企之间的关系。

(3) 银行要为民营经济的发展提供优惠政策,解除信贷上的限制。金融机构要摒弃"保大弃小"的观念,突破制度的障碍,加快信贷管理体制的改革步伐,适应民营经济发展需求。

2. 正确进行投资决策,努力降低投资风险

在确定投资项目时,要深入分析市场需求,研究产品的销路和发展前景,预测产品的成本、价格、利润以及原材料的采集供应地。

（1）政府要加强对中小企业的服务指导。对于中小企业而言,市场比资金更为重要,资金有限的中小企业,如果产品销售等出现暂时困难,都可能使企业陷入困境。克服资金不足,关键取决于新产品能否及时销出并收回投资。可见,合适的市场销售渠道是研究投资项目是否可行的先决条件。

（2）应以对内投资方式为主。对内投资主要有以下几个方面:一是对新产品试制的投资。二是对技术设备更新改造的投资。三是对人力资源的投资,尤其是拥有一定的高素质管理及技术型人才,是企业制胜的法宝。

（3）分散资金投向,降低投资风险。中小企业在积累的资本达到了一定的规模之后,可以搞多元化经营,把鸡蛋放在不同的篮子里,从而分散投资风险。

（4）应规范项目投资程序。当中小企业在资金、技术操作、管理能力等方面具备一定的实力之后,可以借鉴大型企业的普遍做法,规范项目的投资程序,实行投资监理,精心设计和实施各个投资阶段。另外,要注意实施跟进战略,规避投资风险。

3. 完善财务管理制度,加强财务预算和成本控制

中小企业要想在市场经济中立于不败之地,就必须做到防范财务风险,提高资金效率。

（1）加强资金管理,建立行之有效的财务内控制度。资金筹集与资金运用相结合,努力提高资金的使用效率,使资金运用产生最佳的效果。按照相关财会法律、法规的要求,逐步建立规范、完善的财务管理制度,建立健全财产物资管理的内部控制制度,在物资采购、领用、销售及样品管理上建立规范的操作程序,维护财产安全。

（2）加强财务预算管理。现金流量预算的编制采用"以收定支,与成本费用匹配"的原则,采用零基预算的编制办法,按收付实现制来反映现金流入流出。对费用预算的重点项目和各类损失要进行重点监控,提高资金的使用效率。对新项目投资的企业,要以投资预算为重点,包括项目的可行性分析、总预算、现金流出量的计划、筹资预算计划,在财务管理制度中确定预算控制办法及程序。

（3）加强成本控制。成本控制工作直接关系成本支出、产品定价、经营利润,进而影响企业的生死存亡。中小企业从原料的采购到产品的最终售出,都应采用有效的成本控制方法,同时通过改进生产工艺来降低成本。另外,应对比"产出"和"投入",研究成本增减与收益增减的关系,以确定提高效益的成本控制方案。

4. 提高全员管理素质,加强财务队伍建设

（1）中小企业的管理者要不断提高自身素质。作为决策者要了解会计程序,读懂会计报表,敏锐地找出财务漏洞。企业达到一定规模后,家庭化就成了制约中小企业发展的一大障碍,只有举贤避亲,实现用人的公平竞争才能推动企业的迅速发展。浙江金义集团董事长陈金义"破小家立大家",大胆聘请"外来族"人才担任经理等要职,使得企业集团跻身中国私营企业 500 强行列。

（2）树立以人为本的理财观念。重视人才的招聘与管理,是现代管理的基本趋势。企业每项财务活动的成效主要取决于人的知识、智慧和努力程度。因此,在财务管理中要理解人、尊重人,规范财务人员的行为,建立权责利相结合的财务运行机制,充分调动职工科学理财的积极性、主动性和创造性。

(3) 不断提高会计人员的专业技能。会计人员必须具备必要的专业知识和专业技能,持证上岗。普及会计电算化,建立企业自己的微机网络,使企业与银行、企业与企业计算机联网,实行银行对账系统。这样做缩短了结算时间,企业办理汇票、本票和电汇等业务仅需要通过电脑操作及现代化的通信设备就可以办理。

(4) 加强全员素质教育。首先从企业领导做起,不断提高全员法律意识,增强法制观念。只有依靠企业全员上下的共同努力,才有可能改善企业管理状况,搞好财务管理,提高企业的竞争实力,从而促使中小企业走上健康快速发展的轨道。

本 章 小 结

在本章中,我们首先介绍了我国企业的法律形式,然后介绍了大学生创业的法律形式选择以及新企业的注册登记流程,最后详细介绍了企业管理的基本知识,包括商品采购管理、经营成本管理和公司财务管理。

【思考与讨论】

1. 企业的法律形式有哪些?
2. 大学生创业的法律形式选择应考虑哪些因素?
3. 新企业的具体注册流程是怎样的?
4. 商品采购管理模式选择有哪些?
5. 大学生创办企业如何降低企业经营成本?
6. 大学生创业时如何进行财务管理?

案例分析

新办企业的股权之争

2011年年初,杨一与3个朋友合伙创立了一家广告公关公司,但短短半年的时间围绕股东权力出现了诸多问题,这家新企业建立过程中的一波三折值得欲建立新企业的创业者们深思,从中汲取经验与教训,尽快走出新创企业危机的阴影,使新创企业尽量建立起完善的股权和治理结构。

一、背景介绍

为了有一个更好的人生前景,4个不安于现状的朋友经过几番讨论后决定,根据现有资源成立一家广告公关公司。然而,4个人当时都有比较稳定且收入较高的工作,杨一在一家通信代理商公司打工任副总、王二在一家网络公司打工任总经理、孟三在某电信运营商做渠道经理、李四自己名下有一家年营业额几千万的基建公司和一家通信代理公司且本身资产实力比较雄厚;经初步讨论后,认为杨一更适合从原公司辞职专职在新成立的公司任职。

于是,以杨一为法定代表人注册了公司,公司注册资本200万元,股权结构为杨一30%、王二10%、孟三30%、李四30%,杨一任总经理,其余股东不在公司任职。

二、波澜乍起

新公司顺利成立后运营不足一月,孟三在一次私下沟通中,向杨一提出,他经过深思熟虑,想要"逼退李四",理由是经过近段时间的一系列事情,他发现李四和他之间失去了信任基础,两人不可能再继续合作相处下去。

对于突如其来的问题,杨一显然没有做任何心理准备,虽然杨一此前已经发现了孟三和李四之间的矛盾和裂痕越来越深,但二人在表面上还过得去,没有撕破脸皮,杨一之前认为即使会有变化也是未来一年左右的事情,孟三在公司成立还不足一个月就提出这样大的变化,让杨一始料未及。

孟三表示,他将以退为进,向李四提出有意退出公司的想法:因为他料定李四原来同意和我们一起创立公司,是由于孟三的运营商身份和面子,其实李四心里真实想法并不认为这个公司能够生存发展下去。孟三认为,最好的结果是他向李四提出这个想法后,李四会借机同样提出和孟三一起退出公司,如此一来,大功告成;最坏的结果是,孟三真的提出退出公司的想法后,李四根本没有退出的意思,那么孟三就打错了如意算盘。

从事情的最终发展结果来看,孟三经过两个星期的沟通,让李四主动提出了和孟三一起退出公司的想法。于是,公司的真实股东从原来的4人变成了3人;同时,由于孟三觉得自己运营商身份特殊,不便在工商备案中体现,由杨一代为持股,于是,公司名义上的股权结构就变成了杨一90%、王二10%。

三、股权之争

在成功诱导李四退出后,此前大家没有讨论的问题出现了。当时,大家的心思都关注在李四是否会退出的问题上。如今,李四真的退出了,大家确实没有讨论过后面的可能性和问题。

面对这次突如其来的变故,杨一开始对权力斗争的残酷提高了警惕,尤其是孟三。于是,为了保证自身在公司位置的安全,杨一向股东们提出了要绝对控股的要求,即公司真实股权杨一应该占到至少51%,尤其是因为杨一为了公司辞掉原来收益不错的工作专心经营公司,既得利益牺牲最大,机会成本也最高,而其他股东都没有在原单位辞职,风险最小。

对于杨一的提议,孟三反对态度异常激烈,坚持认为应与杨一的股权至少一样多,因为他的资源最多甚至贡献最大。在谈判期间,提出了数种股权和利益分配方案,孟三都不能满意。最终,杨一提出了几个基本条件,在孟三确认同意后,杨一妥协了孟三的股权要求,股东和公司签订了《股权协议》。

四、股权协议

现将当时签订的《股权协议》部分内容摘录如下,以更清晰说明股东之间的权力划分:
"第二条 关于股东会"

1. 股东会构成。创始人、共同创始人投资公司开展业务,并作为股东成员共同组成公司股东会。股东会作为公司的权力机构,对公司重大事项行使决策权;

2. 股权分配。公司内部股权分配如下:杨一45%,孟三45%,王二10%;

3. 决策权分配。股东会各股东拥有的决策权与其持有的公司股权相一致,即杨一45%,孟三45%,王二10%;

4. 股东会决议。股东会会议由股东按照决策权分配比例行使表决权,股东会议须达到或超过60%有效决策权表决同意并签字确认后,方可生效成为公司决策并执行。

"第三条 关于公司运营"

1. 创始人杨一作为公司法定代表人和总经理,负责公司正常运营过程中一切内部管理运行和外部业务开展工作;

2. 共同创始人孟三、王二不在公司任职,不参与公司内部管理运行相关工作,但作为股东对公司财务状况和资金使用有监督、建议、质询等权利;

3. 共同创始人孟三、王二有责任和义务向公司引入上下游客户资源,应将有利于公司生存和发展的相关资源注入公司,并协助公司业务团队将资源转化为公司收益。

"第六条 关于股权调整"

1. 公司股东不得擅自转让或出售所持有的股权,若股东自行要求离开股东会(非公司要求情况下),该股东所持有的股份及相关权益无条件全部转让给公司,公司无须支付任何成本;

2. 当公司达到一定规模并需要对核心管理团队成员提供股权激励时,股东会商讨股权激励方案,并在创始人和共同创始人所持有的股份中按照股权分配比例缩减股份;

3. 当公司需要增资进行重组计划时,创始人、共同创始人可以按照本协议规定的股权比例优先认购再次增资的股权,放弃则可由其他创始人、共同创始人按比例优先认购;

4. 经过公司股东会同意后,创始人、共同创始人可以转让或出售所持股份或者由公司回购;同样的价格前提下,公司、创始人、共同创始人比其他第三方投资方拥有优先购买权;股权买卖或公司回购的价格,原则上由出让方和受让方协商决定,必要时聘请第三方会计师事务所核定。

5. 创始人、共同创始人所持股份转让、出售或公司回购成功后,创始人、共同创始人股东权益立即终止并转移。

五、警报再起

经过一段时间的谈判,关于公司股权之事终于尘埃落定。并在接下来的几个月的时间内,公司运营效果不错,预期发展前景尚可。

然而,最近孟三又时常在与杨一的沟通中,有意无意地提及王二10%的股份问题,认为王二当初入股时所提及的客户资源和落地媒体资源并未兑现,尽管目前给公司争取了一两个合同赚钱,但还不足以占到公司10%的股权。

面对孟三的问题,杨一已经厌烦了股权斗争,认为公司刚刚创立不久,甚至还一分钱都没有赚到,大家不是全心全意为公司生存和发展努力,而是不断为了虚无缥缈的股权斗来斗去,若公司不盈利甚至赔钱,100%的股份又能代表什么,一分钱都不值;但如果大家齐心协力,为公司创造很大的收益,45%也代表了比较大的财富收益。因此,杨一以公司成立和波折不断为名,希望公司能够更加稳定,更何况王二确实能够为公司带来效益,反对了孟三的要求。孟三虽然仍旧不时提及此事,但总算态度不是很强烈。

面对现在的状况,杨一对公司未来的不确定性顾虑很大,对于孟三的权力欲望如此强烈也无法理解,毕竟公司还不值钱。

第九章 新企业的开办

【思考题】

1. 新企业的创办形式是什么？当初签订的股权协议有问题吗？
2. 这样的合作能长久吗？出现股权之争的根本原因是什么？
3. 如果你是杨一，你应该怎么处理？

小链接1

新开办企业应该如何纳税登记？

从事生产、经营的纳税人应当自领取营业执照之日起30日内主动依法向国家税务机关申报办理纳税登记。程序如下：

1. 纳税人提出书面申请报告，并提供下列证件、资料：

① 营业执照副本或其他核准执业证件原件及其复印件；

② 注册地址及生产、经营地址证明（产权证、租赁协议）原件及其复印件，出租人为自然人的还须提供产权证明的复印件；如生产、经营地址与注册地址不一致，请分别提供相应证明；

③ 公司章程复印件；

④ 法定代表人（负责人）居民身份证、护照或其他证明身份的合法证件原件及其复印件；

⑤ 组织机构代码证书副本原件及其复印件；

⑥ 书面申请书；

⑦ 有权机关出具的验资报告或评估报告原件及其复印件；

⑧ 纳税人跨县（市）设立的分支机构办理税务登记时，还须提供总机构的税务登记证（国、地税）副本复印件；

⑨ 改组改制企业还须提供有关批文原件及其复印件；

⑩ 税务机关要求提供的其他证件资料。

2. 填报税务登记表。纳税人领取并填写《税务登记表》。

纳税人应按规定如实填写税务登记表中的项目。

纳税人填写完相关内容后，在相关位置盖上单位公章、法人代表章，然后将《税务登记表》及其他相关材料送交税务登记窗口。

3. 税务机关审核、发证。纳税人报送的税务登记表和提供的有关证件、资料，经主管国家税务机关审核批准后，应当按照规定的期限到主管国家税务机关领取税务登记证及其副本，并按规定缴付工本管理费。

小链接2

新公司如何建账

企业在成立初始，都面临建账问题。即根据企业具体行业要求和将来可能发生的会计业务情况,购置所需要的账簿,然后根据企业日常发生的业务情况和会计处理程序登记账簿。

(一)选择适用准则

应根据企业经营行业、规模及内部财务核算特点,选择适用《企业会计准则》或《小企业会计准则》。

《小企业会计准则》适用于在中华人民共和国境内设立的、同时满足下列三个条件的企业(即小企业):

1. 不承担社会公众责任;
2. 经营规模较小;
3. 既不是企业集团内的母公司也不是子公司。

如果不能同时满足上述三个条件,企业需要选择《企业会计准则》。按规定需要建账的个体工商户参照执行《小企业会计准则》。

(二)准备账簿

1. 建账时应考虑的问题

(1)与企业相适应。企业规模与业务量是成正比的,规模大的企业,业务量大,分工也复杂,会计账簿需要的册数也多。企业规模小,业务量也小,有的企业,一个会计可以处理所有经济业务,设置账簿时就没有必要设许多账,所有的明细账可以合成一、两本就可以了。

(2)依据企业管理需要。建立账簿是为了满足企业管理需要,为管理提供有用的会计信息,所以在建账时以满足管理需要为前提,避免重复设账、记账。

(3)依据账务处理程序。企业业务量大小不同,所采用的账务处理程序也不同。企业一旦选择了账务处理程序,也就选择了账簿的设置,如果企业采用的是记账凭证账务处理程序,企业的总账就要根据记账凭证序时登记,你就要准备一本序时登记的总账。

2. 小企业应设置的账簿

(1)现金日记账,一般企业只设1本现金日记账。但如有外币,则应就不同的币种分设现金日记账。

(2)银行存款日记账,一般应根据每个银行账号单独设立1本账。如企业只设了基本账户,则设1本银行存款日记账。

现金日记账和银行存款日记账均应使用订本账。根据单位业务量大小可以选择购买100页的或200页的。

(3)总分类账,一般企业只设1本总分类账。外形使用订本账,根据单位业务量大小可以选择购买100页的或200页的。这1本总分类账包含企业所设置的全部账户的总括信息。

(4)明细分类账,明细分类账采用活页形式。存货类的明细账要用数量金额式的账页;收入、费用、成本类的明细账要用多栏式的账页;应交增值税的明细账单有账页;其他的基本全用三栏式账页。因此,企业需要分别购买这4种账页,数量的多少依然是根据单位业务量等情况而不同。业务简单且很少的企业可以把所有的明细账户设在1本明细账上;业务多的企业可根据需要分别就资产、权益、损益类分3本明细账;也可单独就存货、

第九章　新企业的开办

往来账项各设 1 本……此处没有硬性规定,完全视企业管理需要来设。

(三) 科目选择

可参照选定会计准则中会计科目及主要账务处理,结合自己单位所属行业及企业管理需要,依次从资产类、负债类、所有者权益类、成本类、损益类中选择出应设置的会计科目。

(四) 填制账簿内容

1. 封皮

2. 扉页(或使用登记表,明细账中称经管人员一览表):(1)单位或使用者名称,即会计主体名称,与公章内容一致;(2)印鉴,即单位公章;(3)使用账簿页数,在本年度结束(12 月 31 日)据实填写;(4)经管人员,需盖相关人员个人名章。记账人员更换时,应在交接记录中填写交接人员姓名、经管及交出时间和监交人员职务、姓;(5)粘贴印花税票并划双横线,除实收资本、资本公积按万分之五贴花外,其他账簿均按 5 元每本贴花。如明细账分若干本的话,还需在表中填列账簿名称。

3. 总分类账的账户。采用订本式,印刷时已事先在每页的左上角或右上角印好页码。但由于所有账户均须在一本总账上体现,故应给每个账户预先留好页码。如"库存现金"用第 1、2 页,"银行存款"用第 3、4、5、6 页,根据单位具体情况设置。并把科目名称及其页次填在账户目录中。

明细分类账由于采用活页式账页,在年底归档前可以增减账页,故不用非常严格的预留账页。

现金或银行存款日记账各自登记在一本上,故不存在预留账页的情况。

4. 账页

(1) 现金和银行存款日记账不用对账页特别设置;

(2) 总账账页按资产、负债、所有者权益、成本、收入、费用的顺序把所需会计科目名称写在左上角或右上角的横线上,或直接加盖科目章。

(3) 明细账账页按资产、负债、所有者权益、成本、收入、费用的顺序把所需会计科目名称写在左(右)上角或中间的横线上,或直接加盖科目章,包括根据企业具体情况分别设置的明细科目名称。另外,对于成本、收入、费用类明细账还需以多栏式分项目列示,如"管理费用"借方要分成:办公费、交通费、电话费、水电费、工资等项列示,具体的是按企业管理需要,即费用的分项目列示,每个企业可以不相同。

【延伸阅读与链接】

http://www.gongsifawu.com/

http://hao.1352828.com/? sid=33&kid=6124

http://www.mbalib.com/

第十章 大学生创业企业的上市之路

课程目标

通过本章的学习，帮助学生了解大学生创业企业上市的原因以及公司上市决策的制定过程；使学生了解一家企业从创业开始之后的成长模式和路径；同时本章还介绍了中国证券市场体系以及公开发行和上市的政策要求，帮助学生掌握我国证券市场体系的构成，了解中国境内股票公开发行与上市的流程及政策要求。

知识点和技能点

1. 大学生创业企业上市的利弊分析
2. 企业生命周期理论
3. 大学生创业企业的成长模式与特征
4. 公司公开发行股票并上市的流程
5. 中国境内证券市场体系
6. 中国境内股票公开发行与上市的政策要求

案例导读

从千橡危机到人人上市

互联网从不缺乏创业神话。马化腾凭一款QQ聊天工具开创企鹅帝国；硅谷归来的年轻人李彦宏缔造搜索巨头百度；盛大陈天桥则豪赌网络游戏吸引了万千玩家，他们的共同点是一开始或迅速调整后就找准方向并坚定执行直至成功。但并非所有梦想家都具备类似的幸运，多数人或折戟蹉跎，或沦为平庸，少有几经反复而有大成者。

陈一舟打破了此定律。他和上述早已功成名就的人物同时跃上中国互联网舞台，却最晚迎来人生的高潮。2011年5月4日，陈一舟敲响人人在纽交所的上市钟，且创造数项纪录：首家上市的社交网络概念股；成功融资8.5亿美元，创造此轮中国网络公司上市潮的融资纪录；挂牌首日市值曾一度高达70多亿美元，仅次于中国互联网三大巨头。即使随后股价下跌，人人市值仍高达50亿美元左右，跻身中国互联网最重量级企业行列。

"十年终于修成正果。"搜狐CEO张朝阳在电话中如此恭贺陈一舟。网络英雄鼓吹新经济的年代，陈一舟曾和两位斯坦福校友周云帆、杨宁联合创办名噪一时的Chinaren，互联网泡沫破灭后，Chinaren烧光了现金又无法盈利，于2000年9月无奈被搜狐收购。但如今，仅以市值而论，陈一舟的人人已相当于搜狐及其游戏子公司畅游之和。

首次创业即遭挫折的陈一舟积累了经验、人脉和声名，但他其后的创业经历却更加跌宕起伏：2002年他带着30万美金卷土重来创办千橡，刚有起色即遭遇SP业务低谷；随后转型社区，发现社区成长性不高转做门户，门户遇挫的同时又尝试视频、分类信息和网络下载等各种热门概念，结果均遭惨痛失败。2006年年底，千橡战略大收缩，裁员过半。

"我犯过的错多得是。"上市半月后，陈一舟向本刊总结他的这段磋磨岁月。"我们一开始的运气不好，没找到该干什么事。从统计概率来说这样的公司不容易成功，因为一而再再而衰三而竭啊。像我们转型了这么多次最后还是活下来的互联网公司基本没有。"

2006年下半年至2007年，陈一舟经历了最痛苦的时光。那段时间他通过每天早晨到冰冷的游泳池里游泳来刺激自己，甚至把本刊《千橡幻象》那篇报道打印出来，放在办公桌里，"什么时候感觉翘尾巴了就拿出来看。"

经历了滑铁卢惨败跌入低谷后，他收获的最大教训是：一是要聚焦；二是欲速则不达。"要知道一样东西想做长久，就不可能增长太快。长得快又能长期存在的事情轮不到你来做，别人肯定早就做了。天上从来没砸下过馅饼，我头上从来没有过，每个都是我接了半天才接住的，而且不是馅饼，是小汤包。"

陈一舟拒绝再犯同样的错误。2006年千橡收购了王兴创办的校内网，一个和当年Chinaren极为类似的网站，陈一舟后来将之发展为拥有1亿多用户的人人网。这成为陈一舟创业的分水岭，他形容"2006年之前是勘测队，到处找油井，2006年找到以后就变成采油公司，钻得越深越好。"直到人人上市，陈一舟打包的资产，如人人网、人人游戏、社交电子商务网站糯米网、商务社交网站经纬网，都依托于社交网络概念。

然而，即使人人上市近一个月后，围绕这家中国社交网站的争议仍未平息。质疑的声音认为，扛着"中国Facebook"旗号的人人，只不过是新一轮互联网泡沫的又一个典型代表，依据是其一路走低最终破发的股价。这也加深了外界对陈一舟"精明互联网商人"的印象：他准确选择了互联网估值最疯狂的时刻，一举完成万众瞩目的IPO和数额惊人的融资。

但即使批评者也不得不同时承认，陈一舟的"精明"无可厚非，且极为成功。他经常给属下算的一笔账是：人人网的用户获取成本约20元人民币，但到了资本市场至少值20美元——按照人人现在的市值，每个用户的价值已远超20美元。他也善于发现有价值的公司和趋势，然后迅速通过收购等资本手段进入，五年前收购校内网仅花了5 000万元人民币，却以此为基础成为中国社交网站的领先者。

上市以后，人人公司前台的Logo和门把手上的贴纸仍然是千橡的那棵橡树，陈一舟的理由是"换掉要花钱"。敲完上市钟后，他在纽约给自己买了一块手表，价格88美元。不奢侈，但很吉利。他随后在自己的微博上表示，公司如果是一本书，上市仅仅是完成了前言，而他希望谱写公司未来30年的篇章。对于此前有过多次业务转型的人人，30年后还会是同样的一家公司吗？

(资料来源：http://money.163.com/11/0615/11/76JAEVHF00253G87.html)

【思考题】

1. 人人网给你带来了哪些方便？

2. 人人网上市的利弊该如何衡量？
3. 为什么公司的经营者大多希望公司能够上市？你怎样看待上市募集的资金？

第一节 大学生创业为什么要上市

　　大学生创业企业不断发展壮大，为了能够有效地进行产品生产和提供服务，必须以较强的资本运营能力为保障。能否进行有效融资，成为大学生创业日常运营和克服危机的关键因素。企业融资不外乎两种方式：内源融资和外源融资。内源融资成本低，但融资规模小，不能满足企业扩大再生产的需要。外源融资包括直接融资和间接融资，其中企业上市融资是企业通过证券市场进行直接融资的主要方式。上市是指公司公开发行股票并在证券交易所交易。当然，公司上市的好处不仅仅局限于融资，还有改善品牌形象等众多方面。尽管上市公司有众多优势，但并不是所有企业都适合上市，公司上市的决策取决于公司的规模、组织形式、上市的成本收益分析等众多因素。因此，只有当大学生创业企业发展到一定阶段时，才能考虑是否要上市，可以说，上市是大学生创业成功的重要标志。当退市的利大于弊时，已上市的公司也可以通过退市来保障公司利益。一句话，上市或者退市，都是以公司利益为出发点的。

　　一般说来，公司上市的动机或者目的主要包括增加企业的融资渠道、提升企业的市场价值和股权价值、改善公司的治理结构和管理水平以及建立与完善激励机制等。对于大学生创业企业来说，还要考虑风险投资退出等问题。有了一定的上市动机或目的，公司还需要对上市的利弊进行详细的权衡分析，最终做出是否要上市的决策。

1. 大学生创业企业上市的有利因素

　　（1）增加企业的融资渠道。大学生创业企业上市，可以在资本市场上进行融资，使公司资产价值得到大幅增加，原始股东的价值也会得到最大的体现。例如上市前 1 000 万元的价值，上市后有可能达到上亿元甚至数十亿元的可能，并且可以随时在市场套现，实现投资收益。

　　此外，借助上市融资，有助于大学生创业企业解决融资难的困境，获得长期稳定的资金，帮助企业改善资本结构，并且股权融资"风险公担，收益共享"的独有机制也有助于大学生创业企业实现股权资本收益的最大化。增发、配股等其他方式的上市后融资，也可以帮助企业实现低成本的持续融资。

　　利用上市进行融资，使企业的资产价值成倍甚至数十倍地增加，创业者和其他股东的价值也得到最大限度的提高。

　　（2）提升企业的市场价值。企业提升自身的形象和品牌价值有三种方法：广告、营销以及建立口碑。大学生创业企业上市对企业品牌传播效应有着巨大的帮助。因为大学生创业企业在资本市场挂牌，表明了企业的市场潜力、发展前景以及成长性都得到了广泛的认可，这本身就象征着名誉，对大学生创业企业建立品牌知名度帮助很大。此外，大学生创业企业上市，也意味着企业的规范化管理得到了监管部门的认可，表明企业经营风险较小，管理较为规范。其广告效果可使企业快速在行业中引人注目，吸引市场的关注度。

　　更重要的是，每天的交易情况、涨跌情况，是广大投资者需要关注的公司情况；有关媒体对上市公司开拓新业务、资本运作新动向的追踪报道,能够帮助企业吸引到更多的投资者关注;机构投资者和证券分析师对企业的实时调查、行业分析,能够进一步挖掘企业的潜在价值。

(3) 提高企业的股权价值。大学生创业企业上市之后,相当于为企业资产的证券化提供了一个交易平台,增加了公司股票的流动性。在股票市场挂牌交易,能够帮助企业的价值被投资者发现,实现股权价值的增加,为企业股东带来高额的溢价财富,并可以在证券市场上变现。而且,企业所有股东都可以将自己所持有的股票出售套现。

(4) 改善公司的治理结构和管理水平。大学生创业企业上市需要将纳税行为规范化、明晰产权关系、完善公司的治理结构、创建现代企业制度。即使上市之后,企业的工作重点仍然会围绕资本市场,完善公司治理结构、规范企业管理、实现规范化发展是公司未来持续的发展目标。

大学生创业企业上市之前,首先要对企业内外部环境进行分析,并分析自身情况和优劣势,找准定位,使企业发展战略清晰化。上市进程中,律师事务所和会计师事务所等众多专业机构会为企业出谋策划,经过对企业资产、负债等财务情况和法律情况进行分析,帮助企业明晰产权关系、规范纳税行为、完善公司治理结构、建立现代化企业制度。企业上市后的退市和被并购风险,能促使企业高管人员更加诚实信用、勤勉尽责,促进企业持续规范发展。

(5) 有利于建立和完善激励机制。大学生创业企业上市后建立的以股权为核心的、完善的激励机制,也有助于吸引和留住核心管理人员以及关键技术人员,为企业长期稳定发展奠定基础。股票可以作为用来吸引和留住关键人才的一种工具。大学生创业企业可以利用公司股票和股票期权计划作为奖励,吸引并留住优秀的员工。用工资和股票相结合的方式来招聘和支付主管人员薪酬的做法也是一种非常有效的激励机制。

(6) 为风险投资顺利退出提供有效途径。大学生创业往往需要风险投资的支持,而风险投资总有退出的一天。企业公开上市(IPO)是风险投资退出的主要途径。风险投资家通过大学生创业企业上市,向社会公开发行股票,通过风险企业股份的公开上市将其持有的私人权益转换成公共股权,在获得市场认可后转手以实现资本增值。这种方法可以使风险投资家的资本安全退出,并有可能获得高额回报,同时还使公司获得了在证券市场上持续融资的渠道。

2. 大学生创业企业上市的不利因素

对于大学生创业企业来说,上市带来的优势巨大而深远,但上市也有一些不利因素,给企业造成直接或间接的成本,同时需要公开披露信息,接受来自各方的监督等。公司上市的不利因素主要包括以下几个方面:

(1) 增加了企业的费用支出。股票公开发行并上市需要一定的费用支出,其中包括公司筹备相关事宜的费用;支付给投资银行、会计师、律师等中介机构的费用;在交易所挂牌上市的费用;路演推介、公共关系处理等的印刷、宣传费用;在报纸、网络等媒体披露相关信息的费用等。

以大学生创业企业新三板挂牌工作为例,预计需要付给主办券商和中介机构一定的费用,预计主办券商的挂牌费用在 80 万～90 万元之间,律师事务所和会计师事务所的费用合计达到 30 万～50 万元,对于大学生创业企业来说,是一笔金额不小的开支。在新三板挂牌后,每年还需向交易所和主办券商缴纳一定的费用,这必将给缺少资金的企业增加资金支出压力。

(2) 信息公开影响企业经营管理。大学生创业企业上市之后,作为公众公司,公司的财务、经营情况、法人治理结构、内控制度等重要信息需要按规定进行公开披露,这必将给企业经营管理带来一定影响。管理层一方面要确保业绩;另一方面企业基于规范化管理的要求,在财务数据上进行调控的可能性会大大减少。

(3) 企业利润和控制权被稀释。如果公司正处在一个高盈利的阶段,未来的收益就要和外来的投资者一起分享。公司上市吸引的投资者越多,公司的股权就越分散,创业者对企业的控制权也就越分散。

3. 大学生创业企业上市的决策

大学生创业企业是否需要公开上市?虽然说上市是大学生创业成功的重要标志,但在进行这个决策之前,创业者和管理层需要根据企业目前的发展状况以及上市的目的慎重权衡上市的利弊。图 10-1 给出了一个公司上市的利弊分析。

利:
1. 增加融资渠道
2. 提升市场价值
3. 提高股权价值
4. 改善治理结构和管理水平
5. 建立和完善激励机制
6. 使风险投资顺利退出
……

弊:
1. 较高的上市费用
2. 信息公开影响经营管理
3. 企业利润和控制权被稀释
4. 接受证券监管机构的监督
5. 接受投资者的监督
……

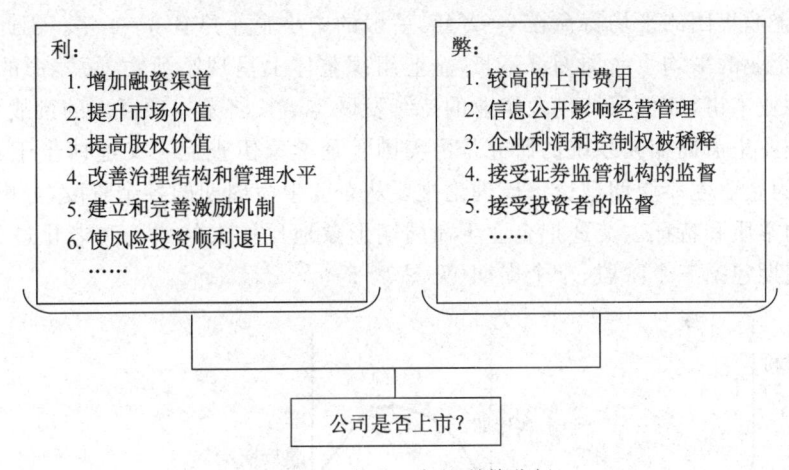

公司是否上市?

图 10-1 公司上市的利弊分析

在权衡上市的成本和收益时,大学生创业企业也应该评估其他的融资选择,例如公司股份的私下销售而非公开募集、通过银行进行贷款、引入战略投资者等。在决定上市之前,大学生创业企业要了解所有能达到公司目标的方案,并对各种方案进行比较,在确信公司的确可以将上市作为一个目标时,最终做出上市决策并付诸行动。

第二节　大学生创业企业的成长模式与特征

作为大学生创业成功的重要标志,上市能够给大学生创业企业带来巨大的利好。但是,企业上市必须要在企业发展到一定阶段,条件成熟时才能做出决策。因此,我们必须先了解大学生创业企业的成长模式与特征。

一、企业生命周期理论

在成长与老化的共同作用下,每一个企业都存在自身的生命周期,常常被称为企业生命周期。大学生创业企业也不例外。企业的生命周期是指企业从诞生到死亡的时间过程。企业和人一样都希望自己能够健康长寿、有所作为,而不希望中途夭折、早衰或者碌碌无为。人的寿命由于受到自然生理因素的限制是有限的,而企业组织却不受到这些限制,因而从理论上说可以无限延长,但历史上长寿的企业却不多见。世界上企业寿命最长的有700多年,北京同仁堂已有300多年的历史,瑞士的劳力士公司和美国的杜邦公司的寿命超过了200年,美国通用和西方电气公司也有100多年的历史。然而,绝大多数企业的寿命是短暂的。根据荷兰斯特拉提克斯集团的爱伦·德·鲁吉的研究,在日本和欧洲,企业的平均生命周期为12.5年;在美国,有62%的企业的平均生命周期不到5年,存活能超过20年的企业只占企业总数的10%,只有2%的企业能够维持50年。英荷壳牌公司的一份调查显示,1970年名列美国《财富》杂志前500强的大企业,其生命周期只有40~50年,到1983年它们中有1/3已经消失。根据我国经济学家的研究,我国企业的寿命更短,大企业集团的平均寿命在7~8年,一般的中小企业只有3~4年。因此从总体上讲,世界上企业的平均生命周期都不长,企业组织整体上呈现高死亡、短寿命的态势。对于大学生创业来讲,如何保持创业企业的持续发展与增长将是一项巨大的挑战。

关于企业生命周期较系统的研究是由美国管理学家伊查克·艾迪博士于1989年提出的,称之为企业生命周期理论。该理论主要从企业生命周期的各个阶段,分析了企业成长与老化的本质和特征。艾迪把企业生命周期形象地比作人的成长和老化过程,认为企业的生命周期包括三个阶段、十个周期(见图10-2)。

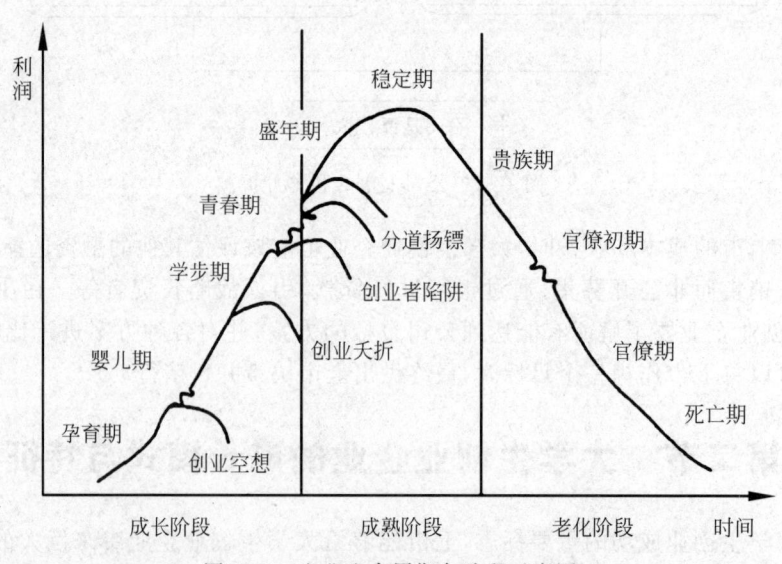

图10-2 企业生命周期各阶段示意图

- 成长阶段:包括孕育期、婴儿期、学步期、青春期。
- 成熟阶段:包括盛年期、稳定期。

- 老化阶段：包括贵族期、官僚初期、官僚期、死亡期。

每个阶段的特点都非常鲜明。企业组织体系随着生命周期不断演变，将会呈现可以预测的行为模式，在迈向新生命阶段时，组织体系都将面临某种阵痛。此时，组织若能通过程序的制定以及有效的决策来克服难关，促成转型的成功，则所面临的问题均属过渡性的正常现象。反之，如果组织只是一味地走老路，那么更多的异常问题将随之而来，而且会愈演愈烈，严重阻碍组织的发展。

企业生命周期各阶段的特点有以下几个方面：

1. 成长阶段

（1）孕育期。这一时期所强调的是大学生创业的意图和未来能否实现的可能性。所以这一阶段只是高谈阔论而没有具体的行动，但大学身创业者正是通过"推销"自己的"奇思妙想"来铺就通向未来的道路。和其他所有创业者一样，大学生创业者创办企业是因为存在尚未被满足或根本还没有出现的需求，他所关心的是市场应该需求或者将要需求什么，而不是已经存在的市场需求，甚至试图培育并改变市场的行为。因此大学生创业企业在技术创新和产品开发时，需要以市场需求为中心，"开发能够卖得出去的产品，而不是花费大的气力推销自己能够生产的产品"。

（2）婴儿期。在婴儿期，大学生创业企业处于刚成立的阶段，像襁褓中的婴儿一样，抵抗力很弱，随时都可能"生病"。企业这一阶段的主要特点是：缺乏明确的方针和制度，也没有什么程序或预算，员工数量少，企业用人多数在创业者周围的圈子里寻找，比如同学、朋友和家人等。企业的决策高度集中，不存在权利或责任的授予，可以称之为创业者的独角戏。这一时期最容易出现的两个问题：一是把成功的目标定的过高，相应低估了对资金的需求，从而出现资金不足的问题，对此应严格控制应收账款周转率和存货周转率；二是来自社会和家庭的压力，容易使大学生创业者中途放弃，导致创业夭折，对此应动员众人给予支持和理解。

（3）学步期。在学步期，大学生创业企业已经克服了现金入不敷出的困难局面，产品或者服务开始被市场所接受，企业开始日渐兴旺，销售额节节上升。这一时期的大学生创业者最容易犯下面三种错误：一是容易被眼前的机会所驱使，缺乏战略眼光，从而导致初创企业做出一些不明智的决策与承诺；二是缺乏系统化的规章制度、明确的行为方针和健全的预算体系，企业往往表现出不稳定性，容易受挫折；三是缺乏科学的授权体系，易成为"家族制"企业，阻碍企业的进一步发展。

（4）青春期。这一时期是大学生创业企业成长最快的时期，技术水平和产品设计能力迅速提高、生产成本下降、规模效益开始显现、市场开拓能力迅速加强、市场份额不断扩大，产品品牌和企业声誉逐渐被世人知晓，企业给公众的印象是该企业呈现一派欣欣向荣的局面。这一阶段企业需要强调制度、政策和行政管理。要通过引入职业管理人员来改变原有的管理风格，制定一整套激励、考核、薪酬制度，减少决策的随意性，并注重建立良好且有特色的企业文化。

2. 成熟阶段

成熟阶段是大学生创业企业生命周期曲线中最为精彩的一部分。这一阶段的企业具有学步期企业的远见和进取精神，同时又摆脱了创业者的影响而获得再生，并不断走向成熟。

(1) 盛年期。盛年期是企业生命周期中最为理想的时期,这一时期大学生创业企业的自控力和灵活性达到了平衡。它具有学步期企业的远见和进取精神,同时又具备在青春期阶段所获得的对实施过程的控制力和预见力,能够事先进行计划和控制。

(2) 稳定期。稳定期是大学生企业停止增长、开始衰退的转折点。整个企业开始丧失创造力以及鼓励变革的氛围,不敢突破过去曾经发挥作用的条条框框,愈发趋于保守。稳定期有几大变化:企业对短期盈利能力的重视程度开始日渐上升;财务人员的地位超过市场、研发人员的地位;投资回报成为衡量业绩的最为重要的标准;企业开始加强自我保护意识,而与顾客的距离却逐步拉大。创新精神衰退的主要原因首先在于创业者本人,在环境条件相对舒适的成熟期,创业者容易丧失创新品质,开始变得保守甚至固执起来。此外,成熟期企业的各项规章制度已经健全,各级人员只要按规定办事就行,因此员工的创新精神容易沉睡不醒。但市场是不断变化的,企业创新力的衰退必然影响满足顾客需求的能力,企业的市场竞争力就会随之下降。

3. 老化阶段

(1) 贵族期。这一时期,大学生创业企业的目标越来越短视化,企业内部缺乏创新,试图通过兼并其他企业以获取新的产品和市场,从而"买到"创新精神,同时企业内部享乐主义流行,钱被花在控制系统、福利措施和办公设备上。贵族期企业不肯承认现实,尽管市场日渐萎缩,在产品和营销上越来越无法与对手竞争,但仍抱有"平安无事、生意照旧"的态度。而采取提高价格等极端方法更会加速企业滑入老化期的下一阶段——官僚初期。

(2) 官僚初期。面对前期造成的恶果,大学生创业企业内部不去关注该采取何种补救措施,相反却把精力放在铲除异己、拉帮结派的内讧上,并随着企业业绩的进一步下滑,人们变得更加偏执。人员开始流失,情况不断恶化,逐渐成为官僚化企业,甚至走向破产的边缘。

(3) 官僚期与死亡期。随着各类人员的流失,行政人员却越来越多,大学生创业企业变成了一个完全膨胀了的官僚机构,没有成果导向的概念、没有创新,也没有团队协作,有的只是最完善和刻板的制度、程序、文件盒形式。处于官僚化的企业外表看来实力雄厚,但其核心可能已经腐烂,不可避免地走向死亡或消亡。

综上所述,在大学生创业企业的不同发展阶段,其创新力、控制力以及企业内部结构和发展战略都是不同的,其成长过程表现出一个从承担风险到避免风险、由强调功能到强调形式、由创新到自我保护的变化,而能达到企业内外部发展平衡则是比较困难的。

二、创业企业成长:含义、模式与特征

企业成长,一直是人们关心与讨论的热点话题。对于一个大学生创业者,如果不能在创业后的一定时期内,使企业健康成长起来,将会使创业者壮志未酬。新古典经济学派创始人英国经济学家阿费里德·马歇尔(Alfred Marshall)在他的名著《经济学原理》中指出:"一个企业成长、壮大,但以后也许停滞、衰落。在其转折点上,存在着生命力与衰落力之间的平衡或者均衡。"成长是一个适者生存、自然淘汰的过程,强调了纯粹竞争市场条

件下的企业成长。在传统企业理论中,成长的目标在于利润最大化;边际成本等于边际收益是追求这一目标的基本原理;企业成长的市场环境由完全竞争发展到垄断竞争或不完全竞争。经理型企业理论的主要代表人物之一的马里斯(Marris)认为:管理的主要目标是企业规模的增长。近年来对企业成长的研究认为:现代企业增长必须赋予结构变化和创新的含义。

1. 企业成长的含义

现代企业增长是指现代企业在利润性和社会性相统一的基础上的多目标结构引导下,为了生存和发展,与企业的经营机构、组织机构、空间机构和技术机构等结构发展变化相适应的企业规模增长的机制和行为。上述表现主要包含以下几层含义:

(1) 现代企业的利润性和社会性的统一。现代企业早已超越了单纯追求利润的时代,美国早在20世纪30年代就提出了企业的社会责任问题。企业应有确保利润、生存和成长、履行社会责任等多重目标,并力图使这些目标均衡实现。

(2) 现代企业内部结构发展变化是企业成长的核心内容。企业成长理论存在内部化、实用化、机制化、结构化的趋势。结构化体现在注重企业内部经营结构、组织结构、空间结构的发展变化。这里,经营结构是指企业内部各业务活动的比例关系、相互的技术经济联系及相互作用。组织结构指企业内部各部门和各单位之间的组织设置及权利、责任分配、信息流通、决策过程等相互关系的结构特征。空间结构指企业各个业务内部结构变动的过程。例如,当企业由单一产品、单一行业生产经营向多行业的生产经营发展时,其经营结构必将发生变化。当某企业在新的地域开设子公司时,其空间结构必将发生变化。一般而言,当经营结构、空间结构发生变化时,组织结构也要做相应的变动。

(3) 企业成长是一个增长的过程。企业成长包括质与量两个方面:企业成长的主导趋势应体现为规模的增长以及企业要素和资源方面的增加,其中包括销售额的增加、利润的增加等。一方面,质的成长是量的成长基础和条件,企业经营结构、组织结构、空间结构、技术结构的更新和完善,意味着企业内部更趋向于资源的优化配置,企业才能够获得长期稳定的量的增长。特别是现代企业的竞争,表面上是产品、市场的竞争,但背后实质上是企业核心竞争力的较量。质的成长的重要方面在于提高技术创新能力使企业核心竞争力提高。另一方面,量的成长也是质的成长的条件。量的成长为企业集聚提供进一步成长的资源,为质的成长提供物质保障。量的成长也是质的成长的目的之一,如企业经营结构的调整、技术结构的改变,目的也在于追求更多的利润,寻求更多的投资回报。

2. 企业成长模式

企业成长模式一般是指基于企业机构发展变化的企业成长方向及方式。

(1) 基于经营结构发展的成长模式。基于经营结构发展的企业成长模式有:扩大原有产品质量(含增加原产品的规格、品种),即规模型成长;在新的行业从事新的业务,即多角化成长;购买上游或者下游企业,扩展生产链,即纵向成长。分别介绍如下:

① 规模型成长。规模型成长的基本含义是指企业某一产品产量的增加,包括不同规格、不同包装的同一产品的产量增加。规模型成长是同一产品的原有市场的扩大或者新市场的开拓,它可以产生规模经济。规模型成长是一种最基本的成长方式,是新创企业需要经过的成长阶段。

② 多角化成长。多角化又称多样化。《现代经济词典》将多角化解释为一个地区产业的多样化或一个企业出售产品的多样化。美国最早研究多样化的学者戈特（Gort）指出，多角化指企业产品的异质性增加，该异质性不同于统一产品的细微差别化。一般认为，多角化是指企业的产品或服务跨一个以上产业的经营方式或成长行为。

③ 纵向成长及分类。纵向成长是企业沿着其投入或产出方向的扩张成长。纵向一体化是指具有投入产出关系的相邻两个生产阶段或企业合为一体的过程，也称垂直一体化。当纵向一体化沿着原有生产的投入或原材料供应方向发生时，成为后向一体化。当纵向一体化沿着产出方向发生时，称为前向一体化。

需要指出的是，完整意义上的纵向一体化应该包括两个方面：一是资产的完全一体化；二是两者交易的完全内部化。资产一体化是以共同的所有权纽带而联结，并受控于一个管理集团和共同的战略。交易的完全内部化，除两者之间的内部交易外，各方不存在其他任何交易。

④ 复合型成长。现代企业成长是多方位的，可以同时向若干方向成长，这种组合成长成为复合型成长。

(2) 基于组织结构发展的成长模式

基于组织结构发展的企业成长模式主要有两种：分散化成长模式和集团化成长模式。

① 分散化成长。企业分散化主要是指企业的分散和裂解，即企业不是变得越来越大，而是发展到一定程度就分化为若干个小企业。日本的一位著名企业家指出，企业越小越好。这是因为：企业的扩大，使人的地位逐渐变小，职工就会产生消极因素；要想充分调动每个人的积极性，关键在于企业分家，即百分之百的委任。新开办的各公司要设立财务、总务、人事等部门。这种企业的分化能够防止企业衰老。

企业分散化是企业在组织结构方面的创新和发展，它与企业技术特征、技术水平、企业内的信息传递、企业文化等密切相关，也与消费者口味的多样化以及消费者市场的细分化有关。

日本的一份调查资料表明，许多工业化时期炙手可热的大公司，都在进行改组，因为大公司都伴有高大的金字塔结构，而这种结构会有强烈的歪曲信息的倾向。这种改组将高大的金字塔形组织改变成为分散权力机构的扁平型公司。

此外，对于某些高新技术产业，由于技术密集度高，要求占领市场快，通常以小组织规模出现，这也是企业分散化的一个重要原因。

企业分散化是企业成长的重要模式。除了出于增强企业的效能，由企业自行进行的分散化外，有时国家为了反垄断而强制性将企业分散，也是企业分化裂解的一种。

② 集团化成长。早期的集团化理论是从实践中发展起来的。资本主义自由竞争向垄断竞争过渡时，便出现了公司间的经济联合体。从卡特尔、辛迪加、托拉斯到最后发展的康采恩，是垄断组织由低级到高级的发展过程。前两者是企业间的契约联合，托拉斯则是通过企业合并形成大公司，实现资产一体化，康采恩则是通过持股、控股方式把分属于不同经济部门的许多企业联合在一起，实质上是企业集团的一种形式，即靠资产连结，又靠契约连结。

企业集团在企业组织中起着越来越重要的作用。企业集团化,本质上是企业与企业之间发展的一种长期稳定的契约关系结构。按照詹森和麦克林的"契约连结点"模型,企业集团化也是一种企业成长的行为。此外,企业多角化成长也多以集团形式出现。企业集团从其联合方式上看,可以划分为三种类型:一是由纵向联合而成的纵向企业集团,即由分别处在不同生产经营阶段上具有上下游联系的企业组成的企业联合体,成为基于纵向成长的集团化;二是由处于同一行业、生产同类产品以及同一生产阶段和工艺的企业组成的企业联合体,称为企业细分化或简单规模成长的企业集团;三是混合型企业集团,即由不同行业生产不同产品或从事不同种类服务的企业联合而成,称为基于多角化成长的集团化。

(3) 基于空间结构发展的成长模式。企业空间结构发展会形成多地区企业、跨国企业,其中跨国企业是现代企业成长的重要模式。企业跨国经营成长不仅涉及地域变动,还涉及生产要素在国际间的流动。随着国际经济一体化趋势的发展,企业国际化经营越来越成为大企业的成长目标。从本质上看,跨国经营企业也可能是规模型成长,也可能是由于多角化成长或纵向成长,经营范围方向上并不会有新的维度,如果多国企业又是多角化企业则称为多国多角化企业。

应指出的是,企业技术结构发展、技术进步及创新也与企业成长有密切的关系。尤其是在科学技术日新月异、产业化加快的当代,技术创新是推动企业成长的重要动力。企业的技术结构和创新能力是企业成长的关键因素。

此外,在现代社会,人力资源在企业成长和经济发展中的地位越来越重要。人是企业经营中最复杂的因素,也是最核心的资源。对于企业成长而言,人力资源结构也是极其重要和关键的因素。

3. 企业成长特征

(1) 规模成长的基础性。在规模化成长、多角化成长、纵向成长等企业成长模式中,规模成长起着重要的基础性作用,体现在以下几个方面:

① 企业初始时期的成长是单纯规模成长。企业成长的初期,产品市场尚未完全打开,企业生产能力尚未达到满负荷,市场销售增长率高。这时,企业的主要矛盾在于如何扩大生产能力,使企业实现规模经济性,这是企业初创时期的主要目标。

② 规模型成长是多角化成长的基础。多角化的各项业务是一种相互独立的生产经营活动。如果各业务规模不经济,必然使成本提高、企业竞争力下降。每一单项业务要与具有同类业务的其他企业竞争,多角化不能缓解这种竞争的压力。

③ 规模型成长也是纵向成长的基础。纵向成长的各个生产环节都需要具有一定的规模经济性。

④ 规模型成长有利于企业培育核心竞争力。20世纪90年代以来,强强联合成为国际企业兼并的重要动机。以我国彩电业的成长为例,在激烈竞争中,许多企业追求规模经济走兼并的路子,迅速扩大了规模,实现了核心竞争力培育,在市场竞争中占据了有利位置。

(2) 结构关联适应性。一般而言,一定的生产经营活动必然要由一定的企业组织来实现。随着企业成长,经营内容增多和扩展,组织机构就会趋于复杂化,表现了企业成长过程中结构变动的关联适应性。应及时调整与合理设计组织结构,使之服务于经营机构。如果组织机构与经营机构不相适宜,会导致效率低下,企业成长难以得到应有的绩效。

① 内部成长与外部成长。一般而言,为了实现某种成长模式,企业存在两种选择:一是靠自己积累的资源或筹建的资金投资建厂,成立新的组织机构和营业场所而获得企业成长;二是外部成长,即靠收购、兼并或合并其他企业而获得成长。二者的特征和主要区别,见表10-1。

表 10-1 企业内部成长与外部成长的特征

成长方式	途径	进入新产业	与原有组织、文化的关系	与原有商誉的关系
内部成长	靠投资建厂	慢	建立自己的组织及文化	原有商誉的扩展
外部成长	收购或兼并	快	吸收并改造	利用并提高市场价值

实际上,从交易费用经济理论来看,内部成长和外部成长的区别类似于"自制"与"购买"的选择,企业可以比较一下"自制"与"购买"两种方式的成本,选择成本较小者,来决定是选择内部成长还是外部成长。

② 企业成长多重边界性。企业成长不可能是无限度的,也不是在任何规模下都是有效率的。企业边界是指企业成长有效率的限度或范围。事实上,企业经理经常要面对以下四个方面的问题:第一,是否要扩大某些产品的产量,这涉及规模经济;第二,是否应接管上游或下游企业,购买还是自己制造,这涉及交易经济;第三,是否应变革组织结构和制度结构,这主要涉及组织经济和制度经济;第四,是否应该扩大企业所承担的社会责任范围,改变企业与政府之间的关系模式,这涉及企业、政府和其他社会组织之间的责权划分。由此,企业成长主要存在以下四种边界:

a. 企业的规模边界。规模经济一直是产业组织学中最重要的问题之一。能否找到规模上的一个最优点?根据长期成本曲线所表示的边际成本递减规律,可以找到一个最佳规模的。一般来说,企业规模边界有以下特征:第一,不是一个最优点,而是一个相当大的域;第二,具有可变性,随着企业的环境和条件变动而变化;第三,在不同的产业中显示出不同的特征;第四,同一边界域内的企业在经济发展的不同阶段有不同的比较优势。

b. 企业的交易边界。企业的交易边界是决定企业的生产和活动在整个投入产出链中所占有的有效边界。交易费用主要取决于下列因素:资产专用性、交易频率与不确定性。当这些因素变动时,企业边界存在一个较大的域。交易边界有以下特征:第一,企业有效交易边界受一些决定交易费用的因素影响;第二,可变性,边界受上述因素影响而变化;第三,一些生产相同产品的企业,具有相同或相近的核心技术,并具有相同产品或接近的资产专用性,当其他因素不变时,企业交易边界可能较为接近,否则交易边界将不同。企业交易边界可在一个较大的域内变动。

c. 企业的制度边界。企业的制度边界性是在特定的经济发展阶段和一定的过渡中,企业选择组织模式或制度结构的有效范围。企业理论在选择企业组织制度形式时,其决策取决于以下几个因素:国家工业化程度和过程、企业规模、包括制度因素和法律因素在内的社会环境。企业的制度边界可以通过选择企业的组织结构和制度结构来确定。企业制度边界的特征概括为可变性和可选择性。

d. 企业的社会边界。企业的社会边界是指应由企业承担的有效权责范围及其与政府和其他组织之间的权责划分边界。企业社会边界的核心问题：这些活动是否应由企业来完成？为什么不由政府或其他非营利性组织完成？有一些应由企业完成的活动属于企业社会边界之内，其余的属于企业社会边界之外。企业的社会边界应该是清晰的，并应受法律约束。

企业成长的多重边界性表明：企业在不同的成长维度上，有一定的效率边界，因而不可能在某一维度上无限度成长，同时各边界之间是相互联系的，某一边界变动，需及时调整其他边界来适应。企业多重边界的特征见表10-2。

表10-2　企业多重边界的特征

比较项目	边界名称			
	规模边界	交易边界	制度边界	社会边界
考察对象	产品质量	交易	制度	权利、责任
最主要决定因素	技术、市场结构	交易费用、市场结构	工业化程度、社会制度结构、产权结构	社会制度结构、法律框架、经济体制
主要特征	相当大的域、可变性	相当大的域、可变性	可变性、选择性	清晰的、法律的
改变边界的主要途径	规模型成长或水平合并	纵向一体化或多角化	制度变迁、创新	权责变动
主要约束	资源、技术	市场	制度系统	社会制度系统
主要决策主体	企业	企业	企业与政府	政府

（3）组织成长的生命周期性。一般来说，企业组织成长进化可分为创业管理、个人管理、职业管理、官僚式管理、矩阵式管理五个阶段。在创业管理阶段，企业生存是压倒一切的目标。通常企业不仅面临着外部竞争的极大压力，也面临着各种资源短缺的压力，这时产品或业务的特征通常是单一的，追求的是规模型成长。进入个人管理职能阶段后，一般是围绕关键的职能管理人员建立组织，职能部门成为主要的组织实体。在这一阶段后，又可能将属于他人的销售或生产环节纳入自己的企业之中，即进行少量的纵向成长，但一般不可能有大量的多角化成长。当进入职业管理阶段时，企业一般通过开发新产品、提供新服务、扩大经营而得以持续增长，这实际上已经开始走上相关多角化成长。当进入官僚式管理或矩阵式管理阶段时，非相关多角化或跨行业的上下游一体化成长才可能实现。

综上所述，企业成长的周期性表明企业成长模式、边界对于企业组织自身扩张是一个有序的过程（见表10-3）。企业组织成长的生命周期各阶段与企业成长模式、企业边界变动有一定对应关系。随着企业组织向矩阵式管理成长，企业走向多角化和跨国化成长，企业的边界越来越多地涉及交易边界、组织制度边界和社会边界。由此可知，表10-3也反映了企业成长的结构关联性、多重边界性和规模成长的基础性等企业成长的特征。

表 10-3 企业组织成长的周期性和有序性

特征	阶段				
	创业管理	个人管理	职业管理	官僚式管理	矩阵式管理
企业成长的主要模式	单一产品规模型成长	规模型成长、低度纵向成长	纵向成长、低度相关多角化成长	相关多角化成长、低度非相关多角化成长	多角化成长、跨国化成长
企业边界变动的主要体现	规模边界	规模边界、交易边界	交易边界、组织制度边界	交易边界、组织制度边界、社会边界	交易边界、组织制度边界、社会边界

第三节 大学生创业企业的上市流程

公司公开发行股票的全过程在不同国家和地区的股票市场情况不尽相同,但是,大致的过程是相似的。

一、公司公开发行股票的一般过程

一般来说,根据企业进行 IPO 的程序,新股发行可以分为 5 个阶段:准备、申请、批复、发行和上市(见图 10-3)。

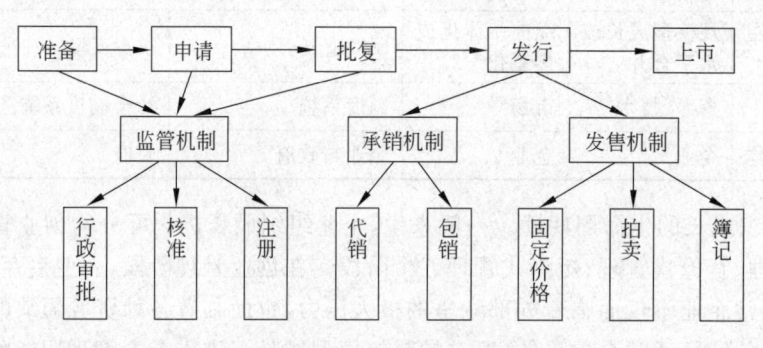

图 10-3 IPO 的整体流程

(资料来源:黄方亮. 价格发现与股票 IPO 机制[M]. 上海:上海三联书店,2008.)

在每个阶段,发行人、投资银行、律师、会计师、证券监管部门等相关主体都需要履行许多具体的职责。

首先,在准备阶段,相关主体需要制订各自的工作计划,并按照计划展开申请前的有关准备工作。

其次,当准备工作完成后,由发行人、投资银行向证券监管部门递交制作好的申请文件。

最后,证券监管部门对申请文件进行审阅并就申请文件提出反馈意见,发行人、中介机构根据反馈意见的要求再做相应的工作。

证券监管部门认为发行人具备发行条件时给予发行批复。

在获准发行后,发行人、投资银行根据发行的程序要求,分步进行公开发行工作,最后完成股票的挂牌上市工作(见表10-4)。

表 10-4　公开发行股票的一般流程和相关工作内容

序号	阶段	具体工作内容
1	准备	发行人制订股票公开发行与上市的计划; 确定并聘请中介机构(主要包括投资银行、律师、会计师); 中介机构制定各自的工作方案; 各方协调工作,确定整体工作方案; 各方根据有关方案展开各自的申请前的准备工作,根据有关证券监管部门的法律法规要求制作有关股票公开发行与上市的申请文件
2	申请	发行人、投资银行将制作完毕的有关股票公开发行与上市的申请文件报送证券监管部门,提出股票公开发行与上市的申请
3	批复	有关证券监管部门审阅申请文件,就申请文件给予反馈意见; 针对反馈意见,发行人与中介机构给予答复,并对申请文件等内容按反馈意见要求进行修改; 这种提出反馈意见与给予答复并修改的过程一般要反复进行几次; 在有关证券监管部门的各项要求得到满足的情况下,证券监管部门给予允许公开发行股票并上市的批复
4	发行	发行人、投资银行制定公开发行股票的时间表; 按照不同股票市场的要求完成公开发行的各项程序,主要包括:印制、刊登招股说明书等材料,在法律允许的范围内进行各种形式的发行前的宣传推介,与投资者进行沟通,进行公开发行; 根据规定向有关机构报送有关完成股票公开发行的材料
5	上市	发行人、投资银行按照有关要求制定上市时间表; 按照时间表要求及时完成各项股票挂牌前的准备工作; 股票挂牌上市; 根据规定向有关机构报送有关完成股票上市的材料

(资料来源:黄方亮.价格发现与股票IPO机制[M].上海:上海三联书店,2008.)

目前,我国仅允许已经设立股份有限公司的企业公开发行股票,我国股票IPO的基本流程见图10-4。

二、大学生创业企业公开发行股票的前期准备

对于拟公开上市的大学生创业企业来说,做好前期准备工作是其成功发行股票、实现上市前十分重要的一步。由于不同企业的情况千差万别,发行股票的前期准备工作也是不尽相同的,但许多企业需要做比较烦琐的准备工作,具体包括:组成公开发行股票的工作团队、进行企业改制以及制作申请文件等。

1. 成立股票公开发行与上市的工作团队

由于上市公司的工作涉及许多方面,程序比较复杂。所以,大学生创业企业在做出准备股票公开发行与上市决策之初,需要组建一个工作团队。工作团队一般包括企业的证券、财务、技术、战略规划等人员,以及投资银行、律师事务所等中介机构的人员。

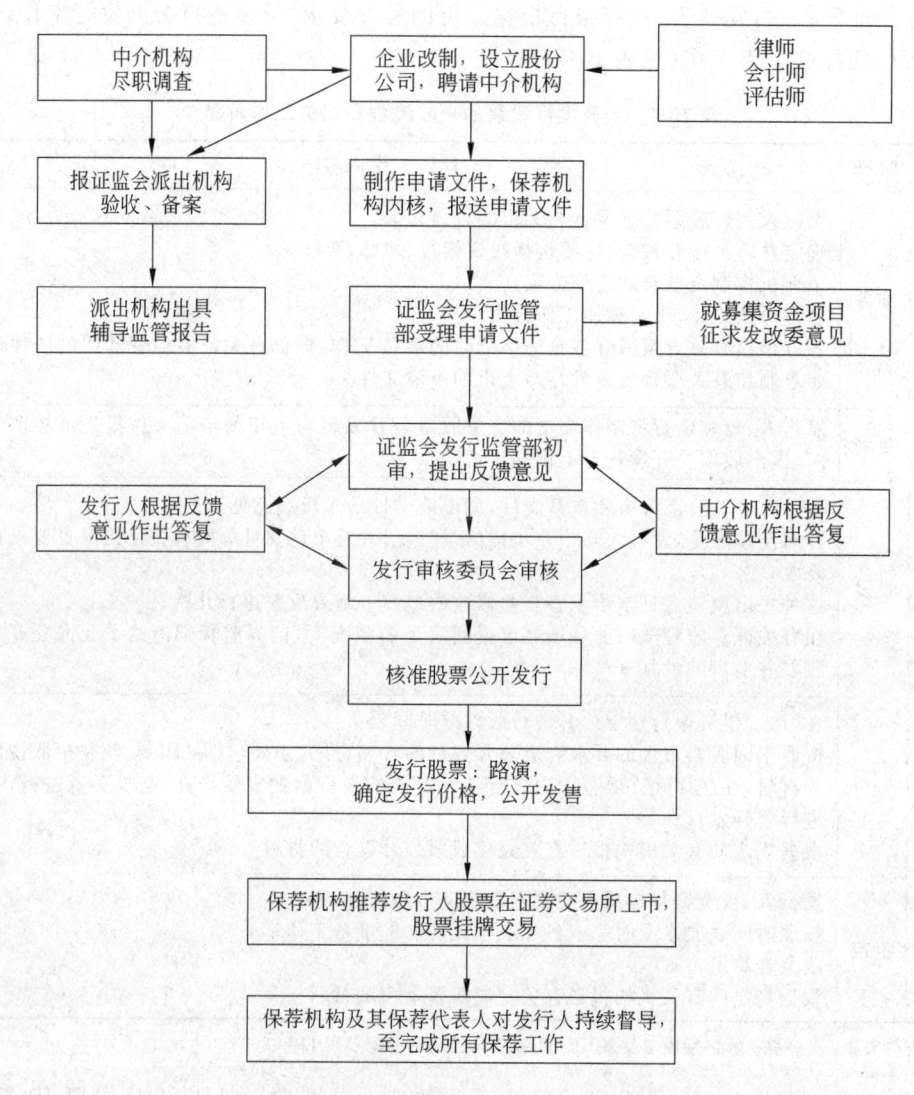

图 10-4 我国股票 IPO 的基本流程

(资料来源:黄方亮.价格发现与股票 IPO 机制[M].上海:上海三联书店,2008.)

大学生创业企业选择比较理想的投资银行是公开发行股票准备工作中的重要一环。选择合适的投资银行是成功发行股票的保证。投资银行在股票发行过程中主要负责以下工作:与发行人进行沟通,组织、协调企业以及各中介机构有序工作;进行充分的尽职调查并制作申请文件;与证券监管部门进行持续有效的沟通;担负持续督导责任等。

律师事务所需要对涉及法律的事宜为大学生创业企业提供咨询等服务,并出具法律意见书和律师工作报告等文件。

会计师事务所需要提供财务会计方面的咨询等服务,对大学生创业企业的会计报表出具审计报告等文件。

如果涉及资产评估工作,则由具有相关资质的资产评估机构负责完成。

2. 企业改制重组

公开发行上市的主体必须是股份有限公司,在注册资本、组织结构等方面都有相关条件要求。如果准备申请上市的大学生创业企业不是股份公司,那么,该企业需要按照有关规定改制为股份有限公司。

企业改组除了需要具备股份公司的组织形式、独立经营、规范运作之外,还要有突出的主营业务、核心竞争力和持续发展的能力。

大学生创业企业进行股份制改组时可以聘请有经验的机构作为财务顾问。财务顾问需要就股份制改组乃至公开上市提出总体方案。总体方案一般包括以下内容:资产、负债和人员重组方案;改制后企业的管理与运作;企业的公开上市计划;等等。

大学生创业企业设立股份公司时,一般需要履行发起人出资、召开创立大会以及办理工商注册登记手续等程序。首先,创业企业需要设立验资账户,各发起人按发起人协议规定的出资方式、出资比例出资,以实物资产出资的应办理完毕有关产权转移手续。资金到位后,由会计师事务所进行验资,并出具验资报告。其次,需要召开公司筹委会会议,对公司筹备情况进行审议,初步审议公司章程草案,并确定创立大会时间,发出召开创立大会的通知。再次,在股款缴足后一定时期内召开创立大会,选举董事、独立董事、监事等相关人员。召开第一次董事会、监事会,选举产生董事长等相关人员。最后,办理工商注册登记手续,取得股份有限公司的法人营业执照。

3. 投资银行等中介机构的尽职调查与辅导

投资银行在与拟公开上市的大学生创业企业接触之后,通常会进行尽职调查,即尽职尽责的对企业进行法律和财务等各方面的全面、审慎的调查,充分掌握企业的经营、管理等状况,判断其是否存在某些方面的问题,是否符合公开上市的条件以及是否继续为其上市提供服务。若决定继续为其服务,则需要对大学生创业企业存在的问题提出解决措施。所有工作需要做好记录,保存调查问卷、企业提供的原始资料,整理工作底稿,形成具有法律效力的工作文件。

其他中介机构也会根据自己负责的事务展开相应的尽职调查工作,形成自己的专业意见。

投资银行等中介机构在确认大学生创业企业符合监管层有关公开上市的规定后,会展开进一步的发行上市工作,其中包括对企业进行辅导等。大学生创业企业在首次申请公开上市时,往往缺乏熟悉有关上市程序、要求的工作人员,需要由投资银行对企业的董事、监事和高级管理人员等进行前期的培训与辅导。培训与辅导的内容主要包括有关证券市场规范运作、信息披露等方面的要求,企业公开上市的基本条件,增强相关人员的诚信、法制意识等。

4. 公开上市申请文件的准备、撰写

对于公开发行股票的申请文件内容与格式,各国监管层均有明确的要求。企业申请公开上市时,需要准备撰写好相关文件并提交到监管层。

公开发行股票的申请文件主要包括:

(1)股票公开发行的申请函及有关授权文件;

(2)招股说明书;

(3) 投资银行关于公开发行的意见；
(4) 会计师关于公开发行的意见；
(5) 律师关于公开发行的意见；
(6) 企业财务会计资料相关文件；
(7) 有关证明文件。

其中招股说明书是核心文件，需要以投资银行为主组织撰写。招股说明书将向社会公众披露，便于感兴趣的投资者阅读并据此做出投资决策。招股说明书中需要披露大学生创业企业各个方面的信息，篇幅一般较长，撰写耗费的时间较长。申请文件中的其他部分大多是招股说明书的支撑、证明文件，有些不需要向社会公开披露，只需要提交到有关证券监管部门。

三、大学生创业企业公开发行股票的申请与批复

1. 大学生创业企业公开发行股票的申请

发行人、投资银行制作有关股票公开发行与上市的申请文件后，需要报送证券监管部门，正式提出股票公开发行与上市的申请。在我国，发行人应当按照中国证监会的有关规定制作申请文件，由投资银行保荐并向中国证监会申报。其中，特定行业的发行人应当提供管理部门的相关意见。

证券监管部门收到申请文件后，在一定的时间内做出是否受理的决定。

证券监管部门受理申请之后，会要求发行人就某些信息进行预披露。在我国，根据《证券法》第二十一条的规定，发行人申请首次公开发行股票的，在提交申请文件后，应当按照国务院证券监督管理机构的规定预先披露有关申请文件。发行人申请文件受理后、发行审核委员会审核前，发行人应当将招股说明书（申报稿）在中国证监会网站预先披露。发行人可以将招股说明书（申报稿）刊登于其企业网站，但披露内容应当完全一致，且不得早于在中国证监会网站的披露时间。

2. 证券监管机构对公开发行股票申请的审阅、反馈和批复

有关证券监管部门收到文件后，开始审阅申请文件，并就申请文件给予反馈意见。针对反馈意见，发行人与各中介机构需要给予答复，必要时需要根据证券监管部门的要求对企业的相关问题进行整改。之后对申请文件等内容按反馈意见要求进行修改。这种提出反馈意见与给予答复并修改的过程一般反复进行几次。

我国对新股发行实行核准制，有关审核包括初审和复审两关。中国证监会受理申请文件后，由相关职能部门对发行人的申请文件进行初审；此外，证监会还将就发行人募集资金投资的项目是否符合国家产业政策和投资管理的规定征求国家发改委的意见。进行初审时，证监会、投资银行和发行人一般会进行多次意见反馈、回复与整改。

相关职能部门对发行人的申请文件初审完成后，由发行审核委员会组织发审委会议进行讨论。讨论后，通过投票表决方式，决定发行人的申请是否通过审核；发行人和投资银行的有关人员可到会陈述并接受发审委员的询问。如果发审委员会发现存在尚待调查核实并影响明确判断的重大问题，应当在发审委会议前以书面形式提议暂缓表决。发审委会议首先对该股票发行申请是否需要暂缓表决进行投票，如果未能够通过暂缓表

决的投票表决，发审委会议按正常程序对该股票发行申请进行审核。发审委会议对发行人的股票发行申请投票表决后，表决结果将在中国证监会网站上公布。

根据中国证监会发行监管发布的首次公开发行股票审核工作流程，IPO审核工作流程分为受理、见面会、问核、反馈会、预先披露、初审会、封卷、会后事项、核准发行等主要环节，分别由不同处室负责，相互配合、相互制约。其基本审核流程见图10-5。

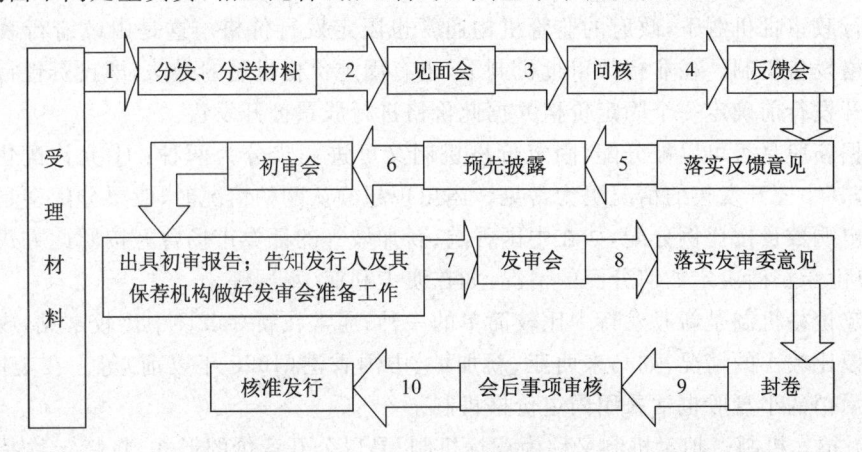

图10-5 我国IPO审核流程图

（资料来源：中国证监会发行监管部于2012年9月14日发布的首次公开发行股票审核工作流程。）

四、股票的承销、上市

获得证券监管部门批准的IPO申请后，可以开始向社会公开发行股票，并在证券交易所挂牌上市。在这个过程中，还需要经历路演推介、确定发行价格、承销与发售、挂牌上市等几个阶段。

1. 路演推介

路演（roadshow）是证券发行的一种推介方式，是促进股票成功发行、提升发行影响力的一种宣传手段，是对公开发行进行市场营销的一个重要组成部分。在路演过程中，发行人、投资银行向投资者介绍大学生创业企业状况和拟发行情况等，并回答投资者提问。

路演时一般会举行推介会，发行人向投资者就其历史沿革、经营业绩、行业状况、发展战略等做出介绍，宣传企业的投资价值，对投资者提出的相关问题给予回答、解释。在路演过程中及路演结束后，投资银行会仔细研究市场的潜在需求状况。研究有多少投资者有兴趣认购股票、认购数量是多少、以什么水平的价格认购。换言之，投资银行会得出此次发行的需求曲线。在发达国家和地区，对于大规模的发行，路演还要跨国界进行。

互联网为信息沟通提供了巨大的便利条件。目前，网上路演已经成为一种重要的推介方式。发行人往往会在某个专业网站上设置特定栏目介绍公司情况，并在预定时间内与投资者进行即时交流，并进行网上直播，所有社会公众均可通过网络看到即时交流的情况。

2. 确定发行价格

股票发行价格确定的方法有很多，包括固定价格机制（包括协商确定机制）、拍卖机制和簿记机制。

（1）固定价格机制。固定价格机制是指在进行公开发行之前不经过投资者参与就确定发行价格的一种机制。对于股票的分配，一般发行人与承销商不予以控制。

根据是否有政府干预，固定价格机制又可分为两种情况：①政府干预的固定价格机制；②非政府干预的固定价格机制。

在行政审批机制下，政府的监管机构通常也限定发行价格。这是由政府行政干预的固定价格发售机制。在非行政审批机制下，也有固定价格机制的做法，即投资银行和发行人在公开发行前确定一个固定价格并据此价格进行股票公开发售。

根据新股是否可以被分配，固定价格机制又可进一步分为两种：①允许配售；②公开发售，其中公开发售的情况更为常见。当出现超额认购的情况时，股票分配多是根据投资者的申购数量按比例分配，如在中国香港、新加坡等的证券市场曾经按照此方式分配股票；也有由承销商决定如何分配的情况，如在澳大利亚、泰国等。

固定价格机制是新股发行中比较简单的一种，通常在新兴市场中比较常见，或者用于发行规模比较小的情况，如马来西亚、新加坡、中国香港（1995年以前）等。在美国，以代销机制承销的小盘股也常采用固定价格机制。

（2）拍卖机制。拍卖机制又称为竞标机制，是以公开竞价的形式，将特定物品或财产权利转让给中标的参与者的买卖方式。

拍卖成交一般要体现价高者得的原则。拍卖的一般过程是，投资人申请在什么价位要多少股票。发行人将需求、价位从高到低排队，然后从上往下累计需求，等到发行数额足够，这个价位以上的申请人将按照需求得到股票。每个申请人所付的价格有可能相同也有可能不同。在标准拍卖过程中，发行人和承销商既不可以控制发行价格也不可以控制股票的分配。

在有些股票发行中，先由机构投资者通过拍卖的竞价机制得出一个公平价格，先满足机构投资者的需求，然后剩下不到50%的股份专门发售给中小投资者。

拍卖机制曾经在许多国家和地区使用，包括美国、日本、法国、以色列和中国台湾等。目前仍有拍卖机制出现在新股发行中，但是情况比较少。

（3）簿记机制。簿记机制也称累计订单机制，它是一种在供需双方讨价还价的基础上再确定发行价格与股票分配的机制。其一般程序是：首先，发行人与承销商一起确定向哪些投资者进行询价，一般而言，只有资金量大的投资者能够成为询价对象；其次，向投资者进行询价，在前期询价后制定价格区间，填写认购册；最后，承销商根据认购情况和对投资人需求的判断形成新股的需求曲线，最终定价并决定股票的分配。

在簿记机制中，对于发行价格，发行人和承销商有确定权，因此说他们可以在某种程度上对价格有所控制，但是这种价格确定是建立在与投资者沟通、协商的基础上，是在对市场需求信息比较充分地了解之后做出的价格确定决策。所以，也可以说发行价格是不受、至少是不完全受发行人和承销商控制的。对于股票的分配，发行人和承销商也有一定的控制权。

在成熟的市场中，一般是在新股发行包销的方式下，采纳簿记机制。采纳簿记机制时对发行价格的确定一般包括以下两个步骤：①根据新股的价值，结合股票发行时的证券市场走势、公司所处行业股票的市场表现等因素确定新股发行的价格区间,一般用贴现现金流模型、可比上市公司比较法等方法确定;②投资银行与发行人组织路演活动推介股票,与机构投资者沟通,使机构投资者对发行公司的经营状况、财务信息、发展前景等方面有直接的了解。承销商根据所获得的需求信息在原来的价格范围上进行调整,最后确定发行价格,并确定股票发行数量及配售给机构投资者和散户的比例。

簿记机制在机构投资者比例较高的成熟市场得到广泛应用,并且在全球范围内流行开来。我国证券监管部门目前允许股票首次公开发行采用多种价格确定方式,既可以通过向询价对象询价的方式确定股票发行价格(即簿记机制),也可以通过发行人与主承销商自主协商直接定价等其他合法可行的方式确定发行价格。采取簿记机制确定股票发行价格的,其询价对象可以包括证券投资基金、投资银行、信托投资公司、财务公司、保险机构投资者以及其他机构和个人投资者。

3. 股票的承销与上市

(1) 股票的承销。股票的承销、发售其实是股票发行过程中一个问题的两个方面。发售就是指企业股票的对外公开销售,而承销是从投资银行的角度看股票发行过程,由投资银行为企业股票的公开发行提供服务。

证券承销是投资银行最本源、最核心的业务,也是投资银行区别于商业银行的最本质特征之一。在国际上,绝大多数IPO的操作都有投资银行的参与,仅有极少数情况发行人不聘请投资银行,而是自己组织IPO操作并直接销售给投资者。通常承销也被用来通知代销和包销两种方式。其中代销是指投资银行代发行人发售证券,将未出售的证券全部退还给发行人的机制。包销又包括全额报销和余额包销两种机制,全额报销是指投资银行将发行人的证券按照协议全部购入,然后再出售给投资者的机制;余额包销是指在承销期结束后将售后剩余证券全部自行购入的承销机制。

(2) 股票公开发行承销协议。在股票公开发行之前,投资银行与发行人需要签署股票承销协议,承销协议主要条款的内容包括:协议双方的名称、地址及联系方式等基本情况,承销股票的种类、规模、发行价格、承销方式、承销日期以及承销佣金等。

为分散承销风险,在股票公开发行时通常由多家投资银行组成承销团。担负主承销商职责的投资银行与发行人签署主承销协议。除主承销商之外的其他承销团成员属于分销商。分销商与主承销商签署分销协议或者承销团协议,约定承销团内部各投资银行间如何承担拟发行股票的销售,明确各成员分销的股票种类、数量、分销费用等事项。

(3) 股票的挂牌上市。股票成功公开发行之后,就可以在证券交易所挂牌上市进行二级市场的交易了。当然不同的证券交易所指定有不同的上市标准,只有满足上市标准,企业的股票才能在此交易所挂牌上市交易。

第四节 大学生创业企业在中国境内证券市场公开上市

一、大学生创业企业在中国境内证券市场上市带来的优势

证券市场是指股票、债权、投资基金等各种有价证券发行和交易的场所。证券市场涵

盖了包括证券投资活动、证券交易的整个过程。证券市场通过证券信用的方式融通资金，通过证券的买卖活动引导资金流动，有效合理地配置社会资源，支持和推动国家的经济发展。大学生创业企业通过在中国境内证券市场上市能为其带来以下优势：

1. 发行价格优势

第一，境内外市场在供求关系上存在很大不同，大学生创业企业在境内发行的股票能够得到境内投资者的踊跃认购；第二，本土投资者对公司的运作环境和产品更为了解，公司股票的价格容易得到真实的反映；第三，本土投资者对公司的认知，有利于提高公司股票的流动性，因而境内公司股票的平均日换手率远远高于在境外上市的中国公司股票；第四，由于股价较高，在融资额相同的情况下，发行新股数量较少，有利于保证原有股东的控股地位。

2. 成本优势

第一，对于资金相对短缺的大学生创业企业来说首次发行上市成本较低。按照我国发行上市的收费标准，证券承销费一般不得超过融资金额的 3%，整个上市成本一般不会超过融资金额的 5%。即使证券承销费存在超过收费标准的情况，但是整体上仍然低于海外市场。而且，目前我国券商收取的证券承销费有逐步下降的趋势。第二，每年持续支付的费用较低，境内上市公司的审计费用、向交易所支付的上市费用等持续费用，远远低于境外市场。而且，在境外市场上市，维护成本高，需要向在当地聘请的信息披露联系人以及财务总监支付较大金额的费用。

3. 融资优势

首先，境内首发具有融资金额优势。由于市场情况的区别及投资者认同度的不同，大学生创业企业境内发行的价格相对较高。其次，具有再融资优势。境内市场中小企业发行市盈率一般在 15~20 倍，发行价格是境外市场的 2 倍左右，而且因为流动性强，中小板公司日均换手率达 4.95%，二级市场市盈率平均在 30 倍左右，上市公司再融资比较容易。

4. 广告宣传优势

在境内发行上市，将大大提高大学生创业企业在国内的知名度。首先，境内上市是企业品牌建设的一个重要内容。成为境内上市公司，本身就是荣誉的象征。境内资本市场对企业资产质量、规模、盈利水平具有较高的要求，被选择上市的企业应该是质地优良、有发展前景的公司，这在一定程度上可以表明企业的竞争力，无疑将大大提高企业形象。其次，中国境内拥有近 8 000 万的投资者，对于产品市场主要在国内的大学生创业企业来说，在境内上市可以让更多的人了解公司及其产品，建立信任度，为公司的各项业务活动带来便利。

二、中国境内证券市场体系

股票市场在我国证券市场体系中占据主导地位，对我国经济结构的调整和转型及经济的发展产生了极为重要的助推作用。大学生创业企业境内上市主要是指在境内股票市场公开上市，针对创业企业的特点，可以优先考虑在下面提到的中小企业板或创业板上市。股票市场由股票发行市场和交易市场两部分组成，股票交易市场体系的构成如下：

1. 交易所市场

(1) 主板市场。主板市场(main-board market)也称为一板市场,是指传统意义上的证券市场,是一个国家或地区证券发行、上市交易的主要场所。主板市场一般是全国性市场,是资本市场中最重要的组成部分。主板市场在很大程度上能够准确地反映经济发展状况,有"国民经济晴雨表"之称。相较于其他市场,主板市场对发行人的营业期限、股本大小、经营状况、盈利水平及经营规模等方面的要求较高,能够在主板发行证券并上市交易的公司一般都是蓝筹公司,公司发展成熟、规模大、盈利能力强且稳定、在行业中居于领先地位。

一般而言,证券交易所代表着一个国家或地区的主板市场。我国境内主板市场有两个证券交易所,即上海证券交易所和深圳证券交易所。从营业至今,两家证券交易所发展迅速,使我国证券市场的融资功能和资源配置功能得以充分发挥。

(2) 中小企业板。中小企业板(small medium enterprises board),简称中小板,是专门为解决中小型企业和高科技企业融资而设置的市场板块。在中小企业板发行并上市的公司普遍具有主业突出、成长性好、盈利能力强、科技含量高的特点。

2004年5月17日,经国务院批准,中国证监会同意深圳证券交易所在主板市场内设立中小企业板块,并核准了中小企业板块实施方案。深圳证券交易所在主板市场内设立中小企业板块,把符合主板市场条件的中小企业集中于该板块发行上市。

我国中小企业板的定位是:为主业突出、具有成长性和科技含量的中小企业提供融资渠道和发展平台,促进中小企业快速成长和发展,解决中小企业发展瓶颈问题,满足企业和投资者多层次的融资、投资需求。进入中小企业板块交易的股票主要是已经通过中国证监会发审委审核的、符合主板发行上市标准、股本规模较小的公司股票。相对于主板上市公司,在中小企业板块上市的公司最突出的特征是规模小、成长性强。

中小企业板是深圳证券交易所主板市场的一个组成部分,该板块在主板法律法规不变、发行上市标准不变的前提下,实行"运行独立、检察独立、代码独立、指数独立"的相对独立管理。

(3) 创业板。创业板(growth enterprise market),又称二板市场,即仅次于主板市场的证券市场。各国对创业板的称呼不一,有的叫成长板,有的叫新市场,有的叫证券交易商报价系统。与主板市场只接纳成熟的、已形成足够规模的企业上市不同,创业板是为了适应自主创新企业及其他成长型创业企业发展需要而设立的市场,其服务对象是自主创新企业及其他成长型创业企业,是一个孵化科技型、成长型企业的摇篮。创业板具有上市门槛低、风险大、信息披露监管严格等特点,它的成长性和市场风险均高于主板。

创业板出现于20世纪70年代的美国,曾孵化出微软等一批世界五百强企业的美国纳斯达克市场最具代表性。在我国,创业板特指深交所的创业板。我国的创业板是指专为暂时无法在主板上市的中小企业和新兴公司提供融资途径与成长空间的证券交易市场,是对主板市场的重要补充。深交所的创业板市场在上市门槛、监管制度、信息披露、交易者条件、投资风险等方面和主板市场有较大区别,其目的主要是扶持中小企业,尤其是为高成长性企业提供融资渠道;为风险投资和创投企业建立正常的退出机制;为投资者提供多方位的投资渠道;构建多层次的资本市场体系。

第十章 大学生创业企业的上市之路

2. 场外交易市场

概括地讲,我国的场外交易市场包括代办股份转让系统、股权(产权)交易中心。

(1) 代办股份转让系统。我国的代办股份转让系统(Agency Share Transfer System)是指以具有代办股份转让资格的证券公司为核心,为非上市公众公司和非公众股份有限公司提供规范股份转让服务的股份转让平台,即俗称的"三板市场"。我国代办股份转让系统的设立原是为妥善解决原 STAQ、NET 系统挂牌公司流通股的转让问题,2001 年 6 月 12 日经中国证监会批准,中国证券业协会发布《证券公司代办股份转让服务业务试点办法》,代办股份转让系统正式启动,同年 7 月 16 日第一家股份转让公司挂牌。为解决退市公司股份转让问题,自 2002 年 8 月 29 日起退市公司纳入代办股份转让试点范围。

目前,在代办股份转让系统挂牌的公司有两类:一类是原 STAQ、NET 系统挂牌公司和退市公司,即"老三板";另一类是中关村科技园区高科技公司,其股份转让主要采取协商配对的方式进行成交,即"新三板"。"新三板"针对的是在创立初期、有一定产品、有一定规模、处于发展初期的股份制公司。2006 年 1 月,经国务院批准,中关村科技园区的代办系统股份报价转让试点正式启动,其主要目的是探索我国多层次资本市场体系中场外市场的建设规模,探索利用资本市场支持高新技术等创新型企业的具体途径。目前的"新三板"市场格局是在 2009 年 7 月《证券公司代办股份转让系统中关村科技园区非上市股份有限公司报价转让试点办法》正式实施后形成的。"新三板"的市场定位是为非上市公众公司提供股权交易平台,从而形成一个高效、便捷的高新技术企业投资平台。

"老三板"的设立主要是为持有退市公司股票的投资者提供一个交易平台,其扮演的是"收购站"的角色;而"新三板"的设立则是为达不到主板和创业板发行与上市要求的企业尤其是高科技企业提供一个融资平台,其扮演的是"孵化器"的角色。

(2) 股权交易中心。我国的场外股权交易市场并不是一个统一的市场,而是由数百个市场组成。各市场相互独立,具有不同的交易规则和交易特点。我国场外市场还处于起步期,为使我国场外交易市场能够满足小微企业的融资需求,监管部门已着手对相关制度进行整体性规划和建设,加快了建立统一监管的场外股权交易市场的步伐。目前,天津股权交易中心、重庆联合产权交易所、上海股权托管交易中心等已相继成立。我国股票市场构架见图 10-6。

三、中国境内股票公开发行与上市的政策要求

一般的,证券公开发行是指向不特定投资者公开发售证券。各个国家对证券公开发行的界定不尽相同,《中华人民共和国证券法》(以下简称《证券法》)第十条规定:"公开发行证券,必须符合法律、行政法规规定的条件,并依法报经国务院证券监督管理机构或者国务院授权的部门核准;未经依法核准,任何单位和个人不得公开发行股票。有下列情形之一的为公开发行:①向不特定对象发行证券的;②向特定对象发行证券累计超过二百人的;③法律、行政法规规定的其他发行行为。"

证券公开发行涉及的投资者众多,为了保护投资者的合法权益,维护社会经济秩序和社会公共利益,各个国家或地区一般会以法律、行政法规及相关制度的方式对证券发行的

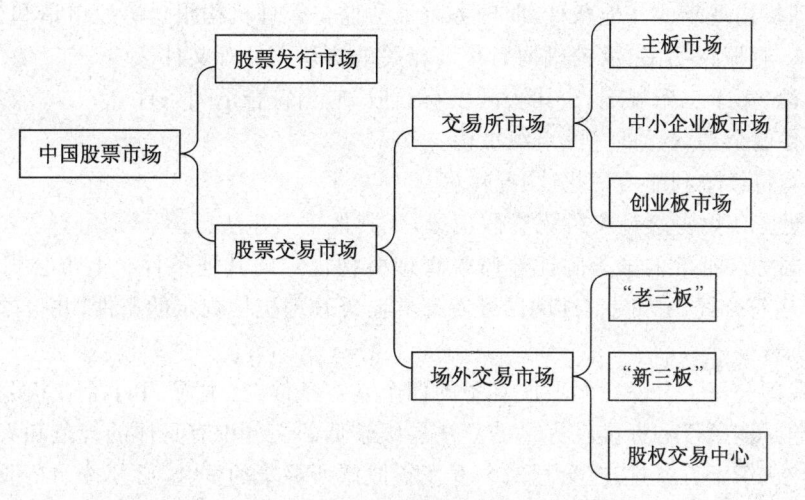

图10-6　中国股票市场架构

具体条件和标准进行规范与监督。证券发行与上市都需要经过一定的审核程序,由于证券市场的产生背景和发展状况不同、投资者的素质及管理体制不同,各个国家和地区的证券发行审核制度也各不相同,国际证券市场上主要有两种证券发行审核制度:注册制和核准制。

注册制的代表国家是美国和日本,其基础是高度成熟发达的证券市场、强制性的信息公开披露原则、投资者具备足够强的分析判断能力。

欧洲大陆多数国家采用核准制。核准制的制度基础是实质管理,通过证券监管机构加强对证券发行人质量的把关,保证公开发行与上市的公司质量,降低证券市场的风险,保护投资者的利益。

我国对公开发行股票并上市的政策要求是指对申请公开发行股票并上市的公司提出各方面的要求和标准,只有符合这些要求和标准的公司才有条件向中国证监会和上海、深圳证券交易所提出发行股票和上市的要求。

我国对公司公开发行股票并上市进行规范的法律法规主要有《证券法》(2005年修订,2006年1月1日施行)、《公司法》(2005年修订,2006年1月1日施行)、《上市公司证券发行管理办法》(2006年5月8日施行)、《首次公开发行股票并上市管理办法》(2006年5月18日施行)、《深圳证券交易所股票上市规则》(2012年修订,2012年7月7日施行)、《上海证券交易所股票上市规则》(2012年修订,2012年7月7日施行)、《中国证券监督管理委员会发行审核委员会办法》(2009年6月14日施行)、《证券发行上市保荐业务管理办法》(2009年4月14日施行)、《首次公开发行股票并在创业板上市管理暂行办法》(2009年5月1日施行)、《创业板市场投资者适当性管理暂行办法》(2009年7月15日施行)等。

1. 法定基本条件

我国股票发行审核制度采取核准制。《证券法》第十二条规定,设立股份有限公司公开发行股票,应当符合《中华人民共和国公司法》规定的条件和经国务院批准的国务院证券监督管理机构规定的其他条件,向国务院证券监督管理机构报送募股申请和公司章程、发起人协议、招股说明书、承销机构名称及相关的协议文件等文件。

《证券法》第十三条规定,公司公开发行新股,应当符合下列条件:

① 具备健全且运行良好的组织机构。

② 具有持续盈利能力,财务状况良好。

③ 最近三年财务会计文件无虚假记录,无其他重大违法行为。

④ 经国务院批准的国务院证券监督管理机构规定的其他条件。上市公司非公开发行新股,应当符合经国务院批准的国务院证券监督管理机构规定的条件,并报国务院证券监督管理机构核准。

这是我国公司公开发行新股应具备的四个基本条件,在主板、中小企业板公开发行新股并上市的具体条件和标准在大量的立法层级较低的文件中有具体的规范和界定。

《证券法》第十五条规定,公司对公开发行股票所募集的资金,必须按照招股说明书所列资金用途使用。改变招股说明书所列资金用途,必须经股东大会作出决议。擅自改变用途而未作纠正的,或者未经股东大会认可的,不得公开发行新股,上市公司也不得非公开发行新股。

2. 在中国境内主板、中小企业板公开发行股票并上市的政策要求

《首次公开发行股票并上市管理办法》对在中国境内主板、中小企业板公开发行股票的政策要求主要包括以下几个方面:

(1) 主体资格。笼统地讲,出于稳定成长期、具备较大规模(发行量在1亿股以上)的公司可以在我国境内主板市场公开发行股票并上市;而主业突出、进入稳定成长期的中小企业(发行量在1亿股以下)可以在中小企业板公开发行股票并上市。

具体的政策要求如下:

① 发行人应当是依法设立且合法存续的股份有限公司。经国务院批准,有限责任公司在依法变更为股份有限公司时,可以采取募集设立的方式公开发行股票。

② 发行人自股份有限公司成立后,持续经营时间应当在3年以上,但经国务院批准的除外。

③ 有限责任公司按原账面净资产值折股整体变更为股份有限公司的,持续经营时间可以从有限责任公司成立之日开始计算。

④ 发行人的注册资本已足额缴纳,发起人或者股东用作出资的资产的财产权转移手续已办理完毕,发行人的主要资产不存在重大权属纠纷。

⑤ 发行人的生产经营符合法律、行政法规和公司章程的规定,符合国家产业政策。

⑥ 发行人最近三年内主营业务和董事、高级管理人员没有发生重大变化,实际控制人没有发生变化。

⑦ 发行人的股权清晰,控股股东和受控股股东、实际控制人支配的股东持有的发行人股份不存在重大权属纠纷。

(2) 独立性。

① 发行人应当具备完整的业务体系和直接面向市场独立经营的能力。

② 发行人的资产完整。生产型企业应当具备与生产经营有关的生产系统、辅助生产

系统和配套设施,合法拥有与生产经营有关的土地、厂房、机器设备以及商标、专利、非专利技术的所有权或者使用权,具有独立的原料采购和产品销售系统;非生产性企业应当具备与经营有关的业务体系及相关资产。

③ 发行人的人员独立。发行人的总经理、副总经理、财务负责人和董事会秘书等高级管理人员不得在控股股东、实际控制人及其控制的其他企业中担任除董事、监事以外的其他职务,不得在控股股东、实际控制人及其控制的其他企业领薪;发行人的财务人员不得在控股股东、实际控制人及其控制的其他企业中兼职。

④ 发行人的财务独立。发行人应当建立独立的财务核算体系,能够独立做出财务决策,具有规范的财务会计制度和对分公司、子公司的财务管理制度;发行人不得与控股股东、实际控制人及其控制的其他企业共用银行账户。

⑤ 发行人的机构独立。发行人应当建立健全内部经营管理机构,独立行使经营管理职权,与控股股东、实际控制人及其控制的其他企业间不得有机构混同的情形。

⑥ 发行人的业务独立。发行人的业务应当独立于控股股东、实际控制人及其控制的其他企业,与控股股东、实际控制及其控制的企业间不得有同业竞争或者有显失公平的关联交易。

⑦ 发行人在独立性方面不得有其他严重缺陷。

(3) 规范运行

① 发行人已经依法建立健全股东大会、董事会、监事会、独立董事、董事会秘书制度,相关机构和人员能够依法履行职责。

② 发行人的董事、监事和高级管理人员已经了解与股票发行上市有关的法律法规,知悉上市公司及其董事、监事和高级管理人员的法定义务与责任。

③ 发行人的董事、监事和高级管理人员符合法律、行政法规和规章规定的任职资格,且不得有以下情形:被中国证监会采取证券市场禁入措施尚在禁入期;最近36个月内收到中国证监会行政处罚,或者最近12个月内受到证券交易所公开谴责;因涉嫌犯罪被司法机关立案侦查或者涉嫌违法、违规被中国证监会立案调查,尚未有明确结论意见。

④ 发行人的内部控制制度健全且被有效执行,能够合理保证财务报告的可靠性、生产经营的合法性、营运的效率与效果。

⑤ 发行人不得有以下情形:最近36个月内未经法定机关核准,擅自公开或者变相公开发行过证券;或者有关违法行为虽然在36个月前,但目前仍处于持续状态;最近36个月内违反工商、税法、土地、环保、海关以及其他法律、行政法规等受到行政处罚且情节严重;最近36个月内曾向中国证监会提出发行申请,但报送的发行申请文件有虚假记录、误导性陈述或重大遗漏;或者不符合发行条件以欺骗手段骗取发行核准;或者以不正当手段干扰中国证监会及其发行审核委员会审核工作;或者伪造、编造发行人董事、监事和高级管理人员的签字、盖章;本次报送的发行申请文件有虚假记录、误导性陈述或重大遗漏;涉嫌犯罪被司法机关立案调查,尚未有明确结论意见;严重损害投资者合法权益和社会公共利益的其他情形。

⑥ 发行人的公司章程中已明确对外担保的审批权限和审议程序,不存在为控股股东、实际控制人及其控制的其他企业进行违法担保的情形。

第十章 大学生创业企业的上市之路

⑦ 发行人有严格的资金管理制度,不得有资金被控股股东、实际控制人及其控制的其他企业借贷、代偿债务、代垫款项或者其他方式占用的情形。

(4) 财务与会计

① 发行人资产质量良好,资产负债结构合理,盈利能力较强,现金流量正常。

② 发行人的内部控制在所有重大方面是有效的,并有注册会计师出具的无保留结论的内部控制鉴证报告。

③ 发行人会计基础工作规范,财务报表的编制符合企业会计准则和相关会计制度的规定,在所有重大方面均公允地反映了发行人的财务状况、经营成果和现金流量,并由注册会计师出具了无保留意见的审计报告。

④ 发行人编制财务报表应以实际发生的交易或者事项为依据;在进行会计确认、计量和报告时应当保持应有的谨慎;对相同或者相似的经济业务,需选用一致的会计政策,不得随意变更。

⑤ 发行人应完整披露关联方关系并按重要性原则恰当披露关联交易。关联交易价格公允,不存在通过关联交易操纵利润的情形。

⑥ 发行人应当符合下列条件:最近3个会计年度净利润均为正数且累计超过人民币3 000万元,净利润以扣除非经常性损益前后较低者为计算依据;最近3个会计年度经营互动产生的现金流量净额累计超过人民币5 000万元;或者最近3个会计年度营业收入累计超过人民币3亿元;发行前股本总额不少于人民币3 000万元;最近一期期末无形资产(扣除土地使用权、水面养殖权和采矿权等)占净资产的比例不高于20%;最近一期期末不存在未弥补亏损。

⑦ 发行人依法纳税,各项税收优惠符合相关法律法规的规定。发行人的经营成果对税收优惠不存在严重依赖。

⑧ 发行人不存在重大偿债风险,也不存在影响持续经营的担保、诉讼以及仲裁等重大或有事项。

⑨ 发行人申报文件中不得有下列情形:故意遗漏或虚构交易、事项或者其他重要信息;滥用会计政策或者会计估计;操纵、伪造或篡改编制财务报表所依据的会计记录或者相关凭证。

⑩ 发行人不得有下列影响持续盈利能力的情形:发行人的经营模式、产品或服务的品种结构已经或者将发生重大变化,并对发行人的持续盈利能力构成重大不利影响;发行人的行业地位或发行人所处行业的经营环境已经或者将发生重大变化,并对发行人的持续盈利能力构成重大不利影响;发行人最近1个会计年度的营业收入或净利润对关联方或者存在重大不确定性的客户存在重大依赖;发行人最近1个会计年度的净利润主要来自合并报表范围以外的投资收益;发行人在用的商标、专利、专有技术以及特许经营权等重要资产或技术的取得或者使用存在重大不利变化的风险;其他可能对发行人的持续盈利能力构成重大不利影响的情形。

(5) 募集资金使用

① 募集资金应当有明确的使用方向,原则上应当用于主营业务。除金融类企业外,募集资金使用项目不得为持有交易性金融资产和可供出售金融资产、借与他人、委托理财

等财务性投资,不得直接或者间接投资于以买卖有价证券为主要业务的公司。

② 募集资金数额和投资项目应当与发行人现有的生产经营规模、财务状况、技术水平和管理能力等相适应。

③ 募集资金投资项目应当符合国家产业政策、投资管理、环境保护、土地管理以及其他法律、法规和规章的规定。

④ 发行人董事会应当对募集资金投资项目的可行性进行认真分析,确信投资项目具有较好的市场前景和盈利能力,有效防范投资风险,提高募集资金使用效益。

⑤ 募集资金投资项目实施后,不会产生同业竞争或者对发行人的独立性产生不利影响。

⑥ 发行人应当建立募集资金专项存储制度,募集资金应当存放于董事会决定的专项账户。

3. 在中国境内深交所创业板公开发行股票的政策要求

创业板与主板相比,具有高增长、高风险的特征,在发行股票并上市的政策要求方面,创业板具有较低的发行与上市门槛,但对于创业板的监管严于主板。

根据《首次公开发行股票并在创业板上市管理暂行办法》,对发行人申请首次公开股票并在创业板上市的政策要求主要有:

(1) 发行人申请首次公开发行股票应当符合下列条件:

① 发行人依法设立且持续经营三年以上的股份有限公司。有限责任公司按原账面净资产值折股整体变更为股份有限公司的,持续经营时间可以从股份有限公司成立之日起计算。

② 最近两年连续盈利,最近两年净利润率累计不少于一千万元,且持续增长;或者最近一年盈利,且净利润不少于五百万元,最近一年营业收入不少于五千万元,最近两年营业收入增长率不低于百分之三十。净利润以扣除非经常性损益前后孰低者为计算依据。

③ 最近一期期末净资产不少于两千万元,且不存在未弥补亏损。

④ 发行后股本总额不少于三千万元。

(2) 发行人的注册资本已足额缴纳,发起人或者股东用作出资的资产的财产权转移手续已办理完毕,发行人的主要资产不存在重大权属纠纷。

(3) 发行人应当主要经营一种业务,其生产经营活动符合法律、行政法规和公司章程的规定,符合国家产业政策及环境保护政策。

(4) 发行人最近两年内主营业务和董事、高级管理人员没有发生重大变化,实际控制人没有发生变更。

(5) 发行人应当具有持续盈利能力,且不存在下列情形:发行人的经营模式、产品或服务的品种结构已经或将要发生重大变化,并对发行人的持续盈利能力构成重大不利影响;发行人的行业地位或发行人所处行业的经营环境已经或将要发生重大变化,并对发行人的持续盈利能力构成重大不利影响;发行人在用的商标、专利技术、特许经营权等重要资产或技术的取得或使用存在重大不利变化的风险;发行人最近一年的营业收入或净利润对关联方或有重大不确定性的客户存在重大依赖;发行人最近一年的净利润主要来自合并报表范围以外的投资收益;其他可能对发行人的持续盈利能力构成重大不利影响的

第十章 大学生创业企业的上市之路

情形。

(6) 发行人依法纳税,各项税收优惠符合相关法律法规的规定。发行人的经营成果对税收优惠不存在严重依赖。

(7) 发行人不存在重大偿债风险,不存在影响持续经营的担保、诉讼以及仲裁等重大或有事项。

(8) 发行人的股权清晰,控股股东和受控股股东、实际控制人支配的股东持有的发行人股份不存在重大权属纠纷。

(9) 发行人资产完整,业务及人员、财务、机构独立,具有完整的业务体系和直接面向市场独立经营的能力。与控股股东、实际控制人及其控制的其他企业间不存在同业竞争,以及严重影响公司独立性或者显失公平的关联交易。

(10) 发行人具有完善的公司治理结构,能够依法建立健全股东大会、董事会、监事会以及独立董事、董事会秘书、审计委员会制度,相关机构和人员能够依法履行职责。

(11) 发行人会计基础工作规范,财务报表的编制符合企业会计准则和相关会计制度的规定,在所有重大方面公允地反映了发行人的财务状况、经营成果和现金流量,并由注册会计师出具无保留意见的审计报告。

(12) 发行人内部控制健全且被有效执行,能够合理保证公司财务报告的可靠性、生产经营的合法性以及营运的效率和效果,并有注册会计师出具无保留结论的内部控制鉴定报告。

(13) 发行人具有严格的资金管理制度,不存在资金被控股股东、实际控制人及其控制的其他企业以借款、代偿业务、代垫款项或者其他方式占用的情形。

(14) 发行人的公司章程已明确对外担保的审批权限和审议程序,不存在为控股股东、实际控制人及其控制的其他企业进行违规担保的情形。

(15) 发行人的董事、监事和高级管理人员已经了解与股票发行上市有关的法律法规,知悉上市公司及其董事、监事和高级管理人员的法定义务与责任。

(16) 发行人的董事、监事和高级管理人员符合法律、行政法规和规章规定的任职资格,且不得有以下情形:被中国证监会采取证券市场禁入措施尚在禁入期;最近36个月内受到中国证监会行政处罚,或者最近12个月内受到证券交易所公开谴责;因涉嫌犯罪被司法机关立案侦查或者涉嫌违法违规被中国证监会立案调查,尚未有明确结论意见。

(17) 发行人及其控股股东、实际控制人最近三年内不存在损害投资者合法利益和社会公共利益的重大违法行为。发行人及其控股股东、实际控制人在最近三年内不存在未经法定机关核准,擅自公开或者变相公开发行证券,或者有关违法行为虽然发生在三年前,但目前仍处于持续状态的情形。

(18) 发行人募集资金应当用于主营业务,并有明确的用途。募集资金数额和投资项目应当与发行人现有的生产经营规模、财务状况、技术水平和管理能力等相适应。

(19) 发行人应当建立募集资金专项存储制度,募集资金应当存放于董事会决定的专项账户。

4. 在中国境内股票上市的基本要求

公开发行的股票在证券交易所挂牌交易简称上市。股票上市要向证券交易所提出申请,接受证券交易所的审核,证券交易所审核后,安排符合证券交易所规定的条件和要求的股票上市。

(1) 在上海证券交易所、深圳证券交易所主板和中小企业板申请股票上市的基本条件

深圳证券交易所主板、中小企业板上市条件与上海证券交易所的上市条件基本一致。以上海证券交易所为例,《上海证券交易所股票上市规则》规定,发行人首次公开发行股票后申请其股票在上海证券交易所上市,应当符合下列条件:

① 股票在中国证监会核准已公开发行。
② 公司股本总额不少于人民币五千万元。
③ 公开发行的股份达到公司股份总数的25%以上;公司股本总额超过人民币四亿元的,公开发行股份的比例为10%以上。
④ 公司最近三年无重大违法行为,财务报告无虚假记录。
⑤ 本所要求的其他条件。

另外,《上海证券交易所股票上市规则》还规定,发行人首次公开发行股票的申请获得中国证监会核准发行后,应当及时向上海证券交易所提出股票上市申请,并提交下列文件:上市申请书;中国证监会核准其股票首次公开发行的文件;有关本次发行上市事宜的董事会和股东大会决议;营业执照复印件;公司章程;经具有执行证券、期货相关业务资格的会计师事务所审计的发行人最近三年的财务会计报告;首次公开发行结束后发行人全部股票已经中国证券登记结算股份有限公司上海分公司托管的证明文件;首次公开发行结束后,具有执行证券、期货相关业务资格的会计师事务所出具的验资报告;关于董事、监事和高级管理人员持有本公司股份的情况说明和《董事(监事、高级管理人员)声明及承诺书》;发行人拟聘任或者已聘任的董事会秘书的有关资料;首次公开发行后至上市前,按规定新增的财务资料和有关重大事项的说明(如适用);首次公开发行前已发行股份的持有人,自发行人股票上市之日起一年内持股锁定证明;控股股东和实际控制人对其直接或间接持有的发行人首次公开发行股票前已发行的股票自上市之日起三年内不转让的承诺函;最近一次的招股说明书和经中国证监会审核的全套发行申报材料;按照有关规定编制的上市公告书;保荐协议和保荐人出具的上市保荐书;律师事务所出具的法律意见书等。

(2) 在深圳证券交易所创业板申请股票上市的基本条件

《深圳证券交易所创业板股票上市规则》规定,发行人申请股票在深圳证券交易所创业板上市,应当符合下列条件:

① 股票以公开发行。
② 公司股本总额不少于人民币三千万元。
③ 公开发行的股份达到公司股份总数的25%以上;公司股本总额超过人民币四亿元的,公开发行股份的比例为10%以上。
④ 公司股东人数不少于200人。
⑤ 公司最近三年无重大违法行为,财务报告无虚假记录。
⑥ 本所要求的其他条件。

创业板与主板相比,具有高增长、高风险的特征,对于在创业板公开发行股票并上市

的政策要求也更低,但对于创业板的监管要严于主板。

本 章 小 结

公开上市是大学生创业成功的重要标志,能够给大学生创业企业带来巨大的益处。上市可以增加企业的融资渠道,使企业获得必要的创业资源,为企业资产的证券化提供了一个交易平台,提高了股权价值。同时,上市也是对大学生创业企业的认可和宣传,能够提升企业的市场价值,其广告效应可使企业快速在行业中引人注目,吸引市场的关注度。此外,大学生创业企业上市需要将纳税行为规范化、明晰产权关系、完善公司的治理结构、创建现代企业制度,使得公司的治理结构更加完善,管理水平更高。企业还可以借此建立以股权为核心的更加完善的激励机制,有助于吸引和留住核心管理人员与关键技术人员。最后,上市为风险投资顺利退出提供了有效途径。

但是,尽管有这么多好处,大学生创业企业在做出上市的决策之前,要慎重考虑企业当前发展的情况以及上市的目的。在企业生命周期理论模型下,任何企业都要经历以下三个阶段、十个时期。

- **成长阶段**:包括孕育期、婴儿期、学步期、青春期
- **成熟阶段**:包括盛年期、稳定期
- **老化阶段**:包括贵族期、官僚初期、官僚期、死亡期

每个时期的企业都有鲜明的特点和问题所在,大学生创业企业在不断发展成长的过程中,同样面临着各种挑战和困难,只有认清所处的阶段,针对当前的处境采取正确的措施,方能使企业不断成长壮大,直到能够公开上市,并持续发展下去。

中国股票市场经过多年的努力,已渐趋成熟,大学生创业企业在发展到一定阶段可以根据自身的条件,按照不同交易市场的有关规定公开上市。大学生创业企业在中国境内上市能够为其带来很多优势。发行价格优势、成本优势、融资优势和广告宣传优势等。当然,大学生创业企业能够公开上市都要一个重要的前提,那就是创业企业能够不断发展壮大达到上市的条件,可谓任重而道远。

案例分析

窝窝团第二次冲击赴美IPO:"谜"一样的上市

2015年1月10日,窝窝商城正式向美国证券交易委员会提交了IPO招股书,计划登陆纳斯达克证券交易所,股票代码为"WOWO"。

此前,行业内曾屡次传出美团、大众点评将上市的消息,不过两大巨头至今按兵不动,因此窝窝的抢先颇令人意外。美团内部人士对窝窝此举表示"看不懂","就算对于美团来说,无论从消费者还是从商户的情况看,上市条件也都尚未成熟。"

而尽管窝窝成功在"千团大战"中存活下来,这两年,其团购市场占有率已从盛极一时的行业顶点跌落至个位数。依靠这样的基底,窝窝转型生活服务电商的战略能否实现,也

令人怀疑。

"谜"一样的上市

事实上,这是窝窝第二次寻求IPO。公司曾于2011年5月高调宣布启动赴美上市,预计融资2亿美元,不过遭到了承销商的否决,并由于种种原因搁浅。

此次上市,多家媒体曝出窝窝商城预计筹集4 000万美元。由于相对于2011年的2亿美元缩水不少,这样的"小手笔"也令人质疑莫非窝窝上市的真正原因只为求名?对此,窝窝方面澄清道,4 000万美元并非融资金额,实际为"占位费",主要用于计算注册费,具体募集金额数量会在后续招股书中公开。为说明上述问题,窝窝以阿里上市最初融资额10亿美元,最终融资额超过250亿美元为例来为自己解释。如果这次上市成功,窝窝商城不仅能扳回一局,更将一跃成为国内第一只生活服务电商股票。

不过如果仅为博名,意义不大。在被大众点评、美团、百度糯米甩了几条街,市场份额逐年下降,业绩和财务又不甚理想的情况下,窝窝这次流血上市,也被业内人士猜测是在做最后一搏。

在疯狂烧钱的团购行业,现金流是企业的命门。据窝窝商城的招股书显示,公司2014年前9个月净营收为2 064.2万美元,相比之下2013年同期为2 763.3万美元;毛利润为1 512.6万美元,相比之下2013年同期为2 289.4万美元;净亏损为3 244.7万美元,相比之下2013年同期净亏损为2 112.1万美元。

而回溯资本市场这几年对窝窝的态度,如果单纯地以融资来解释窝窝上市的目的,也更加说得通。

据了解,2011年窝窝团董事长兼CEO徐茂栋曾公开表示,获得了鼎晖、天佑、清科等多家投资机构预计2亿美元规模的投资,不过随后媒体曝出这笔巨资并未到账,而窝窝最终也没有公布当时的实际融资金额。

2014年,当大众点评和美团分别获得了8亿美元和7亿美元的融资,窝窝商城也将一笔5 000万美元的融资纳入囊中。但值得注意的是,窝窝的新注入资本全部来自于公司原股东团队,其中创始人徐茂栋的投资就占了50%以上,颇有些为自己代言的意味。

从红海跃入蓝海?

根据易观智库报告,2014年第三季度,美团、大众点评团、百度糯米占据中国团购市场份额前三甲,总共占据90%的市场份额。其中美团占比55%,大众点评团占比22%,百度糯米占比13%。剩下供其余团购网站瓜分的市场份额仅10%。

曾坐上行业第一把交椅,并在千团大战中幸存的窝窝,目前的市场份额仅是个位数,在这场比拼中已显得后劲不足,舍弃已成红海的团购,跃入本地生活电商的蓝海也并不可惜。"对于窝窝来说,团购已经没有可挣扎的空间了,转型本地生活O2O的思路是对的。"孙梦子评价道。

徐茂栋此前也曾在公开场合透露,在窝窝团的营收中,仅有10%来自于团购业务。而据了解,截至2014年11月,窝窝商城的平台使用费收入已经占到总营收的60%以上,来自移动端的收入也已经超过70%。目前团购业务对于窝窝商城来说,是一种引流方式。窝窝提供给《中国经营报》记者的资料显示,商城的平台使用费在整体营收中占比逐渐扩大:2013年前9个月和2014年前9个月,公司整体的收入分别为2 760万美元和

2 060万美元。平台使用费收入分别为670万美元和730万美元。窝窝从2012年开始筹划的商业模式转型,正逐步成型。

其实早在2012年,团购市场就兴起了发展本地生活的说法,无论是美团还是大众点评,一直以来也都自定义为本地生活服务平台,称团购业务只是隶属于其中的一部分。不过窝窝商城的本地生活模式与它们并不相同。

商业转型存疑

窝窝商城招股书显示,窝窝自定义为"本地生活服务电子商务平台",即为本地化的娱乐和生活服务商家提供定制化服务的电子商务平台,主要业务为本地生活服务类商家在窝窝平台开设网上店铺,向消费者直接销售其服务或产品。目前三个核心产品为:窝窝商城、移动客户端、窝窝电子商务操作系统。

记者咨询窝窝商城客服了解到,目前共有窝窝团购、窝窝商城以及2014年下半年上线的网电通三个平台。后两者的区别在于,窝窝商城是在窝窝的平台上为商家开店,而网电通主攻移动端,该平台上的店铺则完全属于商家,在管理、定价、运营、售后等问题上,享有绝对的自主权,窝窝只负责提供技术支持,不参与交易和分账。在呈现方式上,也以店铺为着眼点,而非爆款单品。

现阶段,窝窝一方面继续践行着从2012年开始的团购向商城的转变;另一方面重点发展移动端业务。据了解,窝窝来自移动端的订单已经占到了70%。

根据窝窝商城提供给记者的资料,2014年第三季度,窝窝的平台向平均超过10万家本地生活服务类商家提供销售及营销支持。而在2012年同期,这一数字为3.4万家。全国范围内,窝窝在超过150个城市拥有完整的本地化团队。

从战略上看,窝窝在以团购业务积累的流量为基础,吸引B端商家来商城上开店,而随着在商城开店,又将引来消费者流量。尽管逻辑上成立,但这种想法却存在硬伤。"窝窝的团购已经萎缩得不行了。此外和微信不同,团购用户不是绑定的,是流动的,但它内部系统的自由流量不够大。而商家的逻辑则是用户在平台上,商家才会去上线。因此按这个方向转型只能说是尝试。"孙梦子表示。团购时代遗留的优势已经所剩无几,要做大商城模式,窝窝仍旧需要付出较大成本从外部导流。

她同时指出,目前消费者还是倾向于价格敏感型,此外设想用户的使用场景,很少有人会主动点开商家的推送内容,因此自己做品牌来面对消费者的商家,鲜有成功者。发展这种模式时机未到,而从外部竞争角度分析也不容乐观,窝窝商城转型后面对的竞争对手仍是BAT和大众点评、美团等巨头平台。不如舍弃做综合商城的想法,挑选一个垂直市场深耕,更有发展前景。或者可以纯粹地做B端供应链管理,这样一来也回避导流的难题。

而美团相关人士接受记者采访时表示,美团现阶段不会发展商城模式。"据我们观察,目前市场还不成熟,很多商家对O2O还不太了解,就算帮助商家搭建起线上店铺,缺乏互联网思维,他们也做不好O2O。所以不是光有平台就行的,流量、服务和市场成熟度都需要考虑。所以,尽管商城的毛利要高于团购,但生活服务电商不同于实物电商,无法量化,存在较多不可控的环节。"

窝窝向商城的转型究竟能否成功,还有待市场的检验,而最终的结果也将揭示这家在千团大战中幸存的企业的命运。

（资料来源：http://finance.sina.com.cn/stock/usstock/c/20150117/013721319826.shtml.）

【思考题】
1. 窝窝团第一次上市为什么会失败？此次第二次冲击上市为什么会受到外界质疑？
2. 如果成功上市，对窝窝团有何利弊？
3. 创业公司如何选择上市的时机？

小链接

中国大学生创业企业在纳斯达克上市基本流程

纳斯达克是 National Association of Securities Dealer Automatic Quotation 的简称，纳斯达克的上市方式和种类基本上分五种：首次公开发行上市（IPO）、老股公开发行上市（NON-IPO）、存托凭证（ADR）、反并购（Reverse Merger）以及市场价值（Market Value）。而中国大学生创业企业在纳斯达克上市运作的形式主要有三种：直接上市、买壳上市和控股合并。

1. 直接上市的基本流程

（1）申请立项。向中华人民共和国证券监督管理委员等相关部门申请到境外上市的立项。

（2）提出申请。由券商律师、公司律师和公司本身加上公司的会计师作出 S-1、SB-1 或 SB-2 等表格，向美国证监会（SEC）及上市所在州的证券管理部门抄送报表及相关信息，提出上市申请。

（3）等待答复。上述部门会在 4~6 个星期内给予答复，超过规定时间即认为默许答复。

（4）法律认可。根据中美已达成的上市备忘录，要求上市公司具备在中国有执业资格的律师事务所出具的法律意见书，这意味着上市公司必须取得国内主管部门的法律认可。

（5）招股书的 Red herring（红鲱鱼）阶段。在这一时期公司不得向公众公开招股计划及接受媒体采访，否则董事会、券商及律师等将受到严厉惩罚，当公司再将招股书报送 SEC 后的大约两三周后，就可得到上市回复，但 SEC 的回复并不保证上市公司本身的合法性。

（6）路演与定价。在得到 SEC 上市回复后，公司就可以准备路演，进行招股宣传和定价，最终定价一般是在招股的最后一天确定，主要由券商和公司商定，其根据主要是可比公司的市盈率。

（7）招股与上市。定价结束后就可向机构公开招股，几天之后股票就可以在纳斯达克市场挂牌交易。

2. 买壳上市的基本流程

（1）决定上市。公司决定在 NASDAQ 市场上市。决议可由股东会或董事会作出。

(2) 制定方案。委任金融或财务顾问,制订上市计划及可操作性方案。

(3) 审计评估。委任美方投资银行或金融服务公司,制定详细的日程表,在国内进行公司审计、评估。

(4) 收购方案。设立离岸公司,收购空壳公司(已在 NASDAQ 市场上市的公司),通过空壳公司对本公司进行收购。

(5) 合并报表。

(6) 上市交易。由包销商进行私人配售或公开发行新股。

3. 控股合并上市的基本流程

(1) 公司决定。公司决定在 NASDAQ 市场上市,决议可由股东会或董事会作出。

(2) 制定方案。委任金融或财务顾问,制订上市计划及可操作性方案。

(3) 实现控股。设立离岸公司,通过交叉持股的方式拥有公司部分国内企业的控股权。

(4) 审计评估。委任美方投资银行或金融服务公司,制定详细的作业时间表,进行国内的公司审计、评估。

(5) 合并报表。通过离案公司收购目标公司(已在 NASDAQ 市场上市的公司)以增发新股的方式将离岸公司拥有的国内企业部分与目标公司合并报表。

(6) 上市交易。由包销商进行私人配售或公开发行新股。

(资料来源:百度文库.纳斯达克上市运作方式.http://wenku.baidu.com/.)

第十一章 大学生创业政策导引

课程目标

通过本章的学习,使学生了解我国大学生创业政策出台的背景,及其历史发展和嬗变;关于大学生创业政策的构成,详细介绍了创业教育培训政策、创业财政金融政策和创业商务支持政策,帮助学生了解在创业遇到困难时,如何通过政府的优惠扶持政策来解决问题、渡过难关。

知识点和技能点

1. 大学生创业政策出台的背景
2. 大学生创业政策的历史和嬗变
3. 大学生创业政策的构成
4. 大学生创业政策的问题与未来

案例导读

青春有梦创业领航:孵化基地助创业梦想"破壳"

"我觉得应该有点文艺范儿,以迎合消费群体的口味,这个方案缺特色……"在青岛市大学生创业孵化基地一间办公室内,青岛尚德元益文化传媒有限公司总经理胡国庆,正跟几位同事因一份营销方案争论,说到激动处,他们几乎要"吵"起来。

1984年出生的胡国庆,已有三年多的创业经历,曾代表青岛青年创业者参加2011年夏季达沃斯论坛。在其办公室,他跟李开复等创业者的合影挂在显眼处。

创业三道坎:资金、管理、团队

大学期间,胡国庆曾是学生会成员,对节庆活动的组织策划较为熟悉,于是毕业后就和两名同学一起凑了2万元,在一间不足13平方米的办公室成立了传媒公司,通过主动与企业、商家联系,在校园以散发广告单页和张贴宣传海报等方式进行广告宣传。

公司成立容易运行难,创业半年,只有1个企业客户,胡国庆想试水大型商演、年会等策划,却遭遇了资金瓶颈。"商业贷款利息高,对我们刚创业的大学生来说难以承受,而且银行也不愿贷款给小微企业。"胡国庆说。

一个偶然机会,胡国庆得知青岛大学生创业孵化中心对大学生创业者有扶持项目,他立刻递交了申请。前后1个月零6天的时间,中心提供的扶持资金、场地等相关政策就落实到位。"中心提供了80平方米的办公室,第一年免房租,后两年一共只收3万元,还提供5万元无息贷款,解决了我们的起步难题。"胡国庆说。

更让他受益的是"创业课程四级培训",为创业者提供项目管理、资金流管理、公司法律常识等培训,还找来当地大企业负责人当创业导师。在导师指导下,公司由单纯的线下活动执行向网络公关拓展,还进军餐饮领域,开起麻辣香锅加盟连锁店。目前,公司成员已由最初的3人增加到8人,年营业额约200万元。

"中心功能立足在'孵化'上,为大学生创业提供'场地＋资金＋培训＋导师＋商机＋人才'的服务,大学生们可以在这里得到政策咨询、寻找项目、小额担保贷款、创业指导等一条龙服务,孵化期一般是三年。"青岛市大中专毕业生就业指导中心主任褚庆柱介绍,2009年至今,青岛市扶持大学生创业11 662人,创业带动就业57 909人,大学生创业者比例由0.3%上升至5%。

山东省人社厅高校毕业生就业处处长高德敬说,山东省每年的高校毕业生数量居全国前三位,就业压力长期存在。而大学生创业是带动就业的新增长点,平均一个创业项目能带动5～6人就业。但同时,一些大学生缺乏创业知识和技能,创业融资难、融资贵、门槛高等难题不同程度存在。山东省大力推进建设的大学生创业孵化基地和创业园区正是为解决这些现实难题,让大学生的创业梦"破壳而出"。

"同心圆":降低风险,带富周边

在淘宝网数以万计的店铺里,有一个以石榴为主打,兼营各类峄城地方特产的"冠世乐淘"商铺,它是枣庄市峄城区"冠世乐淘"大学生创业园的主营业务之一。在离创业园不远的吴林街道,还有一处"冠世尚品"大学生创业园,主攻项目是生态养殖。

这两个项目的负责人,一个叫付晓娟,一个叫刘璐,都是带领村民创业致富的女大学生村官,两人创业经历也有些相似,都是从资金投入成本少、见效快、风险低的养殖业入手。

2009年年底,刘璐不顾家人的反对,用自己的嫁妆钱加上东拼西凑的20多万元建起了养殖场。

"辛苦是其次,主要是缺乏经验,最初买的100只獭兔种兔,来了没几天就大批死亡。"家人和朋友帮忙请来兽医,剖开獭兔的肚子一看,里面全是没有消化的草。"当时就想,光凭满腔热情创不了业,要是能有人给指指路该多好。"刘璐说。

后来,在区委组织部、人社局、团委的扶持下,刘璐等人成立了大学生村官创业联盟,与政府主导产业对接,形成了一个"同心圆"模式。所谓"同心圆",就是以大学生村官创业联盟为核心层,创业者抱团发展,制定创业计划,选准创业项目;以大学生为紧密层,选聘有相关专业知识的大学生到创业园担任职务或实习锻炼;以周边村庄村民或处在相关产业链上的村民为辐射层,带动农户共同致富。

创业园突出"抱团"和"高端"两个特点,这与以往大学生创业"单打独斗"和"规模小、风险大、带富能力弱"形成了对比。刘璐告诉记者,现在她的养殖场年产獭兔3万只,带动周边很多农民致富,她还开了旅游产品超市和网上商城,借当地发展旅游的时机,申请到了旅游扶持资金。

"目前大学生创业孵化基地和创业园区已覆盖至全省各市,其中省级示范基地和创业园区有11家,今年全省申报的有45家。提供政策指导、金融服务等孵化服务是基础,先'扶上马',再'送一程',引导大学生与当地主导产业、市场对接。"高德敬说,全省孵化基地和创业园区建设各有特色与创新,主要有完全政府投入和政府、社会力量共建两种模式,前者对财力相对雄厚的东部城市来说比较有借鉴意义,后者则借助企业力量,吸引企业投资,大学生创业成功后,再以加盟等形式给企业以经济回报。两种模式的孵化创业效果都十分显著。

(资料来源:http://cy.ncss.org.cn/cydx/cydx/274474.shtml.)

【思考题】
1. 胡国庆等人在创业过程中得到了哪些政策扶持?
2. 这些政策扶持帮助胡国庆等创业者解决了哪些困难和问题?
3. 在创业遇到困难时,如何通过政府的优惠政策来渡过难关?

第一节　大学生创业政策出台的背景

每个政策的出台都源于社会现实的需要,大学生创业政策也是如此,最早于1998年由清华大学发起的首届"清华大学创业计划大赛",以及后来以此为载体进行的从校园走向市场的大学生创业活动使大学生创业成为公众关注的焦点,形成了一个政策问题。从国家层面来说,大学生创业第一次被提升到政策的程度。此后十多年来,为了发展和促进大学生创业活动,国家出台了一系列优惠政策。我国大学生创业政策出台的背景主要包括以下几个方面:

一、经济社会发展的要求

改革开放以来,我国社会主义市场经济发展迅猛,特别是当前我国已经进入结构调整、转型发展的关键时期,经济全球化的影响日益增加,经济体制改革不断深化,传统的"管理型经济"正在逐渐向"创业型经济"转变。创业已经成为我国经济社会发展中一个不可忽视的关键词。

近年来,经济社会对创业的需求越来越旺盛。推进创业进程,大学生是一个最重要的群体,鼓励和引导大学生创业、培养具有创业意识的现代人才,是适应经济社会发展大势的必然要求,也是大学生自我实现的一个很好的途径。在大学生创业过程中,创业政策是必不可少的,要研究出台有利的创业政策,鼓励创业、支持创业,打造创业者能够施展才华的精彩舞台,将各种知识、技术、能力转变为经济资源,为经济社会带来新的内生驱动。

二、大学生创业活动的兴起

随着知识经济时代的到来,大学生创业活动于20世纪80年代初开始。从1983年美国得克萨斯州大学奥斯汀分校举办首届大学生创业大赛以来,美国已有多所高校举办此类赛事,最著名的要数斯坦福大学、麻省理工学院(MIT)等学校。Yahoo、Netscape、Excite等公司就是在斯坦福校园浓厚的创业氛围中诞生的,而正是这些大学生创业所创办的公司给美国硅谷的发展注入了蓬勃生机。从20世纪90年代到开始,几乎每年都有五六家新企业从这项国际顶尖的大学生创业赛事中诞生,而且有相当数量的创业计划被一些高新技术企业以上百万美元的高价买走。这些从"创业计划"产生的企业中,有很多在短短几年内即成为年营业额达到数十亿美元的大公司。在发达国家,在校大学生创业或休学创业的条件早已成熟,这也给大学生的创业提供了极大的便利。此后,在法国、德国等国家的一些高校中,也兴起了校园创业之风,其中德国在 2000 年就曾经明确提出:在今后 5~10 年,要保障每届大学生的 20%~30%独立创业。在国外大学创业大赛的影响下,国内不少高校的校园创业计划大赛也纷纷启动。1998 年 5 月,清华大学举行了第一届大学生"创业计划竞赛",这个竞赛在当时被称做"比尔·盖茨的孵化计划"。1999 年,团中央、全国学联、中国科协将这一大赛扩大为全国性的赛事,2002 年,教育部也加入到这一赛事的主办单位中来。"挑战杯"全国大学生创业大赛等赛事也在全国范围内迅速开展。这一系列赛事和创业类活动的组织开展,极大地激发了大学生的创业热情,推动了我国大学生创业活动的迅速发展。

三、高校扩招带来大学生就业高峰期

随着国家高校扩招政策的出台,教育制度由精英化逐步走向了大众化,从 1990—1998 年,我国普通高等教育和成人高等教育招收大学生人数从 111.09 万增加到 208.72 万,增长了 88%,年均增长率为 11%。但是从 1999 年开始,我国高等教育进入了一个快速发展时期。当年各层次大学生扩招了 32%,普通高等院校扩招了 47%。在 1999—2002 年之间,平均每年扩招 32%。2008 年,全国各类高等教育在学人数超过 2 900 万人,毛入学率达到 23.3%。如此庞大的扩招规模,导致大学生就业高峰期已悄然而至。据教育部统计数据显示,2008 年全国高校毕业学生 559 万,2009 年高校毕业生达到 611 万,比 2008 年再增加 52 万;此后至 2014 年,每年的高校毕业生人数逐年增加 20 万~30 万左右,如此庞大的高校毕业生,带来了巨大的就业压力。

四、经济危机情况下大学生就业形势严峻

2007 年美国"两房"危机,衍生出了次贷危机。这是一次由金融领域爆发进而席卷全球的经济危机。这次危机由金融领域爆发已经对实体经济产生了巨大影响。在这次经济危机中许多企业面临着市场萎缩、成本升高等问题,由此,导致企业着眼于企业成本问题,无意招聘新员工,这对当年毕业的 630 万名大学生而言,是一个严峻的问题。还有很多企业不会考虑招聘一个刚刚毕业也没有任何工作经验的大学生。当然,大学生毕业后,并不一定都要去企业,还可以通过考研、考公务员等方式,来避过这次危机。但是,公务员和研究生的录取比例毕竟还只占少数,对于缓解大学生就业难的问题还只能是杯水车薪。

在以上这几股合力的共同作用下,大学生创业问题引起了党和政府的高度关注。时任中共中央总书记的胡锦涛在党的十七大报告中指出,要促进以创业带动就业,使更多劳动者成为创业者。时任国务院副总理张德江同志也在 2008 年国务院就业工作部际联席会议上强调指出,要将促进创业作为 2008 年的重点工作。2009 年 1 月《国务院办公厅关于加强普通高等学校毕业生就业工作的通知》中明确指出鼓励和支持高校毕业生自主创业。2009 年 3 月 5 日,国务院总理温家宝在十一届全国人大二次会议政府工作报告中指

出,要把高校毕业生就业放在突出位置,加快建设一批投资少、见效快的大学生创业园或创业孵化基地。近些年来,教育部、财政部、人力资源与社会保障部等各部委相继出台了一系列指导大学生灵活就业、自主创业的政策,这些政策为大学生创业营造了良好的政策环境、商业环境、法律环境等。各级政府纷纷出台优惠政策,鼓励大学生创业,社会风险投资机构也进一步加强了对大学生创业项目的关注和支持。与此同时,加强大学生创业教育的呼声日益高涨,不少高校纷纷设立创业研究或教育中心,开展创业教育和研究工作,在开设创业课程、探索创业教学方法和创业管理研究等。

第二节　大学生创业政策的历史和嬗变

全球知识经济时代的到来以及兴起于20世纪80年代的美国大学校园的创业活动,除了带动20世纪90年代初我国学界对创业及创业教育问题的关注之外,也带动了1998年清华大学发起的首届"清华大学创业计划大赛"以及以此为载体进行的、从校园走向市场的大学生创业活动。而这些也使大学生创业逐渐上升成为一个政策问题而引起政府的关注和重视,大学生创业政策也由此进入了人们的视野。纵观我国大学生创业政策十几年来的发展变化,具体可分为以下几个时段。

一、1999—2002 年:以高校自由探索为主,提倡大学生高科技创业

为了与1995年5月《中共中央国务院关于加速科学技术进步的决定》提出的"在全国实施科教兴国的战略"这一宏观政策要求相呼应,也为了适应国际教育改革与发展的趋势,教育部率先对清华大学等一些大学校园发起的大学生创业活动表明了态度,即鼓励和支持大学生自主创业。如1999年1月教育部制定、国务院批转发布的《面向21世纪教育振兴行动计划》第27条指出:加强对教师和学生的创业教育,采取措施鼓励他们自主创办高新技术企业。1999年5月《国务院办公厅转发教育部等部门关于进一步做好1999年普通高等学校毕业生就业工作意见的通知》也提出"鼓励和支持毕业生到非国有制单位就业或自主创业"。1999年6月,在第三次全国教育工作会议上,时任国家主席的江泽民也要求政府给予政策、小额贴息贷款等方面的支持,扶持大学生开办企业,特别是小型科技民营企业。

与此同时,团中央、教育部、中国科协、全国学联联合主办了首届大学生"挑战杯"创业计划大赛,2000年和2002年又分别在上海交通大学、浙江大学举办了第二届、第三届创业计划大赛。这些由政府部门参与的创业计划大赛增加了大学生创业活动在社会层面的权威性和认可性,在全国也产生了很强的政策信号。这对于在高校普及创业知识、倡导创业理念、引领创业行为具有前所未有的意义。在大学生中间也起到了很好的教育和示范效应。

2002年4月,教育部召开了普通高校"创业教育"试点工作会议,正式发文确定清华大学、北京大学、中国人民大学、北京航空航天大学、上海交通大学、南京经济学院等9所高校为创业教育试点院校,并给予资金和政策支持。如大学生、研究生(包括硕士、博士研究生)可以休学保留学籍创办高新技术企业。在此期间,教育部先后召开几次创业教育试

点院校座谈会。教育部高教司还举办了"教育部创业教育骨干教师培训班",积极推动高校创业教育的开展。此后,以开设创业教育课程为表征的一些高校的创业教育活动得到发展,大学生中也涌现出一股前所未有的创业热潮。

以上表明,政府已经开始通过一定的制度措施正式参与大学生的创业活动,也为今后大学生创业政策指明了方向。其政策呈现出以下几个方面的特点:一是政策的导向是配合国家"科教兴国"这一远大目标,鼓励大学生利用自己的学科、专业优势,从事高科技创业;二是把推进大学生创业作为改革高校毕业生就业制度的一个突破口;三是政策发布的主体是以教育部为主,活动实施的主体主要是高校;四是政策很笼统,主要提出一些原则和方向,对大学生创业主要是精神性扶持。

二、2003—2006年：提供创业优惠政策,重视普遍的创业活动

大学生创业活动曾经随着2001年以来大量学生企业的倒闭而陷入低谷。但2003年以来,随着大学扩招之后大学毕业生逐步走向就业市场,毕业人数剧增。面临严峻的就业形势,创业话题再度被提起并得到政府的关注和重视。2003年5月,国务院办公厅在颁布的《关于做好2003年普通高等学校毕业生就业工作的通知》中要求,凡高校毕业生从事个体经营的,除国家限制的行业外,自工商部门批准其经营之日起,1年内免交登记类和管理类的各项行政事业性收费。有条件的地区由地方政府确定,在现有渠道中为高校毕业生提供创业小额贷款和担保。同年6月,国家工商总局发布通知,就2003年普通高等学校毕业生从事个体经营出台了比较具体的有关收费优惠的具体政策。2004年4月,共青团中央、劳动和社会保障部联合发布了《关于深入实施"中国青年创业行动"促进青年就业工作的意见》,要求从普及创业意识、培养创业能力、提供创业服务、优化创业环境、完善对青年的就业服务五个方面采取措施,引导、帮助广大青年(包括大学毕业生)在创业中实现就业。

在随后的2005年,国家更是加大了对大学毕业生自主创业的支持力度。如《关于进一步做好2006年高校毕业生就业有关工作的通知》(社厅〔2006〕17号)第四条、《关于做好2007年高校毕业生就业有关工作的通知》(劳社部发〔2007〕13号)第三条以及《关于进一步加强创业培训推进创业促就业工作的通知》(劳社部发〔2007〕30号)等政策对大学生创业活动的优惠扶持力度有所加大。其中包括扩大创业教育试点范围、设立大学科技园以及创业孵化机构、加大创业培训力度、建立创业孵化基地、实施创业税费减免、小额担保贷款等。这一政策得到了许多地方政府的响应。如建立高校创业园区,为大学生创业实践提供场所,设立扶持大学生创业基金,为新创企业减免税收、租金及行政性收费,等等。上海市政府从2006年起,由市科委、市教委每年各投入5 000万元,每年向基金会投入1亿元专项拨款,以鼓励和支持大学生进行自主创业实践;河南、山东等省则推出了高校毕业生"试营业制度",实行货币出资"零缴付"、经营场地"零成本"、服务创业"零收费"等优惠措施。

以上政策表明国家已经意识到要促进大学生创业,不仅要有创业鼓励措施,还要创造良好的创业环境和市场条件。与上一阶段相比,大学生创业政策也发生了一些明显变化:一是与以往仅重视大学生高科技领域创业不同,开始重视一般行业的大学生创业(如服务

业、个体零售业),并给予了许多实质性的优惠政策;二是创业政策的关注点更多地投到了大学毕业生身上,强调创业培训在促进大学毕业生开拓就业领域中的重要作用。

三、2007—2014年:更多部门参与,重视全面改进创业环境

2007年8月开始浮现的金融危机所带来的劳动力市场需求的萎缩以及大学扩招步伐加快所带来的越来越多的大学毕业生不能如期就业,使大学生就业问题日益成为社会关注的热点问题,成为直接关系社会和谐稳定的大事。在这种政策背景下,以创业来缓解或解决大学生的就业问题就成为了国家大学生创业政策的一个愈加明确的政策信号。

此时,有关扶持大学生创业政策的出台频率明显加快,政策内容也更加详细。政策发布的主体也由以前的几个部门到现在共涉及十几个部委,除教育部以外,还有劳动与社会保障部、科技部、中华全国总工会、共青团中央、工业和信息化部、国家工商行政管理总局、中华全国工商业联合会、财政部、中国人民银行、国家税务总局等。这说明中国政府从中央到各个政府部门对于大学生创业已形成了基本的政策共识,给予大学生创业更多、更广泛的重视,也显示出我国政策制定部门对全面改进创业环境有了更深刻的认识。

一是从提供单纯的创业技能培训到提出包括创业意识、创业知识、创业技能培养的全面的创业教育,希望从源头上促进大学生创业。如2010年5月,国家教育部召开了"全国推进高等学校创新创业教育和大学生自主创业工作"的视频会议并下发《教育部关于大力推进高等学校创新创业教育和大学生自主创业工作的意见》,提出"通过开展创新创业教育工作,促使高等学校不断更新教育观念、改革人才培养模式、教育内容和教学方法,将人才培养、科学研究、社会服务紧密结合,实现从注重知识传授向更加重视能力和素质培养的转变,提高人才培养质量"。2011年3月,时任国务院总理温家宝在《政府工作报告》中也专门强调:"提高教育质量,增强学生的就业创业能力。"《国务院办公厅关于做好2014年全国普通高等学校毕业生就业创业工作的通知》(国办发〔2014〕22号)指出,各级教育部门要加强对高校创业教育工作的指导和管理,推动高校普及创业教育,实现创业教育科学化、制度化、规范化。各级人社部门要加强与教育部门和高校的衔接,以有创业愿望的大学生为重点,编制专项培训计划,优先安排培训资源,切实抓好组织实施,使每一个有创业愿望和培训需求的大学生都有机会获得创业培训。从以上政府颁布的有关大学生创业的政策以及国家领导人的讲话中可以看出,政府已经意识到学校教育在推进大学生创业方面的重要作用,并把创业人才培养与高校的人才培养模式改革以及人才培养质量的提升联系起来。

二是从单纯提供创业优惠政策到提供创业服务。基于"克服国际金融危机造成的严重冲击,实现高校毕业生就业的基本稳定"的现实需要,此阶段出台的大学生创业政策一般把大学生创业工作纳入各地创业带动就业工作的总体规划,对大学生创业实行创业培训、项目开发、小额担保贷款等一体化的服务。如2010年人力资源和社会保障部在不到两个月的时间内连续发布了《关于实施2010高校毕业生就业推进行动大力促进高校毕业生就业的通知》和《关于实施大学生"创业引领计划"的通知》两项政策,该政策除了强调继续加强创业教育、开展大学生创业培训(实训)、加大对大学生创业的政策优惠扶持(如大学生自主创业三年内每年减免8 000元税费)之外,着重提出了要为大学生创业提供指导

服务和孵化服务,如指导大学生制订创业计划书,为大学生制定创业路线图,成立大学生创业导师团、专家志愿团,为创业大学生提供低成本的生产经营场所和企业孵化服务等。《国务院办公厅关于做好2014年全国普通高等学校毕业生就业创业工作的通知》(国办发〔2014〕22号)强调,各地有关部门要从普及创业教育、加强创业培训、提供工商登记和银行开户便利、提供多渠道资金支持、提供创业经营场所支持、加强创业公共服务这六个方面综合施策,为大学生创业提供支持和服务。

第三节　大学生创业政策的构成

一、创业教育培训政策

我国高校的创业教育培训在20世纪末开始,是发源于一些高校自发性的创业计划大赛和创业教育探索。最早是清华大学1998年发起的首届"清华大学创业计划大赛"。我国现阶段的创业教育培训主要通过两种方式来进行,一是组织开展各种各样的创业大赛,鼓励大学生创业。二是逐渐在全国范围内普及高校创业教育培训。尽管我国高校开展创业教育培训起步比较晚,但创业教育培训的发展比较迅速。经过10多年的实践摸索,我国的创业教育培训已经取得了一定成效。

1. 举办各种各样的大学生创业大赛

(1)"挑战杯"大学生创业大赛。团中央举办的"挑战杯"创业计划大赛影响范围最广、程度最深。"挑战杯"全国大学生系列科技学术竞赛由江泽民同志亲自题写杯名,由团中央、教育部、全国学联、中国科协联合主办,分课外学术科技作品竞赛和创业计划竞赛两类,每两年一届间隔举办,已被公认为中国大学生的"科技奥林匹克圣会"。"挑战杯"中国大学生创业计划竞赛先后在清华大学、上海交通大学、厦门大学、浙江大学和山东大学等高校成功举办。

(2)全国大学生创业大赛。教育部主办的全国大学生创业大赛是一项全面提升大学生创业意识和创业能力的综合性赛事。大赛充分结合多种评价方法来综合考评参赛大学生的综合素质能力。此项赛事以创业计划书为基础,以"经营之道——企业运营电子对抗系统"、"ERP管理软件"、"创业之星——大学生创业模拟实验室"为竞赛平台,结合竞赛平台的经营绩效,并由教育部相关领导、高校专家与国内外知名企业高层管理人员评审团点评的方式进行综合评判,以更好地考察大学生的综合能力与经营水平。

(3)中国科学院青年创业大赛。中国科学院青年创业大赛(CAS-YVC,CAS Youth Venture Competition,以下简称大赛)是中国科学院举办的面向全国高校及各科研单位优秀青年的创业比赛。大赛期待每一项创业方案和行动具有经济价值和社会意义;期待以中国科学院青年为代表的广大优秀青年把握时代脉搏,为科学发展和社会经济进步做出贡献。首届中国科学院青年创业大赛于2005年举办,至今已成功举办5届。大赛得到全国人大常委会副委员长、中国科学院院长路甬祥院士的肯定和指导。通过建立全国优秀青年与投资者、企业家和社会学者之间的合作平台,促进青年形成和锻炼创新与创业意识,同时为每一项优秀的创业方案找寻资金,促进科技成果转化为应有的经济价值和社会意义。

2. 逐渐在全国高校中普及创业教育

2014年5月《人力资源社会保障部等九部门关于实施大学生创业引领计划的通知》中指出，各级教育部门要加强对高校创业教育工作的指导和管理，推动高校普及创业教育，实现创业教育科学化、制度化、规范化。各高校要将创业教育融入人才培养体系，贯穿人才培养全过程，面向全体学生广泛、系统开展；积极开发、开设创新创业类课程，并纳入学分管理；不断丰富创业教育形式，开展灵活多样的创业实践活动；切实加强师资队伍建设，为普及创业教育提供有力支持。早在2002年4月上旬，教育部高等教育司在京召开了普通高等学校"创业教育"试点工作座谈会，并将中国人民大学、清华大学、北京航空航天大学、上海交通大学、黑龙江大学、南京经济学院、西安交通大学、武汉大学、西北工业大学9所高校列为我国首批创业教育试点院校。从2003年开始，教育部委托北京航空航天大学举办四期创业教育骨干教师培训班，为全国高校培养了一批创业教育骨干教师。

二、创业财政金融政策

前程无忧在2009年做了一次有关大学生创业的网络调查，他们希望通过此次调查搞清楚到底是什么原因导致当今如此小比例的大学生创业，是什么阻碍了更多的大学生前赴后继地走向创业路？调查的结果是，"缺乏启动资金"是大学生创业路上最大的障碍，数据显示，有45.5%的大学生创业梦为此搁浅，"资金匮乏"俨然已成为了大学生创业最为凶猛的拦路虎。而"缺少社会经验"和"缺少企业运作及管理经验"这两个大学生创业先天不足问题紧随其后，分列二三位，占到24.8%和20%。针对大学生创业资金缺乏的难题，中央政府和各地政府纷纷出台了创业金融政策，为大学生创业提供资金资助和税费优惠，政策总结起来主要有两个方面：

1. 创业融资政策

创业融资来源于财政专项资金、小额担保贷款、创业基金。所以创业融资政策包括财政专项资金政策、小额担保贷款政策、创业基金政策等。

(1) 财政专项资金政策。目前全国性支持创业的财政专项资金主要有科技型中小企业创业基金、中小企业发展专项资金。科技型中小企业创业基金经国务院批准设立，是用于支持科技型中小企业技术创新的政府专项基金。无偿资助数额一般不超过100万元，个别重大项目最高不超过200万元，而且要求企业要有等额以上的自有匹配资金。中小企业发展专项资金对符合一定条件的企业项目给予200万元以内的无偿资助，或不超过150万元的财政贴息。另外还有中小企业服务体系专项补助资金、中小企业国际市场开拓资金等。2009年《杭州市科技创业种子资金资助管理办法》出台，支持项目实际总投资额在80万元以上的项目，资助标准单项为6万~20万元。

(2) 小额担保贷款政策。2003年5月，国务院办公厅发出通知，通知要求有条件的地区要在现有渠道中为大学生创业提供小额贷款和担保，具体措施由地方政府规定。2009年中国人民银行发出通知，要求各国有商业银行、城市商业银行、股份制银行和有条件的城市信用社要为高校毕业生提供小额贷款，贷款额度一般在2万元左右，贷款期限最长为2年，到期确定需延长的，可申请延期一次。并要求为创业学生提供开户和结算的便利，简化其他手续和程序。担保最高限额为担保基金的 5 倍,期限与贷款期限相同。贷款利息按照中国人民银行公布的贷款利率来确定。2009 年 1 月 19 日,国务院办公厅在《关于加强普通高等学校毕业生就业工作的通知》中进一步指出:在当地公共就业服务机构登记失业的自主创业高校毕业生,自筹资金不足的,可申请不超过 5 万元的小额担保贷款;对合伙经营和组织起来就业的,可按规定适当扩大贷款规模;从事当地政府规定的微利项目的,可按规定享受贴息扶持。根据中央精神,各地政府纷纷出台了相关政策。上海市政府规定:大学生自主创业可向银行申请开业贷款,贷款担保额度最高为 7 万元,并可享受贷款贴息。重庆市规定:重庆毕业或在南京上大学的重庆学生,不需任何抵押、担保,即可获得不高于 5 万元的创业贷款。为降低贷款风险,此类创业贷款的年基准利率一般在现有利率基础上,上浮 15%~20%左右,其年限一般在 1 年左右。2009 年 5 月长沙市出台了《关于鼓励和扶持大学生自主创业的政策意见》,该意见指出,在长沙设立市、区(县市)两级大学生创业扶持奖励资金,该资金主要用于扶持和奖励大学生自主创业,或者是提供贷款贴息。资金来源于市和各区县,由长沙市每年从创业扶持奖励资金中拿出 3 000 万元,各区或县每年从扶持资金中安排 1 000 万元。乌鲁木齐市规定,与下岗失业工人创业一样,经过创业培训的大学生创业也可获得贴息贷款,贷款的起点资金至少 5 万元,今后还会酌情增加。除了对创业的学生提供贷款外,还将对开展创业培训的学校也给予一些扶持,以鼓励更多的学校开展创业教育,增加大学生创业的比例。表 11-1 为目前部分地区小额担保贷款的政策。

表 11-1　部分地区小额担保贷款政策

地区	贷款金额	贷款方式	优惠政策	申请对象
北京	最高 100 万元	小额担保贷款、大学生村官等免担保	由区财政进行贴息	本市户籍应届及毕业两年内未就业的高校毕业生
上海	最高 50 万元	小额担保贷款	天使基金	大学毕业生
西安	最高 50 万元	小额担保贷款	从事微利项目的,由财政全额贴息	陕西省境内高校毕业生
天津	最高 30 万元	小额担保贷款	市财政按比例贴息	大学毕业生
青岛	最高 30 万元	小额担保贷款	一次性创业补贴	高校毕业生
佛山	最高 20 万元	小额担保贷款	政府按比例贴息	顺德区大学生
潍坊	最高 20 万元	小额贷款	从事微利项目的,财政全额贴息	入住孵化中心的大学生
宜昌	最高 10 万元	小额担保贷款	贴息比例按国家规定的银行贷款基准利率的 100%	高校毕业生
山西	10 万元以内	小额担保贷款	微利行业,还可享受财政全额贴息	应届及毕业两年内登记失业的高校毕业生
甘肃	最高 10 万元	小额担保贷款	财政贴息	高校毕业生
哈尔滨	最高 10 万元	小额担保贷款	享受创业补贴	高校毕业生

(3) 创业基金政策。2005年3月,上海市人民政府正式启动了上海市大学生科技创业基金,该基金用于资助上海高校毕业生以其科研成果或者专利发明创办科技企业,鼓励大学生依托科技自主创新和创业,推动科技成果的产业化,培育技术创新型人才,拓宽大学生的就业渠道。该基金是政府资助型的"天使基金",也是培育高科技企业的"种子基金"。高校与各区县财政按一定比例与市大学生创业基金匹配,共同建立面向全市大学生的上海市大学生科技创业园区或科技成果孵化基地,为拥有科技创新成果的高校毕业生提供成果转化的场地和服务。基金支持对象的具体界定条件为:上海市列入自主择业范围高校(含研究生培养单位)应届毕业生(含外地高校上海户籍的应届毕业生,但不含专业学位学生、定向生和委培生等)以及在读硕士、博士研究生(不含单考生、定向、委培生、博士后、非全日制 MBA、EMBA 等)。规定从2006年起,上海市政府每年向基金会投入1亿元科技教育专项拨款,用以支持大学生科技创业实践,资金由市教委和市科委每年各投入5 000万元。2008年9月浙江省设立科技创新基金鼓励在校大学生创业,浙江省大学生科技创新基金资助的科技项目包括三类:大学生科技创新项目、大学生创新创业孵化项目和大学生科技创新推广项目。其中大学生科技创新项目只面向本专科学生,每年600个项目;大学生创新创业孵化项目和大学生科技创新推广项目则是研究生和本专科学生都可申报,每年分别有200个项目。每个项目的资助金额为5 000元,浙江省每年要投入500万元。2010年1月浙江省内首个专门投资大学生创业项目的天使基金——"西湖—星巢天使基金"正式启动。该基金总规模为1亿元人民币。杭州市西湖区政府出资1 000万元作为启动引导资金,浙江星巢投资管理公司向知名浙商企业发起基金募集邀请,并募集到9 000万元私募基金,该基金主要投资早期的大学生创业项目。四川省在2009年年底和2010年年初拨付5 000万元高校毕业生创业专项资金,由各级人事部门牵头,深入实施"千名高校毕业生创业"计划,在全省共同促进4 500名高校毕业生实现创业。

2. 税费减免政策

2003年5月,国务院办公厅发出了通知,除国家限制的行业以外,高校毕业生凡是从事个体经营的,自工商部门批准其经营之日起,一年内免交管理类和登记类的各项行政事业性收费。通知发出后,为了贯彻国务院办公厅的通知精神,2003年6月,就2003年普通高校毕业生从事个体经营的通知,国家工商总局制定了相关优惠的具体政策实施细则。该细则规定,除了国家限制的行业(包括建筑业、广告业、娱乐业、按摩、桑拿、氧吧、网吧等)外,凡高校毕业生(含大学专科、本科、研究生)从事个体经营的,自工商行政管理机关批准其经营之日起,一年内免交个体工商户登记注册费(包括开业登记和变更登记、营业执照和营业执照副本补换)、集贸市场管理费、个体工商户管理费、经济合同鉴证费等。

《2013年国家鼓励普通高校毕业生自主创业政策公告》指出,毕业2年以内从事个体经营时,自在工商部门首次注册登记之日起3年内,可免交管理类、登记类和证照类等有关行政事业性收费。此外,持《就业失业登记证》(注明"自主创业税收政策"或附着《高校毕业生自主创业证》)的高校毕业生在毕业年度内(指毕业所在自然年,即1月1日至12月31日)从事个体经营的,3年内按每户每年8 000元为限额享受有关税收优惠;毕业2年以内从事个体经营时,自在工商部门首次注册登记之日起3年内,可免交有关行政事业性收费。

三、创业商务支持政策

创业商务支持政策包括对大学生创业的场地扶持政策、注册登记政策,建立大学生创业孵化器,降低大学生创业进入壁垒政策。

1. 场地扶持政策

全国首个大学生创业园区于 2006 年 8 月在广东东莞市常平镇创立。为更好地使大学生创业区顺利开展,创办方将免费提供经营场地,给予一年免费使用权。免费提供常用办公设备,免费办理大学生创办企业的各类证照等。积极推荐符合条件的大学生团队、企业或个人申请大学生创业贷款和政府资金。

上海市为帮助创业者解决经营场地难找的瓶颈问题,从 2004 年起,市各级劳动保障部门挖掘部分闲置房产,开发建设适合非正规就业劳动组织和小企业的开业园区。目前,全市已建成开业园区 66 个。创业者不仅能以较低租金进驻开业园区,还可根据所吸纳本市失业、协保、农村富余劳动力的情况享受年度人均房租最高不超过 2 000 元,补贴期限最长不超过 3 年的开业园区房租补贴。

在国际创意产业蓬勃发展的大背景下,上海市还建立了 75 家创意产业园,创意产业的重点包括与产业研发相关的创意设计、与建筑相关的创意设计、与文化相关的创意设计、与消费相关的创意设计、与咨询策划相关的创意设计等。

为了进一步优化上海青年创业环境,上海市委于 2005 年在上海市青少年活动中心创建了上海青年科技园区。为进一步降低创业门槛,积极拓宽就业渠道,2007 年 3 月,市人力资源社会保障局出台了鼓励扶持自主创业政策。自主创业者租赁符合条件的固定经营场所开展创业活动,可享受每年最高不超过 2 000 元、补贴期限最长不超过 3 年的自主创业房租补贴。2009 年 3 月,上海人力资源社会保障局出台了初创期创业组织创业场地房租补贴政策,对本市劳动者创办的初创期创业组织在开业园区以外租赁符合条件的创业场地开展创业活动,并吸纳本市失业人员、协保人员和农村富余劳动力就业的,可给予年度人均补贴最高 2 000 元、最长期限 3 年的创业场地房租补贴。

成都在 2009 年建立了 12 个大学生创业园,入园创业的大学生还能够专享八项扶持政策,进入创业园的大学生优先享受小额贷款、风险担保等扶持政策;园区提供工商税务、人事代理等一站式服务等。

杭州市也建立了很多大学生创业园,进入到大学生创业园的企业可享受所在城区政府提供的两年 50 平方米以内的免费住房,在大学生创业园之外租房创业的,也将得到纳税地财政给予的为期两年的房租补贴。

2. 建立大学生创业孵化器

孵化一般指卵生动物的胚胎在卵膜内发育到一定阶段时,冲破卵膜和卵壳而孵出的过程。孵化器原来指人工孵卵的专用设备,保持一定的温度、湿度等环境条件,用于在任何季节孵化出幼雏。现在孵化一词被借用来形象地表述实现科技成果产业化的手段,后来孵化器被引入经济领域,是指通过提供研发、生产、经营的场地,通信、网络与办公等方面的共享设施,系统的培训和咨询,政策、融资、法律和市场推广等方面的支持,降低创业企业的创业风险和创业成本,提高企业的成活率和成功率。根据许多国家的测算,在完全市场竞争的条件下,新创办的中小企业的成活率一般不会超过 30%,但是经过孵化器的孵化和培育的企业,其成活率一般都可达到 80%以上,这充分显示了企业孵化器对中小企业成长的巨大作用。企业孵化器具有资源放大功能的作用机理,即通过聚集孵化资源形成服务体系,然后通过这个体系的作用,使孵化企业由小变大、由弱变强,成长起来的企业获得"毕业"资格进入市场,成为区域经济的新生力量和增长源。

2014年5月《人力资源社会保障部等九部门关于实施大学生创业引领计划的通知》中要求各地充分利用大学科技园、科技企业孵化器、高新技术开发区、经济技术开发区、工业园、农业产业园、城市配套商业设施、闲置厂房等现有资源,建设大学生创业园、留学人员创业园和创业孵化基地,为创业大学生提供创业经营场所。对建设大学生创业园、留学人员创业园和创业孵化基地的地方与高校,有关部门要积极给予对口支持和业务指导。要将创业实训、创业孵化、创业辅导相结合,创新孵化方式、完善孵化功能、提高创业孵化成功率。要制定并完善创业经营场所租金补贴办法,对符合条件的创业大学生按规定给予经营场所租金补贴。

近年来,全国各地为支持大学生创业纷纷建立了大学生创业孵化基地,为大学生创业企业的成长做出了很大贡献。上海市共建立了35个大学生创业孵化基地。表11-2为上海市大学生创业孵化基地一览表,根据上海市政府官方网站信息编制。

表 11-2　上海市大学生创业孵化基地一览表

单 位 名 称	地　　址
上海市科技创业中心	钦州路 100 号
上海漕河泾新兴技术开发区科技创业中心	宜山路 900 号 A 区 3 楼
上海张江高新技术创业服务中心	浦东张江春晓路 350 号北三楼
上海杨浦科技创业中心有限公司	国定路 335 号 1 号楼
上海上大科技园发展有限公司	延长路 149 号科技楼 518 室
上海慧谷高科技创业中心	虹桥路 333 号
上海同济科技园孵化器有限公司	杨浦区赤峰路 65 号
东华大学国家大学科技园	延安西路 1882 号
上海复旦科技园高新技术创业服务有限公司	国定路 335 号
集成电路设计创业中心	北京东路 668 号 C 区 709
上海都市工业设计中心有限公司	浦东新区达尔文路 88 号 1 号楼
上海多媒体产业园创业有限公司	江苏路 369 号兆丰世贸大厦 28 楼 A 座
上海科汇高新技术创业服务中心	嘉川路 245 号
上海八六三信息安全产业基地有限公司	浦东张江张衡路 200 号 2 号楼
上海聚科生物园区有限责任公司	漕宝路 500 号 3 号楼
国家火炬互联网创业中心	张江高科技园区科苑路 151 号
上海时代创业管理有限公司	张江高科松涛路 563 号 B 座 420 室
上海中科大研究发展中心	浦东张江碧波路 456 号

第十一章　大学生创业政策导引

续表

单位名称	地　　址
上海嘉定民营技术密集区发展总公司	嘉定区叶城路 1288 号
上海市黄浦区科技创业中心	制造局路 787 号
上海静安科技企业孵化器管理有限公司	胶州路 397 号 5 号楼 215
上海市虹口区科技创业中心	汶水东路 51 号 3 号楼 D 座
上海市青浦区科技创业中心	青浦区公元东路 1155 号
上海市科技创业中心卢湾分中心	顺昌路 330 号
上海市科技创业中心闸北分中心	共和新路 912 号云华科技大厦 8 楼
上海莘闵高新技术开发有限公司	沪闵路 6555 号 16 楼
上海未来岛科技创业中心	祁连山南路 2889 号
上海八六三软件孵化器有限公司	闵行浦江镇联航路 1588 号
上海徐汇软件发展有限公司	番禺路 1028 号 102 室
上海奉贤区科技创业中心	奉贤南桥镇解放东路 121 号 301
上海张江药谷公共服务平台有限公司	张江蔡伦路 780 号 4 楼 4B 座
上海中纺科技城发展有限公司	青浦区华纺路 99 弄 99 号 2 楼
上海南汇区科技创业中心	南汇区康桥镇秀沿路 1515 号
上海金山化工孵化器发展有限公司	金山区秋实路 688 号
上海市松江区科技创业中心	松江工业区新飞路 1500 号

2009 年 7 月陕西省首个大学生创业孵化基地在西安航天基地揭牌，5 个大学生创业企业入驻孵化基地。入驻基地的大学生创业企业可免费使用两年，同时，基地也将为企业提供工商、税务、融资等方面的优惠服务，帮助企业克服初期存在的困难、减少必要的成本投入、降低创业风险、提高竞争力。

3. 降低进入壁垒政策

为鼓励高校毕业生自主创业，以创业带动就业，2009 年 2 月，上海市工商局出台《上海市工商行政管理局关于鼓励创业促进就业的若干意见》，允许毕业两年内的高校毕业生投资设立注册资本 50 万元以下的有限责任公司"零首付"注册，自公司成立之日起两年内缴足注册资本。随后深圳、四川、武汉等地陆续推出大学生创业"零首付"注册政策，都是规定在公司成立之日起两年内缴足注册资金。

2009 年成都对大学生创业的扶持力度达到了前所未有的高度，集中出台了八项支持大学生创业的政策，其中最为引人关注的是鼓励试营业和放宽市场准入的政策。鼓励试营业的政策如下：凡高校毕业生从事食品、饮料、居民服务、日用品、书报刊零售等活动的，且暂时不具备行政许可申办条件的，只要完善了相关手续，即可开展试营业。不仅如此，而且在试营业期间，可以免予个体工商户登记。放宽市场准入最为优惠的一个举措是公司"零首付"注册政策，即大学毕业生创业或者是以大学毕业生为主的创业，大学生本人全资或注册资本大于等于 50％注册有限责任公司，500 万元以下的注册资本可以实行"零首付"注册。在不低于《公司法》或有关法律法规规定的最低注册资本限额，且在六个月内缴满注册资本20%以上的,可向工商管理部门申请经营期限为6个月的营业执照,其余注册资本在两年内缴完。与之前颁布的三个月"零首付"注册政策相比,时间限制又延长了一倍。

西安市规定,放宽大学生创业住所登记政策,大学毕业生和归国留学人员自主创业登记时,允许其用自有或租住的房子作为经营场所。在工商登记时不需要提交相关房产产权证明文件,只需要有有效访问租赁合同即可。这一政策解决了毕业生的创业场地难问题。长沙市政府为打破大学生创业所需手续繁杂的问题,专门为高校毕业生申办企业开通了一条绿色通道,即只要所提供的材料符合法定形式并且材料齐全,可在一个工作日内发放营业执照。

第四节　大学生创业政策的问题与未来

一、大学生创业政策的问题与评价

十几年来,中国政府从中央到地方都出台了很多促进大学生创业的政策,这些政策使大学生创业活动进入了前所未有的良好发展阶段:一是减少了社会对大学生创业的质疑,加大了地方政府和高校对大学生创业活动的支持。如截至2013年,地方政府和高校设立的大学生创业资金累计已达16亿元,其中省级大学生创业资金10.85亿元,地市级资金2.57亿元,共建立了2 000多个创业实习或孵化基地,总面积达330万平方米。二是促进了创业教育活动的开展。如早在2008年,有课题组对全国24个省、自治区、直辖市的117所大学进行的调研显示,117所高校中的"985工程"高校已全部开设创业教育课程,"211工程"高校中仅有7.69%未开设,非"211工程"高校中仅有13.04%未开设,84.96%的高校创办了学生创业社团。在15 922名接受调查的大学生中,几乎没有接触过创业教育的只占14.62%。此外,截至2013年,各地各高校共举办创业大赛、论坛等创业教育活动2万余场,参加大学生超过300多万人次。与此同时,也出现了一些高校创业教育典型。如以"创业启蒙—创业课程—创业赛事—创业实践"为特征的清华大学创业教育模式,"立足地域文化,秉承温州精神,与专业紧密结合"的温州大学创业教育模式,"面向全体、基于专业、分类教学、强化实践"的黑龙江大学创业教育模式,等等。这些数据和事例都说明当前我国高校的创业教育已进入了全面推进阶段。

但是,从近年来大学生创业政策运行的实际表现来看,还有很多不尽如人意的地方。如目前,我国大学生参与创业的比例不到毕业生总数的1%。而在发达国家,这一比例一般占到20%~30%。另外,我国大学生创业成功率也比较低,甚至在比例最高的浙江省也只有4%,广东省仅为1%,而国际大学生的平均创业成功率为20%。并且在这些创业中,创业档次低、高科技含量少已成为基本情况,大学生的创业行业与国家政策所期许的"建设创新型国家"相去甚远。以上我国大学生创业所面临的尴尬处境,除了跟大学生所处的社会文化环境、家庭背景等因素密切相关之外,创业政策的效能缺失也是一个不容忽视的方面。

最早关注并研究创业政策的德国学者伦德斯特罗姆和史蒂文森认为创业政策应包括

激发创业动机的政策、提供创业机会的政策以及培育创业技能的政策三个方面。创业政策要着眼于创业者的创业动机、机会和技能，鼓励更多的人以创建自己的企业作为首要目标。这也就是说，创业政策应能推动这些方面不断形成更强的功能。但是，纵观我国近年来出台的扶持大学生创业的政策，却存在着许多值得反思和检讨的地方。

第一，把创业政策作为就业政策来认识和执行。这样做有助于通过创业扩大就业岗位以解决大学生的就业问题，这对于缓解就业矛盾、促进社会和谐，都具有重要的现实意义。但是这种目标导向，一方面使政府出台的扶持大学生创业的政策成了扶持困难群体再就业、培养小商小贩，这自然降低了大学生这一创业群体所应当强调的知识含量与科技水平；另一方面也造成了高校创业教育活动主要局限于操作层面和技能层面。不能与大学生自身的学科专业教育相结合，从而偏失了大学教育的应有价值。如很多高校只是将大学生创业教育视为就业指导工作的一部分，主要面向即将毕业的学生，创业教育课程也只是在临近大学生毕业期间才开设，课程缺乏系统性、针对性和可操作性。

第二，未能充分调动民间的力量。大学生创业的社会性、实践性的特点决定了其必须与社会各界合作与联动方能成功，光靠政府部门或高教系统的单打独斗是难以施展和持续的。如目前针对大学生的创业技能培训之所以被认为缺乏针对性和实用性，原因主要是在政府无能力全职担负培训职能的前提下，没有充分调动非官方力量来组织创业培训，没有形成培训方、受训方的利益分享机制。至于扶持大学生的创业资金，政府也未能吸引广大的社会资本来参与这项事业，仅仅依靠政府设立的有限的大学生创业基金项目，这对于大学生创业群体所需的资金来说，简直就是杯水车薪。

第三，政府各部门以及高校各自为战，创业服务支持不够。一方面，目前政府推动大学生创业的优惠政策大多分散在各个部门，这自然减弱了这些政策的效力；另一方面，大学生创业所需的服务机构缺失，使得创业政策对创业活动支持和保障的效率降低。如我国政府在为大学生创业提供服务的过程中，往往通过政府指定的单一代理机构（如科技创业中心），或者干脆是政府某个部门（如科技处）进行。虽然在短期内见效快、力度大，但对于创业企业的服务却缺乏持续性和覆盖面。此外，高校仅仅专注于大学生创业教育的组织与实施，把提高大学生的创业参与率作为最终的工作目标，而对大学生创业后的商务支持服务却缺乏参与意识，认为是政府部门和创业大学生自己的事。

第四，政策效力缺失，落实打折扣。一方面，政府出台的大学生创业政策大多是粗线条的，只是规定了原则和方向，或者只能算是对国家有关文件精神的政治呼应，缺少便于操作的实施细则、监督贯彻落实的配套政策以及激励机制等。这导致国家对大学生创业的优惠政策无法落到实处。最直接的表现之一就是对大学生创业的商务支持不足。另一方面，目前出台的有关大学生创业政策，大多还是以各种"意见"、"通知"、"讲话"等形式存在，没有经过立法机构的表决通过。因为从法理上说，这些创业政策不具备法律效力，特别是领导班子轮换之后，有关创业的一些政策容易反复，难以保证政策的连贯性和持续性。

总而言之，在对待大学生创业这一问题上，政府主要还是把它当作是一项政治任务而不是一项公共政策，热衷于如何给大学生创业者以"扶贫式"的优惠和资助，以此来表达对大学生就业这一民生问题的关切。而这些则往往导致政府出台的创业政策缺乏对创业需求端的考察，政策含金量小、驱动效应有限。

二、大学生创业政策的未来展望

"让更多人愿意创业，让更多人成功创业"应是新时期大学生创业政策的主轴。要达到这一政策目标，就应该系统地分析政策的着力点和对象，驱动刺激创业活动发生的关键变量，即在政府主导下，以创业教育为基础、以创业商务支持为重心，不断提高大学生创业政策的针对性。

1. 创业政策"前移"：以创业教育为基础

从整体上讲，大学生愿意创业以及创业的成功是一个长期培育的过程。如个人的感知变量（如对机会的警觉、对失败的害怕以及对自己技能的自信等）这一影响创业活动的重要因素，是难以在短期内培育或改变的。因此也就需要一个较长的过程。为此，大学生创业政策就要在现有的基础上"前移"，即不再仅仅关注大学生毕业后是否创办企业以及创业成功率的高低，而是立足于长远，突出高校在创业活动中的重要地位，从培养学生的创业素质入手。要做到这一点，就需要政府不能仅仅是为了解决就业问题而引导和鼓励大学生从事简单化、服务性、重复式的个体经营项目，而是要把大学生的创业工作纳入到国家的长期发展规划中，纳入到政府的人才培养体系中，纳入到高校的整个教育教学过程中。如伦德斯特罗姆和史蒂文森二位学者通过对澳大利亚以及13个欧盟国家创业政策的调查和文本分析，发现芬兰、荷兰、澳大利亚以及英国这四个国家达成了一个最基本的共识就是，应该把创业教育纳入到国家长期的教育发展规划方案中，立足于长远，扶持高校搞好有关创业教育的课程、师资、教学方法的开发与运用。此外，也需要政府各个相关部门（而不仅仅是教育部）出台扶持高校开展创业教育的政策。同时也需要政府某个部门积极从中牵头，联合其他社会力量，共同促进高校创业教育活动的有效开展。

需要补充说明的是，在条件成熟时，创业政策还要继续"前移"到基础教育阶段，以把创业教育纳入到整个国民教育体系，及早培育学生的未来创业所需要的创业意识和创业精神。

2. 创业政策"聚焦"：加大对大学生创业的商务支持力度

创业政策要在实践中出成效，就必须在政策设计上突出重心。就目前来讲，政府需要特别关注的就是要加大对创业大学生创业商务支持的力度，具体放在资金投入、实践场地、指导队伍等方面。要制定出政策实施路线图和时间表，一个环节一个环节地去落实，一个步骤一个步骤地去推进。

要做到这一点，一方面，需要政府成立大学生创业领导小组（或大学生创业委员会）。通过"一把手工程"把分散在各个部门的有关知识、技术、资金等方面的创业优惠政策通过一定的方式"打包"，形成为大学生创业提供商务支持的合力。如可通过创办大学生创业信息中心，把大学生创业活动所涉及的项目、信息、政策、资金以及服务等内容整合在一起，实行资源共享，让创业的大学生在创业时有所选择。也可为创业大学生建立创业服务绿色通道，为已创办企业提供资金筹措、人才招聘、人事代理、企业形象宣传、会展等商务支持。另一方面，需要政府发挥自身的主导作用，设计出具有激励效应的政策，鼓励高校通过课程改革、师资培养和校园文化建设等策略把创业教育的思想与理念融入自己的人才培养计划与体系中,鼓励大学生"将创业当成一种选择,进而达到鼓励他们采取行动创办企业的目的"。鼓励社会各界参与并支持大学生的创业活动,最终形成包括新闻媒体在内的社会各界支持大学生创业活动的舆论共识,形成政府引导、民间出力、优势互补、分工协作、费用共担、收益共享、以点带面的大学生创业商务支持体系。

3. 创业政策"落地":提高大学生创业政策的针对性

基于大学生这一社会群体的特殊性(如在教育水平、年龄等方面具有较高的同质性),也基于大学生创业参与率、成功率不高的现实,政府在设计创业政策时,一定要提高其针对性,只有这样,才能实现与大学生这个特殊创业群体的良好对接。一是把创业教育作为新时期人才培养模式改革的方向。如可以通过出台相关政策促使高校对其人才培养模式进行改革,把创业教育与其课堂教学、课外实践等环节有机融合起来,让大学生既有机会"学中做",又有能力"做中学",从而最大限度挖掘大学生潜能,以使其将来能更好地立足社会、创新创业。二是要创新创业培育模式。如可把以孵化基地、"创业苗圃"为支撑的"圈养"与单以"种子基金"股权投资的"散养"相结合,尽量扩大政策的受益面和不同创业类型大学生的需求。三是建立创业项目负责制,实施从创业项目导入到退出的落地跟踪服务。如可通过聘请创业培训老师、成功企业家和政府有关部门专家,采取单个指导、会诊指导、授课指导、陪伴指导、咨询指导等形式帮助大学生提高创业实践能力。四是完善创业见习制度。由于大学生大多涉世未深,也没有什么工作经历,所以,拥有创业见习体验对他们毕业后是否愿意参与创业以及创业能否成功至关重要。然而,对于企业来说,一般是不太愿意为大学生提供创业见习机会的。这就需要政府一方面制定奖惩政策激励各级企事业单位积极接纳大学生创业见习;另一方面也要把大学生创业见习成效与创业扶持项目选择结合起来,与对企事业单位的奖励结合起来,使创业见习不至于流于形式。

本 章 小 结

本章首先介绍了我国大学生政策出台的背景,包括经济社会发展的要求、大学生创业活动的兴起、高校扩招带来大学生就业高峰期以及经济危机情况下大学生就业形势严峻等。最早于1998年由清华大学发起的首届"清华大学创业计划大赛",以及后来以此为载体进行的从校园走向市场的大学生创业活动使大学生创业成为公众关注的焦点,并形成了一个政策问题。此后十多年来,为了发展和促进大学生创业活动,国家出台了一系列优惠政策。

在1998—2002年,我国大学生创业政策以高校自由探索为主,提倡大学生高科技创业;把推进大学生创业作为改革高校毕业生就业制度的一个突破口,这个时期的政策比较笼统,主要提出一些原则和方向,而大学生创业主要是精神性扶持。在2003—2006年,政府开始真正提供创业优惠政策,重视普遍的创业活动,创业政策的关注点更多地投到了大学毕业生身上,强调创业培训在促进大学毕业生开拓就业领域中的重要作用。在2007—2014年的发展中,创业政策开始有更多部门参与,逐步重视全面改进创业环境:一是从提供单纯的创业技能培训到提出包括创业意识、创业知识、创业技能培养的全面的创业教育,希望从源头上促进大学生创业;二是从单纯提供创业优惠政策到提供创业服务,真正为大学生创业提供支持。

之后我们从三个主要方面介绍了我国大学生创业政策的构成：创业教育培训政策、创业财政金融政策和创业商务支持政策。创业教育培训政策主要通过两种方式进行，一是组织开展各种各样的创业大赛，鼓励大学生创业。二是逐渐在全国范围内普及高校创业教育培训。创业财政金融政策主要有创业融资政策和税费减免政策，前者包括财政专项资金政策、小额担保贷款政策、创业基金政策等。创业商务支持政策包括对大学生创业的场地扶持政策、注册登记政策，建立大学生创业孵化器，降低大学生创业进入壁垒政策。

十几年来，中国政府从中央到地方都出台了很多促进大学生创业的政策，这些政策使大学生创业活动进入了前所未有的良好发展阶段：一是减少了社会对大学生创业的质疑，加大了地方政府和高校对大学生创业活动的支持；二是促进了创业教育活动的开展。但是，从近年来大学生创业政策运行的实际表现来看，还有很多不尽如人意的地方。如大学生参与创业比例低、成功率低等。认真反思，主要有这么几个原因：第一，把创业政策作为就业政策来认识和执行；第二，未能充分调动民间的力量；第三，政府各部门以及高校各自为战，创业服务支持不够；第四，政策效力缺失，落实打折扣。要想实现"让更多人愿意创业，让更多人成功创业"，必须系统地分析政策的着力点和对象，驱动刺激创业活动发生的关键变量，即在政府主导下，以创业教育为基础，以创业商务支持为重心，不断提高大学生创业政策的针对性。具体来讲，首先要将创业政策"前移"，以创业教育为基础；其次要将创业政策"聚焦"，加大对大学生创业的商务支持力度；第三要将创业政策"落地"，提高大学生创业政策的针对性。通过这些措施，使得我国大学生创业政策愈发完善，帮助更多的大学生创业者解决创业中的难题，真正实现"让更多人愿意创业，让更多人成功创业"。

案例分析

政策给力　大学生圆了创业梦

政策给力　大学生圆了创业梦

拥有自己的一间工作室，创办属于自己的公司，曾是孙鹏磊的简单梦想。从山大（威海）本科毕业这年，孙鹏磊未花一分钱的房租就实现了开办公司的创业梦。

谈起这些，孙鹏磊感慨地表示："政府出台的这些创业扶持政策，不仅帮助我获得成功，也让更多的高校学子实现了创业梦。"

自行车租赁成创业"金点子"

孙鹏磊的办公室是一间约10平方米的屋子，屋内摆放着5辆不同色彩的自行车，它们或挂在墙壁上，或固定在办公桌旁，屋内不同的角落还放置着不同的骑行装备。整个办公室设计得简单而富有个性。

孙鹏磊目前就读于山大（威海）研究生一年级，研习金融专业，本科读的是人力资源管理。这两个专业与自行车租赁毫无关联，孙鹏磊是如何将自行车租赁作为自己创业的着力点的呢？

"我一直想创业，刚升入大四时一直在做一个类似于帮助客户做线下优惠的推销活动,其中有一位客户是做自行车生意的,他一直想在高校校园内推广自行车。"孙鹏磊说,频繁地与对方接触,让他从中嗅到了商机。"我能不能在校园里做自行车租赁业务呢?"这种想法在心里生根发芽后,孙鹏磊开始了自己的创业行动。

未花一分钱 有了办公室

2013年6月,在大学本科即将毕业时,孙鹏磊与一名同学在山大(威海)校园内率先推出了自行车租赁业务。孙鹏磊紧紧抓住"90后"学生追求个性、突出色彩的心理,推出一系列彩色自行车,加上自行车的租价比较低,一经推出便迅速受到学生的欢迎。

当时正处于复习冲刺考试的关键时期,自行车租赁业务却在校园里逐渐火了起来,这让孙鹏磊有些始料未及。但随着七八月份暑假的来临,校园自行车的租赁量骤降。这并没有让孙鹏磊灰心,他把目光锁定在来威游客的身上,很快,这批自行车也受到了游客的欢迎。

从2013年6月份推出业务到9月份,孙鹏磊和同学两人经过努力,月销售量始终保持在2 000元以上。这些业绩让孙鹏磊更加坚定了开公司实现自己创业梦的想法。当年9月,孙鹏磊组建了自己的公司——威海风行自行车租赁销售有限公司。

然而,创办公司就需要有自己的办公室,但从当时的经营状况来看,要租一间办公室就意味着孙鹏磊等人将无利可赚。这时,孙鹏磊想到了学校里的创业孵化园。

2011年5月4日,为扶持高校学生自主创业,威海市多部门单位联合搭建的"联通未来青春创业孵化园"启动。申请获批后,创业学生可以享受到一系列创业扶持政策,最重要的是可以在2年内免费使用场地——这对孙鹏磊极具诱惑力。

孙鹏磊带着材料向学校提出了申请,很快,一个约10平方米的办公室就属于他了。拿到办公室钥匙的这一天,孙鹏磊非常激动:"创业梦就这么顺利起步了,没花一分钱就有了工作场地,真的非常感谢政府和学校的支持。"

不仅如此,在随后的几个月里,孙鹏磊又成功申请了一间约20平方米的仓库,用以放置待售和待租的自行车,为顺利创业提供了很大便利。

团队"扩容" 生意越做越大

高校学生创业困难重重,与经验丰富的社会创业者相比,大学生缺乏必要的经验和能力。因此,仅靠场地支持、资金扶持等政策显然是不够的,当地政府推出的创业导师服务制度也大大提高了学生创业的成功率。

"我的项目获得了很多人的关注,创业导师为我指点迷津。还有很多企业老总帮我指出创业中存在的问题,并给我提供了很多有用的建议。"孙鹏磊表示,看着很多和他一样的学生在政策扶持下顺利走向创业之路,他的心里就充满了感动和自豪。

有了创业导师的帮助,孙鹏磊的创业之路越走越顺。

2013年10月,一直做自行车租赁生意的孙鹏磊开始涉猎自行车销售业务,租赁、销售双管齐下,业务量、销售量也纷纷看涨,以当年10月份为例,16辆自行车销售一空。此外,公司的足迹也由山大(威海)走向了哈工大(威海)和威海职业学院,孙鹏磊又先后将10余名人才招致麾下。团队"扩容",风行自行车的名号也越来越响。

"我现在特别轻松,有政策扶持,我相信创业之路肯定会越走越顺。"孙鹏磊信心满满地说,他要做的不仅仅是租赁、销售自行车,未来他还要将骑行装备、二手车等业务纳入公司体系中,将"风行"真正打造成校园自行车王国。

(资料来源:http://fw.kelamayi.com.cn/html/2014/zhengcfg_0116/39161.html.)

【思考题】

1. 孙鹏磊创业过程中的优惠政策有哪些?
2. 这些优惠政策都是通过什么渠道获知的?
3. 孙鹏磊还可以通过申请哪些扶持政策让创业做大做强?

小链接1

《2013年国家鼓励普通高校毕业生自主创业政策公告》

一、放宽市场准入条件

1. 对自主创业高校毕业生进一步放宽准入条件,降低注册门槛,初创企业时,允许按行业特点放宽资金、人员准入条件,注册资金可分期到位。

2. 按照相关规定可将家庭住所、租借房、临时商业用房等作为注册地点及创业经营场所。

二、享受资金扶持政策

1. 对符合条件的高校毕业生自主创业的,可在创业地按规定申请小额担保贷款;从事微利项目的,可享受不超过10万元贷款额度的财政贴息扶持;合伙经营和组织起来就业的,可根据实际需要适当提高贷款额度。

2. 视当地情况,可申请"大学生创业资金"。

三、实行税费减免优惠

1. 毕业2年以内从事个体经营时,自在工商部门首次注册登记之日起3年内,可免交管理类、登记类和证照类等有关行政事业性收费。

2. 持《就业失业登记证》(注明"自主创业税收政策"或附着《高校毕业生自主创业证》)的高校毕业生在毕业年度内(指毕业所在自然年,即1月1日至12月31日)从事个体经营的,3年内按每户每年8 000元为限额享受有关税收优惠;毕业2年以内从事个体经营时,自在工商部门首次注册登记之日起3年内,可免交有关行政事业性收费。

四、提供培训指导服务

1. 对高校毕业生在整个毕业学年(即从毕业前一年7月1日起的12个月)内参加创业培训的,根据其获得创业培训合格证书或就业、创业情况,按规定给予培训补贴。

2. 进入"高校学生科技创业实习基地"创办企业,可以享受减免12个月的房租、专业技术服务与咨询、相应的公共设施以及公共信息平台服务等。

3. 在办理自主创业行政审批事项时,可以通过"绿色通道"享受联合审批、一站式服务、限时办结和承诺服务等。

4. 各城市应取消高校毕业生落户限制,允许包括专科生在内的高校毕业生在创业地办理落户手续(直辖市按有关规定执行)。

5. 自主创业申报灵活就业的高校毕业生,各级公共就业和人才服务机构按规定提供人事、劳动保障代理服务,做好社会保险关系接续工作。

小链接2

《国务院办公厅关于做好2014年全国普通高等学校毕业生就业创业工作的通知》

国办发〔2014〕22号

各省、自治区、直辖市人民政府,国务院各部委、各直属机构:

为进一步做好2014年全国普通高等学校毕业生(以下简称高校毕业生)就业创业工作,经国务院同意,现就有关问题通知如下:

一、高度重视高校毕业生就业创业工作

高校毕业生是国家宝贵的人才资源。做好高校毕业生就业创业工作,对于保持就业形势稳定,促进经济社会健康发展具有重要意义。近年来,各地区、各有关部门认真贯彻落实党中央、国务院的决策部署,高校毕业生就业创业工作取得积极进展。2014年,全国高校毕业生数量继续增加,就业工作任务十分艰巨。对此,党中央、国务院高度重视。党的十八届三中全会、中央经济工作会议对做好当前和今后一段时期高校毕业生就业创业工作提出明确要求,国务院对做好今年高校毕业生就业创业工作作出新的部署。各地区、各部门要切实将思想和行动统一到党中央、国务院的决策部署上来,充分认识做好高校毕业生就业创业工作的重要性和紧迫性,聚焦重点难点,继续把高校毕业生就业创业摆在就业工作的首要位置和整个经济社会发展的重要位置。要多方位拓宽就业渠道,结合产业转型升级开发更多适合高校毕业生的就业岗位,尤其要加快发展就业吸纳能力强的服务业,着力发展研发设计、现代物流、融资租赁、检验检测等对高校毕业生需求比较集中的生产性服务业,同时加快发展各类生活性服务业,拓展新领域,发展新业态,不断提高服务业从业人员比重。要充分发挥市场配置人力资源的决定性作用,着力改革创新,完善政策措施,强化就业创业服务,改善就业创业环境,引导高校毕业生转变就业观念,力争实现高校毕业生就业和创业比例都有所提高,确保高校毕业生就业形势稳定。

二、鼓励高校毕业生到城乡基层就业

各地区要结合城镇化进程和公共服务均等化要求,充分挖掘教育、劳动就业、社会保障、医疗卫生、住房保障、社会工作、文化体育及残疾人服务、农技推广等基层公共管理和服务领域的就业潜力,吸纳高校毕业生就业。要结合推进农业科技创新、健全农业社会化服务体系等,引导更多高校毕业生投身现代农业。全面落实高校毕业生到中西部地区和艰苦边远地区县以下基层单位就业的学费补偿和助学贷款代偿政策,尚未制定学费补偿和助学贷款代偿办法的地区,要在年内出台。高校毕业生在中西部地区和艰苦边远地区县以下基层单位从事专业技术工作,申报相应职称时,可不参加职称外语考试或放宽外语成绩要求。充分挖掘社会组织吸纳高校毕业生就业潜力,对到省会及省会以下城市的社会团体、基金会、民办非企业单位就业的高校毕业生,所在地的公共就业人才服务机构要协助办理落户手续,在专业技术职称评定方面享受与国有企事业单位同类人员同等待遇。继续统筹实施好大学生村官、"三支一扶"等各类基层服务项目,健全鼓励高校毕业生到基层工作的服务保障机制。各地要为高校毕业生参加实习、见习、志愿服务等活动创造条件,并将参加实习、见习、志愿服务等活动作为高校毕业生求职的实践经历。要加大工作力度,健全体制机制,鼓励支持更多高校毕业生参军入伍。

三、鼓励小型微型企业吸纳高校毕业生就业

各地区、各有关部门要认真落实《国务院关于进一步支持小型微型企业健康发展的意见》(国发〔2012〕14号),为小型微型企业发展创造良好环境,推动小型微型企业在转型升级过程中创造更多岗位吸纳高校毕业生就业。对小型微型企业新招用毕业年度高校毕业生,签订1年以上劳动合同并按时足额缴纳社会保险费的,给予1年的社会保险补贴,政策执行期限截至2015年年底。科技型小型微型企业招收毕业年度高校毕业生达到一定比例的,可申请最高不超过200万元的小额担保贷款,并享受财政贴息。对小型微型企业新招用高校毕业生按规定开展岗前培训的,各地要根据当地物价水平,适当提高培训费补贴标准。

四、实施大学生创业引领计划

2014—2017年,在全国范围内实施大学生创业引领计划。通过提供创业服务,落实创业扶持政策,提升创业能力,帮助和扶持更多高校毕业生自主创业,逐步提高高校毕业生创业比例。各地要采取措施,确保符合条件的高校毕业生都能得到创业指导、创业培训、工商登记、融资服务、税收优惠、场地扶持等各项服务和政策优惠。各高校要广泛开展创新创业教育,将创业教育课程纳入学分管理,有关部门要研发适合高校毕业生特点的创业培训课程,根据需求开展创业培训,提升高校毕业生创业意识和创业能力。各地公共就业人才服务机构要为自主创业的高校毕业生做好人事代理、档案保管、社会保险办理和接续、职称评定、权益保障等服务。

各地区、各有关部门要进一步落实和完善工商登记、场地支持、税费减免等各项创业扶持政策。拓宽高校毕业生创办企业出资方式,简化工商注册登记手续。鼓励各地充分利用现有资源建设大学生创业园、创业孵化基地和小企业创业基地,为高校毕业生提供创业经营场所支持。对高校毕业生创办的小型微型企业,按规定落实好减半征收企业所得税、月销售额不超过2万元的暂免征收增值税和营业税等税收优惠政策。对从事个体经营的高校毕业生和毕业年度内的高校毕业生,按规定享受相关税收优惠政策。留学回国的高校毕业生自主创业,符合条件的,可享受现行高校毕业生创业扶持政策。

各银行业金融机构要积极探索和创新符合高校毕业生创业实际需求特点的金融产品和服务方式,本着风险可控和方便高校毕业生享受政策的原则,降低贷款门槛,优化贷款审批流程,提升贷款审批效率。要通过进一步完善抵押、质押、联保、保证和信用贷款等多种方式,多途径为高校毕业生解决反担保难问题,切实落实银行贷款和财政贴息。在电子商务网络平台开办"网店"的高校毕业生,可享受小额担保贷款和贴息政策。充分发挥中小企业发展专项资金的积极作用,推动改善创业环境。鼓励企业、行业协会、群团组织、天使投资人等以多种方式向自主创业大学生提供资金支持,设立重点面向扶持高校毕业生创业的天使投资和创业投资基金。对支持创业早期企业的投资,符合条件的,可享受创业投资企业相关企业所得税优惠政策。

五、深入实施离校未就业高校毕业生就业促进计划

各地区要将离校未就业高校毕业生全部纳入公共就业人才服务范围,采取有效措施,力争使每一名有就业意愿的未就业高校毕业生在毕业半年内都能实现就业或参加到就业准备活动中。各有关部门、各高校要密切协作,做好未就业高校毕业生离校前后信息衔接和服务接续,切实保证服务不断线。教育部门要将有就业意愿的离校未就业高校毕业生的实名信息及时提供给人力资源社会保障部门。人力资源社会保障部门要建立离校未就业高校毕业生实名信息数据库,全面实行实名制就业服务。各级公共就业人才服务机构和基层就业服务平台要及时主动与实名登记的未就业高校毕业生联系,摸清就业需求,提供有针对性的就业服务。教育部门和高校要加强对离校未就业高校毕业生的跟踪服务,为有就业意愿的高校毕业生持续提供岗位信息和求职指导。

各地区要结合本地产业发展需要和高校毕业生就业见习意愿及需求,扩大就业见习规模,提升就业见习质量,确保凡有见习需求的高校毕业生都能得到见习机会。根据当地物价水平,适当提高见习人员见习期间基本生活补助标准。高校毕业生见习期间参加职业培训的,按现行政策享受职业培训补贴。

各地区要继续推动离校未就业高校毕业生技能就业专项行动,结合当地产业发展和高校毕业生需求,创新职业培训课程,提高职业培训的针对性和实效性。在高校毕业生集中的城市,要提升改造一批适应高校毕业生特点的职业技能公共实训基地。国家级重点技工院校和培训实力雄厚的职业培训机构,要选择一批适合高校毕业生的培训项目,及时向社会公布。

六、加强就业指导、就业服务和就业援助

各地区、各有关部门、各高校要根据高校毕业生特点和求职需求,创新服务方式,改进服务措施,提高服务质量,促进更多的高校毕业生通过市场实现就业。加强网络信息服务,建立健全全国公共就业信息服务平台,加快招聘信息全国联网,更多开展网络招聘,为用人单位招聘和高校毕业生求职提供高效便捷的就业信息服务。积极开展公共就业人才服务进校园活动,为高校毕业生送政策、送指导、送信息,特别是要让高校毕业生知晓获取就业政策和岗位信息的渠道。精心组织民营企业招聘周、高校毕业生就业服务月、就业服务周、部分大中城市联合招聘高校毕业生专场活动和每季度的全国高校毕业生网络招聘月等专项服务活动,搭建供需信息平台,积极促进对接。高校要加强就业指导课程和学科建设,积极聘请专家学者、企业人力资源经理、优秀校友担任就业导师。

各地区、各高校要将零就业家庭、优抚对象家庭、农村贫困户、城乡低保家庭以及残疾等就业困难的高校毕业生列为重点对象实施重点帮扶。享受城乡居民最低生活保障家庭的毕业年度内高校毕业生的求职补贴要在离校前全部发放到位,求职补贴标准较低的要适当调高标准。各地可结合本地实际将残疾高校毕业生纳入享受求职补贴对象范围。党政机关、事业单位、国有企业要带头招录残疾高校毕业生。离校未就业高校毕业生实现灵活就业的,在公共就业人才服务机构办理实名登记并按规定缴纳社会保险费的,给予一定数额的社会保险补贴,补贴数额原则上不超过其实际缴费的2/3,最长不超过2年,所需资金从就业专项资金中列支。

七、进一步创造公平的就业环境

各地区、各有关部门要积极采取措施,促进就业公平。用人单位招聘不得设置民族、种族、性别、宗教信仰等歧视性条件,不得将院校作为限制性条件。省会及以下城市用人单位招聘应届毕业生不得将户籍作为限制性条件。国有企业招聘应届高校毕业生,除涉密等特殊岗位外,要实行公开招聘,招聘应届高校毕业生信息要在政府网站公开发布,报名时间不少于7天;对拟聘人员应进行公示,明确监督渠道,公示期不少于7天。各地区、各有关部门要严厉打击非法中介和虚假招聘,依法纠正性别、民族等就业歧视现象。加大对企业用工行为的监督检查力度,对企业招用高校毕业生不签订劳动合同、不按时足额缴纳社会保险费、不按时支付工资等违法行为,及时予以查处,切实维护高校毕业生的合法权益。

各地区、各有关部门要消除高校毕业生在不同地区、不同类型单位之间流动就业的制度性障碍。省会及以下城市要放开对吸收高校毕业生落户的限制,简化有关手续,应届毕业生凭《普通高等学校毕业证书》、《全国普通高等学校毕业生就业报到证》、与用人单位签订的《就业协议书》或劳动(聘用)合同办理落户手续;非应届毕业生凭与用人单位签订的劳动(聘用)合同和《普通高等学校毕业证书》办理落户手续。高校毕业生到小型微型企业就业、自主创业的,其档案可由当地市、县一级的公共就业人才服务机构免费保管。办理高校毕业生档案转递手续,转正定级表、调整改派手续不再作为接收审核档案的必备材料。

八、推动创新高校人才培养机制

深化教育改革,积极调整教育结构,加快发展现代职业教育,深化校企合作、工学结合,培养生产、建设、服务、管理一线的应用型和技能型人才。高校要明确办学定位,突出办学特色,加强就业教育,提高人才培养质量。各高校自2014年起要发布高校毕业生就业质量年度报告,完善就业与招生计划、人才培养、经费拨款、院校设置的联动机制,充分听取行业主管部门、经济部门、就业部门以及有关行业组织的意见,促进人才培养更好地适应经济社会发展需要。有关部门要开展产业升级人才需求预测研究,健全岗位需求统计调查制度,适时向社会发布行业人才需求信息,引导高校优化学科专业结构,探索制定行业岗位标准,促进高校依据市场需求完善专业培养课程。

九、加大宣传工作力度

各地区、各有关部门、各高校要高度重视宣传工作。要大力宣传党和政府对高校毕业生就业创业工作的重视和采取的政策措施,大力宣传高校毕业生到基层和中小微企业就业创业的先进事迹和典型经验,以正确的舆论导向引导社会各方面全面客观地看待当前就业形势,共同关心高校毕业生就业创业工作。教育部门和高校要将就业创业政策宣传到每一名高校毕业生,引导高校毕业生转变就业观念,以积极向上的心态走向社会,先就业、再择业,在平凡的岗位上创造不平凡的业绩。人力资源社会保障部门要深入用人单位进行政策宣传,引导用人单位履行社会责任,挖掘就业岗位吸纳更多高校毕业生就业。要在充分利用报纸、广播、电视等传统媒体的基础上,积极探索使用微博、微信、手机客户端等新媒体,深入解读促进高校毕业生就业创业的各项优惠政策。同时,密切关注舆情动态,及时了解和回应社会关切,掌握舆论主导权。

十、加强对高校毕业生就业创业工作的组织领导

各地要将高校毕业生就业工作列入政府政绩考核内容,进一步健全政府促进就业责任制度,在制定经济社会发展规划、调整产业结构和产业布局时,把高校毕业生就业作为重要目标予以考虑。要切实加大就业专项资金的投入力度,确保各项促进高校毕业生就业创业政策落到实处。就业工作联席会议成员单位要切实履行职责,加强协作配合,共同做好高校毕业生就业创业工作。各地区、各有关部门要按照本通知精神,制定具体措施,切实抓好贯彻落实。

小链接3

《人力资源社会保障部等九部门关于实施大学生创业引领计划的通知》

人社部发〔2014〕38号

各省、自治区、直辖市人力资源社会保障厅(局)、发展改革委、教育厅(教委)、科技厅(科委)、中小企业主管部门、财政厅(局)、工商行政管理局、团委,中国人民银行上海总部、各分行、营业管理部、省会(首府)城市中心支行,部属各高等学校,新疆生产建设兵团有关部门:

为了贯彻落实党中央、国务院关于全面深化改革战略部署和促进高校毕业生就业创业工作要求,引导和支持更多的大学生创业,人力资源社会保障部、国家发展改革委、教育部、科技部、工业和信息化部、财政部、人民银行、工商总局、共青团中央决定,2014—2017年实施新一轮"大学生创业引领计划"。现就有关问题通知如下:

一、指导思想和目标任务

(一)指导思想

深入贯彻落实党的十八届三中全会对促进高校毕业生就业创业工作的新要求,坚持政府政策支持与创业者努力相结合,合理运用政府公共资源,充分动员社会其他资源,激发大学生[含国内各类高校的在校生、毕业生、出国(境)留学回国人员]创新活力,为大学生创业提供有力支持,以创新引领创业,以创业带动就业。

(二)目标任务

通过各方共同努力,使大学生的创业意识和创业能力进一步增强,支持大学生创业的政策制度和服务体系更加完善,政府激励创业、社会支持创业、大学生勇于创业的机制基本形成,大学生创业的规模、比例继续得到扩大和提高,力争实现2014—2017年引领80万大学生创业的预期目标。

二、政策措施

(一)普及创业教育

各级教育部门要加强对高校创业教育工作的指导和管理,推动高校普及创业教育,实现创业教育科学化、制度化、规范化。各高校要将创业教育融入人才培养体系,贯穿人才培养全过程,面向全体学生广泛、系统开展;积极开发开设创新创业类课程,并纳入学分管理;不断丰富创业教育形式,开展灵活多样的创业实践活动;切实加强师资队伍建设,为普

及创业教育提供有力支持。

（二）加强创业培训

各级人社部门要加强与教育部门和高校的衔接，以有创业愿望的大学生为重点，编制专项培训计划，优先安排培训资源，切实抓好组织实施，使每一个有创业愿望和培训需求的大学生都有机会获得创业培训。要鼓励支持有条件的高校、教育培训机构、创业服务企业、行业协会、群团组织等开发适合大学生的创业培训项目，经过评审认定后，纳入创业培训计划，提高创业培训的针对性和有效性。要切实加强创业培训师资队伍建设，创新培训方式，积极推行创业模块培训、创业案例教学和创业实务训练，抓好质量监督，不断提升大学生创业能力。要会同相关部门进一步完善和落实创业培训补贴政策，健全并加强培训补贴资金管理，对符合条件的参训大学生按规定给予培训补贴。

（三）提供工商登记和银行开户便利

各级工商部门要按照工商登记制度改革总体部署完善管理制度，落实注册资本认缴登记制，依照有关法律法规规定拓宽企业出资方式，放宽住所（经营场所）登记条件，推行电子营业执照和全程电子化登记管理。要进一步完善工商登记"绿色通道"，简化登记手续，优化业务流程，为创业大学生办理营业执照提供便利。要落实减免行政事业性收费政策，对符合条件的创业大学生，按规定减免登记类和证照类等有关行政事业性收费。人民银行各分支机构要积极会同有关部门指导银行业金融机构进一步改进金融服务，为创业大学生办理企业开户手续提供便利和优惠。

（四）提供多渠道资金支持

各地要认真落实小额担保贷款政策，在符合规定前提下，加大对创业大学生的支持力度，简化反担保手续，强化担保基金的独立担保功能，适当延长担保基金的担保责任期限，落实银行贷款和财政贴息，重点支持吸纳大学生较多的初创企业。要充分发挥中小企业发展专项资金的作用，更多支持大学生创业实体。要鼓励企业、行业协会、群团组织、天使投资人等以多种方式向创业大学生提供资金支持，设立重点支持创业大学生的天使投资和创业投资基金。对支持创业早期企业的投资，符合规定条件的，按规定给予所得税优惠或其他政策鼓励。有条件的地区要对现有各类高校毕业生就业创业基金进行整合，完善管理体制和运营机制，向大学生创业实体提供支持。

（五）提供创业经营场所支持

各地要充分利用大学科技园、科技企业孵化器、高新技术开发区、经济技术开发区、工业园、农业产业园、城市配套商业设施、闲置厂房等现有资源，建设大学生创业园、留学人员创业园和创业孵化基地，为创业大学生提供创业经营场所。对建设大学生创业园、留学人员创业园和创业孵化基地的地方与高校，有关部门要积极给予对口支持和业务指导。要将创业实训、创业孵化、创业辅导相结合，创新孵化方式，完善孵化功能，提高创业孵化成功率。要制定并完善创业经营场所租金补贴办法，对符合条件的创业大学生按规定给予经营场所租金补贴。

（六）加强创业公共服务

各级人社部门要会同协调有关方面针对创业大学生普遍遇到的问题开展创业公共服务，建立健全创业公共服务政府采购机制并加强绩效管理，构建覆盖院校、园区、社会的创

第十一章 大学生创业政策导引

业公共服务体系。要对各方面相关优惠政策进行归集梳理,以年轻人喜闻乐见的形式加强宣传解读并提供咨询,帮助符合条件的创业大学生获得相应的税费减免、资金补贴等政策扶持。要建立健全青年创业辅导制度,从拥有丰富行业经验和行业资源的企业家、职业经理人、天使投资人当中选拔一批青年创业导师,为创业大学生提供创业辅导。要采取多种方式搭建青年创业者交流平台,经常举办交流活动,为创业大学生及时了解政策和行业信息、学习积累行业经验、寻找合作伙伴和创业投资人创造条件。要积极引导大学生参加创业竞赛活动,有条件的地区可定期举办青年创业大赛,使之成为凝聚青年创业者、展示创业方案和创业项目的舞台,同时为创业投资机构、天使投资人等选择投资对象提供机会。要拓宽人事和劳动保障事务代理服务范围,将创业大学生作为重要服务对象,提供档案保管、人事代理、职称评定、社保代理等服务。要加强服务创新,积极探索将促进就业创业政策措施向网络创业就业领域延伸拓展的有效方式,为在电子商务网络平台上注册"网店"的创业大学生提供政策支持和服务。要充分发挥留学人员回国服务工作体系的作用,对留学回国创业人员开展针对性服务,帮助他们了解国内信息、熟悉创业环境、交流创业经验、获得政策扶持。

三、工作要求

(一)加强组织领导

各地各高校要充分认识促进大学生创业的重要意义,切实加强领导,加大人力、财力投入,为本计划实施提供有力保障。要结合实际制订贯彻落实方案,明确目标和进度指标、任务和政策措施、责任分工和完成期限,对本计划的实施做出具体安排。各有关部门和单位要牢固树立全局意识,认真履行职责,加强协调配合,确保本计划顺利实施。

(二)加强绩效考核

要把本计划落实与执行情况作为高校毕业生就业工作考核的重要内容,以既定目标、进度、任务是否完成,政策措施是否落实到位,创业大学生是否得到支持帮助为考核重点,定期对相关部门、单位进行绩效考核。考核结果要及时向党委、政府汇报,并通报有关方面,接受监督质询,不断推进工作取得实效。

(三)加强舆论宣传

对党和政府鼓励支持大学生创业的政策措施,本计划执行过程中取得的进展、成效、经验和工作创新,以及创业大学生自强不息、勇于创业的典型事迹,各地要通过大众传媒予以广泛宣传,以加强对社会舆论的正面引导,努力营造鼓励创新、崇尚创业、褒奖成功、宽容失败的社会氛围。

各地贯彻落实情况请及时告人力资源社会保障部、教育部。

小链接4

《国家税务总局、财政部、人力资源社会保障部、教育部、民政部关于支持和促进重点群体创业就业有关税收政策具体实施问题的公告》

国家税务总局公告2014年第34号

为贯彻落实《财政部国家税务总局人力资源社会保障部关于继续实施支持和促进重

点群体创业就业有关税收政策的通知》(财税〔2014〕39号)精神,现将创业就业有关税收政策的具体实施意见公告如下:

一、个体经营税收政策

(一)申请

1. 在人力资源社会保障部门公共就业服务机构登记失业半年以上的人员、零就业家庭或享受城市居民最低生活保障家庭劳动年龄内的登记失业人员,可持《就业失业登记证》、个体工商户登记执照和税务登记证向创业地县以上(含县级,下同)人力资源社会保障部门提出申请。县以上人力资源社会保障部门应当按照财税〔2014〕39号文件的规定,核实创业人员是否享受过税收扶持政策。核实后,对符合条件人员在《就业失业登记证》上注明"自主创业税收政策"。

2. 毕业年度高校毕业生在校期间创业的,可注册登录教育部大学生创业服务网(网址:http://cy.ncss.org.cn),提交《高校毕业生自主创业证》申请表,由所在高校进行网上信息审核确认,学校所在地省级教育行政部门依据学生学籍学历电子注册数据库,对高校毕业生身份、学籍学历、是否是应届高校毕业生等信息进行核实后,向高校毕业生发放《高校毕业生自主创业证》,并在数据库中将其标注为"已领取《高校毕业生自主创业证》"。高校毕业生持《高校毕业生自主创业证》向创业地人力资源社会保障部门提出申请,由创业地人力资源社会保障部门相应核发《就业失业登记证》。

3. 毕业年度高校毕业生离校后创业的,可凭毕业证,直接向创业地县以上人力资源社会保障部门提出申请。县以上人力资源社会保障部门在对人员范围、就业失业状态、已享受政策情况核实后,对符合条件人员相应核发《就业失业登记证》,并注明"自主创业税收政策"。

(二)税款减免顺序及额度

符合条件人员从事个体经营的,按照财税〔2014〕39号文件第一条的规定,在年度减免税限额内,依次扣减营业税、城市维护建设税、教育费附加、地方教育附加和个人所得税。纳税人的实际经营期不足一年的,应当以实际月份换算其减免税限额。换算公式为:减免税限额=年度减免税限额÷12×实际经营月数。

纳税人实际应缴纳的营业税、城市维护建设税、教育费附加、地方教育附加和个人所得税小于减免税限额的,以实际应缴纳的营业税、城市维护建设税、教育费附加、地方教育附加和个人所得税税额为限;实际应缴纳的营业税、城市维护建设税、教育费附加、地方教育附加和个人所得税大于减免税限额的,以减免税限额为限。

(三)税收减免备案

纳税人在享受税收优惠政策后的当月,持《就业失业登记证》(注明"自主创业税收政策"或附着《高校毕业生自主创业证》)和税务机关要求的相关材料向其主管税务机关备案。

二、企业、民办非企业单位吸纳税收政策

(一)申请

符合条件的企业、民办非企业单位持下列材料向县以上人力资源社会保障部门递交申请:

1. 新招用人员持有的《就业失业登记证》。

2.企业、民办非企业单位与新招用持《就业失业登记证》人员签订的劳动合同(副本),企业、民办非企业单位为职工缴纳的社会保险费记录。

3.《持〈就业失业登记证〉人员本年度实际工作时间表》(见附件)。

4.人力资源社会保障部门要求的其他材料。

其中,劳动就业服务企业要提交《劳动就业服务企业证书》,民办非企业单位提交《民办非企业单位登记证书》。

县以上人力资源社会保障部门接到企业、民办非企业单位报送的材料后,应当按照财税〔2014〕39号文件的规定,重点核实以下情况:

1.新招用人员是否属于享受税收优惠政策人员范围,以前是否已享受过税收优惠政策;

2.企业、民办非企业单位是否与新招用人员签订了1年以上期限劳动合同,为新招用人员缴纳社会保险费的记录;

3.企业、民办非企业单位的经营范围是否符合税收政策规定。

核实后,对符合条件的人员,在《就业失业登记证》上注明"企业吸纳税收政策",对符合条件的企业、民办非企业单位核发《企业实体吸纳失业人员认定证明》。

(二)税款减免顺序及额度

1.纳税人按本单位吸纳人数和签订的劳动合同时间核定本单位减免税总额,在减免税总额内每月依次扣减营业税、城市维护建设税、教育费附加和地方教育附加。纳税人实际应缴纳的营业税、城市维护建设税、教育费附加和地方教育附加小于核定减免税总额的,以实际应缴纳的营业税、城市维护建设税、教育费附加、地方教育附加为限;实际应缴纳的营业税、城市维护建设税、教育费附加和地方教育附加大于核定减免税总额的,以核定减免税总额为限。

纳税年度终了,如果纳税人实际减免的营业税、城市维护建设税、教育费附加和地方教育附加小于核定的减免税总额,纳税人在企业所得税汇算清缴时,以差额部分扣减企业所得税。当年扣减不足的,不再结转以后年度扣减。

$$减免税总额 = \sum 每名失业人员本年度在本企业工作月份 \div 12 \times 定额$$

企业、民办非企业单位自吸纳失业人员的次月起享受税收优惠政策。

2.第二年及以后年度当年新招用人员、原招用人员及其工作时间按上述程序和办法执行。每名失业人员享受税收优惠政策的期限最长不超过3年。

(三)税收减免备案

1.经县以上人力资源社会保障部门核实后,纳税人依法享受税收优惠政策。纳税人持县以上人力资源社会保障部门核发的《企业实体吸纳失业人员认定证明》《持〈就业失业登记证〉人员本年度实际工作时间表》和税务机关要求的其他材料,在享受税收优惠政策后的当月向主管税务机关备案。

2.企业、民办非企业单位纳税年度终了前招用失业人员发生变化的,应当在人员变化次月按照前项规定重新备案。

三、管理

(一)严格各项凭证的审核发放。任何单位或个人不得伪造、涂改、转让、出租相关凭证,违者将依法予以惩处;对采取上述手段已经获取减免税的企业、民办非企业单位和个人,主管税务机关要追缴其已减免的税款,并依法予以处罚;对出借、转让《就业失业登记证》的人员,主管人力资源社会保障部门要收回其《就业失业登记证》并记录在案。

(二)《就业失业登记证》采用实名制,限持证者本人使用。创业人员从事个体经营的,《就业失业登记证》由本人保管;被用人单位录用的,享受税收优惠政策期间,证件由用人单位保管。《就业失业登记证》由人力资源社会保障部统一样式,各省、自治区、直辖市人力资源社会保障部门负责印制,统一编号备案,作为审核劳动者就业失业状况和享受政策情况的有效凭证。

(三)《企业实体吸纳失业人员认定证明》由人力资源社会保障部统一式样,各省、自治区、直辖市人力资源社会保障部门统一印制,统一编号备案。

(四)《高校毕业生自主创业证》采用实名制,限持证者本人使用。《高校毕业生自主创业证》由教育部统一样式,各省、自治区、直辖市教育行政部门负责印制,其中注明申领人姓名、身份证号、毕业院校等信息,并粘贴申领人本人照片。

(五)县以上税务、财政、人力资源社会保障、教育、民政部门要建立劳动者就业信息交换和协查制度。人力资源社会保障部建立全国统一的就业信息平台,供各级人力资源社会保障、税务、财政、民政部门查询《就业失业登记证》信息。地方各级人力资源社会保障部门要及时将《就业失业登记证》信息(包括发放信息和内容更新信息)按规定上报人力资源社会保障部。教育部门要按季将《高校毕业生自主创业证》发放情况以电子、纸质文件等形式通报同级人力资源社会保障部门和税务机关。

(六)主管税务机关应当在纳税人备案时,在《就业失业登记证》中加盖戳记,注明减免税所属时间。各级税务机关对《就业失业登记证》有疑问的,可提请同级人力资源社会保障部门予以协查,同级人力资源社会保障部门应根据具体情况规定合理的工作时限,并在时限内将协查结果通报提请协查的税务机关。

四、本公告自2014年1月1日起施行。《国家税务总局财政部人力资源社会保障部教育部关于支持和促进就业有关税收政策具体实施问题的公告》(国家税务总局公告2010年第25号)同时废止。

特此公告。

第十二章 大学生创业成功案例精选

金山公司前CEO、著名的天使投资人雷军说:"创业者遇到的问题99%已有答案,别人已经遇到过了,并且解决了。向那些成功的过来人请教,可以少走弯路。"本章按行业分别精选部分成功的大学生创业案例,在行业的选择上既有当前比较热的电子商务、互联网和移动互联网,也包括了一些传统行业,比如餐饮、娱乐、服装、教育和农业等。通过不同行业的典型案例的回顾和点评,还原那些创业者的经历、创业过程中遇到的种种困难以及"兵来将挡,水来土掩"的应对策略,聆听他们内心深处对于创业的各种体会,从这些创业案例中体会他们的创业智慧、创业品质和创业心态,让大学生们了解创业、体验创业、思考创业并学习如何创业。

【创业案例1——电子商务行业】

京东商城:草莽英雄刘强东创业路

20世纪90年代,中关村有一块著名的大路牌,上面写着"中国离信息高速公路还有多远?",答案是"前方500米"。由电子一条街蜕变而来的中关村,在当时是一个象征,象征着中国信息产业的起源和未来,这个从出生就完全带着市场经济基因的产业在中关村呈现出浩荡磅礴的生长态势;中关村也是一个传奇,无数知识分子由此白手起家、干净赚钱,创造了一个又一个财富奇迹。而对于北京乃至全国的莘莘学子来说,中关村意味着激情和理想,是有志创业者的心中热土。

中关村向南,中国人民大学,1992年,迎来一位江苏宿迁的新生,身材微胖、个头不高,长相十分大众,他叫刘强东。宿迁最负盛名的先人,西楚霸王项羽,年少时看到威风凛凛的秦始皇,曾说过一句"彼可取而代也。"刘强东似乎秉承了这样的大志,他一心从政,发愤图强,考上了中国人民大学,听从一位老师的指导报了社会学专业。但入学后不久,师兄告诉他,社会学与从政无关,而且就业状况不佳,这让刘强东倍感迷茫。既然当不了官,那就经商。他后来回忆起这段经历,笑称在中国创业很难,而当时一无所有的他,唯一的办法就是先做点小生意,攒够资金,再组织一个团队。

艰辛创业路

刘强东出身农民家庭,家境并不富裕,上大学时家人给他凑了500块钱上路。他决心自食其力,不给家里带来负担。大一的时候,他帮人手抄信封,3分钱一张;大二的时候,他从批发市场二五折购进精装书,去写字楼推销,他也一直在给学校机房打工,同时自学编程;大三,刘强东每天骑自行车去门头沟一家单位做实习程序员,并由此掘到了第一桶金。他参与到了一些政府和农村的信息化建设项目中,依靠写程序的专长,赚到了十几万元,成为当时最有钱的大学生之一。

拿着手里的十几万元,又从亲朋好友手里借到十几万元,刘强东盘下了中关村附近的一个饭馆。以前,饭馆里面的店员薪水很低,住地下室,平时只吃剩饭剩菜,老板亲自把控资金;刘强东接手后,涨了工资,改善了住宿环境,给店员吃香的喝辣的,采购和收银也放手让他们去做。这个带着理想主义创业的年轻人,把信任和管理混为一谈,遭遇了事业上的第一次挫折。由于管理松散,员工总是变着法子侵吞店里的钱,所以没有一年,原本盈利的饭店,赔光了他的投入,刘强东由此得到的教训是:"对员工一定要信任,但信任不等于没有管理。"

1996年,刘强东毕业了,欠了不少债。他进了一家日资企业,业余时间继续干起老本行——编程。这家实行轮岗制的日资企业锻炼了刘强东,从电脑信息化到物流、采购,大部分岗位他都干过,了如指掌。但还完债后的刘强东并没有留恋这份工作,"渴望创业的冲动一天比一天强烈,最后不能控制自己"。于是他辞去了月薪4 000多元的外企职位,拿着手里的1.2万元积蓄赶赴中关村,租了一个小柜台,售卖刻录机。柜台名叫"京东多媒体",这便是"京东商城"的前身。

"京东"为什么叫"京东"?因为刘强东初恋女朋友的名字中有个"京"字,他把"京"与自己名字中的"东"合在一起,就有了"京东"。此后,京东磕磕碰碰,越做越大,刘强东在事业上实现了自己的抱负,但他的爱情却没能有个像样的结局。

"在1998年的时候,作为一个大学生创业,去中关村摆柜台,是一件很丢人的事情,特别是我毕业的学校还是有一定的知名度。"当时正在读研的女友去看望刘强东时经常问三个问题:"难道你一辈子就要这么生活下去吗?为什么我们不能一块儿出国呢?你为什么不能考研呢?"女友的父母也坚决反对,认为刘强东没出息。最终,女友离开了他。

但刘强东没有别的选择,他只能在自己的道路上继续前行,他讳莫如深,甚至一度隐瞒了父母。直到2001年,刘强东的母亲起了疑心,起身来到北京,给刘强东打电话让他来北京西站接自己,一看创业的事情包不住了,刘强东才说了实情。母亲很伤心,认为大学生去站柜台是走下坡路。

女友离弃,家人反对,让刘强东一度陷入痛苦之中,谈起这一段经历,他感慨万千,"我创业前3年最大的痛苦,不是站在马路边上发宣传单遭白眼,不是挨冷受累,而是感觉世界上没有一个人理解我……哪怕第一年就赚了三十多万元,我在他们眼里依然是下三烂。"

但京东规模的迅速壮大,最终让大家明白:刘强东是对的。2001年,京东商城已成为当时中国最大的光磁产品代理商,并在全国各地开设了十多家分公司。刘强东的个人财富也首次突破了1 000万元。从这时候起,他把京东商城定位为传统渠道商,打算复制国美、苏宁的商业模式经营IT连锁店。就在他兴致勃勃准备扩张的时候,2003年SARS来袭,这一场瘟疫遣散了中关村的喧闹和繁华,生意一落千丈。加之刘强东顾忌员工安全,就暂时关闭了所有门店。

没有生意做,就等于在亏钱,刘强东听说有人在互联网上卖东西,就四处打听,想要参与进来。当时的搜易得数码商城风头正劲,刘强东成为了搜易得商铺上的商家。后来,搜易得的一位老员工回忆起来,说:"别的商家每次都要问你们的店租能不能降一降,但刘强东总是问,你们的程序是怎么编的、你们的流程是怎么控制的,他从来不关心价格,倒是对电子商务的后台技术很感兴趣。"

第十二章　大学生创业成功案例精选

当时连 BBS 是什么意思都不懂的刘强东,为了推销自己的网上商铺,跑到一个论坛发了个"广告帖",论坛的创办人这样回复了他的帖子——"京东我知道,这是唯一一个我在中关村买了三年光盘没有买到假货的公司。"因为这句话,当天刘强东就成交了六笔生意。

尝到甜头以后,刘强东对网上销售产生了浓厚的兴趣。这个只玩过 QQ 和论坛,没上过当当,不知道卓越的年轻人,在查阅了无数电子商务的相关资料后,认定"电子商务就是未来!"京东转型的计划,便被提上了日程。

喂不饱的京东

2004 年,围绕线下还是线上的问题,刘强东和公司骨干进行了长时间的讨论。当时线下是盈利的,线上则需要大笔投资,且回报遥遥无期。所以不少人反对转战互联网,刘强东又不能接受别人提出的两线作战,他觉得资金有限,需要聚焦,于是最终力排众议,决定砍掉实体店铺,专心经营网上 3C 业务。

和很多互联网公司不同,刘强东不太喜欢在广告上投入过大,他相信口碑是更好的营销。当然,在最开始,也可能是因为缺钱。从 2004—2007 年,京东商城的规模并没有太大变化,后来刘强东总结原因,认为问题出在钱上,"完全靠留存收益发展,必须赚钱,所以丧失了一些发展机会"。

因为缺钱,人员和设施配备捉襟见肘。刘强东虽然懂编程,但当时基本上是个互联网小白,雇来的网管水准也不太理想。在京东商城上线后的第三天,刘强东照常登录服务器,发现公司主页被"黑"掉了,屏幕上面黑底白字,写着"京东网管是个大白痴"。重装系统后还是不行,刘强东赶紧找到一个懂行的朋友帮忙。这个朋友看了京东的服务器以后,不由得感叹道:"京东服务器是我看到的全世界最'牛'的服务器,有 1 300 多个病毒,700 多个漏洞,任何一个有点黑客技术的人都可以攻破。"

2007 年,京东商城的发展遇到了第一个瓶颈,当时公司年销售额过八千万元,想壮大规模,但靠自有资金实在周转不过来,银行不愿借款,刘强东在山穷水尽的时候才知道有 VC。他与今日资本的总裁徐新女士见面后,主动提出想要 200 万美元。这个曾经帮扶过网易、土豆等知名企业的女强人,信奉一个道理——投对的人比投对的商业模式更重要。在第一次见面的交谈中,徐新就被刘强东的诚信打动了。一见如故,这个风投界的女伯乐非常看好刘强东,于是主动把投资额加码到 1 000 万美元。徐新说,"电子商务烧钱很快,选中的黑马就要给足了钱,让它放心往前跑"。

"我相信每个能够做实业的企业家,能坚持 10 年的,背后的艰辛都无法言喻,受到的磨难、困难都留在心里。所以,我希望投资者能够善待创业者。"刘强东后来说过这样一句话。在获得第一笔风投的时候,他就坚持一个信念:自己不会因为融资让出控制权。刘强东用这 1 000 万美元筹建了广州分公司、购买了不少库房、扩充了产品渠道,产品种类从 3 000 种增加到了 18 000 种。与此同时,京东也打出了第一批广告,因为徐新告诉刘强东——互联网企业都是从亏钱开始的。

2008 年 10 月,首轮 1 000 万美元的风投亏完后,京东遭遇了第二次困境。当时正值金融危机,资本市场哀鸿遍野,刘强东先后会见了 40 多家 VC,没有一家愿意掏钱。他回忆说,"2008 年到 2009 年年初的时候,如果再拿不到钱,就只能过桥贷款,每年利息都是

20%,相当于放高利贷了。"急得睡不好觉的刘强东,遇到了雄牛资本,后者是做了国美、苏宁十年的投行,在家电行业有着丰富的经验,看了京东的财务数据后,觉得没有问题,比竞争对手要强,于是慷慨解囊,拿出了1 200万美元,第一轮投资人跟了800万美元,加上另外跟投的100万美元,京东得到了救命稻草一般的2 100万美元。这部分资金主要用在了升级物流平台、服务技术和扩建网络上,这一阶段也是京东扩大规模的重要阶段。

在2011年年初,京东商城获得俄罗斯投资者数字天空技术(DST)、老虎基金等共6家基金和社会知名人士融资共计15亿美元,资金几乎全部投入到了物流扩建和技术研发方面。此时,京东商城的估值约为100亿美元。

2013年,本来是京东计划上市的一年,但新年伊始,传出了京东再次融资的消息,融资金额为7亿美元,而此时的京东估值掉到了72.5亿美元。估值缩水,折价私募,表明了京东对资金需求之急切,形势所迫不得不融。

在第四轮融资之前,围绕资金链断裂的猜测不绝于耳,刘强东却稳坐泰山,毫不担忧。如今,随着新资金到位,"京东将死"的传言基本绝迹,与京东同在船上的资本方也为数众多,刘强东已经不是一个人在战斗。但在京东这只大船上,从上船的那一天起,股东和船员都明白的道理是:船长只有一个,那就是刘强东。对于IPO,刘强东现在说:"两年之内不考虑!"这意味着京东还将会有新的融资,刘强东要在上市之前就打造一个真正庞大的帝国。

(资料来源:http://www.vcinchina.com/c/27/44059.html.)

【案例点评】

"没有人能够随随便便成功"这句话同样适用于来自江苏宿迁一个普通农村家庭的刘强东。刘强东的成功来自于多方面的原因,从他作为创业者的角度来讲,首先,他能够对自己有一个正确清醒的定位,目标明确,并不断学习,提高自身素质。立志从政的刘强东选择了中国人民大学社会学系,但是当得知自己的专业与从政根本没关系而且还不好找工作时,他有过迷茫,但是很快就对自己有了新的定位——"弃政从商"。大学期间,刘强东便开始不断积累经验和技术,打工、兼职、学习编程,这为他以后的创业打下了很好的基础,并且在此过程中通过自己的努力获得了人生的第一桶金。

其次,创业需要坚持不懈,并在一次次的失败中不断学习和成长。刘强东用赚到的第一桶金和向亲朋好友借的钱,经营一家小饭店,结果因为管理不善,赔光了所有的钱,还欠了不少债。如果是常人可能这个时候,就会好好找一份工作,安安稳稳的工作、结婚、生孩子。但是创业的冲动让刘强东辞去了外企的工作,带着仅有的1.2万元积蓄又回到了中关村,站柜台售卖刻录机。结果初恋女友弃他而去,家里父母极力反对,这是刘强东最痛苦和难熬的时候,如果这个时候他放弃了,也就没有现在的京东了。除了坚持不懈,在每次创业的挫折中,刘强东总能从中吸取教训,不断学习。经营小饭店的失败教会了他要相信员工,但信任不等于没有管理;2003年SARS期间,店面关闭,公司不断亏本,这促使他将目光转向线上销售,并从此开辟了京东新的发展道路。

最后,刘强东是一个目光长远的人。俗话说"心有多大,舞台就有多大",刘强东从不满足于京东目前取得的成就。对于一个从贫苦家庭走出来的孩子,从他将大学期间赚到的十多万元投入经营小饭店就能看出,刘强东不是一个注重眼前的人。从线下转到线上,京东由原来的巨额盈利成了巨额亏损,而且持续几年一直亏损,但是他知道这不是经营性亏损,而是投资性亏损,是为了打造京东帝国所必需的前期基础设施建设投入。钱亏了,没有资金就向 VC 求助,新筹的钱又亏光了就再找 VC 投资。VC 们之所以一次次地给京东投资,是因为大家看到了刘强东和他所要打造的京东帝国的诚意,他们知道京东迟早会给他们带来巨大的收益。

【创业案例 2——电子商务行业】

聚美优品创始人陈欧:纽交所上市公司最年轻 CEO

"你只闻到我的香水,却没看到我的汗水;你有你的规则,我有我的选择;你嘲笑我一无所有不配去爱,我可怜你总是等待;你可以轻视我们的年轻,我们会证明这是谁的时代。梦想,注定是孤独的旅行,路上少不了质疑和嘲笑,但,那又怎样?哪怕遍体鳞伤,也要活得漂亮。我是陈欧,我为自己代言。"

虽然可能已经被引用过无数次,要提到陈欧,似乎还是绕不过这条曾爆红网络的"陈欧体"。陈欧曾说:"这则广告词唤醒了大家内心的梦想,引发了共鸣,所以获得了众人追捧。广告词和聚美的创业史有关,算是屌丝的逆袭。"

当时的聚美优品还没有在美国上市,但已十分成功。"陈欧体"的疯传让更多人认识了聚美优品以及这位不太一样的年轻 CEO。

2014 年 5 月,聚美优品正式挂牌纽交所,31 岁的陈欧成为纽交所 222 年历史上最年轻的上市公司 CEO。截至 2014 年 7 月 4 日,聚美优品的市值为 248.03 亿元,陈欧的身家达到 88.3 亿元,一跃登上《理财周报》3 000 家族财富榜的 95 名。

工作狂和屌丝

陈欧是怎样一个人呢?他如何用短短的四年时间把聚美优品送上纽交所,而且还盈利。

他大概是个工作狂。他在自己的一条微博中写道:"每个周末下班,都会感觉很空虚,过于专注工作,在闲下来一刻却失去了娱乐的能力。谁让我是个忙起来特别 high 的人呢?加油!"关于陈欧的不少轶事都是从聚美优品的高级副总裁刘惠璞口中透出来的,他也曾说:"陈欧的人生里没有别的东西。他跑到美国去给我发短信,你看美国的丝芙兰是怎么做的。跑到欧洲去,欧洲的丝芙兰怎么做的。就这样的一个人。然后去香港去吃碗拉面说,啊,你看拉面的用户体验怎么做的。"

他还自称屌丝。虽然长着高富帅的脸,也有高富帅的背景,但作风挺实在,连带着聚美优品也是一样的风格。据说聚美优品上市当天,在纽交所的敲钟仪式上,陈欧和他的伙伴们敲足了 15 秒才肯下去。当晚参加投资人的派对,他们低调地庆祝了成功,第二天就飞回了国内,坐的还是经济舱。

最近的事例是 5 月 23 日,刘惠璞在微博里写道:"今天宝洁中国副总裁和一行十余人高管团队,来到聚美访谈,这次会谈特别顺利,因为对于代表了传统行业最强营销团队和互联网最强营销团队的两家公司,营销是最好的共同语言。销售都是朴素的,中午大家只叫了外卖比萨,却不显失礼,结果后来一寻思不对啊,还是人家宝洁叫的外卖。"陈欧转发了这条微博,同时调侃刘惠璞"太丢人了,你怎么安排的。"

年轻的创业者

聚美优品并不是陈欧的第一次创业。早在他还在新加坡读大四的时候,就创办过在线游戏对战平台 Garena。当时盛大浩方有意进入东南亚市场,但版本做得很差。陈欧自己是资深游戏玩家,参加新加坡《魔兽争霸》比赛还入围过前三,而且专业学的又是计算机,就想不如自己来做,于是就有了 Garena。后来陈欧前往美国斯坦福大学读 MBA,将手中的 Garena 股份卖掉换成了现金。

MBA 毕业后,陈欧回国创业,选择的商业模式是游戏内置广告,并拿到了天使投资人徐小平 18 万美元的投资。徐小平大概不会想到,这笔投资经历几番曲折,为他换来聚美优品 8.8% 的股份,在聚美优品上市后,给他带来了超过 600 倍的投资回报。

徐小平回忆当时与陈欧见面:"毕业回国后陈欧找到我,坐在中国大饭店,他说想做游戏植入,说了半天我也没听懂。我直接问你需要多少钱?他说要 20 万美元。我问 15 万美元怎么样?你给我多少股份?他说 10%。讨价还价了半天,他说,徐老师,我的团队也希望我的公司估值听起来有点价值,至少是个整数,两百万美元的级别。陈欧干脆请我出 18 万美元占 10%。"

其实这就是一个十几分钟的对话,谈完之后他就回去了。我突然意识到这是一个伟大的创业者,谈判如此干脆利落。我马上给他打电话,希望把一套房子借给他用。陈欧第二天去看了一下,在中关村海淀黄庄的地铁口上,那是创业者的乐园。他感觉特别好,过了几天就搬进去了。

徐小平是公认的感性派投资人,"把徐老师一忽悠,他头脑一热就投了。"徐小平则说:"如果谁能让我头脑一热就投了,这个人也必定有一定的能力。"陈欧显然有这样的能力。

但这次创业并不成功,照搬来国外的模式在国内根本行不通,几个月后,这家叫 Reemake 的游戏广告公司眼看就要撑不下去。

这时陈欧遇到了另一个对他的事业有重大影响的人,雷军。

2010 年 2 月,陈欧申请了亚杰商会的摇篮计划,他通过了雷军的面试,成了雷军的学生。雷军一开始还不太待见陈欧,觉得他的创业项目"超级不靠谱",但看陈欧的简历觉得人还不错,才勉强把他留下。

雷军教给陈欧三件事:要做一个市场足够大的东西,而不是自己喜欢的东西;正确的时间做正确的事;早期低成本高速扩张。现在回头看看,聚美优品就挺符合。

游戏广告不成,陈欧和他的团队为了让公司支撑下去,开始做各种尝试,最后试到了化妆品团购业务。那是 2010 年,美团网已经上线,并且发展迅速。这年 3 月,他们花几天时间搭建起来的"团美网"上线,虽然号称团购网站,其实卖的全是化妆品,这就是聚美优品的前身。

团美网真正成为聚美优品,还得感谢华兴资本旗下风投险峰华兴。

虽然团美网上线不久就获得了不错的市场表现,但当时团购模式越来越火,竞争也越来越激烈。险峰华兴的创始合伙人陈科屹非常看好陈欧的团美网,注入了一笔天使投资,也是在这时,团美网从团购网站转型 B2C 电商,躲开了后来的"千团大战",也搭上了化妆品电商这条顺风船。2010 年 9 月,团美网正式改名聚美优品。

之后是险峰华兴为聚美优品引入 A 轮也是唯一一轮融资,聚美优品以连续 7 个季度盈利的电商传奇业绩赴美上市。

名利双收的陈欧也遭到许多质疑甚至抹黑,有说他伪造创业经历的,有说他拼爹的。终于有一天,陈欧表示"忍无可忍"在微博上写下:"最近不少人说我是靠父亲,简单说几句:一,哥小时候是被打大的,考不了第一就挨打;二,哥从小就成绩优异,小学全市第一直接跳初二;三,哥高二就考取全额奖学金留学,此后没花家里一分钱。至于那上网都不会的父亲,没有他的严苛,也没有我坚忍的个性。这,就是他给我最大的财富,我,一直在阳光下。"

(资料来源:http://soft.chinabyte.com/database/40/13040540.shtml。)

【案例点评】

本案例中,我们抛开创业者的特质和经历,聚焦于聚美优品为什么能够成功上市,从而对我们的创业发展有所启迪。

很多人结识聚美优品,熟知其 CEO 陈欧,都是从"为自己代言"开始的,2011 年,聚美推出陈欧和韩庚的双代言;2012 年,聚美推出了陈欧体代言;2013 年,由光影华视与聚美优品联合出品的《女人公敌》上映……聚美优品高层参加的电视节目:《非你莫属》、《天天向上》也让聚美优品被越来越多的人熟知,但是除了出色的营销之外,聚美优品能成功上市,离不开独特而精准的市场定位、创意性的限时特卖以及高效运营和成本控制。

首先,聚美优品切入了一个快速增长、集中度低、高毛利率的市场。正如雷军教给陈欧的三件事中第一件是"要做一个市场足够大的东西"。2013 年美妆市场规模达到了 2 209 亿元,其中 B2C 部分达到了 226 亿元的规模。而聚美优品自营毛利率超 33%,这与线下美妆商莎莎 45% 的毛利率相比仍有提升空间。其次,聚美优品以限时特卖为核心,打造了高黏性+强品牌孵化能力平台。聚美优品以情景化的购物体验吸引用户流量、刺激用户冲动消费,获得了极高的重复购买率,这也是成功的秘诀之一。最后,高效运营与成本控制保驾护航。从公开披露的数据来看,聚美优品每单物流成本仅为 10 元左右;相比之下唯品会由于仓储物流管理相对复杂,并且退货率较高,每单物流成本较高,平均为 25 元/单,京东每单物流成本为 13.5 元。原因在于,聚美走的是"选品"路线,每个订单的 SKU 数量极其有限。SKU 少的订单,进货打包就简单。反之,若同一个订单有多个 SKU,拣货路线就不能固定,容易提高错误率,来回跑也耗费时间。

通过案例我们不难发现,在同类企业中,聚美优品有很多亮点:融资最少,IPO 前累计只有 1 300 万美金;最快实现盈利,连续 8 个季度盈利;聚美的运营效率、营销效率、用户成本,基本每一个数据都是亮点,而成本控制也有效帮助聚美优品避免了市场泡沫,从而获得成功。

【创业案例3——电子商务行业】

铁血网创始人蒋磊:社区电商战法

这几年,铁血网创始人蒋磊被媒体描述成少年天才的模样:16 岁保送清华,创办铁血军事网,20 岁保送硕博连读,中途退学创业。如今,铁血网稳居中国十大独立军事类网站榜首,铁血军品行也成为中国最大的军品类电子商务网站。

9月13日下午,在2012中国互联网大会上,蒋磊阐述了自己对未来的规划。"做了11年的网站,4年的电商,现在感觉我要进入制造业。"他顿了顿,放缓了语速,"虽然有人说制造业的水太深,而且铁血靠着代理国外军品品牌还过得不错,但是改变中国军事用品的落后境地,超越国外的军事服装品牌,这个对我来说更重要一些。"台下响起热烈掌声。

2011年年底,在代理了四五十家进口军品品牌之后,铁血网决定自创品牌龙牙(Dragon Tooth),致力于打造中国第一战术装备品牌。按照蒋磊的话说,这是他回归理想的一小步。

辍学创业

乘电梯到位于海淀区丹棱街的创富大厦的17楼,迎面而来的就是铁血军品行的实体店。琳琅满目的商品间有那件最著名的M65风衣。运营部、市场部、游戏部、电商部……铁血网在这层楼铺开,两百多名员工对着电脑敲敲打打。

刘威是铁血网运营部副总裁,7年前他还只是铁血论坛众多军迷中的一员,因为爱好,他在此谋了个职。第一次见蒋磊,他有些吃惊。"总觉得'江泪'应该是个三十多岁的中年人,怎么能这么年轻。""江泪"是蒋磊在铁血网的ID,常逛铁血论坛的人都知道他是铁血网的老大,那时他也不过20岁出头。

蒋磊推门进来,面相和七年前几乎一样,墨绿色的军用衬衫,一副黑框眼镜,白净的娃娃脸,不自觉地皱鼻子。看我在浏览铁血网的红色宣传册,开玩笑说:"有一种说法,一旦企业开始印这种比较精美的册子就说明快不行了。"难怪市场部副总裁赵宇昊说,数年之间蒋磊有不少变化。"之前不怎么爱说话,当然现在也不是特别爱说话,但是已经能和人沟通得很好了。"

这个又闷又酷又执着的少年天才,自小崇拜爱迪生,希望做个科学家通过创新改变世界。此后,他逐渐迷上军事,想象自己有能力制造火箭大炮。保送清华,学习材料学,原本将他朝梦想推得近一些。可中途辍学,彻底湮灭了科学家的梦。

倒回2001年,16岁的蒋磊初入清华园,住在12号楼509室的六人宿舍里。电脑还没有在这个普通宿舍出现,他只能去机房捣鼓他的网页,他想把《台风今晚登陆》等风靡一时的军事小说整合在自己的网页上,那时搜索引擎远不如现在发达,军事爱好者要苦苦寻觅小说的零碎章节。

这个叫作"虚拟军事"的网页一经发布,就吸引了大量用户,第二天就达到了上百的浏览量。蒋磊很兴奋,他把"虚拟军事"更名为"铁血军事网"。时间久了,同寝室的人渐渐知道,这个小他们两岁的男孩在做一个军事网站,而且很火。直到同一楼层的法学院学生欧阳加入网站,蒋磊结束了光杆司令的日子。

2004年4月,两人凑了十多万元,注册了铁血科技公司。可还有三个月时间,他们就要面临毕业的选择。蒋磊被保送清华硕博连读,欧阳则决定全职经营铁血网。宽带和服务器成本越来越大,网站却没有收入,日子过得紧巴巴的。两人在学校附近租了间9平方米的单间,摆一张单人床,放两张小电脑桌和椅子,房间就满了。"晚上睡觉的时候得把椅子搬到桌子上,腾出个地方,打地铺,我才有地方睡觉。"不徐不疾,蒋磊好似讲述别人的故事。

第十二章 大学生创业成功案例精选

那时候,铁血网已经声名在外,是中国最知名的军事网站之一。一位做房地产生意的铁血网网友看到两位创始人的狼狈模样,吓了一跳,当即捐了1万元。

之后,是一百万元的投资。对蒋磊和欧阳来说,这是笔巨款。"当时北京的房也才三四千一平方米,一百万可以买两套一百平方米的房子,现在估计也得上千万了。"

招兵买马,租大面积的办公室,蒋磊本以为,一切都会顺畅起来。其实,从2004年正式注册公司开始,他就企图将铁血网商业化。可是无论是付费阅读还是广告,结果都不尽如人意。不到两年时间,一百万元已经烧得差不多了。最艰难的时候,公司的账户上只剩十万元的存款。

一方是父母多年培养他成为科学家的期望,另一方是花费了他五年时间的铁血网,还有几百万的注册用户。蒋磊面临一个选择:辍学全力经营铁血网,还是干脆关掉它,老老实实做科研。

"一路走来,有一件事情没变过,就是铁血网人气一直在上升。我只是困惑,那么高的人气,那么多用户,为什么不能盈利?只有可能是我没找到好方法。我有这个信心。"他说。

2006年1月1日,蒋磊以CEO的身份正式出现在铁血科技公司的办公室里。

突围电商

2006年3月,大学刚毕业的赵宇昊经人介绍到铁血网面试。当时铁血网位于长远天地大厦的一百多平方米的办公区内,零零星星坐了两三个人,赵宇昊被分配到一个硕大的办公室,做广告方面的工作,这个职场新人心里嘀咕着,好奇怪,这个公司怎么那么冷清。

早她大半年来铁血的刘威,曾眼睁睁地看着办公区里的电脑屏幕一块块暗下来,有些人主动请辞,有些人被裁员,最多时三十几个人的公司,只剩了12个人。

走投无路,刚从清华大学退学的蒋磊看着铁血论坛里关于军品的讨论,琢磨能不能通过代理国外军品赚点钱。他花了一天时间给二十多家国外军品品牌厂商写E-mail:你好,我们是中国最大的军事网站铁血网,有很多用户希望能够代理你们的产品,在中国大陆销售……信件多半石沉大海。偶尔也有人回复,说在中国已经有代理商了,可以联系谁谁谁,或者直接拒绝:他们的货只卖给美国人。

几天后,当收到美国阿尔法军品品牌回复说愿意合作时,蒋磊颇为意外。他刷了信用卡,自己掏了一万多块钱买了17件M65野战风衣。M65是美国各地驻军的标准装备,对于迷恋军事的人来说,M65是一种标志,在电影《第一滴血》中史泰龙就穿着一件绿色的M65,中国导演张艺谋、日本演员高仓健都是它的拥趸。在铁血的论坛中很多人求购这款风衣,二手交易十分活跃。

做了一番市场调查,蒋磊瞄准了这款风衣。在越洋EMS包裹未到达之前,蒋磊心里的算盘是:每天卖一件衣服,一件卖一千块钱,一个月能卖三万元,一年也有好几十万元,还是不错的。

蒋磊低估了M65的受欢迎程度:M65野战风衣在铁血网上线,当天就卖了11件。这天他重新打了遍算盘。"如果按照这个趋势,我们卖衣服一年就能卖几百万元。"想到这儿,这个平时冷静淡定的大男孩高兴得几乎要跳起来。

蒋磊明白,对于已经创办了6年,一直找不到合适的盈利模式的铁血网来说,电商是他跌跌撞撞才发现的新大陆。2007年年底,军品电商——铁血军品行正式成立。

在赵宇昊和刘威的记忆力里,从那时候开始,办公室慢慢地人开始多起来,电脑屏幕又亮了起来,办公区域甚至比以前更大。2011年,铁血网盈利已突破1 000万元,全年销售额1亿元,而铁血军品行的营业收入占铁血网总营业收入的70%以上。除官网外也覆盖了其他网络购物平台,并在全国6个城市铺设了实体店。

自创品牌

坐在我对面的蒋磊,很坦诚地说,他越来越觉得现在做的工作没技术含量。

"那些做互联网的,他们真的有技术的储备、技术门槛、有竞争力,那个才叫作创新,能改变中国多一点。"也许是憋着这股劲儿,也许是论坛里网友的促动,蒋磊决定做些"真正有价值的事情"——做自创品牌。

他跷起大腿,给我看身上龙牙牌长裤的针脚,细细讲解一针一线的布局,疏密程度,顺便普及知识,哪里的棉花质量好,纤维弹性大。因做网站而"走偏了"的蒋磊开始向最初的梦想靠拢。

"有心无力"是他对中国制造业的评价。他为龙牙品牌寻找顶级的供应商和加工企业,可找来找去,都是来自欧美日韩的企业。"我也遇到过国内很有理想的老板,可技术储备远远不如人意。"

面料、辅料、拉链、扣子,蒋磊要求龙牙负责人直接采购原料,送去加工厂,不经过中间商。工厂也只是提供生产线,由龙牙的人负责指导工艺。最后,成品会经过龙牙百分之百全检。

整个流程的花费要远高于传统服装行业,蒋磊用苹果手机来打比方,一个不是做手机出身的公司,为什么能做出世界上最好的手机?"传统服装自发变革很难,可是我们这批互联网出身的人进入制造业,就可以提这样的要求,这是个新气象。"因为精工细作、价格实惠,尺码又更符合亚洲人的身材,"龙牙"推出第一款战术长裤,就创造了月销量3 000条的纪录。

毋庸置疑,铁血网1 000万的用户是龙牙的潜在消费者。蒋磊当着我的面算了笔账,"如果百分之十的用户转化成龙牙的购买者,那就是100万人,而他们体验之后可以成为龙牙品牌的传播者,影响周边的亲朋好友,这是一个很理想的营销方式。"

铁血网做电商的制胜法宝是靠军事社区汇集高黏度用户,如果自创品牌一路顺畅,有意无意,蒋磊就攫取了垂直电商的另一法宝:产品的议价权。

采访即将结束之际,跟蒋磊闲聊几句钓鱼岛事件,一旁公关部的小姑娘悄悄问我,这个能不能不写。"我们只是提供一个平台,允许另外一种声音存在而已。"刘威有点儿无奈,却不准备辩驳。这个好脾气的胖子是蒋磊的同龄人,我问他,怎么看待钓鱼岛的事儿。他笑眯眯却态度坚定:钓鱼岛是中国的,这是底线吧。

蒋磊显然不避讳这些。几天后,在互联网大会上他说:"九年前,有七个勇士登上钓鱼岛,那时我热血沸腾,在我们的论坛上也产生了很多讨论。我们能明显感觉中国的军事能力距世界先进水平还有一定距离。铁血没有能力做导弹,也没有能力做飞机,但是我可以把服装做好,把军靴做好,在这些简单的领域超过美国,超过德国。"

言及此处,他的表情比平时要严肃些。

(资料来源:http://www.ourseo.net/article-45625.html.)

【案例点评】

曾经的天才少年蒋磊却有着一颗酷爱军事的心,不到20岁就合伙创立铁血科技公司,并在两年之后成为公司CEO。蒋磊的成功首先源于对于军事的热爱以及对于改变中国军事用品落后境地的理想。但是,理想是美好的,现实往往更加残酷。在创立初期,资金短缺、家庭压力给了他们巨大的考验。网站的注册用户越来越多,但是公司却一直找不到盈利的正确模式,入不敷出的结果,就是公司员工不断减少。危难时刻,M65野战风衣给蒋磊和铁血网带来了新的希望。蒋磊的坚持和信念换来了美国阿尔法军品品牌的回复,M65野战风衣的意外火爆为困境中的铁血网找到了电商B2C这一突破口,铁血军品行成立,并在随后的几年内盈利和销售额快速增长,成为主要的盈利模式。

然而,要想保持持久的生命力,必须要建立起自己的品牌。蒋磊忘不了自己的初衷——进军制造业,建立自己的品牌,最终改变中国军事用品落后境地。自由品牌,"龙牙"战术长裤一经推出便受到了广大军事爱好者的青睐。铁血网做电商的制胜法宝是靠军事社区汇集高黏度用户,如果自创品牌一路顺畅,有意无意,蒋磊就将攫取垂直电商的另一法宝:产品的议价权。这对于铁血网的发展来说会是一个重要的里程碑。

【创业案例4——互联网行业】

戴志康:康盛世纪CEO

戴志康,1981年生,黑龙江人。2000年考上哈尔滨工程大学,2001年创业,康盛世纪CEO。戴志康开发设计的自动生成社区的软件Discuz!,开始是免费给人使用。2003年10月,戴志康推出新版本,加入新的功能和技术,容纳能力是对手产品的好几倍,那些模板体系和数据结构到今天都成了别人学习这种语言的必修技术。结果从此以后,Discuz!进入高速轨道,销售平均每个月增加30%。

2003年收入几万元,2004年几十万元,2005年几百万元。2005年,Discuz! 成为社区软件领域的老大。12月,软件实施免费,向服务转型。他是中国最早,也是最有影响力的PHP开发者之一。从2001年起,独立设计开发出社区论坛系统Discuz! Board,至2006年已成为全球用户数HP社区论坛软件之一。

戴志康的成长历程

戴志康抽中南海香烟、吃大食堂,穿件高中时代的、显得又小又旧的运动服,头发时常蓬松而翘起。也许只有看到他坐上那辆银灰色的宝马,在办公室里用灼人的眼光打量下属,或者跟VC大佬对坐谈判的时候,你才发现戴志康不是个郁闷的小青年。

戴志康,时任康盛创想CEO,是目前国内最流行的网络社区软件Discuz! 的创始人。Discuz! 由戴志康在2001年开发,以"个人免费+企业收费"的模式在互联网上流传。2005年年底Discuz! 软件全部免费,转向服务。

至今,国内已经有30万个社区论坛采用Discuz! 社区软件,这一数字占国内社区论坛总量的一半以上。2006年6月,Discuz! 社区软件获得"中国十大软件自主创新产品奖"。7月中旬,康盛世纪更是获得了世界著名风险投资基金——红杉资本(Sequoia Capital)的青睐,实现了首轮数百万美元的融资,这是国内第一家获得风险投资的网络社区软件公司,风险投资的进入为康盛创想今后的发展提供了有力的资金保障,康盛创想完全进入互联网行业,开始新的规模发展。

戴志康,上大学时挣到了自己的第一个50万元,如今30岁不到的他在中关村拥有一家年营业额达500万元的公司,前不久刚获得风险投资的青睐,成为"80后"网络新贵中又一颗耀眼的新星。

戴志康坦言,年轻的创业者最大的优势和劣势都是年轻,"年轻意味着你有更多的时间去补救过错,但反过来讲,市场竞争不会因为你年轻就宽容你,你犯错误别人不犯,你可能就死掉了。"

第一桶金

戴志康出生在大庆一个知识分子家庭,从小喜欢电脑,还在上小学时没事就去鼓捣家里的电脑,从286到586,他把家里的电脑一次次地升级,编程的本领也越来越高。

2000年,戴志康考上了大学,可进了大学后,他又十分失望。"我喜欢自学,对考试的东西不感兴趣,而大学里陈旧的教材让我一点也提不起兴趣来。"

那时候互联网火起来了,戴志康通过互联网认识外面的世界,他对把陌生人联系在一起的网络社区有了兴趣,他想开发一套能自动生成社区的软件,让即使不懂技术的人也能管理,如果有人在自己设计的社区里聊天和认识朋友,应该是一件特有成就的事情。"我觉得这种东西做起来很有意思,而且将来也好找工作呀。"

戴志康的如意算盘是,做这种软件,可以让千千万万的用户使用,将来去找工作的时候,可以跟别人说:这个东西是我做的!这样就很容易找到一个工作。

为了做软件,大二那年,戴志康搬出了学校,在外面找到一间月租300块钱的房子,一天差不多15个小时都泡在电脑前面。软件设计好了,他取一个名字叫"Discuz!",就挂在网上,免费给人用。

起初,这个软件是免费的,在积累了相当数量的用户,又跟其他的同类软件产品进行对比之后,戴志康决定要对这个软件进行收费。

"我觉得我的产品在一些关键性的指标,比如速度、安全、负载能力和人性化方面都远远超过了同类产品,而他们的产品都是收费的,为什么我的不能收费?"

收费给戴志康带来了意想不到的烦恼,网上对他一片谩骂声讨,有一阵,戴志康连网都不敢上。

当时,一个软件卖五百块钱,卖了将近半年,一个也没卖出去。戴志康想,横竖都是卖不出去,干脆就涨到两千块钱吧。

提价之后,戴志康就碰到一个香港人,他想做BBS社区的一个东西,在网上找到戴志康,问他需要多长时间,戴志康告诉他一个星期就行,香港人不相信,就对戴志康说,你这个软件卖两千块钱,如果你能在一个星期之内做完,我就多给你一千块钱,就这样,戴志康挣到了三千块钱。

经历这次磨难后,戴志康的收费计划开始奏效了,"我们当时考虑,那种比较大的论坛,用了其他软件之后负载上不去,不稳定也不安全,这就是我们的机会。"

10月,戴志康推出新版本,加入新的功能和技术,容纳能力是同类产品的好几倍。打这以后,Discuz!就进入高速轨道,销售额平均每个月增加30%。戴志康淘到了自己的第一桶金——到毕业时,他有了50万元。

创办公司

起初,戴志康想靠做软件来找工作,可没等到毕业,戴志康却成了抢手货,甚至有公司愿意出30万元年薪邀请他加入,可戴志康却选择了放弃。

"当时我也非常心动,不过想一想,如果去了就要把现在所有的事情都放弃,我觉得这个事情就像我自己的一个孩子一样,是没有办法割舍的。所以不管外面诱惑多大,我觉得也没有办法动摇。"

揣着自己赚来的第一桶金,戴志康来到北京,创办了康盛创想科技有限公司。在跑了几十个部门,盖了五十几个公章之后,公司开张了。

刚开始招人的时候,速度很慢。"一个月面试十几个,才能招一个人,不过这样筛出来的都是真正值得一起干事情的人。"

经过两年的发展,公司从最初的几个人扩张到六十多人,其中80%都是程序员,产品份额也在业界市场内占到了50%,2005年的营业额达到了500万元。

到现在,戴志康仍然把自己的公司定性为技术型公司,他认为只有把技术做专做精才能实现自己的价值。"我经常跟程序员说,你会十样东西也不如精通一样东西。做一件事情要非常专注、投入,哪怕一个时期只做一个事情,做到最好、最精通、最深入,做到这个领域的一流高手,或者把自己的产品做成这个行业最顶尖的产品,这才是我们追求的目标。"

从收费到免费

就在公司发展顺风顺水的时候,戴志康又做了一个让人意想不到的决定,和他前几年将免费软件变成付费软件相反,他决定将已经收费多年的产品全部免费。

戴志康将公司主打的BBS软件Discuz!进行了全面免费,只在定制、技术支持等服务方面收取费用来维持公司基本的运营成本。

"这是我好几年来的一个理想,我本来想做一个大众化的、很普及的一个东西,现在产品免费后,原先想用但没钱买的这些人,就可以使用这个软件,我的用户群就可以急速上涨,这些人里面比如说有1%的人做大了,那我的收入也会水涨船高,我们未来的盈利模式都建立在这个庞大的用户基数上。"

免费之后,几乎每天都有1 000多个网站安装Discuz!,现在的有效用户已经达到了30万左右,在中国70万个网站中Discuz!的占有率已达到了40%左右。

戴志康算了一笔账,中国现在1 000个网站有600个网站是BBS的,也就是说BBS占了整个中国网站的60%、70%,"我相信我们提供这个解决方案将来会更高一些,我们估计是在80%,就是说中国有七八万社区会成为我们的用户,我认为这个市场前景还是不错的。"

从收费到免费,意味着公司盈利模式的改变,从原来的单纯卖产品盈利转向靠提供产品的服务支持盈利。

"我们不是要先赚你的钱,然后再为你提供服务,而是先为你提供服务,等你做大了我们再来赚你的钱。"

(资料来源:http://carrier.youth.cn/cypd/cyrw/200907/t20090710_950188_1.htm。)

【案例点评】

戴志康是一个聪明的人,他能够利用自己在计算机和程序设计方面的优势特长,开发设计自动生成社区的软件 Discuz！戴志康也是一个执着的人,不管创业条件多么艰苦,外界对他的诱惑多大,他始终没有放弃 Discuz！和自己的理想。年纪轻轻就成为康盛国际的 CEO,戴志康却显现出超过同龄人的成熟与睿智。尽管当第一次 Discuz！开始收费时,网络上谩骂声四起,半年没有卖出一个,但是戴志康反倒将 Discuz！的价格由 500 元提到了 2 000 元,这是因为他在进行了多方对比之后对 Discuz！的自信。本来可以靠卖软件就能过上殷实日子的戴志康,没有就此罢休。2005 年下半年,他再次选择了将 Discuz！免费提供给用户。因为他还有一个更大的野心,那就是建立自己的一个庞大的用户群,他的目标是要做一个互联网技术服务公司。"虽然免费后,我的公司在近期内可能会失去大部分收入,我也为此作了最坏的打算,预备了两年的基本运作资金。"戴志康说,"但我更看重的是,免费之后,我就可以在最短的时间里,拥有一个庞大的用户群。而在这个用户群上,我可以创立一个公司未来的商业模式。"

【创业案例 5——移动互联网行业】

北京力美广告有限公司 CEO 舒义创业经历

舒义,北京力美广告有限公司 CEO,天使投资人。19 岁创业,区域互联网起家,移动互联网拓展中。自营手机广告、媒体、公关公司,并投资多家移动应用公司。2012 年 5 月 3 日,《财富》公布 2012 年"中国 40 位 40 岁以下的商界精英"榜单,27 岁的北京力美广告有限公司 CEO 舒义榜上有名,排名第 20。

2004 年上大一的时候,20 岁的舒义学会了上网,在网上偶然认识了纽约大学毕业的华裔 Edwyn,当时 Edwyn 正在西部创业。在试探性地给 Edwyn 发了一封邮件之后,舒义收到了回音,两人随后创建了网站"blogku","做得比方兴东还要早"。

那段时间,美国什么模式火,舒义和他的搭档就做什么。尽管没有成功,但舒义并不灰心,他接下来又创建了一个高校 SNS,并获得了新希望集团 100 多万元的投资,此外还有一家校园电子商务公司。

如同许多缺乏经验的大学生创业者一样,舒义的这几次尝试均以失败告终。但舒义的优势在于敏锐的商业嗅觉——早在大一新生集体购买字典和文具的时候,他就靠当"小贩"赚了近 2 万元,而当时他每月的生活费才 150 元钱。

2007 年,抵挡不住创业诱惑的舒义再次开始了征程。虽然在大学课堂上基本看不到舒义的人影,但这并不妨碍他对商业作出思考和判断。"做互联网,你可以把一个小网站做到大网站,这种模式的优势在于网站是你的,但缺点是你要做很长时间。100 个网站里可能只有一个会成功,对于初级创业者来说不是很合适。"舒义说,"既然想去生小孩儿,那不如先带一个小孩儿。"

舒义口中的"带孩子",指的是帮助大网站进行运营。吸取了前几次创业尽管模式新潮却无法保证现金流的教训,新公司"力美互动广告有限公司"的主营业务很简单:代理地方网站的广告。在一线城市,与互联网相关的公司已经太多,而二线城市,正是还未被过分发掘的市场。仅一个《成都商报》,一年的广告额就有10亿元,可以想象这块蛋糕的丰厚。正值腾讯来成都开设地方分站,舒义意识到,这是力美必须拿下的大客户。但腾讯的条件是先交16万元的保证金,而当时舒义还欠着前几次创业失败带来的几万元债务。

徘徊许久的舒义想出了一个办法,他找到腾讯西南区的区域总监,提出免费为腾讯做成都地方站的外包。依靠这个条件,腾讯免除了其第一年的保证金。当年,腾讯给力美的业绩指标是160万元,而舒义的成绩是1 100万元。"一下就赚了500万元!"

成功获得第一桶金之后,舒义"每天早晨睡醒起来,账户上就会多2万块钱"——而仅仅一年前,他还在为5 000元的学费发愁。连舒义的母亲也不相信儿子竟然成功办起了公司,直到他在成都买了一辆车和一套房子。

腾讯对这样的结果也感到满意,随后,力美又成为腾讯在武汉、重庆、西安等二线城市里的合作伙伴。2008年建武汉分公司的时候,舒义生平第一次坐飞机。突如其来的成功使他萌生了旅行的想法,当年舒义去了全国几十个城市旅行。直到2009年,舒义把心重新收了回来,毕竟创业是一场长跑。互联网给创业者的空间已经不多,他决定去移动互联网试一试。

舒义将移动互联网业务放到了北京,不过打法仍然是实用型:与拿了几千万美元融资、公司一两百号人的竞争对手不同,力美的技术与行政人员都留在成都,北京只有40人左右,有效地控制了成本。在模式上,切入点仍是为几大wap门户进行广告代理,没有去跟风做流行的Admob模式。"国内智能手机用户还少得可怜,这个市场还需要探索。"舒义说,"可能别人会认为我的模式很土,但是有市场。"

在客户的选择上,力美只为腾讯、新浪等几家大网站服务,"做手机wap联盟不靠谱,这类公司基本上很难赚钱。因为在移动互联网上排行前三的网站就会占去主要的流量份额,这和互联网很不一样。"在2010年,力美完成了整个腾讯手机门户70%的广告业绩,今年又获得了新浪无线的广告代理权,去年的5 000万元销售额今年预计能增长到8 000万元。

而舒义对力美的商业构想也逐渐清晰起来:一个角度是原有的二线城市区域互联网,在这个领域里,力美的竞争对手不多,优势明显。2012年会再拓展3~5个城市;另一个角度是移动互联网,靠wap站点切入,接下去随着国内智能手机市场的扩大来发展相关业务。同时投资一些智能手机应用开发和游戏制作团队,弥补公司技术力量不足的短板,再进行产业内的布局。目前他所投资的几家开发公司,今年内都会相继获得下一轮的融资。

"做公司要把握现金流,也就是生命线。主要指每年有多少收入、多大利润;还要有价值线,把握未来7年左右的市场增长点。"在舒义身边,二线城市中每年做到几百万、上千万元业绩的公司并不在少数,但只掌握了眼下的现金流,很难走出去、获得更大的发展。而北京等一线城市的创业者,对模仿国外新模式、做价值线十分热衷。不过,对于没资源、没背景的初级创业者,依靠概念成功的概率很低。

"其实看那几个比较成功的'80后',像李想、戴志康,都是在踏实地做业务。"经过了初期连续几次的失败后,舒义渐渐找准了创业的节奏,先打下现金流的扎实基础,再向未来有发展潜力的新市场扩张。

在财富上,舒义已经有了相当多的积累,真实资产有几千万元,算上所投资的公司的估值,差不多有上亿元。但这位从二线城市走出来的年轻创业者仍然感到有些迷茫,"在二线城市,感觉到和很多创业者不太一样;但像北京这样的一线城市,从新浪、百度出来的创业者,他们有一个自己的圈子,我也有距离感。"为了进一步提升自己,他打算今年抽出一些时间出国游学。"有国内实际的运营经验,也有国际化的视野"——舒义希望自己成为这样的创业者,他还有很多时间。

(资料来源:http://tx.iqilu.com/xinwen/2012/1018/1345474.shtml.)

【案例点评】

2006年第三次创业的舒义创办了成都力美广告有限公司,后发展为中西部最大的专业网络广告公司之一,舒义也成为身家过亿的天使投资人。光鲜的背后鲜为人知的是,他曾经两次创业失败,还曾因发不出工资给员工写下欠条。创业的道路从来没有那么简单,但是唯有从一次次的跌倒中不断吸取经验教训,再次爬起时才能多一份成功的希望。

经历了前两次创业的失败,舒义也是意识到之前两次创业都是要做全新的网站,所需的资金、人力、时间各方面的成本都很大,是他所不能承受的。舒义非常善于变通,从失败中成长,他后来想通了,与其植入一颗种子培育成参天大树,还不如直接在一棵参天大树上面做事,所以就很明确地选择与腾讯、新浪等平台合作,专做它们的区域互联网和手机广告。等以后翅膀硬了,也可以自己做平台。

舒义的案例告诉我们,创业需要不忘初心,学会变通,不断学习和成长。

【创业案例6——餐饮行业】

"饿"出来的创业念头——张旭豪和"饿了么"

我们总是遥望大洋彼岸,为什么那里可以出现扎克伯格和乔布斯这样的人。本质上,他们都受到了某种个人英雄主义的感召,相信人要独立创造,并且改变这个世界。

2008年,还在上海交通大学机械与动力工程学院读硕士一年级的张旭豪也认为,打工要争取别人的认可,但只要自己做的东西被市场认可,个体就是有价值的。一天晚上,他和室友一边打游戏一边聊天,突然感到饿了,打电话到餐馆叫外卖,不是打不通就是不送。

创业就这样从不起眼的送外卖服务开始了。张旭豪和同学康嘉、汪渊、曹文学一起,将交大闵行校区附近的餐馆信息搜罗齐备,印成一本小册子在校园分发,然后在宿舍接听订餐电话。接到订单以后,他们先到餐馆取快餐,再送给顾客。这一模式完全依靠体力维持业务运转,没有太大的扩张余地。唯一的好处是现金流充沛:餐费由他们代收,餐馆一周结一次款。

只有互联网能够大规模复制并且边际成本递减。2009年4月,"饿了么"(ele.me)网站上线,原有配送服务被砍掉,专注于网上外卖订餐。与"饭统网"或"订餐小秘书"不同,"饿了么"没有呼叫中心这一环节,用户需求可以直达餐馆。到2012年,"饿了么"网站上的交易额已经达到6亿元,网站收入接近1 000万元。需要指出的是,外卖的平均客单价只有20元左右。从上海西南的闵行高教区起步,网站业务扩展到了北京、杭州、广州的高教区和写字楼,推出了App和Android客户端,公司人数也从2011年的80人扩充到

200人。

一开始,张旭豪和康嘉就抱定了全身心投入的念头:要创业就必须休学。汪渊、曹文学最终没有休学,退出了创业团队。2009年9月,网站开发阶段就一起合作的交大软件学院学生叶峰在本科毕业后正式加入团队,加上后来陆续加入的汪渊、邓烨、陈强,核心团队稳定在了五六人。

"饿了么"公司名为上海拉扎斯信息技术有限公司,在梵文里,"拉扎斯"是"激情"的意思。张旭豪笑说,这几年就做了两件事:搬家和融资。自2008年开始,公司办公地点经历了学生宿舍、餐厅一角、民宅、别墅、写字楼。融资方面,通过参加各种大学生创业竞赛,团队总共赢得了45万元创业奖金,2011年和2012年又先后引入了金沙江创投和经纬创投两轮风险投资。

一定要套用某种时髦商业话语的话,"饿了么"是典型的"O2O"(Online To Offline)模式:线下产品和服务通过互联网吸引用户,互联网成为线下交易的前台。到目前为止,除团购以外,尚无非常成功的"O2O"企业实践,而团购也因为缺乏黏性、恶性竞争而备受诟病。

网上外卖订餐业务的潜力在于,无论对学生还是上班族,使用互联网订快餐都是一个常态化的基础性功能。外卖送餐半径通常在两公里到三公里内,送餐时间控制在40分钟内,使得"饿了么"网站在某一特定地理区域的用户流量可以高度集中,用户精准度甚至可能高过百度。一旦将城市切分成一个个两三平方公里的小区域,长期精耕细作之下,不同区域上的商家就能够发现"饿了么"网站流量的价值。这是一个超越餐饮的概念,也是很多LBS互联网公司梦寐以求的事情。"我们就是这样的人,即使没有钱,也从不低头。"

商业模式固然重要,运营更重要。说实在的,网上外卖订餐就是某位互联网大佬所说的大公司看不上的那种业务(往往这样的业务可以创业成功)。正因为如此,做这块业务的小公司很多。张旭豪认为,他们能够活下来,活得还可以,只是因为线下执行力强,线上互联网感觉还不错。线上线下两手硬,这是由单纯的传统行业创业者或互联网极客创立的网站所不具备的。

对"饿了么"的创业者来说,网站上线没多久,他们发现交大闵行校区已经有了一家网上外卖订餐网站。这也是交大校友创立的公司,已经运营了较长时间,光注册资本就有100多万元。对手开车跑业务,张旭豪骑电动车跑业务。更要命的是,对手经常贴钱和餐馆合作,只要用户订餐,就送免费的可乐或雪碧,逼着"饿了么"不得不跟进。因为不这样做,消费者不买账、餐馆不认可,根本就无法与对手竞争。

当时,两家网站都靠向餐馆抽取佣金过活(交易额的8%),在竞争对手的重压下,张旭豪与创业伙伴不得不求变。首先,花近半年时间开发出一套网络餐饮管理系统。通过这一系统,餐馆可以管理并打印订单,大大提高了工作效率。以往在高峰时段,餐馆因为要抄写订单,可能只能接100单,现在可以接200单了。店家还可以对营业状况进行设定(如设为营业中或休息中),管理已经售完的菜品(可以设为"已售完"),添加新的菜品。

其次,将之前抽取佣金的方式改为收取固定服务费的方式。相对来说,这一收费方式更容易为商家接受,还能够改善网站现金流,免去每月上门催收款项的烦恼。最后,网站积极拓展其他收费方式,如竞价排名。这一套组合拳下来,不但彻底压制住了竞争对手,还改变了网站的盈利方式,完成了由中间商向平台商的转变。

面向消费者一端的用户体验也在不断提升。"饿了么"的网站背景图每天随时间变化而变换色彩,这是因为网站假定用户是一个超级宅男,根本看不到太阳。针对用户合点麻辣烫无法有效分类这一问题,网站推出了"篮子"功能,用户可以先添加多个篮子,将不同的菜品放入不同的篮子中后,再一起下单。张旭豪认同乔布斯的话:"CEO 应该关注用户体验,关注产品本身,而不是只泛泛地讲战略。"

用户点了外卖,最不高兴的状况是外卖迟迟不来。实际上,在高峰时段,餐馆往往已经忙到极限,越是口味好的餐馆,越可能出现滞后的情况。因此,管理消费者的预期很重要。然后是一旦超时,该怎么办?从这两点出发,"饿了么"推出了"超时赔付"功能。根据各个餐馆以往的送餐时长(起始时间为下单时间,截止时间为确认收到外卖的时间,因为有积分奖励,大概有 30% 的用户会确认),然后通过数学模型,算出每个餐馆的平均送餐时长。

餐馆可以选择加入"超时赔付",一旦送餐超过一定的时间,立刻减免相对应的金额。张旭豪不是特别清楚这一功能在提高用户重复购买率上有多大帮助,但他认为这是一个属于用户满意度的问题,服务更加完善以后,网站的用户体验会更加好。

张旭豪以前是篮球二级运动员(和姚明一起玩过球),现在有些发福了。他戴着一副姜文式,抑或许是哈利·波特式的圆框眼镜,有着和扎克伯格一样的年纪(生于 1985 年),甚至一样的英文名字(Mark)。很高兴,他很沉得住气。他说:"我们是这样的人,即使没有钱,也从不低头。"这个项目起码还要做 3~5 年才能考虑其他,因为规模要做到足够大。

(资料来源:http://www.forbeschina.com/review/201303/0024102_all.shtml.)

【案例点评】

大学生叫外卖在大学校园里是再平常不过的事情了,而张旭豪却能从中发现创业的机会并一步步将其做成中国最大的餐饮 O2O 平台,业务覆盖北京、上海、广州、杭州、成都、武汉、哈尔滨等全国 30 多个大中城市。仔细阅读案例我们会发现,张旭豪的成功不是偶然的。

首先,张旭豪有一双善于发现的眼睛。作为一个古老的行业,外卖形式从传统的餐厅打包发展到电话订购,后者逐渐成为外卖行业的主要手段。相对于餐厅打包,电话订购以其无须上门的优势,很大地刺激了外卖行业的发展。但是电话订购也有不便之处:商家需要在前期投入大量人力及精力到传单的发放活动中,而且这种方式带来的用户转化率并不高;商家无法实时更新外卖单的信息,也无法获得消费者的消费数据,所以也就不能根据消费者的消费习惯为以后的决策提供参考信息;对消费者而言,传单上提供的信息只有餐馆名称、菜品名称、价格以及联系方式而已,而至于其他信息,如其他消费者对菜品的评价、餐馆的送餐速度等情况却难以获知。外卖网站可以解决前面的一系列问题,本质上它解决的是商家与消费者之间信息不对称和发布信息需要花费大量成本的"痛点"。外卖网站的出现改变了传统电话订购外卖服务的模式,可以提供免费、方便、快捷、自主的信息,帮助用户找到合适自己的外卖服务。现在的外卖网站不仅可以实现电脑接收订单传到厨房的打印机打印订单,还可以用手机接收订餐信息,只需按订单送餐就可。可以说,在线订餐已经成为了外卖行业发展的趋势。张旭豪正是发现了大学生巨大的外卖需求和外卖网站结合的巨大商机。

其次,合理的客户定位。如前所述大学生有巨大的外卖需求,"饿了么"因其发迹于校园,长久以来一直以高校外卖市场为中心发展。相对于竞争激烈的白领订餐市场,学生订餐市场这块就轻松不少。其中,从竞争者的角度上讲,外卖的竞争对手是高校食堂——虽然价格低廉,但是口味单一、限定营业时间、无法提供送餐服务等——给外卖行业在校园内的发展创造了可能。此外,高校周围聚集了数量庞大的小餐馆,更需要一个低成本的信息发布方式和更有效率的宣传方法,而外卖网站恰恰是完美的解决方案。另外,当今的大学生成长于一个"互联网+快餐"的时代,他们擅长于互联网的交流习惯,享受快餐文化的生活方式,外卖网站的出现迎合了年轻人的需要,同样地也能在最大程度上被接受。

再次,"饿了么"相对于竞争对手,更注重网页端产品的设计优化,提高用户体验,凭借在线上的优势获取相对更高的流量,从而确立了在网页端上的领先地位。

最后,合理有效的线下模式。从最开始的中介模式——从餐馆取餐,然后由"饿了么"配送给客户,一周结算一次;到后来的平台型模式,"饿了么"的盈利模式也一直在调整。归纳起来,当"饿了么"转入平台,不再提供配送后,它们在商业方面可以分成两个阶段:

第一阶段:固定佣金模式。大多数的订餐平台采取的商业模式,因此也造成了激烈的市场竞争,导致网站恶意降低费用去抢夺市场份额,"饿了么"在实行这种模式一段时间后,便宣告放弃。

第二阶段:管理费+竞价排名模式。当商家通过"饿了么"每月订单额到达一定数值后,"饿了么"会向该商户抽取固定的管理费。这一模式确实帮助"饿了么"在争取优质商家资源时得到不少主动权,使其在抢占市场份额方面形成优势,最终在与其他同类网站的竞争中脱颖而出。

【创业案例7——娱乐行业】

一副《三国杀》杀进福布斯——黄恺:游戏里我是上帝

凭借一款风靡全国的桌游《三国杀》,26岁的中国传媒大学动画学院08届毕业生黄恺一举成名。他还组建了公司,闯进了福布斯"中美30位30岁以下的创业者"榜单。

一次灵感引出《三国杀》

每个创意都是站在前人肩膀上的。要想有好的创意,就要先踩到别人的肩膀上去。

从两三岁起就迷上游戏的男孩黄恺,与同龄人很不同:对他而言,看别人玩比自己玩更有趣。挑出游戏的毛病,按照自己的想法改造,让伙伴们玩他设计的游戏,这种经历让黄恺沉迷。他可以享受掌控的感觉,倾听玩家的心声,证明自己能够做得更好。"在游戏里,我就是上帝!"

小学四五年级时,黄恺开始手工绘制角色小纸牌,让周围的同学试玩。那时,他已经表现出某种"专业水准":先画图制作,再拟定规则,设计完成后再用骰子和卡片模拟操练,测试游戏是否可行,通过之后才会投放"市场"——几个爱好相近的好朋友和表弟表妹。

黄恺在游戏设计方面有着较高的天分。他虽然自称"不爱学院派",却一直以自己的方式在学、在看、在摸索。初中时，黄恺迷上了漫画《游戏王》。这部由风靡一时的日本卡片游戏改编的漫画深深触动了他，于是他仿照着画了1 000多张卡片。"只是需要耐心而已。"这上千张卡片，奠定了他画画的功底。

上了大学，选择了自己喜欢的游戏设计专业，黄恺一头扎进了游戏的海洋。"有这么一个专业，在当时的我看来简直是万幸，觉得找到了归宿。"为了学有所成，他买了一本又一本的画集，潜心研究。如今，仅仅是这些画册中的一小部分，就已经把他办公室的大书柜填得满满当当。为了接触到更先进的游戏设计理念和方法，他想尽了办法。没有钱、没有购买途径，他就自己用卡纸把国外游戏打印出来。

大二初次接触桌面游戏，他一口气玩遍了国内能够见到的百余种桌游。大学四年，他做过上百款游戏。他还在床头放了小本子，一有灵感马上记录下来，这个习惯一直保持到现在。"每个创意都是站在前人肩膀上的。要想有好的创意，就要先踩到别人的肩膀上去。"谈到创作，黄恺严肃地说，"要有长期的积累和多方面的输入，才能有一点输出。"

2006年，因为一个突如其来的灵感，黄恺开始设计桌面游戏《三国杀》，成功；2007年，把《三国杀》放在淘宝网上销售，成功；2008年，他和清华大学计算机专业博士杜彬合作，成立"游卡桌游"公司，成功。而他顺理成章成了公司的首席设计师，国内桌游的领军人物。

求学时代难寻游戏伙伴

游戏是人生的缩影。玩得好、玩得认真，就能获胜。

谈及成功，黄恺认为，幻想拍拍脑袋就一夜暴富是不可能的。"游戏是人生的缩影。人生可能刚起步的时候并不公平，但就整个社会、整个人生而言，大体上还是公平的。玩得好、玩得认真，就能获胜。"黄恺似乎一直走得顺风顺水。在很多人眼里，设计游戏是个轻松又惬意的工作——平日优哉游哉，等待灵感突现，蹦出个好点子，就大功告成了。但只有黄恺明白他在这条道路上走了多久，走得多么艰辛。

小时候，学习成绩是硬指标。做教师的父母向来认为"先把学习搞定，然后才可以爱干什么干什么"。黄恺的成绩忽高忽低，极不稳定。成绩没法保证，爱好也就岌岌可危。初中时，学校曾开过一个特殊的家长会，黄恺的妈妈被叫到了学校，他的妈妈问工作人员开会地址，对方不屑地回答："是那群坏学生的家长会吧？那边那边！"从那以后，黄恺开始刻苦学习，中考时成绩跃为全班第一。

同伴的态度也影响了他。以前课间休息时，大家会玩黄恺新设计的游戏。上了高中，朋友们下课后却在埋头苦读。在一群忙着学习的同学中间，热心游戏的黄恺显得格格不入。"小时候，我很难找到知己。"大一刚入学时，他甚至想要出国，想去日本学动漫和游戏，"因为国内和我想要的感觉太不像了"。在大学，学的专业和黄恺的期待差距很大。游戏设计是中国传媒大学2004年的新增专业，培养方案和教学计划还在摸索中，有经验的教师和指导人员并不多。作为该专业第一届本科生，黄恺大学期间的专业课范围很广。学习美术、策划、程序……可他完全不感兴趣。"那时真不知道自己要学什么，觉得学了没用，所以大一、大二时特别痛苦。"

桌游公司遭遇盗版、山寨

桌游在现在还是一种不受版权相关法律保障的产品。组建公司以后，更多的问题来了。怎么打击盗版,是最让黄恺头疼的事儿。

在中国,桌面游戏的归类介于出版物和玩具之间,不用申请版号,但也得不到著作权相关法律的保护,无法有效遏制盗版。谈及此事,黄恺一脸郁闷:"桌游在现在还是一种不受版权相关法律保障的产品。"而创意产业的核心价值就在于版权。目前,《三国杀》的盗版产品已经覆盖正版全系列,销售量占全部销售的70%。市场上卖的《三国杀》系列产品,十个中有七个是盗版。盗版造成的直接经济损失总额已达上亿元。

除了盗版,"山寨"也是个问题。有一家公司曾推出类似游戏,游戏规则和界面都与《三国杀》高度相似,唯一的区别只是游戏中的武将名称不同。有的盗版产品也在复制的基础上篡改规则、图片、文字,增添了一系列正版中没有的游戏角色。为打击盗版和山寨,黄恺的游卡桌游公司曾在2011年10月将盗版经销商告上法庭,也曾多次和各地工商局联合查处盗版产品,但这场战争的结果,目前似乎还看不到尽头。

不论在国内还是国外,以公司的形式来设计推广桌面游戏,都是不多见的。黄恺算是第一个吃螃蟹的人。他渐渐体会到,要想做大做强,一套好的运营机制必不可少,可好的机制应该是什么样,他也很迷茫。"因为太新了,只能自己摸索。"

目前,桌游产业刚刚兴起,产业链的衔接和配合还没有走上正轨,很多附属和配套的企业、项目没有及时跟上。为了拓展市场,黄恺的公司不得不面面俱到。公司开始越来越多地涉足并不擅长的领域,包括开桌游吧、设计网页游戏,却偏离了自己的核心阵地——游戏设计和销售。不能像以前那样集中精力搞设计,黄恺倍感无奈。

先做学徒再当师傅

黄恺踏出来的路,怎么才能被更多的人走下去?

亲友的支持是不可缺少的因素。黄恺小时候,爸妈发现他喜欢画画,就请了家乡最有名的老师教他。他学烦了,爸妈没逼他。高考报志愿,他原本打定主意报考动画专业,忽然又决定报考游戏设计,爸妈也没拦着。提到爸妈,黄恺满心感激:"我目前走的人生道路,基本上都是凭自己的意志选择的,喜欢干什么就朝着目标走。父母对我没有太多限制,他们只关心我过得开不开心,不关心我具体做什么。"互联网发展起来后,黄恺找到了一群志同道合的人。"如果没有那么多支持我的人,我不会走得这么顺利,也许会走另一条路。"

在黄恺看来,创意是一种思维方式和习惯,要开动脑筋,想到别人想不到的东西。"创意的确很难教会,但是可以培养。"把前人的东西掌握得滚瓜烂熟,做好长期积累工作,才能厚积薄发。只有先当好学徒,才能成为师傅。他认为,目前在创意领域的问题之一,在于过分看重速成技术,忽视了支撑技术的内容。

希望国家和社会为文化创意产业提供更多的支持,是黄恺的一大愿望。"目前给游戏颁发的奖项基本上都是网游领域的。如果桌游方面的评奖能更多一些,可能会出现超越《三国杀》的好作品。"他还认为,社会应当鼓励多种行业发家致富,让有创意才华又努力工作的人得到回报。

"80后"的黄恺觉得财富是最低等级的需求。"财富是基础,但如果你毕生追求的只是钱,那我可以说,你根本就没有追求!"

(资料来源:http://news.cnwest.com/content/2012-05/06/content_6453353.htm.)

【案例点评】

正如文章最后提到的，黄恺的成功，亲友的支持是不可缺少的因素。他的人生道路，基本上都是凭自己的意志选择的，喜欢干什么就朝着目标走。父母对他没有太多限制，互联网发展起来后，黄恺找到了一群志同道合的人。如果没有这些亲友的支持，可能就没有今天的黄恺和《三国杀》。但是，玩游戏的人这么多，为什么黄恺能够脱颖而出，凭借《三国杀》杀进福布斯呢？

首先，黄恺痴迷游戏，但更喜欢设计游戏。对他而言，看别人玩比自己玩更有趣。挑出游戏的毛病，按照自己的想法改造，让伙伴们玩他设计的游戏，这种经历让黄恺沉迷。而且黄恺在设计游戏方面有着非常高的天分，在《三国杀》之前，黄恺已经设计了上百款游戏，他对游戏的痴迷以及他大学游戏设计的专业，为他以后设计《三国杀》的成功奠定了扎实的基础。其次，出色的营销。黄恺近乎开创性地以公司的形式来设计推广桌面游戏，开桌游吧、设计网页游戏等，加之《三国杀》本身的趣味性和可玩性，因此很快《三国杀》便风靡起来。

【创业案例8——服装行业】

杨锐：大学生热卖万件"光棍T恤"

你是单身吗？如何让别人知道你是单身一族？那么，就穿光棍T恤吧，在成都，一个女生表白："自从穿了光棍T恤后，情书多了，晚上不愁没有'骚扰'电话了！"

失恋中，感悟商机

"我的创业，应该感谢我的初恋，确切地说，应该感谢我初恋的失恋。"说这句话的时候，今年20岁的大二学生杨锐的脸上掩饰不住那份愉悦的笑容。

2008年，在一次同学聚会的时候，杨锐认识了一位女孩，一来二去，两人很快确定了恋爱关系。

和女朋友交往了一段时间后，杨锐就感觉到了经济的捉襟见肘。杨锐来自农村，祖辈务农，自然没有更多的资金来支持他，他也不好意思向家里要钱。

2008年的冬天，杨锐失恋了。那一天，杨锐失意地走在大学校园的小路上，迎面走来一对学生情侣刺激了正失恋的他，原来这对情侣穿了一对情侣文化衫，男装上面印着"我只洗碗，不吃饭"，女装印着"我只吃饭，不洗碗"，逗笑的字句深深地刺激了杨锐，你们是情侣，我却是个失恋的单身汉，你们可以招摇，为什么我不可以宣扬呢？

对，有情侣衫，就有光棍衫！杨锐为自己的想法激动起来，忘记了失恋带给他的痛苦。之前为了爱情，他尝试了很多的兼职，领悟到了挣钱的辛苦却也是快乐的滋味，这些经历让他萌生了自己创业的念头，夏天就要来了，我就卖"光棍T恤"！

单身派，月赚过万

杨锐上网一查，得知全国的剩男剩女超过6 000万人，目前市场上多数商家都关注于开发情侣用品，却没有一款表现单身男女的文化产品，自己就做单身男女的服饰，夏天来临，不正是"光棍T恤"销售的黄金季节吗？

没有创业资金怎么办？没有技术怎么办？这个问题难不倒杨锐。他在同学中游说自己的创业意图,并举例说明大学生创业的必要性:"在美国,有30%的大学生选择创业,而我们中国却不足3%,因此我们大学生需要用创业来改变自己的人生轨迹。"

杨锐的"拉帮结派"很快见效,有8位同学加盟团队,他们给自己的团队取名"单身派"。杨锐为掌门人,他们一个人负责财务,另外的人分别负责设计和销售。很快,一件白色光棍T恤设计出来了,胸前的"天涯光棍"四个字格外醒目,左胸上方的位置印有"dsp"三个字母,那是"单身派"的拼音缩写。

2009年3月,"光棍T恤"印了出来,虽然这个季节穿一件文化衫显得寒冷,更不合时宜,但"单身派"的成员就穿着它行走在校园,甚至走到了大街上去,进行"言传身教"的广告推销。立刻,他们就引来了众多同学围观,一个个惊奇不已:"光棍,还是天涯的光棍,天涯何处无芳草!太有意思了,太有想象力了!""光棍万岁!"更多的同学纷纷打探在哪里可以买到这种个性鲜明的"光棍T恤",毕竟,大学生多数都是单身一族,他们也喜欢标新立异、追求另类的时尚,这种调侃中又透露出快乐的"光棍T恤"自然受到了大学生们的热捧。

一个个招募的销售员反馈而来的信息说明时机成熟,杨锐等人交付定金,立即委托厂家生产了1 000件"光棍T恤"文化衫。"单身派"有自己的经营方式,即团队为总经销商,负责开发、设计、生产产品,而推销产品则交给那些兼职的大学生们做代理,比如,一件"光棍T恤"的制作成本在15元左右,定价为25元,"单身派"团队的利润为5元,剩余5元就是代理商的劳动所得了。

正是因为强有力的回报,兼职的大学生们可是"八仙过海,各显神通",一个个使出浑身解数推销"光棍T恤",1 000件在一个星期左右就销售一空。打铁趁热,杨锐他们马上订购第二批文化衫。

这里有个小小的插曲,一位同学直接找到了杨锐,说是帮班上同学一起购买,需要20件"光棍T恤"。按说,这20件的代理商劳动报酬他们可以节省下来,但杨锐等人没有这样做,而是把这单业务转给了一个销售成绩不错的代理商,把业绩计算在他的销售额中。这种"泾渭分明"的经营方式鼓励和刺激了代理商们的信心和热情,更是带动了"光棍T恤"的销售量。

仅仅一个月时间,还未到完全穿着T恤衫的季节,杨锐和他的"单身派"团队却创造了奇迹,"光棍T恤"卖出了2 500件,这意味着他们的月收入突破了五位数。

受欢迎,打造品牌

就在杨锐等人的高兴劲还没缓过来时,"光棍T恤"的生意却渐渐在走下坡路了,一连几天,没有一个代理商前来拿货了。仔细一分析,症结很快找了出来,一所大学总计6 000多名学生,已经有2 500人成为了"光棍T恤"的消费者了,这就是说,"市场"差不多饱和了,应该开辟第二市场了。

2009年4月6日,"单身派"团队开进了一所大学,开始大张旗鼓招募"光棍T恤"代理商的宣传活动,他们都穿着统一的"光棍T恤",榜样的力量是无穷的,一件光棍T恤穿在身上多有个性啊,很多同学现场就想购买一件"光棍T恤"。对不起,不卖!要买只能找代理商,这样的广告、经销方式大大地刺激和吸引了同学们,很多同学纷纷成了"光棍T恤"代理商。

2009年4月10日,杨锐和他的团队在另外一所大学再次上演同样的招募故事。之所以招募大学生做代理商,那是因为他们能吃苦,稍微有点口才或推销能力的人就可以完成任务,"单身派"正是巧妙地利用了代理这一环节,取得了销售佳绩。

几所高校的业绩已经不能让杨锐和他的团队满意,因为越来越多的同学穿着"光棍T恤"上街后,一些社会上精明的商家也嗅到了这股商机,他们纷纷找到"单身派",希望获得"光棍T恤"的代理权。这是一个不容错过的发展机遇,2009年4月底,"光棍T恤"开始普及在大街小巷。

点铺开了,量却没有增加,一调查,问题又发现了。之前卖的"光棍T恤"就是一个款式,初上市比较新鲜,因此吸引了消费者,但时间一长,它的毛病就出来了:款式单调、内容浅显。这个时候,产品的设计显得尤为重要,设计是关乎一个产品品牌的文化载体,包含很多文化内涵。杨锐和他的团队没有创意,立刻面向各大高校招聘设计人员,很快一款款新颖、个性的"光棍T恤"面市了:"情侣去死团",用戏谑、叛逆的口气宣告情侣去死,单身自由;要么没有任何文字,就是一个数字"11",一双大腿(也是11的形状),11就是光棍的代言;要么文字满衫"单身恒久远,光棍永流传"、"单身无罪,光棍有理"、"光棍是一种境界……"新款式的"光棍T恤"一经面市,引来一帮单身青年追捧,吸引异性的目光和追求者,这是穿"光棍T恤"的用意,表白"我是单身,你们谁谁谁喜欢我,暗恋我,通通把情书、鲜花交过来"。有个女生就开心地说:"自从穿了光棍T恤后,情书多了,晚上不愁没有'骚扰'电话了,不知不觉中玫瑰花也送来了,这'光棍T恤'太有意思了。"

好的产品需要推广。虽然还没有到11月的"光棍节",但一些城市的单身青年们已经在2009年5月11日提前进行了"光棍节"的庆祝活动:大街上陆续上来十几个年轻人,他们身上都是穿着统一的"光棍T恤",他们上车后只是互相说了一句"今天的天气真好"!然后一路上再无言语,就在其他乘客面面相觑的时候,这帮人呼啦一下全部下车,一下子消散得无影无踪,用"快闪"的形式来庆祝"光棍节快乐!"

当日11点11分,一座山顶,一帮穿着"光棍T恤"的年轻人手持诗卷,高声吟哦,或朗诵情意绵绵的情书,或放声高歌"女友几时有,把酒问青天。不知告别单身,要等多少年?我欲出家而去,又恐思念美女,空门不胜寒。起舞影为伴,寂寞在人间。追女孩,妄相思,夜难眠。不应有恨,何时才能把梦圆。男有高矮胖瘦,女有黑白美丑,此事古难全。但愿人长久,光棍不再有!"等等一系列为促销"光棍T恤"的活动开展得如火如荼,极大地提升了"单身派"的知名度。

畅销的产品最容易被"盗版",在这一点上,杨锐他们毕竟是学工商管理的,有着敏锐的防范意识,为了"单身派"的长足发展,2009年5月初,他们委托一家代理商注册"单身派"商标,已经注册成功,这让他们避免了"李鬼之斗",从而专注产品的开发和销售。

月赚万元并不是杨锐他们的目标,将"单身派"打造为中国单身文化领域的第一品牌才是他们努力的方向。

目前,"单身派"团队已经在开发衣服、鞋子、裤子、手表、项链等单身文化用品,提倡"单身快乐、自由、个性"的生活方式。目前,他们已经获得某社会资金注入,离创造"单身派"品牌服饰的日子不远了。

(资料来源:http://www.xiaogushi.com/diy/daxueshengchuangye/2012122815851.html.)

【案例点评】

聪明人能在生活中找到创业的灵感,像杨锐,失恋也能给他带来好的创业项目。杨锐的"单身派"正是逆向思维的结果,既然有炫耀幸福的"情侣衫",就也应该有特立独行的"单身派"。创意的点子层出不穷,关键在于如何把创意的点子转化为引导消费者接近目标产品的驱动力。杨锐撬动市场的营销支点在于他提出的创新概念——"单身派"产品,从而明确了其产品定位——单身族的 T 恤。并且杨锐对这一概念进行了细致的市场调查,它的受欢迎程度得到了肯定,杨锐便可以大胆创业了。杨锐成功的一个重要因素在于他的创新,持续不断的创新。他提出的单身 T 恤是一个创新,因此在创业初期赢得了很多消费者的青睐,但是消费者行为学告诉我们,每个人都有多样化寻求的心理,"单身派"刚面世时很吸引眼球,穿上这样的衣服有一种与众不同的风格,所以吸引了很多单身甚至非单身青年购买。但是潮流产品的生命周期是最短的。延长"单身派"的生命周期,持续地保持大家对这个品牌的喜爱,是杨锐目前亟须解决的问题。把握"单身派"这个独特的定位,或者开发新市场,将"单身派"产品从青年市场延伸到少年市场,从城市市场辐射到农村市场;或者开发新产品,从夏季服装到秋季服装,穿戴饰品,甚至日用品、"单身派"网站、"单身派"桌游等。杨锐和他的"单身派"正在朝这个方向在不断努力,打造出中国单身文化领域独具一格的品牌才能更好地提高用户黏度,保持创业企业的长久生命周期。

【创业案例 9——教育行业】

俞敏洪:成功来自团队而非个人

创业如同拔河比赛,人心齐,才能泰山移。

对于迅速发展的初创企业来说,也许有多个关键因素决定其能否取得更大的成功,但其中最重要也最困难的要数"团队建设"。原因很简单,没有人会拥有企业不断发展扩大后所需的全部技能、经验、关系或者声誉。因此,一个创业者至关重要的工作是组建一个核心团队。

新东方的成功,在很大程度上就是团队的成功。俞敏洪对此深有感触:

教育是一种氛围,而不是一栋楼或多少资产,新东方的上空笼罩着一股"气",这是人才的积淀形成的。人散了,"气"也就散了,事业就不可能做大,这也是许多培训机构想要模仿新东方而无法做到的。

新东方之所以在众多英语培训学校中脱颖而出,要归功于它拥有一群堪称当时国内最优秀的英语老师。这些王牌老师构成了新东方独特的魅力和良好的口碑,最终奠定了新东方在中国英语培训市场上 NO.1 的地位。

俞敏洪曾有一个独特的人生价值运算公式:

你想知道自己的价值有多少,看看你身边的朋友,选出 5 个朋友,他们价值的平均值就是你的价值。

俞敏洪喜欢交朋友,新东方的发展轨迹也画出了他交朋友的轨迹。新东方第一个阶段是夫妻店阶段,规模小,业务范围狭小。进入第二个阶段后新东方实现了突飞猛进的发展,主要是因为在这一时期他许多从前的同学、朋友受他邀请纷纷回国,这些在大学时代就已经是俞敏洪非常崇拜的精英人才的加盟,使新东方如虎添翼,不仅在业务组成上实现了多元化,而且由于这些新锐人才的激情演绎,使得"新东方"的品牌知名度大幅度提升。

在新东方的创业团队里,有俞敏洪过去的师长兼同事徐小平,后来被俞敏洪说服,从加拿大回国,他创造了独特的出国留学咨询、人生咨询思想和方法,归纳了流传甚广的"新东方精神"。其新浪博客访问量达到 900 万人次,在总流量排行榜上名列前 200 名之内。在一大堆娱乐明星中,一个教育学者能有如此排名,足见他在网友心目中的地位。

王强则是一个有名的"书痴",他曾在著名的贝尔实验室工作,并已经拥有"软件工程师"的小康生活,但是当他和俞敏洪走在美国的街上,看到那么多中国留学生碰到俞敏洪都会叫一声"俞老师"时,深受刺激,最终下定决心回国加入新东方。他后来在英语教学界享有盛誉,这基于他所做的几件事情:第一,他在新东方开创了基础英语教学,也就是非应试类的英语培训。第二,他独创了风靡业界的"美语思维口语教学法",所谓"美语思维"就是指以英语为母语的人在微观思维(即语言规则或说话习惯)上与我们的不同,有其特殊的规律。王强的贡献在于他把这种认识贯穿到他的教学中,并通过循序渐进的、有规律的练习强化学员的这种微观思维。第三,他编写了一系列受市场欢迎的高质量的英语教材。

俞敏洪、徐小平和王强组成了著名的"东方马车",这是新东方发展的第二个阶段最具有标志性的东西。如今,新东方的团队由当初的三驾马车扩展为上百人的管理团队,有行业精英如陈向东、周成刚等,也有国际空降兵如魏萍、LouIS 等。这些管理精锐人才遍布全国的各个新东方和加拿大的多伦多学校,使得新东方的团队不断加强。

在中国最近十几年的英语培训市场上,还有一个与新东方一样堪称奇迹的品牌,那就是由李阳创办的"疯狂英语"。"疯狂英语"提倡一种喊话式英语学习法,曾经在多所大学校园里火热流行。但是进入 21 世纪,"疯狂英语"的风头渐弱,究其原因,"新东方"是一帮人在做一个共同的事业,而"疯狂英语"却是李阳一个人在做,两者在商业模式上的特点,是正规军和游击队的不同。对于这一点,李阳自己也曾反思过,他说:"新东方有数千名全亚洲最顶尖的英语老师,而我只是一个老师,差得太远了!"

无独有偶,曾有记者采访俞敏洪,问到他和李阳有什么不同,俞敏洪曾如是说:他是个人英雄主义,我是集体英雄主义。

俞敏洪把新东方的成功归纳为团队的力量。直到现在,新东方上上下下都称俞敏洪为"俞老师",没有人喊他老板。

新东方大量的人才在这个领域中的思想要比我先进,比如(陈)向东老师是经济学博士毕业的,所以在经济领域、宏观领域中我根本就没法跟他比。像徐小平、王强他们在国外待过好多年,所以在中西文化的理解方面,尤其是西方文化的理解方面我永远都没法跟他们比。我唯一能做到的是不管会议上大家讨论得多么激烈,不管意见多么不一致,但是最后我都能够把大家的意见综合起来,采纳中间最好的东西,再重新整合成新东方的战略、文化和发展前景,继续带着大家往前走。

(资料来源:http://news.cntv.cn/20101127/104693.shtml.)

【案例点评】

新东方之所以能够走到今天,是因为新东方拥有非常优秀的团队。一个人的力量是有限的,但是一群人的力量是无限的。新东方的第一批团队成员实际上是一批下岗工人——十来个四五十岁的中年妇女。她们帮助新东方管理教室、打扫卫生、印刷资料、处理各种社会关系、帮助服务学生等,这批在国有企业中已经完全失去活力的妇女们,在新东方爆发出了空前的工作激情,以每天工作十六个小时还不罢休的热情投入到工作之中,把新东方搞得蒸蒸日上、日新月异。

新东方的第二批重要团队成员是新东方最初的十几个老师,这批人包括了现在在学生中还赫赫有名的钱强坤、夏红卫、杨继、宋昊、钱永强等人物。1995 年,俞敏洪放弃了出国读书的打算,下定决心要把新东方当做终生事业来做。俞敏洪只身飞到美国、加拿大,一是走马观花看看这些国家,了却心中踏上北美土地的愿望;二是拜访大学时的同窗好友,看看有没有机会说服他们回到中国一起做新东方。在无数次的喝酒聊天、悲歌欢笑之后,他终于打动了几个胸怀大志的朋友,他们背起行囊又回到了伟大的祖国。这些人组成了新东方最具魅力的一个团队,以他们的激情、眼光和胸怀,一次次让学生激动,一次次使新东方升华。这批人把新东方从一个原始的培训学校,打造成了具有现代化管理机构的国际上市公司,把俞敏洪从一个只会英语教学的老师,推上了上市公司老总的管理平台。这些朋友,至今依然在新东方发挥着重要的作用,他们就是学生们一听到名字就翘首仰视的王强、徐小平、包凡一等人。

今天,随着新东方的发展,新东方的团队越来越强大,充满个性和魅力的人物越来越多。无数才华横溢的老师从四面八方来到新东方,无数热爱教育的人才从五湖四海汇聚到新东方,今天的新东方,已经壮大成为一个有着八千多名员工、老师和管理者的强大团队。新东方的办公地点变了,新东方的组织结构变了,但有一点新东方一直保持着本色不变,那就是令人羡慕的、拥有强大精神力量的新东方团队。

【创业案例 10——农业】

小鸡蛋做出大品牌:"阿强"牌鸡蛋俏上海

"小阿强!帮我来看看这台电脑是不是出了毛病?怎么显示不出来了?"正在对着电脑记录鸡蛋处理结果的中年男人,向身边正在查看鸡蛋质量的一个年轻人挥了挥手,于是一个身高近一米八、戴着眼镜的斯文男人就走了过来。他就是 2002 年从复旦大学计算机专业毕业的本科生顾澄勇,"阿强"牌鸡蛋的年轻负责人之一。

从复旦毕业近三年,年轻的顾澄勇已经渐渐习惯了"小阿强"这个亲热的称呼,也继父亲顾明强之后成了业内的知名人士。最近,南汇区农委正在为他申报"中国农民十大杰出青年"。虽然是否入选还不一定,但是得到这样的机会本身已经证明了他当初从复旦毕业选择回乡卖鸡蛋是正确的,这让他多多少少感到欣慰。

放弃体面:名校毕业生回乡卖蛋

当年决定回乡卖鸡蛋,顾澄勇也一度十分犹豫。他说:"你知道,像复旦这种名校,又是计算机专业的,想要找到一份工作还是很容易的。当时我的好多同学都找到了不错的工作,月薪差不多在 3 000 元左右,这对一个刚毕业的本科生来说还是不错的。如果单从眼前利益来看,或许和同学一样找家软件公司做做也是不错的。收入可以,又有双休日,怎么都比回乡一年365天天天和鸡打交道,然后收取一点卖鸡蛋的薄利好吧!"

但是,面试了几家软件公司的小顾越来越发现,自己对在计算机行业里的发展欠缺某种热情,而对于生活了二十多年的农村,却有着深刻的感情。顾澄勇告诉记者,大学里他曾经有过多次实习,在那些企业里,他看到了工业、金融业在信息化方面取得的成就,也见惯了工业企业的先进管理模式,相形之下,父亲那种传统的农业操作模式,养鸡、鸡生蛋、卖蛋,长年不变的模式让他深感农业发展的落伍。

"这样的状况,实现农业的现代化难道不是一句空话吗?"斯文的顾澄勇显示出他理智而富有远见的一面。他认为,在工业、金融业内,信息化已经发展得相对成熟了,作为一个计算机系的毕业生,进入这种企业后所要做的,无非是修修补补,不可能会有太大的发展空间,而农业信息化的发展还是一穷二白。顾澄勇认为,越是起点低的地方,越是有发展空间,"我很愿意利用自己所学的知识,在农业信息化发展上做出自己的成绩"。

基于这样的考虑,23岁的顾澄勇做出了一个改变他人生轨迹的决定——回乡、养鸡、卖蛋。这样的决定无疑是令人震惊的,复旦名校毕业生、计算机这样一个当前正火的专业,和臭烘烘的鸡笼子、交通不便的农村生活圈子,看似天壤之别,却集中到了一个人的身上。

亲友议论:几年大学是不是白读了

得知顾澄勇的决定,一向支持他的父亲和女友都有些犹豫。家中的亲戚朋友更是议论纷纷:"小顾白上了几年大学,又回家卖鸡蛋了,看来也没什么出息。"同学也觉得他傻:"随便找个工作,也比卖鸡蛋体面呀!"而所有人中,反应最激烈的,是一向慈祥而疼他的母亲,这个日出而作、日落而息了大半辈子的女人,二三十年来亲眼目睹了丈夫顾明强的艰辛。自己和丈夫辛辛苦苦供儿子读书,为的不就是让儿子跳出"农门",在城里找到一份体面的工作,过上舒适轻松的生活吗?母亲极力反对儿子的决定。

也许正是听反对的意见听得多了,年轻的顾澄勇反倒坚定了决心,带着一股"一定要争一口气"的念头,他告诉母亲,自己和父亲虽然同样是卖鸡蛋,但他不仅仅靠母鸡,更靠科技,会走出不一样的路来。"父亲20多年前开始卖鸡蛋,从最初的只有2万羽蛋鸡,发展到今天拥有150万羽蛋鸡,他的经历告诉我,无论做哪一行,只要用心去做就一定会成功!一年不行两年,两年不行三年,我一定要用事实告诉你们,我的选择是有远见的。"

初试牛刀:成功开发鸡蛋"身份证"

凭着初生牛犊不怕虎的勇气,顾澄勇一走出象牙塔,就钻进了臭烘烘的鸡棚。

初始的工作是乏味的,养鸡棚里跟着饲养员学习养鸡的经验,包装间里看工作人员如何将大小不一、质量不一的鸡蛋分开包装,一家一家超市跑去了解市场。正是在这些基础而无趣的工作中,顾澄勇慢慢发现了农产品发展中的薄弱环节——质量,这是一个被越来越多的市民高度关注的话题。聪明的他立刻联想到,是否可以开发出一种软件系统,让市民可以了解自己买的鸡蛋是在哪儿生产的,又是哪天生产的、是否经过检验等,以放心自己买的鸡蛋质量。

顾澄勇是个想到就做的人,2002年年底,凭着他大学四年学到的计算机专业知识以及对鸡蛋的初步了解,开始了他在农企里的第一步:开发一个鸡蛋质量查询系统。为此,他还求助于精通计算机的大学同学和朋友,通过半年的探讨、实验,终于研制开发出"阿强"鸡蛋的"网上身份查询系统",这在上海所有农产品中属于首家。

从此,"阿强"鸡蛋的包装盒中多了一张薄薄的卡片,提醒消费者可以根据卡片上标明的查询号码和生产日期,到上海农业网上查询与这盒蛋有关的产蛋鸡舍、蛋鸡周龄、蛋鸡品系、饲料饮水及检验结果等信息,甚至还能看到鸡舍及员工消毒、喂养的视频画面。从此,市民购买"阿强"鸡蛋更放心了。而消费者放心的结果,直接带来的是经济效益的增长,有了"身份证"的鸡蛋销量大增,仅2003年7月到年底的半年时间,"阿强"鸡蛋的销量就比上年同期增长了2.5倍。

创意频出:卖蛋卖理念开发头窝蛋

小试牛刀的顾澄勇利用自己的专业知识初次尝到了成功的味道,他所追求的就更远了。在日复一日和鸡蛋打交道的生活里,他发现,小小一枚鸡蛋,其实里面的学问是很大的。通过对国内外一些著名企业的研究他认识到:知名商品,其实更是在卖一种理念。而"阿强"鸡蛋如果不能做出自己的特色来,鸡蛋就永远只是一枚鸡蛋,想要做大做强很难。

年轻有创意的顾澄勇于是从包装开始重新打造自家的鸡蛋品牌,他逐一设计、修改了"阿强"鸡蛋的包装,将"父亲时代"那些缺乏时代气息的包装,改造成了时尚、方便的样子。而设计包装图案,对于一个计算机专业的学生来说就是小菜一碟。没用半年时间,厂里95%的鸡蛋包装都被他改过了,并且所有的鸡蛋上也都打上了"阿强"两个字。

包装改得差不多的时候,小顾灵活的脑子又转出了新的念头。他很小的时候就听说过,蛋鸡刚开始生的鸡蛋,就是俗称作"头窝鸡蛋"的,虽然个头小、蛋壳硬,但是营养价值却极高,是传统概念中的"滋补品"。如果单独把"头窝鸡蛋"挑出来,应该会很有市场吧?

想到就做,没过多久,去年年底的上海市面上就出现了阿强"头窝鸡蛋"的身影,并且受到市民的欢迎。由于"头窝鸡蛋"数量有限,价格也就比普通鸡蛋翻了一倍多。这样算下来,单凭"头窝鸡蛋",一年就可以多赚35万元。

贡献大农业:开发蔬菜身份查询系统

仅仅是自家厂里的经济效益有了提高,这样的成绩对于小顾来说,还是远远不够的。他所考虑的,是希望能够带动整个大农业的进步。于是一鼓作气,他又开发了茄子、青菜、黄瓜等蔬菜的身份证查询系统,然后向闵行、金山等郊区的龙头企业介绍推荐,希望能够以自己的微薄之力,为整个大农业的信息化发展作一点贡献。

志存高远:小小一枚鸡蛋内天地宽

一步步走向成功的顾澄勇,用自己的实力,一点一点证实着自己进入这一行的决心和实力,也逐渐纠正着一直对他担心不已的父母、女友的想法。

当记者看到小顾54岁的母亲时,这位朴实善良的母亲笑得很舒心,像是终于松了一口气,她对记者说,"因为我们干活忙,一直没有太多的时间管他。这个孩子,从小就是一个人做饭、吃饭、读书,很让人放心,也比别的孩子能干"。但是大学毕业回到农村,实在是个很大的决定,让她一直很担心。

"这两年,农活不做了,我也到厂里来帮他们父子,一点一点目睹了他的工作、生活,对他越来越放心了。既然是他自己选择的路,我们一定会支持他。"说到这里,顾澄勇母亲的眼里闪过一丝忧虑,"在我们农村,像他这个年纪,已经是大龄青年了,和他这么大的年轻人儿子都四五岁了,我一直盼着能抱上孙子……"

顾澄勇告诉记者,母亲的担忧他也考虑过,但是现在他还年轻,他更愿意在事业上有所发展。对于这枚小小的鸡蛋,他还有着很多的想法,"比如说,蛋清、蛋黄也可以分开来卖,蛋粉卖给康师傅、达能也应该有不错的市场,因为目前国内饼干企业用的蛋粉几乎都是进口的……"

(资料来源:http://www.gxnews.com.cn/staticpages/20050421/newgx42679f19-360385.shtml.)

【案例点评】

复旦大学计算机系毕业的顾澄勇放弃了体面的工作,在一片反对声中,毅然决然地选择了回乡卖鸡蛋。短短几年时间,小小鸡蛋做出了大名堂,"阿强"牌鸡蛋便在上海畅销起来。顾澄勇的案例不仅让我们每一位正在犹豫创业与否的大学生反思。

多年前,北大学子陆步轩卖肉的消息曾广受人们议论,除了对于时势弄人的感慨外,最多的就是对于一个名校学生堕为贩夫走卒的惋惜。在很多人眼中,"卖肉"是"下等人"才干的事情,不是一个有学问的人该做的,后者的出路只能是登堂入室,做"高级"的工作。从陆步轩的形势所迫到顾澄勇的主动选择,从人们对陆步轩的同情到对顾澄勇的鼓励,人们的观念正在发生着变化。在网上对顾澄勇的留言中,"年轻人,有闯劲"、"很喜欢这种生活态度和生活方式"等说法占到了多数。

我们在欣赏顾澄勇勇气可嘉的同时也要看到,他的选择并不是一时冲动。作为复旦大学计算机系的毕业生在多次实习和面试之后,发现自己对在计算机行业里的发展欠缺某种热情,而对于生活了二十多年的农村,却有着深刻的感情。而且,在经历多次实习之后,他看到了工业、金融业在信息化方面取得的成就,也见惯了工业企业的先进管理模式,相形之下,父亲那种传统的农业操作模式,养鸡、鸡生蛋、卖蛋,长年不变的模式让他深感农业发展的落伍。这个时候,顾澄勇很有远见的发现自己的计算机背景在传统的农业操作模式下能够大有作为,这也显示出了他的远见和魄力。

顾澄勇的成功也离不开敏锐的市场嗅觉和不断的创新,在任何人都会的卖鸡蛋上,卖出了新创意。他成功开发出"阿强"鸡蛋的"网上身份查询系统",满足了大家对鸡蛋新鲜卫生的需求;打造鸡蛋品牌,推出满足人们对营养最足的头窝鸡蛋的需求的"头窝鸡蛋"。此外,顾澄勇还将眼光扩大到整个大农业,一鼓作气开发了茄子、青菜、黄瓜等蔬菜的身份证查询系统,然后向闵行、金山等郊区的龙头企业介绍推荐,顾澄勇的"阿强鸡蛋"品牌正在不断做大做强。

参 考 文 献

[1] Addams L, Allred A, Woodbury D, Jones S. Student-operated Companies: Entrepreneurial Focus In An Integrated Business Core Journal Of Entrepreneurship Education, 2014,17: 1-11.

[2] Aghajani H, Abbasgholipour M. Explanation Of Relationships Between Biographical Characteristics And Entrepreneurship Spirit Of Students Iranian Journal Of Management Studies, 2012,5(1): 63-78.

[3] Al-atabi M, Deboer J. Teaching Entrepreneurship Using Massive Open Online Course (mooc) Technovation, 2014,34(4): 261-264.

[4] Bagheri A, Lope Pihie Za. Role Of University Entrepreneurship Programs In Developing Students Entrepreneurial Leadership Competencies: Perspectives From Malaysian Undergraduate Students Journal Of Education For Business, 2013,88(1): 51-61.

[5] Bhandari Nc. Relationship Between Students Gender, Their Own Employment, Their Parents Employment, And The Students Intention For Entrepreneurship Journal Of Entrepreneurship Education, 2015,15: 133-144.

[6] Brown Jt, Kant Ac. Creating Bioentrepreneurs: How Graduate Student Organisations Foster Science Entrepreneurship Journal Of Commercial Biotechnology, 2009,15(2): 125-135.

[7] Carey Ta, Flanagan Dj, Palmer Tb. An Examination Of University Student Entrepreneurial Intentions By Type Of Venture Journal Of Developmental Entrepreneurship, 2010, 15 (4): 503-517.

[8] Duval-couetil N, Gotch Cm, Yi S. The Characteristics And Motivations Of Contemporary Entrepreneurship Students Journal Of Education For Business, 2014,89(8): 441-449.

[9] Giudice Md, Peruta Md, Scuotto V. Student Entrepreneurship, Creativity And Success. How Much Does Knowledge Heterogeneity Really Matter International Journal Of Entrepreneurship & Innovation Management, 2014,18(1): 45-58.

[10] Harris Md, Edmunds Pk, Chen J. Concerns And Expectations Of African American Entrepreneurship Students Journal Of Entrepreneurship Education, 2011,14: 39-47.

[11] Lane P, Hunt J, Farris J. Innovative Teaching To Engage And Challenge Twenty-first Century Entrepreneurship Students: An Interdisciplinary Approach Journal Of Entrepreneurship Education, 2011,14: 105-123.

[12] Marchand J, Sood S. The Alchemy Of Student Entrepreneurs: Towards A Model Of Entrepreneurial Maturity International Journal Of Entrepreneurship & Innovation Management, 2014,18(1): 75-92.

[13] Mars Mm. Student Entrepreneurs As Agents Of Organizational Change And Social Transformation: A Grassroots Leadership Perspective Journal Of Change Management, 2009, 9 (3): 339-357.

[14] Nan Z. Theoretical Interpretation To Entrepreneurship Quality Of University Students In The Context Of "developing Modern Service Industry" Modern Management (21607311), 2011,1(3): 201-204.

[15] Pache A, Chowdhury I. Social Entrepreneurs As Institutionally Embedded Entrepreneurs: Toward A New Model Of Social Entrepreneurship Education Academy Of Management Learning & Education, 2012,11(3): 494-510.

[16] Peruta Md, Maggioni M, Schiavone F. Exploring Gender Issues In Entrepreneurship: What About Students And Recent Graduates International Journal Of Entrepreneurship & Innovation Management, 2014,18(1): 59-74.

[17] Pribeanu G, Milutin I. The Entrepreneurship And The Students Practice Agricultural Management / Lucrari Stiintifice Seria I, Management Agricol, 2014,16(2): 127-130.

[18] Ragu Iv, Mati M. Students Perceptions And Intentions Towards Enterpreneurship: The Empirical Findings From The University Of Dubrovnik-croatia International Journal Of Management Cases, 2011,13(3): 38-49.

[19] Rahman H, Day J. Involving The Entrepreneurial Role Model: A Possible Development For Entrepreneurship Education Journal Of Entrepreneurship Education, 2014,17: 163-171.

[20] Roudaki J. University Students Perceptions On Entrepreneurship: Commerce Students Attitudes At Lincoln University Journal Of Accounting, Business & Management, 2009,16(2): 36-53.

[21] Roxas B. Effects Of Entrepreneurial Knowledge On Entrepreneurial Intentions: A Longitudinal Study Of Selected Southeast Asian Business Students Journal Of Education & Work, 2014, 27 (4): 432-453.

[22] Ruda W, Martin Ta, Ascúa R, Danko B, Fafaliou I. Analyzing Entrepreneurial Potential — A Comparison Of Students In Germany And Greece Journal Of Marketing Development & Competitiveness, 2013,7(3): 96-111.

[23] Shepherd Da. Educating Entrepreneurship Students About Emotion And Learning From Failure Academy Of Management Learning & Education, 2004,3(3): 274-287.

[24] St-jean, Nafa A, Tremblay M, Janssen F, Baronet J, Loué C. Entrepreneurial Intentions Of University Students: An International Comparison Between African, European And Canadian Students International Journal Of Entrepreneurship & Innovation Management, 2014,18(2/3): 95-114.

[25] Vanevenhoven J, Liguori E. The Impact Of Entrepreneurship Education: Introducing The Entrepreneurship Education Project Journal Of Small Business Management, 2013, 51 (3): 315-328.

[26] Vanharanta H, Kantola J, Karwowski W. Boosting Student Entrepreneurship With Intellectual Capital Global Partnership Management Journal, 2010,1(1/2): 45-54.

[27] Wei L. Ethnic Entrepreneurship: : Studying Chinese And Indian Students In The United States Journal Of Developmental Entrepreneurship, 2007,12(4): 449-466.

[28] Yongseok J. Modeling Student Entrepreneurship: A Longitudinal Study Journal Of Entrepreneurship Education, 2013,16: 93-114.

[29] Zahra Sa, Newey Lr, Shaver Jm. Academic Advisory Boards Contributions To Education And Learning: Lessons From Entrepreneurship Centers Academy Of Management Learning & Education, 2011,10(1): 113-129.

[30] Zakarevi Ius P, Uperka A. Expression Of Emotional Intelligence In Development Of Students Entrepreneurship Economics & Management, 2010: 865-873.

[31] Zamcu E. Study About Students Entrepreneurship Spirit Usv Annals Of Economics & Public

Administration,2013,13(2):102-107.

[32] 木志荣.中国大学生创业研究[D].厦门大学,2006.

[33] 赵明.上海高校大学生创业支持体系研究——基于上海部分高校的实证研究[D].上海交通大学,2008.

[34] 朱兴国.大学生创业教育模式探索[D].东北师范大学,2005.

[35] 廖娟.大学生创业的国际经验及对我国的启示[J].改革与战略,2013,29(4):113-116.

[36] 孙媛媛,冯军.谈竞赛型学术社团在普通高校大学生创业教育中的作用[J].出国与就业,2009,(14):18-20.

[37] 雷明.浅谈大学生创业计划竞赛[J].华章,2010,(28):104-104.

[38] 葛宝山,王立志,姚梅芳,等.经典创业模型比较研究[J].管理现代化,2008,(1):10-12.

[39] 李精明.创业大学生社会服务体系研究[D].湖南师范大学,2011.

[40] 刘海鹰.大学生创业意向影响因素研究[J].科技进步与对策,2010,27(18):154-156.

[41] 牛长松.英国大学生创业教育政策探析[J].比较教育研究,2007,28(4):79-83.

[42] 张文强.国内外大学生创业比较研究[J].河南社会科学,2013,21(8):72-74.

[43] 李闻一,徐磊.基于创业过程的我国大学生创业行为影响因素研究[J].科技进步与对策,2014,(7):149-153.

[44] 郑瑞伦,邓旭升,明庭尧,等.大学生创业机会变化规律探讨[J].西南师范大学学报(自然科学版),2013,38(10):88-93.

[45] 张文强.大学生创业障碍及对策探究[J].河南师范大学学报(哲学社会科学版),2012,39(4):260-262.

[46] 胡敏,陈立俊.基于SWOT分析的大学生创业现状及创业教育对策研究[J].教育探索,2008,(11):130-131.

[47] 尹忠红,郝振河,郝欣,等.浅析大学生创业实践能力培养的途径和方法[J].教育探索,2010,(12):153-154.

[48] 丁锋,陈旋.大学生职业生涯规划指导[M].北京:北京交通大学出版社,2010.

[49] 虞国庆.创业,你也能:大学生创业启蒙.[M].南昌:江西高校出版社,2010.

[50] 朱胜龙.创业,你也行——大学生创业故事精选[M].南昌:江西高校出版社.

[51] 丁栋虹.创业管理:企业家的视角[M].北京:机械工业出版社,2012.

[52] 高道才.广义创新学[M].北京:中国书籍出版社,2013.

[53] 贺善侃.创新思维概论[M].上海:东华大学出版社,2006.

[54] 黄保强.创新概论[M].上海:复旦大学出版社,2004.

[55] 黄华梁,彭文虎.创造思维与创造性技法[M].北京:高等教育出版社,2007.

[56] 匡长福.创新原理及应用[M].北京:首都经济贸易大学出版社,2004.

[57] 梁良良.倒立看世界:创新思维训练[M].长春:吉林文史出版社,2013.

[58] 刘昌明,赵传栋.创新学教程[M].上海:复旦大学出版社,2006.

[59] 卢明森.创新思维学引论[M].北京:高等教育出版社,2005.

[60] 罗玲玲.创意思维训练[M].北京:首都经济贸易大学出版社,2008.

[61] 王成军,沈豫浙.应用创造学[M].北京:北京大学出版社,2010.

[62] 王健等.王者的智慧——新经济时代的创新思维方法[M].太原:山西人民出版社,2008.

[63] 肖行.创新思维培养与训练研究[M].南昌:江西高校出版社,2008.

[64] 姚凤云,朱光.创造学与创新管理[M].北京:清华大学出版社,2010.

[65] 赵明华.创意学教程[M].西安:西北工业大学出版社,2004.

[66] [英]彼得·菲斯克.创新天才[M].张冠南,相娜,赵俐,译.北京:机械工业出版社,2012.
[67] [美]杰夫·戴尔,赫尔·葛瑞格森,克莱顿·克里斯坦森.创新者的基因[M].曾佳宁,译.北京:中信出版社,2013.
[68] [英]约翰·贝赞特,乔·蒂德.创新与创业管理[M].原书第二版.牛芳,池军,等,译.北京:机械工业出版社,2013.
[69] 马淑文.大学生创业关键因素的实证分析[J].中国高校科技与产业化,2010,(3):66-68.
[70] 屠宇辉.机会型大学生创业者对社会资本的利用机制分析[J].卷宗,2014,(4):315-315.
[71] 符惠明,韦雪艳,段锦云,等.大学生创业警觉性、团队主动性与机会识别关系——两种创业教育模式的比较[J].现代教育管理,2010,(10):115-118.
[72] 杨涛.大学生创业支撑体系的构建[J].产业与科技论坛,2009,8(10):198-200.
[73] 莫倩华,谢东明,何晓圆,等.当前大学生创新创业训练的思考[J].科学时代.2014,3(8).
[74] 张光辉,等.创业管理概论[M].大连:东北财经大学出版社,2006.
[75] 王一海.高职院校大学生创业的心理分析与思考[J].南京金肯职业技术学院.2010,92(14).
[76] 罗天虎.创业学教程[M].西安:西北工业大学出版社,2004.
[77] 刘志阳.创业管理[M].上海:格致出版社,2012.
[78] 李纲,张胜前.大学生创业指导[M].北京:国防工业出版社,2010.
[79] 张秀娥.创业管理[M].厦门:厦门大学出版社,2012.
[80] 孙思忠,孙乃亮,安玉娟.大学生创业指导——创业并经营你得企业[M].济南:山东人民出版社,2013.
[81] 林嵩,谢作渺.创业学:远离与实践[M].北京:清华大学出版社,2008.
[82] 李倩.论大学生创业融资中存在的问题及对策[J].商界论坛,2013,18.
[83] 任金芝,鲁凤丽,胡芳.大学生创业融资风险研究[J].企业导报,2012,5.
[84] 丁栋虹.创业管理[M].北京:清华大学出版社,2006.
[85] 葛建新.创业学[M].北京:清华大学出版社,2004.
[86] 李时椿.创业管理[M].北京:清华大学出版社,2008.
[87] 李振勇.商业模式——企业竞争的最高形态[M].北京:新华出版社,2006.
[88] 彭志强.商业模式的力量[M].北京:机械工业出版社,2010.
[89] 魏炜.商业模式的经济解释[J].中欧商业评论,2011(10):50-55.
[90] 魏炜,朱武祥,林桂平.商业模式的经济解释:深度解构商业模式密码[M].北京:机械工业出版社,2012.
[91] 原磊.国外对商业模式理论的研究评述[J].外国经济与管理,2007:1001-4950.
[92] 郑翔洲,叶浩.新商业模式:创新设计[M].北京:电子工业出版社,2013.
[93] [美]里娃·莱森斯基.创业宝典——未来企业家之路[M].第4版.高健,译.北京:清华大学出版社,2011.
[94] [瑞士]亚历山大·奥斯特瓦德,[比利时]伊夫·皮尼厄.商业模式新生代[M].王帅,毛心宇,严威,译.北京:机械出版社,2011.
[95] 刘沁玲,陈文华.创业学[M].北京:北京大学出版社,2012.
[96] 龚荒.创业管理理论、实训、案例[M].北京:机械工业出版社,2013.
[97] 杜跃平.创业管理[M].西安:西安交通大学出版社,2006.
[98] 魏栓成,姜伟.创业学[M].北京:机械工业出版社,2013.
[99] 卢星辰.大学生创业风险的存在形式与应对策略[J].蚌埠学院学报,2014,(4):165-168.
[100] 李英路,冯贵晓,郭雪微,等.关于大学生抵御创业风险的途径研究[J].产业与科技论坛,2012,

(20):132-133.
[101] 木志荣.创业困境及胜任力研究——基于大学生创业群体的考察[J].厦门大学学报(哲学社会科学版),2008,(1):114-120.
[102] 杨玉军.论如何有效化解大学生创业风险[J].文史月刊,2012,(10):110-111.
[103] 覃翠玲.大学生创业风险以及预防对策探微[J].法制与社会,2010,(5):173-174.
[104] 彭志武,徐佩瑛.大学生创业风险及其控制[J].湖南省社会主义学院学报,2013,(5):67-70.
[105] 孙秀丽,满文涛.大学生的创业风险及其规避[J].创新与创业教育,2011,02(5):92-95.
[106] 王如海.大学生创业风险释放初探[J].教育教学论坛,2013,(8):244-245,246.
[107] 何春蕾.大学生创业风险规避的探索[J].高教论坛,2012,(9):105-107.
[108] 李中良,陈亮.当前大学生创业过程中的风险与控制[J].中小企业管理与科技,2013,(34):262-263.
[109] 谭小燕.大学生创业运营风险管理研究[J].柳州师专学报,2013,28(1):59-61.
[110] 施险峰.培养大学生创业风险规避能力的路径选择[J].职业时空,2014,10(7):106-108.
[111] 傅强.大学生创业风险及其防范对策研究[J].辽宁行政学院学报,2011,13(2):153-155.
[112] 王腊梅.当代大学生创业风险分析及管理[J].合作经济与科技,2014,(12):22-23,24.
[113] 刘晋波.大学生创业导引与风险规避[M].上海:立信会计出版社,2013.
[114] 胡振兴.创业资本运营风险控制[M].北京:经济科学出版社,2011.
[115] 苏瑜.创业不可不防的法律风险[M].北京:化学工业出版社,2011.
[116] 王滟.规避创业风险有绝招[M].北京:中国经济出版社,2009.
[117] 李良智,查伟晨,钟运动.创业管理学[M].北京:中国社会科学出版社,2007.
[118] 联纵智达研究院.我们的营销真案例:卖货就要畅销、长销、高价销[M].北京:中华工商联合出版社,2014.
[119] 宁佳英.大学生就业与创业管理[M].广州:华南理工大学出版社,2010.
[120] 盘和林.哈佛市场营销决策分析及经典案例[M].北京:人民出版社,2006.
[121] 汤定娜,万后芬.中国企业营销案例[M].第2版.北京:高等教育出版社,2007.
[122] 王卫东.大学生创业基础[M].北京:中国水利水电出版社,2013.
[123] 王兆明,顾坤华.大学生职业指导:就业创业实务(修订本)[M].苏州:苏州大学出版社,2009.
[124] 吴长顺.营销学教程[M].第2版.北京:清华大学出版社,2011.
[125] 杨军,王俊岭.大学生职业发展与就业创业指导[M].北京:现代教育出版社,2012.
[126] 郁义鸿,李志能,罗伯特·D.希斯瑞克.创业学[M].上海:复旦大学出版社,2000.
[127] [美]菲利普·科特勒.营销管理[M].梅汝和,梅清豪,周安柱,译.北京:中国人民大学出版社,2005.
[128] 陈朝晖.高校学生管理法制化[J].理工高教研究,2004,(3).
[129] 胡赤贞.对大学生创业法律保障问题的几点思考[J].法制与社会,2007,(10).
[130] 何庆江,谭志合,雷祺.大学生创业教育中的法律教育初探[J].法制与社会,2008,(2)(中).
[131] 田洪伟.浅谈大学生自主创业[J].甘肃科技纵横,2006,35(1).
[132] 全国高等学校学生信息咨询与就业指导中心.大学生就业指导[M].北京:高等教育出版社,2004.
[133] 张玲.创业开启全新"就业革命"[J].中国大学生就业,2007,(23-24).
[134] 黄世扬,许力.论大学生自主创业[J].佛山科学技术学院学报:社会科学版,2007,18(3).
[135] 黄方亮.公司上市与并购[M].济南:山东人民出版社,2013.
[136] 黄方亮.价格发现与股票IPO机制[M].上海:上海三联书店,2008.

[137] 施维.缘何上市?——公司上市的多角度金融分析[J].投资与创业,2012(11):9-14.
[138] 王芳.我国风险投资退出渠道分析[J].经济视角,2011(8):130-130.
[139] 高朕.风险投资退出方式比较及我国的现实退出策略[J].科技情报开发与经济,2005(2).
[140] 张军,徐小钦.风险投资退出渠道的路径选择研究[J].科学·经济·社会,2004(22):52-55.
[141] 谈诗明.中小企业新三板上市利弊[J].时代金融,2014(1):208-209.
[142] 喻国明.传媒上市的利弊谱系[J].山西大学学报,2008,31(6):108-110.
[143] 张新建,林树,孙俊峰,赵军.出版企业上市利弊分析及对策[J].经营之道,2012(11):23-26.
[144] 饶宏斌,曾艳.公司上市实务指南:公司境内及境外上市指导[M].北京:中国方正出版社,2006.
[145] 靳庆军,等.中国企业境内首次公开发行及上市业务教程[M].北京:中国人民大学出版社,2014.
[146] 李时椿,常建坤.创新与创业管理[M].南京:南京大学出版社,2014.
[147] 张玉利等.创业管理[M].北京:机械工业出版社.2013.
[148] 万炜,朱国玮.创业案例集锦[M].北京:中国人民大学出版社,2013.
[149] 田力,徐一平.浅析大学生创业政策的特点与分类[J].课程教育研究,2013:33.
[150] 时丽红.我国大学生创业政策研究[D].郑州大学,2012.
[151] 董元梅.大学生创业政策研究[D].安徽大学,2010.
[152] 任爽.大学生创业政策绩效评价研究——以杭州市为例[D].杭州电子科技大学.2012.
[153] 夏人青,罗志敏,严军.中国大学生创业政策的回顾与展望(1999—2011)[J].出高教探索,2012,(1):123-127.
[154] 秦琴,江志斌.大学生创业政策:评价、借鉴与设计[J].教育研究,2012,18(3):167-172.
[155] 谭飞燕.现阶段大学生创业政策的问题及其对策研究——以长沙市为例[D].湖南师范大学,2011.
[156] 张可.大学生创业政策实施现状及对策研究[D].河北师范大学,2011.
[157] 史兴华.我国大学生创业政策的有效性研究[D].西安理工大学,2011.
[158] 林嵩.大学生创业政策:现状评价与制度设计[J].现代管理科学,2010,(2):36-38.
[159] 《中国大学生就业》杂志主编.大学生创业手册[M].北京:中国经济出版社,2008.

教师服务

感谢您选用清华大学出版社的教材！为了更好地服务教学，我们为授课教师提供本书的教学辅助资源，以及本学科重点教材信息。请您扫码获取。

》 教辅获取

本书教辅资源，授课教师扫码获取

》 样书赠送

创业与创新类重点教材，教师扫码获取样书

清华大学出版社

E-mail: tupfuwu@163.com
电话：010-83470332 / 83470142
地址：北京市海淀区双清路学研大厦 B 座 509

网址：http://www.tup.com.cn/
传真：8610-83470107
邮编：100084